临沂市
非物质文化遗产志

中共临沂市委党史研究院
临沂市地方史志研究院　编
临沂市文化和旅游局

方志出版社
Publishing House of Local Records

图书在版编目（CIP）数据

临沂市非物质文化遗产志 / 中共临沂市委党史研究院，临沂市地方史志研究院，临沂市文化和旅游局编 . -- 北京 : 方志出版社，2023.12
ISBN 978-7-5144-6095-7

Ⅰ . ①临… Ⅱ . ①中… ②临… ③临… Ⅲ . ①非物质文化遗产—概况—临沂 Ⅳ . ① G127.523

中国国家版本馆 CIP 数据核字（2024）第 019796 号

责任编辑： 丛　珺
责任校对： 张玉霞
责任印制： 梅中英
出 版 者： 方志出版社
地　　址： 北京市朝阳区潘家园东里 9 号（国家方志馆 4 层）
邮　　编： 100021
网　　址： http://www.zgfzcb.cn
发　　行： 方志出版社图书营销中心（010-67110500）
印　　刷： 山东黄氏印务有限公司
开　　本： 889 毫米 ×1194 毫米 1/16
印　　张： 31.75
字　　数： 831 千字
版　　次： 2023 年 12 月第 1 版
印　　次： 2023 年 12 月第 1 次印刷
定　　价： 468.00 元

《临沂市非物质文化遗产志》编纂委员会

《临沂市非物质文化遗产志》编辑人员

《临沂市非物质文化遗产志》供稿单位及撰稿人员名单

临沂市文化和旅游局	郎丽萍	王　乔	吴　磊
兰山区文化和旅游局	马永梅	孙　青	
罗庄区文化和旅游局	李凤东	孙　丽	
河东区文化和旅游局	秦中华	李秀萍	
郯城县文化和旅游局	徐　磊	杜天龙	王丽娜
兰陵县文化和旅游局	徐秀梅	邢　蓉	
沂水县文化和旅游局	马祥贞		
沂南县文化和旅游局	陈作玺	高林桦	张照同
费县文化和旅游局	渠志国	王　佩	
平邑县文化和旅游局	张明泓	刘　旭	
莒南县文化和旅游局	孙钦明	孙小燕	
蒙阴县文化和旅游局	王吉贤	张　莉	
临沭县文化和旅游局	高文祥	朱庆庆	
兰山区委党史研究中心	寇利明	赵志祥	
罗庄区委党史研究中心	吴丽娜	刘　伟	
河东区委党史研究中心	张洪承	王统习	
郯城县委党史研究中心	孙长生	赵　娜	
兰陵县委党史研究中心	王秀彬		
沂水县委党史研究中心	贺卫东	王新玲	
沂南县委党史研究中心	吴耿彬	杨娜娜	
费县委党史研究中心	陈宝安	周开元	
平邑县委党史研究中心	彭京艳	张洪建	
莒南县委党史研究中心	陈　武	王洛泉	
蒙阴县委党史研究中心	张　军		
临沭县委党史研究中心	万秀丽	王庆国	

凡　例

一、本志以马克思列宁主义、毛泽东思想、邓小平理论、“三个代表”重要思想、科学发展观、习近平新时代中国特色社会主义思想为指导，运用辩证唯物主义和历史唯物主义的立场、观点和方法，实事求是地记述临沂市非物质文化遗产的历史和现状，坚持思想性、科学性和资料性统一，力求突出地域特色和专业特点。

二、本志记事时限上起事物发端，下迄2021年末，个别内容适当下延。记事范围以现行临沂市行政区划为主，为完整地反映非物质文化遗产的全貌，个别项目适当延伸至临沂周边地区。

三、体例采用章节与条目结合体，以章节划分门类，以条目为记事单元。采用述、记、志、传、图、表、录等体裁，以志为主。全志首设综述、大事记，中设六章，依次为：国家级非物质文化遗产项目、省级非物质文化遗产项目、市级非物质文化遗产项目、县区级非物质文化遗产项目、非物质文化遗产宣传与研究、非物质文化遗产保护。后置人物、附录、编后记。

四、大事记以编年体为主，兼用纪事本末体。国家级非物质文化遗产按项目设节，省、市级非物质文化遗产按类设节，县区级非物质文化遗产按县区设节。人物设国家级代表性传承人、省级代表性传承人、市级代表性传承人，同一级别的传承人按批次排序，同一批次的传承人按姓名笔画排序。

五、非物质文化遗产项目采用逐级申报制度，上一级非物质文化遗产项目由下一级项目申报而来，同一项目同一级别可由多个县区申报。为避免重复，对列入多个级别非遗名录的项目，只在最高级别的项目中记述；同一项目授予多个县区的，尽量合并记述。

六、行文严格遵循新编地方志书行文规范，语言力求严谨、简洁、准确、流畅，使用现代汉语书面语言。数字用法、标点符号用法分别采用国家标准《出版物上数字用法》（GB/T 15835—2011）、《标点符号用法》（GB/T 15834—2011），计量单位采用国家技术监督局1993年12月发布《量和单位》系列国家标准。

七、采用公元纪年，个别地方使用历史纪年的，括注公元纪年。

八、入志资料主要来源于各县区供稿，部分资料来源报纸杂志、市内外公开出版发行的图书、互联网等。多数资料经过核实、鉴别，存疑或有争议的资料均未采用。根据新编地方志惯例，所用资料不再一一注明出处。

2017 年 6 月 3 日，首届中国（临沂）非物质文化遗产博览会在罗庄区开幕

2018 年 2 月 8 日，我们的中国梦"非物质文化遗产月"暨首届沂蒙"乡音乡韵"展演季启动仪式在市文化馆举行

2019 年 6 月 24 日，临沂市举行第五届优秀传统文化进校园暨非物质文化遗产博览会

2020 年 9 月 26 日，临沂市举办“非遗进景区”活动

2020 年 6 月 13 日，“文化和自然遗产日”系列活动暨首届非遗购物节启动仪式在罗庄区举行

2020 年 6 月 13 日，非遗购物节现场

2020 年 7 月 23 日，鲁南红色非遗展在临沂市文化馆开展

展厅一角（组图）

2021 年 2 月 4 日，临沂市启动 2021 年“非物质文化遗产月”暨第四届沂蒙“乡音乡韵”展演活动

2021 年 2 月 4 日，河东区龙灯扛阁表演

2019 年 8 月，临沭县中国柳编文化艺术馆一角

2020 年 5 月，临沭柳编传承人杨进邦为学生演示柳编过程

高桥手绣——吉祥富贵

沂水县高桥手绣制作

兰陵县小郭泥人制作（刘笃龙　摄）

河东区沂蒙泥哨制作（刘笃龙　摄）

木旋玩具作品

郯城县木旋玩具制作（刘笃龙　摄）

火笔画——秋韵

河东区火笔画创作（刘笃龙　摄）

烙画——《清明上河图》(局部)

沂南县木板烙画创作(刘笃龙　摄)

兰陵县王少年羽毛画创作（刘笃龙　摄）

沂水县裘皮画创作（刘笃龙　摄）

兰陵县蓝印花布制作（刘笃龙　摄）

兰陵县虎头帽制作（刘笃龙　摄）

莫氏绒绣——孟良崮大捷

临沭县莫氏绒绣制作（刘笃龙　摄）

二胡

郯城县二胡制作（刘笃龙　摄）

2015 年 7 月 24 日，大型现代柳琴戏《沂蒙魂》在蒙山沂水大剧院首演

传统柳琴戏《花为媒》剧照

2000 年 10 月，河东区龙灯扛阁参加首届中国铜梁龙灯艺术节演出

2019 年 9 月，河东区三官庙社区龙灯扛阁参加“中国农民丰收节”100 个乡村文化展演活动

2016 年 2 月，鲁南五大调参加山东省非物质文化遗产月传统音乐专场演出

2018 年 10 月，鲁南五大调参加第五届中国非物质文化遗产博览会演出

2019 年 9 月，李汝举表演渔鼓曲目

2010 年 10 月，脚打鼓艺人高庆平在广场演唱

2019 年 9 月，郯城琴书表演

2015年5月，
艺人演唱《姐儿妞》

2007年3月，
郯城唢呐演奏

2020年8月，沂蒙山小调传承人宋守莲参加中央电视台《回声嘹亮》演出

2016 年 5 月，
费县靠山梆子演出

2011 年 11 月，兰山区前洞门村弦子戏剧团参加非遗宣传月活动演出

2020 年 5 月，
沂南县周姑戏剧团参加惠民文化下乡演出

2013 年 10 月，郯城县双旱船表演

2019 年，兰陵县高跷扑蝶参加中央电视台在压油沟景区组办的乡村大舞台展演

2014 年 3 月，河东区太平老龙秧歌表演

2019 年 10 月，兰陵县猴呱嗒鞭舞表演

2010 年，兰山区竹马秧歌参加全市秧歌汇演

2013 年 11 月，蒙阴县八仙灯排练

兰山区面塑——五虎上将

郯城县面塑——八仙过海

沂南县左氏面塑——沂蒙精神代代传

兰山区王艳俊剪纸（琅琊剪纸）

沂蒙剪纸

莒南黄杨木雕——姜

沂水木雕——飞天

费县葫芦雕刻彩绘——古梅

罗庄王氏手绣——金钱莲花帽等

费县手绣——虎头鞋

莒南翻花

目 录

综 述

大 事 记

第一章 国家级非物质文化遗产项目

第二章　省级非物质文化遗产项目

第三章 市级非物质文化遗产项目

第四章　县区级非物质文化遗产项目

第五章　非物质文化遗产宣传与研究

第六章　非物质文化遗产保护

人　物

附　录

编后记

综述

综　述

2003年，联合国教科文组织第32届大会通过了《保护非物质文化遗产公约》，从国际准则的角度明确了非物质文化遗产的概念。2011年6月1日起施行的《中华人民共和国非物质文化遗产法》将非物质文化遗产定义为："各族人民世代相传并视为其文化遗产组成部分的各种传统文化表现形式，以及与传统文化表现形式相关的实物和场所。"

中华民族在长期的生产生活实践中创造了丰富多彩的非物质文化遗产，这些非物质文化遗产是中华优秀传统文化的重要组成部分，是中华文明绵延传承的生动见证，是连结民族情感、维系国家统一的重要基础。保护好、传承好、利用好非物质文化遗产，对于延续历史文脉、坚定文化自信、推动文明交流互鉴、建设社会主义文化强国具有重要意义。

临沂是历史文化名城，非物质文化遗产极其丰富。临沂市对非物质文化遗产的抢救、保护与传承，展示了临沂人文传统的独特性和丰富性，增强了公众对优秀民间传统文化的思想认同和情感认同，提高了公众对中华民族传统文化整体性和历史连续性的认识，增强了全社会保护非物质文化遗产的自觉性和主动性。

一、临沂市非物质文化遗产历史悠远

临沂史前文明十分发达，境内旧石器文化遗址、细石器文化遗址和新石器文化遗址如星散天，广泛分布于沂、沭河流域的各县区。新石器文化时代，临沂先民已经熟练掌握了种植、畜牧、纺织、渔猎、采集、制陶、酿酒等多种技能。当时制作的许多陶器造型优美、纹饰精致，有些还刻画有早期文字。代表性作品蛋壳黑陶杯通体漆黑光亮，质地细腻，造型雅致、工艺精湛。陶器中为数众多的酒器，反映出远古时期临沂发达的种植业和先民们娴熟的酿造技艺。

临沂地区是东夷文化的重要发祥地，东夷先民以鸟为图腾。周代，这里曾有郾、鄫、鄅、郯、莒等方国，其中郯国有以鸟名官的传统，国君郯子曾向鲁昭公解释郯国以鸟名官的由来，后来孔子专门赴郯"问官"，留下了"孔子师郯子"的历史故事。

春秋战国时期，临沂地区曾先后被齐鲁文化、吴越文化和楚文化浸染，以儒家文化为代表的鲁文化，为临沂的非物质文化遗产打上了深深的烙印。《史记·货殖列传》称邹鲁之地"颇有桑麻之业，无林泽之饶"；《汉书》称鲁地之民"好学，上礼义，重廉耻"；明嘉靖《山东通志》称兖沂一带"人务耕桑，朴而不华，有古风趣"；清乾隆《沂州府志》称所属州县"敦礼让""朴而俭""不谙浮夸"。这种以传统农业为经济基础造就的民俗民风，赋予了临沂非物质文化遗产敦厚质朴的基本特质。

蒙山古称"东山"，为山东省第二高山。蒙山之名和主祭蒙山的颛臾国2000多年前就屡屡出现在《诗经》《论语》《左传》等古典著作中。《左传·僖公二十一年》载："任、宿、须句、颛臾，风姓也，实司大皞与有济之祀，以服事诸夏。"《论语》中孔子称颛臾"昔者先王以为东蒙主，且在邦域之中矣，是社稷之臣也"。公元前11世纪，周成王封伏羲后代风姓人立颛臾国，主祭蒙山。颛臾王每年四时设祭，为民祈福，深得民心。颛臾王去世后，被人们当作蒙山神，享受祭祀至今不绝。

蒙山海拔千米以上的山峰有12座，著名的崮72座，孕育了颇具传奇色彩的蒙山传说。许由、鬼谷子隐栖蒙山的故事在临沂地区广为流传。

西汉前期，生民养息，天下承平。安定平和的社会环境为临沂地区经济发展、文化繁荣提供了优越的条件，孕育出临沂最具有代表性的工艺美术门类画像石刻。临沂民间图画艺术最早见于1976年5月出土于金雀山9号汉墓的西汉帛画。该画高200厘米，宽42厘米，绘有太阳、金乌、月亮、玉兔、蟾蜍、白云、仙山、楼阁、神兽、飞龙等图形和起居、歌舞、生产、游戏等场景，其中的一些元素和构图，为后世的汉画像石广泛采用，对后世汉画像石的勃兴有导夫先路之功。

临沂是汉画像石发源地之一，历史遗存众多、形制多样、内容丰富。清同治九年（1870年），泗水知县宫本昂在走访费县平邑集（今平邑县）时，发现了西汉河平三年（前26年）刻制的麃孝禹碑，碑上刻有屋檐纹和朱雀纹，是迄今所见最早的石上汉画。出土于莒南县的孙仲阳阙，建于汉元和二年（85年），为山东境内现存最早的汉阙。平邑县皇圣卿阙、功曹阙分别建于汉元和三年（86年）、汉章和元年（87年），是汉代临沂地区乃至全国地上石质建筑工艺的重要实证。此外还有沂南北寨汉画像石墓和临沂市罗庄区吴白庄汉画像石墓等，为后世保存了大量珍贵的社会生活和民俗文化资料。临沂汉画像石的内容以故事传说、珍禽异兽和社会生活为主。北寨汉画像石墓中有反映伏羲女娲、仓颉神农、尧舜禅让、周公辅成王、完璧归赵、荆轲刺秦王、鸿门宴等传说和故事的图像，表明当时临沂民间文学已相当繁荣。临沂汉画像石中反映游艺杂耍的都卢寻橦、七盘舞等画面以及一些极具装饰性的纹样，则依稀可见龙灯扛阁、高桥手绣、琅琊剪纸、彩印花布等多种临沂非物质文化遗产的影子。

“兰陵美酒郁金香，玉碗盛来琥珀光。但使主人能醉客，不知何处是他乡。”这是唐代著名诗人李白赞颂兰陵美酒的名篇。兰陵美酒历史悠久、底蕴深厚。1995年，徐州狮子山汉楚王墓出土三坛封口有“兰陵丞印”戳记封泥的美酒，把兰陵美酒有实物可证的历史上溯了2000多年。

两汉魏晋南北朝时期，是临沂历史上文化最为繁盛的时期。这一时期，流传下来的历史记载和实物证据非常多。唐宋以后，临沂文化陷入了历史低潮，反映在典籍上就是“文献不足征”。很多现存的非物质文化遗产都已经无法找到明代甚至清代以前的相关文献记载，留下了无法弥补的缺憾。同时，亦有众多的非物质文化遗产，以顽强的生命力走过了风雨飘摇的晚清、战火频仍的近代，流传至今。

二、临沂市非物质文化遗产资源丰富

根据市非物质文化遗产办公室的梳理和划分，临沂市非物质文化遗产项目分为民间文学、传统音乐、传统舞蹈、传统戏剧、曲艺、传统体育、传统美术、传统技艺、传统医药、民俗十大类。

临沂市民间文学传说与故事历史久远，《汉书·于定国传》完整记载了“东海孝妇”的故事。元代杂剧名家关汉卿以此为原型创作了《感天动地窦娥冤》，并增加“颈血冲练”“六月飞雪”等富有神话色彩的情节，增强了故事的传奇性和感染力。东晋史学家干宝所著《搜神记》记载了晋代孝子王祥“卧冰求鲤”的传说，脍炙人口、广为流传。此外，以诸葛亮、王羲之、颜真卿为代表的临沂先贤也留下了很多传说和故事。这些民间故事和蒙山的仙道传说一起，构成了临沂地区民间文学的基本框架。

临沂市传统音乐的非遗代表性项目是鲁南五大调，又称郯马调、郯马五大调，因流行于以郯城县郯城街道和马头镇为中心的鲁东南地区而得名。五大调包括《淮调》《大调》《玲玲调》《满江红》和《大寄生草》5个曲牌，保存下来的有130首。音乐结构主要有“夹曲体”和“主曲体”，演唱形式分坐唱和群唱。鲁南五大调旋律委婉轻柔、节奏徐缓平实、词句典雅大方。《沂蒙山小调》是山东民歌的典型代表，反映了山东人民豪爽、淳朴的性格，被联合国教科文组织评定为中国优秀民歌。

活跃于民间的临沂传统舞蹈以龙灯扛阁最具代表性。该舞蹈流传于临沂市河东区三官庙村，已有170多年历史，是一种龙舞和扛阁结合在一起表演的广场舞蹈，过去通常用于祀神和求雨，新中国成立后成为喜庆和节日里的文化娱乐项目。龙灯扛阁的表演粗犷奔放、气势宏大，一直受到当地群众的喜爱。兰陵县西横沟崖村的猴呱嗒鞭舞，起源于清朝，初为夫妻二人表演，男性挥舞花棍模拟猴子，女性手持“洛子”配合，表演动作夸张、风趣幽默，后发展为集体舞蹈。

传统戏剧柳琴戏产生于清末，旧时称“拉魂腔”，因唱腔优美、有拉人魂魄的魅力而得名。1953年，因表演时用柳叶琴伴奏，正式定名为柳琴戏。柳琴戏以鲁南民间小调“拉魂腔”为基础，受当地柳子戏影响而发展，流布于鲁南、苏北、皖北、豫东北等广大地区。

传统曲艺渔鼓可以上溯至唐代的“道情”，是道士们传道或者化斋时所叙述的道家之事和道家之情。鲁南渔鼓的板式和演唱形式极具地方特色，对研究戏曲音乐、宗教音乐的嬗变，具有独特的学术价值。三弦平调又名“脚打鼓”，因是盲人创造演出的一种曲艺形式，亦称“瞎腔”，被列为山东省曲艺古老稀有曲种之一。流行在临沂、兖州一带的称为“东阎门”，唱腔高亢浑厚、真切朴实，地方色彩浓郁，唱腔音乐被收入《曲艺音乐集成（山东卷）》。

临沂地处鲁南苏北的交通要冲，有“江浙数省通衢，东南第一门户”之称，自古民间就有尚武之风。郯城县素有“拳术之乡”称号，这里的鲁南黑虎查拳自清宣统二年（1910年）萧羲之始，传承至今已逾百余，它融合了流传于鲁南苏北的地方查拳、山东冠县杨鸿修所传杨式查拳及少林虎拳编创而成，具有“动作古朴、式如汤瓶、刚柔相济、高低起伏”等特点。

郯城木旋玩具发源于郯城县港上镇樊埝村，俗称“耍货”。相传始于元末明初，至今已有600多年历史，富有浓郁的乡土气息和地方特色，题材内容、艺术形式都适应农村生活特点。图案设计多取材于神话传说、民间故事、历史故事等，具有造型精巧、形象逼真、色彩艳丽、夸张传神等特点，有的还可以活动、发声，相当有趣，深受儿童喜爱。

国家级非遗项目临沭柳编，产自被誉为“中国杞柳之乡”“中国柳编之都”的临沭县。相传隋朝末年，青云、白旄、曹庄等地村民已开始种柳编柳，距今已绵延1400多年。人们用杞柳编织成篼子（一种提篮）、笊篱、箱篓等工具，供生产和生活使用，“柳庄乡”由此得名。

传统技艺高桥手绣（鲁绣）为国家级非物质文化遗产代表性项目，据传始于清乾隆年间，至今已有300多年历史。《沂水县志》载：“沭水一带，凡男女相爱，女送男手绣，一者示意，二者显其女红娴熟”。最初高桥手绣仅用于农家自绣自用，具有浓厚的情感意义，在当地以集体性传承为主。高桥手绣地域特色鲜明，作为鲁绣的经典代表，以“插花描云”的显著特征在炫彩有灵、情暖柴扉的文化传承中显得绵远悠长。刺绣的平面装饰性与布艺雕塑的三维立体感相结合，极具立体雕塑的厚重和视觉张力。制作工艺上，多种装饰技法与造型元素相融合。色彩运用方面，色彩搭配纯度较高，对比强烈。

享誉海内外的兰陵美酒是中国北方黄酒的典型代表，有3000多年历史，以其深厚的历史文化渊源、独特的酿造工艺和香甜醇厚的葡萄酒风格，在中华民族悠远的酒文化史上占有极其重要的地位。

糁是临沂独具特色的传统名吃，它历史悠久，深受人民喜爱，具有“热、辣、香、肥”的特点。糁肥而不腻，营养丰富，具有祛风祛寒、健胃温脾的功效。与临沂当地面食，如锅饼、千层面饼和油条一起食用，味道更鲜美。

临沂的传统医药郯城仇氏正骨术起源于清咸丰年间，据说由宫廷侍卫将整骨秘籍传给仇氏家族而产生的。抗战时期，黎玉、罗荣桓等率部进驻大店、板泉时，每当战场上有骨伤者，部队就来人请葛氏正骨法的传承人葛连成前去救治。葛连成竭尽全力为部队伤病员服务，从不收取酬劳。

蒙阴人刘洪是东汉著名数学家、天文学家，他于东汉初平元年（190年）首创珠算。东汉徐岳所著《数术记遗》称刘洪“博学多闻，偏于数学……隶首注术，仍有多种，其一珠算”。2010 年，中国民间文艺家协会命名蒙阴县为“中国算圣文化之乡”。

蒙山喜宴是蒙阴、费县、平邑三县交界地带的传统饮食民俗，是当地人办理喜事最重要、最普遍的形式，菜品地方风味浓郁，沂蒙特色鲜明，是当地饮食文化的精髓。

三、临沂市非物质文化遗产特色鲜明

临沂丰富多彩的非物质文化遗产是临沂人民生活状态、人际关系、生产习俗、社会风貌、伦理观念、民间信仰的历史遗存，反映了临沂的历史文化传统和文化变迁。

一是传承历史悠久，传承氛围厚重。民间文学中“卧冰求鲤”故事主人公王祥的孝行在他十五六岁时就已为乡人所知，并开始流传，至晋人干宝《搜神记》，已经形成书面文献：“母常欲生鱼，时天寒冰冻，祥解衣，将剖冰求之，冰忽自解，双鲤跃出。”中国历史上的孝亲故事很多，“卧冰求鲤”的故事以其典型性、代表性和传奇色彩，因而妇孺皆知，长传不衰。孝文化作为中华优秀传统文化的重要组成部分，对于新时期弘扬中华民族优秀传统文化，建设社会主义先进文化具有非常重要的现实意义。此外，颜真卿系列传说历史悠久，具有浓郁的齐鲁文化特色和乡土气息，对建立良好的社会人际关系有重要推动作用。传统技艺中的兰陵美酒酿造技艺在两汉时期即已成熟，北魏农学家贾思勰对兰陵美酒生产工艺进行了科学分析和整理，并载入《齐民要术》。唐代兰陵美酒除进贡皇宫外，还通过京杭大运河，远销江宁、钱塘等地。明代医学家李时珍在《本草纲目》中记载：“兰陵美酒，清香远达，色复金黄，饮之至醉，不头痛，不口干，不作泻。共水秤之重于他水，邻邑所造俱不然，皆水土之美也，常饮入药俱良。”至清末，兰陵镇有私人酿酒堂号 40 余家。彩印花布源于秦汉，兴盛于唐宋时期，明清两朝、民国时期，彩印花布是人们生活中不可缺少的东西。老辈人穿的衣服、日常用的门帘、闺女嫁妆以及用于定亲、结婚、走亲访友用的包袱，都是用彩印花布来做。清代著名画家、砚史学家高凤翰著有《砚史》，其中藏砚有产于沂南县的徐公石雕刻品。

二是有丰富的典籍史志作为佐证，文化积淀深厚。临沂市非物质文化遗产项目在大量的典籍史志中均有记载，形成了厚重的文化积淀。民间文学中的东海孝妇传说的源头是《汉书》，《后汉书》《史通》《太平御览》《淮南子》《说苑》等典籍亦有记载。东晋时期干宝的《搜神记·东海孝妇》的前半部分与《汉书》所记大致相同。到了元代，关汉卿依据这一个传说创作了杂剧《感天动地窦娥冤》。明景泰元年（1450 年）前后，都御史张景华（郯城人）作《孝妇冢碑记》；景泰三年（1452 年），邑令席书作《祭孝妇冢文》。卧冰求鲤传说亦见于《搜神记》《二十四孝》《晋书》《世说新语》等古代典籍。溜山梆子诞生于 200 多年前，《费县简志》记载，流行于今临沂市兰山区，辐射费县、平邑、蒙阴、沂南等地。《苍山县志》记载，兰陵小郭泥塑玩具源于清咸丰年间，已故老泥玩艺人李宪志的祖父李宗标，师从天津“泥人张”学习泥塑技艺，后学习无锡惠山泥人艺术，将二者融合逐渐形成自己的特色。利用本地黄泥塑成人畜玩具，经晾干、涂粉、着色，至集市销售。兰陵小郭泥塑从创始人李宗标始，制作技艺代代相传，至今有近 200 年历史。

三是有大量的碑刻、文物和山川地貌等实物为依据。临沂的非物质文化遗产有大量的碑文石刻、出土文物、山川地貌等实物充分予以证明。在民间文学传说中，鬼谷子村清溪涓涓，六里鬼谷古道通幽，鬼谷子洞半山而居，登晒书石一览无余，神牛蹄印和大车道等遗迹均可资研究。孝妇冢位于郯城县人民政府驻地东南方向约 1 公里处，冢高 5.6 米，周长 180 余米。墓冢坐北朝南，属西汉末年遗留下来的古迹。孝妇祠原址在郯国故城南门口向南 1 公里处，今郯城酒厂南侧。孝妇祠分为南北两部分，南部为孝妇祠，系清嘉庆元年（1796 年）郯城知县周履端所建，北部为后殿，为清道光五年（1825 年）郯城知县徐铭增修。孝妇祠自前向后为山门、正殿、后殿三个部分。山门系古式，高脊走兽，台阶三级，朱门双开，气势宏伟，辅以郯城书法名人朱良如题写的对联：“六月飞雪天报孝，三年不雨地鸣冤”。曾因东海孝妇冤案，劝太守勿杀孝妇的廉吏于公，治狱勤谨，品德高尚，深得人心。于公在世时，人们为其建生祠，名曰“于公祠”。于公坟墓封土高大，占地2亩多，迄今保存较为完好。墓前立一石碑，刻“汉于公墓”四字。少年诸葛亮的传说中“喂鸡延时”的故事选入小学课本（北师大版五年级上册）。1995年，考古工作者在江苏徐州的狮子山西汉楚王陵中，发掘出土了3坛兰陵美酒，坛上盖有“兰陵丞印”“兰陵之印”戳记，已沉埋2000多年。

四是许多非物质文化遗产项目获得诸多殊荣。这是临沂市非物质文化遗产项目的重要特征。1914年首届中华国货展览会上，兰陵美酒获二等奖。1915年巴拿马万国博览会上，兰陵美酒获金质奖章，沂水县高嘉晋的桃核雕刻获银质奖章。1954年，周恩来总理率中国政府代表团参加了日内瓦国际和平会议，把兰陵美酒作为“国酒”带到日内瓦国际和平会议上，招待与会各国首脑，再次提高了兰陵美酒的国际声誉。1987年起，文化部开展“中国民间艺术之乡”“中国特色艺术之乡”评选命名活动。临沂市沂水县高桥镇等村镇被文化部命名为“中国民间艺术之乡”。1987年10月16日，在北京举行的“徐公砚研讨会”上，全国人大常委会副委员长楚图南题字“徐公砚”，全国书法家协会名誉主席、著名书法家舒同挥毫题字“美哉徐公”。2008年，在上海举办的第八届全国文房四宝博览会上，徐公砚被评为中国“十大名砚”。2009年，临沭县被中国工艺美术协会授予“中国柳编之都”称号，成功入选2021—2023年度“中国民间文化艺术之乡”。2014年，于凤宝的作品《同心圆梦》在第六届中国（山东）工艺美术精品博览会上获“神龙杯”设计创新金奖，2015年，作品《笑看人生》在第五十届全国工艺品交易会上获金凤凰创新产品设计大奖赛优秀奖。

四、临沂市非遗传承保护任重道远

1972年10月16日，联合国教科文组织在巴黎召开大会，通过了《保护世界文化和自然遗产公约》，对于人类文明发展有特殊意义的文物古迹、风景名胜、自然风光和文化及自然景观列入世界遗产名录。后因大量口头遗产在全球化的大背景下面临消失的风险，1989年11月，联合国教科文组织第29次大会通过了《宣布人类口头和非物质文化遗产代表申报书编写指南》，首次提出了“非物质文化遗产”的概念。2003年联合国教科文组织第32次大会通过了《保护非物质文化遗产公约》，对非物质文化遗产的外延和内涵作了进一步界定。

20世纪中叶，中国政府组织文化工作者对部分传统文化遗产进行了调查和研究，使许多濒临消亡的非物质文化遗产得到抢救。1997年，国务院发布《传统工艺美术保护条例》，对传统美术做出明确规定，保护了一大批工艺美术品种。

2002年起，文化部、财政部等部门联合启动了中国民族民间文化保护工程，采取了一系列保护措施，对具有重要价值且濒危的项目进行抢救性保护。2004年8月，十届全国人大常委会第十一次会议表决通过了《全国人大常委会关于批准联合国教科文组织〈保护非物质文化遗产公约〉的决定》，中国成为该公约第六个缔约国。

2003年，中国文化部、财政部联合国家民族事务委员会和中国文学艺术界联合会启动实施为期17年的“民族民间文化保护工程”，标志着中国非遗保护工作走向全国整体性、系统性的保护阶段。

2005年3月26日，国务院办公厅下发《关于加强我国非物质文化遗产保护工作的意见》，提出了建立非遗代表名录体系，推进非物质文化遗产研究，加强非物质文化遗产知识产权保护。《意见》以附件的形式公布了《国家级非物质文化遗产代表作申报评定暂行办法》。7月18日，文化部下发了《关于申报第一批国家级非物质文化遗产代表作的通知》，组织全国第一批国家级非物质文化遗产申报工作。12 月 12 日，国务院下发《关于加强文化遗产保护的通知》，提出建立国家、省、市、县四级非物质文化遗产保护名录。

2011 年 2 月 25 日，全国人大常委会通过了《中华人民共和国非物质文化遗产法》，将非遗保护上升到法律制度的层面，将各级政府部门保护非遗的职责上升为法律责任，从此有法可依。至 2011 年，中国非物质文化遗产保护逐步形成一套较为科学的保护体系，基本完成了第一次全国非物质文化遗产普查工作，建立了较为完善的国家、省、市、县四级非物质文化遗产名录体系，命名了非物质文化遗产项目代表性传承人。

2005 年起，中共临沂市委、临沂市人民政府在保护与传承非物质文化遗产方面采取了一系列措施，非物质文化遗产保护工作呈现良好态势，取得了显著成效。按照“保护为主、抢救第一、合理利用、传承发展”的非物质文化遗产保护方针，在做好以保存为基础的抢救、保护工作的基础上，积极促进临沂市非物质文化遗产的利用、传承和发展，对具有临沂特色、珍贵、濒危并具有历史、文化和科学价值的非物质文化遗产加以有效保护，使其融入当代社会实践，重现生机。

按照国家有关评审标准，对各类非物质文化遗产项目进行科学认定，鉴别真伪，在此基础上建立起市、区（县）两级非物质文化遗产代表性项目名录体系，逐步建立与“国家级非物质文化遗产代表性项目名录”和“省级非物质文化遗产代表性项目名录”相衔接的市非物质文化遗产代表性项目名录体系。到 2021 年底，全市已有 6 个项目入选国家级非物质文化遗产代表性项目名录，65 个项目入选省级非物质文化遗产代表性项目名录，326 个项目入选市级非物质文化遗产代表性项目名录。

随着现代化进程的加快和人民群众文化生活的多样化，非物质文化遗产的生存环境发生了很大变化，临沂非物质文化遗产保护传承方面存在的一些不容忽视的问题逐渐显现出来，例如，快速的城镇扩张带来社会结构的变化，对非物质文化遗产项目所在地的文化场所、物质空间、环境条件以及人们的生产生活方式、社会组织等文化生态环境造成破坏，对非物质文化遗产的传承产生不利影响；受现代文化和市场经济环境影响，部分非物质文化遗产项目缺少受众，市场萎缩，经营情况惨淡，影响项目的传承发展；对非物质文化遗产缺乏深层次的认识，存在重项目申报、重产业开发，轻传承保护、轻后期管理的现象；有的项目因传承人年事已高、健康状况不佳或因传承人过世，造成项目传承中断；部分项目缺乏资金和场地，难以开展传承工作，需要各级政府和社会通过多种渠道投入资金才能生存发展；保护单位管理关系不明晰，保护管理工作落实难度大等。增强全社会对非物质文化遗产的保护意识，切实加大非物质文化遗产的保护力度，已经成为一项十分重要和紧迫的任务。

党的十八大以来，习近平总书记多次对非物质文化遗产保护与传承作出重要指示，强调要扎实做好非物质文化遗产的系统性保护，更好地满足人民日益增长的精神文化需求，推进文化自信自强，建设社会主义文化强国。中共临沂市委、市人民政府认真贯彻落实习近平总书记指示精神，高度重视非物质文化遗产保护传承，将其作为建设文化大市、文化名市的重要抓手，加大投入、健全制度、建立档案和资源数据库、组织非遗传承人研修培训、开展抢救性记录、建设非遗馆（室）和传习所、鼓励社会力量参与非遗保护和开发，为临沂非物质文化遗产的保护和传承创造了良好的条件，相信在全市上下共同努力下，临沂非物质文化遗产必将绽放出更加迷人的光彩！

大事记

大 事 记

1914 年

6 月 15 日—7 月 15 日　山东第一次物品展览会在济南五里沟商埠公园举办。临沂、郯城、日照、莒县、沂水、蒙阴、费县 7 县有 322 种物品参展。经过评选，有 56 种产品获奖。其中沂水县矿政分局的沙金、临沂县兰陵美酒公司的郁金香获最优等褒奖金牌；沂水县高嘉晋的雕刻桃核，郯城县的柳条提包，蒙阴县的春绸，临沂县彭兰琪琅琊草帽公司的琅琊草帽，临沂县的兰陵美酒，郯城县的小粉皮、粉条等 19 种获优等褒奖银牌。沂水县高嘉晋的雕刻桃核 4 枚、临沂县兰陵美酒公司的兰陵美酒 6 瓶，还被选为参加 1915 年在美国旧金山举办的巴拿马万国博览会的参赛产品。

1915 年

2 月 20 日—12 月 4 日　巴拿马太平洋万国博览会在美国旧金山举办，兰陵美酒获金质奖牌；沂水高嘉晋的桃核雕刻获银质奖牌。

1917 年

5 月　琅琊草帽运抵济南，在鞭指巷吉祥店批发零售。琅琊草帽自民国 4 年（1915 年）经公司董事杨枢宸呈请农业部立案，特许专卖。其制帽之草，古名纶草，相传汉诸葛亮的纶巾即此草所制。因系琅琊一处所特产，故称为琅琊草。此草质柔而坚，色白而黄，经久不变，制帽最为相宜。《民国日报》曾称赞此帽：非特视平常国货，有过之无不及也，即视外货最精致者，亦当首屈一指。

1939 年

是年　袁顺斋将其积存了几十年价值 3 万银元的全部戏剧服装、道具等，捐献给八路军鲁中军区政治部沂蒙国剧社，部分教师、演员参加了国剧社。清道光二十八年（1848 年）直隶（今河北省）人袁田随父逃荒到沂水县界湖团山庄（今沂南县境）落户，靠打铁贩马创起家业。1901 年，出资办起 60 余人的京剧戏班“长字班”。翌年春，首次公演，演出《白水滩》《探金山》《空城计》等剧目，观众踊跃。1905 年，袁田又办起 60 余人的“春字班”。1910 年，“长”“春”两班在界湖街合演《铁公鸡》《黄金台》《铁板桥》等剧目，观众多达万余人。1912 年，袁氏又相继办起“富”“贵”两个戏班。四大戏班连袂，气派宏大，名扬省内外。1923 年袁田病逝，其子袁顺斋自北京回乡接管戏班，并增添衣箱，延聘名伶，强化阵容，演出剧目达百余出。除在本地和邻近的莒县、临沂、东海、潍县等地演出外，还到南京、上海、青岛、徐州和东北地区献艺。

1941 年

10 月　《沂蒙山小调》由抗大一分校文工团团员阮若珊、李林在费东县白石屋村创作问世，初名《反对黄沙会》，内容主要是控诉反动会道门“黄沙会”的罪行。中华人民共和国成立后，在长期的传唱过程中，经过群众多次加工修改，成为著名的山东民歌《沂蒙山小调》。

1944 年

是年 画家任迁乔在莒南县创作并出版石印彩色套版连环画册《翻身》，是山东抗日根据地出版最早的一本连环画册。

1956 年

8 月 17—24 日 临沂专区第一届戏曲观摩会演大会在临沂剧院举行。参加会演的共有 9 个剧团，250 余名演员，演出京剧、柳琴剧、山东梆子戏曲 24 出。大会民主评选并奖励了 25 名优秀演员。

1957 年

是年 临沂地区第一个曲艺演出团体临沂县曲艺队成立。有山东琴书、河南坠子、评书、相声、三弦平调等曲种，艺人及学员十余人。除在临沂城曲艺场演出外，还经常上山下乡，足迹遍及全区。

1961 年

是年 临沂专区柳琴剧团成立。

1971 年

2 月 25 日—3 月 28 日 中国舞剧团 60 余人在沂水县体验生活。其间，在县城和王庄等地为群众演出戏剧 8 场，观众达 5 万多人，举办胡琴学习班，为当地培训乐器演奏人才。

1973 年

10 月 6 日 《大众日报》报道，郯城县有 13 个公社、13000 多人常年从事草编生产。1972 年，全县草编生产完成产值 100 万元，比 1964 年增加 50 倍。1973 年 1 至 8 月完成产值 130 万元。除琅琊草帽等传统工艺品外，又创造了精巧的杯套、拖鞋、果盘、壶垫、凉席、地毯等 200 多种新产品，销往 40 多个国家和地区。

1977 年

是年 临沂县美术瓷厂研制成功别具一格的临沂紫砂陶，填补了全省陶瓷生产的一项空白，年产量达 20 余万件。

1979 年

2 月 莒南石雕工艺品远销到 40 多个国家和地区。

是年 郯城、临沭、苍山、莒南、日照 5 县，种植琅琊草 372 公顷，设加工点 410 个，有技术人员 18580 人，产值达 350 万元。在广州中国草柳藤竹制品交易会上，临沂地区参展的草帽在两天内即被抢购一空，供货合同已签订到翌年 5 月。

1980 年

8 月 11 日 临沂艺术学校建成。学校招生面向临沂地区兼顾枣庄市，在校学生规模 200 人，设京剧、柳琴、音乐等专业。

9 月 兰陵美酒首次出口新加坡、马来西亚等国家。

1982 年

6 月 26 日 中国珠算史第二次学术讨论会预备会暨山东省珠算史讨论会在蒙阴召开。会议对蒙阴籍古代天文学家刘洪和其子弟徐岳所著《数术记遗》一书作了考证，同时对《沂南画像古墓发掘报告》中提及的汉代珠算盘作了论证。

1986 年

是年 沂水县高桥镇沭水南村14岁姑娘张金霞绣的《金鱼荷包》，在山东省儿童少年工艺美术作品评奖中获一等奖。

1987 年

9 月 26 日 李少言版画献画仪式和创作50周年作品展在临沂举行。李少言是临沂市李家石河村人，为中国美协副主席、中国版画家协会副主席、中国美协四川分会主席。他为表达对故乡的热爱，将103幅艺术珍品献给家乡人民。

1994 年

10 月 由沂南县青驼镇选送的“徐公砚”在北京举办的首届中国名砚博览会上获金奖。

1996 年

5 月 21 日 中共临沂市委宣传部和兰陵集团在北京人民大会堂举行汉楚王陵兰陵美酒出土暨兰陵美酒北京地区面市新闻发布会。

1997 年

4 月 莒南县和苍山县兴明乡、沂水县高桥镇分别被文化部命名为“中国民间石雕艺术之乡”“中国民间泥塑之乡”“中国民间刺绣艺术之乡”。

2003 年

2 月 15 日 全市首届民间艺术展在市展览馆举行。展出剪纸、蓝印花布、彩印花布、布艺制品、民间雕刻、木版年画、泥木玩具、刺绣等20余个门类3000余件民间艺术品。

2004 年

4 月 30 日 临沂市首届民间艺术节在市动植物园开幕。参会的民间艺术品、工艺品有1000多种，其中包括弦子戏、渔鼓评书等濒于失传的民间艺术；100余名民间艺术家、民间艺人参加现场表演。

2005 年

5 月 13—14 日 全国人大教科文卫委员会就文化产业和非物质文化遗产保护工作在临沂开展立法调研。

2006 年

5 月 9 日 《兰山区非物质文化遗产名录申报执行办法》实施。

6 月 10 日 在山东美术馆举办的非物质文化遗产保护展览上，临沂市展出400余件展品，通过多媒体展示、陈列展板、摆放实物和现场制作4种方式，对临沂市民间音乐、民间舞蹈、民间戏曲曲艺、民间手工艺品等进行展演，民间艺人还现场制作刺绣布老虎、剪纸、面塑、印花布等。

2007 年

2 月 26 日 临沂市首届非物质文化遗产暨沂蒙民俗展在市展览馆开展。共制作展带、展板30余块，展出各种手工艺品、民俗展品3000余件。

8 月 24 日 临沂市人民政府发出《关于公布我市第一批市级非物质文化遗产名录的通知》，共有32个项目被列入临沂市第一批市级非物质文化遗产名录。

2008 年

4 月　临沂市第一批市级非物质文化遗产代表性传承人公布，张金兰、樊继美、尹芳利 3 人入选。

6 月 20—22 日　新编历史故事柳琴戏《王祥卧鱼》选调晋京参加“2008 中国非物质文化遗产展演”，在北京民族文化宫大剧院连演三场，得到中央、省市领导和首都观众的高度评价。

10 月 22 日　临沂市柳琴剧团演出的新编柳琴戏《王祥卧鱼》在文化部社文司、中国文化报社、山东省文化厅主办的“中国（枣庄）柳琴戏艺术周暨柳琴戏论坛”会上获 13 项大奖。

2009 年

3 月　临沂市第二批市级非物质文化遗产代表性传承人公布，张学法等 4 人入选。

6 月 25 日　山东省文化厅检查组到临沂市检查非物质文化遗产普查工作。检查组先后到临沂市非物质文化遗产保护中心、兰山区非物质文化遗产保护中心等地，实地察看临沂市非物质文化遗产普查档案、非物质文化遗产陈列室，听取相关部门工作情况汇报，对临沂市开展的非物质文化遗产普查验收工作给予充分肯定。

6 月 29 日　北京大学 8 名学生组织暑期社会调查组到市柳琴剧团开展社会调查。学生们观看了柳琴戏申报非物质文化遗产的宣传片，与剧团领导及部分老演员进行座谈，全面了解柳琴戏的历史和发展状况，表示会努力让更多人了解和关注柳琴戏。

2010 年

4 月 29 日　“2010 全市文化馆长年会”在沂南县竹泉度假村召开。市群众艺术馆中层以上干部、各县区文化馆馆长共 30 余人参加会议。会议要求大力加强非物质文化遗产保护，做好非物质文化遗产普查、《非物质文化遗产音像集成》录制，文化遗产名录的推荐、申报，档案整理和数据库的录入等工作。

9 月 1 日　10 集电视系列片《沂蒙记忆》首映首发仪式在市行政中心举行。该片以沂蒙山小调、柳琴戏、郯马五大调、龙灯扛阁、糁、卧冰求鲤等最具代表性的非物质文化遗产为题材，艺术表现了每项非物质文化遗产的溯源、价值、内容、现状和前景等。

10 月 15—18 日　山东省首届中国非物质文化遗产博览会在济南召开，临沂市组织参展项目 32 个，展销“非遗”精品 200 余种，销售总额 300 余万元，签约总额 12 亿元。临沂市文化广播电视新闻出版局（以下简称市文广新局）获得“优秀组织奖”，兰陵美酒获得“生产性保护奖铜奖”，张明建、樊继美等 8 人获得“传承人展示奖”。博览会期间，山东建筑大学特聘张乃苍、张明建、林化强、陈庆贵、樊继美、吕婷等人为客座教授。

2011 年

2 月 10 日　由临沂市委宣传部、市文化广电新闻出版局主办、市群众艺术馆承办的“掌上明珠杯”临沂市第六届非物质文化遗产暨民间工艺品展、演开幕。活动展出剪纸、烙画、木玩具、泥塑、古陶、手绣等 30 余个门类近万件作品，同时还组织表演类、传统技艺类等非物质文化遗产项目的展演和演示活动。

2011 年 2 月 10 日，临沂市第六届非物质文化遗产暨民间工艺品展、演开幕

6月11日 为庆祝第六个“中国文化遗产日”，临沂市举办非物质文化遗产保护成果展演活动。通过实物和图片，集中展出全市近年来挖掘保护的民间艺术、民间手工技艺等非物质文化遗产20多个门类3000余件，同时公布《临沂市第三批非物质文化遗产保护名录》共20项。

9月3日 临沂市博物馆新馆开馆。该馆建筑面积2.08万平方米，总投资1.2亿元，内设“临沂通史展厅”“汉代画像石展厅”“非物质文化遗产展厅”“书画展厅”等，形成“一个通史，五个专题”的基本功能布局。

2012年

1月30日 临沂市第七届非物质文化遗产保护成果暨民间艺术展演活动开幕。此次展演活动共展出剪纸、剪影、木玩具、泥塑、古陶、手绣等30余个门类近万件作品，吸引了上千名市民观赏，是临沂市近年来民间艺术暨非物质文化遗产挖掘整理和抢救保护成果的集中展示。

2月6日 临沂市第十二届民间秧歌会在临沂人民广场隆重举行。来自全市的20支秧歌队伍，近千人表演阵容给广大市民带来文化盛宴的同时，也为龙年元宵节增添了浓厚的节日气氛。

3月26—27日 山东省文化厅社会文化处处长孙猛建、省非遗保护中心办公室主任王福成一行到临沂市检查国家级、省级非物质文化遗产项目保护情况。检查组听取了临沂市和郯城县非物质文化遗产保护情况汇报，到市柳琴剧团、郯城县实地查看了国家级非物质文化遗产项目柳琴戏、鲁南五大调，省级非物质文化遗产项目木旋玩具保护现状，检查了国家级、省级非物质文化遗产项目中央、省级财政补助专项资金使用情况和代表性传承人义务履行情况，并对临沂市推荐的“山东省非物质文化遗产生产性保护示范基地”进行了实地检查，对临沂市非物质文化遗产保护特别是国家级、省级非物质文化遗产保护取得的成绩给予充分的肯定，指出了存在的不足。

6月9日 临沂市庆祝第七个中国“文化遗产日”主题活动在兰山区南坊街道柳青苑社区开幕。开幕式后举行了非物质文化遗产专场演出和非物质文化遗产进社区等系列活动。柳琴戏、郯马五大调、渔鼓说唱、弦子戏等优秀表演类非物质文化遗产项目联袂登台，木旋玩具、苍山泥塑、刻瓷油画、临沭绒绣等优秀非物质文化遗产传统手艺类项目代表性传承人现场展示制作技艺。

6月13日 全国高校第一家红色非物质文化遗产展馆——临沂大学红色非物质文化遗产展馆建成并面向社会开放。展馆占地900余平方米，由红色遗址纪念区、红色文物展示区、红色文化展示区、红色非遗传承实践与创新区等四部分组成，展示红色文物、非遗作品等共400余件。

9月6—11日 由文化部、山东省人民政府共同主办，枣庄市人民政府承办的第二届中国非物质文化遗产博览会在枣庄市台儿庄区举行。全国31个省市的1800余名非遗传承人为观众集中展示767个非遗项目。临沂共展出15项非物质文化遗产项目，主要有兰陵美酒、木旋玩具、苍山泥塑3个省级非物质文化遗产项目，以及彩印花布、兽油古陶、徐公砚、沂蒙泥哨、沂蒙面塑、沂蒙剪纸、糁、蓝印花布、蒙山葫芦烙画、宗荣绒绣、沂蒙刺绣等12个市级非物质文化遗产项目。现场销售20余万元，签约项目12个，合同金额600余万元。

9月10日 临沂市文广新局“非物质文化遗产与文化产业发展”座谈会在市博物馆召开。与会人员就临沂非物质文化遗产保护利用及其与文化产业协调发展进行详细座谈，提出许多建设性意见和建议。

11月 临沂市第三批市级非物质文化遗产代表性传承人公布，张莉等25人入选。

2013年

2月10—17日 临沂市第八届非物质文化遗产保护成果展暨民间艺术展演分别在市群众艺术

馆展览大厅、临沂和谐广场开展。活动展出剪纸、木旋玩具、泥塑、手绣等40余个门类、6000余件作品，组织表演类、传统技艺类等非物质文化遗产项目的展演活动。

2月23日　中央电视台《新闻联播》节目报道了临沂市喜迎元宵节的广场文化活动。临沂市19支民间艺术表演队在市人民广场上敲起锣鼓，扭起秧歌，“龙灯扛阁”“扑蝴蝶”等非物质文化遗产项目轮番上场，为人们送上一场丰盛的文化大餐。

5月20日　山东省非物质文化遗产保护协会公布2012年度山东省非物质文化遗产保护工作十大亮点事项、十大模范传承人和山东省十大非物质文化遗产保护特色村（社区）的评选结果，临沂市柳琴戏传承保护中心入选全省非物质文化遗产保护工作十大亮点事项；河东区九曲街道三官庙社区被评为山东省十大非物质文化遗产保护特色村（社区）。

6月8日　临沂市庆祝第八个“文化遗产日”广场非遗展演在市人民广场举行。表演类国家级、省级保护项目鲁南五大调、柳琴戏、沂蒙山小调、黑虎查拳等传承人一一登台表演。技艺类保护项目彩印花布、面塑、制砚、剪纸、柳编等十余位民间艺术大师、非物质文化遗产传承人现场展示技艺，一件件精美的民间手工艺品博得了市民们的称赞。

是日　临沂市首家以非物质文化遗产为主题的博物馆——沂南县非物质文化遗产博物馆暨中国红石寨非物质文化遗产博物馆开馆，共分八个展区，精选沂南县有代表性的非遗项目，对非遗项目进行展演。

6月8—16日　临沂市首届“非物质文化遗产·儿童”创意体验展系列活动在市群众艺术馆展览大厅举行。共展出非遗保护项目22个，展品5000余件，儿童艺术作品1500余件，特邀众多非遗传承人和民间艺人参展。数百名儿童通过观赏皮影表演、参与舞龙舞狮表演、制作彩印花布靠枕、印制木版年画、手绘立体布老虎，体验非物质文化遗产的魅力。

6月13日　由临沂市图书馆主办、兰山区文化馆承办的“临沂市非物质文化遗产成果展”在市图书馆六楼展览中心开展。本次展览以“非遗传承、人人参与”为主题，展出全市传统民间工艺作品200余件，其中包括黑陶、剪纸和彩印花布等项目。此次成果展旨在搭建一个广泛交流、展示、保护和发展的平台，让广大市民更加了解全市地域文化、风土人情，增强非物质文化遗产保护的文化自觉，促进非物质文化遗产更好地融入社会、融入民众、融入生活。

8月29—30日　省非物质文化遗产评委会主任刘德龙一行到蒙阴县考察非物质文化遗产项目保护和申报工作。刘德龙一行先后走进高都镇郑家庄村、垛庄孟良崮酱菜园、南北岱崮、卧龙崮等地，实地考察省级非物质文化遗产项目八仙灯、市级非物质文化遗产项目垛庄酱菜、县级非物质文化遗产项目崮的传说3个项目。通过座谈等形式全面深入地了解项目的历史渊源、主要特色、传承谱系以及当前发展等相关信息。充分肯定3个项目的非遗价值，对项目保护传承提出指导意见。

2014年

2月1日　沂南县第二届非物质文化遗产保护成果展在县艺术馆开展，活动持续到2月底。展出传统戏剧、民间美术、传统医药、传统手工技艺等项目，包括剪纸、烙画、面塑、草柳编、徐公砚、古陶、根艺、制茶等门类，共计百余件展品。剪纸、烙画、面塑等门类的民间艺人还现场向观众展示技艺，吸引了众多观众参观。

2月4—12日　市群众艺术馆群星小剧场于每天上午10：30举行非物质文化遗产专场演出，演出剧种有柳琴戏、弦子戏、皮影戏，其中柳琴戏《灵堂花烛》《张郎与丁香》《花园对诗》《姊妹易嫁》《墙头记》，皮影戏《东游记》等剧目受到观众欢迎。

2月8日　临沂市第九届非物质文化遗产保

护成果暨民间艺术展演系列活动在市群众艺术馆开幕。本次展演活动由市文广新局主办、市群众艺术馆承办，历时15天，从正月初一至十五，每天组织精彩的演出和展览活动。展出剪纸、烙画、木旋玩具、翻花、泥塑、古陶、砚台、手绣、草柳编、印花布等40余个门类6000余件作品。

2月14—28日 “非物质文化遗产·沂蒙民俗手工艺精品展”在临沂市图书馆六楼展览中心开展，读者、学生及民俗爱好者共600余人观展。展览期间，民间艺人卞成飞为市民展示传统手工艺品制作技艺。

2014年2月14日，“非物质文化遗产·沂蒙民俗手工艺精品展”在临沂市图书馆开展

3月18日 临沂市人民政府公布临沂市第四批市级非物质文化遗产名录共56项，其中，民间文学9项；传统音乐1项；传统舞蹈4项；传统戏剧2项；传统体育、游艺与杂技4项；传统美术6项；传统技艺25项；传统医药3项；民俗2项。

5月29日 首届沂南县非物质文化遗产暨民间艺术展在第七届中国（临沂）诸葛亮文化旅游节上开展。展览省市级非物质文化遗产项目32项。

6月13日 临沂市图书馆主办的“临沂市非物质文化遗产成果展”在市图书馆六楼展览中心开展，展出黑陶、剪纸和彩印花布等非遗作品200余件。

6月14日 全市非物质文化遗产代表性传承人座谈会在市群众艺术馆召开。市文广新局领导、相关业务科室负责人、市非遗保护办公室负责人及部分市级非物质文化遗产代表性传承人参加座谈会。

7月23日 莫氏绒绣民俗文化生活体验馆暨少儿非遗传承馆在临沭县开馆。该馆为临沂市首家非物质文化遗产体验馆，展出莫氏绒绣近百幅，并现场展示刺绣技艺，市民可亲身体验绒绣艺术。

8月下旬 经山东省文化厅外联处推荐，市级非物质文化遗产项目“沂蒙布贴画”传承人石运梅，受邀到埃及进行为期26天的文化交流活动，展示沂蒙布贴画的魅力。

9月4—5日 文化部非物质文化遗产司副司长张兵到临沭、郯城等县调研临沂市非物质文化遗产保护工作。调研组一行先后到临沭县柳编工艺厂、非物质文化遗产展馆，郯城县庙山镇、港上镇等地实地考察，详细了解临沂市在非物质文化遗产保护方面的具体做法和取得的成效。对临沂市实施科学分类，“在保护中生产、在生产中保护”的做法给予充分肯定。

10月10—13日 由文化部和山东省政府共同主办的第三届中国非物质文化遗产博览会在济

2014年10月10日，临沂市组织19个非遗项目参加第三届中国非物质文化遗产博览会

南举行。临沂市兰陵美酒、糁制作技艺、郯城木旋玩具、郯城木版年画、彩印花布传统印染技艺、蓝印花布传统印染技艺、王氏羽毛画、莫氏绒绣制作技艺等19个非遗项目参加展览。非遗传承人张明建、石运梅、王少年、卞成飞分别接受山东电视台、济南电视台采访，张明建还被济南大学美术学院聘为客座教授。

11月7日 全市非物质文化遗产保护工作培训班在市群众艺术馆四楼多功能厅举办。市县两级非遗保护专职工作人员参加培训。省文化厅非物质文化遗产处蒋士秋为培训班学员作报告。

12月8日 由市文广新局主办，市柳琴戏传承保护中心承办的柳琴戏进校园活动在北城新区临沂第六中学举办。市柳琴戏传承保护中心艺术创作室主任徐卫明为同学们讲授临沂柳琴戏的起源发展和艺术特点，并现场播放纪念柳琴剧团成立六十周年演出视频——《柳琴华章》，让学生和老师们真切感受到柳琴艺术的独特魅力。

2015年

1月30日 第三届临沂市民间工艺品展开展。展出民间工艺品沂蒙泥哨、面塑、泥塑、布艺等共计5000余件，是历届展览中规模最大、参展人数最多、种类最丰富的一次盛会。展览吸引了广大市民关注，日均观展人数达到2000余人次。

2月28日 临沂市举办第十届非物质文化遗产保护成果展和“乡村记忆”纪实图片展。共展出剪纸、翻花、泥塑、手绣等30余个门类500余件非遗作品，同时开展民间戏曲等非遗项目的展演活动。“乡村记忆”纪实图片展从“乡村记忆”工程已普查建档的119个传统文化乡镇、村落、街区、民居中遴选出50个，通过500余幅图文并茂的纪实图片，展示临沂市“乡村记忆”工程普查成果。

4月30日 由市文广新局主办、市群众艺术馆承办的“我眼中的非遗”摄影展在临沂市群众艺术馆美术馆开展。展览展出200幅摄影作品，内容涵盖传统戏剧、舞蹈、民俗、手工技艺等非遗项目，展示临沂市非物质文化遗产保护取得的成绩。

5月18日 第十一届中国（深圳）国际文化产业博览交易会闭幕。临沂市7家文化企业参会，展出木旋玩具、柳编工艺品等十余类文化产品逾千件，其中国家级非物质文化遗产1项、省级非物质文化遗产4项。

6月2日 市政协对全市非物质文化遗产传承与保护工作开展专题视察。市政协副主席、民盟临沂市主委刘继双带领市政协相关委室负责人、部分市政协委员先后视察市群众艺术馆非物质文化遗产展厅、市博物馆、郯城县郯马民俗文化馆，参观了挂门笺、木版年画、中国结、木旋玩具等非物质文化遗产展演，观看郯马五大调《夸夸咱马头》和新编现代柳琴戏《好人刘吉传》。召开座谈会，听取有关单位关于非物质文化遗产传承与保护工作的汇报，并从加强经费保障、加大对非遗项目传承人的培训等方面提出意见和建议。

2015年6月2日，市政协对全市非物质文化遗产传承与保护工作开展专题视察

6月13日 市文化广电新闻出版局发布《临沂市市级非物质文化遗产代表性项目代表性传承人认定与管理办法》，对临沂市市级非物质文化遗产代表性项目代表性传承人认定的条件、程序及管理办法作了规定。

6月23—24日 山东省人大教科文卫委员会副主任委员李显升带队到临沂市，就《山东省非物质文化遗产条例》进行立法调研。调研组赴郯城县实地考察民俗文化馆等，观看郯马五大调、柳琴戏、挂门笺、木版年画、中国结、木旋玩具等非物质文化遗产项目展演。召开临沂市相关部门负责人、人大代表、非遗传承人参加的座谈会。市文广新局受市政府委托作了非物质文化遗产保护工作汇报，与会人员就《山东省非物质文化遗产条例（草案）》进行深入讨论，提出了意见建议。

6 月 26 日 由市文广新局、临沂职业学院共同举办的优秀传统文化进校园暨非物质文化遗产博览会在临沂职业学院开幕。省文化厅非遗处蒋士秋，临沂职业学院党委书记徐化国，市政府党组成员、办公室副主任张洪永，市文广新局党委书记、局长曹首娟等出席开幕仪式，市级以上非遗代表性项目传承人、临沂职业学院师生及社会各界人士 2000 余人参加开幕式。活动分为临沂市非物质文化遗产博览会、临沂市非物质文化遗产优秀剧目展演、临沂职业学院非物质文化遗产展览馆揭牌、临沂职业学院尼山书院揭牌、临沂市非物质文化遗产发展论坛五部分。临沂市 70 余个非物质文化遗产项目参展。剪纸、面塑、柳编、莫氏绒绣等项目传承人现场展示技艺。

2015 年 6 月 26 日，由市文广新局、临沂职业学院共同举办的优秀传统文化进校园暨临沂市非物质文化遗产博览会在临沂职业学院开幕

7 月 13—15 日 山东省文化厅文化馆评估定级工作小组受文化部委托到临沂市检查验收。省文化馆馆长王寿宴一行，先后对临沂市文化馆、郯城县文化馆、临沭县文化馆、蒙阴县文化馆、莒南县文化馆、平邑县文化馆、兰山区文化馆进行检查验收。采取实地察看和档案材料审核相结合的方式，对临沂市在评估工作中注重“抓阵地建设、抓活动组织、抓工作落实、抓机制创新”的措施给予充分肯定。

8 月 18 日 省人大常委会副主任、党组副书记才利民带领省人大、省文化厅相关人员组成的联合调研组到临沂市，开展《山东省非物质文化遗产条例》立法调研。调研组实地考察临沂市文化馆非物质文化遗产展厅、罗庄区南十里堡社区乡村记忆馆，组织召开座谈会，听取临沂市非物质文化遗产传承与保护工作情况汇报，与市直有关部门，非遗项目保护单位负责人代表进行了座谈交流。

12 月 1 日 山东省颁布实施《山东省非物质文化遗产条例》，将每年农历腊月二十三日至次年二月二日定为“山东省非物质文化遗产月”。

12 月 4—7 日 市文广新局举办全市非物质文化遗产项目代表性传承人培训班。全市市级以上非物质文化遗产代表性传承人、各县区文化馆馆长及非遗办主任 90 余人参加培训。省文化厅非遗处蒋士秋、省非遗保护中心王芹从非物质文化遗产保护工作的方针政策、工作原则、传承工作基本要求及非遗项目代表性传承人权利和义务等方面进行专题辅导授课。

2016 年

2 月 1 日—3 月 10 日 临沂市举办首个“非物质文化遗产月”暨“非遗伴我们过大年”系列展

2016 年 2 月 1 日，临沂市首个“非物质文化遗产月”暨“非遗伴我们过大年”系列活动启动

演活动。活动期间，市文化馆非遗展示厅、市美术馆展出苍山泥塑、莫氏绒绣制作技艺、彩印花布、木版年画、传统编织技艺等50余个非遗项目、1500余件传统手工艺艺术品，部分非遗代表性传承人进行现场展演。农历正月初五至正月十四期间，在市文化馆群星小剧场组织非物质文化遗产保护项目地方戏演出及“沂蒙大明星”综艺专场演出；正月初一至十五，分别在各县区和市人民广场分阶段举办临沂市第十六届民间秧歌会；“二月二，龙抬头”专题文艺演出等系列活动。

2月19日 山东省非物质文化遗产月传统音乐专场演出在泰安市艺术中心泰山大剧院开幕。泰安、潍坊、临沂、菏泽、莱芜5市的12个传统音乐类非物质文化遗产项目参加演出，鲁南五大调传统曲目《四盼》和淮调新曲《鹿乳奉亲传千秋》代表临沂市，参加专场音乐会演出。

3月9—10日 沂蒙传统工艺振兴工程座谈会在临沂市文化馆举行。全市市级以上非物质文化遗产传统美术、传统技艺、传统医药炮制类项目及其他开展生产性保护的非遗代表性传承人、各县区负责非遗保护工作的人员，以及社会各界艺术设计师、画家等60余人参加座谈会。

3月14日 《临沭记忆》出版发行。该书是临沭优秀非物质文化遗产项目的专著。共分9章，全面展示了临沭民风民俗、历史传说、传统舞蹈、传统音乐、民间技艺等传承现状。

4月1日 山东省人民政府公布山东省第四批省级非物质文化遗产代表性项目名录，临沂市入选省级非物质文化遗产代表性项目名录22项，居山东省各地市首位，超过前三批项目认定总和。至此，临沂市拥有国家级非遗代表性项目4项、省级非遗代表性项目41项、市级非遗代表性项目117项。

5月5—9日 受韩国首尔市政府邀请，临沂市文广新局组织柳琴戏传承保护中心演出团一行17人，赴韩国参加2016年首尔友谊博览会。在韩国期间，演出团共参加6场会演，首次向国外观众展示临沂市国家级非物质文化遗产——柳琴戏，推动了中韩两国间的文化交流。

2016年5月5—9日，临沂市组织演出团代表山东省赴韩国参加2016年首尔友谊博览会

6月12日 省文化厅公布山东省第二批省级非物质文化遗产生产性保护示范基地名单，临沂市省级非遗项目“兰陵美酒传统酿造技艺”保护单位兰陵美酒股份有限公司被命名为省级非物质文化遗产生产性保护示范基地。

6月13日 蒙山旅游区组织开展非物质文化遗产保护展演宣传活动。选取9项非物质文化遗产项目制作了宣传展板，其中有1项省级非物质文化遗产——《鬼谷子传说》，8项县级非物质文化遗产，在蒙山龟蒙景区商业古街进行宣传。活动期间举行渔鼓戏表演和祭山大典演出，吸引了众多游客。

6月25日 由临沂市文广新局主办，临沂职业学院承办的第二届优秀传统文化进校园暨鲁南地区非物质文化遗产博览会在临沂职业学院开幕。省文化厅非遗处蒋士秋、临沂市副市长赵爱华等出席开幕式，市级以上非遗代表性项目传承人、民间手工艺艺人、临沂职业学院师生及社会各界人士3000余人参加开幕式。此次活动分为临沂市非物质文化遗产博览会、临沂市非物质文化遗产优秀剧目展演、临沂职业学院非物质文化遗产大师工作室揭牌仪式、临沂职业学院为非遗教育兼职教授颁发聘书、临沂市非物质文化遗产发展论坛五项内容。临沂市90余个非物质文化遗产项目参展，同时邀请枣庄市、日照市部分非遗项目和代表性传承人参展。剪纸、面塑、柳编、莫氏绒绣等项目传承人现场展示“绝活”。

8月19日 临沂市非遗、手工艺助力扶贫培训班在市文化馆举办。各县区文广新局分管领导、非遗保护中心办公室主任，非遗、手工艺传承人“实训基地”负责人等60余人参加培训。培训班邀请临沂巧艺电子商贸有限公司、临沭宗荣手工艺品有限公司负责人介绍利用非遗、传统手工艺项目创业，带动周边贫困户脱贫的经验。

9月21日 第四届中国非物质文化遗产博览会在济南国际会展中心开幕。博览会以“非遗走进现代生活”为主题，全国31个省、自治区、直辖市的非遗项目以及尼泊尔、泰国、新加坡、日本等国家的非物质文化遗产项目参展。临沂的兰陵美酒、糁制作技艺、王氏熟梨、郯城木旋玩具、面塑、根雕、沂蒙挑花、郯城木版年画、莫氏绒绣制作技艺等20余个项目参加展示。

10月28日 临沂市政协对沂蒙文化生态保护区创建、非物质文化遗产保护等工作开展专题视察。市政协机关党组成员、科教文卫体委员会主任孟新生带领部分市政协委员和有关专家、学者参加视察。视察组一行先后实地察看郯城县郯马民俗文化馆、兰陵县农耕博物馆、萧氏文化中心、兰陵美酒生产基地等，并对下一步工作提出要求。

12月5—7日 临沂市举办第五批市级非物质文化遗产代表性项目负责人培训班。省文化厅非遗处蒋士秋作辅导授课，第五批市级非物质文化遗产项目负责人、各县区文化馆馆长及非遗办主任等100余人参加培训。培训的主要内容是非遗保护法律法规、非遗传承工作的基本要求和著作权保护登记等知识。88位非遗代表性项目负责人进行现场展演展示和交流发言。

2016年12月5—7日，第五批市级非物质文化遗产代表性项目负责人培训班举办

12月20日 郯城县欣欣柳琴戏剧团在马头镇马南社区房后村文化广场演出，吸引了附近11个村庄的戏迷，拉开郯城县“文化进万家”活动的序幕。活动共有16个庄户剧团参加。

12月 临沂第五批市级非物质文化遗产名录公布，共72项。其中民间文学12项、传统音乐1项、传统舞蹈1项、传统戏剧2项、曲艺4项、传统体育、游艺与杂技2项、传统美术5项、传统技艺26项、传统医药7项、民俗5项，临沂市市级非物质文化遗产代表性项目名录扩展项目名录共7项。

2017年

1月4日 文化部在北京颁发“2016年度文化部优秀专家奖”，临沂市柳琴戏传承保护中心刘莉莉获得“文化部优秀专家”称号。

1月20日 由临沂市文广新局主办，市文化馆、市博物馆承办的2017年非物质文化遗产月系列活动暨山东民间年画展在市博物馆开幕。副市长常红军出席并讲话。市文广新局领导、局直属各单位及非遗项目传承人等100余人参加活动。活动得到省文化厅大力支持，“山东民间年画展”精选山东博物馆收藏的潍坊杨家埠、高密，青岛平度，聊城等地的民间年画精品和画版70余件，展示富有齐鲁地域特色的民风民俗和人文精神。“临沂市非物质文化遗产成果展”展示木旋玩具、泥塑、面塑、剪纸、烙画、古陶、手绣、草柳编、印花布、剪纸等80余个门类13500余件作品。

1月21日 由临沂市图书馆、兰山区文广新局主办，兰山区文化馆、童画阿特美术教育基地承办的“传统文化过大年——赶年集送春联迎福气赏金鸡”活动在市图书馆展览中心拉开帷幕。陈氏皮影戏传人陈田年、中国剪纸艺术委员会理事林化强等多位民间手工艺人，展示了皮影戏、糖画、剪纸、布贴画、刺绣、面塑等多项非物质文化遗产项目，吸引广大市民踊跃参与体验。

2月25—26日 临沂市非物质文化遗产保护工作培训班在市文化馆举办。各县区文广新局分管局长、文化馆馆长，代表性传承人等100余人参加培训，培训班邀请济南市群众艺术馆副书记、非遗保护中心主任李梅海辅导授课。

6月3—5日 临沂市庆祝第一个“文化和自然遗产日”暨首届中国（临沂）非遗博览会开幕式在罗庄区十里堡孔子文化广场举行。博览会由中国孔子基金会、临沂市文广新局、市旅游局、罗庄区人民政府主办，以临沂传统手工技艺传承为重点，全面展示临沂市非物质文化遗产保护成果，提高群众参与非遗传承保护意识，营造良好的社会文化氛围。博览会期间，每日举办3场非遗文化特色展演。

6月23日 临沂市第三届优秀传统文化进校园暨非物质文化遗产博览会在临沂职业学院举行。来自全省14个地市的国家、省、市级传统美术、传统技艺、传统音乐、传统舞蹈、传统戏曲、传统医药和民间文学等210个非遗项目，400余位非遗传承人及学院师生、社会各界群众参加活动。

7月4—24日 山东省非物质文化遗产传承人群剪纸技艺培训班在临沂职业学院非遗培训基地举办。培训班学员、教师等共40人参加开班仪式。山东省文化馆王芹，省级优秀传承人王艳俊、林化强，河北蔚县剪纸代表性传承人张建彬，郯城挂门笺代表性传承人张乃仓，江西贺氏剪纸代表性传承人贺虹等为学员们授课。

9月14日 首届临沂文化惠民消费季“非遗进景区”文艺演出在沂南县沂蒙红色影视基地广场举行。全市文化志愿者共100余人参加演出，现场近千名观众观看。

2017年9月14日，临沂市举行首届文化惠民消费季“非遗进景区”文艺演出

2018年

1月18—20日 临沭县举办第四届中国（临沭）柳编商品交易会。交易会以“时尚、绿色、生态”为主题，突出展示临沭深厚的历史文化底蕴和“柳编之都”的魅力，注重与电子商务等新兴业态的融合发展，集中展示以柳编为代表的手工非物质文化遗产中的“工匠精神”。其间还举办了柳编技能编织大赛、柳编产品创意设计大赛和具有临沭柳编产业特色的文艺演出。

2月8日—3月18日 临沂市举办“我们的中国梦——非物质文化遗产月·沂蒙乡音乡韵展演季”活动。市政府副市长常红军出席并讲话，市文广新局领导、非遗项目传承人及市民群众500余人参加开幕式。活动期间，为国家级项目柳琴戏代表性传承人张金兰颁发临沂市非物质文化遗产保护传承终身成就奖，为新入选国家级代表性传承人樊继美颁发临沂市非物质文化遗产保护传承突出贡献奖。临沂市文化馆美术展厅展出了木旋玩具、泥塑、面塑、剪纸、烙画、木版年画、古陶、手绣、草柳编、印花布等50余个门类非遗实物25000余件；群星剧场自正月初五至十三每天一场戏，柳琴戏、弦子戏等优秀剧目轮番上演，参加系列活动的社会各界群众达2万余人。

3月9日 平邑县政协联合县文广新局编写的《平邑非物质文化遗产》出版发行。该书收录平邑县非物质文化遗产45项，其中省级2项、市级14项、县级29项。

3月28—29日 文化和旅游部非遗司副司长王晨阳一行到临沂市调研“非遗＋扶贫”工作。省文化厅副厅长李国琳、副市长常红军等陪同。调研组先后到费县朱田镇崔家沟社区非遗手绣精准扶贫培训基地、沂蒙山小调诞生地、郯城县庙山镇薛庄村杞柳传统编织技艺电子商务产业园、胜利镇高大村琅琊草编制品厂进行实地调研，听取临沂市非遗保护传承和非遗扶贫工作情况汇报。王晨阳对临沂市的“非遗＋扶贫”工作给予充分肯定。

4 月 18 日　临沭县在青云镇柳毅庙广场举办“2018 三月三柳毅庙会暨临沭县第一届柳编小镇文化节”。开展民俗舞蹈表演、传统柳琴戏表演、曲艺展演、特色小吃、非遗柳编品展卖等活动。

5 月 21 日　罗庄区图书馆在阅览大厅少儿专区设立非物质文化遗产项目面塑传承培训基地，同时通过微信、微博、罗庄通讯等向公众发布培训公告，邀请沂蒙面塑传承人王树海授课，每期免费培训 15 名学员，每周六上午 9：30 至 11：00 开课，广大青少年踊跃报名参加。

6 月 5—6 日　中国第五届非物质文化遗产博览会传统工艺比赛山东赛区选拔赛决赛在山东省文化馆举办。临沂市共 16 人参赛，获一等奖 1 名，二等奖 4 名，三等奖 11 名，临沂市获优秀组织奖。比赛期间，临沂市非遗手绣项目传承人卞成飞应邀参加非遗助力脱贫、推动乡村振兴对话会，并在会上作了经验交流，引起强烈反响。

2018 年 6 月 6 日，临沂市参加山东省 2018 年“文化和自然遗产日”非物质文化遗产宣传展示活动

6 月 10 日　郯城县“走进新时代欢乐进万家”暨移风易俗送戏下乡活动开幕。经过严格筛选，14 支庄户剧团参加送戏下乡文化惠民会演，年内送戏下乡 200 余场次，线下观众人数达 4 万余人次，网络同步直播 8 场次，在线观看人数近万人次。

6 月 29 日　临沂市第四届优秀传统文化进校园暨非物质文化遗产博览会在临沂职业学院举行。本次博览会以“传承与创新”为主题，来自吉林省、山西省、河南省及省内部分地市的 252 个传统美术、传统手工艺、传统音乐、传统舞蹈、传统戏曲、传统美食和民间文学等非遗项目，非遗传承人、学院师生和社会各界群众共 5000 余人参加。

7 月 6 日　“河东区非物质文化遗产教育示范单位”揭牌仪式在刘店子中心小学举行。揭牌仪式后，开展非遗传承进课堂、非遗项目展演、非遗现场展示活动。糖画制作、草编等非遗代表性传承人向师生们传授技艺，并现场进行示范。

7 月 20 日　全市非遗电商助力扶贫暨传承人培训会在郯城县举办，全市非遗代表性项目传承人、非遗实训基地和非遗文化企业负责人共 80 余人参加培训。

7 月 22 日—8 月 11 日　山东省非物质文化遗产传承人面塑技艺培训班在临沂职业学院非遗培训基地举办。来自全省的 30 余位面塑从业者、传习者、学徒和面塑技艺爱好者参加。

7 月 24 日　平邑县举办非遗助力扶贫——刘氏翻花培训班，邀请刘氏翻花传承人刘庆怀授课，传授翻花制作技艺，十几位贫困人员参加学习。

9 月 11 日　山东省“文化助力脱贫推动乡村振兴”现场观摩会在郯城县召开，省文化厅党组书记、厅长王磊，省图书馆、省文化馆主要负责人，省文化厅有关处室负责人，全省各市文广新局主要负责人等 100 余人参加。与会人员先后观摩了郯城县庙山镇乐泉社区综合文化服务中心、二胡博物馆，庙山镇薛庄社区柳编博物馆、电商产业园，马头镇郯马民俗文化馆和胜利草编、红花中国结非遗项目移动展厅。通过实地参观、听取介绍、现场交流等方式，详细了解郯城县文化助力脱贫，推动乡村振兴工作的开展情况，对郯城县文化助力脱贫推动乡村振兴工作取得的成效给予高度评价。新华社、《光明日报》等 18 家媒体记者作了采访报道。

9 月 13 日　以“活态传承活力再现”为主题的第五届中国非物质文化遗产博览会在济南开幕。临沂市组织的彩印花布、柳编等项目参加主会场展演，费县手绣、临沭柳编、琅琊剪纸等项目参加本届博览会的传统工艺大赛活动。翻花、蓝印花布、小郭泥塑、挑花、木旋玩具等20多个项目在分会场展演。在全国非物质文化遗产博览会论坛上，临沂市代表作题为《激发非遗传承活力，助力文化精准脱贫》的交流发言。

9月29日　第二届“临沂文化惠民消费季暨非遗进景区活动”在沂水县大峡谷·萤火虫水洞景区举行。本次活动由临沂市文广新局和沂水县人民政府主办，全市50多个非遗项目参加展示活动。

9月30日—10月2日　第五届中国（临沭）柳编旅游文化产业博览会在曹庄镇“朱村柳韵”田园综合体举行。博览会以“建设多彩田园、编织美好生活”为主题，会上举行柳编技能大赛、柳编（旅游）商品创意编织大赛、柳编产品线上设计大赛以及柳编产品展销等系列活动。

12月　临沂市第五批市级非物质文化遗产代表性传承人公布，姜安典等67人入选。

2019年

1月28日—3月8日　临沂市举办2019年“非物质文化遗产月暨第二届沂蒙乡音乡韵展演季”活动。1月28日举行启动仪式，市直文化和旅游系统干部职工、非遗项目代表性传承人、新闻媒体及各界群众代表500余人参加。展演季期间，举办“二月二龙抬头”专场文艺演出、非物质文化遗产实物展，展出木旋玩具、泥塑、面塑、剪纸、烙画、古陶、手绣、草柳编、印花布、剪纸等2万余件民俗和非遗手工艺衍生品。举行了非物质文化遗产保护剧种展演、临沂市第十九届民间秧歌会等系列活动。

2月1—15日　临沂市开展“文化进万家共圆中国梦”柳琴戏迎春惠民演出活动。市柳琴戏传承保护中心精心准备了经典柳琴戏剧目《花为媒》《灵堂花烛》《姊妹易嫁》《金玉奴》《喝面叶》《张郎与丁香》等，由刘莉莉、梁福生、刘桂红、孙启忠、田世芬等主演，吸引众多市民前往观看。

2月21日　莒南县举办2019年“非物质文化月”非遗进社区活动，县文化馆工作人员和文化志愿者向岭泉镇沟头社区群众发放《中华人民共和国非物质文化遗产法》《山东省非物质文化遗产条例》等宣传材料，运用非遗宣传栏等进行宣传。莒南剪纸、糖画、面塑、布玩具、鞋垫、翻花、金龙鱼、木制玩具等11名非遗传承人进行现场展示。

3月30—31日　莒南县“缤纷文化·魅力莒南”2019年公益非遗剪纸培训班开班仪式在县文化馆道德讲堂举行。培训班由县非遗剪纸项目代表性传承人、莒南县老年大学剪纸老师孙潇任教，向学员们传授剪纸的基础理论知识、折叠方法、团花剪纸技巧等，30余名学员参加培训。

4月28日　河东区文化和旅游局联合区妇联邀请非遗传承人到相公街道平安社区开展面塑、布艺、剪纸等传统技艺培训，引导广大农村妇女大力发展特色手工业，辐射带动有就业需求的妇女开展居家灵活就业。

6月2日　2019年临沂市“文化和自然遗产日”非物质文化遗产宣传展示活动在河东区沂州古城启动。市文化和旅游局组织开展了“一品清廉”首届临沂市廉政文化艺术展、“非遗传承·童画同行——北城校区五周年优秀作品展”、山东省烟联烟标收藏交流会、临沂市第五届优秀传统文化进校园暨非遗博览会等配套活动。全市140余个非遗项目、200余名非遗传承人参加活动。

2019年6月2日，儿童在临沂市“文化和自然遗产日”非遗宣传展示活动上参观

6 月 5 日 山东省非物质文化遗产传统舞蹈大赛在临沂市举办。来自全省各地的 10 个省级、国家级非遗项目参加展演，济南市商河县的花鞭鼓舞、滨州市阳信县的阳信鼓子秧歌、淄博市临淄区的踩寸子等很受欢迎。

6 月 20 日 由临沂职业学院牵头，80 余家产学研相关单位共同参与的山东省非物质文化遗产传承创新产教联盟成立大会在临沂职业学院召开。大会审议通过了联盟章程草案、理事会选举办法，表决通过了联盟第一届理事会成员名单。临沂职业学院党委副书记、院长刘磊当选为联盟第一届理事会理事长。

2019 年 6 月 21 日，临沂市第五届优秀传统文化进校园暨非物质文化遗产博览会举行

6 月 21 日 由临沂市文化和旅游局主办、临沂职业学院承办的临沂市第五届优秀传统文化进校园暨非物质文化遗产博览会在临沂职业学院开幕。博览会以“非遗助力扶贫攻坚”为主题，邀请全省各地市 220 余个非遗项目参展，370 余位非遗传承人和 1000 余名社会各界群众、师生代表参会。开幕式上，举行山东省非物质文化遗产传承创新产教联盟和学院第三批非遗大师工作室揭牌仪式，并为临沂职业学院第三批非遗兼职教授颁发聘书，为临沂职业学院第二届传统文化产品设计创作大赛和第二届非遗微视频大赛获奖师生颁奖。开幕式后，与会人员参加优秀非物质文化遗产项目展演活动。

7 月 16 日 鲁绣传承人、济南红线女鲁绣坊总经理侯承红，带领鲁绣技师到沂蒙红嫂故乡沂南县马牧池乡常山庄村，举办以“传承鲁绣，创新鲁绣，发展鲁绣”为主题的鲁绣培训、展示活动。培训班上，侯承红向老区妇女讲解鲁绣起源及发展，鲁绣技师传授鲁绣制作技艺，并展示山水绣、风景绣、人物绣、书法绣等鲁绣作品，将鲁绣制作技艺传授给沂蒙老区妇女，帮助她们掌握一门脱贫致富手艺。

9 月 6 日 “2019 全国非遗曲艺周”启动仪式在山东省会大剧院举行。非遗曲艺周的主题是“非遗曲艺薪火相传”，来自全国各地的 492 位曲艺类非遗传承人表演节目 131 个，涉及非遗项目 94 项，其中国家级 60 项、省级 34 项。临沂市组织的山东琴书《白猿偷桃》、沂蒙渔鼓《大喜大庆十九大》等节目参加演出，受到观众欢迎。

9 月 17 日 临沂市举办乡村手工技艺技能大赛。大赛以“活态传承活力再现”为主题，分为初赛和决赛两个阶段。初赛由各县区乡村手工艺人参加，每个类别选拔出参赛人员参加决赛，决赛在市文化馆一楼展厅举行。各县区剪纸类、雕刻类、刺绣类、编织类、面塑类、陶艺类等共 36 名乡村非遗手工艺人参加决赛。评选出金手奖 1 名，银手奖 2 名，最佳创意奖 3 名。

9 月 19 日 第八届山东国际文化产业博览交易会在山东国际会展中心开幕。本届博览交易会设 9 大展区和 1 个供需洽谈区，总展览面积 10.3 万平方米。郯城县以“手艺郯城”为主题，组织部分非遗文化产业参会，集中展示了郯城县传统手工技艺的传承保护与发展。参展的作品主要有郯城中国结、柳编、传统草编、民族乐器、郯城木旋玩具、刺绣、面塑等。

9 月 25 日 由莒南县文化和旅游局主办、莒南县文化馆承办的“壮丽 70 年奋进新时代”莒南县非物质文化遗产藏品展在县文化馆开展。本次展览共展出薛家窑泥陶、葛氏正骨、布老虎、泥老虎、泥面塑、木梳、莒南剪纸、翻花、彩印花包袱、石雕石刻、蓑衣、葫芦雕刻、黄杨木雕、蛋雕、烙画等实物 700 余件。

10 月 17 日 第七届中国成都国际非物质文化遗产节在成都举办。郯城县文化馆受山东省文化和旅游厅、临沂市文化和旅游局的委托，组织柳琴制作传承人高振保、柳琴演奏演员徐勤科（兰陵县柳琴剧团演员）参加民族乐器竞技，演奏的柳琴代表曲目《春到沂河》，深深地打动了评委与观众。

11 月 7 日　“银杏之约，融合发展”第七届中国（郯城）银杏节在郯城县银杏会展中心开幕。银杏节现场同时举办了非遗、民俗文化与书画摄影展、临沂市非遗展演活动现场交流会。林业部原副部长刘于鹤，山东省政协副主席刘均刚，山东省自然资源厅副厅长、省林业局副局长马福义，临沂市副市长张玉兰等参加开幕式。

12 月 2 日　以“非遗助力脱贫　推动乡村振兴”为主题的“非遗＋扶贫”面塑——花馒头制作培训班在罗庄区黄山镇东蔡村举行。非物质文化遗产“沂蒙面塑”传承人王树海，传授花馒头材料的制作、工艺技法和配色技巧，30 余位村民参加培训。

2020 年

1 月 17 日　由临沂市文化和旅游局、罗庄区人民政府主办的 2020 年“非物质文化遗产月”暨第三届沂蒙“乡音乡韵”展演季活动在罗庄区海棠艺术中心开幕。市、区领导及全市文化和旅游系统干部职工，国家、省、市级非遗项目代表性传承人及各界群众 600 余人参加活动。

2 月 20 日　临沂市非物质文化遗产“费县手绣”传承人卞成飞通过市文化和旅游局向市红十字会捐赠价值近 2 万元的避瘟香囊，支援疫情防控工作。

5 月 17 日　沂南县博物馆组织非物质文化遗产项目传承人、非国有博物馆馆长及业务骨干到红石寨景区，开展“传统文化进景区”活动。沂南红石寨非物质遗产博物馆、沂南酒具文化博物馆、沂南古今油灯博物馆、沂南元宝根艺文化博物馆负责人参加活动。

6 月 13 日　临沂市 2020 年“文化和自然遗产日”系列活动启动。全市各县区文旅部门结合地方特色，精心谋划，线上线下联动，举办了丰富多彩的非遗宣传展示活动。

6 月 23 日　由临沂市文化和旅游局主办，临沂职业学院承办的临沂市第六届优秀传统文化进校园暨非遗博览会在临沂职业学院开幕。博览会以“非遗传承健康生活”为主题，聚焦非遗在人民健康生活中的重要作用，以非遗进校园为载体，以产教融合为主线，以网络平台为主阵地，采取线上线下相结合的方式，开展非遗宣传展示和传承实践活动。

7 月 20 日　由临沂市文化和旅游局主办的“非遗助力夜经济”临沂市非物质文化遗产展演活动在兰山区朝阳社区仿古街区举行。王氏熟梨、琅琊剪纸、面塑、糖画、沂蒙布艺、中国结、密氏膏药等非遗项目进行现场展示，吸引众多市民和游客观赏。吹打乐《农家乐》、弦子戏《黄莺》、渔鼓《绿色食品——大菜园》、传统柳琴戏《喝面叶》等非遗节目参加演出。

2020 年 7 月 20 日，“非遗助力夜经济”临沂市非物质文化遗产展演活动举行

7 月 23 日　鲁南红色非物质文化遗产展在临沂市文化馆开展。展览集中展出了鲁南四地市剪纸、中国结、烙画、面塑、民间缝绣、柳编、布鞋、布贴画、根雕、煎饼、小棉袄等独具鲁南地方特色和代表性的红色非物质文化遗产项目 100 余个、作品 1076 件（幅）。

9 月 26 日　临沂市文化和旅游局联合沂水县人民政府，在沂水萤火虫水洞・地下大峡谷旅游区，共同举办“观精品非遗赏萤火奇观”2020 年非遗进景区活动，各县区精心组织非遗项目及传承人参加活动。

2020 年 9 月 26 日，临沂市举办非遗进景区活动

10 月 5—10 日 国家级非物质文化遗产，中国（潍坊）杨家埠木版年画七省市巡展临沂站展览在临沂市文化馆开展，共展出 160 余幅明清古版年画和部分优秀现代年画。

10 月 16 日 罗庄区开展“扶贫宣传月”精准扶贫系列活动。“文旅同行扶贫志愿小分队”走进罗庄区沂堂镇大槐树村，开展非遗面塑培训，向贫困村群众传授技艺，助力脱贫致富。

10 月 17 日—11 月 2 日 国家级非物质文化遗产资助项目传统柳琴戏《灵堂花烛》《梁祝》赴鲁苏豫皖四省进行 10 场巡回演出。巡演由“戏剧梅花奖”“文华表演奖”获得者刘莉莉，国家一级演员刘桂红、梁福生、孙启忠，二级演员田世芬、薛云飞，优秀青年演员郭琦、周俭、李世峰等担任主演，他们精湛的演出获得了观众的欢迎。

12 月 15 日 临沂市第六批市级非物质文化遗产代表性项目名录和市级非物质文化遗产代表性项目名录扩展项目名录公布。项目名录共 88 项，其中民间文学 2 项，传统音乐 1 项，传统舞蹈 1 项，传统戏剧 2 项，曲艺 1 项，传统体育、游艺与杂技 5 项，传统美术 16 项，传统技艺 44 项，传统医药 15 项，民俗 1 项。临沂市市级非物质文化遗产代表性项目名录扩展项目名录共 14 项，其中曲艺 2 项，传统美术 2 项和传统技艺 10 项。

12 月 15—16 日 第六批市级非物质文化遗产代表性项目负责人培训班在市文化馆举办。市非遗保护中心、各县区非遗保护工作者、第六批市级非遗项目负责人 120 余人参加培训。

2021 年

2 月 4 日 市柳琴戏传承保护中心完成国家非物质文化遗产资助项目传统柳琴戏《打干棒》的复排及录像工作。传统柳琴戏《打干棒》讲述玉帝四女张四姐向往人间爱情，爱上为人忠厚、心地善良的凡人樵夫崔子成，违背天条戒律偷偷下凡，与崔子成结为夫妇的故事。

2 月 4 日—3 月 14 日 临沂市文化和旅游局组织开展 2021 年“非物质文化遗产月”暨“第四届沂蒙乡音乡韵”展演季活动。通过微信公众号、网站开设非物质文化遗产线上展，以图片、文字等形式，展示了 12 个县区 145 个非遗项目、360 件（套）作品；线上开设 7 场非物质文化遗产保护剧种展演，开展面塑、剪纸十二生肖、立体折纸、彩绘、灯笼制作等非遗亲子体验公益活动，80 组家庭近 200 人现场参与，十几万人通过网络直播形式线上观看。线上开设剪纸、面塑、面花、编织等 15 节“非遗过大年”手工课程，举办临沂市第二十一届民间秧歌会。开展非遗进景区活动，柳琴戏、弦子戏、溜山梆子、鲁南大鼓、鲁南渔鼓、评书、山东琴书等项目进景区展演。还举办了“致敬经典 · 弘扬国粹”戏曲专场文艺演出、“我和我的祖国”民乐专场文艺演出、“庆祝建党百年”柳琴戏优秀传统剧目展演和庆祝建党 100 周年锣鼓表演。

2 月 9 日 山东省非物质文化遗产保护中心公布“大家创 · 云上齐鲁”山东省传统技艺类优秀短视频获奖名单。临沂市获得二等奖 3 个：卞成飞扶贫事迹、黄家手工粉皮制作技艺、传统灯笼制作技艺，三等奖 5 个：核雕、赵家扣肉、张氏古法打油制作技艺、立体糖画金鱼、蒙阴手绣。

是日 蒙阴县文化和旅游局通过县文化馆公众号开设非物质文化遗产线上展。以图片、文字等形式展示非遗项目以及与春节、元宵节等传统节日相关，适用于节日消费的非遗产品，以丰富群众精神文化生活，促进非遗产品线上消费。

3月13日　“山东省非物质文化遗产月”暨“第四届沂蒙乡音乡韵”展演季——非遗保护剧种展演活动在龙园旅游区举办。本次活动由临沂市文化和旅游局主办，郯城县郯子书社演出了山东琴书、鲁南渔鼓、大鼓、评书等传统曲艺节目，罗庄区沂河柳琴剧团展演了柳琴戏《张郎休妻后传》，引得众多游客驻足欣赏。

2021年3月13日，“山东省非物质文化遗产月”暨“第四届沂蒙乡音乡韵”展演季——非遗保护剧种展演活动在龙园旅游区举办

3月18日　临沂市非物质文化遗产保护传承与科学普及研究会在市科学技术协会会议室举行成立仪式。选举兴道齐家（临沂）传统文化传播有限公司董事长郑英为研究会会长，山东圣坤文化传播有限公司董事长刘振坤等为副会长。大会审议刘兴余所作的成立工作报告，审议表决研究会章程、财务管理办法（草案）、选举办法、会费标准等，选举第一届理事和监事。

5月22日　由山东省柳子戏艺术保护传承中心、山东省艺术研究院与临沂大学音乐学院三方共建的柳子戏艺术研究中心在临沂大学成立。

5月28日　第十三届中国（山东）工艺美术博览会在山东济南舜耕国际会展中心开幕。博览会期间举办了“荷花杯”山东省工艺美术设计创新大赛，平邑县的非物质文化遗产传承人邢爱芝获得山东省工艺美术设计创新大赛金奖和铜奖。

5月　国务院公布第五批国家级非物质文化遗产代表性项目名录，临沂市临沭柳编、鲁绣（高桥手绣）入选。

6月3日　山东省文化和旅游厅公布“2020年度山东省非遗保护十大亮点工作、山东省非遗年度人物”。郯城县申报的“红色沂蒙非遗传承”品牌活动入选省“十大亮点工作”。活动自2020

2021年3月18日，临沂市非物质文化遗产保护传承与科学普及研究会成立

年5月开始，12月结束，历时7个月，以“唱沂蒙”“演沂蒙”“塑沂蒙”“剪沂蒙”为创作形式，开展多门类的非物质文化遗产创作活动，用非遗技艺展现新时代沂蒙精神，传播红色沂蒙文化。共有20多个非遗项目参与创作活动，创作各类作品300多件（幅），参与体验的群众达到5万人次，线上展示活动20多次，浏览量达10万人次。

6月11日 临沂市2021年“文化和自然遗产日”暨第七届优秀传统文化进校园系列活动在临沂职业学院启动。全省各地市260余个项目、500余位非遗传承人和社会各界群众、师生共2000余人参加活动。活动期间举办了非遗购物节，通过直播、预售等形式，开展一系列线下线上销售活动。有72家线上店铺和152家线下店铺参与，涵盖139个非遗项目，涉及1075种非遗产品。

2021年6月11日，临沂市2021年“文化和自然遗产日”暨第七届优秀传统文化进校园系列活动在临沂职业学院启动

6月 山东省非物质文化遗产保护中心举办“天工开物·齐鲁匠心”首届山东省非遗文创大赛，共收到571件作品，评出60件（套）首届山东省非遗文创大赛文化产品，临沂市选送的传统灯笼“绣花鼓灯”、古琴“幽兰”等7件（套）作品获奖。

7月20日 临沂市召开非物质文化遗产保护工作会议。市、县两级文化和旅游局分管非遗工作的副局长、非遗保护中心主任（文化馆馆长）、负责非遗保护工作人员和市级以上传承人代表共50余人参加会议。与会人员学习《临沂市市级非物质文化遗产代表性传承人认定与管理办法》，交流非遗保护工作经验，分析辖区内非遗保护工作中存在的问题及困难，提出下一步工作措施。

7月26日 市文化和旅游局发出《关于印发〈临沂市市级非物质文化遗产代表性传承人认定与管理办法〉的通知》，办法共分五章二十八条，规定了市级非物质文化遗产代表性传承人申报与认定的指导思想、条件、程序，传承人的权利与义务及服务管理等。

7月27日 烟台理工学院的大学生到兰山区文化馆开展非遗研学活动。文化馆工作人员向学生们介绍了非遗保护发展情况及兰山区的非遗特色，组织学生们参观非遗展示室和庆祝中国共产党成立100周年剪纸作品展，学习体验琅琊剪纸和传拓技艺，参与非遗项目短视频的录制工作。

9月25日 由文化和旅游部、中国国际贸易促进委员会、浙江省人民政府主办的第16届中国义乌文化和旅游产品交易博览会在义乌国际博览中心开幕。临沂市国家级非遗项目临沭柳编参加现场展演。

10月15—18日 临沂市临沭柳编、费县手绣、蒙阴煎饼、郯城中国结、临沂糁汤等非遗项目参加了在安徽省黄山市举办的第五届中国非物质文化遗产传统技艺大展。

10月23—24日 由临沂市文化和旅游局、临沂高新区管委会主办的“梨园沂韵”传统戏剧、曲艺展演活动在高新区卧虎山田园旅游区举办。活动以“梨园飘香，韵动沂蒙”为主题，选取贴近

2021年10月23日，山东琴书《咱农村人的中国梦》参加“梨园沂韵”曲艺展演

生活、贴近群众的32台剧目参加展演，柳琴戏、周姑戏、溜山梆子、弦子戏等传统非遗戏剧，琴书、鲁南大鼓、鲁南渔鼓等曲艺节目参加展演。

11月4日　山东省政府新闻办公室举行“全面小康奋进山东”主题系列新闻发布会临沂专场，临沂市一批优秀非遗项目进行现场展演展示。发布会上，中共临沂市委副书记、临沂市市长任刚以“践行伟大沂蒙精神加快临沂实现‘三个战略性转变’”为主题，全面介绍临沂市“十三五”期间取得的成就。展演现场，憨态可掬的木旋玩具、精致美观的手绣荷包、威风凛凛的布老虎、寓意美好的彩印花布、喜庆祥和的中国结展现了临沂非物质文化遗产的独特魅力和风采。

11月　山东省人民政府公布第五批省级非物质文化遗产代表性项目名录，临沂市费县手绣等24个项目入选，入选数量居全省第三位。至此，临沂市省级非遗项目数量达65项，居全省第8位。

12月31日　由山东省文化馆、临沂市文化和旅游局、临沂市兰山区人民政府主办的“庆元旦·沂蒙红”琅琊剪纸传承发展成果展在山东省文化馆展厅开幕。琅琊剪纸是临沂市省级非遗项目，具有浓郁的乡土气息和沂蒙特色，是沂蒙红色文化的代表。本次成果展共展出《福禄寿喜》《福孝清廉》《蒙山沂水》《大美新临沂》《虎虎生威》等思想内涵深刻、风格多样的作品200余件，体现了“水乳交融、生死与共”的沂蒙精神。

12月　临沂市第六批市级非物质文化遗产代表性传承人公布，刘振良等113人入选。

第一章
国家级非物质文化遗产项目

第一章　国家级非物质文化遗产项目

第一节　柳琴戏

柳琴戏，俗称“拉魂腔”。因唱腔优美、有拉人魂魄的魅力而得名。此外，还有“拉呼腔”“拉洪腔”“拉花腔”“拉后腔”“拉合腔”等名称，均系一个名称衍变而来。中华人民共和国成立后，依据其主要伴奏乐器柳叶琴而定名“柳琴戏”。柳琴戏起源于郯城，流布于鲁南、苏北、皖北、豫东北等广大地区。柳琴戏历史悠久、剧目丰富，唱腔优美动听、表演质朴，贴近生活、通俗易懂，具有浓郁的地方色彩和淳朴的乡土气息，有深厚的群众基础，备受当地群众的欢迎和喜爱。

历史渊源

柳琴戏起源于何时，史籍中尚未发现十分清晰的文字记载。据专家考证和从艺人员的师承关系推算，约始于清乾隆年间，有200余年的历史。

柳琴戏是在民间小调的基础上，受当地民歌影响发展起来的。郯城县的“姐儿扭”民歌跟柳琴戏有密切的关系。“姐儿扭”的前身叫“姑娘腔”，它是以青年妇女演唱而得名的。演唱者由开始原地不动地演唱，发展到扭动身躯、手舞足蹈地表演，这就是所谓的姐儿“扭”。姐儿扭是柳琴戏的雏形。柳琴戏的发展大体经过了四个时期。

在最早的说唱时期，半农半艺的农民以一家一户或一二人结伴，走乡串里“唱门子”乞讨。上门乞讨者要在人家关门之前，通过唱曲拨动对方心弦，获得同情，得到施舍。当时演唱的节目被称为“篇子”，多反映农村生活，既无弦乐伴奏，也无服装道具，只有演唱者以板或梆子自打节拍。

清咸丰年间，出现演唱柳琴戏的专业艺人，演唱班社的雏形逐步形成，由小生、小旦两人合演的称为“二小戏”，小生、小旦、小丑三人合演的称为“三小戏”。二小戏、三小戏统称为对子戏。在长期的演艺过程中，演员不断创新，唱腔不断变化，形成了句尾委婉缠绵的拉腔。至此，“拉魂腔”的演唱技巧基本形成。

清末民初，柳琴戏已经形成了由七八个艺人，甚至十多个艺人组成的职业班社，俗称“七忙八不忙，九人看戏房，十人成大班”。随着班社人员的增多，角色行当也逐步完善，柳琴戏开始进入舞台演出，一些柳琴戏班社开始由农村进入集镇或城市演出。民国初年，郯城县沙墩村拉魂腔艺人张秀荣、张秀起和杨二群等人组织的班社，在演唱拉魂腔的同时也学唱京剧，把京剧锣鼓点“单抱边”“双抱边”“四边静”“水底鱼”“一炷香”等运用到拉魂腔中，进一步发展和创新了拉魂腔

2015年2月，临沂市举办第十届非物质文化遗产保护成果展演——柳琴戏专场

的演唱艺术。1932年，郯城县著名拉魂腔艺人梁学惠曾带领10人的戏班，在上海各大剧院巡回演出近一年，深受上海市民的欢迎和喜爱。

中华人民共和国成立后，柳琴戏得到了进一步普及和发展，具有更广泛的群众基础。郯城县作为柳琴戏发祥地，培养和造就了一大批优秀柳琴戏演员。1954年组建临沂柳琴剧团，半数以上的主要演员由郯城县输送，如张金兰、冯士选、曹玉龙、骆成训、李春生等。除此，江苏省邳县柳琴剧团、新沂县柳琴剧团以及山东滕县柳琴剧团，均有郯城县输送的骨干演员。据20世纪60年代统计，郯城县当时拥有柳琴戏业余剧团100余个。在1981至1983年的郯城县文艺会演中，各乡镇选送的参演节目，连续3年全是柳琴戏。

1985年，郯城县京剧团改为郯城县柳琴剧团，先后排演了古装戏《秦香莲》《打金枝》《小姑贤》《柜中缘》《墙头记》《吕布与貂蝉》等剧目。自1991年起，郯城县柳琴剧团排演的柳琴戏《落凤湾》《苦果》《李志铁》《红丝带》《退证》等剧目先后在国家和省、市文艺演出中获奖。2001年，由郯城县柳琴剧团选送的柳琴表演唱《四个老汉夸银杏》在中央电视台第十频道播出。

2008年6月，由江苏省徐州市、山东省临沂市申报的柳琴戏被国务院列入第一批国家级非物质文化遗产项目名录扩展项目名录。

新编柳琴戏《王祥卧鱼》剧照

基本内容

柳琴戏属于板腔体戏曲，有慢板、二行板（慢、快）、快板、散板等板式。其声腔以丰富多彩的花腔，别致的拖腔，区别于其他剧种，“拉魂”的美称同它有直接的关系。

二行板为基本板式，使用频率高，表现能力较强，既可用于抒情，又可用于叙事，适宜表现多种人物的不同情绪；慢板节奏舒缓，旋律性强，腔多字少，女腔婉转细腻，花腔较多，男腔浑朴平实，适于表达悲伤哀怨、忧愁思念、爱慕欣赏等情绪；快板速度极快，基本上一字一腔，近于说白，一般无间奏过门，适于表现恼怒、斥责、争辩、质问等激烈情绪。

柳琴戏的传统剧目十分丰富，1957年山东省戏研室调查、抄录所得有近200出。大致可分为宫廷袍带戏《黑驴驮尸》《大鳌山》《三跪寒桥》《潼台会》《斩子》《东回龙》《南北京》《二龙山》等；爱情婚姻戏《打干棒》《小书房》《天台》《丝銮记》《四屏山》《罗鞋记》等；生活故事戏《喝面叶》《拾棉花》《吵年》《双换妻》《砸纺车》《打枣》等。连台本戏，如《金镯玉环记》《五女兴唐》《金鞭记》《空棺记》等；新编历史剧《姊妹易嫁》《卧龙求凤》；新编现代戏《青石峪》《蟹子湾》《彩石峪》《沂蒙霜叶红》《山里红》等。

主要特征 剧目多以二小（小生、小旦）、三小（小生、小旦、小丑）为主，内容多以表现当地人民的生活及情感、家庭伦理道德和青年男女的爱情为主要题材，间有表现英雄人物或帝王将相的内容。语言朴实生动、通俗明快，具有浓郁的生活气息、鲜明的地域特征，深受广大农民喜爱。柳琴戏女腔经常使用上行小七度大跳后的拉腔，男腔下行大二度拖腔，节奏或舒缓或明快，丰富多彩，具有较强的个性特征。其表演具有粗犷、朴实、健康的风格和浓郁的生活气息，丑角的表演具有诙谐幽默而不低俗的特点，深受观众的喜爱。

角色行当 柳琴戏的角色行当有自己特殊的名称，主要有小头（闺门旦）、二头（青衣）、二脚梁子（青衣兼花旦）、老头（老旦）、老拐（彩旦）、大生（老生）、勾脚（丑）、毛腿子（花脸）、奸白脸（白面）等。

舞台表演 柳琴戏的表演，没有固定的表现程式。演员在舞台上的表演不受拘束，粗犷朴实、节奏明快，乡土气息浓厚，表演者的身段、动作、步法多具民间歌舞的特点。除善于演传统的小戏外，还适于演现代戏。

音乐唱腔 柳琴戏的音乐唱腔非常别致，地方特色尤为鲜明，以丰富多彩的雀腔、别致的拖腔区别于其他剧种。男唱腔粗犷、爽朗、嘹亮，女唱腔婉转悠扬、丰富多彩、余味无穷。节奏大多是1/4击拍，除了大部分是后半拍起唱外，还有连续切分的变节奏，给人以欢快、活泼、跳跃之感。柳琴戏的唱腔以徵调式与宫调式为主，徵调式温和缠绵，宫调式明快刚劲。柳琴戏唱腔曲调主要有哈弦、起板、导板、连板起、拉腔、射腔、起腔、含腔、平腔、停腔、柔腔、叶里藏花、雷对调、一哟调、老公调、回龙调、垛板、调板、闸板、冒调花腔、四六长腔、男女拉拉腔等。此外还有从民间小调变化而来的过河调、赶脚调、送郎调、补缸调、叠断桥、打牙牌、千金小姐进花园调、小放牛、八段锦、调兵调、叶落金钱等。其板式大致可分为慢板（又叫幽板、澄清板）、二行板（又叫流水板其中还有快慢之分）、数板、紧板和五字紧板等。由于唱腔旋律与地方语言有着密切的关系，唱腔中的音程大跳经常出现，再加上频繁的转调，使人听起来既新奇多彩、又自然和谐。

乐器与曲谱

乐器。柳琴戏的主要伴奏乐器有柳琴、二胡、笙、笛子、坠琴、扬琴、板胡等。根据演出内容的不同，柳琴戏伴奏乐器又有文、武场之分。弦管乐部分称为“文场”，打击乐称为“武场”，合称为文武场，或称“场面”。文场的作用主要是为演唱进行伴奏，并演奏为配合表演而用的场景音乐。武场的主要任务是配合演员的身段动作、演唱、开打，使其起止明确，节奏鲜明。

文场。早期拉魂腔，艺人们模仿柳子戏采用大三弦伴奏，因为三弦太笨重，又不容易弹奏，于是便改用了月琴。大约120年前，郯城一带的拉魂腔艺人便和木匠一起研究，仿照琵琶、月琴的样子，用柳树根部向阳的木头（据说发音响亮、通透）制成了“柳月琴”。因其形似柳叶，所以又称为“柳叶琴”。解放前，大部分拉魂腔演唱仅用一把柳琴伴奏，非常单调。解放后，各地成立了正式柳琴剧团，伴奏乐器逐渐丰富，增加笙、笛、二胡、扬琴、低胡（或大提琴）、琵琶等乐器，形成了以柳琴为主弦、高中低音完备的乐队，大大增强了柳琴戏的表现力。

武场。早期拉魂腔仅用一副梆子击打节奏。后来，为了吸引观众，演唱之前和演唱中间敲击小锣或大锣，以活跃气氛，但没有成套的点子。19世纪末期，有的小型班社开始添置打击乐器，人手少的就只用大锣或小锣，而且多由弹奏柳叶琴的人员兼打。在10人以上的班社里，因为人手较多，有的还增加了大鼓、小鼓、小钹等，开始打些固定的点子，但没有固定的演奏人员。民国初年，郯城县沙墩村的拉魂腔艺人张秀荣、张秀起、杨二群等人把京剧的锣鼓伴奏运用到拉魂腔演出之中，进一步丰富了拉魂腔的伴奏乐器。

曲谱。柳琴戏保存完好的曲谱很多，如《小姑贤》《喝面叶》《张郎与丁香》等。

柳琴戏《喝面叶》台词（选段）

大门里走出来梅翠娥。

石榴开花红似火，

翠娥头上插一朵。

十七八闺女她把花来戴，

小媳妇戴花人笑我。

过五月，到六月，

六月里更比这五月里热。

今年小麦子收成好，

梅翠娥家里我也蒸馍馍。
细白面来好面馍，
留给我的丈夫他叫陈世铎。
他到那东庄上又去赶会，
他一去就是三天多。
家里的事情他全不管，
里里外外都全靠我。
我在家一天里忙到晚，
他在外又好吃来又好喝。
回家来常常还发脾气，
翠娥还得忍让着。
天下的事情也不讲理，
为什么男人都要管老婆。
翠娥心里我正生气，
看了看，看太阳到了东南角。
手里挎着竹篮子，
我要到地里摘豆角。
我离了家出了村，
大路上少行人，
我顺着小道往田里奔。
三亩地里是种棉花，
挨着地边豆秧深，
小豆角长得呀十分嫩。
弯下腰来豆角来摘，
清露水拉湿衣襟。
我掰豆棵摘豆角，
小蚂蚱飞得扑啦啦，
走上前来用手捉，
我捉着两个它跑了三个。
豆角摘满一竹篮，
我顺手来又摘两个嫩南瓜。
六月的天气好下雨，
我挎起篮子转回家。
走过一块高粱地，
村庄不远在面前。
当头太阳热炎炎，
我来到树下歇歇汗。
抬头我朝河边看，
见几个小孩洗澡把水玩。
谁家的媳妇把衣裳洗，
小棒槌也不住地上下翻——
只听得“扑通”的一声响，
只见她两只脚滑倒在河里边。
什么人留下的这个规矩啊，
为什么小女孩洗衣给男孩穿——
今日翠娥我回到家，
等候世铎他把家来还。
我不刷锅也不洗碗，
叫他给我做一顿饭。
俺叫他知道日子怎么过，
还叫他尝尝俺做媳妇的难不难——
翠娥主意已拿定，
挎起篮子我把家还。

项目传承

柳琴戏从最初的仿“姑娘腔”花鼓调发展成为今天的板腔体，还保留着深刻的时代印记，其产生、发展、完善的过程，对地方戏曲的探索与研究，有着重要的历史意义和现实意义。柳琴戏的表演具有粗犷、热烈、朴实健康的风格和浓郁的生活气息，其中生活小戏尤为突出。柳琴戏唱腔婉转悠扬，动人心弦，而且包涵诸多古声古韵，具有较高的美学价值。柳琴戏贴近群众、贴近生活，是郯城乃至鲁南地区广大人民群众喜闻乐见的一种娱乐形式。其内容健康，通俗易懂，具有寓教于乐的作用。柳琴戏具有浓郁的地方特色，已成为临沂的重要文化品牌。

柳琴戏传承人众多，主要有：

张秀荣，郯城县人，把京剧锣鼓点“单抱边”“双抱边”“四边静”“水底鱼”“一炷香”等运用到拉魂腔中，进一步发展和创新了拉魂腔的演唱艺术。

梁学惠，又名梁四，郯城县人，生于清朝末年，传授艺徒较多。梁学惠虚心好学，把京剧的锣鼓经应用到拉魂腔中，为柳琴戏武场创始人之一。

田承玉，郯城县人，在梁学惠的基础上进一步丰富了拉魂腔的打击乐，并把一套比较完整的柳琴伴奏技法传到徐州、峄县、滕县等地。

冯士选，郯城县人，生于 20 世纪 20 年代。16 岁学艺，早年唱旦角，后改唱生，活动在峄县、滕县、蚌埠等地。1953 年加入临沂柳琴剧团。他会戏多，做戏认真、细腻，影响很大，颇受世人尊重，曾灌制《三击掌》等唱片。

李春生（1926—1979），原名李怀亮，郯城县花园乡张哨村人，中国戏剧家协会会员。14 岁拜师学艺，取艺名李春生。1954 年在山东省第一届戏剧会演中，李春生主演《打干棒》并获演员一等奖。他特别注意以刻画人物为中心，根据剧情变化和人物的思想感情设计唱腔，大胆地把评剧、京剧、淮海戏、豫剧、茂腔等剧种的一些唱腔特点吸收和融合到柳琴戏唱腔之中，使柳琴戏艺术焕发了新的光彩。曾灌制《打干棒》《丝鸾记》等唱片。

张金兰，女，中国戏剧家协会会员，北派柳琴戏的代表。（详见人物）

刘莉莉，中国戏剧家协会会员，临沂市戏剧家协会副秘书长。第 14 届“文华表演奖”、第 27 届“中国戏剧梅花奖”获得者。（详见人物）

第二节　鲁南五大调

鲁南五大调也称“郯马调”“郯马五大调”，是由五种曲牌组成的古老的大型民歌演唱套曲，因起源于郯城、马头一带而得名，后流传到山东省日照、广饶，以及苏北连云港等地。其内容较广泛，主要包括社会生活、历史传说和民间故事等方面，歌词典雅秀丽、刻画细腻、辞藻考究，旋律委婉圆润，节奏平实徐缓，多以叙事形式，讴歌自然风光和人际情谊，受到人们的普遍喜爱。

历史渊源

郯城县马头镇因地处水陆交通的重要交汇点，早在唐代就是一处颇具规模的村镇。据《郯城县志》记载：“由马头沂河向南舟行 45 里达邳州徐塘口入运河，则南可抵苏杭，北达京师。”历经宋元明清繁衍生息，马头镇积聚起无限的商机。迨至清末民初，已成为沂河中游重要的码头，是鲁南苏北重要的商品集散地。因当时水陆交通方便，商船停泊，车马宿住，故名为码头，现在所称“马头”，便由此演化而来。

鲁南五大调的来源，众说纷纭、口径不一。有的说它是在明清时期从江苏的扬州、灌县一带传入的。郯城县高峰头镇清末逸士、老道人王宗贤生前曾撰文云：“大凡腔调，昆、乱、皮、簧、梆、柳、小曲，皆有发源之地。淮调之歌，源出于淮安府，移植北方。据我所知，已二百余载。”又据郯城县马头镇胜利街曾演唱过“五大调”的民间艺人李长义介绍，鲁南五大调系从济宁等地引进，由郯城、马头一带民间艺人进行综合加工而成。可以看出，无论源自何地，鲁南五大调的形成，都与马头镇是直通运河的水陆码头有着密切关系。

清乾隆、嘉庆、道光年间，是鲁南五大调的鼎盛时期。每逢年节踩高跷、玩旱船、闹花灯的时候，人们都演唱“五大调”。而阴雨天和农闲季节，玩友们也会聚集在一起，共同演唱，相互交流技艺。后来，盲人也加入了学唱的队伍，在占卜、测算之余，也往往要为雇主演唱一曲。市井百姓人人争唱“五大调”，引起了士绅和富豪们的注意，他们一经学唱，便产生了浓厚兴趣，并且认为“五大调”是能登大雅之堂的“雅歌”“正调”。于是，他们在宅门庆生祝寿、婚丧嫁娶时，专门邀请“五大调”演唱艺人或业余爱好者前来助兴。当地的一些文人学士更是对五大调十分关注，好多人为五大调填上了新的歌词，这些歌词内容反映了当地的风俗民情、老百姓的生活和当时的社会现实。这样，五大调在马头一带兴盛起来。当时，仅马头一镇，就有演唱团体 10 余个，演唱和伴奏人员 200 余人。

中华人民共和国成立后，山东省艺术馆曾多次派专家到郯城县城、马头镇搜集“五大调”相关资料，共整理出 130 首，编入《山东省民间歌曲集》。其中有《满江红》22首、《淮调》72首、《玲玲调》11首、《大寄生草》21首、《大调》4首。1957年，《满江红·四盼》参加全国第二届民间音乐舞蹈表演会演，由中央人民广播电台录音，向全国人民播放，并入选1957年出版的《优秀歌曲选集》，在全国发行。1983年，临沂代表队编排的《四盼》在山东省歌渊研活动中表演，并在山东广播电台录音播放。

2015年1月，郯城县举办“鲁南五大调”进校园活动

进入21世纪后，万象更新、民气昭苏，鲁南五大调迎来了自己的春天。特别是国家开展非物质文化遗产保护工作以来，鲁南五大调得到进一步发展，宣传文化部门和“郯马调”爱好者，重新组织“传承社”之类的业余团体进行传授和推广，学唱鲁南五大调的人逐渐增多。2003年，郯城县文化部门以一曲填制新词的鲁南五大调——《鹿乳奉亲传千秋》参加临沂市第四届广场文化艺术节，广获好评，并荣膺金奖。2009年，鲁南五大调又参加了中央电视台“民歌中国”栏目《聚焦沂蒙民歌》的演出，得到观众的赞许和专家的肯定。

2006年12月，鲁南五大调（郯马五大调）被列入山东省第一批省级非物质文化遗产名录；2007年8月，郯马五大调被列入临沂市第一批市级非物质文化遗产名录；2008年6月，临沂市郯马五大调与日照市同类项目合并为鲁南五大调，被国务院列入第二批国家级非物质文化遗产名录。

主要内容

鲁南五大调包括《满江红》《淮调（马头调）》《玲玲调》《大寄生草》《大调》5个曲牌。这5个曲牌又包含了“五景”“五盼”“七多”“七赞”“八恨”等曲目。“五景”，即春景、夏景、秋景、冬景、总景；“五盼”，即盼佳期、盼才郎、盼冤家、盼情书、盼郎归；“七多”，即送多情、想多情、遇多情、盼多情、会多情、思多情、梦多情。“七赞”，即孔明赞、孟德赞、三国英雄赞、楚霸王赞、耕读渔樵赞、春光赞、肉头赞（肉头，郯城方言，指富有而吝啬的人）；“八恨”，即恨别离、恨当初、恨冤家、恨薄情、恨爹娘、恨家人、恨薄命、恨烟花。

中国现代作家、学者郑振铎在《中国俗文学史》中指出，“《马头调》所歌咏的简直是包罗万象，无所不有”，并将它们划分为“歌咏思妇的情怀”“小说戏曲里的故事和人物”“应景的歌词”“游戏文章”“格言式的教训的文字”“历史或地方的故事和案件”“引经据典的东西”等类别，足见其内容丰富多彩。据老艺人讲，郯马“五大调”鼎盛时期有200多个曲目。根据能够掌握的130首郯马调曲目，从内容上，大致可分为爱情故事、社会生活、历史传说、自然风光、警世劝善和谐谑清玩等六大类。

爱情故事类 这类曲目数量最多，多描写男女爱悦、盼郎思夫情怀，表现出一种蔑视封建礼教，渴望和争取个性自由解放的积极倾向。比如，《四盼》《玉石琵琶粉挂墙》等。

《四盼》。盼到春来春又来，桃花杏花桃杏花儿开。[叠断桥]正月里多风采，水仙花儿开。二月满地萌芽儿生，三月里鸟语花香燕子来。

盼到夏来夏又来，虞美人姑娘走上了楼台。可记得手拉手儿在绿秋亭外，你曾说菊黄花儿开放你就回来。

［数落］四月里绿蔼蔼，玉簪花儿开，倚栏杆但只见窗外游人多么畅快。六月里热难捱，荷花满池开，双双金鱼水皮上来浮摆，赴莲台望秋风盼郎早回来。

盼到秋来秋又来，秋海棠花儿对着心呆，可怜我独坐凉亭闷闷心怀，忽想起，月儿圆桂花香郎就回来。

［小郎调］七月初七巧有安排，玉兰花儿开，打扫秋亭夜来香花开，等着郎回来，哥哥来。八月初一雁门开，桂花香儿来，九月重阳，菊黄花儿开，等着郎回来，哥哥来。

［落棹。煞曲］春去夏过秋到冬又来，天长日久水仙花儿开。单只见狂风吹来折树梢冰雪盖尘埃，可怜我朝思暮想泪满腮，但不知，如意情郎几时回来。

社会生活类 此类曲目直面社会现实，描写世态人情，针虐刺暴，颇具锋芒。比如，《坠落烟花》《青山绿水》《祭灶》等。

青山绿水（马头调）。青山绿水常常在，人等时来，花等时开，劝亲友，不论贫富一样待。难中有人拉他一把又何碍？谁家门上，挂着无事的招牌。万岁爷的江山，还有一个兴和败，秦始皇，万里长城今何在！

历史故事类 鲁南五大调中，有相当一部分曲目是讲述《红楼梦》《水浒传》《三国演义》和其他历史小说中的故事和人物的。述说的方式比起原作更加俏皮、智趣，或褒扬，或贬抑，或嘲笑，或讥讽，可谓“嬉笑怒骂皆文章”。比如，《大观园》《三国志》《华容道》等。

《三国志》（带把）。三国出了些英雄将，（盖世无双）。桃园结义，刘备关张，（志气刚强）。他三人，同请军师诸葛亮，（来访卧龙岗）。赵子龙，独挡曹兵千员将，（全仗手中枪）。火烧战船，炮打襄阳，（一片火光）。好一个周公瑾，活活气死在船头上，（至死不肯降）。恨老天，既生瑜儿何生亮，（孔明比我强）。

自然风光类 这一类曲目，一般没有故事情节，也少有人物出现，基本是纯纯净净地描写山水，用美妙的文辞，描画大自然的风光。比如，《春景》《夏景》《秋景》《冬景》《春光赞》等。

警世劝善类 此类曲目，或直言规劝，或借古喻今，颇有警世劝善的积极意义。比如，《世态炎凉》《鸦片烟》《纸糊栏杆》等。

《世态炎凉》（马头调） 世态炎凉如做戏，眉高眼下，且自不提。朋友中，来来往往是些假情意。哪里有，济困扶危逞豪气，雪中送炭，古来就稀。尽是锦上添花相凑趣。看将起，付之一笑由他去。

谐谑清玩类 这类曲目，看上去似文字游戏，但有的还比较雅致，有点知识性和趣味性。比如，《古人名》《戏名》《美人名》等。

《古人名》 石崇琅玕换绿珠，文君夜走，私奔相如。天台女，巧计失迷书生路。貂蝉女，忍辱负重把汉室扶。西施抱恨，范蠡当湖。安禄山在唐作反贵妃没，怎能够，重出江湖把你度。

艺术特点

鲁南五大调的音乐构成非常别致奇特，音律结构繁丽，风格古朴典雅，旋律高抑低回，能够从容地表现纷繁复杂的多种感情，具有中国民间大型演唱曲独有的曲式特点。

鲁南五大调的每一种曲牌又可分为“清板”“叠板”“带把儿”“夹曲”等曲体形式。其演唱风格，大致可以分为“清雅”和“通俗”两大类。豪门绅商、文人雅士纯粹自娱自乐，以清正妙雅为上，属“清雅”一派；职业艺人以演唱为生，需要符合百姓的欣赏水平，往往要吸取民间唱曲的手法和技艺，用来吸引观众，是为“通俗”派。不论哪一派，在表演时都讲究吐字清晰、字正腔圆、以字行腔、细致入微、声情并茂。

鲁南五大调的演唱形式分为坐唱和群唱两种。坐唱，又称文场、雅场，多为玩友自娱自乐，或者是职业艺人走阁串厢，受邀为雇主献艺时采用。演唱者通常为 1 ～ 3 人，与伴奏人员围桌而坐。伴奏以三弦为主，其他乐器可视条件和当时情况，适当增减。群唱，大都出现在节日庆典、玩社火、闹花灯等大型活动场所。大家围拢在一起，演唱者站立，伴奏者就座，即可进行演唱。群唱分主唱和伴唱，伴唱包含乐队，部分演唱者手持乐器，边演唱边伴奏。郯马五大调的乐队伴奏，与其他说唱艺术最大的不同是它不那么正襟危坐，不那么拘谨，比较灵活自由。群唱时，除操作吹管乐器的人员不能伴唱外，其余人员都要尽可能做到一边伴奏，一边伴唱。同时，还要小幅度扭动身躯，以表达无拘无束、自由自在的情趣。

乐器和演奏技法风趣多样，别具一格。伴奏乐器大致可分为三大种类。

弦索乐器：二胡、京胡、琵琶、柳琴等。

吹管乐器：大横笛、竹笛、洞箫、笙等。

敲击乐器：碟子、酒盅、竹板、碗、小鼓、小镲等。

民间艺人交流“鲁南五大调”演唱技巧

瓷碟和酒盅是鲁南五大调独有的伴奏乐器。碟子和酒盅，虽然打不出七个乐音符号，不能单独使用，但却能以疾、迟、钝、挫、轻、重、缓、急等手法，烘托喜、怒、哀、惧、爱、恶、欲等情感。因此，从手的夹持到用箸击打，都有套独特方法和技巧。瓷碟的打法是，左手食指和拇指上下夹在碟的中心，筷子放在食指和中指间缝中，然后筷子在中指下方伸到无名指上方，敲击碟子的边沿。再用右手拇指和食指，捏住另一只竹筷下1/3处用上2/3处敲打碟子的边沿。右手敲前半拍，左手敲后半拍。右手的中指、无名指和小指，把竹筷的下1/3，来回抖动，竹筷的上2/3放在碟子的边缘，这样就能连续敲击。根据演出情景的需要，还有“珠落玉盘”“泉水叮咚”“蜻蜓点水”“海底捞月”等独特的击打方式。酒盅的打法是，手的中指插进一只酒盅中心，食指和无名指放在酒盅外边，夹住酒盅，拇指托住另一只酒盅的底部。口往上，这样上方的酒盅上下动，就能发出悦耳的声音。上酒盅贴着下酒盅抖手腕就能发出连击声。这种打法术语叫抖盅，多用在欢快的旋律中。除此之外，还有“凤凰点头”“百鸟齐鸣”“野鸭抖水”等摇、碰、撞、击等方式。

项目传承

鲁南五大调具有社会传承、集体创作、自娱自乐的特点，师承关系不明显，传承脉络不清晰。如今健在、具有代表性的艺人有杨新儒和柏文泰等。

鲁南五大调具有明显的宫廷曲调成分，既有南方水乡的清丽委婉，又糅合了古郯大地的民风民情、方言特点，是民众化了的宫廷歌曲，根据鲁南五大调的传播形式和途径，可以考察宫廷音乐在民间传播和融合的规律，对于研究宫廷音乐具有一定的参考价值。

鲁南五大调有130首，其表现内容十分广泛，有写景状物的，如“五景”等；有讲痴情怨女的，如“五盼”“八恨”等；有说男欢女爱的，如“七多”等；有赞美英雄、赞美生活的，如《三国志》等。委婉的曲调给人以美的陶冶，积极向上的主题有很好的社会教育价值。保护和传承鲁南五大调，对于丰富人民群众文化生活、提高人民群众文化素质具有一定的积极意义。

第三节　龙灯扛阁

龙灯扛阁流行于临沂市河东区九曲街道三官庙社区，至今已有270多年的历史，是一种龙舞和扛阁结合在一起表演的广场舞蹈。龙灯扛阁历史渊源深厚，内容丰富，特色鲜明，粗犷奔放，气势宏大，具有浓厚的北方民风民俗特征，它在整个沂蒙民间舞蹈中占有非常重要的地位，是沂蒙特色文化的重要内容之一，在全国舞龙史中，独树一帜。

历史渊源

“龙灯扛阁”形成于清乾隆十五年（1750年），一般在春节至元宵节期间表演，多用于“祀神”“求雨”等活动。由于三官庙村紧靠沂河，为免受洪水之灾，两岸百姓在每年汛期之前，就表演龙灯扛阁，祈求苍天保佑。逢大旱之年，就用龙灯扛阁祭天求雨。

抗日战争、解放战争时期，龙灯扛阁参加了慰问人民子弟兵、庆祝胜利的活动。中华人民共和国成立后，龙灯扛阁成为节日里的文化娱乐项目。从20世纪50年代开始，经过专业舞蹈工作者的加工整理，龙灯扛阁从农村走向城市，从广场搬上舞台，不断充实完善，逐渐发展成一种独立的纯舞蹈形式。

2011年5月，龙灯扛阁被国务院列入国家级非物质文化遗产项目名录扩展项目名录。

主要内容

龙灯扛阁由舞龙和扛阁组成。表演由擎珠者指挥，龙紧随龙珠舞动。动作套路有“站龙翻腾”“卧龙翻腾”“盘龙”“双窜龙”“泼龙”“龙盘柱”等，套路均以“速场”贯串连接。动作要求“窜”“泼”一边倒，“翻腾”要抡圆，跑站记住“活”，时刻都不闲，扛阁以“走场为主”，龙舞动作激烈时，扛阁在一侧交叉变换队形；舞龙舒缓时，扛阁即插入龙队中穿行回旋。动作要求“下扛”立腰梗脖，双膝微颤、脚下生风；“上扛”跨鹤蹬荷，飘逸潇洒，跟随下扛微颤的动律，双手不停地摇摆舞动。整个表演在龙体翻滚卷起的雾霭中时隐时现，给人以驭云腾飞之感。

伴奏主要用打击乐队，曲牌有[流水][急急风]两种。前者节奏平稳，力度与速度视表演气氛而定；后者节奏快而热烈，用在舞龙激昂时（如：“窜龙”“泼龙”时）。表演进入高潮时，可由专人在场外“打口哨”，以渲染气氛。

表演道具主要有彩龙、明珠、扛阁。

彩龙总长25米，由龙头、龙尾和七段硬节、八段软节（龙身）组成。硬节及龙头、龙尾用竹篾扎制骨架，骨架下方固定一根木棍（称“龙腿”或“龙杆”）为柄。龙头、尾骨架处绷白布，布上彩绘勾画头、尾形状。硬节骨架包裹两侧有布系带（预先勾画出龙身鳞纹）的龙身布，在下方扎紧。另制八块软节龙身布，与龙头、硬节、龙尾依次连接，彩龙即成。

明珠是将四根细竹篾烘烤成同等直径的四个圆圈，然后套扎成一个立体圆形球，从球体中心穿过一铁棍，铁棍两侧固定在一个半圆形的铁架上，架子底中部固定一根长木柄，最后将珠子用红绸裹起。

扛阁分为背心、芯子和上座三部分，由钢管和铁板打制、组合而成。芯子与铁背心之间以钢管连接。根据表现内容的需要，分别用纸扎上莲花、松枝、仙鹤等模型，固定在扛阁的相应位置。

道具的执法亦有讲究，执龙是舞龙者双手（右手在上）握龙杆，将龙体举于头上方。扛阁，下扛人将铁背心架在双肩上，再用绳索经胸前至腰间缠绕固定，穿上衣后，坐在椅子上，直立上身。上扛的儿童由成人抱起放在一旁的芯子的铁座上，再用麻绳将其腰部绑牢在铁座的后背圈上，然后穿好衣服，遮盖住铁座，最后由3～4人一起将儿童抬高托起，把芯子的下头插入下扛人铁背心的空心铆管里。

基本动作

速场。擎珠人左手叉腰，右手握珠柄，将珠子举过头顶，带领举龙者一拍一步前行。举龙头、龙节、龙尾者双手握“龙腿”举至头上方，行进中不断左右拧动把柄，使龙节左右摆动。

站龙翻腾之一。擎珠人行进中左转身面对执

龙头者，双手（右手在上）握珠柄，由左下方经胸前挥向上方，再绕经右下方挥向上方，如此反复划“∞”形，双脚不断后退。舞龙头者“执龙”，双脚大八字步站立，双手将龙头从右下方经胸前上抡，再抡至左后方绕到左下方，经胸前向上抡起，如此反复划“∞”形，龙口始终对珠子，如龙逐珠状；龙节动作同舞龙头者，从前至后，各节逐次错开，绷紧龙身，跟随前一节舞动，使整个龙体呈盘旋翻滚状运动；龙尾随前节划动，每划一个“∞”形时，均顺势左、右小幅度往返跑动，如龙摆尾。

站龙翻腾之二。双手舞龙动作同“站龙翻腾之一”，只是两脚随龙体的翻动原地前后、左右倒步。

卧龙翻腾。全体动作同“站龙翻腾之一”。舞龙节者在划“∞”形的同时，从前往后依次将左膝跪地，并继续划“∞”形。

泼龙。行进中，擎珠人带领舞龙者从前至后依次将珠、龙体划上弧线落至身右下方，右手托木杆中部，左手压住杆尾，使龙体贴地（稍离地面）逆时针方向绕场跑一圈，目视各自龙节，然后再依次将珠子和龙体经头上方划落至身左下方，同时左转身，顺时针方向绕场一周。

双窜龙。舞龙者站成半圆形“执龙”，由擎珠者和执龙尾者带领，同时从两端做“泼龙”动作（龙尾一侧的人做对称动作）从第四、五节龙身下方穿过绕回原位。第四、五节持龙者待与自己相邻一节穿过后，分别左、右转身一圈，顺势翻转龙节（划一立圆）再举起，理顺缠绕成结的龙身。

盘龙。在“速场”过程中，擎珠人跑至场中心，左手叉腰，右手将珠柄举起。全体舞龙者随即迅速跑向场中，双手高举龙身，将九段硬龙节围绕擎珠人成一个圆圈，舞龙头者将龙口对珠做欲含珠状，稍停后，舞龙者同时撤回原位，擎珠人原地不动。

龙盘柱。行进中，擎珠人跑至场左前，将珠子高高举起，舞龙者向其靠拢，将龙节靠在一起，把柄杆立在地上，使龙身堆靠在一起后，空手走出场地。

扛阁前进步。下扛双手叉腰，梗脖立腰，目视前方，一拍一步前行，双膝随步伐微颤；上扛儿童双臂及双脚随势前后交替摆动。

扛阁站立。下扛双手叉腰，原地踏步，目视舞龙者。上扛儿童动作同“扛阁行进步”。

2021年2月26日，河东区龙灯扛阁参加第四届沂蒙“乡音乡韵”展演季暨临沂市第二十一届民间秧歌会

交叉换位。四副扛阁成方形分立四角，转身成对角相视，然后四人同时做“扛阁行进步”交叉换位，从对角人左侧相擦而过。换位后，右转身再做一次。

技艺特点

龙灯扛阁将龙灯与扛阁两种表演形式交织进行，龙舞粗犷奔放，扛阁表演疏密有致，人和龙融会贯通，龙腾人跃，雄浑中透出喜庆热烈的气氛。

龙是“东海苍龙”，颜色为青色，故又名“青龙”，亦称“水龙”。舞龙由青壮年进行表演，在大龙舞动时，再配上由女青年表演的小巧灵活的“荷花龙”和“草龙”等，当中穿插扛阁，活灵活现，动感十足。“扛阁”是龙灯表演配套动作，分为上扛和下扛，上扛的表演者为2～4岁的幼小儿童，男女对半，大多扮成神话故事中的人物，如“八仙过海”等人物形象，跨鹤蹬荷、飘逸潇洒，在龙体翻滚卷起时若隐若现，给人一种腾云驾雾、骑龙戏龙的感受，让人赏心悦目。

传承与保护

清道光年间，九曲三官庙村村民李姓和马姓为龙灯扛阁第一代传人；后，龙灯扛阁在李姓和马姓后人中传承；1910 年，马守善为龙灯扛阁第五代传人；谷继春、孟庆福为龙灯扛阁第六代传人；邢继田、李春和为龙灯扛阁第七代传人；1968 年杨翠侠、李效明为龙灯扛阁第八代传人；1983 年杨贯秋、李玉常为龙灯扛阁第九代传人。

谷继春，男，1915 年生，临沂市九曲乡三官庙村人，8 岁向祖父、父亲学龙灯扛阁，9 岁开始表演，成年后成为龙灯扛阁队的主要演员和组织者。他擅长龙灯扛阁的表演套路动作及道具制作，还练就了吹口哨技艺，表演时将两手食指插在嘴里，吹出响亮的声音（群众说似“龙吟”）。

第四节　木旋玩具

郯城木旋玩具俗称“旋货”“耍货”，历经明、清、民国，已有 600 余年的历史。已形成 10 大类近 700 个花色品种，产品不仅出口日本、韩国、新加坡等 30 多个国家和中国香港地区，还多次在国家级民间工艺品比赛或展览中获奖，并被中国美术馆、宋庆龄基金会等单位收藏。

历史渊源

明朝初年，郯城樊氏始祖樊木从江苏赣榆逃荒行至郯城县城西 30 里的沂河东岸，落户定居，繁衍生息，因倚沂河堤堰而居，故得名樊埝村。据樊氏族人讲，樊木祖上跟随鲁班学艺，家中世代事木工为生，樊木受到这种环境氛围的影响和熏陶，自幼便开始承传研习族传技艺。樊木夫妇共育有九子，这些孩子个个聪明可爱，可是若淘气起来，却搅得一家人心烦意乱，樊木无法安心干活，他的妻子也无法专心做家务。家境拮据的樊木，整日愁肠百结，想着如何才能找到一种方法，既能哄孩子们玩耍让他们不淘气，又不耽搁大人干活。一日，樊木拣起制作木器的下脚料，用木工刀具制作了几个小玩具，这些玩具做成后，发出吱吱的响声，孩子们被吸引过来，争抢嬉笑打闹，玩得非常开心。邻居的孩子们非常羡慕，都嚷着要这样的玩具，邻居们便向樊木讨要。开始，樊木为他们免费制作了一个又一个。制作这些小玩具需要人力和材料，时间长、数量多了，樊木也承担不起，后来便酌情收取一些成本费用。意想不到的是，前来索要的人仍然络绎不绝。樊木发现木制玩具的销路和效益比木车、木凳、木椅等其他木器都要好。于是，他决定专门从事这种木制玩具的加工制作。为了生产更多的玩具，樊木根据手拉钻的原理，制成了简易旋车，并逐渐摸索出一套制作木旋玩具的技艺。由于加工设备的改进和制作工艺的提高，制作的木旋玩具数量逐渐增多，在满足乡邻乡亲孩子们需求的同时，樊木便把玩具批发给做生意的货郎。货郎们肩挑车载，走街串巷叫卖，一边吆喝，一边演示，把木旋玩具带到各地。樊木的孩子们耳濡目染，不但学会了木旋玩具的制作技艺，还将一些新奇的想法，融入玩具制作中，樊埝村的旋木技艺由此产生。自樊木开始，木旋玩具制作技艺世代相传，现已传至第十九代，并且历代都有工艺改进和产品创新。传承发展至今，郯城县港上镇樊埝村已成为远近闻名的木旋玩具之乡，木旋玩具制作成为当地的支柱产业之一。

2006 年 12 月，郯城木旋玩具被列入山东省第一批省级非物质文化遗产项目名录；2014 年 11 月，被国务院列入第四批国家级非物质文化遗产项目名录。

制作工艺

制作工具　郯城木旋玩具的制作工具是手工艺人自己发明的，具有精巧灵活、使用方便的特点。主要工具有旋床、刀具、毛笔。辅助工具有锯、斧、钻、锤、刷子、刨子、磨光机、钻孔机、喷漆机、砂轮机等。

旋床当地俗称“旋床子”，它经历了四个发展时期。樊木根据手拉钻的原理制成简易旋车，并逐步将手拉动力改为脚蹬动力，这是第一代旋床；

人们发现木质轴承容易磨损变形，使用寿命较短，后经几代人的改造创新，在旋床转动部位加装了铁质轴承，这是第二代旋床；20 世纪 80 年代中期，在传统旋床上安装了电机，以电力代替了人力，这是第三代旋床；90 年代初期，将木质旋床改造为铁制机械旋床，这是第四代旋床，并一直沿用下来。

刀具有大刀、旋刀、切刀、挖刀、钻刀等。

毛笔为当地手工艺人以狗毛、羊毛、黄鼠狼毛自制，笔杆为高粱莛子。

工艺流程 郯城木旋玩具的制作过程比较复杂，不同玩具的制作过程也不尽相同，但它们有一个共同的特征，就是“以旋为主”，大部分部件的制作都是在旋床上完成的。燕车是较具代表性的郯城木旋玩具，它的制作过程能够充分展现传统木旋玩具的整个工艺流程。燕车由燕体、燕翅、小扁鼓、圆形车轮、三角形轮、转动细铁丝、小铁钉、粘胶、小木棒、麻线等小部件组成。每个小部件需要单独制作，制作之后组装而成。当地的艺人一般在每年的三、四月份备料，5—10 月利用农闲时间进行小部件的制作，11 月至次年的 2 月进行小部件的组装。

制作流程：备料。原材料（木材）买来以后，首先要刮树皮、晾干。

制作部件。制作燕车需要部件的式样较多，有圆形、三角形以及不规则的形状。圆形的可以在旋车上用镟刀加工出来，三角形以及其他形状的部件则用砍刀加工出来。

上色。制作好小部件后，需要将其染色并风干。染料是当地艺人用色粉子（用矿物颜料磨制而来）和水胶（用动物的皮熬制而来）加热水混合而成的。

钻孔。在燕体需要与其他部件组装的地方进行钻孔，钻孔大小不一，需要根据与其相组装的其他小部件的大小来确定，由艺人们凭自己的经验来掌握。

组装。组装是制作燕车的最后一道工序，分六步进行。

安装燕体。燕体由柱状和片状燕体两部分组成。将片状燕体用钉子固定在柱状燕体两侧，并在片状燕体上侧分别钻好小孔，用细麻绳捆在一起。

郯城木旋玩具

安装车轮。先将一根圆形的小木棍的一端插在一个车轮上，将其另一端插在柱状燕体的一端；再将三角形轮插在圆形小木棍的中间；然后将小木棍穿过柱状燕体的另一端，并在木棍上安装另一个车轮。

安装扁鼓。将扁鼓夹在两个片状燕体中间，并用粘胶将其与两片片状燕体粘紧，使其不会滑落。

绘制图案。先将燕体染成黄色，然后用自制的毛笔绘制红色和绿色的图案。所绘图案一般由圆点和草叶纹组成，颜色鲜艳，对比强烈。

安装硬纸燕翅。在每个车轮上敲上一个钉子，将细铁丝的一端绕两下固定在钉子上，另一端拴在燕翅上。然后，在燕体正上方的两个小孔里插上两个木条，并将其用胶粘在硬燕翅的背面，用来支撑纸质燕翅。

安装鼓槌。在燕体的三角形轮和扁鼓的中间插上一个小木棍充当鼓槌，用细铁丝固定好，燕车在转动的过程中，三角形轮的转动带动鼓槌的转动，使其正好敲击在扁鼓上，这样燕车就可以发出响声。在柱状燕体后侧孔内插一根长木棍，手持长木棍便可轻松地推动燕车。

内容题材

郯城木旋玩具的内容题材多取材于神话故事、民间故事、历史故事、文学名著等，反映了沂蒙地区的风土人情和文化价值观念。

民间美术长期与巫术相伴而行，其创作动机和艺术特性都受到巫术的影响或渗透。例如，高低棒人是由“耳报神”演变而成。“耳报神”原是江湖术士应付求神问卜者所用的一种小木人。巫师执之于耳边佯听，然后把自己的解答说成是“耳报神”的神谕。近年来，人们发现高低棒人和一种叫做“人形”的日本玩具极为相像，而且它们都和民间神祇相关，这引起了日本学者、玩具收藏家伊藤三郎和三山菱的高度关注。中国高低棒人玩具的出现比日本的“人形”玩具早几百年。

虎头棒槌源自原始崇拜。先秦时期，老虎已经被引入神话，据《山海经》记载，度朔山上居住着两位神仙，一个叫神荼，一个叫郁垒，镇守着万鬼出入之门，遇有恶害之鬼，就用苇索捆住送去喂老虎。于是，老虎在神话中就成了除恶扬善、威猛无比的正义化身。木旋玩具以虎头的形象制作虎头棒槌，就是希望孩子们像虎一样勇敢强壮、健康成长。

传承人樊继美展示木旋玩具制作

木旋玩具的其他题材多取材于历史故事和文学名著，如《西游记》的唐僧师徒、《三国演义》的关公刀、花枪等。

项目传承

郯城木旋玩具自创始以来，一直以樊埝村为中心，世代相传，历代均有造诣颇深的代表人物。明朝初期，樊木发明了木旋玩具。清代，以樊自学为代表研制了燕车。清末民国初期，以樊贞远、杨文彬为代表研制了高低棒人、宝剑。解放战争时期，以杨自臣为代表研制了飞机、坦克等。中华人民共和国成立初期，以樊安生、樊加余、樊申生等为代表，研制了动物系列玩具。二十世纪七八十年代，以樊继美为代表，研制了京剧脸谱、木偶人等。

第五节　临沭柳编

临沭植柳编柳已有1400多年的历史。隋唐时期，白旄、青云等乡镇就开始种植杞柳，“柳毅植柳，为民造福”的神话传说赋予了人们对美好生活的渴望。临沭县传统柳编，属于民间手工技艺。其所用主要原料是沭河岸边生长的杞柳，其枝条细而长，富有韧性，具有柔、滑、软、洁等特点，去皮后洁白光滑，又称“白柳”，是编织各种工艺品的上乘材料。传统手工制品有：笼子、席、筐、篓、簸箕、斗、柳箱等，其外表美观大方、结实耐用，是人们生产生活的日常用品。

柳编主要分布在临沭、郑山、白旄、青云、曹庄等乡镇，民间流传着“闯东北、下江南，不如在家编花篮”的说法，柳编已成为临沭县农民就业、致富、增收的重要途径。2009年，临沭县被中国工艺美术协会授予“中国柳编之都”称号。

历史渊源

临沭柳编的可考历史可以追溯至隋朝。《续修临沂县志》记载，隋朝末年柳、马、凌三姓来此以编柳为生，随着杞柳种植规模的不断扩大，此地得名“柳庄乡”，柳编从此在当地扎根并流传至今。

唐代以后多战乱，柳编技术在黄淮流域逐渐失传，但在沂、沭河流域却得以保存。到了宋代，当地人们取杞柳的细条，“火逼令柔曲，作箱箧”。此后，柳编工艺不断发展。明朝永乐年间，青云、白旄等地村民就将杞柳编织成篼子、笊篱、箱篓、簸箕、斗、升等生产和生活用具。

临沭柳编——葫芦

清代柳编人家以“窖地为室……必先柔之以水，剥其青肤……老幼男妇，穷日所为，八口乃可给也。横上居民专以织柳为升斗量器，器良易售，云是有巧术”。临沭县青云镇的许多农村至今还保留着在地窨子里编织的习惯。

中华人民共和国成立以后，现代柳编产业在临沭县得到了蓬勃迅猛的发展。1973 年，临沭县柳编产品被纳入国家首批柳编出口计划，当时有自营出品权的条柳编企业就有 40 余家。有柳编工艺 20 多个系列上万个花色品种，产品多次获国家、省市奖励，畅销欧、亚、非、美等 100 多个国家和地区。

2021 年 5 月，临沭柳编被国务院列入国家级非物质文化遗产代表性项目名录扩展项目名录。

主要内容

原料　柳编所用的主要原料是白柳条。临沭县的杞柳品种主要有：一柳、二柳、黄皮柳、红皮柳、绒柳、笨柳、大青皮、大红头，又先后引进了产量高、条形好、韧性强、色泽更亮洁、新梢、腋芽萌生二次梢率低的“一枝笔”“金钱柳”“大稀叶”等 6 个优良品种。

杞柳又分夏柳、秋柳。夏柳直接剥皮、晒干后，即可用于加工；秋柳割完后，需在蒸笼中蒸半小时左右，再去皮晒干。

编织方法　白柳条的编织按程序可分为编、系、砌、穿、缠、拧等几种方法。

编法。打底：简单地分有圆底、半圆底、长方形底、椭圆形底、扁形底等。编法有穿桩、缠桩、分桩、双转编、重纹、旋编等。

穿桩：就是选几根稍粗较直的柳条，用剪子剪成 8 根桩子，长度略大于底的直径，用槽锥将 4 根桩子逐根从中间穿过去，将桩子撑开一道缝，再将两根桩条贴着槽锥的两边穿进，然后拔出槽锥，再穿进两根，排齐并穿。

缠桩：就是选一根稍细的柳条，沿着穿桩上下绕缠一周，待穿桩和被穿桩八个边都编好后，将缠好的头塞好即可。

分桩：就是将缠好的桩子，用细柳条插进去，把桩子分开，上下绕缠；单旋编就是用一根编条绕着底端，花纹有多种。

双转编：就是同时用两根或更多的柳条编着底编。

重纹：就是单转或双转，编时第二圈与第一圈柳条的漫过相同。

旋编：就是在每一根桩子下面并在同一圈内分别续 1 ~ 2 根编条，分单旋编和双旋编。

编帮：帮的编法有两种：一种是用编条绕着桩子漫 1 过 1 或漫 2 过 1，叫纬编法，具体分单转编帮、双转编帮、三旋编帮。另一种是用桩条与桩条互相交织，漫 1 过 1 或漫 2 过 2，叫桩条互编法，具体分单向互编、双向互编。这两种方法操作过程是，将竖好的桩子的底，用柳条续进去，里外绕编，直至够尺寸为止。

握沿：柳制品的沿握得好坏，直接影响其外形的美观和使用寿命。常见的沿有单沿、双沿、包沿、辫子沿、链子沿、花沿和缠沿等几种。具体方法，就是将帮上留出的桩条，按顺序里外接出或穿进，把沿握住即可。

缠把：出口柳制品有许多型号需要缠把，缠把的方法有绕缠、编缠、正反缠等。缠时应根据口的大小和把的高度，选 2 ~ 3 根稍粗一点的柳条作把心条，然后用旋子柳或细柳条绕缠，至扎腰处即可。再就是包把，由多根柳条沿把心条绕缠而成。包把美观大方，结实耐用，简单易做，是一种比较流行的式样。

系法。系法主要是在编织内销产品时使用。系是用麻线将柳条一根一根织在一起，制成不同形状的器具，如筦子、簸箕、笸子、柳箱等。系出口柳制品，从表面上看，很像在柳条上勒了一道道线，所以把这种编织技术称为系。系的柳制品比编的柳制品结实，系技高超的器具，柳条结构严密，可达到天衣无缝，滴水不漏。

拧法。就是将两根粗细、长短相同的条子像拧麻绳一样，朝着一个方向拧编，形成的条纹就像一根绳子。

砌法。砌就是用旋子柳将盘卷的柳条一圈圈地连起来，构成不同的制品。砌好的柳制品，一道道缠绕的旋子柳像是墙上灰缝，露在旋子柳之间的柳条像是一块块整齐的砖。所以把这种编织技术称为砌。此法主要用于编织内销产品，分成砌底、砌帮、插牙条等 3 道工序。

穿法。穿就是将柳条切成柳棍，染成不同的颜色，再用线穿成各式各样的门帘、窗帘、屏风帘等，产品在国内外都畅销，穿帘子有泡柳、切柳、染柳、打眼、制帘子板、穿 7 道工艺。

缠法。利用缠的技术，能制作各种小件，再用小件镶嵌成工艺品。方法是将旋子柳以螺状绕在某种心条上，编缠制作的装饰品，不仅给人以艺术美的享受，还能延长使用寿命。

工艺特点

在长期的生产过程中形成了“拟物”“混编”“上漆”“染色”衬饰等工艺特点。

用编法编制的柳制品，大部分是用条子编条子，条子的花纹不够细密，主要讲究外形优美，样式新颖。多用于出口。这些产品老一代人多用来放置柴草、土肥。近年柳制品出口后，多用于装饰、包装，一般使用期较短。

用系法编织的产品，做工细密，严实耐用，使用期长，有的上百年不会毁坏。但样式单一，制作时必须使用模具，样式不好轻易改变。而用编法编制的产品，由于使用的原料随意性强，样式多变，编制起来比较灵活，因此，这样的编法运用广泛，男女老幼皆可编织。

此外，砌、穿、缠、拧在柳编手法中，也各具特色，其手法与编法混合使用后，其编制的用品不仅给人以艺术美的感受，也展示了艺人高超的技艺。

主要产品

传统的手工制品主要有筦子、席、筐、篓、簸箕、笆斗、升、柳箱等生活用具。

现代手工制品主要有花盆、洗衣筐、吊篮、窝笼、果盘、家具、动植物造型等。

花盆套类主要用于套在花盆的外面，使花盆更加美观，多用于客厅及公共场所。有大小各种不同的规格，上口大，下底略小，边缘整齐，也可染色。

洗衣筐类用于容纳待洗的脏衣服，过去常被置于卫生间，现在也进入卧室，因而造型日益精巧。其造型有圆形、方形两种，大小各种规格，多取立式，有盖。

吊篮类用于悬吊在房间内，内置盆花或水插鲜花。有浅腹（用于水插鲜花）、深腹（用于盆花）两种，上系串连植物纤维编织的吊绳，内装盆花或鲜花，以装饰美化环境。规格也有大小不等。

果盘类用于盛放水果，可以做成筐盆形，也

中国柳编文化艺术馆一角

可以做成篮形，有把无把均可。利用编织物的纹理与水果肌理的对照，在室内茶几、餐桌上放置，十分优雅美观。

窝笼类用于在室内供狗、猫等小动物憩息用，不是长期的巢穴。也可以用于盛装小动物出外旅行，其形状大体为方形底、圆形或人字形底，有门窗或气孔，有提系、把环等装置，大小规格亦有多种。

家具类主要是人们家庭生活中常用的沙发、茶几、桌椅等，古色古香，又极具现代气息，大小规格不等。

造型类主要是模拟动物编制，如鸡、狗、牛、羊、鸟等，栩栩如生，憨态可掬、形象逼真，适宜收藏把玩。

主要特征

编织手法多样，工艺复杂。临沭柳编按手法，可分为编、系、砌、穿、缠、拧等几种方法。用编法编制的柳制品，大部分是用条子编条子，条子的花纹不够细密，主要讲究外形优美，样式新颖。多用于出口。由于使用的原料随意性强，样式多变，编制起来比较灵活，因此，运用广泛，男女老幼皆可编织；用系法编织的产品，做工细密，严实耐用，可达到天衣无缝，滴水不漏。使用期长，有的上百年不会毁坏。但样式单一，制作时必须使用模具，样式不好轻易改变。

具有广泛的民间性和传播性。自古以来，临沭县村民就将柳编织成工具用于餐饮、储藏粮食、计量等，在日常生产生活随处可见。柳编工艺原料来源十分广泛，过去广大农村的许多生产工具，生活用品历来依靠柳编制作，随处可见柳编制品。且柳编某些编法简单易学，男女老少均可操作。

具有很强的实用性和艺术性。柳编制品广泛使用于人们的生产和生活中。柳条柔软易弯、粗细匀称、色泽高雅，适合编织成各种朴实自然、造型美观的实用工艺品，具有设计新颖、独特、细腻、花色品种多等突出特点。

项目传承

临沭柳编文化产业基地主要位于临沭县白旄镇、青云镇、临沭街道、郑山街道 4 个镇街，有 2 个杞柳种植基地和 2 个柳编集中产业加工园区。临沭县有杞柳种植基地面积 10 万亩，柳编出口加工企业 165 家，1000 余处专业加工点，柳编产业从业人员 10 万多人。2010 年，“临沭柳编”地理标志在国家工商总局成功注册；“临沭柳编”区域品牌价值已达 18.57 亿元，品牌发展力居全国第 1 位。临沭县 9 个镇街中的 7 个镇街有柳编加工产业，涌现出如荣华、美艺、晴朗、白云、照兴、金柳、鲁美达、佳柳、凌云等知名柳编企业，金柳、荣华、美艺、鲁美达、晴朗先后被评为国家文化出口重点企业，13 家柳编工艺品企业获评山东省重点文化产品和服务出口企业，占全省认定企业的 1/5。全县柳编产业出口保持年均 16.4% 的高速增长，2021 年柳编产品出口额达到 22.75 亿元。产品从原来传统产品到柳篮、家具、装饰、园艺，再到草柳、木柳、铁柳、布柳等数十大类、数万个花色品种，已形成了完善的杞柳种植、编织加工、产品研发、出口销售的上联龙头企业、下联基地农户、内联电商平台、外联国际市场的特色产业化集群。借助柳编产业发展，全县形成了一、二、三产业融合，全产业链共同发展的柳编新产业生态圈。带动货物出口贸易服务、陆运、船运等物流配套收入近 10 亿元；柳编线上销售涌现出“宜然家居旗舰店”“金柳家居旗舰店”等品牌电商和青云镇 1 个“淘宝镇”、6 个柳编“淘宝村”，年实现柳编国内线上零售额过 2 亿元。

第六节　高桥手绣（鲁绣）

高桥手绣（鲁绣）是流传于沂水县高桥镇的一种民间手工技艺，最早起源于清乾隆初年的高桥镇沭水南岭村，已有 270 余年的历史。相传最早为青年男女传递情意的信物，后来便成为当地的风俗一直传承下来。如今高桥手绣既用作装饰，也用作互祝吉祥、安康、长寿，寄托情思的信物，还有驱蚊安神之功效。造型上最早只有荷包，后发展出各种式样与类型，已有 20 大类，180 余个品种，主要类型有荷包、祺榴、龙凤、老虎、牡丹、桃、燕子、蝴蝶、花篮、中国结、十二生肖等。

历史渊源

高桥镇位于沂水县城北 20 公里处，全镇属半丘陵半平原地区，手绣艺术主要分布在高桥镇的高桥二村、永全官庄、西河南等 27 个村。手绣发源于高桥镇沭水南岭村。《沂水县志》载：“沭水一带，凡男女相爱，送男手绣，一者示意，二者显示其女红娴熟。”为丰富农家生活，村里针线活好的妇女把白线染成各色彩线，缝制一些花、鸟、鱼等小玩意，在年节或村里有喜事时送给亲朋好友，借以祝愿四季平安，风调雨顺。当时结婚的人们，男方如果不送荷包给叔伯，被人们看成是媳妇手工差的象征，新媳妇过门后的“端份”，其枕头顶绣得好坏，内容如何，更是被上一辈人看成是新媳妇持家的一个重要标志。村里手绣的能工巧匠，成为人们争相称赞的焦点。手绣最初仅限于农家自娱自用，不用来交换，作为显示劳动文化形式的民间美术品，仍然保留着原始文化形态。

改革开放后，农家妇女开始走出山门，把自己用布头、彩线绣成的小鱼、荷花、十二生肖等绣品拿到集市上售卖，很快被人抢购一空，手绣加工能够换钱，让她们信心倍增，从七八岁的小姑娘到 70 多岁的老太太都学会了做手绣，高桥手绣进入快速发展的轨道。后来群众自发组织，分工合作，形成规模加工。高桥镇政府加大对手绣艺术品扶持和挖掘力度，每年农历四月初八和十月初八的高桥山会成为手绣艺术品的展销会，手绣艺术品成为各方客商争购的产品。

2007 年 8 月，高桥手绣被列入临沂市第一批市级非物质文化遗产项目名录；2016 年 3 月，鲁绣（高桥手绣）被列入山东省省级非物质文化遗产代表性项目名录扩展项目名录；2021 年 6 月，鲁绣（高桥手绣）被列入第五批国家级非物质文化遗产代表性项目名录。

主要内容

高桥手绣在造型上把刺绣的平面装饰性与雕塑的三维立体感完美结合，具有浮雕的特征，基本上是两个平面组合为独立的立体造型，其造型古拙朴厚，简洁大方，细条流畅，略显夸张，有秦汉艺术之风，细腻处又精雕细琢，形象生动；颜色上强调民间装饰效果，对比强烈却艳而不俗，喜庆色彩浓厚。针法精巧多变，错落有致；图案层次分明，主要以各种花卉、动物等吉祥花纹为主；艺术造型上结构严谨，布局紧凑，形、色、质等各

高桥手绣作品

种造型要素巧妙搭配，提高整体效果，造型多变、色彩巧搭、各种针法穿插技法相结合，极大提高了原创能力。现代民间艺人解祥芳经过潜心研究，开发了集药用价值与观赏价值于一身的中药布老虎系列，将原来手绣两个平面的浮雕造型发展为三维立体的圆雕造型，受到省内外专业人士的好评，其各种布老虎又因式样造型各具特点而驰名。

制作工具。绣花针、剪刀、布（丝绸和各种棉布）、线（从丝绸布中抽出的丝线）、棉絮（用以填充）。

2015 年 4 月，周玉梅在教徒弟做手绣

工艺流程。第一步取样。将纸质图样放在硬纸板上，依照图样剪出，一式两份。图样有的是个别心灵手巧者的创作，也有的是一代代传承下来的。第二步描图。把两个剪出的硬纸板图样对在一起，用浆糊把丝绸或布粘在图样上，浆糊要涂匀，接茬处要压紧。用复写纸把准备好的图案、花纹等描到绸布上。第三步手绣。根据需要，用不同颜色的彩线绣出描好的图案、花纹，再把图案、花纹以外的底子一丝不漏地绣完用以衬托图案。手绣要求很高，无论是勾、挑、刺等指法和针法，都复杂多变。颜色搭配要艳而不俗，针脚要细密均匀。第四步缝合。把两个图样中间的空隙填充棉花或绒线、绒毛，要求填充后的作品从表面看圆润流畅，不能坑坑洼洼。最后把口缝起来。整个过程不仅需要娴熟的技艺，还需要极大的耐心，是对手绣者恒心、毅力的考验。

技艺特点

地域特色鲜明。相比于苏绣的雅致柔和、写意仿古，粤绣的金碧辉煌、色彩炫丽，湘绣的生动逼真、层次分明，蜀绣的明丽清新、精湛细致，鲁绣更显北方刺绣工艺的大气磅礴，飘逸豪放，于粗犷中见精奇、精奇中见匠心。高桥手绣作为鲁绣的经典代表，以“插花描云”的显著特征在炫彩有灵、情暖柴扉的文化传承中显得绵远悠长。

刺绣的平面装饰性与布艺雕塑的三维立体感相结合。造型手法上，采用平面刺绣、填充、缝合、装饰、整形相结合的方法，简洁大方，极具立体雕塑的厚重和视觉张力。

多种装饰技法与造型元素相融合，融入了布艺造型的多种装饰技法与造型元素。集“抽、勒、锁、雕、缝、缀”于一身，其针法朴拙厚重，细腻处精雕细琢，变化丰富，既具北方布艺之粗犷热烈，又有南方刺绣之婉约精美。

色彩搭配纯度较高，对比强烈。色彩运用方面，高桥手绣以纯度较高的大红、大绿、艳紫、明黄等色彩搭配，间以金银色钉珠、亮片装饰，浓艳质朴，具有强烈的视觉冲击与浓郁的乡土气息。

项目传承

高桥手绣拥有广泛的群众基础，在当地具有极强的集体传承性，尤以妇女最为突出，抗日战争和解放战争期间，沂水县广大妇女做军鞋，缝鞋垫，拥军支前，与小推车、沂蒙煎饼一样，成为地域文化符号，至 2021 年已传承至第九代。近年来，解祥芳、杨青梅等不断探索创新途径，成立“沂蒙手绣协会”“非遗精准扶贫加工车间”，定期举办培训班，不断壮大手绣加工队伍。

第二章 省级非物质文化遗产项目

第二章　省级非物质文化遗产项目

第一节　民间文学

卧冰求鲤传说

《二十四孝》所载“卧冰求鲤”的故事，发生于晋代的琅琊临沂。自《搜神记》首次刊载，至元代郭守正编入《二十四孝》，“卧冰求鲤”的故事流传至今，已1700余年。

历史渊源　《卧冰求鲤》故事的流传，大致可划分为如下几个时期：

产生形成期，约公元200—320年。即王祥十五六岁，其孝行为乡人所知开始流传。这一阶段故事情节的随意性较大。

史书记载及文学作品传播期，约公元320—1962年。史书及书面文学体裁的记载，反过来影响口头文学，这一阶段口头传说的各种版本开始定调统一，使其更加有生命力地流传下去。除正史《晋书》对王祥的孝行作了记载外，晋人干宝所著《搜神记》、元朝郭守正《二十四孝》、南朝刘义庆《世说新语》等都对王祥的孝行进行记载。据《沂州府志》《临沂县志》等地方志书记载，明朝嘉靖皇帝南巡途经临沂时，曾为王氏宗祠手书“孝友格天”匾额（该匾连同祠堂等于1938年毁于侵华日军的战火）。清乾隆十六年（1751年），清高宗南巡时，为景贤祠题诗一首：“孝能竭力王祥览，忠以捐躯颜杲真。所遇由来殊出处，端推诸葛是全人。”因诗中提及临沂五位贤人，后改景贤祠为五贤祠。帝王的褒扬促进了王祥孝名的传播。

“文化大革命”期间的沉寂期。1962年，山东省政府批准修复孝友祠，副省长余修亲自到现场视察，召集临沂地、县领导召开现场会，王祥、王览后裔捐资6万余元准备施工。“四清运动”开始，修复工作被迫停止，捐资被挪作他用。“文化大革命”开始后，孝友祠祠堂、碑碣、千年古银杏树等全部被毁掉。

改革开放后的复兴期。1994年，社会各界及王祥、王览后裔捐资重修孝友祠。2000年，孝友祠进一步扩建。2001年，孝友祠被当地中小学定为德育教育基地。王氏族人大力弘扬以王祥为代表的“孝文化”，近年来，王祥孝敬老人的精神得到社会各方面的重视，“卧冰求鲤”的孝行故事在民间广为传播。

孝河王祥卧冰求鲤处纪念碑亭

2006年12月，卧冰求鲤传说被列入山东省第一批省级非物质文化遗产项目名录。

基本内容　以“卧冰求鲤”为中心事件的王祥孝行故事的基本内容可分为三个方面。

一是劝孝诫悉，主要故事有“卧冰求鲤”“风雨守柰”“黄雀入幕”。

《晋书》卷三三《王祥传》载：“祥性至孝。早丧亲，继母朱氏不慈，数谮之，由是失爱于父。每使扫除牛下，祥愈恭谨。父母有疾，衣不解带，药必亲尝。母常欲生鱼，时天寒冰冻，祥解衣将剖冰求之，冰忽自解，双鲤跃出，持之而归。”《搜神记》《世说新语》等文学典籍，除对卧冰求鲤故事有描写外，又增加了新的故事内容。《世说新语》卷一《德行第一》中载：“王祥事后母朱夫人甚谨。家有一李（应为柰）树，结子殊好，母恒使守之。时风雨忽至，祥抱树而泣。”这一故事被概括为“风雨守柰”。刘孝标注释《世说新语》引广济《孝子传》中说：“祥后母忽欲黄雀炙，祥念难卒致。须臾，有数十黄雀飞入其幕。”这个故事被概括为“黄雀入幕”。这两个故事和“卧冰求鲤”构成了王祥孝敬继母的主要事迹。口头文学则把上述3个孝行故事讲得鲜明、生动、丰富，通过口头语言绘声绘色地讲述，一个个性鲜明突出的大孝子形象栩栩如生地立在听众面前，使人们心灵受到一次洗礼和震撼，影响其对待父母老人们的思想和行为。

二是教人博爱，主要故事有“怜兄抱母”。

以“卧冰求鲤”为代表的王祥系列故事，除了教人向善方面的内容外，还有教人爱心方面的内容，表现在王览对王祥的关心保护方面，同时也表现在王祥对弟弟王览的关爱方面。《晋书》卷三三《王祥传》文载：“母朱氏遇祥无道，览年数岁，见祥被楚挞，辄涕泣抱持；至于成童，每谏其母，其母少止凶虐。朱屡以非礼使祥，览辄与祥俱；又虐使祥妻，览妻亦趋而共之。朱患之，乃止。祥丧父之后，渐有时誉，朱深嫉之，密使鸩祥，览知之，径起取酒，祥疑其有毒，争而不与，朱遽夺反之。自后，朱赐祥馔，览辄先尝；朱惧览致毙，遂止。”王览第五十代孙王孝俊口头讲述这一故事时，比之史书和古典文学的描述显然要生动得多。讲述者去深刻挖掘，体会整理，构思故事的内容和内涵，以生动富有感染力的语言及肢体动作去播撒人间亲情、真爱，以传统的伦理道德去规劝人心向善，人心向爱。

三是弃恶从善、回归人性，主要故事有“跪母请死”。

《世说新语》记载：“祥尝在别床眠，母自往暗斫之。值祥私起，空斫得被。既还，知母憾之不已，因跪前请死。母于是感悟，爱之如己子。”这个故事讲述人口头讲得则非常生动、惊险、扣人心弦：“这天夜里，大约三更天，月亮正好被一块黑云遮盖着，朱氏拿着一把刀，悄手蹑脚地来到王祥床前，举起菜刀，猛地向王祥头部砍去！就在这时，一个人影从门外冲进来，一头跪在朱氏跟前，嘴里喊着：‘娘！’朱氏低头一看，当啷，菜刀掉在地上，一下子瘫坐在床前。跪在地上的人扶住朱氏说：‘娘，娘，你难道就真的不要我这个儿了吗？真要那样，你就杀吧！’说着，把头伸了过去。朱氏愣在那里，片刻，她一把抱住王祥，‘哇’的一声哭起来：‘祥儿啊，该杀的不是你，是我呀！娘为了亲儿，就什么都不顾了。娘有罪，娘该死，该千刀万剐……’。”人物形象刻画得淋漓尽致，感人肺腑的语言让一个弃恶从善、回归人性的人物形象活生生地站在听者面前。

基本特征 传承上的不间断性。“卧冰求鲤”等系列口头文学故事，是王祥故里及临沂市兰山区人民群众对民族传统文化多方面传承和创新发展的集体艺术结晶，是孝文化的一个重要组成部分和典型性代表。不仅王氏家族口传心授，代代相传，1700多年来从未间断，而且流传全国，影响深远。

故事的典型性和代表性。中国历史上的孝亲故事很多，《二十四孝》中，“卧冰求鲤”的故事也最具典型性和代表性，因而能够妇孺皆知，长传不衰，流传深广。

故事的通俗性。口头文学的最显著特点，是它的通俗性，即为平民百姓易懂好记，喜闻乐见。具体表现在内容的生活化，语言的民间化，讲述形式上的简易化。

故事的传奇性。虽然故事取材于农村生活，但由于赋予了神话色彩，使其更具传奇性，因而更具有悬念和吸引力。

故事的普及性。在长达1700余年的广泛流传中，兰山区、临沂市及至全省全国的许多地方很多人都对故事耳熟能详，有不少人会讲。

蒙山传说

蒙阴位于泰沂山脉腹地，蒙山之阴，西汉初建县，迄今已有2000多年历史。境内较大山峰有520余座，其中，海拔1000米以上的有12座。巍巍蒙山屹立县境南端，绵延百余里，自西向东有白马关、九女关、紫荆关。在县境的东北部，山峦密集，山峰周身陡峭，山顶浑圆，地貌学称“方山”，俗称崮。崮，郁崛奇瑰，不仅国内少见，世界上也极为罕见。沂蒙山区有名崮72座，蒙阴独揽36座。在这块土地上，生活着勤劳善良的蒙阴人民，产生了美丽的蒙山传说。

历史渊源　蒙山，古称东蒙，亦称亚岱，是山东第二大山。旧石器、大汶口文化时期，蒙山已有人栖居。夏代为有施氏（有喜氏）部落集居地，称有施国，或蒙山国，其国经许多学者考证，在蒙山根今联城镇吕家庄村一带。周代，对蒙山之国专门祭祀，因国主名颛臾，故称颛臾国。西汉初年，置蒙阴县。

蒙山雄、险、奇、秀，资源丰富，适合人参、灵芝、紫草、首乌等野生植物和狼、狐等野生动物生长。战国时期的七国争雄，及其后历朝战乱年代，蒙山军事要隘“三大雄关”附近发生的排兵布阵、攻守挞伐，也被人们渲染上一层神秘的色彩，衍生出许多神奇的故事。这些故事，自蒙山人的祖先始，世代相传，不断丰富，形成了今天美丽、曲折、动人的蒙山传说。

2007年8月，蒙山传说被列入临沂市第一批市级非物质文化遗产项目名录；2009年9月，被列入山东省第二批省级非物质文化遗产项目名录。

主要内容　蒙山传说包括历史人物传说、神话人物传说、精怪故事、风物故事、地名故事等。

传说始终围绕着蒙山人各个时期的人生观念，抒发着对蒙山的雄、险、奇、秀，对日、月、星、辰、旱、涝、风、雹等万物的崇拜。如《乾与坤的传说》《大禹和女娇》等。

传说贯穿以传统道德为标准惩恶扬善的基本思想，如《九头妖的传说》《王三邪怒除鳝鱼精》《梁小与无毒》《张善子献宝除恶》等。这些传说并未直接揭露封建官僚统治机构的黑暗腐朽，而是精巧地引用无恶不作的妖怪，反映封建社会黑暗腐朽的本质。如《九头妖》中，“九头妖长相丑陋，面目狰狞，无恶不作，还常常强霸民女，所以，远近村庄的人都恨死了它。都想有机会除掉这只妖魔。但据说，这九头妖有九个头，如砍掉一颗，立刻又会长出一颗来，能一连长出九颗。想除掉它的人又很难在很短的时间内砍掉妖怪的九颗头。所以，人们就只有任那妖怪胡作非为。”

传说关注平民百姓的日常生活，以极大的热情反映人民生活的疾苦，歌颂人民对生活的美好向往与追求，关心社会文明进步。如《缘为媒》《倪大将军》《有理与无理》《儿娶媳妇爷拜堂》《穷八辈》等，反映农耕生产、生活。

蒙山

代表性传说 《乾与坤的传说》。云蒙峰，俗称挂薪崛子。薪即柴草，挂薪，就是挂了柴草。云蒙峰咋得这名呢？据传说，人类处在混沌时，这上头曾挂过淤柴呢！

人类有生有灭，灭人烟的时候，就叫过混沌。庄户人家过日子，忘了初一十五，叫过混沌啦！这个形容就是打过混沌时传下来的。多少年过一次混沌呢？据老人们讲，十万八千年一次。

十万八千年以前，人烟厚得铺天盖地，人也越长越倒退，个子越来越矮，矮得像小矬子，就连骡马也倒退得像小兔子。那时候，土比啥都值钱，山尖上的地都开完了，就捧了土放在石巴巴上，在石巴巴上种庄稼。那阵儿，偷土赶上偷金。为了争夺土地，这些小人儿就抢抢夺夺，打打杀杀，没完没了，弄得个世道呀，到处狼烟滚滚，瘴气蒙蒙，白日无彩，夜月无光。老人们说，这阵子，就到了混沌期啦！

却说云蒙山上，有户人家，父母都饿死了，就剩兄妹俩，兄叫乾，妹叫坤。这兄妹俩长得出奇的高，出奇的壮。乾生得身高丈二，头如柳斗，手如簸箕，膀宽三尺，力敌千钧，英武异常；而坤呢，也生得挺拔俊美，风姿绝伦。兄妹俩的模样儿，打着灯笼，走遍天下也难寻。兄妹俩就住在蒙山半腰里，垦荒种地，节衣缩食，相依为命。

这天下晚儿，乾和坤干活下山，半道上遇见个白发老翁，躺在路边上，饿得只剩一口气。他俩心眼善，乾就把白发老翁背回家，坤熬了汤，一勺勺往嘴里灌，终于把老翁救活啦。老翁怪脏，鼻涕咧歇不说，裤腿子里往下淌虱子。老翁饭量大，乾和坤却不疼他吃，自己饿着肚子，也让老翁可着量吃，拿着他像亲爹那样有疼有热。兄妹俩就这样伺候了老翁许多年。

十万八千年最末了那天，兄妹俩刚起来，就有个瓮声瓮气的声音传入了耳朵里："乾和坤啊！"兄妹俩回头一看，那老翁已变成个巨人，白发披到肩膀上，白胡子飘到肚脐上，两咎白眉毛耷拉到胸膛上，两片眼皮那样长，成了老仙翁。老仙翁说："今日个开始过混沌啦，要灭天底下的人烟呢，我找了三千三百六十年，叫你俩伺候了三千三百六十天，才知道天底下，就你俩心眼好，不在这死数里。你俩收拾收拾跟我走吧！"乾和坤就收拾了用的，跟老仙翁爬上了云蒙山最高的那座石崛子。

刚刚站稳当，天底下就呼隆隆响起了闷雷。雷声越来越响，越来越大，震得天打颤颤，地打哆嗦。一道顶天立地的闪电过后，天就咣咣啷啷崩开了，这边出了个大豁子，那边崩了个大窟窿，到处都是炸纹口，天河的水啊，就顺着窟窿往下漏；地呢，也轰轰隆隆裂开了，这里塌个无底洞，那里塌个无底缝，地下的黑水啊，就咕噜咕噜往上冒。不一会，人世间成了汪洋大海，天昏地暗，可真就煮成混沌了。那些密密麻麻的小人儿，唧唧哇哇一阵子，都被淹死了。大水滚滚，直涌到云蒙山头，那座最高的石崛子上。

老仙翁带了乾和坤，站在那座石崛子上，逃过了这场浩劫。乾和坤吃啥呢，原来，老仙翁把兄妹俩伺候他三千三百六十天的食物，全藏在这石崛子上，兄妹俩要吃上几千天呢！

这时，天下出了个开天辟地的英雄叫盘古，盘古手拿一把大斧子，照着混沌世界一路砍去，砍过的地方，阳清为天，阴浊为地。盘古一边砍一边见风就长，越长越高，那斧子也越砍越大。那天和地生怕被斧子砍着，盘古长高一尺，它们就离开三尺，盘古高一丈，它们就离开三丈。盘古砍了三千三百六十天，天和地离开了九万九千九百里，出现了一片新世界，天和地分清了，日和月有光啦，东南西北也有位置啦，但那天还是光窟窿，时不时地往下漏天河水。这阵子又出了个女英雄叫女娲，在昆仑山炼五彩石补天，炼了一年又一年，补了一处又一处，直补了三千三百三十天，才把天上的窟窿一个个补上，天河的水再也不漏了，世界上的水才渐渐消了。

混沌期过去了，地老天荒。老仙翁就把乾和坤叫到一块说："天底下就剩你们兄妹俩了，你们就得结合在一块，生儿育女，创造个新的人类！"可乾坤是亲兄妹啊，血缘近，不管怎样也不乐意。

老仙翁没办法，就找来两座磨盘，对乾和坤说："这样吧，你俩一人提一个磨盘，一个站在挂薪崛子东边，一个站在挂薪崛子西边，把磨盘往两面扔，滚下去能对到一块，你俩就有缘分，对不到一起，算没这个缘分。"乾和坤就想，一个东，一个西，磨盘往两边滚，哪能对到一块呢，就答应试试。乾和坤一人一个磨盘，在东西崖边上站着，放了下去。山又陡，磨盘又圆，滚得那个快啊，这磨盘滚到山底下又转了一个弯，一块往南，在挂薪崛子南沟里，对到了一块。老仙翁领着乾坤看了对得严丝合缝的磨盘说："这是天意，你俩就结合在一起吧。"

乾坤结合了。可两人始终保持兄妹距离，过了许多年也没生儿育女。老仙翁拿他俩没办法，只好拿来南极土，挖来北极泥，采来三阳气，掘来三阴水，和成泥，让乾坤捏小泥人。兄妹俩很高兴，就赶紧捏，捏好身子，又捏好胳膊腿，再捏上鼻子眼。捏成了，再配对，高配高，矮配矮，俊配俊，丑配丑。谁知来了场雷雨，乾坤赶紧将石头上的小人收拾到簸箕里。这回坏了，高的矮的，俊的丑的，缺胳膊少腿的，都掺和在一起了。小泥人却活了，就成了人类的祖先，他们有的高配矮的，有的丑配俊的，整身子配断腿的。这不，到今天，人类的配偶还是那样子呢。那些小人，很有本事，能一年年长高、长壮，还能一代一代地繁衍，越创造越多，早晚弄得天底下全都是人。人们就不再安分，争权夺利，沽名钓誉，今天争吵，明天打杀，这辈子结怨，下辈子冤冤相报，没完没了。乾和坤看自己创造了这样一个杀戮不息的世界，心里很不是滋味。

主要特点　通俗性。蒙山传说最显著的特点，是它的通俗性，是劳动群众表达自己真知实感的一种方式，它没有故作忸怩，而具有单纯、浑朴、明朗、扼要、壮健等艺术上的高贵素质并以平民化的语言表现了内容的生活化，语言的民间化，最直接地反映了广大人民的生活、观念、感受和愿望。

传奇性。蒙山传说本身就是一种艺术创造，犹如把读者引向一番神奇迷幻的景象里，即使是百姓本身的故事，也同样那么富有传奇色彩，那么富有魅力。

传承上的不间断性。蒙山传说是沂蒙劳动群众用血汗、用脑力创造出来的精神财富，是沂蒙文化的一个重要组成部分，沂蒙人不仅引以为豪，而且代代传承，几千年来从未间断。

东海孝妇传说

《窦娥冤》全名《感天动地窦娥冤》，是元代戏剧家关汉卿的代表作，是中国十大悲剧之一的传统剧目。剧中成功塑造了窦娥这个主人公形象，使其成为封建社会被压迫的妇女代表，成为敢于反抗、坚贞不屈的妇女代表。随着关汉卿的《窦娥冤》的传播，窦娥这个善良、孝顺、坚韧的妇女形象家喻户晓、妇孺皆知。而窦娥的原型，便取自郯城一带流传已久的东海孝妇的传说。2013 年 5 月，东海孝妇传说被列入山东省第三批省级非物质文化遗产项目名录。

故事起源及内容　孝妇传说的源头是《汉书》。《汉书》第七十一卷《于定国传》记载：于定国字曼倩，东海郯人也。其父于公为县狱史、郡决曹，决狱平，罗文法者于公所决皆不恨。郡中为之生立祠，号曰于公祠。

东海有孝妇，少寡，亡子，养姑甚谨，姑欲嫁之，终不肯。姑谓邻人曰："孝妇事我勤苦，哀其亡子守寡。我老，久累丁壮，奈何？"其后姑自经死，姑女告吏："妇杀我母"。吏捕孝妇，孝妇辞不杀姑。吏验治，孝妇自诬服。具狱上府，于公以为此妇养姑十余年，以孝闻，必不杀也。太守不听，于公争之，弗能得，乃抱其具狱，哭于府上，因辞疾去。太守竟论杀孝妇。郡中枯旱三年。后太守至，卜筮其故，于公曰："孝妇不当死，前太守强断之，咎当在是乎？"于是杀牛自祭孝妇冢，因表其墓，天立大雨，岁熟。郡中以此大敬重于公。

后来，不仅《后汉书》《史通》等史书有记载，《淮南子》《说苑》等书也都争相传记。东晋时期，干宝的《搜神记·东海孝妇》的前半部分与《汉书》

孝妇塚

所记大致相同，后半部分写道：“孝妇名周青，青将死，车载十丈竹竿，以悬五旛，立誓于众曰：‘青若有罪，愿杀，血当顺下；青若枉死，血当逆流。’既行刑已，其血青黄缘旛竹而上，极标，又缘旛而下云。”

到了元代，关汉卿依据这个传说创作杂剧《感天动地窦娥冤》，在这出戏里，作者特别增加了“白血冲练”“六月飞雪”的情节，让东海孝妇的故事感动苍生、震撼九州，也使这位原本默默无闻的乡间少妇，成为一位惊天地、泣鬼神的艺术典型。明清两代，郯城的历任官吏对孝妇的事迹进行了更多的宣传和表彰。明景泰三年（1452 年），邑令席书作《祭孝妇冢文》。1450 年前后，明都御史张景华（郯城人）作《孝妇冢碑记》：“一人之身，其孝至于动天地感鬼神，道有大于孝者乎？！”清康熙三十四年（1695 年）重修孝妇冢，按察佥事涂铨撰写碑文，其中有“搜阅县志，知郯城有孝妇冢，欲为展谒焉久矣”“纯孝而蒙不孝之诛；无罪也而罹有罪之祸，致天悯奇冤，郡遭大旱”等语。

东海孝妇的故事，不仅史有记载，民间也广为流传，古今文人也以此为题材大作文章。清道光五年（1825 年），时任郯城县县令的周履端，根据以上史料，着王曦创作《东海记传奇》十六出，请“梨园习之”。1965 年，郯城镇城里三居委会上官玉成写了六幕大戏《孝妇冤》，由临沂地区柳琴剧团排演，并在全区各县巡演，场场爆满，后因“文化大革命”的开始而中断。2006 年，郯城镇文化站原站长孙绍林根据东海孝妇的民间传说，编写了六集民间小调电视剧《孝妇冤》，由临沂市青年柳琴剧团排练演出，深受广大群众的喜爱。

流传版本 东海孝妇的传说流传着不同的版本，主要有以下几种：一是比较正统的传说叫东海孝妇，二是坟墓拥抱，三是说起孝妇墩。这三个版本传说的故事情节主线基本一致，都是从周青守寡开始表述，讲她如何守孝道，她为了改善婆婆的生活，使婆婆误食了有毒的饭菜，致其身亡，招来官司，自己含冤受刑。故事最后都表述了行刑后出现的“白血冲练”“六月飞雪”“大旱三年”的自然现象以彰显周青的冤情。有所不同的是，第一个版本在结尾处表述了老百姓对孝妇的敬仰和期望，希望她能保佑这方水土风调雨顺；第二个版本在结尾处则表述了周青坚持死后要和婆婆埋葬在一起的感人情节；第三个版本综合了前两个版本的内容，增加了周青死后血流成汪的故事。

相关遗存 孝妇冢。位于郯城县县政府驻地东南方向约 1 公里处，东外环路东侧 20 米，属郯城街道葛庄村地域。冢高 5.6 米，周长 180 余米。墓冢坐北朝南，属西汉末年遗留下来的古迹。它虽然历经沧桑，但保存较为完好。每逢春节或清明节都有许多人前去凭吊。

孝妇冢前有两座石碑，西侧的一座是清康熙三十四年（1695 年）赐进士第政大夫山东分巡东兖道提刑按察使司事加二级涂铨谨识。东侧这座石碑，系清光绪三十年（1904 年）所建。落款是：邑庠生杜玉阶熏沐拜撰并书。在这座碑的正东侧约 2 米处，有一块高约 20 厘米的残碑，碑刻“奈历年孔多，残碑剥腐，谒是冢者，未免有古墓荒凉之感。里冢人目窥心恻，遂邀保甲庄众，各出货财，复立碑以表扬之”等文字。

孝妇祠。孝妇祠原址在郯国故城南门口向南 1 公里处，今郯城酒厂南侧。孝妇祠分为南北两部分，南部为孝妇祠，系清嘉庆元年（1796年）知县周履端所建，北部为后殿，为清道光五年（1825年）知县徐铭增修。孝妇祠自前向后为山门、正殿、后殿三个部分。山门系古式，高脊走兽，台阶三级，朱门双开，气势宏伟，祠以郯城书法名人朱良如题写的对联："六月飞雪天报孝，三年不雨地鸣冤。"观之者无不为孝妇之死而凄伤。

白血汪。白血汪村建村较早（地名志有记载），以周氏、李氏为大户，1000余口人，相传是孝妇被杀之处。解放后，村民忌讳"血"字，后叫"白溪汪"。但该村上了岁数的村民，仍能讲出民间传说的孝妇的故事来。

于公墓。于公，生卒年月不详，西汉东海郯（今山东省郯城县）人。其名字失传。他熟悉刑典，善于断案，曾因东海孝妇冤案，劝太守勿杀孝妇，太守不听，于公抱着案卷大哭，愤然辞职，后为孝妇平反昭雪起了决定性作用。于公身为狱卒、郡决曹这样的小官，治狱勤谨，品德高尚，深得人心。于公在世时，人们为其建生祠，名曰"于公祠"。坟墓封土高大，占地二亩多。相传于公去世后，人人怀念，凡路过的人都自动兜土添坟，日久天长，封土越来越大。今观之现状，虽历经沧桑，仍壮观恢宏，保存较为完好。墓前立一石碑，碑刻"汉于公墓"四字。

传承价值　东海孝妇的传说是一个社会传承、群口传承的民间文学作品，具有悠久的历史。史料最早的记载是《汉书》，基本事实具有可信性和传奇性，虽然故事经过数千年的演义已变成了神话传说，但仍有相关的遗物散落在民间。

文学创作价值。东海孝妇的传说经过数千年的传承，到今天它的内容已经相当丰富，从干宝手下的《搜神记》、关汉卿笔下的《窦娥冤》到清代郯城知县周履端着人创作的《东海记传奇》，它已从老百姓口头相传的人物演变成舞台艺术形象。时至今日，这一个传说仍具有再创作的价值和意义。

历史研究价值。孝妇的传说，从产生到现代已经近2000年，它始终是史书记载与民间传说互相影响，墓祠碑刻与文人咏唱相得益彰的范例。孝妇故事的产生和每一次传播，都深刻地反映了当时的社会历史状况，这也从一个方面表现了民间文学与历史现实的关系。

警示教育作用。孝妇以不孝的罪名被斩首，遂使孝妇的孝名千古，孝妇的冤名千古，而贪赃枉法、草菅人命的太守骂名千古，遗臭万年；那个熟悉刑典、善于断案、正直敢言，为孝妇平反冤情的于公流芳百世，自古以来就受到老百姓的爱戴。至于"六月飞雪天报孝，三年不雨地鸣冤"，更符合老百姓"天地报应、灵验不爽"的心愿。加强保护和宣传孝妇传说及遗存，对执法者而言是个长鸣的警钟。正因为如此，郯城县委、县政府把孝妇冢确立为"政法机关警示教育基地"。

现实意义。与中国民间四大爱情传说不同的是，东海孝妇的传说着重表现的是传统"孝文化"。透过孝妇的故事，可以领略到当时郯城地域的社会管理、风俗民情，特别是孝文化的盛行。"二十四孝"中，发生在郯城及周围地区的传说故事就有"鹿乳奉亲"和"王祥卧鲤"，而东海孝妇的传说是中国孝文化发展的一个里程碑，它开创性地把"孝"的内涵扩展到了婆媳之间甚至邻里，对于弘扬中华传统美德、构建和谐社会具有积极的现实意义。

鬼谷子传说（平邑县）

鬼谷子，姓王名禅，字诩，号鬼谷，春秋末期人。曾在韩、宋、齐等国任职，传后隐居于蒙山鬼谷洞潜研兵学、传学授徒，人称鬼谷先生。

历史渊源　相传鬼谷子为"蒙山之主"，曾在韩、宋、齐三国任职，后隐居蒙山传业授徒，张仪、苏秦、孙膑、庞涓、徐福等政治家、军事家、纵横家，都曾跟随鬼谷子学艺。鬼谷子著作颇丰，流传下来的著作有《鬼谷子》《本经阴符七术》《兵法要略》等。蒙山与鬼谷子相关遗迹有鬼谷子村、鬼谷子洞、鬼谷子讲堂、六里鬼谷、晒书石、大车道、牛蹄印等。鬼谷子村清溪涓涓，六里鬼谷古道通幽，鬼谷子洞半山而居，登晒书石一览无余，神牛蹄印和大车道等遗迹分布于蒙山龟蒙顶、玉皇顶、挂心橛、望海楼四大高峰之间。鬼谷子传说在平邑县境内广为流传，蒙阴、沂南、费县、莒南等县境内也有流传。平邑县柏林镇的孙瑞、孙恒昌、孙明文、孙兴本、孙龙花五代人对鬼谷子传说进行传承，通过挖掘、整理和传承鬼谷子文化，发扬光大这一宝贵的文化遗产。

平邑县柏林镇鬼谷子村

2013 年 5 月，鬼谷子传说（平邑县）被列入山东省省级非物质文化遗产扩展项目名录。

代表性传说 《鬼谷子出世》。春秋末期，晋国都城有家王姓大户人家。他富甲天下，乐善好施，人称王善人。王善人有一个独生女儿叫云姑，生得柳眉杏目，容华绝代，琴棋书画、诗词歌赋无一不通，可谓才貌双全，远近闻名。因此前来求婚之人多如牛毛，几乎踏破了云姑家的门槛儿。谁料想云姑是一位非常任性的奇女子，她压根儿不想嫁人！所有求婚之人一概不见。这可把王善人愁坏了。他思来想去也没什么好主意，只好顺从闺女的意愿，由着她一味地诗词歌赋、吟风傲月。

云姑住在绣楼上，眼见得风卷云舒、日出日落，日子就这么一天天打发着。谁知这年春上，刚满十七岁的云姑忽然得了一场怪病，一连数月不吃不喝、不说不笑的。让人奇怪的是：云姑依然身娇体健，那容颜不仅没有憔悴，而且变得越发俏丽了。这就怪了，说给谁听也不会相信啊！这可怎么办呢？

于是，王善人满天下寻找郎中，求医问药。郎中来了不少，却没有一个能治好云姑的病。王善人愁得吃不下饭，睡不着觉，满以为这事儿没了指望。这天晌午时分，王善人忽闻家丁来报，说是来了个云游道士，声称能医小姐的病。家丁们上前阻拦，谁知这位道人只是一挥手中的拂尘，十几位家丁便轰然倒地了。我等只好前来请教主人：是让他进，还是不让他进呢？

王善人闻言大惊，一挥拂尘便让十几位家丁轰然倒地，必定是个异人无疑！王善人连忙说道：“快快有请、快快有请！”他边说边迎到了大门外。

道士见主人迎出了门来，朗朗地大笑道：“贫道是个出家之人，多有不便，门就不用进了。要想医好小姐的病，非常简单，你只需找一根红线，把它系在小姐的手腕上即可。”

王善人惊喜地问道：“道长这是……”

道士朗朗大笑道：“贫道这是‘走线号脉’，你且请放心就是了。”

王善人一听这话也就放下心来，遂让人拿来一团红线，一头拴在云姑的手腕上，将另一头递给了道长。道长接过红线之后，并不言语，只见他手捏红线，双目微闭，继而屈指一算道：“说来真是万幸啊！不然的话就要耽误大事了。原来小姐是一位有仙缘之人，非灵丹妙药难以治愈……”

王善人道：“还望道长指点迷津，若能医好小姐的病，王某必当重金相谢。”道长闻言一笑道：“施主谨记，由此往东，一连走上千里之途，就到了山东地界了。那儿有一座大山，名为蒙山，也叫东山，又称云蒙山，汇天地之精华，集日月之光辉。真是钟灵毓秀，满山是宝啊！小姐前去烧香还愿，必然病愈如初！切记切记！”王善人听得满头雾水，谁知他刚要细问一番的时候，那道人一晃之下，立时没了踪影。王善人知道遇上了神人，顿时肃然起敬，哪敢怠慢！当下便备好了车轿，裹了盘缠，带了从人，一路直奔蒙山而去。

一行人风餐露宿、马不停蹄地走了半个多月，但见一座巍峨的大山横在眼前，放眼望去，座座峰峦直插云霄，在浮云的笼罩下隐隐约约的，显得既雄伟、又神秘……王善人一问方知，这正是蒙山。王善人不敢怠慢，忙令众人下马落轿，净手焚香。做罢这些，他们沿着一条山道徒步而上，唯恐怠慢了神灵。

你可甭说，这儿刚刚进山哩，云姑小姐的脸上立马露出了甜甜的笑容，那一双秀目紧盯着那些奇花异草、云海松涛望个不停，看上去真是兴奋极了……当他们行至一悬崖的时候，大家都被眼前的景象惊呆了，但见奇峰高耸，珍树争奇，灵草繁生，只闻松涛阵阵，竟似仙境一般。这时，一直闷声不响的云姑忽然睁大眼睛，因为她忽然闻到一股奇香，沁心润肺，回味绵长。云姑越闻越香，忍不住地对丫鬟说道：“停！快停！”

只见云姑慢慢下得轿来，挽着丫鬟的胳膊、顺着香味儿向前寻去。一直走到悬崖的下面，发现了一棵谷子，原来那奇香是从这儿散发出来的。一眼望去，这棵谷穗儿奇大无比，看上去足有尺把长，从头到梢都呈现出一层金黄色，在阳光的照耀下熠熠生辉，直晃得云姑头晕目眩。

云姑眼瞅着这棵金黄色的大谷子，真是越闻越香、越香越想闻，实在忍不住了的时候，她便搓了几粒谷粒放在了嘴里。说来奇怪，那谷粒儿刚一进她的口中，还不待云姑去嚼，就吱溜一下滑进她的肚子里去了。云姑这一尝不要紧，一时馋得心慌，终于忍不住连谷子带穗子全都吃了……

再看云姑，立刻变得容光焕发，有说有笑的，仿佛病愈如初了。

王善人一见好不高兴。他打心眼里感谢那位为云姑走线号脉、来去无踪的道长。为了表达自己的感恩之情，他双膝跪地，向着蒙山一拜再拜，以谢救命大恩。谢过之后，王善人一行回了晋国。

谁知过了不到半年的光景，奇怪的事儿就发生了，云姑竟莫名其妙地怀上了身孕！起初，云姑自己也不由得大吃一惊，感到既疑惑又害怕。云姑虽然害怕，但也没法子，只好将此事隐瞒了。起初还可以遮掩遮掩的，后来便一天天显山露水了。王夫人心细，发现了云姑身体的变化，也不敢声张，便暗地里问云姑到底是咋回事。不承想王夫人就是吓也好、哄也好，云姑一直喊冤叫屈的，硬是不承认有那么回事儿。纸里终究包不住火，瞒来瞒去能瞒到何时啊！王夫人在万般无奈下，只得把这事儿告诉了王善人。

王善人一听此事，只觉得一阵子头皮乱炸，差点儿就气晕了：心想俺总算明白了，怪不得提亲的时候，她总是这个不应，那个不见的。原来她早有人了，真是辱门败祖呀！

王夫人一听这话，怯生生地上前劝道：“老爷甭生气啦！小姐她大门不出，二门不迈，咋就怀上了哩？可不能冤屈了小姐，你说这事儿……太奇怪了吧！”“奇怪个屁！”王善人大怒道：“俗话说，‘光棍无妻难生子，女子无夫生子难’，天下哪有这样的道理，平白无故地怀上身孕？鬼才相信她的话。呸！真是白读了诗书，枉学了礼仪！”王善人一边说，一边唤管家拿来“家法”，他不由分说，对着云姑便是一顿暴打……

王善人就这么一个千金女儿，从小到大，从没舍得戳过她一指头。不是实在气极了，是下不了这个手的。如此一来，云姑可苦了，平白无故受了这等委屈，早已经哭成了一个泪人，那滋味就别提有多难受了。到了深夜，她一个人悄悄来到后花园里，真是万念俱灰。云姑真不想活了，拿定主意之后，她便在一棵桂花树上系好绳索，打算一死了之。谁知就在这时，随着一声尖厉的马嘶之声，一匹雪白的骏马从天而降，一下儿来到云姑跟前，它的眼睛里流着泪水，一上来便一口咬紧云姑的袖口往下拽，死活也不让她寻死。

云姑一见，不由得泪如泉涌：“大白马哟，你这是何苦哩！可甭让俺活受罪了，如此俺生不如死，倒不如让俺死个痛快，也好洗清俺一世清白！”

大白马似乎听懂了云姑的话，先是摇了摇头，紧接着又点了点头，然后便前蹄腾空，它仰天长嘶一声后，便一下趴在云姑的膝前，一动不动地候在那儿，看上去很明显，就是让云姑赶紧上马……

莫非这是天意？甭管咋说，孩子是无罪的，就是死也得等生下孩子再死呀！云姑想到这儿，她把心一横道：“唉，到这生不如死的地步，还是走一步算一步吧。”云姑说着上了马，大白马也不吭声，它驮着云姑慢慢站立起来，一出后门，立即腾云驾雾般地狂奔起来。

云姑紧紧伏在马背上，只听得耳边的狂风“呼呼”作响，刮得她也睁不开眼睛，吓得她俯在马背上一动也不敢动：唉，是死是活由它去吧，反正跑得越远越好！总比在这儿蒙冤受屈强！

大白马就这样跑了整整一夜，云姑也累得昏昏沉沉的。一直跑到天明时分，终于来到了一座大山下，云姑睁眼一看，不由得一怔：“这是蒙山呀！它咋驮我到这儿来了？”此时此刻，大白马浑身冒汗，随着一声哀嘶便前腿跪地，不一会儿便口吐白沫死了。云姑一见，真是倍感辛酸，她非常感激大白马的救命之恩，哭哭啼啼地埋葬了这匹大白马，眼下她能做的只有这些了。

这埋白马的地方，就是后来远近闻名的白马关。

云姑从山西来到蒙山，颠簸了整整一夜，早已累得疲惫不堪。她坚持勉强地站了起来，来到路边一个农妇家里，一走进家门，就觉得肚子一阵紧似一阵地痛，直痛得她大汗淋漓。当天夜里，在这位好心农妇的帮助下，她很顺利地生下一个大胖小子，看上去眉清目秀，白白嫩嫩的，真是可爱极了。

云姑躺在那儿思来想去地寻思了一整夜，不由得恍然大悟：自己为何会怀上身孕呢？原来就是因为吃了“六里鬼谷”的那棵谷子。早知如此，自己就是馋死也不吃那棵谷子啊！

如今让俺受了这不白之冤，害得俺有家难回，有口难辩，真是丢尽了脸面。“你呀，你这个小冤家！”云姑说罢用手一指，那孩子的眉心上便留下一枚红痣。

趁着农妇打柴未归，云姑急中生智，她用手蘸了锅门灰，在孩子的包被上工工整整地写下了“鬼谷王馋”四字，只因是在“六里鬼谷”怀上的这个小孽障，让孩子用这个名字再合适不过了。此后，云姑恋恋不舍地出了家门，到蒙山里出家为尼去了。

这年春上，晋悼公为了联齐抗秦，决计与齐灵公联姻，将紫樱公主嫁与齐灵公的太子营为妻。当然了，这是一桩标准的政治婚姻，在古时屡见不鲜。到了出嫁的这天，晋悼公亲送爱女到齐都临淄。

齐灵公闻讯也不敢怠慢，携了太子营亲自迎亲三百里外，大队迎亲队伍一路出行，不觉来到蒙山地界。亲家相见叙礼罢，携手走进了长亭，摆酒相庆。无巧不成书，这地方正是蒙山第一关——白马关。听侍从说：就在前面的桃花峪中，有一只母老虎正在给一个小孩喂奶，看上去太奇怪了！

齐灵公素来文弱，一听这话被吓得抖成了一团，忙令亲兵随时护驾。晋悼公却显得不慌不忙的，一听有这等稀罕事儿，立马站起身来，不顾侍从们的劝阻，执意地要到那儿亲眼看看。原来，蒙山上有两只看山虎，一只公的，一只母的。说来也巧了，这天晌午时分，正当那只母老虎巡山的光景，冷不丁地听到一阵婴儿的啼哭声，于是，它就抽打着鼻子一路寻来，非常好奇地围着包袱转了一圈又一圈……小王馋饿了，这只母虎就麻利地趴下来给他喂奶；小王馋困了，它就上去搂紧了睡觉，这也是母爱啊！老虎真不愧是兽中之王，只要沾上它的味儿的话，别的动物便会闻风丧胆，谁也甭想沾边了。

天下咋有这等事儿？真是奇了怪了！晋悼公心下好不蹊跷，于是他便甩开大步往前赶。快到跟前的时候，那老虎见了他并不慌张，直到晋悼公来到离它一两步的地方，它才慢慢地爬起来走了。

晋悼公是个明白人，二话没说就走上前去，

一下把小王馋抱起来，让从人把他抱回了晋国。晋悼公猜想这孩子非同凡响，若不出意外的话，日后必成气候。果然让晋悼公猜准了，在他的精心照料下，十几年的光阴一晃而过，小王馋渐渐长大成人了，他聪慧绝顶，才思奇高，不但通晓天文地理，而且能预算神鬼莫测之玄机。16岁的时候便官拜朝臣，在晋国做了客卿。待他长大后，他总嫌“馋”字过太粗俗了，也与自己的身份不相称，于是，他便将“馋”字改为“禅”字，意在感悟天机，借机夺势。

这时晋悼公已死，晋平公即位，他对王禅非常重用，言听计从，并许以高官厚禄。此后王禅审时度势，运筹帷幄，决胜千里。为晋国攻城掠地，开疆扩土。但他功成名就之时，却看破红尘，辞官周游列国，学习诸子百家，结交天下名士。到了晚年时则归隐于蒙山鬼谷峪，在这儿开馆授徒、讲法布道，自号鬼谷子，人称鬼谷先生。

鬼谷子上蒙山。蒙山“其广数百里，其高八千寻”，又被称作东山、云蒙山，其崮七十有二，其洞三十有六。每年有七十二场朦胧雾、三十六场浇花雨，整年云遮雾罩，神神秘秘。

很久很久以前，蒙山老母一直在这儿住守，她德高望重，受万民敬仰，因而被称作蒙山之主。

当时鬼谷子王禅正在天宝山的梨花馆中独自修炼。一年三月三逢会这天，四邻八乡的人都来天宝山赶会。有一个小孩一眼看见鬼谷子在那儿坐禅，一下儿吓得“哇哇”地大哭起来，他紧紧拽着娘的衣襟哭诉道：“娘哎，你看那个老头儿在干么哟！可吓死俺了！”

他娘听了这话，匆忙扭头去看。哎，奇怪，眼前什么也没有啊！于是，她便不耐烦地数落孩子道：“哪来的老头子，那不是一个梨树橛子嘛！你说小小的孩家，胡诌八扯个么哩！”

说者无心，听者有意。这话恰巧被鬼谷子王禅给听到了。这还了得！修身养性是很有讲究的，最忌讳被凡人看破，一旦天机泄露的话，几年的心血岂不白费了？王禅思虑再三，决计搬家，往哪搬好呢？

蒙山三大主峰之间有个鬼谷峪，被称作“六里鬼谷”，这儿四周环山，山势奇险。看上去山连山、山套山、山山不断，峰回路转。鬼谷子王禅独具慧眼，他一眼就相中了这儿。从前因碍着蒙山老母的面子，他只好守在天宝梨花馆里勉强凑合着。如今既然天机已泄，哪有相让的道理。于是，王禅选择了吉时，走访附近的大户人家，对他们只说是“借牛一用”。

人们都非常敬仰鬼谷子王禅，一听这话便满口答应下来。当然了，鬼谷子王禅也不白借，给他们每人一把黄豆：“贫道无财，还请施主笑纳……”就这样一共借了99头牛。让这些户主们万万不曾想到的是，鬼谷子王禅刚一离去，他们手中的黄豆立时变成了一颗颗沉甸甸的金豆子。嘿，这样的好事儿上哪找去！他们高兴极了，于是都眼巴巴地盼着王禅老祖前来牵牛。谁知一直等到第二天早上，也没等到王禅老祖前来牵牛。不曾想到牛栏一看，99头牛一个个都莫名其妙地大汗淋漓……

原来早在天明时分，王禅老祖借着99头牛的牛力，一阵风似的飞上了鬼谷峪。蒙山大洼最高的那座山峰，名叫葫芦嘴，至今还留有深深的大车道，相传就是当年鬼谷子王禅驾着牛车选址时留下的。

鬼谷子王禅不请自到，来到蒙山鬼谷峪，蒙山老母知晓了好不气恼！当即腾云驾雾来到鬼谷峪，一见面便质问鬼谷子王禅道：“你不在天宝梨花馆里修炼，跑到俺蒙山来干什么？”

鬼谷子王禅闻言，仰天大笑道：“瞧你说的！我从小生在鬼谷峪，长在云蒙山，想来就来、想走就走。莫非还得向你汇报不成？”

蒙山老母道：“瞧，你又胡扯！蒙山的树儿是我栽，蒙山的花儿为我开……”鬼谷子王禅眼珠儿一转，当即心生一计：“你说得好听，那我问问你，蒙山究竟有多少峰崮，有多少洞府，你知道吗？”

“这也难得倒我？”蒙山老母哈哈大笑道：“蒙山其峰七十有二，其洞三十有六，怎么样？七十二峰崮，三十六洞府呗，这还能有错吗？”

鬼谷子王禅闻言，也不生气，他只是指着蒙山老母身边的行令官说道：“记住了！你可得给我作证：蒙山有七十二峰崮不错，可那洞府却只有三十五个！你信不信？我把丑话说在前头，你要说错了可怎么办？”

蒙山老母道：“我要讲错了的话，我就把蒙山让给你。”

王禅老祖道：“好！这可是你亲口说的啊，一言为定！”

蒙山老母连忙让行令官去查，谁知查来查去一连查了 3 遍，果然是 35 个洞府。蒙山老母到这时还是不信，可不管怎么查，就是少了 1 个洞府。咦，这就怪了！

王禅老祖眼瞅着面色绯红的蒙山老母，走上前来笑嘻嘻地说道：“怎么样，我说得没错吧？眼下有你的行令官为俺作证，咱们可得说话算话啊！明人何须细讲，你就赶快搬家吧！还等么？你要等着我撵你可就难堪了。”

蒙山老母一听这话，憋得老半天说不出话来：咦，这就怪了！怎么偏偏就 35 个洞府呢？莫非这是天意？真是太蹊跷了！

其实，蒙山老母哪会知道，鬼谷王禅一向为人机巧，原来早在此前，他就巧妙地施了障眼大法，那三十六洞府被他硬生生地遮去了 1 个，当然就 35 个洞府了。

蒙山老母太实在了，一点儿没有怀疑是鬼谷子王禅捣鬼，满以为都是天意。再说了，她从心里厌恶这个鬼谷子王禅，瞧他整天披发仗剑、呼风唤雨的，打心眼里也不愿与他同守一山，于是她便狠了狠心道：“搬就搬，有什么大不了的。”蒙山老母思来想去，一怒之下扭头去了泰山，从此之后，她在那里修真养性，普度众生，最终成了泰山奶奶……

从此，鬼谷子王禅如愿以偿地成了蒙山之主。

传说特点 鬼谷子传说故事在民间口头传承，具有不确定性、群体性、变异性和印迹性。鬼谷子出生地记载不详，隐居地全国有多处申报。鬼谷子传说是沂蒙人集体智慧结晶的本土民间文化，没有记载具体的作者。在传播过程中劳动群众不断加工创造、不断修改提升，并将会继续传承发扬。

岱崮传说

沂蒙山区最有特点的一类山叫做崮，俗称方山。崮顶平坦，四周绝壁。蒙阴，特别是岱崮，是这种方山地貌的富集区，也叫崮乡。岱崮地貌是中国继“丹霞地貌”“张家界地貌”“嶂石岩地貌”“喀斯特地貌”之后的第五大岩石地貌类型。

《岱崮传说》书影

考古证实，崮乡自十几万年前，便有人类繁衍生息。独特的地理环境，特殊的气候条件，形成了祖祖辈辈崮乡人特有的生存方式，积淀了特殊的崮乡文化。岱崮传说，便是其中重要的组成部分。

历史渊源 崮乡有着久远的历史，这里曾发生过许多历史事件，大多事件存在于世代的口耳相传中。如《叟崮 · 颛臾国的传说》《歪头崮 · 都城隍庙的传说》《小崮·娘娘庙的传说》《荷叶崮·塌山的传说》等，是对历史事件的折射，是研究崮乡地域文化史的重要资料。《腾龙崮·李老爷洞的传说》《卢崮·龙母坟的传说》《嵩崮·混元洞传说》，讲述的是惩恶扬善、除暴安良的故事。《西崮墩·蛤蟆仙的传说》《瞭阳崮·公海的传说》《獐子崮·歇歇台的传说》《卢崮·石碇沟的传说》《团圆崮·胡家庄的传说》，则通过正反两个方面的故事，告诫人们要与大自然的生灵和谐相处，切不可随意伤害它们。

2016年3月，岱崮传说被列入山东省第四批省级非物质文化遗产代表性项目名录。

代表性传说　《叟崮·颛臾国的传说》。叟崮，位于蒙阴县联城镇东侧，坐东向西，崖高千仞，极其陡险，民间素有"虎头崖，万丈高"之说。自南侧看，该崮极似一只猛虎卧伏在那儿，昂首怒视西方，又名虎头崖。

虎头崖西侧，是片平田阔野。周朝的时候，这里是座城池，叫颛臾城，也叫颛王城。今时，考古学家已发掘出古城址，称为"周蒙城"。相传，这里是颛臾国国君和嫔妃居住的地方。这地方，东倚虎头崖，西傍五女山，南邻西蒙山，北环青龙山，总面积20万亩，是片景色秀美、物产丰饶的山间盆地。当时，为了防范他国入侵，颛臾国在虎头崖顶修筑了崮顶城堡，在蒙山西首修筑了长岭关，在蒙山中部修筑了昭关，在虎头崖与青龙山之间修筑了龙虎关，在颛臾城外修筑了12座城堡，分兵驻扎，联防联守。数百年之内，国家没有受到侵犯，百姓安居，社稷康宁。

颛臾国先周立国，经春秋，至战国末期，历时700余年，传位35代国君。因主祀蒙山，以蒙为姓。相传末代国君叫蒙桀，他遵从先王旧制，在蒙阳颛臾城施政，在蒙阴颛臾城居住，以德治国，爱民如子，善政善教，亲事农耕，是位不可多得的仁君。蒙桀有两位娘娘，一位姓白，一位姓马，有九位公主和两个王子蒙骜、蒙嘉，都居住在蒙阴颛臾城。颛臾城东至虎头崖根，是片方圆数里的大花园，遍植名贵花木，曲径穿绕，亭榭隐现，是娘娘、公主和王子赏玩的地方。

相传有年冬天，连降暴雪，平地积雪数尺，山野一片银白。大雪封路，蒙桀无法去蒙阳料理国事，只好在后宫和娘娘们烤火取暖。这时，虎头崖根传来山崩地裂般一阵巨响，娘娘、宫人都吃惊不小。蒙桀忙令侍卫去察看发生了什么事。侍卫不敢怠慢，踏着齐腰深的积雪，深一脚，浅一脚，跋涉到花园东侧察看。原来，虎头崖上有垛几十丈高的崖壁，突然倒塌了下来，无数巨石都砸在了花园里。仔细看时，一个高达两丈的蜂窝斜躺在石堆里，石头上、石缝里、雪地上到处都散落着老山蜂。这些老山蜂，个大如雀，翅膀坚硬，两螯如钳，节肢粗大，尾部毒针大如蝎钩，满身黄毛，都蜷缩成一团，冻得半死。侍卫从未见过这么大的老山蜂，惊得毛发直竖，立即返回后宫，报告了国君，建议借机除掉这窝老山蜂。蒙桀听完禀报后说："不可，不可！这些老山蜂虽然外表凶猛，可从未听说它们伤害过国人，寡人有啥理由去除掉它们呢？山崩使它们遭受了灭顶之灾，我们再借机除掉它们，那不是落井下石，太缺德了吗？

岱崮地貌

仁德二字，不只对我们国人，也包括自然界的各种生命，这老山蜂是虎头崖的精灵，当然也包括在内。寡人不仅不能除掉它们，而且要迅速拯救它们！”说完，蒙桀亲率侍从，携带被服，跋涉雪野，赶到山崩现场，将散落在雪地上的老山蜂，一只只捡起来，放进被服中，另选出几名身强力壮的侍从，将那个巨型蜂巢抬回后宫，安置进一间温暖的房子里，再将被服中的老山蜂一只只放进蜂巢。这窝老山蜂终于全部得救了。蒙桀又令人找来木匠、石匠，在花园中建造了一座蜂宫，将这窝老山蜂安顿在蜂宫中。

转眼冬天过去，春暖花开，后宫的花园里百花争艳，花香袭人。那窝老山蜂纷纷爬出蜂宫，落到层层叠叠的花蕊上去采蜜。这天晚上，蒙桀做了个怪梦，一位黑衣老者向他躬身施礼，说：“国君呀，你胸怀那样宽厚，心肠那样仁慈，救了我一家老小数千条性命，您的大恩大德，实在难以报答。这样吧，用不了多久，您的国家将会有灾难降临，您的那些军队根本不是人家的对手，您只需准备一面铜锣，挂在花园门口的门楣上，一旦强敌来侵，您只要敲三下铜锣，我定会前来相助，保你不动一兵一卒，就会大获全胜！”梦醒了，蒙桀已知道这窝老山蜂是知恩必报的仁义神蜂，心中好不欢喜。第二天，蒙桀立即派人打造了一面崭新的铜锣，悬于花园门楣，着两名卫兵专门看管，传令所有宫人，不得擅敲铜锣，违者必斩首示众。

时过不久的一天上午，探马来报，齐国的五万大军已将龙虎关围困，守军抵挡不住，请国君火速派兵增援。闻报后，蒙桀未去调兵遣将，径直来到花园门口，从卫兵手中接过锣槌，照铜锣“咣！咣！咣”敲了三下。锣声未息，花园里便响起一阵“嗡嗡”声，一群老山蜂飞上天空，像一片黑云，直奔龙虎关而去。齐军竖起云梯，兵士刚冲上关堞，那黑压压的神蜂群便飞了过来，扑在那些齐兵身上，没头没脑地螫起来，直螫得齐兵一齐碰头打滚，哭爹喊娘，鼠窜而逃；那些战马也被螫得炸了营，疼得横蹿竖跳，一蹦老高，把士兵掀翻在地，落荒而去。五万名齐兵，被螫得鼻青脸肿，丢盔弃甲，争相奔逃，互相践踏，伤亡无数，溃败而去。此后，一些周边国家听说颛臾国能摆一种“神蜂阵”，吓得再也不敢兴兵侵扰。由是，颛臾国国家安定，民众安居，百业繁荣，社稷康泰。有了神蜂，军队便失去了作用。蒙桀就将军队裁减，仅留少数兵勇在各个关口及城堡巡查，大部士兵解甲归田。颛臾国成了名副其实的无兵国。

且说蒙桀的九位公主，个个长得如花似玉；其中九公主长得最俊，小小年纪就已成为绝色佳人，成为颛臾国的国花。蒙桀和娘娘们把她视为掌上明珠，百般疼爱、娇惯，那真是捂在手里怕攥着，含了嘴里怕化了。其他八位公主呢，也都依着她，顺着她。溺爱、娇惯，使九公主变得极其任性，那真是要上天，得立马给她搬梯子；要摘月，无人敢给她摘星星。八月里，九公主突发奇想，要看天上飘雪花。仲秋天正热，咋会下雪呀？可谁解释也无用，九公主哭着闹着要看天上下雪。于是，阖宫上下绞尽脑汁想点子，最后还是宫里的银匠想出了主意。他叫一群人排成溜站在房顶上，一人攥块银子，攥把快刀子，一齐将银子削成粉片，凌空散落，以此代雪，这才把九公主哄欢了。齐国的大军入侵，她听说父亲敲三下铜锣，便招来千万蜂兵，把那几万齐兵螫得狼狈逃窜，觉得好奇，心想这铜锣竟有这么大的号召力，那我也得试试。这天，九公主逛荡到花园门口，一眼看到了挂在门上的那面铜锣，心里就直痒痒，想敲三下铜锣，招来蜂兵看热闹。可卫兵看得怪严，说啥也不叫敲。九公主上了邪脾气，越不叫敲，我偏要敲，硬逼卫兵交出锣槌，说：“你不是说谁敲了铜锣要斩首吗，我敲完铜锣你叫我父亲来斩我好了！”边说边照准铜锣，“咣！咣！咣”敲了三下。九公主这一敲，不得了啦，只听“嗡嗡”声由远及近，神蜂铺天盖地而来，在颛臾城上空转了几圈，未发现什么敌情，便折回了蜂巢。九公主终于开心地笑了，但她仍嫌不过瘾，又举起锣槌，狠狠敲了三下，神蜂又成群结队飞来，在颛臾城上空转了几圈，仍未发现什么敌情，便又折回了蜂巢。这铜锣的秘密终于被九公主搞清楚了，这大大满足了她的好奇心。可当公主再举起锣槌，敲击铜锣时，却再也看不见一只神蜂了。听见锣声，蒙桀带了几名侍从，急匆匆赶了来，看见九公主仍旧攥着锣槌，心里什么都明白了。

蒙桀失魂落魄地回到宫中，把娘娘、公主、王子们召集到一起，说："寡人救的这窝神蜂，能抵挡千军万马，靠这窝神蜂，寡人的国家可以刀枪入库，马放南山，基业永存，江山永固。怎奈九公主三次擅敲铜锣，使神蜂受到戏弄，对寡人失去了信任，再敲铜锣也不灵了，寡人的国家很快会有灾难发生。这事不能怨九公主，只怪我对九公主太溺爱了，啥事都由着她的性子，这才酿出如此祸事！"正说着，探马飞报，齐国的三万铁甲兵已困住龙虎关。蒙桀闻报，大惊失色，他怀着最后一丝幻想，又来到花园门口，敲了三遍铜锣，可哪里还有神蜂的影子？这位国君彻底绝望了。

此时，蒙桀心情沮丧，自知无力挽救这个国家的命运了，他急令两名侍卫护送白、马二娘娘和公主、王子们，由暗道出颛臾城，经长岭关，出逃鲁国。娘娘拽住蒙桀，要他一块出逃。蒙桀长叹一声说："我蒙桀将成为颛臾国的丧国之君，数万臣民可能因为我的过失而成为地下英魂。我若贪生怕死，弃城而去，怎对得住我的臣民，岂不枉为人君？二位贤妻，你们今生的相伴之恩，只能来生相报了！你们快逃命去吧！寡人要与颛臾城和颛臾国民共存亡！"娘娘、公主、王子们再次哀求蒙桀一块出逃。蒙桀"唰"地拔出宝剑，刃顶喉结，道："你们给我快走！再不走，寡人就死给你们看！"见蒙桀主意已决，二位娘娘只好含着热泪，携带儿女们钻入后宫的暗道……

娘娘、公主、王子们逃走后，蒙桀终于舒了口气。这时，龙虎关已经陷落，齐军潮水般涌来，席卷了十二城堡，聚于颛臾城下。蒙桀披挂整齐，登上城堡，利剑出鞘，望着城下黑压压的铁甲之师，怒吼道："好一群狗狼之兵，我颛臾国以德为政，以仁为策，义对邻国，没想到反遭你们这帮恶犬的吞噬！天理何在？也罢，有种的都过来，寡人今天就和你们拼个痛快！"说罢，挥起利剑，圆睁怒目，跃下城墙，扑向敌群……

且说二位娘娘和子女们，由侍卫保护，经由暗道逃离颛臾城后，直奔长岭关而去。这时，齐兵已尾追而来。先是蒙骜、蒙嘉小兄弟俩被冲散，接着九位公主也被冲散，到达长岭关口，只剩下两位娘娘和两名侍卫了。侍卫一边保护娘娘，一边与追兵拼杀，终因势单力孤，被乱刀砍死，两位娘娘也先后死于齐兵刀下。战后，人们将二位娘娘葬于长岭关口，并将长岭关更名为白马关，来纪念这两位娘娘，并一直叫到今天。

再说九位公主，自幼也曾习些武艺，便与追兵且战且退，一直退到昭关。然追兵尾随而至，九位公主只得在关口与追兵血战。她们因国家太平，久不征战，武艺生疏，怎是齐兵的对手，先后喋血关口。为纪念九位公主，后人将昭关更名为九女关，一直沿用到今天。九位公主殉难后，当地人们将她们安葬在九女关东侧，堆起九座坟茔，世称九女坟。这九座墓室有七座已被挖开，文物被毁坏，只剩两座未被盗掘。九女坟北侧有条小河，亦称九女河；河边之村，得名九女河村。

蒙骜、蒙嘉二王子被齐军追赶，落荒而逃，因年少力弱，没跑多远，就被齐兵追上。眼看那铿亮的长矛就要扎进二王子的后心窝，可那些齐兵却突然倒地，打滚哭叫。原来，一群神蜂尾随而至，待齐军要杀害二王子时，突然发起攻击，将这队齐兵螫得死的死，伤的伤。神蜂救了二王子的性命，一直将二王子护送到咸阳，此后便不知去向。二王子投秦后苦读兵书战策，成为秦昭襄王的上卿。蒙骜受拜大将，先后攻韩、攻魏、攻赵，为秦国收取 117 城。蒙嘉受拜中庶子，成为皇子之师。蒙骜子蒙武受拜大将，与大将王翦掠荆楚，并吴越于秦。蒙武子蒙恬受拜大将，灭燕收代，回师南下灭齐，终雪了灭国之耻。蒙氏三代为秦并六国立下了汗马功劳，青史留名。

再说颛臾国君蒙桀，虽武艺高强，斩杀了几十名齐兵，终寡不敌众，死于齐兵的乱刀之下。前后不到两个时辰，颛臾城及龙虎、长岭、昭关三关均被齐军攻陷，国民尸横遍野，血流成河。颛臾，太昊之后，立国先周，历时700余年，传35代国君，至蒙桀时灭国。康熙《蒙阴县志》称为“为齐所并”。溺女也，山崩也，神蜂也，灭国也，王子获救也，蒙氏后人灭齐雪耻也，似乎皆为定数，用诸葛武侯话说，“凡事如是”。被齐军踏平的颛臾城，即今考古证实的“周蒙邑”；十二城堡，后均建村，分称边家城子、类家城子、崔家城子等，统称十二联城，此地设乡亦以联城命名。蒙桀死后，被葬于颛臾城南蒙氏祖林，即今联城边家城子村外，世称颛臾王墓，前有颛臾王祠，历朝屡经重修，“文化大革命”期间被毁，而颛臾王祠前那株树龄2000余年的五角古枫，至今仍郁郁葱葱、生机盎然。

传说特点　地域性。岱崮传说具有很强的地域性，传说往往来自一座崮，乃至崮上的一个洞、一眼泉、一道谷、一块石、一段路，甚至一棵树。神是崮乡神，仙是崮乡仙，精是崮乡精，怪是崮乡怪。崮乡的人们，经过世代口耳相传，让这些神、仙、精、怪演绎出一个个稀世罕有的精彩故事，并日臻完整，将真、善、美与假、恶、丑寓于其中，反映了崮乡人们的心愿与向往。崮乡的人们，就是用这些传说，来教育、启迪一代代后人。

通俗性。岱崮传说话是崮乡话，语是崮乡语，以崮乡群众单纯、浑朴的语言叙述故事，使这些传说，更具有乡土气息，更加生活化，更加崮乡化。

传奇性。岱崮传说故事情节大都曲折、离奇，故事性强，引人入胜，富有魅力。

传承上的不间断性。岱崮传说是一种特有的文化现象，是一种特有的精神财富，几千年来世代口耳相传，从未间断。

少年诸葛亮的传说

少年诸葛亮的传说发源于古阳都，即今山东省沂南县砖埠镇孙家黄疃村一带，这里是诸葛亮的出生地和成长地。东汉以来，这里就有尊崇诸葛亮的习俗，每逢诸葛亮诞辰，都要举办盛大的祭拜仪式。“喂鸡延时”的故事选入小学课本（北师大版五年级上册），少年诸葛亮智慧勇敢的形象得以进一步广泛传播。

第五届诸葛亮文化旅游节

历史渊源　东汉灵帝光和四年（181年），诸葛亮出生在琅琊阳都一个士族家庭。远祖诸葛丰做过汉司隶校尉，父亲诸葛圭做过泰山郡丞，叔父诸葛玄曾经在京都洛阳讲学。

少年诸葛亮的传说最初产生于东汉末年，由劳动人民口头创作。世代流传的过程中，传说不断丰富和发展，具有鲜明的齐鲁文化特征和劳动人民勤劳智慧的群体特征，是中华民族传统文化遗产的有机组成部分。

历史上，少年诸葛亮的传说历经了口耳相传、文字表述到二者相结合的历史演变过程。口述故事的形式具有悠久的历史，有众多传承人的加入，反映的是群体的审美观念和价值取向，在传承过程中不断地综合提炼民族文化的正能量价值取向。

该遗产项目的传承主要是师徒之间口耳相传，结合社会需求，不断进行再创作和再加工。以此为基础，面向不特定群体进行讲述，将师徒传承和社会传承有机结合。

2016年12月，少年诸葛亮的传说被列入临沂市第五批市级非物质文化遗产代表性项目名录；2021年11月，被列入山东省第五批省级非物质文化遗产代表性项目名录。

主要内容　陈寿在《三国志·吴书》中记载：诸葛氏，其先葛氏，琅琊诸县人，后迁阳都。阳都原有姓葛者，时人别之，遂谓新迁入者为诸葛，因以为氏。诸葛亮的整个少年时代在今沂南县度过，这一时期也是其“鞠躬尽瘁，死而后已”人生观奠定的时期。诸葛亮学习生活在阳都时期，留下了许多脍炙人口的民间故事和历史传说，礼让瓜果、智斗督邮、智破酒坊命案等反映其机智勇敢和仁爱大义的故事广为流传。

历史上少年诸葛亮的传说在民间广为流传，主要以社会传承为主。表现诸葛亮勤奋好学、机智勇敢、勤俭节约、诚实守信，在“智”“忠”“孝”等多个方面已经显现出其不凡之处。至近现代，民间说唱艺人李奎明（1902—1950 年）开始深入挖掘少年诸葛亮传说，用口传心授的方式教授给其子李永庆，开始了家族传承。历经四代传承至今。

第四代传承人李玉萍，长期从事沂蒙山区民间文学、民俗学研究。酷爱文学艺术，有深厚的家学渊源，扎实的基本功底，对少年诸葛亮的传说进行搜集整理，采用多种方式对少年诸葛亮的传说相关社会价值和积极因素进行创作研究，扩大其社会影响力。

传说特点　少年诸葛亮的传说最核心的要素是诸葛亮的智慧，是对事物的分析判断及发明创造。历史上的诸葛亮因向刘备提出了一套完整的三分天下，建基立国和北伐中原的战略方针而名闻天下，这是具有远见卓识的战略方针。少年时代的诸葛亮在喂鸡延时、智破酒坊命案、智斗督邮等传说中无不显示了他出类拔萃的智慧。

平邑灯谜

灯谜，又叫文虎、灯虎等。猜灯谜，又称打虎、商灯等，在平邑一带俗称“猜谜（mèi）儿”。灯谜是在民间谜语的基础上发展起来的，用精练词语为谜面粘贴于花灯上，供人猜射的一种娱乐形式。灯谜以文字为载体，属于文义谜，从字谜、成语、诗词、各种用语到事物、事件等皆可入谜。它运用汉字的结构拆拼、增损或者一字多音多义的特点进行创作、猜射，是中国民间传统的娱乐活动。

历史渊源　灯谜艺术，源远流长。古代的“廋词”和“隐语”是灯谜的雏形。著名古典文艺理论家刘勰在《文心雕龙·谐隐》中说：“自魏代以来，颇非俳优，而君子嘲隐，化为谜语。谜也者，回互其词，使昏迷也。”对谜语从理论上作了高度的概括，对谜语发展的历史，谜语的定义及其特征作了深刻的分析和精辟的阐述。早期的谜语流行于口头说猜。三国时期，有人把谜写在纸上贴出来令人猜。到了南宋，有些文人学士常在元宵花灯之夜，将谜条贴在纱灯上，吸引过往行人，因之又有了“灯谜”一称。自此形成了元宵夜赏灯猜谜的习俗。

清中叶以后，谜风大盛。谜家大都是士大夫阶层，强调风雅，排斥民间灯谜。中华人民共和国成立后，灯谜活动蓬勃发展，谜材谜作日益完善丰富，灯谜创作与时俱进，更加贴近群众、贴近生活。

“平邑灯谜”第一代传承人阮玉绪颇好灯谜。农闲时节，他常常出谜让人们猜度。每到元宵之夜，阮玉绪则要走马灯，灯上写有灯谜供乡邻猜射，煞是热闹。第二代传承人阮兆孔大胆创新，对底材做了改进，不再限于四书五经之类，增加了人名谜、电影谜等，更加贴近生活。第三代传承人阮西堂师承父辈搞谜不辍，他创作了一些抗战题

2022 年 2 月 13 日，平邑街道宗圣社区举办“迎元宵、猜灯谜”活动

材的灯谜，以此来宣传抗战，起到很好的效果。第四代传承人阮德亮受家庭影响亦好灯谜，每年都组织灯谜活动。第五代传承人阮风友受家庭影响自幼好谜，创作灯谜作品数千条，散见于《新民晚报》《北京晚报》《齐鲁晚报》《中华灯谜》等80余种报刊及百余场谜会；部分谜作入选《辐射谜海》《中国谜语库》《20世纪灯谜精选》《新世纪十年灯谜精选》等谜书；代表作入编《中华灯谜年鉴》等典籍。他组建“沂蒙灯谜俱乐部”微信群，每天组织灯谜爱好者在群里学习灯谜；编辑“沂蒙山谜韵”公众号，传播谜学并借助灯谜宣介自己的家乡文化和风土人情。

2014年3月，平邑灯谜被列入临沂市第四批市级非物质文化遗产代表性项目名录；2021年11月，被列入山东省第五批省级非物质文化遗产代表性项目名录。

主要内容　灯谜是在民间谜语的基础上发展起来的，用精练词语为谜面粘贴于花灯上，供人猜射的一种娱乐形式。随着时代的发展，现在也可以不用花灯，直接用谜笺书写谜题或者电子屏展示谜题供人猜射。

灯谜集趣味性、思想性、知识性、互动性于一体，它通过汉字形、音、义的变化，曲折隐意，回互其辞，产生别解联想，用底面扣合的方式供人猜射。猜灯谜可陶冶情操、增长知识、开发智力、锻炼思维，人们在享受谜趣的同时受到教益和启迪。灯谜在丰富群众文化生活、建设社会主义精神文明中发挥着独特的、不可替代的作用。

灯谜在信息时代如虎添翼，它的民间性、包容性、超微性、快捷性、可赛性在新时期显示出强大的生命力。群众喜闻乐见，老少皆宜。现今灯谜日益繁荣，已成为重要节日、各种庆典活动甚至平时的一项群众性的文娱活动。

平邑灯谜立足沂蒙山区，经过不断地创新，逐步发展壮大。在网络技术高度发达的今天，充分利用微信、快手、抖音等网络平台进行广泛传播，吸引大批的灯谜爱好者学习灯谜艺术。加强与各地谜友互动交流，经常有外地谜友请教有关灯谜知识。平邑灯谜这一优秀的艺术瑰宝，得到越来越多人们的喜爱，在沂蒙地区、山东省乃至全国有了较大影响。

技艺特点　“平邑灯谜”在不断地传承与创新当中，既吸纳传统灯谜的风格，又保留了沂蒙独特韵味，受到灯谜爱好者的普遍欢迎。具有以下特征：

文学性。灯谜寥寥数字，却是一种简短的“微型文学作品”，许多谜作取材于历史故事和古典文学作品，自撰谜面也讲究遣词造句，注重文采。

知识性。灯谜篇幅虽小，但通天文、达地理，包罗万象，通过猜谜和制谜可以积累知识，扩大视野。

趣味性。在创作灯谜时巧设机关，一旦猜出谜底，就会让人产生醍醐灌顶之感。

教育性。近年来，平邑灯谜传承人创作了大量弘扬正气、具有鲜明时代特色的灯谜作品，起到了寓教于乐的良好作用。

群众性。灯谜因短小精悍、趣味性强等特点而为广大群众所喜爱。

互动性。灯谜并非只是用来欣赏的艺术形式，在举办灯谜活动时现场观众可以参与其中，形成与主持人的良好互动。

颜真卿系列传说

颜真卿系列传说是围绕颜真卿生平事迹、逸闻趣事产生并流传于民间的一种口头文学，产生于颜真卿生活的时代，经当地百姓口耳相传至今，已有约1300年的历史。

历史渊源　颜真卿（709—784年），字清臣，唐朝名臣、书法家，世称“颜鲁公”，颜真卿系列传说因其生活年代而生，经颜氏子孙及当地百姓口耳相传至今。

颜真卿系列传说在唐末以颜氏家族口耳相传为主。到宋代，通过史书记载和文学作品的方式广泛传播，《新唐书·颜真卿传》中对颜真卿年少勤奋、孝顺父母、明察判案、平定叛乱等有所记载，并赞曰：“虽千五百岁，其英烈言言，如严霜烈日，可畏而仰哉！”欧阳修在《集古录》中也称其为忠臣烈士、道德君子，其字画刚劲独立，不袭前迹，似其为人。北宋苏轼在《东坡题跋》中也赞扬了颜鲁公。南宋文天祥在《吊颜鲁公》云：“公死于今六百载，精忠赫赫雷行天。”颜氏子孙及费县百姓受史书影响，丰富了传说的内容。

宋以后传说的载体更加丰富，颜氏子孙曾在故里建庙祭祀。其十一世孙颜安上言县宰将鲁公庙迁至县城东，并立碑撰文，阳面碑文由曹辅撰写《唐鲁郡颜文忠公新庙记》，碑阴《鲁公仙真记》由米芾撰书。清康熙四十三年（1704 年）改鲁公庙为双忠祠。清乾隆十六年（1751 年），皇上南巡时为临沂景贤祠题诗一首，其中提及颜真卿和族兄颜杲卿二人忠肝义胆，为国捐躯。

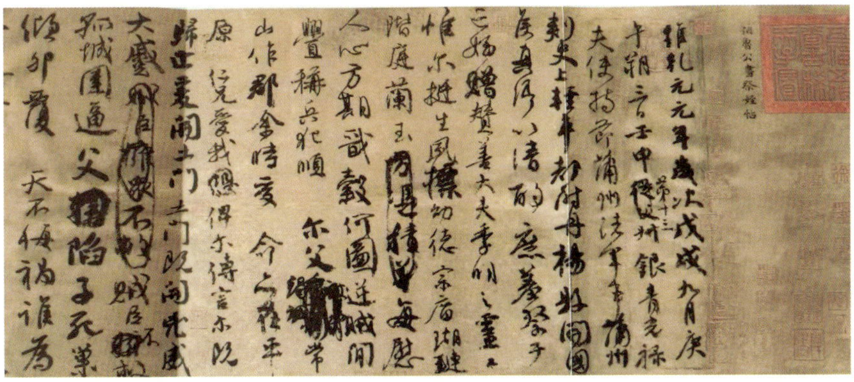

颜真卿行书《祭侄文稿》

颜真卿系列传说历史悠久，在当地成为家喻户晓、妇孺皆知的人物传说故事，在流传过程中彰显了费县人的思想观念、生活态度，具有浓郁的齐鲁文化特色和乡土气息，对建立良好的社会关系有重要推动作用。

2008 年 12 月，颜真卿系列传说被列入临沂市第二批市级非物质文化遗产项目名录；2021 年 11 月，被列入山东省第五批省级非物质文化遗产代表性项目名录。

主要内容　颜真卿系列传说包含两大系列，一是勤奋学习，主要故事有“黄泥习字”“辞官拜师”“写字的秘诀”；二是忠烈大义，主要故事有“御史雨”“誓师起兵”“写《争位帖》”“写《祭侄文稿》”“壮烈殉国”。传说集中展现了颜真卿勤奋好学、忠烈刚毅的一生，表达人们对颜真卿的敬仰和喜爱，侧面反映了颜真卿和“颜体”楷书对社会的影响，后来被《新唐书》等史书记载，又被改编成影视剧，内容不断丰富。

分布区域　核心区域：颜真卿故里位于古琅琊临沂孝悌里，今山东省临沂市费县薛庄镇颜林村一带，颜真卿系列传说因其生活年代而生，扎根于此，并以费县为核心传承区域。为纪念颜真卿，并广泛传播该传说，费县境内建立了颜真卿书画院、颜真卿研究院以及颜真卿纪念馆，附近的诸满村是古孝悌里，境内有颜真卿墓、孝悌里、双忠桥、兴圣寺、四面造像碑、五彩奇峡谷等名胜古迹，是颜真卿系列传说的重要载体。

辐射区域：颜真卿系列传说通过出版物、影视剧、相关研究等载体不断向外辐射，分别形成了以济南、青岛为辐射圈的传播区域。同时在各类媒介的推动下，该传说也传播至省外，如北京、天津、上海等地，诸多海外研究者也加入传承活动中，使该传说传播到了韩国、日本及东南亚各国，对传播、弘扬中华优秀传统文化起到推动作用。

主要特征　故事体系以忠义爱国、书学造诣为主题。颜真卿是唐代杰出的书法家、政治家、军事家，创立了“颜体”楷书，以义烈闻名于世，颜真卿系列传说以他的生平经历、为官做事为主，突出他笃实淳厚、孝悌齐家、翰墨鼎新的精神，对于建立良好的社会关系、弘扬乡贤文化具有重要意义。

具有强烈的地域性。颜真卿系列传说发源并流传于临沂市费县一带，具有强烈的地域文化色彩，齐鲁文化特色鲜明。在弘扬中华优秀传统文化的同时也增强了费县当地民众的文化认同感。

具有典型性和代表性。颜真卿系列传说中“御史雨”“劾罢县令”“不屈权贵”“改善风俗”等都具有典型性和代表性，体现了为民着想、刚正不阿、崇尚孝悌、忠勇仁慈的思想，在当地流传深广并影响后世子孙。

具有通俗性及普及性。颜真卿系列传说通俗易懂，多用当地生活化的语言讲述，乡土特色鲜明，百姓喜闻乐见，耳熟能详。

第二节　传统音乐

沂蒙山小调

山东民歌在中国民族音乐中有着独具一格的特色，种类繁多、分布广泛，是山东人民智慧的产物，反映着山东人民豪爽、淳朴的性格。《沂蒙山小调》是山东民歌的经典代表作品，广泛流传于以临沂市费县为中心的鲁中南地区。

历史渊源　花鼓调《王禅修仙》是多年来经过农民田间劳作和口耳相传流传下来的，因其好听、好唱、好记，明清时期就在鲁东南地区广为流传。王禅人称鬼谷子，传说战国时期，王禅在云蒙山里修炼，收徒教学，传授兵法，这首民间小调唱的是王禅在云蒙山里修炼的故事。

《王禅修仙》曲调与今传唱的《沂蒙山小调》曲调基本相同，后经过群众的传唱，在不同的历史时期，被填写上了不同的内容。

1940 年 6 月，抗大一分校学员阮若珊、李林根据《王禅修仙》的曲调，在费县白石屋村改编创作了《反对黄沙会》，主要内容是控诉黄沙会的罪行，揭露黄沙会的阴谋。

1940 年 8 月，李林和阮若珊对《反对黄沙会》进行了重大修改，在保留前两段歌词的基础上，将反对黄沙会内容的段落改为抗日的内容，易名《沂蒙小调》。《沂蒙小调》一经传出，就很快传遍了鲁中、鲁南、滨海、胶东、渤海各抗日根据地，受到了广大军民的普遍喜爱，后又流传到华北、东北各抗日根据地。

1953 年秋天，山东省军区政治部文工团副团长李广宗、研究组组长王印泉、乐队指挥李锐云打算给女高音歌手王音璇增加一首民歌风味浓郁的歌曲。他们对已经搜集到的民歌进行筛选，最后选中了《沂蒙小调》。他们认为这首歌曲调优美，节奏明快，但是当时搜集到的歌词不够完整，只有两段，给人有头无尾的感觉。于是李锐云、李广宗、王印泉三人重新修改记谱，在原有两段歌词的基础上，补写了后两段歌词："高粱（那个）红来（哎）豆花香，万担（那个）谷子（哎）堆满仓。咱们的共产党领导好，沂蒙山的人民（哎）喜洋洋。"将原来歌词中的反对黄沙会和抗日的主题，改为歌颂党、歌颂家乡的主题，并命名为《沂蒙山小调》。之后，山东人民出版社 1957 年 6 月出版的《山东民间歌曲集》收录了这首歌曲，至此《沂蒙山小调》最终定型。

2007 年 8 月，《沂蒙山小调》被列入临沂市第一批市级非物质文化遗产项目名录；2006 年 12 月，被列入山东省第一批省级非物质文化遗产项目名录。被联合国教科文组织评定为"中国优秀民歌"。

《沂蒙山小调》诞生地

主要内容　沂蒙地区地处鲁南，在齐鲁文化、中原文化、吴楚文化等多元文化的影响下，鲁南民歌既粗犷强悍、又不失婉约，还兼具诙谐幽默、活跃欢快的元素。特有的波浪式的抒情性音乐线条和平稳舒缓的旋律，使得《沂蒙山小调》这首歌曲充满了美好。它结构精致、短小规整，地方特色浓郁，主题鲜明，音乐优美，表达的情感真挚感人。

《沂蒙山小调》曲调是标准的四句体民间小调，是完全符合了旋律进行的“起、承、转、合”，旋律从 2—1—6—5，属于“徵调式”。整首曲子的旋律优美流畅，平稳进行没有太大的起伏，音程之间的跨度不大，音域的范围也很小，演唱起来气息绵长，美感十足。另外，巧妙地利用了花鼓调中的拖腔和衬腔，使整首歌曲变得韵味十足，地方特色鲜明。如诗般具有审美价值的歌词，流畅抒情的曲调结合在一起，使整首歌充满了美感。沂蒙山区美丽的自然风光与当地百姓建设美好家园的意愿给人以世外桃源的意境。

传承价值 《沂蒙山小调》有着悠久的传唱历史，是一首诞生于群众之中又由群众传唱所流传下来的优美的民间小调，这首山东民歌经历了战火洗礼、社会主义建设和改革开放时期，在每个时期内都发挥着独特的价值，在革命战争时期被填上反对黄沙会、抗日的内容，和平建设时期它饱含对沂蒙大地的热爱，歌颂沂蒙好风光，让世人从中了解到沂蒙风情。它的精神内涵唤起一代又一代沂蒙儿女不忘初心，建设家乡、建设祖国的豪情壮志。

《沂蒙山小调》被联合国教科文组织评定为中国优秀民歌，她是山东民歌的典型代表。很多优秀的歌曲和器乐曲都是根据《沂蒙山小调》改编创作的，如舞剧《沂蒙颂》《沂蒙三章》、吕剧《补天》的音乐、大型民族交响乐《沂蒙畅想》、柳琴独奏曲《春到沂河》、歌剧《沂蒙山》等。

小桃红

《小桃红》是鲁南苏北一带广为流传的鼓吹乐曲，出自元曲，由民间艺人乐和子收集整理编创。主要流传于鲁南、苏北地区，河南东北部，安徽北部一些地方亦有流传，多从临沭一带传入。分布范围东至江苏省连云港市、东北至山东省日照市，西至山东省菏泽和豫东北地区，南至安徽省北部地区，北至山东省沂水等县。

《小桃红》原为喜庆乐曲，被广泛用于庆祝寿诞、结婚、生子、节日演奏，主要以唢呐、二胡等乐器演奏，为喜庆的事情增加热闹、欢愉的气氛。后来，发展成为丧事专用乐曲。

历史渊源 《小桃红》源于元曲《小桃红》，现在流传的曲子基本成形于明末清初，传为民间艺人乐和子收集整理。乐和子时居郯城石门（今属临沭县），因痴迷戏曲，被乡亲们笑称“戏痴子”。乐和子终生未娶妻，晚年，根据先前的文献记载，收集整理创作出了吹打乐曲《小桃红》，亦称《小桃核》。鲁南一带的唢呐艺人大都尊乐和子为《小桃红》的始祖。

由乐和子收集整理编创的《小桃红》原有唱词，后唱词失传，只剩曲子，并发展为唢呐吹奏专用曲子，配以笙、笛、二胡、云锣等伴奏。乐和子把该吹打乐传给了徒弟杨某（该字在流传中散佚）红。杨某红的儿子杨延之从小就喜欢吹拉弹唱，尤其擅长吹大、小唢呐，传承父辈技艺，吹奏乐器的技艺更加精湛。杨延之广收门徒，弟子众多，其中比较出名的有 30 多名。弟子们在吹奏时又根据各自的理解逐渐丰富充实了《小桃红》的内容，加入了笙、鼓等乐器。

杨延之的众多弟子中当属其子杨修木、杨修人技艺最为精湛，杨氏兄弟早年一起出去演出，后来杨修木西迁至河南省（一说安徽省），杨修人留在家乡广收弟子，办戏班，更加丰富了《小桃红》的内容。

后传到清末石门道士白教习，已历七代。白教习精通音律，可以骑着独脚驴（独根高跷）随性吹奏，当时鲁南、苏北一带没有人能与之相比。

20 世纪初，《小桃红》广泛传布于临沭境内，其兴旺时约有近千名艺人能够吹奏此曲。曲目以社会传承为主，师徒传承次之。

中华人民共和国成立后，鲁南一带吹奏《小桃红》仍以大、小唢呐为主。艺人们一人可同时吹两个同等规格的唢呐，也可以同时吹一大一小两支唢呐，俗称“老少哥”。这一时期，掌握笙、鼓等乐器伴奏的艺人并不多。

传承人王庆寿 20 世纪 80 年代开始授徒，倾

《小桃红》基本乐队编制

其半生培养了80多名徒弟。徒弟们以鲁东南为中心，遍布鲁南、苏北一带。他经常带领徒弟参加各种演出和比赛，《小桃红》的名声越来越响亮，远近闻名，成为《小桃红》最具代表性的传承人。比较著名的艺人，还有郑山镇金堂街的高坎义、高坎茂兄弟等人。

2016年3月，《小桃红》被列入山东省第四批省级非物质文化遗产代表性项目名录。

主要内容 曲牌及调式 《小桃红》是鲁南苏北农村丧事上演出的通用的基本乐曲，按演奏的方式分，以大、小唢呐为主，其他乐器伴奏；按调式可分为正宫桃红、凡调小桃红、上把小桃红、下把小桃红、五调桃红等，统称为《五大调》。一般由4～8人组成乐队进行演出。作为此类曲牌，除《小桃红》外有36种，分别是：《水流吟》《报妆台》《大流金》《凡字调》《小凡调》《山坡羊》《柳青娘》《哭皇天》《万年欢》《到春来》《到夏来》《到秋来》《到冬来》《兑二》《官调》《南调》《北调》《慢板工尺上》《慢板工尺下》《滚板》《小板台》《撑破街》《四合四》《驻云飞》《豆芽菜》《豆芽黄》《苏州棒》《夕阳调》《格子调》《大闪门》《小开门》《仙人上桥》《大江东》《雁乐》《一枝花》《叠罗锦》。其中《叠罗锦》为改编曲目，全部为口传身授，无详细记载。由于这些曲牌缺乏书面记载，随着一代代人的过世，这些口传身授的曲牌大部分失传。

音乐特征 同一曲《小桃红》，同一个唢呐能吹出5、6个调，高手还能吹出7个调。调式的不同，造就了《小桃红》多变的音乐风格。《小桃红》曲调清脆悦耳、热闹活泼。唢呐之音宛若人声，时而婉转悠长，如泣如诉；时而急进短促，欢快热烈，跌宕起伏。在著名唢呐名曲《一枝花》中，第三段慢起而渐快转入中板，就是以《小桃红》为素材，节奏活泼，音乐轻快。

乐队 《小桃红》演奏以大、小唢呐为主，笙、笛、双管、二胡、三弦、板胡、京胡、柳琴、坠琴也可以演奏，配以打击乐器鼓、镲、云锣、板锣等伴奏。常用的乐队编制为4～8人，多时可达10人以上。常用组合形式为唢呐2人（有时也会用双管代替）、笙2人、笛1人、二胡1人、镲1人、云锣1人。

主要乐器。唢呐，又名喇叭，小唢呐称海笛。唢呐音量大，音质明亮、粗犷，演奏方便，善于表现热烈奔放的场面及大喜大悲的情绪。

笙，簧管乐器，笙的音色明亮甜美，高音清脆悦耳，中音柔和丰满，低音浑厚低沉。而且在中国传统吹管乐器中，也是唯一能够吹出和声的乐器。在和其他乐器合奏的时候，能起到调和乐队音色、丰富乐队音响的作用。

双管，演奏时，可以两管并吹，也可将两管分开，两手各持一管，手指各按管子上方的三个音孔，交替吹奏短促的音符，以烘托气氛，把乐曲推向高潮。

镲，打击乐器，发音清脆响亮，是重要的节奏乐器，多用于弱拍。

云锣，云锣音色清澈、圆润、悦耳、余音持久，音量不大。《小桃红》中所用的是两面云锣，便于携带。

艺术特点 《小桃红》作为民间俗乐，有助于人们了解明末及清朝民间俗曲音乐原貌、思维方式、艺术风格，以及曲牌形成发展的历史轨迹，进而对中国古代音乐的形态、特征及音乐的内涵、思维方式做深入研究。

《小桃红》风格古朴、地方色彩浓郁，演奏风格奔放、明亮，需要唢呐艺人有高超的技艺。在演奏时，巧妙地运用颤音、滑音等技巧，根据不同场合，吹出不同的风格，充分展现了高超的艺术水平。

传承谱系 《小桃红》渊源及早期传播情况已无从考证，现仅追溯到最初的收集整理者乐和子，其传承脉络基本清晰。

第一代乐和子；第二代杨某红；第三代杨延之；第四代杨修木、杨修人；第五代—第八代不详；第九代白教习；第十代王传生；第十一代王庆寿、高坎义、高坎茂；第十二代均为师承于王庆寿的徒弟，未有明确的代表性传承人。

姐儿妞

郯城民歌《姐儿妞》由 72 首民间系列小曲组成，主要分布在郯城县泉源乡沿马陵山一带的十几个村庄。这儿有句著名的民谚：要听姐儿妞，一溜山（马陵山）根到泉头（村名，今郯城县泉源镇政府驻地）。按照马陵山下农村当地的风俗，男女青年确定恋爱关系乃至结婚后，女青年在爱人面前常以姐姐自称，把爱人称作弟弟。当地的民歌又多出自女青年之口，往往就以第一人称“姐儿俺”唱出，所以才有“姐儿妞”的名称。这种系列小曲在当地只有少数老人还能唱出一部分，更多的曲目随着时光的流逝逐渐消失。曾在中央人民广播电台播放过的著名山东民歌《五只小船》就是《姐儿妞》的曲目之一。

历史渊源 《姐儿妞》的具体创作年代已不可考，距今约有五六百年历史，歌曲的内容多是叙述男女之间的爱情。

关于《姐儿妞》的来源，还有一个凄美的故事。传说早年间，马陵山下一富裕人家有一个女儿，乳名叫妞儿，她不但识文解字、聪明伶俐，还十分漂亮、富有同情心。妞儿长到十七八岁，情窦初开，与她家的青年长工产生了恋情，两人私订终身。妞儿的父亲得知此事后，觉得长工与他们家女儿门不当户不对，有辱家风、败坏名声，便把女儿锁在房中不让出来。妞儿与长工终日不得相见，心情极度惆怅，相思之情无处诉说，便昼夜在房中独自吟唱，排解忧闷之情。唱累之时，便把自己所唱之词记录下来。日子一天一天过去，妞儿感到自己无法与长工走到一起，心情绝望，以死抗争，在房中自缢身亡。妞儿以身殉情，但她记录的歌词却被那位长工保存了下来，并得以广泛流传。

2008 年 12 月，《姐儿妞》被列入临沂市第二批市级非物质文化遗产项目名录；2016 年 3 月，被列入山东省省级非物质文化遗产代表性项目名录扩展项目名录。

主要内容 郯城民歌《姐儿妞》的内容多是以第一人称叙事，讲述恋爱经过和思恋爱人的心情。少部分歌曲为男女对唱，并夹杂着一两句“白口”或“对白”，一问一答，生动活泼。根据歌词内容，可以把《姐儿妞》系列小曲分为荤、素两大类。歌曲旋律优美、歌词文雅的称为“素的姐儿妞”；歌曲内容比较粗俗，甚至有一些挑逗性语言的，称为“荤的姐儿妞”。《姐儿妞》系列小曲中，以“姐儿俺”开头的较多，主要有《姐儿南园扣花针》《姐儿南园割韭菜》《姐儿南园绣云肩》《姐儿南园摘石榴》《姐儿南园摘毛桃》《姐儿南园摘樱桃》等十多首。另外，如《卖饺子》《小五更》《五只小船》《对花》《看花灯》《放风筝》《大扎青》《小

民间艺人演唱姐儿妞

扎青》《十二月相思》《西北小风溜溜寒》等，也属于《姐儿妞》系列。《姐儿妞》一般不公开表演，多为演唱者自娱自乐、自我陶醉。传唱之初，《姐儿妞》多为清唱，无乐器伴奏，后来使用柳琴、二胡、笛子、扬琴等乐器伴奏。

《姐儿妞》的歌词通常都比较长，旋律却比较短。一段旋律唱完便会重复，只是歌词随着叙事情节的展开而变化。对于男女一问一答对唱的《姐儿妞》，旋律通常使用徵调式，相对长一些，变化也比较多，给人一种缠绵悱恻、哀怨动人的感受。

《姐儿妞》流传至今的作品不多，具有代表性的有《姐儿南园扣花针》《十二月相思》等。

《姐儿南园扣花针》（选段）

唱：姐儿俺南园扣花针，忽听门外有人来叫门，莫非是小郎君。收上（你就）钢针盘上绒绒，双膝（那就）扎跪地平川，来到我大门前，伸手（你就）拉开双扇门一扇，手拉（你就）手来手扣着手，二人进绣楼，两眼泪交流。白：哎呀，姐姐，每天来到欢天喜地，今天来到怎么哭哭啼啼呢？

唱：喊声小郎（你就）听俺讲，对门那就来了王大娘，进门那个来提亲，说了那个西庄她那二表弟，拆散了咱二人。

白：哎，姐姐，你怎么知道的？

唱：多亏那个丫鬟小春红，大跑小跑来到绣楼中，来是个来送信。

白：哎呀，姐姐，你要是到了婆家来，俺要想你呢？

唱：想我也还也还好办，东庄还有那俺那个邱大姐，跟俺那个同年又同春，倒比俺俊上十分。

白：哎，姐姐，她要是不认俺呢？

唱：苏州那个胭脂，杭州那个粉，山东的胰子，捎带毛巾，捎带一对小毛巾。毛巾那里头，包着小铜镜，包上那个银线，才会动人心，才会动人心。

白：姐姐，那不如给你买上胭脂粉啦？

唱：娘家那个搽粉，小郎还能见，婆家搽粉倒是枉然，枉花了郎的钱。

白：哎，姐姐，俺问你嫁妆置齐了吗？

《十二月相思》

正月里来本是新年，喜笑欢。哎嗨吆。晚晌更深流落美少年。知心的人难见，相思对谁言，咬银牙，跺金莲，珠泪也不干。可恨月老他的心太偏，错配了美少年，亏负了奴的容颜，想才郎腰中瘦，罗裙带子宽。无心把月玩，晚饭懒得餐，正月里闹花灯，无有心赏观。

二月里来本是新春，春风起。我一心想郎君，秋波泪纷纷。想才郎，心太狠，不要良心。想起那年春，绣楼把诗吟，鸳鸯枕头鸾交凤，缺少知心人。

三月里来本是清明节，好风光。面带梨花，懒得去梳妆。无心扣鸳鸯，秋波泪两行，有蜜蜂和蝴蝶，对对都成双。桃红梨白柳树叶子长。可恨无意的郎，一去不回乡。探野花，恋美女，流落哪一方。说郎心肠好，待奴家太无良，等一等，郎回来，大闹一场。

四月里来本是夏至，荷花开。知心的人儿你在哪里？说你有情义，为何把奴气，可怜奴，真心想，相思也蜜蜜。说你是个顽皮，不是个好东西，有人前，无人后，乱抓奴的衣。低头生巧计，点点记在心里，有几回，想打你，见面舍不得。

五月里来本是端阳节，奴心酸。对对燕子飞在院墙边。百鸟来团圆，小奴家受孤单，长生酒，泡雄黄，就等郎来餐。我的郎进绣房，忙把酒杯端，抓破了你的脸，拳打你的肩，罚你跪到天明，不许郎安眠。

六月里来本是三伏天，热难熬。小奴家在绣房还没有怀。佳人的性子呆，思想难解开，相思病瘦得奴骨瘦如柴。我的郎走天下，怕他把野花采，谁家的女裙钗，留郎不回来，就像等着薛仁贵，征东十二载。

七月里来本是七夕夜，秋风凉，远望着红云坠落西山。天天想思念，夜晚盼夫男，少精神，无力气，难进人中间。年年倒有七月那一天，盼郎不回还，有话对谁言，到那时，有人劝，心里不耐烦。

八月里来本是中秋节，月光明。小奴家在绣房睡眼朦胧。我梦才郎哥，喜笑又盈盈，咱二人手扯手，走进绣房中。忽听铁马铃，响亮又叮咚，惊醒了那个梦，心魂也不定。叫丫鬟掌银灯，照照绣房中，照不着我的郎，好不伤情。坐也坐不稳，睡也睡不宁，想才郎如酒醉，梦在他身中。

九月里来本是九重阳，桂花菊。小奴家上庙堂，才把神求。不求福禄寿，不求病和忧，求奴的丈夫，早去早回头。奴比燕子苦，身子睡床头，年幼的人无丈夫，好不忧愁。

十月里来本是十月一，小阳春。我的郎在外头，思乡回家心。上次去告假，不定准不准，准了他的假，回家探母亲。我的母今年才刚八十一，看着你的贤妻，整天泪凄凄。母想儿，妻盼郎，常常挂在心里。

十一月里来本是三九天，交了冬。上次去告假，准了他的假请。打上火车票。奔上路途中，津浦线上了车，直奔徐州城。我家住在本是徐州城。家住南门里，本是门朝东，南门里，门朝东，本是我的门庭。火车来得快，来到徐州城，徐州站，下了车，来到我的门庭。

十二月里来本是整一年，好心焦。忽听得门外头，黄犬来叫，丫鬟忙来报，姑爷来到了。喜得小奴朝里转，假装睡着了。我的郎进绣房，脚步那么轻巧。牙床忙坐倒，喊了一声奴娇，喜得奴转身，折身起来了。双手抱郎腰，香腮似樱桃。俺问你为何四季不把信来捎，说清了，道明了，不能拉倒。

十三月里来本是一年多，细对小奴说，细细对奴描。我在那老四团，后方去工作。担任司务长，事情也怪多，抽时间回家转，细对奴说。细细对奴说，细细对奴描，等到抗战胜利了，团圆来到了。

艺术特点　郯城民歌《姐儿妞》歌词朴素、内容丰富，易学易记、便于传唱，丰富了山东民歌的内容，对于研究山东民歌的传承与发展具有重要的参考价值。

郯城民歌《姐儿妞》内容多是描写当地民风民俗，表现当时的风土人情，反映了当时郯城民间习俗、生活习惯。

《姐儿妞》曲调优美、雅俗共赏，演唱方式简单、群众喜闻乐见。作为郯城民间音乐的代表之一，极具地方特色，具有较高的艺术欣赏价值。

沂蒙花鼓调系列民歌

沂蒙花鼓调，又称花鼓秧歌调，是沂蒙小调类民歌中具有特定表演形式的一部分民歌。沂蒙花鼓调产生于春秋战国时期，至今已有2700多年历史。沂蒙花鼓调中，以苍山花鼓最为出名，常与山东的聊城花鼓、淄博花鼓相提并论。沂蒙花鼓调原有数百首曲调不同的民歌，现存50余首。受当地方言土语、语音语调和风土人情的影响，沂蒙花鼓调的唱词、衬词和曲调，具有浓郁的鲁南方言和地方音乐特色。

历史渊源　沂蒙花鼓调历史悠久，渊远流长。根据当地出土的“西汉说唱陶俑”推断，这种身背花鼓，一边敲击，一边说唱的表演形式，早在2300多年前就已经在本地流行。清代以前，花鼓调在临沂境内普遍流行，并随着闯关东的民众流传到泰安、洓源、东北等地区。

苍山民歌渊源甚早。战国时期荀子两任兰陵令，晚年定居兰陵潜心著书立说。他的《成相篇》《赋》首开说唱和赋两种文学之先河，兰陵民间说唱艺术受其熏陶而形成。从隋唐至宋代，由于运河的开凿，海上交通和一些内陆码头的建立，促进了文化交流。许多外地民歌小调传入本地，本地的一些民歌小调也传到外地，为沂蒙民歌的发展与繁荣创造了重要的条件。元末明初戏剧大家贾仲明定居兰陵，让苍山民歌的发展达到了巅峰时期。贾仲明精于戏曲、隐语的创作，并深受苍山民歌的影响，著作颇丰。所作杂剧见于著录的有《上林苑梅杏争春》《丘长春三度碧桃花》等16种。这些杂剧作品，反过来又影响了苍山民歌的发展。沂蒙花鼓调中长篇花鼓的许多唱词内容，便源于贾仲明的杂剧作品。清末，由于统治者的腐败，沂沭河常年失修，致使洪水经常泛滥，“开了江风口，水漫兰山走，淹了四大哨，捎带二郎庙”，人们迫于生计，扶老携幼远走他乡，身背花鼓以乞讨为生。为了“跑坡儿”“讨生活”的需要，许多具有音乐特长的艺人，自做乐器（花鼓、梆子、胡琴、弦子、柳琴等）以唱唱儿的形式在民间行乞。久而久之，临沂、郯城、苍山一带产生了大量的花鼓调民歌，其中以苍山花鼓调最具特色。

2014 年 3 月，沂蒙花鼓调系列民歌被列入临沂市第四批市级非物质文化遗产项目名录；2016 年 3 月，被列入山东省省级非物质文化遗产代表性项目名录扩展项目名录。

主要内容 沂蒙花鼓调的来源多元，内容丰富。收集记录在案的沂蒙花鼓调有 30 余首，已知歌名尚未记录的 40 余首，加上部分花鼓秧歌调，总共 120 余首。其中，有本地土生土长的花鼓调子，如《开篇》《俺打花鼓转悠悠》《山罩青松松罩山》等；也有外地传入的外来调子，如《凤阳花鼓》《黑丫头》《调皮的大姐》等。

根据其曲调特点，沂蒙花鼓调可分为九类：

普通调子，为本地花鼓调的一种。

原调，本地花鼓调的另一种，曲调跟普通调子大同小异。

女腔花鼓调，属于本地花鼓调，俗称女调，较男调旋律性更强，优美而抒情。

悲腔花鼓调，属于本地花鼓调，演唱起来悲悲切切，低回婉转，幽怨缠绵。

欢腔花鼓调，节奏性强，四二节拍，速度稍快，情绪明朗欢快。

花腔花鼓调，曲调音程跳动较大，唱腔起伏跌宕、花哨震撼。

自由调，也叫外江派，曲调多从外地传入，经长期演变而来。

湖南调，传说系湖南花鼓调传入本地演变而来。

凤阳花鼓调，传说系安徽凤阳花鼓调传入本地演变而来。

沂蒙花鼓调的歌词，多为七字句加衬词，属于方正性四句体结构。根据沂蒙花鼓调系列民歌的篇幅长短，可分为长篇、中篇、短篇三部分。

长篇花鼓调多为曲折而完整的故事，内容有孝道文化、励志文化等，如《白猿偷桃孝母亲》《老虎学艺》（又名《忘恩负义》）《姜子牙卖面》《水漫南桥》《小两口子挑水》等。

中篇花鼓调内容多是教育民众，为人处事要品行端正，遵纪守法；要知道敬畏天地，孝敬父母，有 8 段、10 段、12 段歌词的花鼓调。如《王禅修仙在云蒙山》《花鼓十二月》（又名《揽的宽》）《小黑妞儿》（又名《黑丫头》）《隋唐十二月》《十二月古名》《放羊十二月》《十个字儿》《十道黑》《贤良女》等；短篇花鼓调只有一至四段歌词，如《歌唱大生产》《俺打花鼓转悠悠》《鼓打一更绣鸳鸯》《南山顶上一青松》《山罩青松松罩山》《正月里来正月正》等。

艺术特点 沂蒙花鼓调具有其独特性。歌词具有一定的文学艺术性，朗朗上口，通俗易懂。内容大都是民间传说中的历史故事，说古论今，平仄对仗，合辙押韵，并具有一定的说唱性质；曲调则属于起承转合的四句体乐段结构。

沂蒙花鼓调系列民歌以花鼓和小锣为主要伴奏乐器，是一种一边敲击锣鼓，一边演唱的民歌表演形式。一般由单人或两人一起演唱，曲少词多，多为四句体乐段结构的分节歌。每一段前后大都有“咚不咚，咚不咚，咚不咚不咚，咚不咚不咚”的锣鼓前奏和尾奏，第三句之后大都有“咚不龙不咚”的锣鼓间奏，曲调起伏跌宕，优美抒情。男腔花调花鼓常采用“嘎调”唱法，即真假声结合的唱法，在一个乐句中常有小七度、或八度、九度、十度、十一度的音程大跳，演唱起来，真假声结合，起伏跌宕，高亢嘹亮，花哨震撼。这种“嘎调”唱法的民歌，在全国独一无二。

传统的沂蒙花鼓调，伴奏乐器只有花鼓和小锣。双人表演花鼓调，一般都是男背花鼓（鼓在左侧），手持两只鼓槌，女左手持小锣，右手持锣匹，配合伴奏表演。单人表演花鼓调，一般都是男（女）身背花鼓，自伴自唱。苍山县民间老艺人谭清元，首创了花鼓和小锣为一体的伴奏形式，在表演时使用较大号花鼓，花鼓背在左侧，小锣挂在胸前，鼓槌是他自己发明创造的人字形、鼓条锣披合二为一的物件，用以同时敲击花鼓和小锣儿。现代的沂蒙花鼓调，在继承传统伴奏形式的基础上，表演中又增加了民族乐队，把原生态民歌加上了前奏、间奏和尾奏。

传承谱系　沂蒙花鼓调系列民歌，主要传承方式分为家传和师传两种，传承脉络清晰。传承谱系如下：

家族传承。第一代赵武，生卒年不详，盲艺人，以唱花鼓调为生。第二代赵长盛、赵长青，清道光年间人，同胞兄弟师从赵武，以唱花鼓调为生。赵长青 17 岁跟随村民一路乞讨到了东北，有后人。第三代赵忠吉、王东兰（1883—1979 年）夫妇，师从赵长盛学唱花鼓调、老民歌。王东兰还会唱弦子戏，为村弦子戏剧团主演。第四代赵兴诚、王春桂夫妇，师从王东兰学唱花鼓调。第五代赵桂秋，师从王东兰、赵兴诚、王春桂学唱花鼓调。

师徒传承。第一代苍山已故佚名花鼓老艺人，生卒年不详。第二代谭金平，谭清元之父，清光绪年间人，师从佚名老艺人，以唱花鼓调为生。会唱京剧。第三代谭清元，师从谭金平和当地花鼓老艺人学唱花鼓调，以唱花鼓调为生。首创把花鼓小锣拴在胸前演奏伴唱，形成了苍山花鼓独特的锣鼓演奏技法。第四代赵桂秋，师从谭清元学唱花鼓秧歌调。全面掌握该项目所有核心技能艺能，并对该项目进行研究、传承、发展、创新。

第三节　传统舞蹈

猴呱嗒鞭舞

猴呱嗒鞭舞最早是贫苦人讨饭谋生的手段，表演者一般为夫妇二人，丈夫执花棍，模拟猴的形态舞姿，妻子执洛子配合，表演多为即兴发挥，穿插逗乐，颇有情趣。后来逐渐发展成为集舞蹈表演、滑稽动作、民间歌曲于一体的自娱性群体活动，为当地群众喜闻乐见。

历史渊源　兰陵猴呱嗒鞭舞发源于山东省兰陵县兰陵镇西横沟崖村，起源于清道光年间，距今已有 180 余年的历史。西横沟崖村历史上就有唱民歌、扭秧歌、“玩社”的风俗。隋唐以来，随着大运河航运的发展，民间歌谣、舞蹈相继流入兰陵一带，与当地的文化相互融合，大大丰富了当地的民歌、舞蹈。

到清宣统年间，由夫妻二人表演演变成为一种“玩社”（自娱性群体活动），从演出形式到动作风格发生了变化。舞蹈的成分明显增多，表演者由原来的 2 人增加至 4 人，1 人执鞭以舞为主，3 人执洛子伴舞伴唱。演唱的曲目多为民间流传的歌曲，内容多以反映爱情及劳动生活为主，唱词本身带有大量的衬词，曲调委婉动听，很有地方戏“柳琴”的韵味。在段落之间的间奏处配以行进速度的打击乐，更显得热烈而协调。在老艺人们的记忆中，县城西门是一个很热闹的地方，因是富人集中居住区，吸引了很多民间艺人来此表演，给他们送上好彩头，再向他们讨要一些“买鞭子钱”。特别是春节前后，玩把戏的、舞狮子的把这里堵得水泄不通，猴呱嗒鞭舞就是表演一种，这一时期至解放前，猴呱嗒鞭舞的表演的一个显著特点，是女角大都为男扮女装。身穿印花彩绸裤褂、头戴一朵大红花，为了达到形似，饰女的男演员还把白布裹在脚上，足蹬“寸跷”，边打边唱增强了喜剧气氛，深受当地人民群众喜爱。

抗日战争和解放战争时期，西横沟崖村的民间艺人们，曾用这种形式演唱《抗日小调》《多打几个日本鬼》《解放区的天是明朗的天》等，积极

2019 年 10 月，猴呱嗒鞭舞参加乡村大舞台活动

配合当时动员参军、减租减息运动。

中华人民共和国成立后，该舞蹈形式得到进一步的发展，表演者由4人增至5人，不再男扮女装，2男舞鞭，3女伴唱伴舞。动作又增加了“对打花鞭”“单鞭戏洛子”等，并将单调的打板演唱加入民乐伴奏，节奏更明快，气氛更热烈。除逢年过节演出外，村、乡召开大会，或村民们家里办喜事、庆丰收时，也常邀请猴呱嗒鞭舞的艺人们前往献艺。

猴呱嗒鞭舞是历代劳动人民在长期文化活动中不断丰富完善而形成一种独具风格的民间艺术，后经文化工作者不断加工整理，从形式和内容得到进一步发展和提高，从民间走上舞台，成为兰陵乃至沂蒙乐舞文化的重要组成部分。1983年开展的民间乐舞普查中，该舞蹈形式被确认为全国独有的民间乐舞形式，并入选1998年出版的《中国民族民间舞蹈集成·山东卷》。

2007年8月，猴呱嗒鞭舞被列入临沂市第一批市级非物质文化遗产项目名录；2009年8月，被列入山东省第二批省级非物质文化遗产项目名录。

猴呱嗒鞭舞表演

表演形式 猴呱嗒鞭舞亦称“双鞭洛子”。以男性打花鞭（花棍）模拟猴的形态舞姿与手握竹板和撒拉姬的伴舞者（多为女性）穿插逗乐，颇有情趣，故名猴呱嗒鞭舞。

猴呱嗒鞭舞动作性强，气氛热烈。尤其男性持鞭模仿猴的形态，惟妙惟肖，腾挪闪跃，穿插“单鞭戏洛子”“双鞭戏洛子”“对打花鞭”等动作组合。

其表演形式一般为2男3女，男性舞鞭，女性伴舞伴唱，表演中穿插“对打花鼓”“双鞭戏洛子”“单鞭戏洛子”等动作组合。以后发展到群舞，阵容表演发生变化，如“二龙出水”“小圆场”“大圆场”“小穿花”“大穿花”等。演唱歌曲多是群众喜闻乐见的民间小调，如《大踏青》《小踏青》《大二赔送》《绣花灯》。基本要求是边打边舞时，配合默契，互相逗乐。女角唱时，男角根据演唱的节奏动作幅度放小，这样把舞蹈表演、滑稽动作、民间歌曲融为一体，增强了艺术感染力。

女角表演基本动作为洛子步，双腿并拢脚踮起，右手“握板”，左手“执节”（撒拉姬），双臂屈肘前抬胸前，目视前方。第一拍，左脚向前迈一步，双手同时打板一下；第二拍，右脚上步于右脚旁前掌点地，双膝顺势屈伸一下，同时双手再打板一下。第三、四拍，手同第一至二拍动作，脚做对称动作。此动作可以向前、后、左、右行进做，动作及幅度大小，可根据花鞭的行动路线而灵活掌握。

男性表演的基本动作为右手拿棍，称“打猴鞭”。一打左手腕、二打左肘、三打左肩、四打右肩、五左手下拍棍、六打右脚内侧、七打右脚外侧、八打左脚后跟。前进后退时常常运用：一、左手背向上打；二、绕头碰右肩；三、左手心向下拍反复进行。同时穿插“打地换位”“对打花鞭”等动作，反复进行。

服饰道具 服饰。持花鞭者头扎青包布巾，额头上方插一支银色菱形弹簧硬纸片。穿黄色无领对襟上衣，蓝色彩裤、快靴，腰扎红色腰箍。持洛子者，脑后梳独辫，鬓角缀红花。穿蓝底白花偏襟褂和彩裤、彩鞋。

道具。主要有洛子、花鞭、锣鼓、二胡、笛子、唢呐等，其中洛子亦称竹板、撒拉姬；花鞭，即花棍，为竹杆制成，一般长1.30 ~ 1.40米，里面竹节全部打通，串上铜钱，两头系上彩绸。

八仙灯

八仙灯又称“八仙秧歌”，是一种民间传统舞蹈，发源于蒙阴县高都镇郑家庄村。八仙灯起源于明代，历经清朝、民国、中华人民共和国等历史时期，至今已有300余年历史。随着时代的发展，八仙灯不断融入地方曲艺元素，形成了具有浓郁乡土气息和独具地方特色的民间社火活动。

历史渊源　唐代的《礼记·祭法》记载：“法施于民则祀之。以死勤事则祀之。以劳之国则祀之。能御大灾则祀之。能捍大患则祀之……”。由此可知，对神灵的崇拜不仅在民间，也记录在官方的律条和正史中。古时的沂蒙山区交通闭塞，经济、文化落后，科技不达，人们信神、奉神、颂神以求神灵护佑。

相传明代有一年，蒙阴县郑家庄村瘟疫遍布，此时八仙经过此地，以神力为乡民们祛除了瘟疫，恢复了生产，憨厚真诚的蒙阴人便扮起了八仙的模样进行表演，以纪念八仙和祈求安宁，这便是八仙灯的由来。

2011年3月，八仙灯被列入临沂市第三批市级非物质文化遗产项目名录；2013年5月，被列入山东省第三批省级非物质文化遗产项目名录。

主要内容　八仙灯表现的是八仙奔赴天宫参加王母娘娘蟠桃大会的情景。其表演时间主要在春节期间，一般从农历正月初三开始，到正月十五达到高潮。表演时由八人扮作八仙模样，骑着类似竹马的祥鸟瑞兽排成一队，走街串巷，或在行进中进行“葛条盘”“金丝缠葫芦”等队形变换，或在场院、店家门口进行“剪子股”“龙摆尾”“四门斗”“对花”“十字大串花”等花式表演，中间穿插烘托节日气氛的地方戏曲、杂耍表演。每到一处，场院、店家主人率先燃放鞭炮表示欢迎，表演完毕离开时还要发喜钱。沿街群众扶老携幼追随观看，气氛热烈祥和，成为当地春节期间独特的文化景观。因夜间表演时，在八仙骑跨的祥鸟瑞兽腹内点燃蜡烛或者安置电灯，故称之为“八仙灯”，当地群众形象地称这种表演为“跑八仙灯”。

艺术特点　八仙灯表演采取歌、舞、戏、说结合的方式，穿插着“抬花轿”“花船”“轱辘挑”“花档子”等民间艺术形式，体现出八仙灯的兼容性。

八仙灯表演

八仙灯是沂蒙山区劳动人民的精神财富，是沂蒙文化的组成部分，具有“八仙文化”的传承性和信奉性。

八仙灯具有浓郁的传奇色彩和厚重的乡土气息，反映出该地区人民的观念和愿望，体现了八仙灯的人民性和社会性。

项目传承　蒙阴县八仙灯是起源于民间，流行于大众的民间舞蹈形式，过去从事这种舞蹈的艺人较多，传承脉络不甚清晰。近代较具有代表性的传承人有王家均、郑庆善、王传祥、王家宝。

第八代传承人王家均，20岁时跟随师傅郑曰温、王厚福（已故）、郑步太（已故）学习传统舞蹈八仙灯，在八仙灯秧歌队跑五灯——张果老。2006年，王家均开始培养学生郑庆东、郑庆存，将这项技艺传承下去。

第四节　传统戏剧

弦子戏（兰山区　沂南县　沂蒙民间研究会）

弦子戏是与柳子戏同出一源的中国戏曲古老声腔艺术。它集民间俗曲之大成，经过艺人的加工提炼、修饰和创新，成为一个多乐调的戏曲声腔类型。艺人们口头传唱至今，尚保留百余个传统剧目和数百支曲牌。“东柳、西梆、南昆、北弋”四大曲调中的东柳指的即是山东柳子戏。柳子戏是在元、明以后“弦索”系统的基础上发展演变而形成的古老剧种，以演唱用俗曲（包括柳子调）编成的剧目为主，也承受了高腔、青阳、乱弹、昆曲、罗罗、皮黄等，同出一个源流，都用三弦作主要伴奏乐器，笙、笛辅之。至今流行在运河以东的曲阜市、泰安市，临沂市兰山区、莒南县、沂南县的柳子戏，群众仍习惯称之为“弦子戏”。兰山区前洞门村、徐家庄村，沂南县北沿汶村是弦子戏传承的核心区。

历史渊源　弦子戏历史悠久，源远流长，其独具特色的戏文，表演形态，音乐结构体制，为中国戏曲的发展提供了有益的启示。

弦子戏传到兰山区前洞门大约在明末清初，外地一名为“胡安来”的戏班跑坡（当地称外出唱戏为“跑坡”）到该村唱戏，因唱得好很受欢迎。该村一曾姓大户曾兴文爱上了弦子戏，便到胡安来戏班学戏，并收留了戏班，一边学戏一边在周边村庄演唱。曾家连续传了五代，到第五代传承人曾传一时，曾家又和本村另一大户马连增家联合办班，使戏班一直保持发展态势，至今已传至第十三代。

基本与前洞门同时，徐家庄也成立了弦子戏班，两个村的戏班相互交流，相互学习，有时同台唱戏，成为同师同源的兄弟戏班。前洞门村弦子戏兴盛时期，周边响河屯村、小岭村及枣园镇徐庄，临沂南关，朱保乡的港上村，罗庄区的湖南崖、湖西崖村等很多村庄也先后成立弦子戏班。

前洞门弦子戏的第八代传承人顾广田先后到蒙阴县的几个村庄和费县的南辛庄、敢胜庄、南阴、抱窝、刘家庄以及兰山区枣园镇全家林村等传艺教戏。

抗日战争时期至中华人民共和国成立前，大部分村庄的弦子戏班垮散。中华人民共和国成立后，在党和政府的关怀下，许多村庄的业余弦子戏班复苏。前洞门村、徐家庄村弦子戏空前活跃，业余剧团一度达到 30 余人。1952 年，临沂县组织民间戏班会演，前洞门弦子戏演出《御碑亭》《大汗衫》《仙人指路》等剧目，获得一等奖；徐家庄的弦子戏剧团奉调到济南演出，受到省里表彰和奖励；徐家庄老艺人陈步襄给文化部写信，提出发展弦子戏的建议，得到文化部的重视，派山东省群众艺术馆的丁任、薛峰到该村调查了解情况，并进行录音。前洞门村在当地影响愈来愈大，周边村羡慕地说：“前洞门的牛，也会唱娃娃头”“前洞门的猪，也会唱支曲”“前洞门的狗，也会唱两口”。村里几个姑娘凑

前洞门弦子戏剧团演出照

在一起编席，一分角色就可以唱一出戏，当时最出名的是第十代传承人、剧团导演马金栋。

1959 年，临沂县计划以前洞门戏班为基础成立弦子剧团，由马金栋为老师和主演，后因资金不足，成立弦子剧团一事搁置。1960 年，山东省柳子剧团到临沂演出时，听当地文化部门介绍前洞门村弦子戏的情况，剧团领导张春雷、吴士廉亲自到该村了解对戏，因该村演员马金栋表现突出，剧团领导即动员马金栋到省柳子剧团当演员，因家庭原因没能去，柳子剧团从前洞门村带走《绣鞋记》《白蛇传》《吕布戏貂蝉》3 个剧本。

二十世纪六七十年代，大部分农村业余弦子戏班停止活动，前洞门的弦子戏班改为宣传队，始终没有停止活动，并由演唱古装戏转为演唱现代剧。宣传队先后移植《红灯记》《沙家浜》等样板戏和《三定桩》，并自编自演反映本村故事的弦子戏《两块小花布》《二木匠转变》《送镰记》《规划风波》等。80 年代，农村实行联产承包责任制后，前洞门戏班一度沉寂下来。

21 世纪初，前洞门村成立业余弦子剧团。剧团演职人员达到 40 余人，服装、道具、乐器、音响等全部配齐。经过一段时间的排练，剧团能够演出《大汗衫》上下集、《双龙关》上下集、《游西湖》上下集、《御碑亭》上下集、《绣鞋记》《寒江》《仙人指路》《寻儿记》《父子结拜》《龙凤面》《姊妹易嫁》《墙头记》《玉配合》《凤仪亭》《奇婚记》等 20 余出传统剧目。不仅在本村演出，还先后到费县、郯城县、罗庄区等地演出。

2005 年，在山东省艺术馆举办的鲁东南“新华书店杯”民间剧团展演中获优秀演出奖；2006 年，在省文化厅举办的山东省庄户剧团调演中被授予“山东省优秀庄户剧团”荣誉称号，参演的传统古装戏《御碑亭》获三等奖。

弦子戏被引入沂南县北沿汶村的时间是清乾隆年间（1746 年前后），北沿汶村尹氏祖先尹廷佩在沂水县衙供职，他酷爱弦子戏，退职回乡后，请沂水县衙戏班到村里教戏，创办弦子戏子弟班，组织学习传唱弦子戏，并在周围村庄、集市巡回

弦子戏演出照

演出。当时颇有名气的一生、一旦为尹元掌、尹元捷，他们作为子弟班的顶梁柱和主要传承人，带领戏班不断发展壮大，由弱到强，所到之处，演出倍受欢迎。受北沿汶弦子戏子弟班的影响，沂南和周边县先后成立了多个弦子戏班，较有名的有沂南县大白石窝村，莒南县大店镇后惠子坡村、薛家窑村，沂水县诸坞村、武家洼村、许家湖村，莒县沙沟村等，一直传唱延续到今天。

2007 年 8 月，兰山区、沂南县、沂蒙民间研究会申报的弦子戏被列入临沂市第一批市级非物质文化遗产项目名录；2016 年 3 月，被列入山东省第四批省级非物质文化遗产代表性项目名录。

主要内容　*声腔*　弦子戏是拥有几百支传统音乐曲牌的古老剧种，其演唱特点是：生、旦、净、末、丑个性鲜明，喜、怒、哀、乐皆表现于唱腔中，旦角唱腔细腻、委婉，喜时悦耳动听，悲时缠绵悱恻，如泣如诉；生净唱腔刚劲、强壮、爽朗、豪放，乐时如高山流水奔放、豪爽，怒时如雷霆虎啸粗犷激越。唱腔音乐素有“九腔十八调，七十二咳咳，还带有难哎哎”等。长期以来，失传很多，有的只会曲调腔调而不知调名，有的则只知曲牌名

称而不会腔调。现存不同唱法的曲牌100余支。

曲牌　弦子戏有着大小不等的曲牌200余个，其中，有些曲牌的名称是固定的；有些是由一至数个曲牌互相渗透、衍化，最后形成一个独立的曲牌（如《朝阳阁》）。

曲牌名称分类众多：

《娃娃》有10个：大调娃娃、小调娃娃、二板娃娃、原板娃娃、风绞雪娃娃、撅尾巴娃娃、风摆梅娃娃、八吹八打娃娃、平调娃娃、倒挑船娃娃。

《山坡羊》有7个：大调山坡羊、小调山坡羊、越调山坡羊、平调山坡羊、二板大调山坡羊、二板小调山坡羊、急行头山坡羊。

《驻云飞》有6个：大调驻云飞、小调驻云飞、下调驻云飞、二板大调驻云飞、二板小调驻云飞、带穗的驻云飞。

《桂枝香》有5个：大调桂枝香、小调桂枝香、平调桂枝香、越调桂枝香、二板大调桂枝香。

《锁南枝》有4个：大调锁南枝、小调锁南枝、二板大调锁南枝、二板小调锁南枝。

《步步娇》有3个：小调步步娇、下调步步娇、昆调步步娇。

《序》有10个：大序、原枝序、二板序、小调二板序、下调二板序、大调原板序、小调越调序、小调平调序、棉单序、画眉序。

《乱弹》有2个：大调乱弹、小调乱弹。

《风云松》有2个：大调风云松、小调风云松。

《哭迷子》有2个：大调哭迷子、小调哭迷子。

《走水调子》有2个：大调走水调子、小调走水调子。

《阁》有3个：朝阳阁、旗杆阁、鬼陵阁。

《进水令》有2个：大调进水令、小调进水令。

还有一部分曲牌，从名称上看，与其他曲牌无任何联系，从内容上看，每个曲牌也是相对独立的。如小调驻马听、懒画眉、龙绞凤、掇江风、小调江流水、小调一江风、春江秋、猪拱豆、分柳娘、大调四不象、大调尾声、园陵好、蓬莱好、暂腔、打枣杆、烙心、一封书、还阳曲、落汤河、古楼台、清江引、将军到、浑江龙、二贩子、路路急、青石令、浪荡沙、罗罗、对决板、小五更、倒挑船、叠断桥。这些曲牌，随着老艺人的过世，逐渐消失，目前仅能演唱部分。

弦子戏的曲牌名目繁多，表达感情丰富。有的节奏缓慢，曲调细腻委婉，缠绵优美动听；有的诙谐活泼，明朗淳朴，富有说唱性；有的豪放激昂，刚劲有力，还有的悲哀凄切幽怨。演唱时，可根据剧情的需要，适当择取。如用于抒发内心感情，揭示内在思想情绪和内容的曲牌有小调步步娇、小调黄莺、小调一江风、小调对决板、小调驻云飞等。

用于表现欢乐、愉快、喜悦、轻松等情绪的曲牌有小调娃娃、小调黄莺、小调打枣杆、二板桂枝香，大、小调桂枝香、小调乱弹等。

用于悲痛、哭诉、哀怨、焦虑等感情的曲牌有大、小调哭迷子，平调山坡羊、下调驻云飞、小调锁南枝、平调序等。

用于一般叙事、抒情、表现一般内容和故事情节的曲牌有小调青羊子、小调二板序、小调浪荡沙、小调暂腔、小调小五更、小调下调莺、小调罗罗、小调驻马听、小调朝阳阁、小调二板青羊子、小调二板驻云飞等。

用于表现激昂、豪放、刚劲有力的情绪和思想内容的曲牌有小调山坡羊、大调青羊子、大调娃娃、下调风云松、大调山坡羊等。

演出剧目　弦子戏主要剧目有《御碑亭》《游西湖》《仙人指路》《大汗衫》《三姓楼》《拣柴》《虎牢关》《绣鞋记》《玉配合》《寒江》《双龙关》《龙凤面》《寻儿记》《父子结拜》《奇婚记》《射箭亭》《凤仪亭》《高老庄》《白蛇传》《戏斗玉》《混缘河》等。多取材于《三国演义》《封神榜》《岳飞传》《杨家将》《水浒传》《聊斋志异》《隋唐演义》《包公案》等，有的在明清时期具有一定的影响。

前洞门村弦子戏班的演出剧目中，《双龙关》《玉配合》两出戏是全国其他任何剧种没有的。这两出戏分别以外族入侵为由头，以爱情故事为线索，所表现的民族融合、人民和睦、社会和谐的主题不仅具有深远的历史意义，而且还具有巨大的现实意义。

北沿汶村原有传统剧目 70 余个，现在能演唱的不足 20 个。弦子戏的传统剧目很多，因流传年代久长，后继乏人，大部分失传。20 世纪 80 年代以来，经文化部门专业人员和弦子戏戏迷们的积极地挖掘整理，尚存 42 个剧目：《西湖游景》《雀山搬兵》《大书馆》《小书馆》《珍珠衫》《双龙关》《阴功报》《改金牌》《三喜合》《混元河》《玉配和》《锦缎记》《御碑亭》《高老庄》《婚书》《打登州》《倒休》《包公案》《一枝梅》《抱盔头》《罗衫记》《百乐记》《孝唐山》《大破洪州》《风珍记》《水漫金山》《打桃园》《对松关》《寒江关》《贩马记》《甘罗寺》《蝴蝶梦》《绣鞋记》《龙生失印》《葵花坛》《蝉鱼寺》《白云洞》《抱妆盒》《雷霆庙》《二龙山》《墙头记》《杨门女将》等。

2016 年 2 月，弦子戏《西湖游景》在临沂市文化馆演出

表演　排场演技。弦子戏在移植其他声腔、剧目的同时，也吸取兄弟剧种的表演艺术特长，充实弥补自己的不足，丰富和提升表演技艺。经过长期的舞台演出实践，不断吸收和融化，逐渐形成了武戏粗犷豪放，文戏细腻典雅的独特艺术风格。武将出台时，必先在台上踢腿、打飞脚、翻身，然后亮相。怒时双足跳起，吹胡子瞪眼睛。《双龙关》的剧中人李公道演出时前走后倒，歪头奋脑，挤眼齉鼻，似傻似愣，似癫似狂，再配上一口地道方言，独具特色，别开生面。

角色行当。前洞门村、徐家庄村的鲁南弦子戏剧团属业余性质，组成人员多时达 40 余人，生、旦、净、末、丑行当齐全，基本保持"四生、四旦、四花脸"的整齐阵容，具有较强的实力。生行有净面文生、架子生、袖生、武生；旦行有青衣、红衣、闺门旦、老旦；净行有红脸、大花脸、二花脸；末行即白胡老怪；丑行有文丑、武丑、丑旦。

伴奏　弦子戏的主要伴奏乐器是三弦、横笛和笙。伴奏乐队分文场和武场，传统文场以三弦和横笛为领奏乐器；武场以笙、管、二胡、京胡等为主伴乐器，并有板鼓、板、堂鼓、高音锣、中音锣、大镲、小镲、小锣、哨子、木鱼、高音唢呐和中音唢呐。

主要特征　弦子戏已有数百年的历史，经过自身的不断创新发展和对其他艺术形式的兼收并蓄，数百年间曾显得朝气蓬勃，具有顽强的生命力。通过流行地广大艺人不断融会贯通，丰富发展，逐渐形成独特的艺术特征。

弦子戏演出剧目内容丰富，包含古代多个不同历史时期题材的戏，既有文戏、又有武戏，适合各阶层各类群体观看，很受欢迎。鲁南向有"有了弦子戏，哪里也不去"的说法。弦子戏具有为广大群众喜闻乐见的民间性特征。

弦子戏乐器三大件为笛、三弦、笙，伴奏时音域广阔、音色亮丽、节奏明快、转换自如流畅、优美动听，个性明显华丽，民族韵味醇厚，地域特色鲜明。

鲁南弦子戏在民间俗曲小令的基础上，不断吸收采纳其他剧种的有益成分，音乐曲牌繁多。大部分来自民间俗曲小令的曲牌、唱词，经过文人加工修饰，或缠绵委婉，如行云流水；或高亢激昂，如快刀断铁，形成雅俗共赏的艺术特征。

弦子戏根植于民间，历代班社艺人和乐手经常参加当地的婚丧嫁娶、敬天祭祀、祈祀拜神等民俗活动，深受群众欢迎。弦子戏的发展、繁荣与民俗文化息息相关，形成了弦子戏剧与民间民俗文化相融合的特征。

传承谱系 兰山区前洞门弦子戏剧团和枣园镇弦子戏剧团依然能够完整演唱几十出传统古装剧目。

前洞门村弦子戏剧团传承谱系。第一代曾兴文，第二至四代姓名不可考，第五代曾传一，第六代马连增，第七代董修堂，第八代顾广田，第九代马书会，第十代马书申，第十一代王永庆，第十二代王士梓。

兰山区枣园镇弦子戏剧团传承谱系。前三代已失考，第四代刘本立，第五代王清伦，第六代胡近成，第七代刘书堂、姜开福、姜修成、姜宝全、姜资传、陈步襄。第八代卢学美、姜开胜、姜献文、姜自敏、卢思密、姜开斗、姜开喜、姜自明、姜宝成、卢学彬、卢学如、姜自冉、卢学友、姜宝金、卢焕芝、刘士选、姜开俊、姜开美。第九代姜开金、姜开余、姜开华、刘士奎、姜自策、姜运玺、姜自金、卢更之、姜自亮、卢学秋、姜自景、姜良习、姜良胜、姜自永、卢学德、姜自娟、姜自军。第十代：姜良栋、卢学成、姜良景、李公芬、刘传学、姜自习、蒋春娟、刘妮、刘玉。

沂南县北沿汶村弦子戏传承谱系已不可考，当代主要传承群体有杨志富、尹作安、邹立祥、刘长胜、尹纪范、尹永正、尹作家、尹作允、尹纪成、王纪兰、尹冬冬、袁宝堂、尹河林、梅丽君、尹桂湘、王纪花、伦秀云、郭春花、李尊彩、尹成东、尹传佃、张桂太、刘朝霞、尹昌运、尹宏扬、朱英云、薛玲、薛丽、左秀娟、刘庆霞、毛建萍等。

溜山梆子

溜山梆子，清朝乾隆年间发源于蒙山一带，在当地广为流传。经后世艺人不断丰富，并与当地语言、民间曲调和风俗习惯等相融合，形成了具有地方特色的独立剧种。溜山梆子以拉梆腔、柳子腔为曲调，吸收民间吹打、说唱、音乐等元素，边唱边舞，长于刻画人物，体现剧情，塑造舞台形象，是沂蒙特色民间戏曲之一，深受广大群众喜爱。

历史渊源 溜山梆子诞生于200多年前，《费县简志》记载，流行于今临沂市兰山区，辐射费县、平邑、蒙阴、沂南等地。清乾隆年间（1785年前后），费县东部义山庙中道人曹合泰成立仁字班剧社，演出溜山梆子。后，又有部分从鲁西来的老艺人成立剧社，到各地演出，足迹遍及鲁东、鲁西、鲁东南，演员人数达到百余人。

溜山梆子演出照

1939年，著名艺人李贵祥到汪沟竹园村任教，成立汪沟竹园村溜山梆子戏班，班主为张启发，演员达40余人，学唱70余出剧目。此后又在汪沟镇的大柳汪村、小长富村、东汪沟村、西汪沟村等成立了戏班。大柳汪村在班主王家祥带领下演出剧目达42出，演员有40余人，演出范围涵盖今临沂市兰山区、费县、平邑、沂南、蒙阴等县区。

中华人民共和国成立后，方城镇大官庄村村民梁士敬邀请诸满村张树申到村教戏。1955年，张树申在村落户，成为大官庄村村民。1960年，费县剧团下放老艺人到大官庄村安家落户，剧团文武聚齐。当时逢年过节都有溜山梆子剧团搭台献艺，影响较大。

传承人刘清爱，13 岁参加本村溜山梆子剧团，担任小生，师从诸满西村张树申、费县河北梆子剧退休演员王子廷、王宝臣、黄德才、王来喜等。在几位老师指导下学习了多部剧目。2015 年成立方城镇丰盛溜山梆文化传媒有限公司，公司有老演员、新学员共计 30 余人。刘清爱担任老师，近年来教会剧团演员二十余部戏曲。带领全团演职人员积极参加临沂市非遗保护剧种展演和送戏下乡活动，公益演出达 100 余场次。

王英义少年时期随父学习溜山梆子。2007 年，组织成立汪沟镇溜山梆子乡音剧团，深入各村寻访老艺人，整理挖掘大批濒临失传的曲板和剧目，并进行系统的整理，共整理了《曹庄杀妻》《三怕婆》《北海关》《麒麟山》《五香女》《桃花庵》《三家店》等十余个溜山梆子剧目，对溜山梆子的传承和发展作出积极贡献。

2014 年 3 月，溜山梆子被列入临沂市第四批市级非物质文化遗产项目名录；2021 年 11 月，被列入山东省第五批省级非物质文化遗产代表性项目名录。

主要内容 溜山梆子主要腔调为声腔基本调，它由声腔的旋律、节奏、调式特点与曲式逻辑升华而来，且风格独特，地方特色浓郁，是该剧种创造唱腔、塑造人物的曲调基础。

溜山梆子在板式方面运用基本调的节奏紧缩、节奏伸展、节奏拆散等方法，形成了 20 余个特色的板式。

基本板式：一板三眼、大开板、原板、压板。

原板板式：一锣隔、一鼓二锣、花腔。

紧缩派生板式：二板、快四水头（快四虎头）、慢四水头（慢四虎头）。

拆散派生板式：（1）紧打慢唱类：慢乍簧、紧四水头。（2）散板：大开板、双鼓条二板、簧转哭谜、原板哭谜、顶帘子（大叫板）、要二板。

伸展派生板式：慢三眼（4/4），五音头。

吸收兄弟剧种板式：呱哒嘴、金钩挂、扑地蛾。

传统剧目有《五凤岭》《桃花庵》《对金抓》《三怕婆》《鞭打芦花—闵子骞》《秦香莲》《豹头山》等几十部；革命文艺剧有《红岩》《沙家浜》《奇袭白虎团》《红灯记》《智取威虎山》等。

主要特征 溜山梆子主要腔调称为声腔基本调，具有独特的风格和浓郁的地方特色，其特点有二：一是生、旦腔基本调在节奏上皆板起板落，但调试上（旦腔宫调式，声腔角调式），都形成强烈对比，使之具备明显的行当特点。二是声腔旋律进行以调式主音为核心，每名乐调式主音出现两次，而尾部音都落在调式主音上，乐句结尾多用上行二度 7/6、6/5 的旋律进行。旋法给人以向上的动力和特别稳定的艺术效果，旦腔基本调变宫为调，下行跳跃的旋律，较明朗地跳荡、起伏，呈现出梆子酣畅豪放，刚柔相济的音乐特色。

溜山梆子表演粗犷豪放，长于夸张。其中花脸特别是大花脸（红头）的“推圆场”，手掌撑开，前后推动，整个身体随之大幅度地前仰后合，靠旗前后摆动，推之见勇，动中见猛，使舞台人物勇猛威武的形象栩栩如生，气派很大。旦角的表演十分优美，特别是小旦的台步小而节奏稍缓，身躯从头到脚十分协调地一起扭动，上下浑然一体，酷似农村少女，使人感到亲切、朴实、生动，生活气息浓厚，别具一番风味。溜山梆子边唱边舞，长于刻划人物，体现剧情，塑造舞台形象，增强艺术感染力，深受观众喜爱和欢迎。

传承谱系 兰山区有方城镇丰盛溜山梆子剧团和汪沟镇溜山梆子乡音剧团两个传习基地，二者同宗同源。传承谱系为：

第一代曹合泰；第二代李中三；第三代王家祥、张启发、黄德才、张树申、李贵祥；第四代赵淑贵、胡文秀、马京春、曹百会、王春阳、刘广奎、李洪祥、李世贵、李玉才、曹允堂、刘凤来、刘殿春、郑春爱、刘凤春、刘清如、刘得才、尤林、刘文福、杨志启、薛有玉、杨宝玉、金常德、刘京生、邵泽法；第五代刘清爱、刘清举、霍宝香、李公香、刘敬福、梁士友、闫成良、张学祥、郑玉胜、梁玉良、刘文祥、刘佃泽、张长友、刘佃森、闫公堂、张京美、闫洪云、廖俊荣、丁传美、吴士芝、王峰明、王元雪、李成学、李成义、刘传玺、王洪德、郑玉军、张学发、梁士伦、王英义、仝月亮、马伦山、胡庆相、张洪发、张胜传、刘怀邦、刘子团、周庆福、周长礼、冯兆海。

第五节 曲 艺

三弦平调——脚打鼓

三弦平调，又名三弦书，根据演出形式特点称作“脚打鼓”，又因是盲人创造演出的一种曲艺形式，亦称“瞎汉腔”，被列为山东省曲艺古老稀有曲种之一。主要流行地区为临沂、济宁、菏泽、聊城等市部分县区。艺人中影响最大的是“阎门”。临沂、兖州一带为“东阎门”，济宁一带是“中阎门”，郓城、巨野至聊城一带为“西阎门”。

历史渊源 脚打鼓一说由林家湾林安合始传，有近百年的历史。当时民间艺人生活困难，特别是盲艺人生活更是艰辛，往往两三人设场演唱。另一说是由汤头镇王町村盲艺人王兰义，在多年演唱三弦节子板的基础上，吸收弦子鼓的特点创造而成。演出时艺人口、手、足并用，所唱的基本节奏是一板一眼（2/4的拍子）。脚踩绳槌由下而上反击高架书鼓，右腿绑节子以击节奏，也有只用三弦、节子的。音乐结构由二段体、上下句组成。主要流行于临沂市兰山区、罗庄区、河东区、郯城县、费县、莒南县等地。分别以市区的王省三、高庆平，费县的高富田为代表，形成两大流派：兰山区为南路口，唱腔吸收苏北单大鼓的特点，曲腔高亢、浑厚、质朴；费县为北路口，曲腔细腻、优美轻松。曲目除部分历史题材外，多为家庭伦理、爱情故事，如《青菜段》《夫妻争灯》《倒翻十字》《王二英思夫》等。也有现代内容的节目如《白毛女》《烈火金刚》等。1957年6月，著名盲艺人侯洪康在山东省第一届曲艺会演中演唱了《古城会》，被评为优秀节目，获得纪念奖。1983年9月，盲艺人高庆平在临沂地区说新书演唱会上演唱了《百鸡宴》，获优秀节目奖。

2011年3月，脚打鼓（三弦平调）被列入临沂市第三批市级非物质文化遗产项目名录；2016年3月，被列入山东省第四批省级非物质文化遗产代表性项目名录。

基本内容 演出形式为艺人自弹三弦，以脚踩绳槌反击高架鼓，腿上绑有节子以司节奏，俗称“三大件”。后亦有去掉高架鼓演出者，唱腔结构比较简单，属徵调式，上句落宫或角，下句多落主音徵上，上下句反复，节奏变化较为自由。脚打鼓地方色彩浓郁，唱腔音乐被收入《曲艺音乐集成（山东卷）》。

高庆平在广场演唱

代表性唱段有《杨家将》《呼家将》《大小八义》《古城会》《夫妻争灯》等；中篇书有《回杯记》《陈三两爬堂》等；书帽小段有《青菜段》《夫妻争灯》《矬丈夫》等；改编演唱的《白毛女》《黄桂英代夫参军》，抗日战争题材的《独闯白洋淀》，宣传新婚姻法的《杨桂香结婚》等。代表性艺人侯洪康，嗓音浑厚高亢，演唱技巧纯熟。抗战时期曾以说书作掩护，为八路军递送情报，被誉为爱国艺人。

脚打鼓造型别具一格，由小三弦、坠琴、小扁鼓、鼓架、钢板等构成，演出时艺人自弹三弦，左脚踩绳槌击高架书鼓，右腿上绑木板击节的自弹自唱的形式。

说唱方法。脚打鼓的基本演唱节奏是一板一眼（2/4 拍子）的规律。其方法是左脚掌控的钢板击在板上（即第一拍），右脚掌控的鼓击在眼上（即第二拍），形成重轻交替进行。鼓有时为配合唱段的气氛，制造效果，亦有单击或连击几下，越过重轻拍击在板上。南路口的伴奏乐器为三弦或坠琴；北路口的伴奏乐器为月琴（土琵琶）。手操琴弦脚打鼓板，演唱者自身担任说唱。

艺术特点　临沂脚打鼓腔调高亢、浑厚，地方民间说唱艺术色彩浓厚，并具一曲多用的功能。唱词使用农民熟悉、常用的谚语、歇后语和民间的典故，浅显易懂，受到农村群众的厚爱。表演者演唱风格因人而异，高庆平演唱浑厚有力，王省三幽默细腻，史关亮潇洒轻松，高福田细腻动听。有利于演唱更多不同内容的节目，塑造出多种多样的人物形象，表达众多不同的感情。表演设备简单，脚打鼓艺人手脚并用，演唱、伴奏能一人兼顾，节省大量人力，可随时随地演出。

传承谱系　第一代王兰义或林安合；第二代王守合、史关亮、宋顺泰；第三代王开瑞、王省三；第四代高庆平。

鲁南渔鼓（兰陵县　平邑县　河东区　郯城县）

鲁南渔鼓历史悠久，流传并盛行于临沂一带，主要分布在临沂市，枣庄、泰安、新泰，邹城、寿光、诸城、沂源、日照、莱芜等市县亦有流传。

历史渊源　渔鼓，可以上溯至唐代的“道情”，是道士们传道或者化斋时所叙述的道家之事和道家之情。他们叙情的方式是打渔鼓，唱道歌，所以“打渔鼓，唱道歌”是连起来说的，如唐代的《九真》《承天》（《唐会要》卷三十三）。到了元代，渔鼓已广为传唱，“诸民间子弟，不务生业，辄于城市坊镇，演唱词语，教习杂戏……击渔鼓，惑人集众”（《元史》卷一百五）。明清时期，渔鼓已形成了“有板有眼”的完整唱腔。著名思想家王船山

渔鼓和简板配和使用

作过《愚古词》（愚古即渔鼓）27 首，有“晓风残月，一板一槌，亦自使逍遥自在”（《舟山遗书》第六十四册）之句。后来，“道情”为民间艺人所习用，流入民间后成为穷人讨饭糊口的一种工具和方式，宗教内容渐趋淡化，改唱民间故事、神话传说和英雄故事，由宣扬道教思想的工具完全过渡为富有娱乐性、知识性的民间说唱艺术。据考证，民间说唱属邱祖龙门，尊丘处机为祖师爷。“鲁南渔鼓”在《文化艺术志资料汇编》（山东省文化厅史志办和临沂地区文化局史志办 1988 年编印）中的记录可追溯至清末，分张、沙、杨、韩、邵、李 6 大门派，又分 24 小门。艺术世系谱 30 世：道德通轩敬，振长守太兴。阴阳来附本，何教永元明。志理董成信，从高司法兴。

兰陵县渔鼓说唱兴起于清光绪年间，至今传承六代，已有 120 多年的历史。

清朝末期，平邑县有一位闻名山东的举人、渔鼓大师叫邵清传（1855—1939 年），他把渔鼓唱

遍大江南北，轰动山东，人送外号“盖百县”。宋桂章（艺名宋明海，平邑县温水镇东升村人）拜师邵清传，被收为关门弟子，很快成为山东屈指可数的渔鼓大师。宋桂章的儿子宋相玉跟随父亲赶集演出，16 岁时就唱遍全省各地，深受广大观众的喜爱。

郯城渔鼓属邱祖龙门派“沙门弟子”，也有寒门传承，尊丘处机为祖师爷。清末，渔鼓艺人李汝举的曾师爷徐麻子（外号）是曲艺世家，后传其子徐贞俊，徐贞俊唱腔浑厚优美，在鲁南颇有名气。徐贞俊收姜芝善为徒，李汝举又师从姜芝善，经常在鲁南一带演出。李汝举收徒 3 人。

传承人韩为贵在公园表演

2016 年 12 月，沂蒙渔鼓说唱（临沂市文化馆、兰陵县、蒙山旅游区、平邑县、临沂经济开发区）被列入临沂市第五批市级非物质文化遗产代表性项目名录。2020 年 11 月，鲁南渔鼓（郯城县）被列入临沂市第六批市级非物质文化遗产代表性项目名录。2021 年 11 月，鲁南渔鼓被列入山东省省级非物质文化遗产代表性项目名录扩展项目名录。

主要内容 渔鼓是用两端同等粗细的竹筒、塑料筒或者合金筒制成，筒两端镶有两个铜箍，鼓面是用蟒皮或猪护心皮、猪膀胱皮加工而成。简板用檀木或红木制成，一端向外弯曲，两根为一副。兰陵渔鼓为单人说唱艺术，艺人演奏时，一手击鼓，一手打简板，有板有眼，边说边唱。唱腔有一定的模式，一般有“大官腔”“小官腔”“立腔”等，唱词一般为七字句式，讲究合辙押韵，多为一韵到底，韵律板式主要有《五鼓三板》《凤凰三点头》《踩板》，唱起来赶板夺词，跌宕起伏，声声入耳。加之“五鼓三板”的独特模式，形成独树一帜的演唱风格。

渔鼓说唱结合，尤以“白口”说起来声音洪亮，吐词清晰，语言形象逼真，富有感染力。说唱书目既有传统书目又有现代书篇，故事性强，英雄豪杰的英雄形象和正义感溢于言表，富有极高的欣赏娱乐价值。

河东渔鼓演唱曲目时，将渔鼓斜放于左膝，以左臂半抱，右手的拇指顶在渔鼓下端，其余四指有节奏地拍打着鼓皮，发出嘭嘭嘭的声音。指法有击、滚、抹、弹等。左手拇指和中指、无名指则捏着简板，五鼓三板击拍，和着节奏说唱。渔鼓有时还可兼做道具，用它充当演唱历史故事中的刀枪棍棒，颇有气势。说唱渔鼓，唱词多以七字为主，有时为了表达某种特定的情调和氛围，也间以多字句。多以一个曲调反复咏唱，有时也有叠句出现。

演出书目 传统书目：《前后七国》《周游列国》《罗通扫北》《金枪小北宋》《严海斗》《嘉庆访五虎》《楚汉争雄》《薛礼征东》《大红袍》《樊梨花征东》《陈于杀妻》《杨继业》《杨排风出世》《穆桂英大破天门阵》《三打武家寨》《九打太行山》《吕蒙正赶考》《红楼梦》《三国》《桃园三结义》《诸葛亮招亲》《血书白绫记》《五梅七枪反唐传》《刘公案》《九头案》《杀子案》等。现代书目：《地道战》《野火春风斗古城》《唐山外围游击队》《马兰英三进上海》《平原枪声》等。编创节目：《说唱临沂新气象》《鲁南有个抗日团》《粽子飘香情意长》《兰陵最美四月天》等。

技艺特点 渔鼓演出形式简单，用渔鼓、简板伴奏，唱白自由，语言通俗，曲调适于述说，几近吟诵，声音如山谷回音，幽深空旷，浑厚绵长。

渔鼓书多是口耳相传、有唱有说，故事可长可短，包纳力强，韵律和谐，语言丰富，表达力强，优美动人。艺人在唱和表白中，常运用声音的高低缓急变化，淋漓尽致地描摹曲目中各种人物的音容笑貌，表达喜怒哀乐等情感。同时借助鼓与拍的轻重缓急来烘托跌宕起伏的气氛，令听众恍若身临其境，深受感染。

句式板法结构严谨。渔鼓表演前都有四句“开场白”，唱词一般为七字句式，讲究合辙押韵，一韵到底。在唱腔和板法上主要有：流水板、四句腔、五鼓三板、凤凰三点头、踩板、拖腔送韵等。

渔鼓戏历史悠久，广为流传，题材内容多是为适应农村特点产生的，具有浓厚乡土气息和地方特色。

传承谱系　鲁南渔鼓的传承可追溯至清末，以门派的方式流传，其中兰陵县、临沭县、河东区以柴门为主，有6代传承人，主要传承人韩为贵、陈志坤；郯城县以沙门、寒门为主，有4代传承人，寒门派主要传承人李汝举；平邑县以许门派为主，有4代传承人，主要传承人宋相玉。

传承价值　鲁南渔鼓的板式和演唱形式具有鲁南当地风格，对研究戏曲音乐、宗教音乐的嬗变，具有独特的学术价值。鲁南渔鼓的唱腔、表演、伴唱非常独特，具有很高的美学价值和研究价值。鲁南渔鼓遗存着道教文化、异地文化与当地文化的历史血脉，对研究多种文化的融合具有不同于其他的历史价值，反映着当地的历史民俗风貌，体现了群众文化艺术原生态形式。鲁南渔鼓以鲁南地区方言说唱，是本土语言的代表，具有很高的语言学研究价值。渔鼓说唱的内容具有教化意义，对丰富群众的文化生活有着重要意义。

第六节　传统体育、游艺与杂技

黑虎查拳

黑虎查拳历史悠久、内容丰富，有着深厚的文化底蕴。鲁南黑虎查拳自清宣统二年（1910年）萧羲之开始，传播至今已有百余年历史。它是根据流传在鲁南、苏北的地方查拳、山东冠县杨鸿修所传的杨式查拳，以及少林虎拳融合后编创的，具有“动作古朴、式如汤瓶、刚柔相济、高低起伏”的特点。鲁南黑虎查拳整套体系包括基本功、拳术、器械、对练、桩功、实战等近百个套路，主要分布区在山东省临沂市的兰山、沂南、沂水、莒南、郯城等县区和淄博、济南、烟台等地，江苏省东海、新沂、邳县、徐州，影响波及上海、广东、湖南等省市。

历史渊源　郯城县在鲁南苏北一带素有“拳术之乡”称号，明朝嘉靖四十四年（1565年），山东沂州府（今临沂市）郯城县赵梦祐获乙丑科武进士。清咸丰年间，郯城县马头镇查拳大师文振恒（回族），因军功卓著，获赠“端正可钦”匾一块。文振恒的徒弟王顺山（回族）为义和团首领，能手持80斤大刀，其事迹在郯马一代广为流传。1896—1899年，萧羲之拜其为师，学习查拳、大刀等。

查拳是中国传统武术中的优秀拳种之一，素有“南拳北腿山东查”之说。《回族武术初探》载：明朝末年，倭寇经常侵扰东南沿海，明帝命戚继光为抗倭大将，并诏告天下，聚兵东征，抗倭保国。新疆回族查密尔（尚义）应征抗倭，行至山东冠县病倒，为当地穆斯林医救。病愈后，查密尔无以为报，便把自己的武艺悉心传授给回族乡亲，后人们便把他传授的武艺命名为查拳。《山东体育志》载：乾隆年间，查拳已在冠县、任城逐渐形成三个不同的武术流派，至光绪年间，形成了冠县

黑虎查拳

的张式、杨式查拳以及任城的李式查拳。

杨式查拳以冠县城内南街的杨鸿修为代表。杨鸿修以“大枪杨鸿修”“快拳杨”闻名大江南北。1919年，被聘任到上海中华武术会任总教习。王子平、米广亭、马永魁、何振江、马裕甫、王兆林、马金彪、萧羲之等都是其门徒。

鲁南黑虎查拳源于清朝末年，由萧羲之在鲁南地方查拳的基础上结合杨式查拳以及少林虎拳相互融合后创制。

萧羲之字兰亭，沂南县大成庄人。1910年起，先后在沂南、沂水、莒县传播黑虎查拳。1929年，在郯城县马头开设武术馆。1937年12月，国民政府山东省第三行政督察专员张里元在临沂成立国术队，萧羲之被聘为总教官。《莒县志》记载：“抗日战争期间，在一次日军进攻沂蒙山区的行动中，三名日本士兵持枪要挟萧羲之，萧老师用闪电式的动作击中了三名日兵的要害，三名日兵当场毙命。”萧羲之在沂蒙山区有着“萧大侠”之美称。

中华人民共和国成立前夕，年近70的萧羲之回到莒县做阿訇，住南关清真寺，并在清真寺内收徒传艺。他治学严谨，一丝不苟，对各族学生一视同仁，因材施教，各尽其能。1956—1964年，他的弟子在省、地区历年的武术比赛中多次获奖。萧羲之亲授门徒数百人，四代再传弟子多达万余人。

2011年3月，黑虎查拳被列入临沂市第三批市级非物质文化遗产项目名录；2013年5月，被列入山东省省级非物质文化遗产项目名录扩展项目名录。

基本内容　鲁南黑虎查拳主要内容包括基本功、桩功、拳术、器械、对练、实战共六大类。

基本功主要有里关蹬（现在武术基本功的里合腿）、外关蹬（外摆腿）、十字腿（正踢腿）、朝天蹬（侧踢腿）、单腿（单拍脚）、二起（腾空飞脚）、旋风脚、瓦子步、滑步磨打、站桩功、十路弹腿。

桩功主要有活步桩、伏卧曲臂桩、马步桩、倒立桩、倒立曲臂桩、站桩。

拳术主要有鲁南黑虎查拳（共十路）。鲁南黑虎查拳动作古朴、架式圆润；充分体现了鲁南黑虎查拳的特色性、价值性，还原了原汁原味的传统武术。

原始瓦子步。在鲁南黑虎查拳中起到衔接作用。鲁南黑虎查拳一路中就有里关蹬、外关蹬、十字腿、朝天蹬、单腿、二起、旋风脚，每个动作衔接中都有瓦子步衔接。瓦子步是鲁南地方查拳原始的步法，在形成中吸收了回族摔跤中的抓泥鳅的步子，也就是所谓抢把。其动作为：上左脚呈半弓步，右手向左经左腿前划弧前挑，右脚向后扒地，上右脚呈半弓步，左手经右腿前划弧前挑，左脚向后扒地。手脚配合紧密，连环实用，是鲁南黑虎查拳古老技法之一。

式如汤瓶。汤瓶是伊斯兰教的象征，是穆斯林礼拜前净身（洗浴）冲洗用的一种工具，形状类似茶壶。鲁南黑虎查拳中形成了马步勾手、弓步挑掌、马步架打、提膝挑掌等汤瓶式动作，体现了回族武术的特点。在技击中，“汤瓶式”作为定式演化出各种技法，鲁南黑虎查拳中的跑、走、飞、打都是在“汤瓶式”中演化出来的，这些招式既能修身养性、强身健体，又可应用于实战，防身自卫。

刚柔相济。鲁南黑虎查拳采用少林虎拳之刚补鲁南黑虎查拳的柔，采用鲁南黑虎查拳的柔补少林虎拳的刚，两种拳法精华融合互补提炼出刚柔相济的独有特色。演练中强调意识与方法配合好，做到全身上下协调一致。动作以快领先，快如风雷巨变，猛虎下山。快能巧妙地与慢、顿、停、翻、闪、跌、扑结合一致；体现出动静与虚实对立的统一，富有阴阳转换互为根的哲理。

高低起伏。巧妙地把穆斯林做“五时拜”（每天的五时礼拜，俗称“五番拜”）中的立、躬、跪、叩等动作融入鲁南黑虎查拳中去，形成了鲁南黑虎查拳高低起伏的动作特点。六路鲁南黑虎查拳中的上步双捧就是先躬、后立，是礼拜时接嘟哇的动作；接下式丁步双冲拳由立到蹲。八路黑虎查拳中的腾空穿掌刺哽嗓，接下式是仆步穿掌，由高到低，形成明显的高低起伏动作。演练时讲究布满全场，把迂回、穿插、进退、虚实的步法，腾挪的身法，绚丽多姿的动作相融合，全面展示鲁南黑虎查拳的个性风韵。

技击特点。鲁南黑虎查拳以快制胜，以快为先，讲究以快打慢，慢打迟，拳打人不知，出手如闪电，回手如烧灼。以迅雷不及掩耳之势，使对方没有还手的机会。鲁南黑虎查拳重视腿法与步法，技击中以腿为主，拳为次。其手法中的冲、摆、劈、撩、顶、撞、靠与腿法的弹、扫、截、踩、摆、蹬、挂结合使用。手引脚踢，脚弹手击，上下合一，虚实连环，以腿取胜。鲁南黑虎查拳摔法系快摔法，沾衣即跌。有大别子、倒口袋、古树盘根、臂靠摔、摇山摔、背胯、抹面摔等，都是贴身近战的良法。技击中的拿法、分筋、错骨、点穴、反关节都是鲁南黑虎查拳的绝技。

器械：典型器械为月牙铲。还有拦马刀、双手刀、拦门撅、双手带、双刀、四平剑、七星剑、沂河剑、沂河圈、沂蒙刀、沂蒙棍、九节鞭、双鞭、三节棍、大梢子棍、查钩、双锤、六合枪、哪吒枪、燕翅镗、方天画戟等。其中，月牙铲为鲁南黑虎查拳门的主要兵器之一。萧羲之把鲁南黑虎查拳的精华与技击融入月牙铲中，其动作古朴，舒展大方，技击性强，成为鲁南黑虎查拳门中的看家器械之一。动作主要以扎、劈、撩、挑、擢、拍、削、绞、戳、抡、云、压等铲法结合舞花、胸背花等动作所组成的套路练习。使用时注意两铲的运用，铲与身法、步法协调配合，做到动之沉实泼辣，静之稳如泰山，开合有度，招实意明，稳健有力。

对练：对练包括徒手对练和器械对练，徒手对练主要有弹腿对练、十路埋伏捶、六路对打、三人对打拳。器械对练有单刀拐子进枪、大梢子棍对棍、三节棍对棍、朴刀进枪、大刀擒枪、双刀进枪。

十路埋伏捶对练。十路埋伏捶被武术界誉为“查拳三宝”之一，查拳师不轻易传授，全国各地练习十路埋伏捶的人很少。十路埋伏捶共分十路，每一路有三十二个动作，每一路又分上捶甲方（指进攻方）打半趟过去，后半趟是乙方变甲方打回来，动作一样每一路来回约一分钟。十路打完约十分钟，一气呵成实为练习耐力实战的经典之作。

实战：擒拿（擒拿包括单个动作与组合动作对接）。擒拿单动作有：老鹰拖素、老鸹登枝、拖腮拧脖、拿腕反擒、刁手扒肘、扯手靠肩、搓背反掌、跪地求情、童子拜年等。连环动作有：踢裆扒心、双鞭翻踢等。

主要特征　萧羲之根据流传在鲁南苏北的地方查拳和冠县杨鸿修所传授的查拳及在少林寺所学的少林虎拳相融合，创立了以“动作古朴、式如汤瓶、刚柔相济、高低起伏”具有独特风格的十路黑虎查拳。其技击方法为：“快速敏捷、以柔克刚、分筋错骨、贴身靠打。”

传承谱系　鲁南黑虎查拳早期为师徒相传，20 世纪 90 年代后改为学员会员制。

第一代萧羲之（1880—1976 年），第二代刘洪振、彭雷清、朱润生、周朝增（1914—1997 年）、周振生、马宗德、赵德业、刘金海、刘汉庭，第三代徐敏堂、徐庆友、朱宗华、白自田、任守金、王民常、严成良、周瑞侠、周绪根、姜立忠、李洪明、金兆明、崇学俭，第四代孙庆法、李付民、李付生、李付华、李付山、王庆玉、马群、胡俊刚、金含军、左娟（女，第四届世界武术锦标赛刀术冠军）、朱同林、魏书彬、张志伟，第五代刘军伟、方伟、柴成伟、骆启才、刘广、孔祥斌、苏伟、贾庆国、李思源（2008 年在山东省首届传统武术比赛中获青年组全能冠军）。

第七节　传统美术

苍山泥塑

苍山泥塑亦称小郭泥塑，起源于清咸丰年间，它融合了天津“泥人张”和无锡惠山泥人的技艺，利用小郭村的黄泥塑造泥娃娃，经过彩绘、安装芦哨，巧妙地将形、色、声有机地结合在一起，使泥塑作品形同声似，惟妙惟肖，生动传神。经过 200 余年的发展，小郭泥塑形成了简洁、古朴的特色，富有浓郁的乡土气息。

历史渊源 小郭泥塑发源于苍山县（今兰陵县）兴明乡西南部的小郭村，该村建于明洪武年间（1368—1398年），原名古洛王城。后因郭姓迁入，易为今名。小郭村地处温带，土地肥沃，属黑土质，黑土地下1～2米深处的僵瓣土，呈黄色，无杂质，捣碎成泥，晾干不易碎，因此该村历史上就有挖黄泥捏泥人的传统手艺，年复一年，该村村头挖成一个大坑，现尚存大汪，成为小郭村泥塑历史文化源远流长的见证。

苍山泥人

据《苍山县志》记载，小郭泥塑玩具源于清咸丰年间（1851—1861年），已故老泥玩艺人李宪志的祖父李宗标，师从天津“泥人张”学习泥塑技艺，后学习无锡惠山泥人艺术，将二者融合逐渐形成自己的特色。利用本地黄泥塑成人畜玩具，经晾干，涂粉、着色，至集市销售。兰陵小郭泥塑从创始人李宗标始，制作技艺代代相传，至今有近200年历史。

1996年，兴明乡依托苍山泥塑被山东省文化厅命为“山东省民间艺术之乡”。2003年3月，被文化部命名为“全国民间艺术（泥塑）之乡”。

2006年12月，苍山泥塑被列入山东省第一批省级非物质文化遗产项目名录。

体裁种类 小郭泥塑体裁广泛，作品内容丰富多彩、生动形象，并不断创新，已发展到100多个品种。传统题材有戏曲故事、神话故事等，如《杨家将》《西游记》《白蛇传》《牛郎织女》《梁祝》《三国演义》，作品形象有罗汉、菩萨、寿星、仕女、娃娃、抱鸡娃娃、抱鱼娃娃、虎头娃娃及动物等。以后发展到人与动物结合在一起的，如骑马人、骑牛人、武松打虎、麒麟送子、牛拉车等。其中，戏曲故事和神话故事以塑人物为主，这些人物的塑造大都是舞台戏曲人物形象，戏曲人物脸谱对比鲜明，服饰鲜艳。

小郭泥塑制作精巧，有30多道工序，其中印模和彩绘是重要的两道工序。其造型完整统一，概括夸张，简洁而不粗俗，显现出泥人古朴的质感，富有浓郁的乡土气息。泥玩具的底部或背后装有芦哨，模仿各种动物发出不同的声响，有的还能吹出简单而有节奏的音阶，巧妙地把形、色、声有机地结合在一起，使泥塑作品形同声似，惟妙惟肖，生动传神。20世纪40年代的鼎盛时期，苍山泥塑玩具在江南等地流传很广。

制作工艺 小郭泥塑的制作工艺不断改进，精工细作。制作式工序多达30多种，主要有以下15种：做模型（艺人称捏“仔”，泥塑模子皆从“仔”脱出来的）、做哨（芦苇加纸舌制成）、取泥（泥土皆自当地两米以下的僵瓣土）、泡泥（泥土经捣碎、洒水浸滋才可用）、砸泥、和泥（泥土经过踩泥去除泥中硬块）、做坯（将和好泥拍成薄饼，放在模子里，合坯印模）、安哨、打孔、脱坯、修光、凉坯、制粉、粉坯、彩绘。

泥塑的成型有三种方法：手捏成型、模印成型和半捏半印成型，使用最多的是模印成型。不管用何种方法，所用泥巴的泥质要细腻，韧性要好，不能存有砂粒。上色，施彩后的泥塑称为“彩塑”。因泥塑易断易裂，不能有突出的分支，特别是压模泥塑，形体起伏不能过大，需要靠上彩来分割弥补，故泥塑有“三分塑七分彩”的说法。

随着时代的变迁，新一代泥玩艺人在继承家传和师传技法基础上，受到现代戏剧、年画、工艺美术的影响，在表现泥玩手法上有所突破，尤其是在捏戏曲人物时，注重了人物的脸部开相。对眉、眼、鼻、嘴的刻画十分讲究，根据不同人物形象来配选。色泽配置，讲究“红要红得鲜、绿要绿得娇、白要白得净”，色彩鲜艳，明快爽朗。

传承与发展　小郭泥塑是典型的民俗文化实物，是民族传统艺术的精华，其作品仍保持着质朴无华，平凡自然的艺术魅力，成为众多民间工艺品中独具特色的艺术品种，具有重要的观赏价值与珍藏价值、美学价值和实用价值，历来受到美术家的高度评价和重视，其工艺特色和审美价值成为各大工艺美术院校重视的教学内容。1984年，北京工艺美术学院和北海团城中心玩具厂向小郭泥塑第四代传人刘秀廷征集泥塑玩具200套。20世纪90年代，山东电视台曾专题报道小郭泥塑的表演艺术，部分泥塑作品在宋庆龄纪念馆、宋庆龄基金会及部分省市博物馆陈列珍藏。2004年4月6日，北京视觉艺术中心、中华摄影艺术杂志社到苍山采访泥塑艺术。2004年5月11日，中央美术学院民间美术研究室田星、韩慧两位硕士研究生到苍山采访民间泥塑艺术。2004年8月，临沂艺术馆馆长王滨、山东工艺美术学院唐家路、山东工艺美术学院院长潘鲁生陪同英国人雷顿到苍山小郭村进行专访。

木版年画

年画俗称喜画、门神，是中国特有的一种绘画题材，也是中国农村老百姓喜闻乐见的绘画艺术形式。郯城木版年画具有独特的艺术魅力和原生态的民间风味，取材带有鲜明的农村生活特征，用色考究、色彩艳丽、对比强烈，富有极强的视觉效果；图案造型夸张奇特、线条粗犷飞扬，反映了北方民族的审美取向。

历史渊源　春节贴年画，在中国由来已久。年画，古称“门画”，因其绘画内容多为门神形象，又称“门神画”。据《风俗通义》记载，在先秦两汉年间宗教信仰有祀门之习俗，故神荼、郁垒成为中国最早的司门之神。晋代宗懔《荆楚岁时记》道：“正月一日，给二神贴户左右，左神荼右郁垒，俗谓之门神。”至唐时，门神的角色已不只是传说的形象，出现了真实的人物形象。

隋代后期，随着木刻书籍的产生，木版年画亦应运而生。明代，由于朱元璋的提倡，这种习俗又得到了进一步发展。清代，由于戏曲杂剧、绣像小说及使用插图等木刻画的兴起，并在绘制技术和雕刻技术上都有很大的发展，木版年画进入巅峰时期。

郯城木版年画起源于清乾隆时期。一位潍坊年画艺人逃荒至郯城县沙沃村，恰值年关将近，饥寒交迫，他便解下随身携带的木刻雕版，拓印年画换取食物。这些色彩艳丽、图案喜庆的年画受到很多村民的喜爱，当地人纷纷前来拜师学艺，年画在沙沃村扎下了根。后来，沙沃村人在原有基础上，结合当地特色，一代代推陈出新，该村很快发展成为远近闻名的木版年画专业村。19世纪中后期，沙沃村出现了“家家点染，户户丹青”的红火场面，沙沃村以及周围村镇成了鲁南苏北最大的木版年画集散地。当时，木版年画艺人程奂德在马头、重坊和新村等地开设木版年画作坊，拥有几案百台，雇用劳工数千名，成为当时最有

木版年画——门神

影响的木版年画制作艺人。20世纪中期，随着生产的发展和社会的进步，机器印制年画逐渐盛行，郯城木版年画发展缓慢。“文化大革命”期间，郯城木版年画遭到严重破坏，许多年画和雕版被付之一炬，给郯城木版年画的传承发展和学术研究带来了不可估量的损失。近年来，随着各级对非物质文化遗产的重视和保护，郯城木版年画恢复生产，但是样式和数量大不如前，已成为民间收藏品。

2007年8月，郯城木版年画被列入临沂市第一批市级非物质文化遗产扩展项目名录；2013年5月，被列入山东省省级非物质文化遗产项目名录扩展项目名录。

主要内容 年画从门神演化而来，最初的表现主题大多是有避邪禳灾功能的神衹，郯城木版年画极具农村生活气息，反映人们最朴素的愿望。随着社会的发展，历史故事、戏剧人物、民间传说等也成了木版年画的表现内容；受多子多福观念的影响，“五子登科”“七子团圆”“观音送子”等寓意吉祥的作品也逐渐问世。解放后，郯城木版年画出现了歌颂社会主义、歌颂党，反映新生活的题材，如乡会、闹春耕等。

郯城木版年画有四大系列、近百个品种。分为灶码子系列、门神系列、传说掌故系列和经盘系列。其中，经盘系列使用范围较小，只是在追奠亡灵、祭祀仪式上使用。

灶码子系列：灶码子年画是灶神和农历二十四节气结合的产物。灶神也叫灶王爷和灶王奶奶，是过去每逢过年时家家必贴的神像。传说，每年的腊月二十四日，灶神都要上天向玉皇大帝汇报当年的工作，领受下年的任务，把在人间看到的种种表现上奏，并从上天那里领受撒向人间的祸福。每逢农历腊月二十三日晚，人们都会做些糖元宝、糯米团子等又甜又糯的好吃食物奉祀灶神，糊糊灶神的口，希望他上天后不讲人间罪恶，多言好事，保佑下界平安。后来，人们发现光靠灶神说好话，地里的庄稼收成不好也无法维持生计，于是有精明的木版艺人便把农历二十四节气与灶神等神衹印在一起，贴在灶房的正墙上，既方便于人们按照时令更替季节变化耕种作物，又能让一家人时时供奉神明，受到神灵的庇护，以求心安。

门神系列：郯城木版年画传统门神画有10多种，主要分为武门神和文门神两大类。武门神的代表作品有《秦琼尉迟恭》《赵公明燃灯道人》；文门神的代表作品有《三星在户》《五子登科》等。秦琼尉迟恭这两个人物形象俗称“鞭锏门神”，张贴在左右两扇门上，相得益彰，深受老百姓的喜爱。据《李世民列传》记载：唐太宗李世民因噩梦致病，每逢深夜就听见鬼叫，吓得心中不宁，寝食不安。有位大臣进言：“派大将守门，必能驱鬼。”大将秦叔宝、尉迟敬德自告奋勇全副披挂，一人持剑，一人持鞭，站立宫门两边，彻夜守护，太宗的病果然痊愈。太宗大喜，但想将军守门不是长久之策，遂命画工把两位将军的威武形象绘在宫门上，后人仿效画于纸上或用木板刻印而盛行于世。

“赵公明燃灯道人”俗称“鹿虎门神”。相传，赵公明原为太阳精之一，当初后羿射下九日后，八日化为瘟神，行病害人，独有赵公明除瘟剪虐、祛病消灾，讼冤伸抑、公平求财。后来，姜子牙封赵公明为财神，统管人间金银财宝。燃灯道人是盘古真人的徒孙，他不仅能开劫救人，还能呼风唤雨，掌握着人间的风调雨顺、五谷丰登。人们奉敬二位神仙，祈求丰衣足食、天下太平。

传说掌故系列：代表作品有《观音送子》《五子登科》《七子团圆》《王祥卧鱼》等。这些作品把来自民间传说故事与现实的愿望紧密联系起来，颂扬的是多子多福、家庭和谐的社会伦理观念和尊重老人、孝敬父母的社会道德观念。

创新作品系列：代表作品主要有《闹春宵》《春耕》《幸福生活》《沂河春早》等。

制作工艺 郯城木版年画传承于潍坊木版年画，受鲁南苏北民俗的影响又经历代艺人不断改进，逐渐形成自己的独特风格。其制作工具主要有棠梨木刻版、棕毛刷子、铁锤、剪刀、干软毛刷等。

制作工艺分为拓稿画样、雕刻木版、上案印刷、烘货点胭4个步骤。

画样雕版。就是依样稿在板上描出图案，雕刻出木版，这是木版年画制作中技术含量最高的一步。刻版的材料必须木质坚硬细腻，适于精雕细琢，才能使图案纤毫毕现。木版片的厚度以两寸左右为宜，以防走样和伸缩变形。木版年画发展至今，棠梨木一直是刻版材料的上乘之选。刻版是一门精巧、细致的手工技艺，主要由刻版师来完成。刻版师将画稿反贴于木版上，采用发、衬、挑、复、剔等刀法，刻出婉转流畅的线条，才能保持原作的精神气韵、传达图稿的笔意。一套样版通常为三版、五版或七版。

上案印刷。郯城木版年画的印刷是一版一案一色、逐色逐图套印，图案、颜色种类不同，印刷的次数也不尽相同。最初，郯城木版年画是简单的红、黄、蓝三色套印，后发展到五色套印。现已普遍采用红、黄、蓝、绿、紫、桃红、黑七色套印。图案的缜密细致程度也随着套色技术的发展而不断提高，每根须发都恰到好处，整幅画色泽鲜明，图案清晰精美，栩栩如生。

烘货点胭。刚刚印刷完的年画颜料比较潮湿，需要进行烘干，称烘货。点胭就是对个别地方加以润色修饰，进行描金敷粉。经过烘货点胭后，整个木版年画制作工序完成。

项目传承 200多年以来，郯城木版年画一直以胜利镇沙沃村为中心，刻版代代相传，传承谱系具有人群的整体性和地域的集中性，比较具有代表性的是陈、张、程三家，传承脉络比较清晰的是陈氏和张氏家庭，主要传承人有：陈文珍、陈广轮、陈德康、张钦若、张荣义、陈洪学、张朝烈、陈景龙、陈景拳、陈景涛。

琅琊剪纸

剪纸是中国传统的民间艺术，历史悠久，可追溯到汉代，是中国乡村年节喜庆生活的文化标志之一。琅琊剪纸源于明末清初，随着民间艺人制作喜花、丧花、年花、窗花等活动，在临沂地区广泛流行与传播。

李玲剪纸

历史渊源 琅琊剪纸艺术历史悠久，剪纸高手层出不穷。剪纸艺人们有的用剪子，有的用刻刀，虽然工具有别，但创作出来的艺术作品基本相同，是中国民间艺术中的瑰宝。2009年，临沂市评选出林化强、刘宝林、王滨、吕心久、邵芳、孙凤玲、王玉桂、罗长福、王艳俊、许洪刚十大民间剪纸艺术大师，他们用不同手法的剪纸艺术诠释着传统的沂蒙文化。兰山区的王艳俊、林化强、王玉桂、王滨、李玲等举办的剪纸艺术培训班，对琅琊剪纸艺术的传承和发展起到很好的作用，培养了大批剪纸艺术爱好者。

2014年3月，由兰山区申报的琅琊剪纸被列入临沂市第四批市级非物质文化遗产项目名录；2016年3月，被列入山东省省级非物质文化遗产代表性项目名录扩展项目名录。

基本内容 剪纸是中华民族古老的民间艺术之一，窗花和剪画被人们统称为剪纸，创作时有的用剪子，有的用刻刀，虽然工具有别，但创作出来的艺术作品基本相同。琅琊剪纸是一种镂空艺术，在视觉上给人以镂空的感觉和艺术享受，那些质朴、生动有趣的艺术造型，有着独特的艺术魅力。

制作器具。有硬红纸、蜡板、刀片、直尺、剪刀、铅笔、橡皮等。剪纸的制作一半采用单色裁剪技术，集绘、剪、刻、镶、贴多种工艺手法于一体，

史佩霞剪纸——龙凤呈祥

代表了剪纸艺术的综合性最高水准，富丽而不失朴实，鲜艳而不媚俗，统一中富有变化。

随着社会的发展，琅琊剪纸不再拘泥于传统题材及技法，在文创开发、创新性发展、创造性转化上有所突破，实现了产品化、产业化发展。

主要特征 琅琊剪纸的特点主要表现在空间观念的二维性、刀味纸感、线条与装饰、写意与寓意等许多方面。

具有浓郁的乡土气息。琅琊剪纸题材内容、艺术形式都是为适应农村特点而产生的，由农村艺人创作并流传于农村民间，剪纸和对联、年画一起构成了节日期间民居的亮丽风景线。沂蒙地区独特的人文风貌，风土人情及历史沿革，造就了琅琊剪纸独有的风格特色。

琅琊剪纸颜色分单色和套色，工艺手法集绘、剪、刻、镶、贴于一体，代表了剪纸艺术的综合性水准，统一中富有变化。

琅琊剪纸的图案和文字世代相传又推陈出新，承载着劳动人民避祸驱邪、纳福求祥和积极上进的精神。

挂门笺

门笺，亦称门吊子、喜笺、吊千儿，是传统的春节门楣吉祥饰物。一般用红纸或彩纸剪刻而成，呈长方形，镂空的底饰有方孔钱纹、万字纹、水波纹等，上有吉语题额，中有吉祥图案或福禄寿喜等字，下有变化多样的穗，人们在元旦或除夕将门笺贴挂在门楣上，作为新年的吉物。郯城挂门笺以朴素的形式，浓厚的乡土气息和地域特色，反映了人们的思想感情和社会习惯，其风格粗犷豪放，构图厚重凝练，内涵丰富，色彩对比明显，视觉冲击力强，体现了劳动人民巧夺天工的艺术才智，具有较高的观赏和审美价值。

历史渊源 门笺从出现之时就具有避祟驱邪、纳福求祥之意。过年贴门笺的习俗最早见于《后汉书·祭祀志》：“立春之日，皆青幡帻，迎春于东郭外。”唐宋之际，民间在门楣上贴春幡已蔚然成习。南宋孟元老《东京梦华录》记载：“立春日，自郎官、御史、寺监长贰臣以上皆赐幡胜。”清人富察敦崇《燕京岁时记·挂千》云：“挂千者，用吉祥语镌于红纸之上，长尺有咫粘于门前，与桃符相辉映。”

郯城挂门笺起源于明朝末年，马头镇小马头村马家最早开始制作，后传到盛村，该村一郑姓艺人技艺高超，由于他制作的门笺式样精美，村人纷纷登门拜师学艺，但都被一一回绝。19 世纪 30 年代，万高册村张姓人家与郑家联姻，学会制作门笺的技艺，这一技艺便在万高册村得到传承发展。

马头镇地处沂河之滨，水陆交通便利，自古商贾云集，素有“小上海”之誉，为挂门笺的加工销售提供了便利条件。民国初年，郯城挂门笺加工作坊有 160 余家，年制作 200 万门以上。每年刚进腊月，周边地区的商贩便到马头批发订购挂门笺，郯城挂门笺由此销往全国各地。郯城挂门笺自明代至民国期间，经历了漫长的发展，制作艺术逐步走向成熟，生产规模也随之扩大。郯城挂门笺的制作已成为当地经济发展的主导产业之一，部分作品被国家、省、市有关单位和个人收藏。

传承人张乃苍在吸取老一辈艺人制作经验的基础上，大胆进行工艺创新，按照客户需求量身定做，充分呈现特色。他一改用蜡光纸制作门笺的传统，采用五色宣纸制作挂门笺，保证挂门笺长时间亮丽如新。在门笺主题上守正创新，不仅表达对传统新年的美好祝福，还通过挂门笺讴歌新时代，弘扬正气，赞美新风。他制作的挂门笺色彩艳丽，图案多样，构图美观，具有较高的审美情趣和收藏价值。

张家岭挂门笺起源于明末年间的新庄镇张家岭村，至今已有400多年的历史。一户张姓人家擅长剪纸，他利用写春联、剪窗花剩下的红纸，用剪刀剪成带有吉祥图案的长方形纸笺，贴在门楣上，他的做法受到邻居的喜爱。第二年春节，邻居都争相让他给剪挂门笺，张家岭挂门笺随之产生。张家岭挂门笺在色彩、构图、图案和表现主题上体现了鲁南农村春节民俗文化气质和特色。它色彩艳丽，具有强烈视觉冲击力，图案多样，构图美观，具有较高的审美情趣和收藏价值。

2007年8月，郯城挂门笺被列入临沂市第一批市级非物质文化遗产名录；2016年3月，被列入山东省省级非物质文化遗产代表性项目名录扩展项目名录。2016年12月，挂门笺（费县）被列入临沂市第一批市级非物质文化遗产名录扩展项目名录。

制作技艺　郯城挂门笺是套色门笺，其制作工具比较简单，主要有木板（腊板）、刻刀（凿子）和剪刀等。制作风格因人而异，有的比较古朴，有的比较精细；有的以拙见长，有的以技取胜。

制作程序主要有：准备材料、设计样稿、依样凿刻、换膛套色、挖补镶嵌、粘贴分装六个步骤。

准备材料。挂门笺用的纸张为五色彩纸。将彩纸按尺寸折叠，折叠后进行剪裁切割。按尺幅的大小一般分为大、中、小3种规格，尺寸分别为13×24厘米、16×28厘米和26×38厘米。此外，还要准备纸捻子、锥子、板尺、锤子及浆糊等辅助工具和材料。

设计样稿。在与门笺尺寸相同的白纸上，设计好门笺的样式，并用铅笔勾画出图案。样稿设计是挂门笺制作的基础，直接决定挂门笺制作的成败。

依样凿刻。把切好的彩纸每50张（因制作者的功力不同有所增减）一沓用纸捻子串起，并固定在样稿下面，依照样稿进行单色凿刻。

换膛套色。俗称换膛子，是把五色纸刻制的门笺图案拆开，重新搭配组合而成，统一中富有变化，使得门笺更加秀丽多姿。把凿好的各单色门笺依次放好，外部边框不动，内部膛子依次更换，颜色交叉搭配，红色外框配绿膛子，绿色外框配上黄膛子，依次类推，直到五个色全部搭配完成。

挖补镶嵌。套色完成后，补充镶嵌各类吉祥图案和祝福词语，如大红外框镶嵌上黄字和粉色、蓝色的吉祥物图案，绿色外框镶嵌红字和红色、蓝色吉祥物图案，颜色交叉使用。

粘贴分装。套色镶嵌完成后，要将挂门笺粘贴固定使其成为单幅整体作品。然后，按照红、绿、黄、粉、紫的颜色进行分装，五张一门，这样，一套完整的挂门笺就完成了。

基本特征　传统的挂门笺的规格分为大门笺、屋门笺和窗笺三种，呈“黄金律”似的长方形，一套五张，五种图案五种颜色，每张门笺也是五种颜色五种图案，由边框、穗子和膛子三部分组成。边框是挂门笺的骨架，穗子在边框下，呈变化多样

挂门笺制作

的穗状。膛子是挂门笺的中间部分，也是核心内容，题材多样、内容丰富，一般由花、鸟、龙、凤等纹样图案组成，也有人物图案，如“五虎上将”，关、张、赵、马、黄；“五位神仙”，唐僧、孙悟空、猪八戒、沙和尚、白龙马等。膛子中间镶嵌祝福祈愿词语，内容比较常见的有“家居黄金地”“欢度新春节”“万事皆如意”等。如果使用“万象更新”“吉祥如意”“吉庆有余”“五谷丰登”等四个字的祝福词语，中间一般加一个“春”或“福”字，使每张门笺统一协调，如“吉庆（春）有余”。祝福祝愿词语四周镌有图案，镂空的背饰有方孔钱纹、万字纹、水波纹等。

挂门笺背面的膛子和边框、穗子之间必须再用胶纸粘住，使各部分紧密相连，张贴悬挂在门楣上不易脱落。

传承谱系　郯城县挂门笺始于明末，起源于马头镇小马头村，后传至万高册、凌高册、张高册等 10 多个村庄。除万高册村外，其他村挂门笺制作传承脉络不清。万高册村挂门笺制作技艺传承谱系为：

第一代张乐祥、张乐付、张乐栋、张道明；第二代张道奎、张道宽、张道岭、张道芝、张道坤；第三代张乃苍；第四代张慕新、张慕宗、张慕江。

王氏羽毛画

羽毛画是中国特有的绘画形式，历史悠久，源远流长。王氏羽毛画是兰陵民间艺人王少年，在传承祖辈羽毛画技艺的基础上，不断改革创新研发而成的，从表现手法，到材料使用都有别于传统羽毛画。

历史渊源　中国羽毛画最早出现在春秋战国时期，时人将羽毛粘贴于物体表面，杂以彩绘，制作简单的羽毛画。汉代出现了羽毛贴绢画，做工精细，色彩鲜艳。唐代羽毛画得到较大发展，至明、清羽毛画在表现形式、粘贴技艺等方面已达到较高的水平。

王氏羽毛画起源于王振廷。据《邳州四户王氏族谱吕滩支谱》记载，王振廷（1856—1920），字陛卿，晚清优贡，后补廪生。17 岁时到邳州依宿村朱姓人家任私塾先生，闲暇时喜好写字画画。一天，他从学屋归来，看到朱家厨房附近有好多山鸡毛随风飞舞，就捡好看的一片片收集起来，洗净晾干，放在案头欣赏。一次，突然灵机一动，就向自己的学生朱家大小姐要了一块缎子布，并到木工房找了几块木板，将缎子裱于木板上，用羽毛粘成山鸡图案，羽毛粘不到的地方，以丹青补画，又画了些花草树木作衬景。羽毛贴画非常惊艳，与自己平时的画相比，别有一番韵味。朱家大小姐看到此画，爱不释手，非常想要。考虑到木板和缎子布是她提供的，自己又难以割舍，王振廷内心非常矛盾。此事惊动了朱家主母，经过协商，王振廷重新用木板和缎子，给朱家大小姐粘贴了两幅羽毛画。王振廷自此与羽毛画结下了不解之缘，成为王氏羽毛画的创始人。王振廷将羽毛贴画技艺传授给子孙，至其曾孙王少年，已传承四代，有 120 余年历史。

张建霞王氏羽毛画——志同道合

2014年3月，王氏羽毛画被列入临沂市第四批市级非物质文化遗产项目名录；2021年11月，被列入山东省第五批省级非物质文化遗产代表性项目名录。

王少年羽毛画——鹤聚东方

制作工艺 王氏羽毛画有玻璃羽毛画和卷轴羽毛画两类。玻璃羽毛画是在玻璃镜框内作画，背景用颜色勾勒，中景用石膏做胎，再将羽毛粘在胎上。平贴羽毛画，是在玻璃羽毛画的基础上，通过将羽毛分类筛选、生物消毒、漂洗防腐、粘贴等处理，将传统国画、油画及工笔、写景技法，巧妙地运用到羽毛画中，继承了传统绘画技法，又有所创新，其创造的写意羽毛画，更是独树一帜。“宣纸、绫绢卷轴画羽毛平贴构图法”，是将羽毛画粘贴在丝绸、纸张等软质材料上，成品画可以像普通卷轴国画一样，卷起收藏。

王氏羽毛画工艺较为细致，制作分为八个步骤：

采购羽毛，消毒防腐。将采购来的各色羽毛分拣归类，然后进行漂洗消毒。

设计草稿。根据构思和创意，设计需要的图样。

构画底版。根据设计的图样，先在宣纸和绢布上用铅笔勾画轮廓，这是制作羽毛画的关键一环。

粘贴轮廓线。选用黑色的羽毛，将图样轮廓线条粘贴勾勒成型。

精选羽毛。根据构图的需要选择各色羽毛，放置案头备用。

粘贴羽毛。根据画面色彩粘贴羽毛，这是一道非常费时、费工、耐心而又细致的工序。

“画龙点睛”。人物、动物先粘贴躯干、四肢，后粘贴脸部五官，起到“画龙点睛”的作用。

装裱装框，包装存放。作品分为卷轴和镜框两大类，经装饰后放入统一设计的包装盒内存放。

写意羽毛画则根据意向和创意，直接用羽毛粘贴，无须构图。

艺术特点 王氏羽毛画采用鸟雀羽毛，经过消毒处理，根据画面设计需要选择羽毛的自然色当作颜色，运用中国画写意手法，剪贴结合构成画面，达到线条流畅、过渡自然、生动形象、妙趣横生的效果。同时，针对镜框羽毛画装裱摆放悬挂不便的缺点，设计制成宣纸、绫绢卷轴式羽毛画，具有较高的欣赏价值和收藏价值。

王氏羽毛画体裁内容广泛，涉及山水、人物、花鸟、鱼虫、动物等类别。以古代历史名人为主题，创作的老子、孔子、王羲之、荀子、萧望之、李白等系列人物形神兼备，栩栩如生，颇受人们青睐，具有重要人文价值，被政府部门当作礼物赠送给国外朋友，促进了文化交流。羽毛画《八骏迎奥运》被2008北京奥运会组委会选用并永久收藏，巨幅羽毛画《十八罗汉》《鹤聚东方》《中华龙》由海外友人珍藏，部分作品收入《世界华人艺术精品大展》。

传承谱系 第一代王振廷；第二代王天祒；第三代王仁何；第四代王丰年、王少年、王会年；第五代张建霞。

葫芦烙画（平邑县 蒙阴县）

葫芦烙画，又称烫画葫芦、火笔画葫芦，是一种古老的手工艺术，起源于汉代，兴盛于明清。烙画葫芦用烙画铁笔在葫芦壳体表面进行加热使之碳化，烙出痕迹而作画，花鸟鱼虫、山水人物皆可烙画。因葫芦谐音“福禄”，其籽多寓意子孙兴旺，葫芦烙画融吉祥图案和葫芦寓意为一体，从古至今深受人们喜爱，堪称“中华一绝”。

历史渊源 明清时期，蒙山一带民间有种植葫芦的习惯，烙画葫芦亦在民间广为传播，尤以平邑县温水镇永西村陈氏一族突出。陈氏家谱记载，清嘉庆年间陈氏先祖陈广修家境殷实，重视教育。其子陈桂清在私塾读书时，先生精通葫芦烙画，陈桂清课余遂向先生学习葫芦烙画技艺。成年后，陈桂清仍痴迷葫芦烙画，其创作的“龙凤呈祥”“福禄寿星”“五子登科”“麒麟送子”等吉祥图案被当地人们在婚庆嫁娶、添丁祝寿时当作贺礼，很受欢迎。陈桂清为陈氏烙画葫芦创始人，他将手艺传给儿子，此后代代相传，至陈庆贵已传承六代。

代表性传承人陈庆贵自幼喜爱烙画葫芦，在父亲陈宗诚的悉心培养下，全面掌握了葫芦烙画技艺。1975 年，他对葫芦烙画技艺进行创新，由“火烩”改为“电烙”，经反复试验用电烙笔在葫芦上烙画成功，由于电烙笔温度易控，烙出的画线条简洁流畅，图案古朴典雅。

蒙阴县葫芦烙画艺人孙胜运，长期从事宣纸烙画艺术创作，曾在天津美术学院进修 3 年，得著名画家冯士松指导。1981 年起，先后有 300 多幅烙画作品在国家、省新闻媒体发表。近年从事葫芦烙画创作，运用国画的白描、工笔、写意等手法，在葫芦光滑坚硬的木质表皮上，创作出人物、山水、花鸟、走兽等作品，代表作品有烙画葫芦水浒 108 将。

2011 年，（平邑县）烙画葫芦被列入临沂市第三批市级非物质文化遗产项目名录；2016 年 12 月，（蒙阴县）烙画葫芦被列入临沂市市级非物质文化遗产代表性项目名录扩展项目名录。2021 年 11 月，由平邑县申报的葫芦烙画被列入山东省第五批省级非物质文化遗产代表性项目名录。

主要内容 陈氏烙画葫芦作品以平邑蒙山一带的福寿文化为主题，图案吉祥、寓意美好。有婚庆嫁娶的，可选送“龙凤呈祥”“花开富贵”“鸳鸯戏水”等图案的作为贺礼。有亲朋添丁祝寿的，选“五子登科”“麒麟送子”“莲生贵子”“金玉满堂”“福禄寿星”“三星拱照”等。随着蒙山旅游的开发，蒙山鹰窝峰、福寿康宁鼎，蒙山寿星等标志性景点的葫芦烙画受到游客的欢迎。

陈氏烙画葫芦销售以平邑县为中心，东至日照、烟台，西至曲阜、泰安、聊城、兰州，南至湖北武汉、浙江杭州，北至辽宁大连、葫芦岛、秦皇岛。陈庆贵烙画葫芦艺术还被华中农业大学烙画葫芦教研组制作成教学视频发布到互联网上，通过视频学习，培养了一大批烙画葫芦爱好者，每遇烙画葫芦爱好者来电求教，陈庆贵都给予详细解答和认真指导。

陈庆贵在创作葫芦烙画

制作工序 葫芦种植。葫芦种植有着十分悠久的历史，《诗经》云：“幡幡瓠叶，采之亨之。”种葫芦，一般选在清明节前后，在露地上搭架，苗床要先浇水，将种子平放，铺一厘米厚的熟土。一般十余天后出苗，幼苗长出第 4 片叶子时，即可移栽。选择肥沃，向阳，排水性良好的土地，施足肥料，并深翻土地。每棵葫芦苗的间距约 200 厘米左右，葫芦长到 30 厘米左右时开始搭架。主蔓长到 2 米左右时摘心，让侧蔓抽生。见果后留两片叶，然后摘心。植株上架时要及时绑蔓，可将无用的侧枝及时剪掉，以保持养分。

收后处理。葫芦成熟时颜色由绿变白，绒毛脱落，葫芦壳木质变硬，葫芦秧变得枯黄，此时可采摘晾晒。先去皮，用刀子刮擦，刀刃直立向前直划，用刀均匀切莫伤及硬质壳体。然后暴晒，晒干后即为天然葫芦。

选葫芦。葫芦大致可分为五类：匏子，又称扁蒲，像大丝瓜。大葫芦，又叫瓢葫芦，这种葫芦个头很大，下部多为肥大的椭圆形。扁圆葫芦，扁圆形，形似苹果，一般直径在10厘米之内，也叫油葫芦。长柄葫芦，大头如扁圆葫芦，上面有一个细长的柄。亚腰葫芦，形体长得非常可爱，中部纤细，像两个球连在一起，表面光滑，可制作盛器或供观赏。

蒙山烙画葫芦以亚腰葫芦为主，选表皮光滑，皮色金黄，自然，形态端正，蒂柄完整者。还要根据腰的粗细设计相应合理的图画内容，如在较细腰的葫芦上烙画，可设计上下两图案的形式。即把主图案放在下部，上部设计一个内容相近相呼应的图案。

烙画要点。烙画创作在掌握火候、力度的同时，要做到意在笔先，落笔成形、章法严谨、胸有成竹。为了适应多种笔法的需要，电烙笔的笔头有锥型、刀型、铲型、平头型多种，锥型更适合烙画曲线部分，刀型适合烙画直线，铲型烙笔前端是个平面，容易烙出图画中那种特有的皴染效果。

主要特征 烙画葫芦用烙笔在葫芦壳体熨出烙痕作画，调整烙画笔温度能熨出丰富的层次与色调，色泽呈棕、褐、黑、白，画面清新秀丽，别具一格，具有较强的立体感，保持着传统美术的民族风格。

线条简洁、自然、明快、流畅，手工烙画，尽显自然之美。

取材广泛。人物、花鸟、禽兽、山水书法等融汇素描、国画、工笔画为一体，作品古朴典雅，透露出和谐之美，朴实厚重的民俗之色。

具有浮雕立体效果，色泽呈深、浅、褐、黑、白，画面清新秀丽别具一格。

葫芦烙画——三星拱照

烙画葫芦汲取绘画艺术之长和火笔运用技巧，体现了绘画多种题材，画面丰富，细腻，具有极高的装饰、收藏价值。

葫芦音似“福禄”，历来被视为吉祥物，以葫芦为载体进行烙画艺术创作，赋予了它丰富的美学意涵，增强了其艺术价值，使之成为外在美与内在美的完美结合。

传承价值 艺术价值。烙画葫芦技艺经历数百年的历史积淀，以其独特的历史渊源，深厚的文化内涵以及广泛的群众基础，在现代文化中仍占有重要的地位。

文化价值。烙画葫芦的图案画面由一些寓意吉祥的动物花鸟鱼虫组成，能充分反映当地人们的习俗、文化信仰和理想追求。烙画葫芦技艺简朴的表现风格传承着中国传统文化之风，美好的寓意包含着人民对美好生活的向往，对塑造人生和价值观有着良好的引导作用。

社会功能。葫芦本身是天然而生，烙画葫芦制作过程不用纸墨、不用任何材料和颜料，符合当前人们环境保护的理念。随着人们审美观的变化，烙画葫芦经过不断发展和创新，促进了文化旅游业的发展繁荣。

收藏价值。由山东省工艺美术大师、平邑县烙画葫芦第六代传承人陈庆贵采用传统技艺纯手工烙画，具有极高的收藏价值。

保护状况 为了更好地保护传承葫芦烙画技艺，加强宣传推广，在永西村葫芦烙画展览室设置葫芦烙画展览区、葫芦烙画技艺体验区等。在校园、社区、景区等地开展葫芦烙画技艺展览展示。2005年12月，临沂市电视台“希望的田野”栏目播出《陈庆贵的宝葫芦》，引起社会关注。2006年起，山东电视台、中央电视台、中央人民广播电台相继对陈庆贵作了报道或专访；平邑县委组织部拍摄烙画葫芦远程教育教学视频，在全国播出，后被华东农业大学剪辑后在全国网上教学。陈庆贵还在临沂职业学院、平邑县德才技校、山东省文化馆山东非遗传习大讲堂传授葫芦烙画技艺。

传承谱系　陈氏烙画葫芦为家族传承，其传承谱系为：

第一代陈桂清；第二代传陈德禄；第三代陈宝楼；第四代陈汉臣；第五代陈宗诚；第六代陈庆元、陈庆贵、贾智兰；第七代陈晓凡、杨星娜、陈玉刚；第八代陈逸扬、陈悠扬。

沂蒙面塑

沂蒙面塑，俗称花馍、捏面人，是以面粉、糯米粉为原料，调制成不同色彩，以手捏制，借助于工具，采用塑、雕、画，辅以镶、压、链珠等技法，塑出各种形象。沂蒙面塑主要分布于临沂市兰山区、罗庄区和郯城、沂南、兰陵、费县、莒南等县区。

历史渊源　面塑艺术早在汉代就已有文字记载，在中国民间也叫面花，是作为仪礼、岁时等民俗节日中馈赠、喜庆、装饰的信物或标志，现存最早的古代面人，是唐代永徽四年（653年）制作的面制女俑头、男俑上半身像和面猪，出土于新疆吐鲁番阿斯塔那地区。

宋代，人们用白面塑成猪羊，代替真猪真羊来祭祀，这种既经济又实用的办法便沿袭下来。南宋《东京梦华录》中对捏面人也有记载“以油、面、糖蜜造如笑靥儿”。那时面人都是能吃的，谓之为“果食”。每年的元宵节、二月二，家家都要捏十二生肖、龙灯等，将面灯置于粮仓旁，用来祈求粮食丰收，这种风俗一直延续至今。之后，人们又根据岁时节令捏制各种花馍用来上供或食用，捏花馍的技术不断提高，造就了大批能工巧匠，而且世代相传。

沂蒙面塑以家传为主，清朝末年就有流传。由蒸制祈福面灯、花馍、祭祀用品，逐步发展为塑造人物、花卉、动物及其他静态物品，并在实践中不断提高技艺。面塑艺人还开发出面塑工具、面塑材料包等百余种产品，通过线上淘宝、直播、微商及线下专卖等平台销往全国各个地区。在面塑制作形式上，研制了新型材料，解决了面塑霉裂、易碎、难于储存和运输的重大难题。随着人们生活水平的提高，沂蒙面塑也由家庭手艺步入艺术殿堂。

2021年11月，沂蒙面塑被列入山东省省级非物质文化遗产代表性项目名录扩展项目名录。

主要内容　沂蒙面塑的用料以高筋面粉和糯米粉为主，同时搭配少量蜂蜜和甘油。运用现代科学防腐技术，沂蒙面塑实现了不霉、不裂、不生虫，可以长期保存。沂蒙面塑制作工艺独特，大致分为和面、揉、蒸、醒、捏塑、点染描绘等步骤，制作手法上注重塑、雕、画，辅助镶、压、链珠等技法。制作人物的服饰上有写意和写实两种风格。写意常用粗麻布以压的手法印面皮。写实用毛笔蘸染料进行细致的彩绘，比较注重服饰的细节与整体效果。沂蒙面塑造型生动，色彩绚丽，惟妙惟肖，极具观赏和装饰效果。常见的作品有十二

韩红元沂蒙面塑制作

生肖、十二金钗、关公、传统面灯、福禄寿喜财等。沂蒙面塑不仅仅是食品、工艺品，更体现了沂蒙人民对生存和繁衍的向往，寄托着沂蒙人民对生活的美好憧憬，也反映了临沂当地的风俗习惯、精神面貌。

传承谱系 代表性传承人主要有韩红元（郯城）、王树海（罗庄）、左安胜（沂南）、吕婷（兰山）。兰山区有5代传承人，郯城县有4代传承人，罗庄区有6代传承人，沂南县有5代传承人，莒南县有6代传承人，费县有5代传承人，兰陵县有5代传承人。

第八节 传统技艺

蓝印花布印染技艺

苍山县大仲村镇小吴宅村蓝印花布始于清嘉庆年间，至今已传承六代，有200余年历史。它采用防染方法印染而成，成品布呈蓝底白花，故称为蓝印花布。蓝印花布题材广泛，内容丰富，常以花鸟鱼虫、飞禽走兽等为题材，并带有明显的谐音、隐喻、象征和美好的寓意，具有较高的艺术价值、浓郁的地方特色和乡土气息。

历史渊源 蓝印花布源于秦汉，兴盛于唐宋时期。《古今图书集成》记载：“药斑布——以布抹灰药而染青，候干，去灰药，则青白相间，有人物、花鸟、诗词各色，充衾幔之用。”明清之际，药斑布已普遍流行于民间，《古今图书集成》物产考曰：“药斑布俗名浇花布，今所在皆有之。”光绪《通州志》记载：“种蓝成畦，五月刈曰头蓝，七月刈曰二蓝，甓一池水，汲水浸入石灰，搅千下，戽去水，即成靛，用以染布，曰小缸青。”

临沂是棉花产区，民间有纺织土布的习俗，蓝草普遍种植，为发展印染工艺提供了便利。清光绪年间，兰陵有3个村制作蓝印花布，其中1条街就有20多家作坊，蓝印花布已非常流行。

1960年前后，花布印染作坊遍布苍山县（今兰陵县），其中以大仲村镇小吴宅村相氏作坊最为出名。相氏蓝印花布始于清嘉庆年间，已传承六代。2006年，大仲村镇依托蓝印花布被山东省文化厅命名为“山东省民间艺术（染织）之乡”。

2007年8月，大仲村蓝印花布被列入临沂市第一批市级非物质文化遗产项目名录；2009年6月，蓝印花布印染技艺（苍山县大仲村蓝印花布）被列入山东省第一批省级非物质文化遗产项目名录扩展项目名录。

蓝印花布——红鱼戏莲

主要工艺 大仲村镇小吴宅村相氏作坊印染的蓝印花布，印染技艺工序精细，染色讲究。染第一遍为“月白”，第二遍为“二蓝”，三遍为“鸦青”。每一匹布都要反复十多次，故有“三分印七分染”“青出于蓝而胜于蓝”之说。在传统工艺的基础上，吸收了剪纸、汉画像石、刺绣、木雕等艺术创作方法，不断适应时代的需要，由原来的单面印花发展为双面印花，由单色发展成复色，由小布发展成宽幅布，印染的蓝印花布色彩质朴，纹样丰富，风韵素雅，形象生动，有较高的审美价值、观赏珍藏、使用价值。

蓝底白花布的制作。挑选坯布：蓝印花布制作，需挑选棉质好的上等坯布，普通坯布则以染制纯蓝色为主。

脱脂：将所选布料放入含有太古油等助剂的水中浸泡，2 ~ 3天后取出晒干备用。

裱纸：刻花版采用纸板，一般用3 ~ 5层纸裱制而成。晒干后刷一层熟桐油，干后压平。

刻花版：将裱制好的纸板放在蜡盘上依样刻

凿，力求上下层花形一致。

上油：把刻好的花版反面打磨，刷上熟桐油，晾干压平，印花板可分为边板、角板、蕊子板和花布板，艺人们根据需要调节使用。

调浆：将豆粉和石灰按 1：0.7 比例，加入适量水调成糊状。

刮浆：把镂空的花版铺在白布上，用“抹子”把防染浆剂刮入花纹空隙，漏印于布面。

配色、着色：把蓝靛倒入小缸中，5 斤蓝靛配 8 斤石灰、10 斤米酒，加适量水搅拌，使蓝靛水变黄，水面上起靛沫，民间俗称“靛花”，倒入大缸待染。看大缸里的染色水是否成熟，用碗舀起缸中苗水，先用食指在头上轻擦一下，手指沾到油脂后，再放在碗边的苗水上，看颜色大小，如碗中水面迅速推开，缸中靛水颜色大，反之，缸中水必须经过灰酒调整，成熟后方可染色。

下缸染色：刮上防染浆的坯布，浸湿后下缸。浸染充分后出缸氧化，这样反复浸染多次。染第一遍为“月白”，第二遍为“二蓝”，三遍为“鸦青”，每匹布都要反复 10 余次。故有“三分印七分染”“青出于蓝而胜于蓝”之说。

刮灰：将染好的布刮去浅浮的灰浆，密封处露出本色，这就是蓝印花布。

清洗、晾晒：布经刮灰后需要 2 ~ 3 次清洗，把残留在布面的灰浆及浮色清洗干净后晾干。

兰陵美酒传统酿造技艺

兰陵美酒产于山东省兰陵县兰陵镇，属甜型黄酒，是中国北方黄酒的典型代表。兰陵镇地处鲁南平原，物产丰富，为兰陵美酒酿造提供了丰富的原料。当地高含锶型碱性地下水赋予兰陵美酒的独特风格和资源优势。兰陵美酒两汉时期已成为贡酒，历代文人墨客留下了众多吟咏佳作，几千年间长盛不衰。明代医学家李时珍在《本草纲目》中对兰陵美酒大加赞赏，称其“清香远达，色复金黄，……常饮入药俱良”。

历史渊源 兰陵美酒酿造技艺在两汉时期即已成熟。1995 年，国家考古队在江苏徐州的狮子山西汉楚王陵中，发掘出土 3 坛兰陵美酒，坛上盖有“兰陵丞印”“兰陵之印”戳记，已沉埋了 2148 年，开启后还有酒香溢出，这一发现震惊了中外酿酒界和考古界，被列为 1995 年中国十大考古发现之首，证明 2000 多年前兰陵美酒已成贡品。

兰陵美酒

北魏时期，农学家贾思勰对兰陵美酒生产工艺进行科学分析，加工整理，并载入《齐民要术》之中，使这一宝贵的历史文化遗产得以保留至今。

唐代开元盛世，社会稳定，农业进步，促进了兰陵酒业发展。兰陵美酒除进贡皇宫外，还通过京杭大运河，远销江宁、钱塘等地。大诗人李白到山东游历，经过兰陵，曾举杯痛饮，写下了“兰陵美酒郁金香，玉碗盛来琥珀光。但使主人能醉客，不知何处是他乡”的千古佳作。

北宋书画家米芾饮兰陵美酒后，挥毫泼墨，写下了“阳羡春茶瑶草碧，兰陵美酒郁金香”的诗句，证明北宋年间，兰陵美酒驰名大江南北。

至清末，兰陵镇有私人酿酒堂号 40 余家。1914 年首届中华国货展览会上，兰陵美酒获二等奖，展会报告书称兰陵美酒“自前五代时已著名”。1915 年巴拿马万国博览会上，兰陵美酒又获金质奖章。1948 年，国营兰陵酒店成立，一直传承该项技艺至今。

1954 年，周恩来总理率中国政府代表团参加日内瓦国际和平会议，把兰陵美酒作为“国酒”带到日内瓦国际和平会议上，招待与会各国首脑，再次提高了兰陵美酒的国际声誉。

2009年9月，兰陵美酒传统酿造技艺被列入山东省第二批省级非物质文化遗产项目名录。

酿造工艺　兰陵美酒传统酿造技艺以优质黍米、大枣、高含锶型碱性地下水为主要原料，以传统手工操作、重酿发酵而生产兰陵美酒黄酒产品，其用料、工艺独特，具有特有的酒体风格和营养价值，不同于一般黄酒。酿造需经整米、淘洗、煮米、凉饭糖化、下缸加酒、封缸贮存、起酒等制作过程。制作原料选择严格，黍子以当年新黍为最好，要求颗粒饱满，形状整齐，不霉不烂，无秕无稷，光泽有亮，淀粉含量在63%以上。美酒用曲必须是储存期较长的中温曲，曲香浓郁，糖化力在35%以上。美酒与白酒的生产有别，其成本比白酒高。生产50公斤美酒，需要90公斤优质白酒、30公斤粘黏米、9公斤曲、1.5公斤大枣，酿造周期至少210天。具体制作方法：30公斤黍米加60公斤水，放入煮至80℃左右，倒入大盆里用木棍搅拌冷却，再倒进大缸中，加90公斤白酒；大枣用慢火炒熟，不能炒糊，与曲一起放入缸里，用量酒尺上下搅拌均匀，最后把缸口密封。一般农历二月入缸，八月出缸。出缸应极其耐心、细心，用酒撇子轻轻向外撇，至少五次才能出完。下面混浊酒用比较细密的筛子压，压出的酒澄清，即为“双笼顶”酒。剩下的酒渣可放到蒸白酒的料中继续蒸酒。

主要特征　兰陵美酒酿造技艺从用料、工艺等方面均具有独特性。兰陵美酒一直使用传统工艺的黍米和大枣为主要原料，而非一般黄酒所用的粟米。酿造用水为兰陵当地独有的高含锶型碱性地下水，使用中温麦曲加一定比例的自产特制配方药曲，不同于一般黄酒所使用的纯种麦曲。使用摊饭法自然降温凉饭而非工业化黄酒生产的淋饭法。糖化醪发酵一定时间后加入高粱大曲酒抑制主发酵进行封缸重酿，形成黍米香与酒香、黄酒风格与白酒风格高度融合的独特甜型黄酒风格。这是兰陵美酒酿造工艺有别于其他黄酒的重要工艺特征。使用鸡蛋清吸附除浊，过滤后封缸陈贮，保留了美酒原汁的新鲜度和营养成分。产成品成琥珀色，酒度20度左右，有别于其他黄酒。

兰陵美酒含有天冬氨酸、谷氨酸、丙氨酸等17种人体必需氨基酸，含有硒、锌等11种微量元素和6种维生素，明代医学泰斗李时珍在《本草纲目》载：“东阳酒即金华酒，古兰陵酒也，李太白所谓兰陵美酒郁金香即此也，常饮入药俱良。”“入药东阳酒最佳，其酒自古擅名。”他还引用汪颖著《食物本草》说：“兰陵美酒清香远达，色复金黄，饮之至醉，不头痛，不口干，不作泻。”

项目传承　兰陵美酒传承谱系已无法考证，山东兰陵美酒股份有限公司美酒酿造车间为美酒酿造传统技艺的传承群体，车间有生产工人30余人，主要负责兰陵美酒的生产酿造、工艺传承与研究工作。主要传承人有刘剀、王守金、赵连海等，代表性传承人为刘剀。

糁制作技艺

糁是山东临沂人喜食的早餐名品，也是当地特有的大众化风味小吃之一。多用鸡肉或牛、羊肉和麦仁、面粉、葱、姜、盐、胡椒粉、五香粉、香油、酱醋等原料，经多道工序制成，汤稠味浓，以香辣可口、肥而不腻、营养丰富为临沂人所喜爱。喝糁讲究“热、辣、香、肥”四美。“热”是关键，不热，就无从突出“香、辣、肥”的特点。俗话说“开锅糁，刮缸粥”。一碗热糁，配以适量具有临沂地方色彩的面食，如烤牌、马蹄烧饼、油条、锅饼之类，吃起来有滋有味，是一种真正的美食享受。

历史渊源　糁的历史悠久，中国历史文献多有记载，已有2400多年的历史。春秋时期的名著《墨子·非儒下》载：“孔某穷于陈蔡之间，藜羹不糂”（糂即糁）。《庄子·让王》《荀子·宥座》也有记载：“七日不火食、藜羹不糂。”《周礼·天官》载：“羞豆之食，酏食糁食。取牛羊豕之肉，三如一，小切之。与稻米二，肉一，合以为饵，煎之。”

《礼记·内则》载："析稌犬羹、兔羹、和糁不蓼。"《说苑·杂言》中就有"七日不食，藜羹不糁"的记载。宋代《苏文忠公（东坡）诗集》卷四十二收录有七绝一首："香似龙涎仍酽白，味如牛乳更全清，莫将南海金齑脍，轻比东坡玉糁羹。"明代的《本草纲目》和清代的《康熙字典》中亦有记述。清代康熙《沂州志》卷一"祭秩篇"记载的16种祭品中有"糁食"。

临沂名吃——糁

临沂糁由元大都（今北京）传来。相传糁是古代西域回族的一种早餐食品，最初由元朝大都一对回民夫妇来临沂经营，当时叫"肉糊"，后来仿制者越来越多，明朝时期定为"糁"，后来，当地人便将这种肉粥直呼为糁了。解放前，临沂城有8家糁铺，以黄家、刘家、吴家的鸡肉糁和陈玉山牛肉糁最负盛名。1946年，陈毅驻临沂时，曾是黄家糁铺的常客。到2007年，临沂市区的著名糁铺已有数十家，中小型糁铺更是遍地开花，上海、青岛等地也开设了临沂糁馆，临沂糁登上大雅之堂。古代糁的用肉是牛、羊肉，传入内地后兼用鸡、鸭肉，后来又制作了猪肉糁，还有人制作甲鱼糁。

2007年8月，糁的制作技艺被列入临沂市第一批市级非物质文化遗产项目名录；2013年5月，被列入山东省第三批省级非物质文化遗产项目名录。

基本内容　糁的制作工具主要有炉灶、锅、甑，以及盆、桶、勺子、笞篱、筛子等。甑是一种特殊的炊具，它与锅连接在一起，类似于圆桶，目的是增大锅的容量。最早甑用杉木或柏木制作，一般高1.3米左右，其规格以所用的锅为准，安装于锅沿之内，锅口之上，相距约1厘米上下，中间缝隙填以棉花、豆面、鸡蛋糊拌成的混合物，防止火大时烧坏木质漏汤。用这种甑烧出的糁味道纯正，非铁锅能比。但由于杉木、柏木甑成本较高，后来便有人用陶缸作甑，有的在窑上定制，有的用缸改制。

传统的糁主要有牛肉糁、鸡肉糁、羊肉糁三种。制作工艺如下：

牛肉糁。主要原料：牛肉、牛骨（做汤用）、麦米、葱、姜、五香粉、盐、面粉等，有的加进砂仁、丁香、陈皮、肉桂、紫豆、八角茴香、小茴香、玉果、广桂、白芷、良姜、花椒等中草药，以增加其温脾健胃功能。

制作过程：先把选好的牛肉80斤洗净切割成块，牛骨60斤洗净，把锅洗净，添上70升水，将牛骨放入锅中旺火烧开、去沫，再将牛肉块放入锅中，煮熟后捞出凉透切片，后将牛骨捞出。将事先在水中浸泡一夜的麦米放入骨汤加水熬煮，煮到麦米软而不失筋道，汤汁浓稠。锅中加入葱、姜、酱油、盐、胡椒粉、味精、砂仁、丁香、陈皮、肉桂、紫豆、八角茴香等以及12种中药材合成的料包，中小火煮2小时左右制成糁坯。食用时碗内放入牛肉片、香菜、香油、醋冲之即可。

煮汤用的锅盖和柴火都有讲究，做糁用的锅盖必须要用柏树木做，烧汤的柴火也要用果树木，只有这样才能做出原汁原味的临沂糁。

鸡肉糁。主要原料：以300碗为一甑计量投料。母鸡10只、面粉10斤、麦米半斤、葱一斤半、姜3斤、五香粉3两、盐半斤、酱油2斤、胡椒粉3两、味精120克、水适量，点碗用香油、醋适量。

制作过程：将水烧至发响，加入整治好的鸡和麦米，熬煮三四个小时，将熟鸡捞出，再将葱、姜、盐、胡椒粉、五香粉、酱油投入甑中，烧滚后，将面粉和成糊状入甑；再烧滚后，即可出锅食用。食前，加味精，碗内放切好的熟鸡丝，盛上糁汤，点上香油和醋，便成了味美可口的鸡肉糁。

羊肉糁。主要原料：以350碗为一甑计量投料。羊肉35斤、麦米5斤、面粉10斤、葱2斤、姜2斤、盐4斤、酱油3斤半、胡椒粉3两、五香粉2两、味精100克及点碗用的香油、醋适量。

制作过程：前一天将水煮沸，下羊肉后约煮两小时，捞出熟羊肉，将麦米入汤中，煮沸后封炉停火；第二天凌晨再将炉火捅开，烧滚后下葱、姜，再沸后，下酱油、盐、胡椒粉、五香粉等调料，再开锅，下面粉糊。食前，碗内放羊肉片，盛上热糁汤，加香油、醋即成。

项目传承　糁的传承方式主要是社会传承。有名的糁馆有朝阳糁馆、常运糁馆、尚老大糁馆、许家糁馆、于家糁馆、赵记糁馆、西门糁馆、马家糁馆等百余家，多数传承关系不明确。

朝阳糁馆传承谱系：

第一代张凤刚，1920年在考棚街经营（日盛糁铺）。第二代张佑臣，1959年在临沂饭店专职做糁至退休。第三代张秀付，1989年在兰山路经营羲之朝阳糁馆。第四代张志晓，在梅埠办事处经营羲之朝阳糁馆；金涛在费县经营羲之朝阳糁馆；王山坤在聊城经营羲之朝阳糁馆。

主要传承人。张秀付，1987年跟随父亲张佑臣学做糁，后经营朝阳糁馆，坚持传统的制作技艺，已带徒弟50余人。

于德成，经营于家糁馆并发展了6家连锁店，坚持糁的传统做法，保持糁自身的纯粹性。

草柳编技艺

草编是利用各种柔韧草木本植物，编结而成的手工艺品，因原料生长地域广泛，易得易做，草柳编在民间十分普及。汤河草柳编业始自明朝，后逐步成为当地人的重要收入来源。

历史渊源　汤河镇位于临沂城东沭河西岸、汤河下游，水资源丰富，土壤肥沃，很适合杞柳生长，作为“中国木柳工艺之乡”的木柳种植和加工基地，汤河镇杞柳栽培和加工有着上百年的历史，草柳编工艺品，以杞柳为主要原料，用茅草、麦秆、玉米皮、柳条等编制而成。

明朝永乐年间，于屋、前西庄、后西庄等村的村民，就将茅草、柳条等编制成地毯、墩子、草鞋、蓑衣，将木柳编织成筦子、簸箕，除供当地人们生产和生活使用之外，还作为商品四处销售，成为当地人的重要经济来源。民国年间，其产品销往莒县、沂水、博山、蒙阴、费县、济宁等地。中华人民共和国成立后，附近方圆百里的山会集市上，都有汤河草柳编产品销售。

2011年3月，草柳编技艺被列入临沂市第三批市级非物质文化遗产项目名录；2013年3月，被列入山东省省级非物质文化遗产项目名录扩展项目名录。

主要内容　草柳编技艺编制流程，大体分为选料、上色、浸泡、编织、熏蒸、晾晒、刷漆七个环节，全部为手工制作。

选料。玉米皮去掉最外面一层老皮，选取色泽一致的，颜色呈白色为佳。麦秆要呈自然色，粗细、长度根据需要而定。茅草要以老而长为最好。柳条以伏天柳条为最佳，这时的柳条较为成熟，易剥皮、颜色白，直径为1～5毫米，长度60厘米。

上色。根据设计要求，将所需要的各种颜色均匀地涂在材料上并晒干。

浸泡。将涂有颜色的材料放入水中。玉米皮湿一下就行，时间稍长会变黄。粗柳条要浸泡20分钟，细柳条10分钟。浸泡使其变软，易于弯曲，增加其强度，方便编织。

编织。按照一定的形状和规格进行，所需工

汤河草柳编

具有铁签、果枝剪、尺子等。

熏蒸。编织出的成品，要用洗衣粉水进行擦洗。一是为了清洁，二是增加湿度。然后，将成品放入熏室内，点燃硫黄熏蒸2小时，熏蒸时须密封门窗。

晾晒。熏蒸后的成品要及时地进行晾晒，防止产品发霉和变形。

刷漆。晒干以后，刷上清漆，使其经久耐用、不易褪色、增加亮度、美观好看。

技艺特点 汤河草柳编技艺的主要技法有平编、纹编、勒编、砌编、缠边五种。平编是编平面席箔类的主要工种。其特点是经纬交织，互相穿插掩映。绞编也是以经纬编压为主要特征。不同之处是先编排好经桩，经桩可以是绳、条子或铁丝，然后以编条交叉穿行于经桩上下，循环绕行。勒编是传统的柳条编结工种。用勒编做成的器物一般称为“系货”。通常民间所见簸箕、笆斗、箩筐、柳条包等，均以此法编结主体部分。砌编多被用于圆形器物的编制，用砌编工艺制成的器物一般称为“砌货”，常用的墩子、饭篓、字纸篓等均用此法做成。而缠边主要用于条编器具的边沿、把手部分。

项目传承 草柳编是以河东区汤河镇于屋村为主的民间传统技艺，属社会传承，邻里之间相互学习，互相传承，没有明确而严格的师徒传承关系。

彩印花布

河东民间传统技艺彩印花布，也称为“花包袱”“包袱皮”，为作坊式纯手工制作，原料为老粗布，染料自配，工具自制。作品构图精美，质朴艳丽，寓意丰富，具有很高的艺术价值。

历史渊源 彩印花布源于秦汉，兴盛于唐宋时期。明清两朝，大大小小的染坊逐渐兴盛起来。明清、民国时期在临沂盛行，各地都有印染作坊。民国时期，彩印花布是人们生活中不可缺少的东西。老辈人穿的衣服、日常用的门帘、闺女嫁妆以及用于定亲、结婚、走亲访友用的包袱，都是用彩印花布来做。中华人民共和国成立后，彩印花布品种更多，使用也更为广泛。民间传统彩印花布是通过师傅带徒弟的方式传承，手把手地教，一直到独立操作，很多过程全凭经验，加上要眼快、手快，还要有坐功，心平气静才能慢慢完成。

2011年，彩印花布传统印染技艺被列入临沂市第三批市级非物质文化遗产项目名录；2016年11月，被列入山东省省级非物质文化遗产代表性项目名录扩展项目名录。

主要内容 彩印花布制作技艺大体分为打板、制版、刻版、熬油、调色、印制等过程。所需刻版材质为纸板，染料为自己配置，布料选取沂蒙地区手工老粗布。

彩印花布——中国梦

2019 年 7 月，临沂市河东区彩印花布专题展在山东省文化馆展出

打板。取桑皮纸数张，将纸上的粗硬杂质物剔去，用柿漆层层裱糊成一张。裱好的纸板，须放在阴凉处，晾干到七八成时，贴在板上，等完全干后再揭下来，这样纸板才平整。

绘图、刻版。用铅笔绘成牡丹、凤凰、荷花、金鱼、龙等吉祥物，选取民间流传的神话传说和历史故事，根据绘制的图案进行刻版。

熬制桐油。其工艺比较烦琐，火候完全凭经验控制。熬好桐油，进行上油，第一次上油叫“熟油”，这是最难的一个步骤，第二次上油叫“生油”，因此，这被称为“油纸版”。

调色、印制。印制时，使用的染料有矿物染料和植物染料，故而染出的颜色非常鲜艳，且经久耐用，极少掉色。常用的颜色仅有红、黄、紫、绿等数种，但在印制时，根据画面的需要，采用刷印、缀印、套印、错版等艺术处理手法。

代表性作品　鱼穿莲：传统彩印花布作品“鱼穿莲”，取“连（莲）年有余（鱼）”之意，周围布以四朵莲花，四条鲤鱼戏于莲间，花布外沿小朵莲花，配以鲤鱼结边，光彩艳丽，情趣盎然，沂蒙民俗色彩非常强烈。

四喜石榴：多为民间结婚时用，寓意四季喜庆，多子多福。中心布一双喜，四枝石榴位于四周，整幅图案色泽鲜明，活泼生动，流露出浓郁的喜庆气息。

五毒肚兜：五毒肚兜多为古代富家男孩所穿戴，意在避邪护命，百岁平安。图中选取民间认为最凶毒的老虎、三腿蟾蜍、毒蛇、蝎子、蜈蚣五种毒物，运用红、黑、黄、绿四种颜色，巧妙布配，灵活穿插，线条清晰流畅，栩栩如生。

凤穿牡丹：凤穿牡丹是中国传统彩印艺术的经典，民间结婚时用作喜庆包袱。图中一对凤凰比翼双飞，四枝牡丹含情怒放。凤凰中间配小朵牡丹，有隔花送情之意。周围以牡丹、石榴连缀结边，象征富贵吉祥，多子多福。

技艺特点 河东区彩印花布主要以大红、翠绿、桃红、紫、黄等色套印，图案富丽堂皇，民间通常以“鹅黄鸭绿鸡冠紫，鹭白鸦青鹤顶红”来形容它的绚丽多彩。其选题独特，构图饱满，色彩艳丽，对比强烈，质朴豪放，具有浓郁的乡土气息。

传统家谱制作技艺

家谱又叫宗谱、世谱、族谱、家乘、祖谱、谱牒等，记载着某个姓氏家族的子孙世系传承，具有区分家族成员血缘关系亲疏远近的作用，是中国古代宗法制度的产物。传统家谱制作技艺是沂南县刘家庄刘氏祖传技艺，形成了一脉相承的家谱制作工艺。家谱制作业务覆盖山东全境和江苏北部、河南东部。近 30 年间，刘氏为 100 余个姓氏编修家谱 250 余部，85000 余册。

历史渊源 沂南县刘家庄刘氏是历史上有名的“细木匠”世家，清道光年间，刘家后人刘注凭借其精湛的雕刻技艺，在莒州（今日照市莒县）复兴泰家谱坊雕刻家谱版并掌握了全套家谱制作工艺。后因战乱，刘注返回沂水县界湖街开办“崇文堂家谱坊”，为当地首家专修家谱的堂号，广受社会好评。刘注将家谱制作技艺传于后人，其子刘忠禄、孙刘式、曾孙刘恩兴都事修家谱，世代传承，是远近闻名的“谱师”。

朱氏族谱木版

2014 年 3 月，传统家谱制作技艺被列入临沂市第四批市级非物质文化遗产项目名录；2016 年 3 月，被列入山东省第四批省级非物质文化遗产代表性项目名录。

制作流程 崇文堂家谱制作，有着自己独特的制作流程和工艺，采用“传统体例编排，蓝皮线订帙装”，古朴庄重，精致典雅。

资料收集和定稿。根据传统家谱体例要求，指导续谱家族拟定续谱提纲，依据古谱、谱碑、手记、老人口述和族人存续状态整理家谱资料。对续谱家族统计好的家谱资料进行审核，审核家谱资料有无与国家法律、法规相抵触的内容，有无缺项、缺页、字迹不清、世系不明等问题。审核无误后，数准草稿页码，给家族方开具草稿接收收据。

制版（有木刻版、活字版、电脑版）。木刻版：刻版是把梨木或者枣木锯成长宽合适的木板，刨平磨光，把要印的字打印或者写在薄纸上，反贴在木板上，然后，再根据每个字的笔画，用刀一笔一笔雕刻成阳文，使每个字的笔画凸出在板上。

活字版：活字版分泥活字、木活字和铅活字三种，以铅活字为主。依照续谱家族及版式设计要求，将活字排成毛条（规定行长的半成品），放在手盘中，拣满一盘后用两根铅条夹住，放在木盘中，拣够一定行数用绳捆紧，组成符合要求规格的家谱活字版。装好的活字版，通过打样、校对、改样，最后打出清样，铅字版才算做好。

电脑版：根据续谱家族要求和传统家谱体例，用电脑进行排版。再用激光打印机打出样稿，通过多遍校对后，确定家谱清样。待续谱家族签字确认后，输出胶片或者制作 PS 版或者制作氧化锌纸版。

印刷。续修家谱是家族大事，纸张的质量非常重要，要根据家族方的要求选择印刷纸张，一般选择宣纸和纯木浆轻型纸。家谱版做好后，就可以开工印刷了。

折页。以版心中间为基准，将印刷好的家谱页张对折，再用硬质木板或者牛角板将家谱页张中间的折皱刮平，注意上下两面各刮一遍，以避免装订起来的家谱书口和书背厚度不一样。

装订。将做好折页工序的家谱纸张拾页，一

本家谱的页码就配齐了。配齐页码的家谱要进行粗订，粗订线要细还必须要有耐拉力。粗订后的家谱，通过糊皮、裁切、精装、贴谱签，一本家谱书就算完成。家谱会被世代流传，禁用金属钉装订，否则很短时间就会被腐蚀损坏。

装函。首先要做函套，制作函套的材料为纸板、蓝布、骨签。函套不能做得太松也不能太紧，量家谱书的长、宽、厚度和纸板的尺寸时必须要精确。做好函套后就可以把家谱装函了。

家谱成品

艺术特点　外观古朴庄重。家谱采用生丝线订、纯棉蓝布函装、骨签别扣，古朴典雅，古典庄重，体例传统纯正。采用欧式、苏式、牒记式等传统体例编排。秉承姓氏文化传统，保留了1000余年前诞生的传统欧式、苏式家谱体例。注重纪实留史。秉承实事求是记载原则，家谱记述史料价值真实可靠，是社会正史的有力补充。注重文化内涵。崇文堂家谱坊制作的家谱，字字推敲，句句斟酌，每一部家谱都体现着该家族当时的最高学识水平。

国槐茶制作技艺

老鹊窝牌国槐系列保健茶，以野生槐果槐米、红枣、上等天然蜂蜜等为原料，采用民间千年传统秘方科学研制而成。茶中含有纯天然维生素、胆碱、黄酮碱、芦丁、铁、锌、钙等多种对人体有益的成分，用开水冲泡后，色泽明黄清亮，槐花清香芬芳，入口后味甘苦。

历史渊源　国槐又称“中华槐”，《本草纲目》记载：槐果，槐米，清热去火，凉血解毒，清肝明目，消食利气。国槐茶中有抗癌活性成分，对人体细胞渗透快，能排出体内毒素。

大槐树和老鹊窝成为移民对故乡的最后记忆。沂南张氏一族于明朝永乐年间从山西洪洞大槐树下迁移至今沂南县界湖街道布稻囤村，张氏建屋造房，开荒种地，为了寄托对故乡的思念，他们便在自己新居的院子里、大门口栽种槐树，以表达对故乡的怀念。

国槐茶炒制，在民间已传承千年，张氏族人迁入该村时已掌握国槐茶炒制方法。到了采摘槐米的季节，在树下铺一张席子，用钩镰把一穗穗的槐米削下来，从小枝上捋下槐米，放在石桌上晒干，用砂锅炒成黄褐色，加上蜂蜜，搅拌均匀，就成为名副其实的槐米茶了。他们炒制出来的槐米茶，留下一部分自己喝，其余的分给邻居和朋友们品尝，张氏族人祖祖辈辈一直沿袭着这个习惯。清乾隆年间，张氏族人张永安读过私塾，自幼酷爱中医，从医书上了解到槐果、槐米具有医药价值。经过多年的实践和研究，汲取千年传统秘方，研制出了以槐果、槐米、槐花、槐叶红枣、蜂蜜等9种原料，经过81天秘制而成的国槐茶。邻居乡亲有个咽喉肿痛、腹泻便血的，张永安便包上一包自家炒制的国槐茶，送给他们饮用，不出几天，症状便消失了。后张家后人便在集市上摆个茶摊，将自家炒制的国槐茶拿到集市上去卖。随着沂河水运和蒙阴至青口盐路的兴盛，张氏后人在布稻囤村长期设立张氏国槐茶茶铺，在大槐树下摆设茶桌供往来客商饮用，同时出售国槐茶。

进入21世纪，城乡居民对传统的养生保健有了新的认识。2009年，张氏国槐茶代表性传承人张志民、张爱美夫妇建起一家集生产、经营于一体的综合性国槐茶厂——山东沂南老鹊窝国槐茶厂，在继承祖传工艺的基础上进行改进和创

国槐茶

新，注册了“老鹳窝”国槐茶商标，并申请专利。2009年11月，经“首届国际养生保健产品展示峰会”专家评审团评审，老鹳窝国槐茶被评为最受消费者喜爱的保健茶。2010年、2011年，老鹳窝国槐茶先后被中国临床医学研究中心授予“特效改善睡眠保健茶”“十佳高血压调理保健茶”“十佳痔疮调理保健茶”“最佳清肝去火保健茶”称号。2012年，“老鹳窝”品牌被评为临沂市第三届沂蒙优质农产品知名品牌，老鹳窝国槐茶获“第六届北方糖酒副食交易会金奖”“首届蒙山养生长寿食品博览会金奖”。公司获得“沂南县科学技术奖”，2013年获第三届农产品博览会金奖。

2014年3月，国槐茶（老鹳窝国槐茶）制作技艺被列入临沂市第四批市级非物质文化遗产项目名录；2016年3月，被列入山东省第四批省级非物质文化遗产代表性项目名录。

主要内容 张氏国槐茶从原料选取、原料加工、秘方配制、炒制成茶和保存使用等均具有独特的工艺。槐米、槐果具有独特的保健养生价值，同时也有毒性，张氏国槐茶制作通过特有的秘方和工艺，去除槐花、槐米、槐果的毒性，制成四季皆用、老少咸宜的保健饮品。

采茶：槐米、槐花、槐角根据不同的时间采摘，槐米、槐花通常在6、7月采摘，槐角要在11月霜后采摘。槐茶的采摘十分讲究时节，不同的时间采摘的槐茶，口感不一样，再根据原材料的成色分类。

晾晒：采摘完成的槐米、槐花、槐角放在宽敞干净的地方晒干。晒干后包装好，便于加工生产用。

清洗：槐茶生产加工前，先把原材料放入茶叶清洗机中清洗。

烘干：槐茶清洗之后稍一晾晒，放入烘干机中烘烤至颜色呈棕色。

配料：将不同的原材料按配方要求的比例调配。

炒制：该茶主要为三九炒制法，将挑选好的九种原料，从冬至日交九开始第一遍炒制，以后每历一九，炒制一遍，历经九九八十一天九次炒制成茶。每次的炒制，火候、时间均有不同。

技艺特点 传承上的不间断性。“老鹳窝”国槐茶自张氏宗祖张永安代起经过230余年的传承与摸索，历经八代，从未间断。

厚重的民俗文化特质。“老鹳窝”国槐茶具有浓郁的传奇色彩、深厚的历史渊源和厚重的怀乡气息，反映出该地区人民的观念和愿望，体现“老鹳窝”国槐茶的人文性、历史性和社会性。

制作技艺的独特性。“老鹳窝”国槐茶配方独特，选料讲究，运用九种原料，九九八十一天秘制而成。以野生槐果、槐花、槐米、槐叶、红枣、枸杞、天然上等蜂蜜等为原料，采用张氏家族传承秘方研制而成，如果用简单的炒制方法加工而成的国槐茶，有一定的毒性只适合三伏季节饮用，而用本秘方研制而成的国槐茶一年四季都可以饮用。

徐公砚制作技艺（沂南县 沂水县）

徐公砚为中国十大名砚之一，曾有“天下第一自然砚”之美称，主要产于山东省沂南县、沂水县。徐公砚唐宋时期即负盛名，唐代颜真卿、柳公权，宋代欧阳修、苏轼、米芾等人，在其著述中都曾作过介绍和品评，评价甚高。

历史渊源　沂水古属东安县，西汉置县，隋开皇十六年（596年）改东安县为沂水县。1939年10月，抗日战争时期以泰石路为界，将沂水县划分为南、北沂蒙办事处，其中南沂蒙办事处为今沂南县前身。

汉代，东安石雕技艺已比较成熟，主要在陵墓画像石制作方面，技艺高超，人们也制作精美的石雕砚台。沂南县北寨汉画像石墓曾出土“五龙戏珠砚”，为青石质，是沂南县考古发掘中最早的青石制质砚台。沂南汉画像石以当地青石为材，采用线刻、浮雕、浅浮雕等综合的艺术表现手法，形成了恢弘的石刻艺术巨制；朝山、庆云山摩崖石刻、青驼双驼圆雕实体、苗家曲信量桥、河阳白龙桥桥板刻石等石刻艺术为沂蒙地区石刻艺术发展奠定了深厚的艺术基础。明清时期，当地匠人将东安石雕技艺与砚文化相融合，创造了独特的砚雕技艺。清代创作的九龙朝凤大型砚台，运用了透雕、立体雕的技艺，现存沂水县博物馆，为镇馆之宝。清代胶州砚石雕刻大家高凤翰所著《砚史》中有徐公石雕刻品；清末以来，徐公店村民间一直有制作徐公砚的传统。

徐公砚是鲁砚中的重要品种，徐公石主要产于沂南县青驼镇徐公店村，是该地独有的矿产资源，属玄武岩层，储量丰富。其石质坚硬，密度极高。叩之清脆，其声如磬，着手生润，滴水不干，下墨如挫，磨墨无声，发墨如油，色泽鲜润，且不损笔毫，堪称砚石材中的上品。

改革开放以来，徐公砚逐渐成为鲁砚代表性品种，涌现出了刘克唐、姜书璞等国家级工艺美术大师和张玉杰、陈绪宝等省市级工艺美术大师。1987年10月16日，在北京举行的“徐公砚研讨会”上，深受与会者的好评，全国人大常委会副委员长楚图南亲笔题字“徐公砚”，中国书法家协会名誉主席、著名书法家舒同挥毫题字“美哉徐公”。2008年，在上海举办的第八届全国文房四宝博览会上，入选“中国十大名砚”，荣获“国之宝”证书。2013年，中国工艺美术大师刘克唐在徐公店村创建“临沂岭上砚文化博物馆”。2014年，沂南县被中国文房四宝协会授予“中国徐公砚之乡”称号。

沂南县徐公砚制作分布广泛，以徐公店周边地区为主，从事徐公砚制作的民间艺人众多。沂水县徐公砚制作以许家湖镇八宝庄黄氏最著名，村民黄中礼从事石雕砚雕，在他的影响带动下，黄氏族人多从事徐公砚制作。

2007年8月徐公砚制作技艺（沂南县）被列入临沂市第一批市级非物质文化遗产项目名录；2016年3月，被列入山东省省级非物质文化遗产代表性项目名录扩展项目名录；2020年11月，徐公砚制作技艺（沂水县）被列入临沂市第一批市级非物质文化遗产代表性项目名录扩展项目名录。

沂水徐公砚——白云深处

主要内容　《临沂县志》记载“徐公店县城西北七十五里产石可为砚，其方圆不等，边生细碎石乳，不假人工，天趣盎然，纯朴雅观。”徐公石质坚硬，密度极高。叩之清脆，其声如磬，下墨如挫，发墨如油，色泽鲜润，且不损毫，为砚石材中之上品。多为不规则扁平状，形态各异，边生细碎石乳状的石纹，软硬适度，石色沉静，纹彩奇妙，其色泽有茶叶末、蟹盖青、鳝鱼黄、沉绿、生褐、绀青、橘红等。众色纷呈，五彩缤纷，有的如乌云翻滚，山雨欲来；有的如云雾迷漫，似有若无；有的如朝霞映辉，微波徐动；有的沉透若秋水，交错如冰纹，造化之莫测，天才之砚材。制成砚后自然古朴，清新淡雅，质嫩理细，有极高的观赏价值和收藏价值。此石还可刻制成镇纸、朗石、笔筒等艺术品，雕技与天然形态相得益彰，妙趣横生。

沂南徐公砚——井田

相传唐朝时，祖籍福建晋江的举人徐晦进京赶考路过此地，偶见路边沟中有奇形片石，因爱其形色，试磨成砚，随身携带使用。开科之时，天寒地冻，众举子砚中之墨皆为冰，不得书写，唯徐晦砚墨如油，挥洒自如。徐晦一科进士及第，官至礼部尚书。后来，徐晦年老休官，因感砚台之恩，举家迁居得砚之地，后聚居成村，称徐公店，砚称徐公砚，得石之沟名叫砚台沟，砚台沟所产砚石俗称“老坑石”。

徐公砚的制作工艺是融绘画、美学、雕工等为一体的综合性的艺术表现形式，从一块砚石加工成砚台成品，一般要经过选料、维料、开璞、设计、构思、绘图、雕刻、磨光、洗涤、过蜡、包装等十几道工序。构思雕刻的题材，有表现吉祥、富贵、喜庆等寓意的传统民俗题材；有以民间传说故事为蓝本的叙事画像；有书法、铭文，也有山水、佛教、人物等绘画题材。徐公砚雕刻讲究因材施艺，画面的设计，因循石材、石形、石色，砚堂、砚池、砚额比例得当，融合一体。综合运用线雕、浮雕、浅浮雕等手法，刀法分轻、重、徐、疾等，要求线条流畅，刚柔相济。还要讲究主次，虚实、动静的结合。徐公砚制作技艺，需要制作者具备良好的文化艺术修养和精湛的刀刻功力。

艺术特点 徐公砚具有浓厚的人文色彩和极高的文化价值，巧夺天工的精美技艺，展示了一代代雕刻艺人的高超才华和民间艺术顽强而多彩的生命力。徐公砚研磨的墨汁在零下四度不结冻。

自然特征。徐公石独立成块，天然成形，为制砚石材的特例，块形大者如碾盘，小者如蛙、雀小虫。徐公石坚硬细腻，柔和温润，是天然造化物。

色彩特征。黑色砚石打磨后油亮可鉴，黑色间杂黄、红色条和色块者，虚幻缥缈，别有韵致。更有橘红、绀青、赭黄等纯色砚石，使徐公砚石相较其他砚石具有独特的色彩特质。

民俗特征。民俗、民间故事、书法、铭文、山水、人物等雕刻题材，使徐公砚成为民俗文化的重要载体。

工艺特征。砚台作为中国特有的文化实物和文化现象，其雕刻工艺水平要求高。徐公砚秉承了传统的雕刻工艺并不断创新，雕刻工艺水平高。一批徐公砚雕刻大师的产生，代表了徐公砚制作技艺的艺术高度。

传承保护 传承价值 民俗研究价值。徐公砚出于自然，源于民间，其传说故事本身就是民间文化。其雕刻艺人熟知本地自然环境、习俗传统和生活方式，徐公砚承载了当地民众的信仰、习惯、情感和行为方式；雕刻图案中的民俗文化内容，体现着民间文化气质和特色。如“节孝故事”“太平有象”“大鸡（吉）大利”等题材，都是地域民俗文化研究的重要内容。

文化价值。独立成块的徐公砚，在砚文化中具有独有性和唯一性。与民俗文化和石刻技艺结合的徐公砚，文化属性深厚博大。

艺术价值。吸纳传统技艺并借鉴各种石刻工艺的雕刻艺术，给徐公砚赋予较强的艺术属性。其构图、设计、疏密、刀法的艺术因素，成为中国绘画和石刻艺术的典范。

保护状况 徐公砚村砚台沟砚石大规模开采

始于20世纪70年代，经过几十年开采，资源濒于枯竭。砚台雕刻对制作者艺术修养要求高，传统的师傅带徒弟模式有较大的局限性，掌握高级雕刻工艺的人才数量少，砚台雕刻技艺难于熟练掌握。产品缺乏商标和品牌，发展水平比较低，且良莠不齐，各自定价，存在“劣币驱逐良币”的市场风险。徐公砚生产、制作、加工的主体，都是各自独立的手工作坊，缺乏统筹和协调，不利于徐公砚的长远发展。

开展系列展示活动。2010年以来，先后参加了在济南举办的“非物质文化遗产博览会”、在澳门举办的“卢家大屋民间工艺展演”、杭州“中国工艺美术大师作品博览会”、深圳文博会、上海“中国上海工艺美术大师精品博览会”等二十余个展会展演。

根雕制作技艺（沂南县　兰陵县　平邑县　沂水县）

根雕是中国传统雕刻艺术之一，以树根（包括树身、树瘤、竹根等）的自生形态及畸变形态为艺术创作对象，通过构思立意、艺术加工及工艺处理，创作出人物、动物、器物等艺术形象作品。根雕艺术是发现自然美而又显示创造性加工的造型艺术，根雕工艺讲究“三分人工，七分天成”，意为在根雕创作中，应主要利用根材的天然形态来表现艺术形象，辅助性进行人工处理修饰，根雕又被称为“根的艺术”或“根艺”。

历史渊源　现存最早的根雕作品，是1982年湖北省荆州地区博物馆清理马山一号楚墓时发现了战国时期的根雕艺术作品《辟邪》。国家文物部门考证，该文物制作于战国晚期，约在公元前340年到公元前270年之间，距今2300年。其形为虎头、龙身、兔尾的四足怪兽，极富动感。

到了隋唐时期，根艺的发展已经趋于繁荣。唐代大诗人韩愈在《题木居士》一诗中，对当时一件名为“木居士”的根艺作品做过形象的描述：“火透波穿不计春，根如头面干如身。偶然题作木居士，便有无穷求福人。”写了因历经沧桑而遍布奇沟异疤的根身，以及古代艺人巧妙地利用天然根所具有的自然形态美，从而达到艺术上的“神似”的根艺创作手法，更写了古人对根艺品的喜爱，甚至达到了将其当作“神”物来崇拜的景象。

宋元时期根雕作品在宫廷和民间得到发展，有些画家也以根雕作品作为创作的素材。元代画家王振鹏《伯牙鼓琴图》画中就有根雕作品。明清时期涌现出一大批根雕艺术家，根雕创作发展到一个新阶段。北京的故宫、颐和园及上海的豫园中，至今收藏着许多清代的根雕艺术珍品。

近代以来，战乱频仍，民不聊生，根艺生产遭到严重破坏，许多艺人改行转业，根雕艺术濒临绝境；新中国成立后，特别是改革开放后，根雕艺术雨后春笋般的发展起来，超过历史上任何时期。

沂南县于氏根雕　自清朝中期于凤宝的高祖于景程即擅家具浅浮雕并涉足根雕，后经曾祖、祖父、大伯、父亲至于凤宝，历百余年五代传承，脉络呈现家族、师徒传承的特点，现存先辈寺庙木雕残件、透雕楸木顶子床、《大众日报》版画、关

根艺作品——高山流水

公、佛像等木雕品，麒麟、小鹿、葫芦、刀剑、笔筒、臂搁、手杖、衣架等根艺品。于凤宝在祖传技艺基础上融合北方的粗犷、南方的细致等艺术特点，简雕、巧雕技术日臻成熟，形成了自然美、意象美、巧工美的艺术风格，已雕刻作品一万余件：当地根材作品有关公像、大茶海、十二生肖摆件、白菜等，外地根材作品有茶桌、坐墩、几架、画筒、画缸、笔架、花瓶、底座、人物、动物等系列。

2014年3月，由沂南县申报的根雕制作技艺被列入临沂市第四批市级非物质文化遗产项目名录；2016年3月，被列入山东省省级非物质文化遗产代表性项目名录扩展项目名录。

兰陵县娄氏根雕　兰陵娄氏根雕制作技艺系家传民间艺术。娄氏先祖世居兰陵县尚岩镇娄庄村，以农牧业为生。清道光年间，娄氏十四世祖娄殿魁首创娄氏根艺，后世代相传。至今已传承五代人，有160多年历史，是远近闻名的根艺世家。

2016年12月，根雕制作技艺（兰陵县）被列入临沂市第四批市级非物质文化遗产代表性项目名录扩展项目名录。

平邑县卢氏根雕　平邑县卢氏根雕起源于清朝末年，卢氏高祖卢祥民以木工雕刻为业，被当地人称为“花木匠”，第二代传承人卢兴旺收本村张文献为徒，同第三代传承人卢玉堂同师学艺，卢玉堂年轻时上过私塾，有根艺创作天赋，创作了大量人物、动物、器物等艺术作品，奠定了卢氏根雕独特的艺术风格。第四代传承人卢强，继承祖传手艺，吸取众家之长，不断开拓创新，利用本地优质根材，创作出许多优秀根艺作品，创建福临阁工艺根雕工作室。代表作品有《九龙献瑞》《蒙山凤凰》《青龙回首》《盛世麒麟》《大鹏展翅》等，多次在非遗展览中获奖。

2020年11月，根雕制作技艺（卢氏根雕）被列入临沂市第四批非物质文化遗产代表性项目名录扩展项目名录。

沂水根艺　沂水根艺主要集中在沂水县泉庄镇、官庄镇等。作品主要为传统住宅装饰品及收藏品，其寓意有吉祥喜庆，祝福祈愿等，深受收藏爱好者喜爱。传承人杨治宝，从事根雕制作20余年，作品造型新颖、制作细腻、意境深远、质朴高雅，作品多次参展获奖。2002年成立根艺创作室，2010年创建山东青岛向阳向根雕馆，2017年建成占地35亩的泉庄艺博园，其中有100多平方米的沂水根艺制造加工车间；2000多平方米的根雕艺术品展厅；800多平方米的研学创意工作室等。

2020年11月，根雕制作技艺（沂水根艺）被列入临沂市第四批市级非物质文化遗产代表性项目名录扩展项目名录。

主要内容　根雕艺术集实用和观赏于一体。有椅、桌、凳、条几、屏风、花架等常用家具及笔架、镇尺、砚座等书案用品；陈设观赏类的根艺品按其造型特点分为人物、动物、花木、器物、审美及其他自然形态。奇特的根往往生长在环境险恶、艰苦的条件下，平原上、沃土里生长的根则很少有奇特形态，寻找根材的过程是运用生活经验和艺术修养寻找创作题材的过程。

根雕创作的基本手法就是运用夸张、幻想和抽象等手法去反映历史题材与现实生活。根艺创作耗时长，从选材、造型、构思和制作到命名需历时一年半载，甚至更长时间方可完成。构思必须着眼于最大限度地保护自然形美，人为艺术再创

根艺作品——渔翁

造的痕迹要隐藏于自然美中。用材需选择材质坚硬、木质细腻、木性稳定、不易龟裂变形、不蛀不朽能长久保存的黄杨、檀木、金丝红木、崖柏、当地护山棘等树种，被淤泥淹没或深埋土中的死根，经数百年炭化形成的古老阴沉根木，其质坚几乎接近化石更是上乘佳材。造型选择标准则为稀、奇、古、怪4种，生长在恶劣环境中的根材，由于光照不足缺土少水乏养分，久长不大渐渐变形，年愈久质愈坚，造型也愈奇崛遒劲，适宜根艺创作。根艺制作一般分脱脂处理、去皮清洗、脱水干燥、定型、雕琢、配坐、着色上漆、命名等八个步骤。雕琢的过程，亦是整体调整、形象刻画、体现神韵的最后阶段。雕琢时需细心谨慎，精力集中，情绪饱满，形象才能刻画得鲜明、生动。

表现形态有：清瘦式。由简洁、清瘦、纤细的根及枝杈或残存的坚硬木质制成，作品或秀丽端庄或乖巧柔媚或干练刚硬，如牛筋木《梅花》。

漏透式。用中空外实或空洞连绵的根蔸制成，奇特怪异的造型根经作者精巧构思加工后，漏、透、瘦、皱显而易见，给人以怪、妙、幽、灵的艺术感觉，如金丝红木《龙凤呈祥》。

整实式。由整块根木的蔸、段、块、瘤制成，大型人物、动物根雕颇多，作品现代、憨实、饱满、深厚、稳重、大气，如枣木《御史大夫》、柚木《骆驼》、香樟《大佛》等。

片状式。在悬崖处、石缝中得到的根或虫蛀、朽烂后残存的根多为扁平状，形成奇特的肌理、纹脉，常制作屏风或立式赏面，表面肌理纵横盘结、新奇怪诞，如屏风《动物世界》、赏面《百味人生》。

线条式。用扭旋、迂回、流动、曲折的条状根雕成，线条流畅飘逸、洒脱奔放、充满艺术动态美，展现了简洁、明快、清晰的人物、动物、花卉等艺术形象，如自然摆件、花架系列。

组合式。由不同形式的单个根体进行组合拼接或表现单一内容的若干单体系列组成，有拼接组合式与内容组合式两种，具有内容丰富、内涵深刻、形式多变、姿态万千的特点，如茶海系列、12生肖老板台系列、奥运火炬等。

弥勒佛雕刻

艺术特点　自然性。自然性即天然性，根艺美不只体现自然美而且表现出人与自然的天人合一，表现深厚的民族文化心态且适应时代的需要。根艺创作过程，巧借天然是开头，加工适度是中间，返归自然是结束。

独特性。根雕是在三维空间的立体形式中再现生活，用物质性的实物形式来塑造形象的艺术作品。采用材料为来自大自然、历尽沧桑的树根，以奇木加巧雕制作而成，具有一种自然美，世上找不到完全相同的两个树根，根雕作品件件都是不可复制的绝版。

创意性。根艺是通过根的形（包括线条、色泽、斑纹、轮廓、空透、动势等），运用创造思维，采取象征、联想、比拟、寓意等多种手法，去创造一种意境，进入美的世界。将有形的根通过创作，使其具有想象的空间，达到一根一故事，一根一文章。

制作工具　改革开放前雕琢工具原始、粗放、单一，且多为铁匠手工打制，主要靠锤子、刀子、凿子（弯形、菱形、三角形）；现代工具为工厂化生产且分工较细。雕琢刀具有斜刀、平刀、圆口刀、三角刀、圆凿、角凿；整形刀具有钩刀、月牙刀、剑刀、平刮刀、圆刮刀、平凿、锯齿刀、长颈圆刀；锯类有手锯、框锯、弓子锯、各种电动锯；锉类和打磨机有扁木锉、圆木锉、三角木锉、钢皮锉、油石锉，打磨机有多种型号；其他工具有砂纸、钻、锤等，其中砂纸有纸砂、布砂和水磨砂，钻类有手摇钻和电钻，锤类有木锤、铁锤及斧子等，根据根木实际情况选用。

传承与保护 传承价值 根艺作品之所以有它独特的艺术风貌，就是它能最大限度地保持其本身固有的自然元素，展示其特有的材料美感，既是自然天成又是人工巧夺，是自然美及艺术美结合的产物，具有多重价值。历史文化价值。根雕艺术在中国有着悠久的历史，2000多年前已有较高的水平，唐代已在民间广为流传，在北京故宫、颐和园及上海豫园，收藏着许多树根雕刻的精美艺术品，根雕在历史上有很高的创作水平，外国朋友称之为“东方最有特色的艺术品。”

观赏价值。树根艺术造型主要有两种：一种是实用根雕如茶几、桌、椅、花架、烟茶盒、笔筒等；一种是陈列根雕如飞禽走兽、山水人物等造型，具有较高的观赏价值，因为它自然天成、野趣横生，集粗犷、质朴、秀气、玲珑于一身，单独陈列或组合陈列都会给环境增光添彩、让人赏心悦目。

实用价值。根艺品的实用价值主要是指利用树根的天然形态创作出来的实用物品，如茶海、班台、几架、桌椅、烟茶盒、笔筒等能用于人们的实际生活且比其他同样用具更有特色、更有趣味。

经济价值。艺术品本身具有一定的经济价值，根艺品中的上乘作品有相当高的经济价值，主要取决于作品的造型和艺术加工的质量，一件精美的大型根雕价值在万元或数万元；由于根艺品的独特性、手工性、天然性，具有较高的升值空间。

保护状况 根艺具有体现齐鲁文化创造力的典型性、代表性，具有在一定人群或地域范围内世代传承，呈现出悠久的历史传统与清晰的传承脉络。因经济利益的驱动，从事根艺经营的人越来越多，个别根艺从业者片面追求经济利益，粗制滥造、以次充好，干扰根雕艺术品市场；加之自有资金的不足，导致根雕艺术的传承、保护、发展遇到瓶颈。

传承谱系 沂南于氏根雕传承谱系：第一代于景程，第二代于克治，第三代于步滨，第四代于文来，第五代于凤宝。

兰陵娄氏根雕传承谱系：第一代娄殿魁，第二代娄喜春，第三代娄荣德，第四代娄孝铎，第五代娄渊祥。

卢氏根雕传承谱系：第一代卢祥民，第二代卢兴旺，第三代卢玉堂，第四代卢传善、卢传忠、卢传美、张稳，第五代卢强。

沂水根艺传承谱系：第一代靳俊彦；第二代杨红勤；第三代杨红福；第四代马京宝；第五代杨治宝。

沂蒙挑花

挑花是刺绣的一种针法，在棉布或麻布的经纬线上用彩色的线挑出许多很小的十字，构成各种图案，也称“挑织”“十字花绣”“十字挑花”。一般挑在枕头、桌布、服装等上面，作为装饰。沂蒙挑花是沂蒙民间广泛流传的传统刺绣针法，主要分布在平邑县蒙山周边地区和南部山区，是山东挑花的重要组成部分，集生活与艺术于一体的民间实用美术。

历史渊源 沂蒙挑花历史悠久，是一项古老的手工刺绣技艺，起源于隋唐时期，经历了宋元明清的成熟期，到清末民初达到鼎盛阶段。沂蒙挑花以自绣自用为主，亦有街坊邻居、亲戚朋友、乡里乡亲互相帮忙绣的。题材多为二龙戏珠、凤穿牡丹、麒麟送子、鲤鱼跃龙门、狮子滚绣球、刘海戏蟾、金玉满堂、金鱼戏莲、鸳鸯戏荷、二十四孝、四雅齐集、八仙、石榴、桃、葡萄、梅兰竹菊等中国传统的吉祥图案，表达人们期盼婚姻美满、多子多福多寿的美好愿望。

近代以来社会动荡，人民生活困难，无心挑花刺绣。中华人民共和国成立后，挑花艺术复苏，涌现出一大批挑花艺人，平邑县西张庄、小三阳、南埠崖等村还曾组织起来，绣制耳枕，并将绣品推向市场，销往蒙阴、新泰、莱芜、泰安等地。

沂蒙挑花代表性传承人邢爱芝的祖母邢王氏（1889—1960），柏林镇羊圈村人，精通挑花针法，以蒙山山花山果为题材，作品栩栩如生；二姑母高邢氏技艺精湛，善挑绣，常被乡邻请去绣制嫁衣；外祖母牛李氏（1882—1951），小三阳村人，

沂蒙挑花——如意云肩

擅长刺绣挑花；二姨母曾在孔府绣花多年；母亲牛纪花自幼学习刺绣，不仅能挑出常见的水、卍字、双胜、蜜枣、菊花、八宝等传统纹样，还创新挑出王、正、中、福、寿、双喜等复杂纹样。

邢爱芝 13 岁开始跟母亲学习刺绣、挑花。熟练掌握基本纹样的挑绣方法，并创新出难度更大的双面同形、双面异形挑花。

2014 年 3 月，沂蒙挑花制作技艺被列入临沂市第四批市级非物质文化遗产项目名录；2016 年 3 月，被列入山东省第四批省级非物质文化遗产代表性项目名录。

主要内容 沂蒙挑花依据面料的经纬线数丝来绣，是独立的一个挑花种类，不依赖于底面面料纹理，是在剪纸花样的基础上两次施绣而成，即先在花样上均匀、平行地满绣底线（经线），然后再在底线的上面垂直交叉绣面线（纬线），在第二遍刺绣面线时，通过穿、插、挑、压等针法将第一遍绣线挑出，凸显于绣面而成新的图案，即“花中有花”。它集刺绣和织锦于一体，既重视“刺”又重视“挑”，粗看是绣，细察是锦，因此有“绣中大隐士”“锦中精小品”之誉。沂蒙挑花工艺复杂，对刺绣者技艺、视力和耐力要求极高，一般生活用品不常用，主要用于婚嫁、典礼服饰，如新娘礼服之云肩、合衣、凤尾裙、凤冠、喜鞋，新房挂件、灯衣、镜帘及孩子出生老人祝寿的贺礼等。

工艺流程 沂蒙挑花工艺复杂，挑绣一件新娘“合衣”，两个人需要半年到一年的时间。

浆衬布。先在木板上铺一层薄纸，喷水、摊平，均匀地刷上稀浆糊，将棉布敷在上面，抹平，需光滑平整，不得有褶皱、气泡，晾干备用。

裁剪。将衬布剪成所需形状的页片，将华丝葛等真丝面料依照衬布的形状裁剪，注意裁剪时四周要比衬布宽 5 ~ 10 毫米。

裱糊。将真丝面料裱糊在衬布上，注意平整光洁，转弯处不露毛不打折，这需要在面料边缘开小口，开口大小间距要适当。

剪花样。选较厚的纸剪花样，花样可整体连贯，叫“一剪子花”，也可拼接；有的人能自剪自绣，有的人需请师傅代剪。

裱花样。将剪好的花样小心地裱糊在叶片正中合适的位置，要粘贴牢固，不得漏粘。

绣纬线（底线）。选用由 15 ~ 20 根茧丝合成的白色生丝线绣纬线，布线要平直均匀，不得倾斜；要做到不露地、不重针。

绣经线（面线）。用 8 根茧丝合成的熟丝与纬线垂直交叉的方向绣经线，布线要竖直、均匀、细密，不得歪斜，并在需要的位置将一根纬线挑起，绣第二根经线时再将其压住，将相邻的纬线挑起，以此类推，直到挑出自己想要的图案。

包边、钉装饰线、上里子。给每个绣片用沿条包边，并沿着包边钉装饰线，将里子藏于针缝与绣片背面的沿条上。

珠连。用琉璃珠或玉珠或金珠将各个绣片连接起来，形成一件衣服。

钉穗。在最外一层绣片的下端钉上颜色相宜的流苏，一件合衣就完成了。

2022 年 1 月 17 日，邢爱芝在平邑县武台镇北武台村举办沂蒙挑花培训班

艺术特点 沂蒙挑花融绘画、剪纸、刺绣、织锦于一体，极具艺术和美学价值。

花中有花。在剪纸花样的基础上挑绣出新的“花”（图案），使得画面更加丰富多彩，内涵丰富、寓意深刻、耐人寻味。

浮雕感强。在剪纸花样上两次施绣，比一般刺绣高出两层，因而绣面更加饱满，具有质朴、稚拙的美。

整洁精致、光滑细腻、朴素自然。采用天然桑蚕丝面料和绣线精心绣制，光滑细腻、精致自然。

结实耐用。由于沂蒙挑花极为精细地有规律地穿插挑压，刺绣针脚变短，不容易被尖锐物体勾起，更加结实耐用。

传承与保护 沂蒙挑花为家族式传承，大多是母女、婆媳口传心授，会的很多，但真正传承下来的很少。传承人邢爱芝打破家族式传承模式，面向社会公开传授技艺，培养了农村巧手姑娘邢玉田，下岗职工牛子霞、孟照英，山东师范大学美术学院研究生张智颖等。她在大中小学、幼儿园、村庄社区广泛开展培训体验活动，参加全国各级展览比赛，将沂蒙挑花技艺逐步发扬光大。

成立专门的保护单位——平邑县乡情民俗文化传承有限公司，保存图片资料 2 万余张、录像资料 7 辑、实物资料 3000 余件、设计资料 100 余种。2019 年，沂蒙挑花产品被评为临沂市“我最喜爱的巾帼好产品”，连续三届参加沂蒙母亲素质提升工程展演活动。

垛庄酱菜

垛庄酱菜产于山东省蒙阴县垛庄镇，以天然酱曲、新鲜蔬菜酿制而成，色、香、味、形俱佳，且有酱香浓郁、咸、甜、脆嫩、鲜香、解腻增食、爽口开胃等特点。其用料考究，工艺独特，营养丰富，酿造技艺历经 150 余年传承而不衰，是劳动人民智慧的结晶。

历史渊源 垛庄镇地处北纬 37° 线附近的沂蒙山区，这里物产丰富，为垛庄酱菜酿制提供了原料支持。当地气候温和，四季分明，年平均气温 12.8℃，年均降水量约 815 毫米，无霜期平均 196 天。极端最低气温 -21.1℃，极端最高气温 40℃。蒙阴县是全国生态示范县，空气新鲜，环境优美，农作物口感佳、营养价值高。

垛庄酱菜酿制技艺起源于清咸丰四年（1857 年），刘氏家族燕翼堂主人从山西请来尚氏兄弟二人（当地人称尚三、尚四），其中一人主持酱菜制作，一人主持酱油、醋和糕点制作。尚氏兄弟教授的徒弟中有人后来在临沂和济宁从事酱菜酿制，逐渐演变出临沂八宝豆豉和济宁玉堂酱菜。在传承过程中，历代均有文献记载。

第六代传承人董志如，1989 年秋跟随父亲学习酱菜的腌制工艺。2003 年，建起孟良崮天然酱菜厂。他积极探索，开展产品生产及工艺技术创新，在继承传统酱菜腌制工艺的基础上，开发出更适合现代人口味的酱菜，企业规模不断壮大，产品畅销全国各地。

2011 年 3 月，垛庄酱菜传统制作技艺被列

垛庄酱菜

酱菜制作

入临沂市第三批市级非物质文化遗产项目名录；2016年3月，被列入山东省省级非物质文化遗产代表性项目名录扩展项目名录。

主要内容　垛庄酱菜采用古法腌制，纯手工操作，产品有酱包瓜、酱磨茄、酱方子、酱辣椒、五香杏仁、豆瓣酱、蒜蓉辣酱等。

垛庄酱菜选用新鲜的蔬菜，经食盐腌渍成咸菜坯，经过压榨将咸菜坯中的多余盐水（盐分）拔出，再用不同的天然酱曲（麸酱、面酱等）进行酱制，使酱中的糖分、氨基酸、芳香气等渗入咸菜坯中。制成的酱菜具有味道鲜美、营养丰富、开胃增食、容易保存、酱香浓郁、咸甜脆嫩、解腻爽口等特点。主要操作工艺包括选料、制麸酱、制甜面酱、新鲜蔬菜去皮、去蒂、盐渍、摆盆、攥干、发酵、清洗、控水、压榨、入麸酱、翻缸、清洗麸酱、控水、入甜面酱、翻缸、切片或丝、包装等十几道程序，整个生产周期需要6个月以上，每个工序都有严格细致的操作规程。

除工艺独特外，垛庄酱菜对原料有极高的要求，选取优质麦麸、面粉、新鲜蔬菜、杏仁、花生米，要求蔬菜形状整齐，大小均匀，杏仁、花生米颗粒饱满，富有光泽；酿制过程中水分、盐分攥、压到何种程度，发酵时如何控制温度，每几天翻一次缸，入麸酱多少天，入面酱多少天，都有非常严格的要求和质量控制标准。

技艺特征　垛庄酱菜用料考究、工艺独特、纯手工腌制，不能用机械化生产。否则色泽不亮，吃起来不脆发腻。

垛庄酱菜制作原料都是选用当地时令蔬菜及农作物，源远流长的历史文化和记载，都赋予了垛庄酱菜鲜明的地域特征。

垛庄酱菜含有人体所必需的多种维生素、氨基酸等，色泽棕红鲜明、香甜酥脆、酱香浓郁、营养丰富、美味可口、味道独特。

传承脉络　第一代：尚三、尚四，男，生于道光年间，山西人。于咸丰四年（1857年）到蒙阴垛庄燕翼堂教授酱菜制作技艺。第二代：刘全，男，1847年生，西乡人（今泰安、新泰一带）。第三代：胡永信，男，1892年生，垛庄镇沙屋后人。1953年胡永信带着酱菜腌制技术加入农业合作社，成立垛庄供销社酱菜厂。第四代：杨德顺，男，南垛庄人，1922年出生，酱菜腌制技术精湛。20世纪80年代，所带领垛庄酱菜厂处于鼎盛时期。1985年注册“裕源和”商标。蒙阴县境内各公社供销社均派人到垛庄酱菜厂学习酱菜制作技术，纷纷创办酱菜厂。第五代：董立厚，男，1945年生，东长明村人，1971年进垛庄供销社酱菜厂跟随师傅学习，10多年后尽得真传，并担任酱菜厂厂长，后调界牌酱菜厂任厂长，注册“垛庄酱菜”商标。第六代：董志如（详见人物章）。

薛家窑泥陶烧制技艺

黑陶已有4000余年的历史，它“上袭仰韶，下启殷商，左挽彩陶，右携青铜”，是龙山文化中的瑰宝。莒南县大店镇薛家窑村素有“陶艺之乡”的美称，是龙山文化的重要遗址之一。1977年，这里曾发掘出土大汶口文化时期、龙山文化时期、岳石文化时期的众多陶器。

薛家窑村以烧制黑陶闻名遐迩，该村泥陶产品有十几个大类、数百个品种，在中国泥陶系列产品中自成体系，出口到20余个国家和地区。其中陶器银灰色的外观和烧水泥壶的制作，工艺独具特色，获得国家专利。

历史渊源　薛家窑古遗址为省级文物保护单位，遗址保护面积13万平方米。这里有一种独特的黏土层，据地质专家介绍形成于一亿多年前的恐龙灭绝时代，是红页岩经风化沉积而形成。这种泥土结构密度高，可塑性强，有韧性，把这种泥土团放到清水中，浸泡一个昼夜，水不变浑，土球不散。薛家窑泥陶烧制技艺之所以千年传承而不衰，在泥陶业中独树一帜，这种稀有的黏土层是一个极其关键的自然条件。史料记载，薛家窑的泥陶制作在宋代就比较盛行。南宋时期，红袄军首领李全、杨妙真在此安营扎寨，该村原名营子官庄，起义军利用该地传统的烧制泥陶的技术，建窑开工，销售收入供部队所需。明洪武年间以后，薛氏、刘氏、王氏、庄氏家族相继迁入，他们研发泥陶工艺，不断在实践中探索，终于找到适宜这种特殊黏土的泥陶烧制技艺，使这里的泥陶产品声誉大振。清咸丰年间，唐姓家族从南方迁来，与薛家窑的刘慧章共同研发烧水泥壶获得成功，成为这一绝活的第一代传人，已传承6代。因窑炉建在薛姓的土地上，营子官庄改名为薛家窑。

2007年8月，薛家窑泥陶烧制技艺被列入临沂市第一批市级非物质文化遗产项目名录；2016年3月，被列入山东省省级非物质文化遗产代表性项目名录扩展项目名录。

装窑

主要内容 薛家窑泥陶制作技术，经过不断的发展、创新、流传、辐射，形成了独具特色，覆盖面很广的技艺流派。其核心区域为以莒南县大店镇为中心的莒文化圈。鼎盛时期，村里被外地聘请的传艺师傅达几百人。其技艺传播辐射至黑龙江、吉林、辽宁、内蒙古、江苏、陕西、宁夏和新疆等省区。清华大学、山东大学部分专业的学生到薛家窑考察、研究、交流泥陶制作技艺，并带着这里特有的黏土回学校进行技术实验。中国台湾地区的泥陶制作专家也多次慕名到薛家窑学习交流泥陶制作技艺。

薛家窑泥陶的制作工艺可分为取土、制坯、烧制三道工序。

取土。薛家窑村西约300亩地的范围内，有一种土层，地质专家介绍这个土层形成于第四纪，是红页岩经风化沉积形成。上面是一层黄泥土，下面是一层红泥土，薛家窑泥陶就是用的这种红泥土。取土回来后先晒干，然后加水粉匀。传统是人用脚踩，一直踩到泥不粘脚的时候为好，称踩熟。然后制成长100厘米、粗10厘米左右的泥条，待制坯用。

制坯。也叫拉坯，是泥陶制作中的关键工艺。制坯的工具是一个旋转的木轮，叫拉坯轮。轮子为平板圆形，直径85厘米、厚8厘米。采用不易变形的木料制成，中间有轴，上下套装，用脚蹬踩，木轮飞转。坯体就在旋转的拉坯轮上手工拉成。蹬轮的人须是年轻力壮的小伙子两人轮换，脚穿草鞋，蹬轮时保持用力均匀，转速恰当。制坯的师傅坐在拉坯轮旁，把泥坯放于拉坯轮上，随着旋转的木轮，一件件精美的工艺品在拉坯师傅的手中形成，产品的形状、大小、厚薄、高矮全在师傅的心中和手中。要想练成这种手艺，聪慧有悟性的年轻人需5～8年方能出徒。现在已使用电动拉坯机。

坯体做成后，移至屋外晾干，至用手拿不变形时，再搬到屋内，称作“一水”。一天后，再拿

出窑

到日光下晒半个小时，然后放到阴凉处继续晾干，再搬到室内，叫作“二水”。两三天后，再搬出来晾干，叫作“三水”。一般制品在春秋两季至三水即可入窑烧制，在夏冬两季则需要四至五水。

烧制。烧制泥陶的窑分为大中小三种，大窑用来烧制砖瓦等建筑材料，中窑用来烧制盆、罐、壶等生活用品，小窑用来烧制工艺品。窑的结构包括窑门、窑膛（炉膛）、窑炕和窑阁（烟囱）。装窑分为圈装和皮装两种方式，圈装是一圈圈地装，皮装是一行行地装。都要预留拦火。装好窑后，开始用小火烧，火势逐渐加大，一直把陶坯烧成火红色，至玲珑欲滴状，这时窑内温度可达700度。窑顶逐渐封严，转为靠火，保持火力均匀，再烧4个小时，总共约30小时。此时封窑门熄火，产品为红色，如闷住烟口，再用马尾松薰窑，则产品为青灰色。受环保等因素制约，如今大部分采用电窑，只保留了少数土窑。

代表薛家窑手拉坯技术最高水平的是烧水泥壶。此壶坯制作时，首先倒做壶底，壶底做成内凹形，以利于收火集温，然后倒过来再拉成壶体，最后上壶把、安壶嘴。烧水泥壶只能制成青灰色。这种泥壶底部上凹，收火集中，受热快，一根高粱秸即能烧开一壶水，泥壶壁薄透气，用泥壶烧开的水，味纯色正，沁人肺腑。

技艺特点　薛家窑泥陶烧制技艺是龙山文化时期古陶文化的传承与创新，在造福民众、满足人们生活需求的过程中传播中华泥陶文化。薛家窑泥陶制品富含活性炭，存放食物不易变质，能去除牛羊肉中的膻味，用泥壶烧水能节省燃料。

薛家窑泥陶制作在实践中不断发展创新，以适应市场需求。初期只烧盘、碗、盆、罐、壶、缸。盆类可分为洗手盆、洗菜盆、汤盆、食粮盆、花盆，形状大小不一。小的菜盆只有饭碗大小，大的盆有斗盆，能盛一斗粮食；花盆根据花类的需求，分大小、深浅、形状不一的各种类型；罐类可分为盛水罐和盛粮罐，也可分大中小型，带盖的盛面米的罐，又叫合罐；壶类分为烧水壶和冲茶壶，烧水壶对泥质和制作工艺要求较高，也可分为大中小型；缸类可分为盛水缸及盛粮缸，也分为大中小型。在建筑材料方面可制作砖瓦，后来发展至各类建筑瓦当，观赏类有狮子、挂盘等。其他小型生活用具有暖手炉、茶盘、香炉，花瓶、茶海等，后来又发展带有浮雕、透雕的高级艺术品。薛家窑泥陶有十几个大类，上百个品种。产品出口东南亚多个国家和地区。

项目传承　薛家窑的泥陶制作，从大汶口文化时期至今，传承数千年经久不衰。明代薛氏、刘氏、王氏、庄氏家族相继迁来薛家窑，促进了技艺的融合传承。清代南方唐氏家族迁入，与当地刘氏家族研发烧水泥壶，使薛家窑泥陶技艺独树一帜，以后按家族分为薛姓、刘姓、庄姓、王姓代代相传。

莫氏绒绣

莫氏绒绣是在特制的网眼麻布上，用彩色羊毛绒线绣出各种画面和图案的刺绣。它源于刺绣但高于刺绣，通过染色、劈线、汇色、色渐变、网点过渡、调色、丰富画面等工艺来表现主题。莫氏绒绣主要分布于临沭县玉山镇境内，这里群山环绕，层峦叠嶂，林木葱郁，泉水清冽，适宜绵羊繁殖生长。生产出的羊毛柔软坚韧，非常适合纺成绒绣所用的毛线。

历史渊源　关于绒绣的起源主要有两种说法。一种说法是，绒绣起源于欧洲，14—19世纪，当时欧洲的服装和壁毯上，有根据织物经纬线排列，计算针数绣成的图案，它的原料和工艺与当今绒

绒绣制作

绣十分相似。20世纪初，英国传教士詹姆斯氰茂兰在烟台开设“仁德洋行”，将欧洲的绒绣艺术引进中国沿海地区，外国商人开办企业，组织中国妇女生产绒绣产品。后来通过绒绣艺术家们改进创新，把绒绣与国内传统刺绣技法相结合，形成具有中国特色的工艺美术品种。

另一种说法是绒绣起源于中国。4000年前，中国古代的章服制度就有“衣画而裳绣”的规定。经过长期发展演变，形成苏绣、粤绣、湘绣、蜀绣“四大名绣”。鲁绣是北方绣种的代表，春秋时期兴起，史称“齐纨”或“鲁缟”，至秦汉已相当普及。据《汉书》记载，“齐三服官作工各数千人，一岁费数巨万”，当时绣业的昌盛可见一斑。

沂蒙地区是鲁绣的核心区域之一。在民间，绣花作为女人必学的“功夫”，被称为“女红”，农家大多有一种叫做“撑子”的绣花架子，鲁绣工艺随着这种特殊的工具在母女间代代相传。

20世纪初，莫氏家族开始精心研究绒绣，经过他们的改进和创新，把欧洲绒绣与当地刺绣相结合，逐渐形成了独具特色的莫氏绒绣。

2014年3月，莫氏绒绣制作技艺被列入临沂市第四批市级非物质文化遗产项目名录；2016年3月，被列入山东省省级非物质文化遗产代表性项目名录扩展项目名录。

主要内容 莫氏绒绣主要有艺术品与生活日用品两大类。艺术品有风景画、名人字画、油画等；生活日用品有靠垫、沙发套、手提包、汽车座套、壁毯、地毯等。针法由原来简单的方点针法发展到扒针、掺针、乱针、打子、拉毛、铺锦等多种针法。

代表作品主要有沂蒙革命战争题材的《支前》《孟良崮大捷》，中国传统吉祥题材的《富贵满堂》《梅兰竹菊》，书法作品《宁静致远》，古典人物《八仙过海》《仕女图》，油画《蒙娜丽莎》，另外还有《毛泽东》《王羲之》等人物肖像作品。

工艺流程 构思。绣制者根据自己对美好生活的理解，根据当地民俗风情和人们的喜好，构思设计出适合各类绣品的画稿，这是绣制出优秀的莫氏绒绣作品的基础。

画稿。首先要选用莫家专用的麻布为画布，裁剪一块尺寸合适的布料。画法有两种：一是在布料上用黑色笔直接画出构思好的图案轮廓；二是把预备要绣制的图案输入电脑，并用制图软件按比例画出相同的若干个小方格，然后在画布上画出相对应的小方格，这种方法更适于初学者，绣起来更为细致。

绒绣作品——攀越

上绷架。首先将做好的画布对应的两个边和两条在绷布架上的绷布缝合在一起，形成一块带木条的整料，然后再把两根细木条插在粗木条两端的长方形洞中（自由活动为准），把整料撑开再用四根栓钉分别插入细木条四个角的圆孔中（在放栓钉时要反复调试松紧度，使画布松紧适度），最后还要把画布的另外两个对应边和细木条上的圆孔用棉线交叉缝制，再依次逐根拉紧，使画布面平整。

染线配线。莫氏绒绣能够调配出具有自己特点的上千种颜色的色线，可根据绣稿色彩挑选相应的色线，绣稿上需要多少颜色就要配置多少色线，为了达到镶色和顺，一种色彩往往要选择若干个色级，如一朵红色牡丹花从深到浅要配 10 多个色级的绣线，在特殊的情况下，可以用小缸自己染线添加颜色，才能表现出理想的效果。油画和摄影稿配线时除物象本身色线外，还要有环境反应色，使色彩更为丰富。配线步骤尤为复杂，需要丰富的经验和细心。

绣制。根据绣稿要求与绣制者在创作过程中的创作意图，选用合适的针法。莫家绒绣有上百种针法，最有特点的是立体针法。在绣制过程中，有时要把毛线劈开一支或两支，有时还要将两色线或几色线合并在一起绣制。有时不但要用到针而且还要用长短不一的尺子，绣时要细心、耐心，要注意色的过渡。绣时一手在绷布上，一手在绷布下，下手将针自下而上穿出布面，另一只手接住再将针从上而下穿入，这样此起彼落，循环往复，直到将绣品的纹样在形、色、质方面都取得完美艺术效果为止。

整形定型。把绣制好的绣片从绷架上卸下来之后，要对其进行整治，由于针法和材料的特殊性，对其材料、形状要进行特殊的处理。首先要用清水对其进行清洗，再用高温整烫定型，达到预期的效果。

合成装裱。首先要做一个尺寸和绣片一样大的龙骨架，然后把绣片放在龙骨架上，扯平后，用钉子钉住。还可以用棉绳把绣片的四周绷在龙骨架上，再根据情况加卡纸等装饰材料，使绣品更加平整和谐，最后再加上画框。

主要特征 莫氏绒绣具有很高的艺术价值。用 2000 余种不同色彩的纯毛绒线，巧妙地将形、色、神、光相融合，使绒绣艺术品达到了忠实原作，胜于原作的艺术效果。

具有很强的实用性。绒绣既可绣世界名作，又可绣名人字画，还可制作百姓喜闻乐见的各种绣品，成为宾馆、会议室、家庭居室的最佳装饰品。

具有鲜明的地域性。莫氏绒绣的作品取材以当地传说为主，结合当地的历史、风土人情比较形象直观地反映出当地人们的生活习俗，具有很强的地域性。

传承谱系 第一代莫李氏，女，1887 年出生。从小学习刺绣，开启了莫氏家族绒绣传统。第二代莫家珍，女，1905 年出生，在上辈的基础上大胆创新，运用特殊的粗毛材料，把传统刺绣与绒线结合在一起，为现在的莫氏绒绣技艺奠定了基础。第三代莫慧玲，女，1928 年出生，在绒绣中加入更多题材，加入更多针法。第四代莫西爱，女，1950 年出生，自幼在家跟随长辈学习绒绣。在题材和风格上有很大的提升和创新；在颜色上有很大的突破。第五代莫宗荣，女，1974 年出生，研发出栽毛绣、立体绣等新技艺，进一步提升了莫氏绒绣工艺。与丈夫一起创立绒绣厂，把临沭绒绣向全国推广，并收尹德华、李丹丹、莫言娟三名徒弟传承莫氏绒绣。

王氏熟梨制作技艺

中华名吃“王氏熟梨”选用平邑天宝山的黄梨、温州冰糖、四川峨眉山川贝母，再添加大枣、南国红豆、香白芷、桂花酱等多种材料精心配制而成。制好的熟梨酥烂化渣、入口即化、甜香醇厚、子实酥软，是养生保健的纯天然食品，具有清痰泻火、润肺止咳、解酒利尿、除烦去燥、养肝益心之功效，对哮喘肺热、慢性气管炎有一定的保健疗效。王氏熟梨作为地方名吃在临沂家喻户晓，

临沂名吃——王氏熟梨

深受市民喜爱。

历史渊源 清朝时期，沂州王氏先祖王增祥开始制作熟梨，后王氏熟梨制作技艺代代相传。第四代传承人王金山在继承王氏熟梨制作技艺的基础上，引据医典查读药书，根据药食医性熬制熟梨汤，终成解决积咳的良方，常赠予街坊四邻，效果极佳。

第六代传承人王玉成，其祖父曾以卖熟梨为掩护，帮助八路军送信，父亲王文兴也曾在日军占领下卖过熟梨。解放后，父子二人挎着篮子、推着小车沿街叫卖，父亲一唱起《熟梨歌》，那些老主顾就知道，王家的熟梨又做好了，于是有的端着碗，有的拿着锅，纷纷去盛上几勺。当时，卖熟梨成了王家维持生计的唯一来源。

父亲临终前，拉着王玉成的手，让他千万不能丢了祖宗留下的手艺。1983 年，王玉成在报纸上看到了一篇题为《传统名吃亟待开发》的文章，其中提到了王家熟梨，王玉成百感交集，于是重操祖业，卖起了熟梨。每当夜幕降临，临沂城的繁华路段就会冒出几个不起眼的熟梨售卖小摊，在霓虹灯闪耀的夜里，别有一番风情，经常有人排着队，等着尝上一口味道甜美的熟梨。售卖熟梨时，其悠扬的叫卖声已演变成临沂人熟悉的、喜闻乐见的一支悦耳的民歌。

1997 年 5 月，费孝通视察临沂，赞誉王氏熟梨“清爽味醇　中华一绝”。1997 年 10 月，王氏熟梨被山东省贸易厅评为山东名小吃——中华熟梨王，12 月被中国烹饪协会评为中华名小吃——中华熟梨王。2000 年，注册“王氏熟梨”商标。

2014 年 3 月，王氏熟梨制作技艺被列入临沂市第四批市级非物质文化遗产项目名录；2021 年 11 月，被列入山东省第五批省级非物质文化遗产代表性项目名录。

基本内容 王氏熟梨制作工序、选料、工具、时间都十分讲究，其中任一环节出现问题，做出的熟梨味道就会打折扣。祖传秘方结合科学配方精制加工而成，使得王氏熟梨特色鲜明，成为中华一绝。

主要配料。天宝山黄梨、四川峨眉山川贝母、浙江温州冰糖、山西五台山大枣、内蒙古野生甜甘草、南国红豆、兰州甜百合、沂蒙山区野生金银花、祖传几百年熟梨老汤等。

制作方法。用特制大电锅加工，用子锅煮制附属汤，各种原材料精心配制好，分别放置于高压锅、中锅、大锅中，加工 24 小时，按煮制程序操作完成。主要以川贝母、冰糖、黄梨、红豆、料包等几十种材料煮制一定的时间，达到酥烂化渣，入口即化。

吃熟梨十分讲究。吃熟梨不能太快，否则就品不出味，要用调羹舀上一口熟梨汁送到口中，像品美酒那样品熟梨汁，咽下去后，口里还有阵

熟梨制作

阵余香。

传承谱系　王氏熟梨已有200余年的历史，其制作技艺是世代传承。第一代王增祥（1780—？）；第二代王志林（1810—1880）；第三代王全吉（1840—1915）；第四代王金山（1873—1947）；第五代王文兴（1896—1968）；第六代王玉成（1946年生）；第七代王力刚（1972年生）、王爱民（1968年生）。

琅琊古墨制作技艺

琅琊古墨制作技艺始于清朝末年。河东区张兰波先祖张清平采龟蒙山之古松制松烟墨，又用桐油、猪油制造油烟墨，深得地方文人墨客喜爱。张氏将制墨技艺传之子孙，至张兰波已传承七代。张兰波结合当代书写特点，推陈出新，相继开发出沂州古墨、云中燕墨锭、北太墨汁、彩墨、墨膏等系列产品，以其“色泽黑润、坚而有光、入纸不晕、舔笔不胶、宜书宜画”等特点，为众多书画家所推崇，产品畅销全国各地，并远销马来西亚、泰国、韩国、日本等国家。

历史渊源　临沂市河东区前相庄张家制墨技艺自1879年开始。清光绪年间，张家先祖张清平自幼酷爱书法，由于家贫，自己用锅底灰、动物骨头制作墨块，便于自己习书。一次次的试验，让他对制墨产生了浓厚的兴趣，他开始外出访师学艺。后游学于胡氏徽墨老字号，拜师学艺。数年后，张清平学成回乡，创办了晋墨坊。在传统墨块基础上，结合本地制墨工艺，大胆改革创新，运用临沂本地原材料，采用古法生产琅琊古墨晋墨，产品畅销鲁南、苏北一带。

宋人晁贯之《墨经》记载：“沂州龟山、蒙山皆产松之所，用其制墨色泽肥腻，性质沉重，品唯上上。”张清平采龟蒙山之古松制松烟墨，又集桐油、猪油为原材料制造油烟墨，因地处琅琊，为晋代大书法家王羲之故里，故命名为“晋墨”。张清平将制墨技艺传给儿子，此后世代相传，至今已传承七代，有140多年的历史。

2016年12月，琅琊古墨制作技艺被列入临沂市第五批市级非物质文化遗产代表性项目名录；2021年11月，被列入山东省第五批省级非物质文化遗产代表性项目名录。

主要工艺　琅琊古墨制作技艺复杂，有其独特的制作技巧。经制烟、取烟、配料、熬胶、拌料、研磨、挤压、成型、晾干、打磨、挫边、描金、装盒等工序精制而成。

制烟、取烟。油烟灰是墨锭生产的主要材料，其质量好坏直接影响墨的质量。以松油、桐油、猪油、麻油等各种油料按照不同比例配制成混合油，经燃烧后产生的烟灰就是制墨的油烟灰。

熬胶、配料、拌料。选取骨胶或皮胶，按比例一斤胶、一斤烟加适量的水进行熬制。将油烟灰与其他辅料（冰片、金箔、珍珠、麝香等各种名贵药材）按比例配好。胶熬好后，把所有配料倒入盛胶的器皿中搅拌。

琅琊古墨制作技艺进校园

挤压、成型、晾干。用研磨机把搅拌好的原料进行挤压。然后称量分块，用方锤锤打，再用模具定型成墨块。烟墨块需要一个月时间放阴凉处阴干，不能太阳暴晒。松烟墨需要半个月时间晾干。

挫边、描金、装盒。晾干的墨块用细砂纸或锉将墨块的毛边打磨光滑。再用勾线笔蘸永昌金墨，将墨块上面的字描上所需的颜色，然后晾干。最后用手工纸将墨块包装装盒。

技艺特点　晋墨坊传承琅琊古墨家族古老传统技艺，致力于弘扬中国传统文化，研究和探索传统工艺的现代制作方式。通过研究明清古墨配方，根据当代书写特点开发新产品。

琅琊古墨制作技艺是江北独有的古法传承者，其墨膏制作工艺获得国家发明专利。

琅琊古墨对原材料的筛选非常苛刻，以古法与现代工艺相结合的制作方式，先后开发出珍品浓墨（云中燕珍品、永昌金墨浓墨液、云中燕古墨锭）、练习墨汁（北太墨汁、云中燕香墨）、技术创新型墨头、云中燕彩墨液和云中燕彩墨膏、北太植物胶墨、炭液等系列复古品。

琅琊古墨成品具有色泽黑润、坚而有光、入纸不晕、舔笔不胶、经久不褪、宜书宜画、馨香浓郁、防蛀等特点。

罗庄周氏笼窑陶瓷技艺

周氏笼窑起源于1897年，由周觐光、周龙光、周春光三兄弟创建，窑址在朱陈。“笼”亦称匣钵，龙山文化时期烧制的蛋壳黑陶，已经开始使用匣钵。与传统的“摞烧”相比，笼窑烧制的产品在造型、光洁度、成品率等方面都要高，被誉为“周氏笼窑”。中华人民共和国成立后，罗庄陶瓷业得到了较大发展，陶瓷企业遍地开花，形成村村冒烟、家家作坊的局面。产品也由黑陶发展到白瓷，由日用陶瓷发展到日用陶瓷、园林建筑陶瓷两大体系，畅销全国并远销海外。周氏家族为罗庄陶瓷业的发展奠定了基础，从业者大都是周氏族人或徒弟。周氏笼窑陶瓷技艺是罗庄陶瓷的代表性传统技艺。

历史渊源　罗庄陶瓷业可追溯到龙山文化时期，距今已有4000余年历史。罗庄街道朱陈西社区西边的余粮沟西岸现存一处古瓷窑址，创烧于南北朝，延续至清代，是一处保存较好的古瓷窑遗址，2006年被省政府公布为第三批省级文物保护单位。明清时，罗庄、湖西崖、付庄、朱陈已成为规模较大、作坊集中的陶瓷制作中心和集散地。

周氏笼窑可追溯到清光绪二十三年（1897年），由周觐光、周龙光、周春光三兄弟创建，窑址设在朱陈。当时罗庄烧制民间瓷器多为廉价陶瓷，为节约成本，大多数都采用摞烧，周氏家族率先将匣钵应用到烧制过程，烧制的产品在造型、光洁度、成品率等方面都比别家高出一筹，称为“周氏笼窑”。当时朱陈共有13座烧制黑陶的小窑，其中有9座姓周，民间流传着“觐光壶、龙光斗、春光紫砂世少有”的说法，对周氏三兄弟的技艺给予充分认可。

2007年8月，周氏笼窑陶瓷烧制技艺被列入临沂市第一批市级非物质文化遗产项目名录；2021年11月，被列入山东省省级非物质文化遗产代表性项目名录扩展项目名录。

高温窑变艺术陶瓷

主要内容　罗庄周氏笼窑以大青矸、焦宝石、紫土、石英粉、瓷石、黏土、大青土、黄矸、黄药土等数十种产自蟠龙山、青云山、崔庄等当地的原料烧制而成。经过选土、配泥、碾压、制坯、阴干、修边、磨光、上釉等多道工序，塑成缸、盆、碗、碟、壶、坛、罐、瓮等器具，再经1160℃至1300℃的炉火烘烤，烧制成或乌黑锃亮、或洁白如玉的器具。

周氏笼窑传统产品以灰砂陶、紫砂、红陶、黑陶为主，以缸、碗、罐、坛、盆、碟及砂壶、蒜臼等产品为主。改革开放后，在原有陶瓷基础上形成以白瓷为主的杯、盘、碟、碗和餐具、茶具、酒具、烟具、工艺美术瓷等日用瓷产品和园林建筑陶瓷两大体系。

周氏笼窑产品制作使用传统技法，釉色比较纯正，釉面光洁晶莹，施釉薄而均匀，胎釉结合紧密，胎骨制作规整，泛金属之光，发钟磬之音，富美玉之醇，似流水之柔，温润淡雅，朴素厚重。

传承谱系　第一代周觐光、周龙光、周春光。清光绪二十三年（1897 年），创建周氏笼窑，窑址在朱陈。当时流传着“觐光壶、龙光斗、春光紫砂世少有”的说法，其中周春光的紫砂技艺与江苏宜兴几乎是同时期存在。

第二代周宗湘、周宗武、周宗泉。

第三代周树帧。1957 年，罗庄建起临沂第一家白瓷厂（1994 年改名为山东银凤股份有限公司）周树帧任技术厂长，1971 年被国务院评为全国 60 位老艺人之一，1991 年退休。

第四代周士贤，1985 年创办了罗庄第一个民营企业“山东省临沂市园林艺术陶瓷厂”（后改名临沂周氏笼窑陶瓷有限公司），1996 年周氏笼窑获得“中国老字号”称号。

第五代周继陶、周济林，于旭光、王家驹。

中国结传统编织技艺（郯城县　兰山区）

中国结起源于上古时期人们结绳记事，后来绳结逐渐演化为装饰物，并赋予了许多美好寓意。郯城县中国结编织源自南部的红花镇，唐宋时期已经盛行。郯城中国结以结型紧凑、变化多端、色彩艳丽、喜庆吉祥等特点，成为人们佩戴、陈设或店铺装饰的佳品。

历史渊源　中国结，全称“中国传统装饰结”，是中华民族特有的一种传统编织工艺品。中国结的起源可以追溯到上古时期，据《易・系辞》载：“上古结绳而治，后世圣人易之以书目契。”从考古发掘的实物来看，许多出土的陶器、青铜器大都饰有绳纹。绳结与当时人们生产生活息息相关，具有记载历史事件的功能，同时也常用于器物的装饰，给绳结注入了美学内涵。宋代词人张先曾有“心似双丝网，中有千千结”的诗句，形容失恋后的女孩思念故人、心事纠结的状态。而“结发夫妻”也源于古人洞房花烛之夜，男女双方各取一撮长发相结以誓爱情永恒的行为。“结”从生产生活的范畴进入了人们的情感世界，赋予了新的内涵。到了清代，绳结发展至非常高妙的水准，名称巧、式样多，中国结真正成为流传于民间的艺术。

郯城县和兰山区是临沂中国结的主要产地。郯城县中国结编织源自南部的红花镇，具有悠久的历史。早在唐宋时期，中国结就已经成了当地姑娘闺中的“必修课”。经过数千年的发展，中国结从简单的饰品演变成为精致的艺术品。郯城中国结已占据临沂批发市场九成以上份额，在浙江省义乌市场的占有率也达到 2/3 以上，成为华东地区最大的中国结生产加工基地。郯城县城南立有高 13.69 米的巨型中国结雕塑，中国结已成为郯城县的城市名片和古郯文化的典型代表。

兰山区中国结传统编织技艺以邓桂花、张洪霞为代表，在继承传统技艺的基础上，不断创新，作品多次在全国、省市大赛中获奖。

2011 年 3 月，中国结传统编织技艺（郯城县）被列入临沂市第三批市级非物质文化遗产项目名录；2020 年 11 月，中国结传统编制技艺（兰山区）被列入临沂市第三批市级非物质文化遗产代表性项目名录扩展项目名录。2021 年 11 月，中国结传统编织技艺被列入山东省第五批省级非物质文化遗产代表性项目名录。

技艺特色　郯城中国结造型独特优美、花色品种多样。每个中国结从头到尾都是用一根丝线编结而成，把不同的结饰互相结合在一起，或用其他具有吉祥图案的饰物搭配组合，就形成了造型独特、绚丽多彩、内涵丰富的中国传统吉祥装饰物品。

郯城中国结主要有基本结、变化结及组合结三大类别，包括双联结（双双成对）、双钱结（财源亨通）、祥云结（祥云绵绵）、如意结（吉祥如意）、平安结（如意平安）、盘长结（长寿百岁）等 30 余个品种。中国结与现代生活相结合，根据其用途不同，可以分为吉祥挂饰和编结服饰两大系列。每个系列又包括多个品种，如吉祥挂饰有大型壁挂、室内挂件、汽车挂件等；服饰挂件有戒指、耳坠、手链、项链、腰带、古典盘扣等。

双联结是以两个单结相套连而成，故名“双

中国结

联”。联与连同音，在中国吉祥语中，可以隐喻为连中三元、连年有余、连科及第、喜结连理等。双联结属于较实用的结，它结形小巧，不易松散，常被用于编制结饰的开端或结尾，有时用来编项链或腰带中间的装饰结。

双钱结又称金钱结或双金线结，以两个古铜钱状相连而得名，象征“好事成双”。古时钱又称为泉，与“全”同音，寓意“双全”。

祥云结。云，不仅是代表上天或神仙的座乘，而且云能造雨以滋润万物，将祥云用于各种吉祥图案极为广泛，寓意绵状似祥云而得名。可用于编制吉祥图案的云彩，也可相串连编成吉祥项链、腰带，结形美观大方。云与运音近，寓意“祥运”。祥云结是以纽扣结编至最后时，将两线头分别向左右平抽而成，其形结的组合，可构成美丽的图案。

中国结编织方法较多，不同的中国结编织方法和工序不尽相同。郯城中国结的编织方法可归纳为基本技法与组合技法。基本技法就是用单线条、双线条或多线条来编结，运用线头并行或线头分离的变化，做出多彩多姿的结或结组；组合技法则是利用线头延展、耳翼延展及耳翼勾连的方法，灵活地将各种结组合起来，编成一组组变化万千的结饰。

以盘长结的编织方法为例，其编织过程主要分为备料、挂线、编织、下模、调整、整形、定形、组装等八步。一是备料。即准备好编织材料和使用工具。二是挂线。即是将线挂在模具上，做出编织的基本图形。三是编织。在挂好线的基础上，通过穿、绕、挑、压动作，形成结体结构的过程。四是下模。将编织好的中国结半成品从模具上取下来。五是抽。就是穿绕完毕，检查核对是否有错误地方。结体编好会有多余的剩线，呈现松散状，需要增加抽的步骤，把多余剩线抽到尾端，整个结体才会显现。六是整形。对结体进行装饰、修整、遮掩及补充。七是定形。为了使中国结结体长久保持最佳形态，延长作品寿命，需要将中国结在透明漆中浸泡30秒，取出沥干残留液，然后晾干，这样就达到了定形的效果。八是组装饰件。将定形完毕的中国结装上穗子等其他饰件，整个中国结制作完成。

传承脉络 郯城县红花镇从事中国结编织历史悠久，从事人员较多，是一项人们广泛参与的生产活动，无确定的传承谱系。郯城中国结的传承代表人主要有陈玉侠和谢印侠两人。

陈玉侠，女，1949年生，郯城县红花镇院北村农民，从小学习中国结艺，擅长纽扣结、盘长结等各种结艺。

谢印侠，女，1967年生，郯城县红花镇胡林村农民，从小学习中国结制作技艺，擅长各种传统中国结制作。

郯城琅琊草编织技艺

琅琊草俗称黄草，是一种禾本科的荆草，其叶细长，柔软而有韧性，色泽光亮。郯城琅琊草编织技艺是以琅琊草为原料，运用经纬编织技法，制作草帽、草鞋、草垫等生活用品的传统手工技艺。郯城县琅琊草编主要集中在沿沂河两岸的重坊、港上、新村等乡镇，历史悠久。

历史渊源 郯城县种植琅琊草已有200多年的历史，是当地人民利用自然资源改善生产生活的一种方法。春天人们种上琅琊草，收割后白天放在河滩沙窝里晾晒，夜间转到草荒露草，一周左右就成了洁白如玉的成品草。秋冬农闲季节，男女老幼一起动手，老人和孩子剥草皮，结蓑衣。男的拧坠打结，女的揄鞋揄帽。

1913年，马头桑庄艺人杨锡堂在郯城人于蔼辰、临沂人杨枢臣的指导下，创制揄成草帽，命名为“琅琊草帽”。《民国日报》曾称赞琅琊草帽“非特视平常国货，有过之无不及也，即视外货最精致者，亦当首屈一指”。秋冬时节前来收购草制品、银杏等土特产的商贾云集。沂河两岸的马头、新村、重坊等渡口，帆桅错动，舟船塞流，满载货物的大船，北上京津唐，南下苏沪杭。1925年，港上刘庄村刘慰庭创造单草单编法、单草双编法，将简单的揄技发展为编技，编织技术实现新突破。1932年，马头杨松峰等人创立琅琊草帽生产运销合作社，举办培训班，开设制帽工厂，以太极图为商标，设计出平顶、圆顶、时式坤帽三种帽型，产品畅销上海、天津、青岛、济南等地。后因战火绵延、民不聊生，琅琊草制品便无人生产。至解放初期，该手艺濒临灭绝。

中华人民共和国成立后，琅琊草编织得到了快速发展。1958年，港上公社成立草编厂，组织60多人从事琅琊草编织生产。1964年，郯城县工业局在新村乡埝东村成立草编社，由技师王桂荣带领叶如连、孙仲民等人开展编织技术革新，成功地将单薄易损的单草单编、单草双编技艺改进为双草双编，草绳、草麻混编，使之耐磨耐拉不易变形。色彩亦由原色改为染色，增加铺胶轧压，吊里绣花等工艺。设计出网眼花、席纹花、椒眼花、菱花、宣花等500多个花色图案。创造了茶杯套、拖鞋、提包、挎包、宠物窝等几十个系列产品。

1966年，成立郯城县草编总厂。1976年更名为郯城县工艺美术总厂，在14个乡镇设立分厂。产品被评为山东省“名牌产品”，并获山东省工艺美术品“百花奖”。年产值达到1000万元，琅琊草编织技艺达到了鼎盛时期，成为全县全民性的手工技艺。

2014年3月，郯城琅琊草编织技艺被列入临沂市第四批市级非物质文化遗产项目名录；2021年11月，被列入山东省省级非物质文化遗产代表性项目名录扩展项目名录。

基本内容　郯城琅琊草编织技艺是以琅琊草为原料，运用经纬编织技法，制作草帽、草鞋、草垫等生活用品的传统手工技艺。主要分布于山东省临沂市的郯城县、兰陵县、罗庄区和江苏省邳州市等地。

郯城琅琊草编织技艺在郯城有着广泛传承基础，是一项群体性的手工技艺，编织方法简单易学，产品经济实用，编织工序分为基本工序和辅助工序。基本工序有六道：一是准备阶段，把琅琊草用水泡一段时间，至琅琊草柔软捞出，然后根据琅琊草的长短分类排放。二是起头，先用琅琊草编织帽顶，用几根琅琊草交错编织，待帽顶成型可以上模具为止。三是上模，模具是按照帽顶的形状制作的，把起头的部分套在模具上，并用细绳把它系好，确保编织的时候不脱离形状。四是下模，帽顶编织成型后，形状固定就可以脱离模具编织了。五是编织，下模具之后继续编织帽檐，编织的手法花纹繁多，有大胡椒眼、小胡椒眼、鸡爪纹等。六是锁边，草帽编织成型后，需要锁边，防止帽檐松脱开裂。锁完边之后把多余的琅琊草修剪掉。

近年来，郯城琅琊草编织以草帽为主，生产方式由原来的分散生产转变为公司化经营，主要为外贸型企业，其技艺传承与实践由公司负责组

琅琊草编

织实施，并负责产品的开发、设计、生产与销售。

郯城琅琊草编织技艺主要分布于山东省临沂市郯城县沂河沿岸一带的胜利镇、马头镇、港上镇、重坊镇一带，临沂市罗庄区的黄山镇、褚墩镇，兰陵县的庄坞镇、层山镇、二庙乡以及江苏省邳州市的港上镇、铁富镇等地。

产品主要出口韩国、日本、美国、墨西哥、法国等30多个国家和地区。郯城琅琊草帽1978年被评为山东省“名牌产品”，1980年“海洋牌”琅琊草帽被评为“优良名牌”，并被授予“山东著名商品”证书。1985—1986年第五届、第六届山东工艺美术品百花奖评审会上，“海洋牌”琅琊草帽两次获山东省工艺美术品“百花奖”。

主要特征 琅琊草编织技艺编法独特，花样繁多。其技法分揄、缠结、编织、绣四种基本方法。揄法古老简单，编织的图案平整有序，采取跳花揄法，可揄出各种图案。缠结造型立体，结构坚固。编法按经草和纬草走向分为双向编法、三向编法、四向编法、五向编法，手法分为压、挑、交叉、扭结等；绣法已不常用。

造型方便，图案丰富。琅琊草韧性强，容易造型，借助模具可以编成圆筒形、半球形、矩形等几何形状，通过改变材料的色彩、编法以及加减纬草等来创作各种图案纹饰，常见的图案有：网眼花、平纹花、席纹花、条纹花、椒眼花、筛纹花、联扣花、鹰爪花、菱花、宣花等。

琅琊草编织技艺工艺简单，易于学习。琅琊草编织技艺是大众性的传统手工技艺，创新成果在社区和群众中具有共享性，普及性强。

琅琊草编织技艺讲求实用性。琅琊草编织技艺是郯城人民在艰苦环境中为改变生活生产而创造出的手工技艺，所编织的用品都与生活生产息息相关，追求自然、朴素之风，是乡土艺术中的典范。

沂蒙孟府小磨香油制作技艺

沂蒙孟府小磨香油制作技艺始于清光绪年间，以优质沂蒙山区芝麻为原料，通过石磨磨制，以“水代法”生产出品质优良的香油，最大程度上保留了芝麻的营养成分。孟府香油是当地具有代表性的特色产品，也是家家户户餐桌上不可或缺的佐料。

历史渊源 沂蒙孟府小磨香油制作技艺在继承祖传香油加工工艺的基础上发展而成。据有关资料记载，孟府小磨香油始于清光绪年间，已传承至第六代，有120多年的历史。

2016年12月，沂蒙孟府小磨香油制作技艺被列入临沂市第五批市级非物质文化遗产代表性项目名录；2021年11月，被列入山东省省级非物质文化遗产代表性项目名录扩展项目名录。

主要内容 沂蒙孟府小磨香油制作技艺以优质沂蒙山区芝麻为原料，秉承祖传加工工艺，通过石磨磨制，以“水代法”生产出品质优良的香油，工艺环节严谨，制作过程精细。生产流程包括清洗、烘炒、磨制、兑水、晃油、离心取油等工序，整个制作过程不添加任何添加剂。

首先将上等沂蒙芝麻用清水清洗干净，去除杂质，然后将清洗干净的芝麻以每次10斤的量放入铁锅中烘炒，温度控制在220 ~ 280度之间，时间在40 ~ 45分钟之间。严格把控火候和时间，保证香油质量。将炒好的芝麻放到石磨上磨制成细糊状的酱坯，然后按100斤酱坯配85斤开水的比例进行兑水，兑水分三次完成。前期用100度开水和酱坯迅速混合，中期少量兑水将香油置换

孟府小磨香油参加乡村大舞台非遗展销

出来，后期少量补水使其饱和。

接下来用长把葫芦不停地搅拌兑好水的酱坯，先用葫芦用力深捣，使油和酱坯分离出来，开始取油。然后将葫芦探入一半轻捣，再用葫芦敲其表面的油泡，整个过程持续四五个小时。

最后采用离心取油的方法，将油胚表面残留的香油取出。

将剩余的油胚进行二次加工，首先在面上开一个直径 20 厘米、深 5 厘米的小坑，将油锅底嵌入小坑，然后用手用力将锅呈波浪形旋转起来，再上下左右来回颠，使油聚在一起，用油撇子将油取出，增加出油率。晃出的香油盛入油坛内密封，自然沉淀后取出残渣。以此法生产的成品香油，香味浓郁纯正，色泽晶莹，营养成分更全面，口感独特，是烹调菜肴的上等佐料。

鲁城宫廷全羊制作技艺

鲁城宫廷全羊宴源于清乾隆年间，由皇宫御膳演变而来，已有 250 余年历史。它采用本地小山羊为原料，配以多种中草药材，利用羊体的不同部位，通过烹、炒、炸、炖、蒸等做法，精心炮制而成。鲁城全羊不膻不腻，脆嫩爽鲜，形、色、香、味俱佳，具有较高的食用价值和审美价值。

历史渊源 鲁城宫廷全羊宴是兰陵县鲁城镇西马庙村孙氏家族的祖传技艺。据《牛山孙氏家谱》记载，鲁城“宫廷全羊宴”源于清乾隆年间。

相传清乾隆年间，兰陵人孙霞跟村中厨师学习烹饪，对峄县、苍山一带所产羊肉的烹调得心应手。适逢沂州知府李希贤号召各乡村民疏浚河道，孙霞就跟着民夫上了工地做饭做菜，他烧制的羊肉汤民夫们都喜欢喝，其技艺亦受到巡视工地的李希贤的称赞，后来李希贤将他推荐给乾隆皇帝制作膳食。随着年龄的增长，孙霞告老还乡，将“宫廷全羊宴”的手艺传给子孙，此后这门技艺在孙家代代相传，至孙景来已传承八代，有 250 余年的历史。

2016 年 12 月，鲁城宫廷全羊宴制作技艺被列入临沂市第五批市级非物质文化遗产代表性项目名录；2021 年 11 月被列入山东省省级非物质文化遗产代表性项目名录扩展项目名录。

鲁城全羊宴菜品

工艺特点 鲁城宫廷全羊宴由皇宫御用膳菜演变而来，是用羊体的不同部位采用“烹、炒、炸、炖、蒸”等做法，精制成形、色、香、味各异的菜肴。或一个部位一道菜，或一个部位做几道菜，做工精细，配料考究。“全羊”入宴时，每道菜怎么安排，都有一套很讲究的程序。宴席上所有菜都是以羊肉做成，菜的名称中却不带一个“羊”字，具备较高的食用价值和审美价值。鲁城宫廷全羊宴特选鲁城雄性小山羊为原料，绿色环保，做出的菜味道鲜美，营养丰富。加之配有多种中草药和佐料，菜肴不膻不腻，脆嫩爽鲜，食之可口。

传承谱系 第一代孙霞，第二代孙文德，第三代孙毓祥，第四代孙肇成，第五代孙葆贵，第六代孙承喜，第七代孙茂山，第八代孙景来，第九代孙晋国、张文利。

沂蒙小棉袄制作技艺

沂蒙小棉袄是在传承和提炼了沂蒙地区民俗文化基础上，以近 300 年代代相传的棉袄传统手工制作技艺，融入现代元素，逐渐形成的具有鲜明地域特色的服饰产业品牌。它选用本地出产的优质棉花，采用古法手工制作，款式以传统马褂式和中山式为主，色泽古朴典雅，穿着舒适耐用，是沂蒙地区独具特色的文化符号。

历史渊源 棉花于南北朝时期传入中国，共有两条路线，一为东南亚传入海南、广东、广西等地的“南道棉”，二为中亚传入新疆等地的“西道棉”，皆地处偏远，影响不大。元朝时期，棉花种植传入内地。明朝初年，朝廷规定，自耕农拥有十亩地以下的，必须要种半亩棉花，10亩以上的还要加倍种，棉花开始大面积种植，并逐渐走入寻常百姓家，普通人有了棉袄。

沂蒙小棉袄制作

清康熙年间，沂水县杨庄镇吴李氏心灵手巧，缝制的棉袄远近闻名。据吴家楼子村吴氏族谱记载：“吾族祖吴典妻吴李氏，秉性贤淑，手巧，善为手工针线缝制棉袄，远近婚嫁皆慕名来学。”吴李氏将手艺传授给家族女性，后代代相传，至今已传承九代，有近300年历史。

抗日战争和解放战争期间，沂蒙妇女昼夜劳作，做棉袄拥军支前，沂蒙大哥则将自己的老棉袄盖在担架上，沂蒙小棉袄承载着人民群众对子弟兵的深情厚谊，为抗日战争和解放战争的胜利做出了贡献。

中华人民共和国成立后，沂蒙小棉袄的传承和发展更为迅速，据《杨庄乡志》记载，农闲时“家家忙棉袄，户户闻机杼”。随着时代发展，沂蒙小棉袄生产队伍不断扩大，产品种类越来越多，制作也越来越精良，逐渐形成了用料讲究、款式紧凑新颖，朴实耐用，穿着舒适，地域特色鲜明的沂蒙小棉袄品牌。

第九代传承人孙洪芸，不断改良创新，成为沂蒙小棉袄制作高手。2016年4月注册成立沂水益农电子商务有限公司，开始在网上销售沂蒙小棉袄。

2016年12月，沂蒙小棉袄被列入临沂市第五批市级非物质文化遗产代表性项目名录；2021年11月，被列入山东省省级非物质文化遗产代表性项目名录扩展项目名录。

主要内容 沂蒙小棉袄，是沂蒙地区传统手工缝制棉袄的统称。它冬季穿着具有很强保暖性，共有三层，外层叫面子，主要采用较厚的颜色鲜艳或有花纹的布料；中间一层是具有很强保暖作用的棉花；里层叫里子，一般是用比较轻薄柔软的布料。

沂蒙小棉袄制作工具有弹棉机、纺线车、织布机、顶针、缝衣针、剪刀、锥子、粉线、薄塑料、纸质模样等。沂蒙小棉袄填芯用的棉花选用沂蒙山区的标准山地棉，柔纱高质，纤维长、弹性大，采用的布料主要是纯棉，辅之以麻布、丝绸，全部是纯天然材料。经弹棉、纺线、织布、剪裁、填棉、缝制、刺绣、缀扣等工序，全部用手工古法制作。

技艺特征 地域特色鲜明，文化符号强烈。沂蒙小棉袄的原材料均为本地出产，采用世代相传的手工制作工艺，浸染的是沂蒙文化。沂蒙小棉袄古朴典雅，与沂蒙山人勤劳质朴的品质一脉相承。

取材天然，纯手工打造，绿色环保。沂蒙小棉袄采用的面料、棉花全是纯天然材料。全程手工制作，成衣亲和、得体又时尚。

款式多样，色彩丰富，适应性强。针对不同年龄段、不同层次的各类人群，设计有不同的款式，配之以不同的颜色，既有中老年人的稳重老成，

沂蒙小棉袄

又有青年人的简洁明快，最突出的是儿童小棉袄，小巧玲珑，俏皮瑰丽。

多种工艺技法综合运用。沂蒙小棉袄在制作过程中，往往在脖领、肩头或袖口辅以刺绣工艺，大大提高了产品的艺术含量。沂蒙小棉袄的扣子全部以手工棉布盘扣，有葫芦状、琵琶状、蝴蝶形状，手感舒适，结实耐用，美观大方。

沂水桑皮纸制作技艺

桑皮纸以桑树皮为原料，主要产于中原地区。据史料记载，汉代安徽古皖地区就生产桑皮纸，已有1800年历史。1908年英国人斯坦因在新疆和田城北100公里的麻扎塔格山一座唐代寺院中，发现一个桑皮纸做的账本，上面记载着寺院在当地买纸的情况，证明唐代桑皮纸已经广泛使用。

历史渊源　8世纪，造纸术沿丝绸之路传到阿拉伯、印度等地。西域居民就地取材，选用桑树皮造纸。14世纪中叶，桑皮纸制作技术由和田传入吐鲁番地区。明清时期，中原与西域交流频繁，出自西域的桑皮纸也为中原地区人们所用。清代吴敬梓《儒林外史》第五回里写道："两个人才扳过来，枣子底下，一封一封，桑皮纸包着，打开看时，共五百两银子。"说明桑皮纸在明清时期非常盛行，用途也很广泛。

沂水桑皮纸制作始于清代。清康熙元年（1662年），沂水县龙家圈街道小匡庄村李氏家族开始制作桑皮纸，并以此为生。后将此技艺传之子孙，李氏世代相传，已传承350余年。沂水桑皮纸以其工艺细腻，质地优良，耐腐拒蚀的特性，为历代书画名家所青睐，亦为酿酒业制作容器所必备。

2016年12月，沂水桑皮纸制作技艺被列入临沂市第五批市级非物质文化遗产代表性项目名录；2021年11月，被列入山东省省级非物质文化遗产代表性项目名录扩展项目名录。

主要内容　李氏桑皮纸保留着全部手工制作的工艺，经取皮、碾压、蒸煮、拣皮、捶捣、切细、洗浆、抄纸、揭帘和晒纸10个流程72道工序，方能制作出质量上乘的桑皮纸。

先将优质桑树皮浸于水中，去其污渍杂质、剥去表层燥痂，然后放入大锅，在不断搅动中煮烂，于阴凉处拧制成坨，再用石碾碾压，使桑条糅合，老皮脱落，尽显鲜嫩肉质纤维。经反复冲洗，去其杂质，入大缸发酵沤制。沤制时间以两天为宜。过长，纸为纯白；过短，纸为原白。发酵后的桑皮需人工分拣，去掉打结，梳拢成序。耗时耗力，要求精细，操作之快慢直接影响后面工序及纸张质量。

墩砸桑皮泥是一道同样重要的工序，用石板和木棰反复碰撞，边砸边翻，直到不见纤维，手捏如泥。

桑皮纸制作

制浆和竹帘抄捞是关键环节。将桑皮泥置于大缸中，搅拌，使其融水成浆，以筛滤掉杂质，倒入池中，沉淀半小时后，将竹帘放入水池，捞出、控水、等待晾晒，如此循环往复。操作过程需心静、气慢、耐心，只有如此才能严格掌控纸的厚薄与品质。

最后一道工序是晾晒。早年条件所限，炎热季在背阴处晾干，秋冬季日光下晒干。如今采用水温钢板墙烘干，墙体保持60℃～70℃高温，不受自然条件限制，极好地保证了纸张品质与成品率。

技艺特点 沂水桑皮纸被称为造纸术中的“活化石”。历史悠久，品质独特，至今仍保持全部手工制作。它坚持古法技艺传承，能10名工匠同时抄捞，可制作高端丈二的巨幅纸张。沂水桑皮纸以其纹理清晰、纤维细长、棉韧细腻、光而不滑、耐腐拒蚀、运墨自如为书画名家喜爱。

沂水桑皮纸是传统手工纸的代表，保留了中国传统造纸技术的精髓，它除了具有纸张的一般功能外，还具有特殊的实用功能。纸呈天然乳白色，纸质细密，光而不滑，纹理纯净，耐磨损，耐折叠，纤维细长，拉力大，无毒无味，防腐防蛀，吸水性强，着墨不褪色。凡是贵重书籍、契文、书画、扇面等多用桑皮纸制作。桑皮纸不但适合写字、画画，也适合做名贵书籍如家谱、房契、文书，古旧书籍、书画修复。沂水桑皮纸还能做酒容器，兰陵陈香酒、孔府宴、孔府家酒等酒的主体容罐一直使用此纸。用桑皮纸做的酒容器，酒香、味纯、不变色，盛酒容器具有耐用、保质等特点。

沂水丰糕制作技艺

沂水丰糕是沂水独创的地方传统名吃。以优质糯米为主要原料，配以青红丝、蔓越莓、芝麻、葡萄干、枸杞等辅料制作而成。专在中秋节期间制作出售，是沂水及周边地区居民中秋节的供品和走亲访友的礼品，现已成为百姓日常食用的休闲食品。

历史渊源 据《沂水县志》记载，沂水丰糕始创于清朝嘉庆年间（1797—1820年）。有一年风调雨顺，粮食获得大丰收，粮满仓，米满缸。有一大户人家，由于储粮不善，有几缸米进水浸泡。待发现时，已浸泡发酵一个多月。舍不得扔掉，经多次淘洗晒干后，磨粉和面油炸食用，竟然别有风味，遂成为丰糕的雏形。后经多次改进，又加上白糖、蜂蜜、青红丝、蔓越莓、芝麻、葡萄干、枸杞等辅料，逐渐成为独具地方色彩的食品。因其用糯米制成，百姓祈盼风调雨顺，年年丰收，遂以“丰糕”命名，寓意“年年丰收、步步登高”。此后，人们为了庆祝丰年，每到中秋节前，都要泡上几缸米，制成丰糕，供奉上天，丰糕也成为中秋节走亲访友、孝敬老人的礼品和家家户户必备的节日美食。经过200余年的发展传承，逐步形成了沂水独特的丰糕文化。

2016年12月，沂水丰糕制作技艺被列入临沂市第五批市级非物质文化遗产代表性项目名录；2021年11月，被列入山东省省级非物质文化遗产代表性项目名录扩展项目名录。

主要内容 沂水丰糕对制作工艺有着极高的要求，共分浸泡发酵、择时倒缸、清洗晾晒、磨制成粉、烫面打糊、和面压团、压面切条、油炸膨化、加工成型、切块包装等十道工序，全部为手工制作。先优选上好的糯米放入大陶缸中，加入纯净井水，水位要高出米平面30厘米，用纱网把缸蒙上，在夏日高温日照下自然发酵30余天。糯米泡发15天左右，水呈乳白色，不时有小气泡从缸底冒出，说明缸中上半部分糯米已基本发酵成熟，这时要将缸中的糯米倒到另一个缸中，把下部的米倒到上部，确保整缸糯米发酵均匀。将发酵成熟的糯米捞出后，用清水进行充分清洗，将发酵的馊味清洗干净，放在干净的晒布上将其晒干。将晒干后的糯米，用石磨磨成细粉待用。将磨好的糯米粉放入大陶盆中，加入沸水并不断搅

沂水丰糕

拌，直至调成黏稠的膏状面糊。将面糊放入和面机内，加入适量的干糯米粉，充分搅拌，和成硬硬的面团。将面团用压皮机压实，压成厚薄适中的面皮，用刀具切成5厘米左右的细条，放入面筛均匀摊晾。将切好的面条均匀地撒入油锅，油温控制在180℃左右，油炸膨化，炸至表面微黄捞出，放在竹筐内冷却，即成丰糕胎子。将丰糕胎子放入大铁锅中，拌以槐花蜜、芝麻、蔓越莓等辅料，与白砂糖熬制的浆子（麦芽糖醇）在大锅中搅拌均匀。将拌好的丰糕胎子倒入模框内摊平，撒上青红丝、葡萄干、枸杞等，用压辊压平压实，压出丰糕亮亮的表面，用刀具将压制好的丰糕切成大小不一的方块，即成丰糕。

纺线

技艺特点 全手工制作工艺。丰糕为全手工制作，有些工序完全靠经验、凭感觉来完成。

自然发酵，口味独特。相比其他的糕点，沂水丰糕具有发糕的特点，有发酵的过程，属于自然发酵。兼具糕类食品的香甜和烹炸食品的酥脆，食之香甜酥脆，到口即化，香而不腻，脆不粘牙。

营养丰富。沂水丰糕采用优质糯米为主要原料，含有大量人体所必需的醇脂肪、蛋白质、氨基酸、维生素等，配伍的辅料槐花蜜、蔓越莓、芝麻、枸杞子等，含有果糖、枸杞多糖、粗蛋白、植物酸、卵磷脂、膳食纤维、钙、铁、镁等营养成分及微量元素，具有抗菌、抗氧化、滋阴养肾、养血养颜之功效。

外观极富观赏性。糯米发酵油炸后，其色亮白如玉，再加青红丝的点缀，色彩艳丽，让人赏心悦目。清末诗人刘涛曾赋丰糕诗一首：“千淘万捡细研备，亲见方知身价贵，玉山停雪着红颜，堪作人间第一味。”

杨家粗布制作技艺

平邑杨家粗布又名平邑老粗布、老土布、刺花布，采用沂蒙山区千百年来世代相传的手工织布工艺，以纯棉为原料，用原始的纺车、木织布机精纺而成。布料线条简洁，色彩古朴，质感稍粗，因名“粗布”。平邑杨家粗布采用古老民间工艺，以色织为主的几何图案叠加了现代时尚元素，纯天然无任何化学成分，为崇尚绿色、回归自然的人们追求的时尚佳品。

历史渊源 老粗布始于汉代，盛于元明时期，将多种技艺糅于纺织工艺中，经过数代人不间断地改进、传承，到清代已经晋升为贡品，成为皇家御用之物。平邑杨家粗布以当地纤维长、韧性高的蒙山皮棉为原料，用木制纺车、织机纺线织布，是古老农耕文明的代表。

抗战时期，沂蒙山区农家妇女昼夜忙碌织布支前，用灵巧的双手续写老粗布的辉煌，有力地支援人民子弟兵。1941年10月，中共山东分局“姊妹剧团”来到蒙山之阳，发动群众，宣传抗战。团长辛锐还自编自唱《根据地里新气象，男耕女织打东洋》，动员妇女们纺线织布，支援前线。辛锐牺牲后，人们为了纪念她，把这种老粗布称作“鑫瑞（辛锐）老粗布”。

传承人杨自民，出生于粗布纺织世家，自幼跟随父亲杨西岭学习老粗布制作技艺，17岁熟练掌握粗布制作的工艺，在全面继承传统技术的基础上，对老粗布技艺进行创新与发展，老粗布图案从七种基本色彩，发展到上百种色线交织的几何图形，绚丽灿烂。

2016 年 12 月，杨家粗布制作技艺被列入临沂市第五批市级非物质文化遗产代表性项目名录；2021 年 11 月，被列入山东省省级非物质文化遗产代表性项目名录扩展项目名录。

主要内容 平邑杨家粗布制作工艺复杂，以当地优质棉花为原料，从采棉纺线到上织布机，经过轧花、弹花、纺线、打线、浆染、沌线、刷线、作综、掏综、栓布、织布等 36 道工序，均为纯手工制作。再绣上鸳鸯、蝙蝠、祥云、牡丹、梅花、石榴等寓意吉祥富贵、子孙昌盛的图案，给人们送上美好的祝福。

平邑杨家粗布色调古朴典雅而不张扬，乡土气息十足。粗布成品冬暖夏凉、质地柔软、通透性好，且无静电反应，是床品的首选布料。其 pH 值呈酸性，能防螨止痒，对皮肤无刺激，符合环保及健康要求。且由于粗布线粗、纹深，具备不易搓起、不卷边的特性，其表面形成无数个按摩点对人体有意想不到的按摩作用，尤其适宜老人和孩子。

刘氏翻花制作技艺

翻花是一种非常古老的民间纸制工艺品。清朝以前称“翻花”或“翻天印”。后来又称之为“变花”“十八翻”“艺术之花”“七十二变魔术花”“百变神花”等。它采用拉力好、吸水性强的专用纸，经粘贴、凿切、草染等 20 多道工序加工制作而成。它能够变化出多种形态，花里有花、花中变花、花姿优美、变化莫测，是老少咸宜的娱乐品。

历史渊源 清朝初年，刘氏家族从山西迁居平邑县，在蒙山前浚河东岸一带建村定居。此地有多处造纸作坊，以纸为原材料的手工艺随之发展起来。清道光年间，平邑县铜石镇刘鸿吉师从民间艺人，掌握了翻花制作技艺，他制作的翻花色彩鲜艳、变化多端，深受人们喜爱。儿子刘玉智耳濡目染，也学会了这一技艺。此后代代相传，至刘庆怀已传至第五代。

2014 年 3 月，刘氏翻花制作技艺被列入临沂市第四批市级非物质文化遗产代表性项目名录；2021 年 11 月，被列入山东省第五批省级非物质文化遗产代表性项目名录。

刘氏翻花制作

主要内容 翻花技艺代表了艺人在纸张、色彩运用上的奇思妙想和制作技巧，反映出民间渴望美化生活的文化需求和审美情趣。翻花制作一般于秋后农闲至春节，翻花艺人买来细薄的毛边纸，经过裁切、折叠、凿切、染色、粘接，制作成一个个五颜六色的翻花。组合起来为三个彩球，拉开为三条拉花，可随意翻转变化为多种纸花造型。

刘氏翻花主要销售到济南市、临沂市等地。通过参加各种博览会、展销会、庙会等活动，远销到江西南昌、浙江义乌、福建莆田、江苏无锡和连云港，山东省的德州、青岛、东营、菏泽、潍坊等地也有销售。曾参加山东省非遗项目对外交流，赴法国展览和销售。

制作流程 刘氏翻花制作需要经过裁纸、制模、打糊、粘纸、晾晒、凿切、修边、罩染（三种色）、晾晒、剪纸板、粘木棍、晾晒、合口、整形、包装等十几道工艺才能完成。

裁纸：选用 17 克拷贝纸，用刀切成 50 厘米乘 70 厘米的方形纸，平铺压平。

制模：根据翻花大小不同，制定不同的模子，制模使用上等的梧桐木，经过多道加工工序，确保木头不变形后再做成模具。

打糊：用自己家石磨磨制的小麦粉，添加一定比例的豆粉、玉米粉、大米粉、食盐、碱等原料制成。

粘纸：根据翻花大小，粘纸张数不等，小翻花有 80 张，大翻花有 150 张，还有 300 多张的。粘纸要求非常严格，一般要经过七八年才能熟练掌握这项技能。

晾晒：根据气候条件，春夏秋冬晾晒时间及地点各不同。冬天需在 5℃ ~ 25℃的房间内晾干或在太阳下晒干。夏天要在太阳直射不到的阴凉地方晾干。春秋天，对晾晒环境没有太多要求。

凿切：晒干后放在木板上进行凿切，用凿子一个一个地凿下，凿切时用力一致，否则花样变形。

修边：凿下来的球，用剪子剪去毛边和多余的部分，为下一步罩染做准备。

罩染：首先根据配方调染料，染料不同，染出的效果不同。如要染多种颜色，需分多次染。一种颜色染完晒干后，再染下一种。一个翻花少则染两三遍，多的达八九遍。

晾晒：全部罩染完成必须马上晾晒，温度保持在 5℃ ~ 25℃，每三四个小时翻一遍，否则会发霉或出现颜色不均的状况。

剪纸板：选用厚纸板，根据翻花的不同，分别剪出不同的造型，如心形、鱼形等。

粘竹棍：为了方便拿在手中玩，先将 2 个竹棍粘在纸板上，粘贴位置在纸板纵向下方 1/3 处，横向居中间位置。

合口：根据翻花的不同形状，将不同的球及颜色搭配好，用胶粘在一起形成工艺品，根据球粘的位置及所用的纸板做成不同的花样。

晾晒：成形后需要迅速晒干，否则会粘在一起，晒时要用手压，让胶充分粘合。

整形：检查是否有开胶、多胶、少胶的情况，粘的球的位置是否到位，把粘不到的及时修整好。

技艺特点　造型复杂。翻花拉开，中间有三条彩色拉花；将其收拢，上下左右变化三个彩球或纸花。彩球上面布满蜂窝孔，球上有花，又像剪纸花一样，它花里有花，花中变花，花姿优美，栩栩如生。

益智性。翻花需用双手操作连续翻动变化，达到赏玩的目的，此过程增强了双手的协调性，锻炼了大脑思维，同时通过纸花的翻转变化给儿童带来欢乐，在游戏中增进智力。

审美性。翻花是由多组各不相同的彩色纸花造型所组成，通过玩赏过程带给儿童以丰富的美感。

民俗性。翻花是民俗节日的儿童玩具，对节日欢乐氛围具有点缀作用，是流行时间长、地域范围广的民俗玩物。

传承谱系　第一代刘鸿吉；第二代刘玉智；第三代刘福庭；第四代刘京运；第五代刘庆怀。

费县手绣

费县手绣流行于沂蒙地区，是一种以针引线在纤维织物面料上绣制装饰花纹的传统手工技艺，需经打袼褙、画样、剪样、贴布、绘图、绣制、合边、

手绣制作

填充、缝合、串珠、整理等十几道工序方可完成，制品包括香荷包、虎头帽、虎头鞋、耳枕、肚兜等。

历史渊源 费县手绣起源于清朝末年，已有100余年历史。中国有3000多年的农耕社会历史，以农为本的思想根深蒂固，同时也形成了男耕女织的传统，沂蒙地区勤劳的妇女们在实践中创造出了富有地域特色的费县手绣。

清末，费县许世英从小学习女红，心灵手巧，长大后嫁入费县卞家。卞家生活富足，使许世英描花刺绣、纺纱织布的爱好得到充分发挥。后许世英把自己的手艺传给儿媳胡凤兰。此后，费县手绣技艺在卞家女性亲属之间代代相传，已传承五代。传承人卞成飞，从事手绣30多年，在继承前人手绣技法的基础上进行创新，融入许多现代时尚元素，制作的绣品做工精巧、种类繁多，除了有吉祥寓意的图案和文字外，还将传统的中药材运用到手绣作品中，研发出具有保健功能的颈椎枕、耳枕、成人香包、儿童香荷包等，具有“闻香祛病”和“持久凝香”的特点。

2014年3月，费县手绣被列入临沂市第四批市级非物质文化遗产项目名录；2021年11月，被列入山东省第五批省级非物质文化遗产代表性项目名录扩展项目名录。

技艺特点 费县手绣严谨复杂，以破线绣、合线绣、立体绣等绣法为主，针法各具特色，有辫针、齐针、掺针、抢针、挽针、盘金、挑、铺等。制作者挑针走线，信手为绣，巧妙运用“袼褙”、绣花针、顶针、彩线、流苏、珠子等材料工具，一件绣品从开始到成品通常需要几万针。费县手绣多以花草蔬果、飞禽走兽为题材，也可表现人物，内容丰富、栩栩如生，带有沂蒙特色，反映出费县人民对美好生活的憧憬。除吉祥寓意的图案文字以外，还包含中医药原理，绣制时加入不同功效的中草药，有“闻香祛病”“持久凝香”的特点。

分布区域 核心区域：费县手绣主要分布在费县费城街道、朱田镇等，许多来自沂南、兰陵、平邑、沂水、蒙阴等周边县的妇女也慕名前来学习手绣技艺，为费县手绣技艺的传承增添了后备力量，扩大了传播范围。

辐射区域：近年来，费县手绣多次参加国家、省市举办的博览会和宣传活动，随着知名度和影响力的提高，越来越多的游客慕名前来购买。费县手绣通过线上平台和线下展会结合的形式，销往济南、青岛、天津、北京、上海等城市，深受消费者欢迎，每年大量产品出口至新加坡、澳大利亚、俄罗斯、加拿大、巴西等十几个国家，在海外产生了深远影响。

主要特征 针法丰富、多样结合。费县手绣针法共有九大类43种，采用不同针法可以达到独特的艺术表现效果。运用施针、滚针绣绣制珍禽异兽，毛丝松顺，活灵活现；用散套针绣的花卉，活色生香；用乱针绣的人物和风景，绒条组织多变，装饰味浓。

构思精细、巧用色彩。费县手绣多是用五颜六色的下脚布料和花线缝制，颜色方面主要以沂蒙人喜爱的传统色彩大红、大绿、粉红、黑等四种颜色为基调，加之其他色彩点缀，蕴含着巧妙的艺术构思和精湛的刺绣技术，成品绚丽多彩、风格迥异。

寓意深刻、题材广泛。费县手绣选题涵盖花鸟鱼虫、飞禽走兽、耕种收割、婚嫁礼仪等多方面，富有浓郁的民间特色和乡土气息。通过各种图案传达美好的寓意。如麒麟纹样象征“子孙贤德”，蝙蝠与蟠桃象征“福寿双全”，虎头鞋鞋底的菱形破花象征“龙生九子，十子九成，长长久久”等。

传承谱系 第一代许世英（1869—1942），第二代胡凤兰（1884—1965），第三代腾安春（1931—1995），第四代周玉美（1952年生），第五代卞成飞（1984年生）。

第九节 传统医药

仇氏正骨

郯城仇氏正骨术起源自清咸丰年间，由宫廷侍卫将正骨秘籍传至仇氏家族，至今已有200余

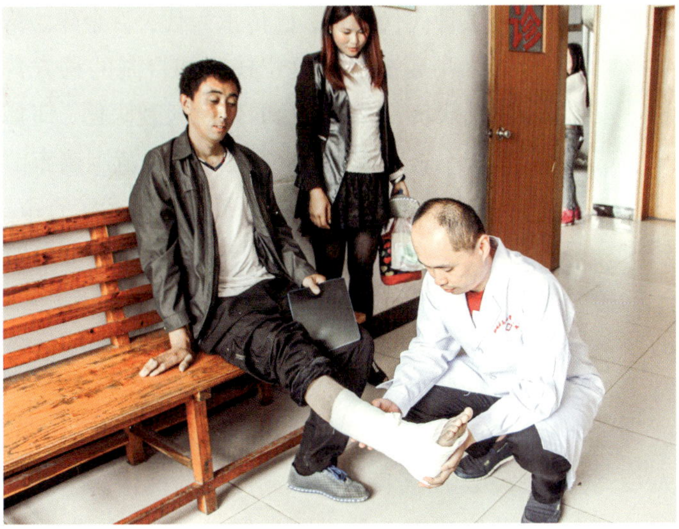

2015 年 5 月，仇氏正骨传承人为患者治疗

年的历史。仇氏正骨主要集中在郯城县庙山镇马站村，惠及临沂市郯城、临沭、兰陵、河东、罗庄等县区以及江苏省的邳州、新沂、宿迁、东海、沭阳、赣榆等市县的百姓。

历史渊源　清乾隆年间，宫廷御医叶大夫因政治斗争被迫逃亡，途中身受重伤。行至郯城时，摔落马下，为乡村郎中仇亮祖所救，并照顾至伤势复原。叶大夫感恩仇老先生仁和济世之心，遂将疗伤所用的宫廷接骨手法和秘方传授于仇亮祖，同时告知自己来历。掌握了正骨技能的仇亮祖办起了“仇氏正骨堂”，为父老乡亲治病，临终前定下了“传长不传次，传儿不传女”训言。

仇氏正骨堂传至第七代仇凤俊后，为传承和发扬光大祖传医术，打破家规祖训，将弟弟仇凤鸣收为助手，并授以正骨技艺。1980 年，仇凤俊退休后，长子仇文平继承仇氏正骨堂，在仇村开设正骨诊所，后搬迁至交通便利的庙山镇马站村，延用仇氏正骨堂的字号至今。仇文平在原有的技艺基础上实行中西医结合治疗，使古为今用，西为中用，开拓了仇氏正骨在中西医结合方向的新纪元，后来建立了郯城马站骨科医院。2005 年，医院交由第九代传人仇朝峰经营，一直服务于当地百姓。

2014 年 3 月，仇氏正骨被列入临沂市第四批市级非物质文化遗产项目名录；2016 年 3 月，被列入山东省省级非物质文化遗产代表性项目名录扩展项目名录。

基本内容　仇氏正骨以传统中医的整体观念和气血理论为基础，采用祖传正骨八法和接骨药方内外兼治。仇氏正骨治疗过程分为两步：一是正骨固定治疗，采用徒手整复法，以摸、接、端、提、推、拿、按、摩仇氏正骨八法，使骨伤迅速复位，用小夹板固定；二是功能锻炼，配合祖传接骨药，接骨续断。仇氏接骨药的配方以血竭、土鳖虫、自然铜、乳香等中药材为主要原料。具有活血化瘀、消肿止疼、接骨续筋、去瘀生新、祛风活络的功效，可治疗跌打损伤、骨折脱臼、筋骨麻木等。

传承谱系　仇氏正骨术传承谱系为：第一代仇亮祖，第二代仇振中，第三代仇永袍，第四代仇玉仙，第五代仇成文，第六代仇景昌，第七代仇凤俊、仇凤鸣，第八代仇文平、仇文宝、仇文奎、仇文胜，第九代仇朝峰。

葛氏正骨法

葛氏正骨法以传统中医的整体观念和气血理论为基础，采用祖传的“葛氏正骨十法”并配用祖传的具有活血化瘀、消肿止痛、补肝益肾、补气养血、强筋壮骨、接骨续筋功效的 19 味名贵中药熬制而成的接骨膏药和 30 余味中药组成的 7 种不同类型制剂的祖传中药秘方，实施内外兼治。其方法消肿止痛迅速、骨折愈合周期短，特别对闭合性骨折多数能免于手术之苦，患者痛苦小，医疗费用低廉，深受患者欢迎。

葛氏正骨法第二代传承人葛连成

历史渊源　葛氏正骨法发源于莒南县岭泉镇大葛家集子村。1865 年，一名蒙难颜姓老中医途经莒南县大葛家集子村，住在葛氏先辈葛希龙、葛希凤家中，受

到葛氏兄弟们的救助，老中医非常感激，便将正骨医术及秘方传授给葛希龙、葛希凤。葛氏正骨第二代传人葛连成（葛希凤的大儿子），从小耳濡目染，很快就学会了敷药、包扎等技能，积累了一套完整的治伤经验，对正骨手法颇有造诣。民国初，大店镇庄家双榴堂的老太太前臂骨折，多处请医治疗，仍疼痛不止。因佑禧堂房主葛维翰之妻就是大店庄家之女，后经亲戚介绍，双榴堂的人便来到大葛家集子村，请葛连成前往诊治。葛连成给这位老太太断骨复位、顺势理顺筋脉，敷上膏药、绑好小夹板，在场的人看了暗暗称奇，大家都对葛连成的医术极为佩服，不久老太太就顺利康复了。庄家双榴堂主亲自上门道谢，欲给他10顷耕地作为酬劳以表谢忱，葛连成委婉拒绝，此事在当地传为佳话。

抗战时期，黎玉、罗荣桓等率部队进驻大店、板泉镇沙窝村时，每当战场上遇到骨伤者，部队就请葛连成前去救治，他竭尽全力为部队伤病员服务，从不收取酬劳。八路军滨海军区六团进驻该村时，大量的伤病员都经过他的治疗而得以痊愈，受到部队官兵的一致好评。黎玉目睹葛连成的正骨医术，决定破格让他随军从医，并派卫生队长前去做他的工作，队长到葛连成家里，恰巧前来就医者众，好久没能搭上话，只好回来汇报情况，黎玉考虑到葛连成到了部队，当地老百姓看病就成问题，随军之事只好作罢。

中华人民共和国成立以后，葛氏正骨第三代传人葛成恩、葛成贵、葛成德等被安排到大队卫生室工作，卫生室就设在佑禧堂老屋内。为了更好地服务患者，让老百姓看得起病，用得起药，他们在保证中草药质量的前提下，努力减少成本，利用闲暇时间亲自种植各种接骨的中草药，到野外采集，晾干后按照根茎叶花果类分别放入仓库摆放整齐，饮片炮制严格遵循古法细则，操作时一丝不苟。由于药材地道，价格低廉，疗效颇佳，信誉度高，葛成恩等三人的中医正骨术不仅于乡里有很好的口碑，声名还远播异地，许多病人都千里迢迢慕名前来求医。

葛氏正骨代代相传，已传承六代，百余年。葛氏正骨传人高超的手法复位技巧和自制的秘方膏药以及救死扶伤、博施济众的仁慈博爱医德，使葛氏正骨声誉不衰，深受大众欢迎。服务范围遍布山东、江苏、吉林、辽宁、黑龙江等全国十余个省市。

2014年3月，葛氏正骨法被列入临沂市第四批市级非物质文化遗产项目名录；2016年3月，被列入山东省省级非物质文化遗产代表性项目名录扩展项目名录。

主要内容　葛氏正骨法采用祖传的“葛氏正骨十法”，配用名贵中药熬制而成的接骨膏药和当归等中药组成的7种不同类型制剂，实施内外兼治。能迅速消肿止痛，骨折愈合周期缩短。治疗主要包括以下步骤：

手法正骨。采用祖传的“葛氏正骨十法”：触摸心会、拔伸牵引、折顶复位、旋转回绕、夹挤分骨、端提牵抖、摇摆转动、提按升降、屈伸回旋、理顺扶正等手法进行正骨。

小夹板固定。取材简便，费用低廉，便于观察血运情况，随时矫正和调整松紧度。

外用接骨膏药。采用祖传秘方，用麝香、红花、血竭等19味名贵中药熬制而成。具有消肿止痛、活血化瘀、接骨续筋的独特功效。

内服接骨中药制剂。采用祖传秘方，用当归、杜仲等30余味中药组成，具有补养气血、去瘀生新、补肝益肾、强筋壮骨之功效。

传承谱系　第一代葛希龙、葛希凤，第二代葛连成，第三代葛成恩、葛成贵、葛成德，第四代葛秀刚。

段氏德兴堂烧烫伤复原膏制作技艺

段氏德兴堂烧烫伤复原膏精选道地药材，精心炮制而成。具有止痛消肿，生肌解毒的作用。主治烧伤，烫伤，红肿起疱，疮面溃烂，化脓等。达到烧伤不需植皮、创面自然愈合不留疤痕的效果，在中医药治疗大面积烧烫伤方面独树一帜。

历史渊源　段氏烧烫伤复原膏历史悠久，始创于清乾隆元年（1736年），第一代传承人段昆从

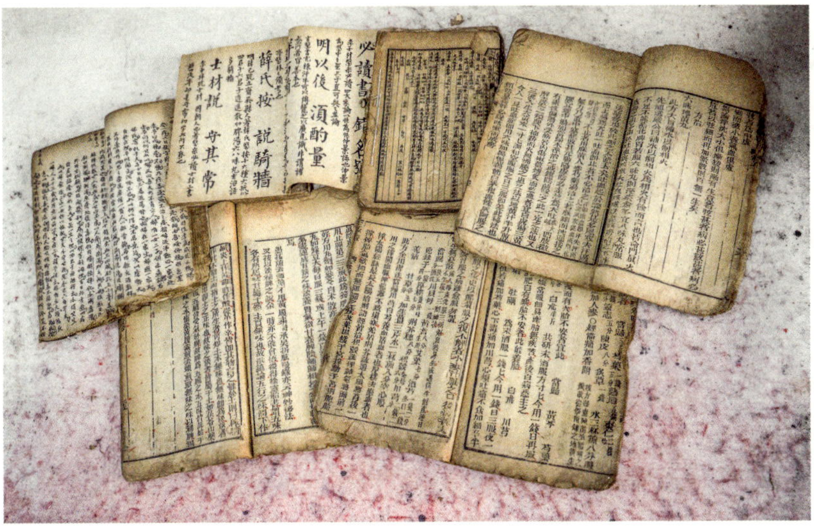

段氏家族部分祖传典籍

云南大理段氏王室迁居临沂，300多年来经过十代人的临床行医实践，不断创新、发展、完善进而形成完整科学的医疗体系，为中医治疗烧伤一绝。第九代传人段家立积极研究中华医术，在原有秘方的基础上发扬光大。段氏烧烫伤复原膏对各种烧烫伤、各种刀伤创伤，化学气流伤；溃疡糜烂或继发感染，疮口久不愈合者；病久或卧床过久褥疮；糜烂，流黄水者，药效都十分明显。

2016年12月，段氏德兴堂烧烫伤复原膏制作技艺被列入临沂市第五批市级非物质文化遗产代表性项目名录；2021年11月，被列入山东省省级非物质文化遗产代表性项目名录扩展项目名录。

基本内容　段氏德兴堂烧烫伤复原膏制作技艺历经300多年，已经形成了较完整的治疗理论和治疗体系，它将烧伤治疗分为厥逆期（伤后48～72小时）、正盛邪实期（伤后3～10天）、正虚邪实期（伤后10～20天）、正虚邪退期（伤后30～50天），不同治疗期采用不同的治疗方法。

段氏德兴堂烧烫伤复原膏的药物组方含有数味名贵中药材，开创了中医药治疗大面积烧烫伤的先河。敷药后立即止痛，患者随即感觉舒适，渗液亦逐渐减少，并可免服其他止痛药。促进创面愈合，缩短疗程。对于小面积三度烧伤可不植皮，创面愈合后无明显瘢痕，不致发生挛缩畸形。对感染的深度烧伤创面，有加快去腐、生肌、长皮的良好作用。有较强的杀菌能力，敷药后可减少败血症发生。

药物组方主要有防风、虎杖、三七、附子、云脑、当归、七叶一枝花等名贵中药材。主要用于烧伤、烫伤，可清热解毒、活血消肿、生肌止痛。该品对金黄色葡萄球菌、溶血性链球菌、绿脓杆菌、白色葡萄球菌等都有明显的抑制作用，对多种外科感染性疾病有效。

熬制流程。精选地道药材，精心炮制，用纯麻油浸泡，根据药性，分先后入锅，武火开锅后，匀速搅拌，文火慢慢煎至适宜火候，待凉至适宜温度，过滤分装。

用法。外用，涂敷患处。对一般烧伤，经清洗创面后可直接敷药或敷一层含药纱布。如无感染，可不换药，直至痊愈。对已感染的深度烧伤创面，经过清创后，涂敷该品或敷盖含有该品的纱布，即可有去腐、生肌、长皮之良效。为了引流创面腐物和加快创面痊愈，可每日换药一次。敷药后包扎即可，应视具体情况而定。

传承谱系　第一代段昆，第二代段文，第三代段京，第四代段连文，第五代段世昌，第六代段考国，第七代段友起，第八代段传中，第九代段家立，第十代段鑫鑫。

姚家膏药

姚家膏药是沂蒙山区历史悠久的传统中药，具有活血化瘀、消肿止疼、续筋接骨、去瘀生新、祛风活络功效，可治疗跌打损伤、颈椎病、腰椎间盘突出、骨质增生、四肢麻木等，因治疗方便、无痛苦、无后遗症、治疗费用低，在鲁南及苏北地区享有盛誉，深受广大群众喜爱。

历史渊源　清宣统二年（1910年），有一河南安阳张姓人逃荒到蒙阴境内，病倒在巨山栗十字岭的小路上，奄奄一息。危难时刻，家住柳泉村的农民姚运志将他接到家里，为他精心调养。半年

膏药配制

以后，张姓河南人身体康复。为报答救命之恩，把自家祖传的治疗腰腿疼的膏药秘方传给了姚运志，并手把手教姚运志熬制膏药，直到姚运志熟练掌握膏药制作技艺以后，才离开蒙阴。姚家尊张姓河南人为第一代传承人，此技艺在姚家代代相传，已有110余年的历史。

传承人姚玉健，研究发明了不流不淌不污染的黑膏药、创新型液体膏药及可以通电的膏药、多功能六位一体梳理床、有氧推拿床、无烟艾灸仪等，有8项发明获得国家专利。

2016年12月，姚家膏药被列入临沂市第五批市级非物质文化遗产代表性项目名录；2021年11月，被列入山东省省级非物质文化遗产代表性项目名录扩展项目名录。

主要内容 姚家膏药精选血竭、麝香、三七、冰片、乌梢蛇、威灵仙、麻黄、桂枝、鸡血藤、红花、当归、川芎、防风、地龙、透骨草、苍术、莪术、丹参、樟脑、没药、乳香、伸筋草、穿山龙等60余味中草药。经过选料、研粉、煎煮、过筛、浓缩、收膏、摊膏、覆膜、密封，包装等12道工序，精心熬制而成。

姚家膏药分布的核心区在蒙阴县，有姚家膏药总店、玉健颈肩腰腿痛研究所、玉健本草堂理疗馆、玉健职业培训学校等，县城及乡镇有多处姚家膏药分店。

姚家膏药的辐射区包括蒙阴周边的平邑、费县、沂南、沂水、泰安市新泰市、济南市莱芜区、莱城区、钢城区等县市区。

随着山东玉健生物科技连锁有限公司连锁机构玉健康和堂和玉健职业培训学校影响逐渐扩大，分布区域已遍及全国各省、直辖市、自治区和俄罗斯、印度尼西亚、巴基斯坦等国家，深受广大民众喜爱。

传承谱系 姚家膏药受之于河南张氏，后以家传为主，今以师徒传承为主要方式。其传承谱系为：第一代张氏（河南，名不详），第二代姚运志，第三代姚作富，第四代姚玉健。

第十节 民　俗

刘洪珠算文化

珠算是中国古代重大的科学成就之一，是以算盘为工具进行运算的一种方法。它结构简单、运算简易、携带方便，熟练使用算盘的人的计算速度甚至可以比肩计算器。这项发明是中国古人智慧的集合，它改变了中国人的生活，也见证了中国的发展历史。

历史渊源 东汉时期，著名数学家、天文学家刘洪正式提出“珠算”概念，东汉魏人徐岳所著《数术记遗》中说：“刘会稽，博学多闻，偏于数学……隶首注术，仍有多种，其一珠算。”刘会稽即刘洪，蒙阴人。故里遗址在今蒙阴县蒙阴街道召子官庄村西。刘洪于190年首创珠算，后传之徐岳、郑玄。196年开始，刘洪广收门徒传授历算，杨伟、韩翊等人皆出

刘洪画像

其门下。

早期的算盘形式与今大不相同，算珠可随意摆放。到了唐代，手工业、商贸业高度发达，各国商旅云集长安，金融业也开始繁盛起来，这大大推动了计算工具的发展。唐代开始出现框、梁、档、珠合为一体的算盘，与今日算盘结构类似。至两宋时期，中国商业蓬勃发展，海上丝绸之路的开辟，让中国享誉全球，珠算得到广泛应用。北宋张择端的《清明上河图》中就有于今日形制相同的算盘。

明清时代，是珠算全面发展的时期。珠算的应用贯穿社会的各个层面和阶层，一些手工业者甚至不认字也能打算盘。“打小算盘”“如意算盘”等词汇的出现，体现了珠算已融入人们的生活。

中华人民共和国成立后，算盘不仅成为财务办公的重要工具，还为“两弹一星”等重大工程计算了海量的高难度数据。在被发明千年之后，珠算仍在为中国的经济发展和科技进步贡献力量。

蒙阴对刘洪珠算文化的研究高度重视。1982 年 6 月，山东省首届珠算史研究会在蒙阴县召开，中国科学院、中国珠算协会以及部分省市的专家和学者出席会议。会上，山东省珠算史研究组组长靖玉树指出，从宋刻本古算书《数术记遗》中可以得出东汉蒙阴人刘洪创造珠算的结论。他与当时蒙阴县珠算协会秘书长王为桐复制的 13 种古算具在会上展出，引起了轰动。之后，13 种古算具在北京召开的中日珠算史、数学史交流会上展出，再次引起轰动。

2007 年 8 月，刘洪珠算文化被列入临沂市第一批市级非物质文化遗产项目名录；2016 年 3 月，被列入山东省第四批省级物质文化遗产代表性项目名录。

主要内容　《数术记遗》记载：“珠算，控带四时，经纬三才。刻版为三分，其上下二分以停游珠，中间一分以定算位，位各五珠，上一珠与下四珠色别，其上别色之珠当五，其下四珠，珠各当一。”刘洪发明的算盘继承了筹算五升十进、集散式计算方法与位值制的优点，又克服了筹算纵横计数与置筹不便的缺点，是电子计算机出现之前无与伦比的先进计算工具。算盘计数全部使用“十进五升地位制”，是中华民族为全人类推广“计算数学”打下的坚实基础。

蒙山喜宴

中华是礼仪之邦，每逢喜庆之事，如男婚女嫁、添丁、祝寿等，主家必设喜宴款待亲朋，是为坐席。坐席有着鲜明的地域特点，蒙山喜宴是沂蒙山区南部特有的民俗，流行于平邑、费县、蒙阴三县交界的蒙山南麓周边地区，为当地人办理喜事的最重要、最普遍的形式。蒙山喜宴在秦统一以后诞生，经过长期的历史演变，形成了完整的、独特的民俗文化，是当地饮食文化的精髓。

历史渊源　蒙山喜宴源于西周初期在王公贵族中流行的筵席。西周初期设颛臾国，主要职能就是以周王的“天子之礼”祭祀蒙山，且有一套符合周礼的礼仪规则制度和为周王公贵族服务的礼官和庖厨。平邑西邻曲阜，儒家思想在当地影响甚广，鲁菜的重要分支——孔府菜当时已初步形成，制作精巧、遵照君臣父子等级观念制定不同规格的孔府菜，对后世蒙山筵席的规格档次影响极大。秦灭颛臾国，礼官和庖厨流落民间，相关礼仪与筵席在当地传播，逐步被社会各阶层接受。蒙山民俗喜宴在秦统一以后诞生，清代达到鼎盛时期。

中华人民共和国成立后倡导节俭、移风易俗，当时的经济条件也不足以承办高等次的蒙山喜宴，蒙山喜宴从筵席到风俗的传承均受到较大限制。改革开放后，西方餐饮文化和快餐业的影响对民族饮食文化冲击很大，蒙山喜宴的传承受到削弱。

平邑县人社局退休职工乔元富深爱传统文化，幼年时接触、参与传统喜宴较多，对传统的蒙山喜宴印象深刻。2004 年，他创办平邑县天天坐席民俗餐饮有限公司，专门挖掘、传承、经营蒙山喜宴。

2007 年 8 月，蒙山喜宴被列入临沂市第一批市级非物质文化遗产项目名录；2021 年 11 月，被列入山东省省级非物质文化遗产代表性项目名录扩展项目名录。

主要内容　蒙山喜宴既是传统民俗，又是一套完整的喜筵菜系。喜宴包括蒙山筵席和坐席风俗两部分。

蒙山筵席。蒙山筵席选料多为当地、当时的家禽、肉类、鱼类、山珍和时令菜蔬，讲究新鲜天然。高档次的筵席还讲究原料的高档和稀奇，如燕窝、南方水果等。

采用传统的工艺加工，包括手工剁、文火煮，熬制肴汁和老汤（肴汁是制作蒙山筵席肉碟的关键，主要以猪蹄、老母鸡加花椒、大茴、生姜、大葱等原料熬制而成，熬至汤汁凉透可变成肉冻即可。老汤是用骨头、老母鸡、鸡骨头等熬制而成的高汤，主要用于制作炖菜和汤菜）等。农家老式滑丸子（肉丸）、卷煎都是手工剁出来的肉馅。煮肉、炖鸡采用木柴火烧煮等。

蒙山筵席的小碟均是凉拌，大菜以大锅炖菜为主，汤汁较多，各种原材料相互入味，菜品搭配合理，吃着入贴（肠胃舒服的意思）。高档的筵席也讲究"碗碗有肉"，存在肉类过多的弊病。不过好的具掌合理搭配，巧妙烹制，完全能够解决肉多油腻的问题。

蒙山筵席有严谨的规格，每个规格的丰盛程度不同，规格越高用料越好、菜品越多。

菜谱有十大碗、粉头席、黑头席、三大件、四大件、吃桌看桌、十三巧（已失传）、三十二盘盘（已失传）、四十八海碗（已失传）等。

十大碗：豆腐皮炖粉条、农家草鸡炖山蘑菇粉皮、瓦块鱼、滑丸子、老式鸡蛋汤（里面有鸡血、肉丁、碎蘑菇等）、四个时令蔬菜炖肉或清炒、大肉炖粉皮。

粉头席：四个凉拌的肉碟（主要原料是猪下货，调料以芥末为主，另外还有姜末、蒜泥），接着是十大碗的菜谱。粉头席是因第一个大菜是豆腐皮炖粉条开头而得名。

黑头席：四个素碟（包括新鲜蔬菜和水果碟）、四个荤菜（跟粉头席的差不多）、木耳红片肉（黑头席因黑木耳当头而得名）、农家草鸡炖山蘑菇粉皮、瓦块鱼、滑丸子、老式鸡蛋汤、中饭（也叫腰饭，菜到一半了，上的两个小点心碟子）、八宝地子（用切条的鸡蛋皮跟肉丝、黄瓜丝、木耳丝等炖在一起而成）、卷煎（鸡蛋皮卷肉馅、经蒸熟油炸而成）、甜沫油丸子（猪的板油裹面，文火油炸至面里的猪油全部浸出，再放入熬制好的糖稀当中，摊放冷却，逐个分离即成，香酥甜而不腻）、菱角肉、大肉炖粉皮。

三大件：十二个碟子（四素八荤，四素为甜，荤碟是猪下货，八荤有四个芥末碟、其他可用姜末、蒜泥等调拌），三个大件为整鸡、整鱼、大块肉或肘子肉（三大件因此得名），每个大件后带一个汤，第一个汤是酸的老式鸡蛋汤，第二个是用银耳、莲子做的甜汤，第三个是用果仁、核桃米等做的香汤。第一道大菜后上一碗漱口水。两个中饭（点心碟），后带六海碗菜，基本上是黑头席里面的，不过最后一道菜是大肉（在蒙山筵席的各个档次里，大肉是菜上完了的标志，档次高的席里是纯大肉，不添加粉皮）。

三大件

四大件：由大盘盛装的海参或蹄参（蹄参是代替海参的低档次食品。完整的扒下熟猪蹄的皮，平铺在盘子上冷却，使用时切成条状，平铺在盘底，猪蹄剔骨后的剩余部分加工后倒在猪皮上面，盖盘后上锅蒸至一定火候，端出翻扣入上盘而成）、整鸡、整鱼、肘子四个大菜而得名。其上菜顺序如下：十六个碟子，分八荤八素。也有添加南方水果上十六个以上双数碟子的。八个素碟：四个果碟为甜味，四个素菜碟酸、辣、甜灵活搭配；八个荤碟：四个猪下货碟、四个肉碟（如猪、鸡、牛、羊肉，须撕成肉丝），八个荤碟中要有四个芥末碟。海参（如果是蹄参的话，需用海参做菜头），跟两个随碗子，是分别用海米或乌贼等海鲜做的两种汤；整鸡（鸡的脊梁要剁成八块，烹制好后放入大盘拼还能拼成整鸡），跟两个随碗子，是用鸡胗、腰花等做的两种汤；鱼，跟两个随碗子，是用莲子、银耳等做的两种甜汤；肘子，跟两个随碗子，是用肉丝、鸡蛋皮等做的两种汤。上肘子这套大菜时，因肘子黏腻，要上清口萝卜和漱口水。四碟中饭（也叫腰饭，由四种点心组成）。八个中碗，这八个菜除了最后一道菜是大肉外，其他七道菜可用黑头席当中的卷煎、滑丸子、甜沫油丸或者对虾、其他海鲜等构成。

坐席风俗。蒙山民俗喜宴坐席很有讲究，有严谨而固定的习俗。

大客（音 kei）：蒙山民俗喜宴反映了当地的淳朴民风，对客非常尊重，尤其对女方的亲戚、来宾更是敬重有加。一般的酒席，女方家来的客满意了，整个酒场就算成功了。坐席时分主桌，主桌的主要客人是就是大客。一般情况下只把大客一桌安排在正堂屋，如要安排两桌以上，对着门口的为明席，是主桌；主桌东西两面的为暗席。婚宴上，大客一般是新娘的大舅父和叔伯两位组成，讲究个成双成对。若大舅父（叔伯）去世或者因故不能前来，就由大舅父（叔伯）的长子代替，如果换别人，需得大舅父（叔伯）家人同意。婚宴两个大客，同时安排在一桌上，叫客陪客。近年一般把两个大客分别安排招待。

粥米席，是祝贺门庭添丁而摆的筵席，一般是男孩出生 12 天，女孩出生 9 天时设宴，来宾多为女客。新生婴儿的大舅母为主桌的主客。

添箱席，以前姑娘出嫁的嫁妆都有个箱柜用以存放贵重的东西，亲朋好友以及众乡邻凑凑礼钱，给将要出嫁的姑娘压箱子添加东西。主家要为此而摆筵席，此席的大客，是待嫁姑娘的大舅母。

主陪：主陪多为主家本族的、有一定声望的、能说会道的、夫妻子女双全的、有礼节的人担任。一般是同性相陪。主家选择主陪时，还要考虑主陪与大客的关系。主陪一般要由主家提前正式安排，坐席当天还要多叫几趟以显重视。主陪要在家打扮，衣着要板正，以显对客人的尊敬之意。在婚宴上，也有男方的舅陪女方的舅的乡俗，叫“客陪客”。

座次：蒙山民俗喜宴的桌子为八仙桌。桌子的木纹横对着房间的门口。对着门口的座位为大客和主陪。与西式坐法不同，喜宴的座位，左为上。主客坐定后，其余的客人根据亲戚远近和辈分大小按照从左到右依次排座。最下面的几个席位是陪客的。

敬酒：一般菜过一半（三大件以上的席在大件上完后）主家开始敬酒。敬酒先由家长开始，后是当事人的大爷、叔父，最后是当事人。门户大的，也有席主（本族辈分最高的长者）敬酒的。一般的酒席，敬完酒后，该桌陪客的和客人才相互敬酒、派酒，饮酒的气氛开始活跃。

吃菜：筵席上吃菜也很讲究。一般主陪说“扨（dāo）”，客人才可动筷。主陪说“扨”哪道菜，大家就吃那道菜，只有菜上齐了，最后一个菜在大家一起“扨开”后，才可随意。一般喝一气酒两次菜，扨的次数多了会让人瞧不起；扨的次数少了，陪客的会劝客再扨。

换碗：以前坐席用的是八仙桌子，上面没有转盘。一般菜上满桌，如客人要扨远处的菜时，陪客的人会主动把菜放在靠近客人的地方，陪客的也会主动调换的，边调边说“换换碗”，以显示对客人的敬重。

验席：举办筵席较多的场合，一般会先做出几道菜，一起端给主人，让主人检验量大还是量少，然后按照主人设定的量上席。一般主人都要求菜“泡满（量大的要溢出碗边的意思）”，以显示待客的热诚。

主要特征 历史性。蒙山喜宴源于周时的宫廷菜。秦以后流行于民间，后又吸收借鉴孔府菜的文化和技艺，绵延传承，历史悠久。

独特性。它是鲁菜在沂蒙山地区的民间发展，蒙山喜宴具有明显的地域性特点。

系统性。蒙山喜宴是民间传承延续的一个菜系，十大碗、粉头席、黑头席、三大件、四大件、十三巧、吃桌看桌、三十二盘盘和四十八海碗，有一个从低到高排列的严谨结构，九个档次规格分明，自成菜系。

民俗性。餐饮与民俗有机合一。蒙山喜宴不只是餐饮，还在餐饮里体现了民俗和民风、礼仪和礼节。

适应性。蒙山喜宴的档次是封建社会的等级观念在餐饮文化中的体现。设为九个档次的筵席，适应社会各阶层，这也是其能传承久远的主要原因之一。

项目传承 蒙山喜宴一直延续着民间社会传承，师徒相传为主要传承方式，传承谱系不甚清晰。传承人乔元富积极调研、挖掘、整理蒙山喜宴材料，创办天天坐席酒店，传承蒙山喜宴。挖掘民间大厨，培养了王海龙、王振、崔强和彭辉等一批年轻的传承人。创办两家天天坐席分店，专门烹制地道的蒙山喜宴，为蒙山喜宴的传承与保护提供阵地。

蒙山喜宴筵席讲究规格档次，菜系从低到高分为九个档次，主家选用哪一档次的筵席招待客人，根据身处的社会地位和经济状况而定，深刻体现了儒家的封建等级观念、推崇礼仪等思想。挖掘、保护蒙山喜宴不仅有利于研究旧制礼仪，也能进一步保护流传蒙山一带千年之久的民俗和餐饮文化。

蒙山喜宴也是研究鲁菜以及民俗饮食的重要资料，挖掘整理蒙山喜宴，可丰富餐饮文化，增强民俗餐饮文化的多样性，有利于蒙山旅游文化资源的进一步开发。

保护蒙山喜宴，不仅能够挖掘、保留传统食品加工工艺，对抢救全国各地的坐席风俗、挖掘传承其他区域的民间饮食文化有现实的借鉴意义。

第三章 市级非物质文化遗产项目

第三章　市级非物质文化遗产项目

第一节　民间文学

兰山童谣

童谣是传唱于儿童之口的歌谣，没有乐谱，音节和谐简短，是为儿童作的短诗，强调格律和韵脚。它的名称很多，清人杜文澜在《古谣谚·凡例》中，把“儿谣、女谣、小儿谣、婴儿谣”等都归入“童谣”一类。其他古籍中亦有称“孺子歌”“童儿歌”“儿童谣”“孺歌”“小儿语”“女童谣”的。通常以口头形式流传，带浓厚的地方特色，诙谐幽默、音节和谐、形式简短，读来朗朗上口。兰山童谣多数是祖辈传下来的，通过口传心授，几乎人人都会唱，当地人称其为小孩子语。

兰山童谣说唱人

历史渊源　童谣历史悠久，已有3000余年的历史。最早始于《诗经·魏风·园有桃》：“心之忧矣，我歌且谣。”《列子》中记载的《康衢童谣》，据说是圣人尧时的童谣。《古今事物考》说：“《列子》曰：‘尧乃微服游于康衢，闻儿童谣……’谣之起，自尧时然也。”《国语·郑语》中记载了周宣王时的童谣。

明代以前，童谣几乎都是政治童谣，是政治斗争的工具，它们与儿童的生活不相干。明代开始，在继续发展政治性童谣的同时，产生了一批反映儿童生活的童谣。中国现存最早的儿歌专集是明代吕坤于1593年编成的《演小儿语》，后童谣专集逐渐多了起来。

兰山童谣源于民间，韵散结合，句式参差错落，与现实生活紧密相关，是对生活经验的思考，折射出社会生活或现实生活的影子。兰山童谣最早始于何时已不可考，结合流传于民间口头的传说和部分童谣内容看，兰山童谣的历史可追溯到明清时期，“风来了，雨来了，禾场背着谷来了。”明代《帝京景物略》即有记载。20世纪50年代以前，兰山童谣为小孩子们主要的娱乐方式之一，大致分为童趣、劳动、家庭伦理、气象等方面。

2007年8月，兰山童谣被列入临沂市第一批市级非物质文化遗产名录。

基本内容　兰山童谣大致可分为：童趣、劳动、家庭伦理、气象四类。

童趣类：《扯大锯》

扯大锯，拉大锯，
官家门首唱大戏。
接闺女，请女婿。
亲家婆你也去。

还有《小鸡嘎嘎》《小老鼠》《鸡蛋壳鸭蛋壳》《转花园》《东北风》《年来到》《趋趋脚排排摞》《点点》《跳跳跳》《小孩儿睡觉》。

劳动类：《小叭狗》

小叭狗上南山，吃石头拉金砖。
盖瓦屋开大店，织绫罗卖花线。
籴大米捞干饭，爹一碗娘一碗。

家庭伦理类：《花喜鹊》

花喜鹊尾巴长，娶了媳妇忘了娘。

把娘托到墙头上，媳妇背到坑头上。

还有《老槐树》《小板凳》《小花牛》《小大姐》《豌豆花》。

气象类：《风来了》

风来了，

雨来了，

禾场背着谷来了。

还有《天拜拜》《倒倒语》等。

基本特征 历史感。童谣是历史的产物，是时代的一个反映。兰山童谣反映了当时社会的民风、民俗，具有情感性、形象性和想象力。兰山童谣多采用重章复沓的结构形式。如《风来啦》《小叭狗》等。兰山童谣句式灵活，节奏鲜明，音韵和谐，有天然的音乐感；语言质朴明快，富于生趣。

地域性。童谣具有典型的地方色彩，受地方方言影响，有着极大的地域差异性。兰山童谣通俗、风趣，活泼地用临沂方言诉说；孩子们在一起玩唱的时候，还要加上特有的肢体动作来表现，很是生动。

通俗性。口头文学的最显著特点，就是它的通俗性，即为广大群众易懂好记，喜闻乐见，朗朗上口。兰山童谣的通俗性使之必然具有普及性，使得童谣具备历史的传承深度和传播的广度。

传承价值 学术价值。兰山童谣内容涉及兰山的风土人情和生活风貌等方面，对于研究历史，了解社会的发展变化等具有一定的学术价值。

文学价值。兰山童谣呈现出民间文学在血脉上的传承，它用生动活泼的口语化语言诉说生活，截取生活中的某个层面（图景），表现生活的一些细节，有些作品具有一定的寓言性质。

教育价值。童谣对孩子们具有启蒙作用，它是孩子们认知世界的一个窗口，是智育的一部分，可以促进儿童观察力、想象力、思维力等方面的发展。童谣所具有的感性物质形式，对儿童的情趣和心境产生影响，使他们的生理结构和心理结构受到熏陶，有利于气质与精神面貌的提高。

传承方式 兰山童谣以社会传承为主要方式，源于民间口头创作，同劳动人民的现实生活联系紧密，通过口头传诵，一代又一代地流传下去。

雪山传说

雪山位于沂水县城东2.5公里处，地处沂水、莒县两县交界处，由雪山、马山、大山等山体组成，区域面积100余平方公里。雪山地势险要，奇秀俊美，历史上是兵家必争之地，也是沂、莒两县地域文化的交汇之地，丰富的文化交流形成独具地方特色的民间文化，也流传着许多美丽的传说。

历史起源 春秋战国时期，这一带归齐、鲁、莒等国管辖，几国具有各自不同的文化，经过文化交流融合，产生了雪山传说的萌芽，并开始在民间传播。唐宋时期，雪山建起寺庙，成了宗教活动场所，依托寺庙举办了雪山庙会，促进了民间经济、文化交流，也为雪山传说融入了宗教元素。明清时期，上寺、下寺香火盛极一时，雪山的传说也随着宗教活动影响的增大传播到沂水、沂南、莒县、诸城等周边县市，对方圆几百里区域的人民产生了巨大影响。雪山传说流传约有100多个故事，大致分为两类：一类是与雪山周边的人文地理、历史名人、历史古迹、风土人情有关的传说；另一类是与雪山的奇石异景、险崖幽洞、花树虫鸟有关的传说。

2007年8月，雪山传说被列入临沂市第一批非物质文化遗产名录。

主要内容 人物传说 《刘勰雪山得书名》。讲的是南北朝时期梁代文学理论家刘勰的故事。雪山距莒县浮来山约20公里。传说当年在浮来山定林寺著书立说的刘勰，写完了《文心雕龙》的书稿之后，就是想不出一个好书名，心里烦闷，就来到雪山散心。在半山腰（雪山石海）看到一位老石匠雕刻了一对石龙，一个完好无缺，一个脖子下挖了一个洞。刘勰觉得奇怪，就问石匠。石匠师傅说：别看这条龙脖子下有洞，可只要把这颗画好的心放进去，龙就会飞起来。说着，就把一颗画好的心放进洞里，那条龙就呼隆一声飞上了天。刘勰从这里得到启发，于是就想出了“文心雕龙”这个书名。

雪山传说旧址

其中之一。

奇石及花木虫鸟传说　《仙人桥的传说》。讲的是古时候雪山北有一个姓冯的长工，勤劳善良，给一个刻薄的娄财主家扛工，辛苦三年，算下来不但没得到一分工钱，反而欠了财主家一身债。这件事触怒了天上的神仙，神仙设计在雪山北的双龙河上与冯长工相撞，诚实的冯长工得到了神仙的帮助，贪婪的娄财主却因为贪财，被一场洪水冲得倾家荡产。洪水过后，双龙河上的桥没有了，雪山山腰却平添了一座充满传奇色彩的仙人石桥。

《婴宁巅和嬷嬷石》。说的是《聊斋志异》中婴宁的故事，就发生在雪山脚下。婴宁是狐仙之女，婴宁父亲丧妻之后，恋上了狐仙，生下了婴宁，后来为世俗所不容而死，婴宁无人抚养，由鬼母含辛茹苦养大。婴宁爱笑，从她出生便如此。王子服与她初次相见，便是被她的笑声所吸引而念念不忘。当王子服误打误撞地找上家门后，她丝毫没有男女之别，与表哥王子服自然相处，无丝毫做作扭捏之态，无世俗观念，更无世俗之伪，这是为当时的封建礼教所不容的。婴宁跟着王子服归家之后，王母对她的举动很不接受，但最终婴宁感动了老太太，被娶进王家。婚后，婴宁向王子服说明了自己的身份，并把鬼母移葬。婴宁心地善良，与王子服一起竭尽全力造福一方百姓，使周围风调雨顺、百姓安乐。因为她的故事感天动地，婴宁后来化成了雪山婴宁巅，也就是雪山现在的最高峰，养育她的鬼母化成了嬷嬷石。

风物传说　除了人物的传说，雪山传说中更多的是因景而生的风物传说，这些传说以特定风物为依托，运用奇妙的幻想、超自然的形象、神奇变化的手法，创作出了引人入胜的故事，抒发了人们的生活理想、喜好善恶，歌颂了人间真情和忠贞的爱情，如《雪山彩虹谷的传说》。有些传说是规劝人们戒除贪念的，像《金匣石的传说》。还有一些传说是倡导扬善惩恶的，《金鸡报晓》就是其中之一。

这些传说，多数反映了人们对美好生活的追求，对丑恶现象的鞭笞，颂扬劳动人民勤劳、勇敢、质朴的优秀品质。因为这些传说起源于民间口头文学，口口相传，流传地域广，流传时间久远，影响了世世代代的人们，因此具有浓厚的地域特色和传奇色彩，形成了一种独具特色的文化。

项目传承　雪山传说属民间社会传承。雪山传说产生于民间，发展在民间，流传于民间，是典型的乡土文学、口头文学，雪山传说都是经由群众口口相传流传下来的。

鞭打芦花

《二十四孝》所载“鞭打芦花”的故事，发生在春秋末期的临沂大地，至今已流传2500余年。

历史渊源　闵子骞，名损，字子骞，尊称闵子，春秋时期鲁国人，公元前536年生，卒于公元前487年；孔子著名弟子，为七十二贤之一，中国古代著名思想家、教育家、政治家，儒家学说的创始人之一，被后人奉为笃圣，居十哲首坛。孔子赞曰：“孝哉！闵子，人不间于其父母昆弟之言”。

鲁国执政季氏曾使闵子骞为费宰，为与黎民共休戚，闵子将全家由宋国相邑迁到费县，居住在蒙山之阳闵子庄（今闵家寨），后辞官随孔子周游列国，宣传儒家思想和政治主张。随着后世帝王对儒家学说的尊崇，闵子也不断得到加封追谥。唐开元二十七年（739 年）赠费侯，北宋大中祥符元年（1008 年）封琅琊公，南宋度宗咸淳三年（1267 年）称费公。宋无名氏作《闵子骞单衣记》；元代郭居敬编纂的《二十四孝》，闵子骞排在第三，成为中华民族文化史上的先贤人物。清康熙皇帝亲赐“德性之科”四字匾额，由江南学政内阁大学士张廷枢悬于闵子祠前。

《鞭打芦花》大致划分为以下几个时期：

故事形成期。闵子骞在世时其孝行为乡人所知并开始流传，至宋代，这一阶段故事未定型，随意性较大。

史书记载及文学作品传播期。这一阶段口头传说的各种版本开始定调统一，史书记载和文学作品使其更好地流传下去。

“文化大革命”期间闵子祠被毁，闵子的孝名被诬为“封建迷信”而沉寂下去。

改革开放后的复兴期。2003 年，社会各界及闵子后裔捐资重修闵子祠。汪沟镇政府把以闵子骞为代表的“孝文化”列为倡树社会新风的重点内容，促进了《鞭打芦花》孝行故事的重新传播。

2007 年 8 月，《鞭打芦花》被列入临沂市第一批市级非物质文化遗产名录。

基本内容 元代郭居敬编撰《二十四孝》中有《芦衣顺母》载：“周闵损，字子骞，早丧母。父娶后母，生二子，衣以棉絮；妒损，衣以芦花。父令损御车，体寒，失纼（zhèn），父察知故，欲出后母。损曰：母在一子寒，母去三子单。母闻悔改。”有诗颂之曰：“闵氏有贤郎，何曾怨晚娘；尊前贤母在，三子免风霜。”明徐渭《南词叙录·宋元旧篇》中有《闵子骞单衣记》，明代沈璟《十孝记》中有《衣芦御车》，故事情节基本一致。

基本特征 《鞭打芦花》的故事在孝故事中具有典型性和代表性，因而能够妇孺皆知，长传不衰，流传深广。故事具有通俗性和普及性，在当地乃至全国的许多地方很多人都对故事耳熟能详，会讲的人非常多。还有豫剧《鞭打芦花》等。

项目传承 《鞭打芦花》主要为社会传承，熟知并会讲的人众多，不分地域民族。

纪王崮传说

纪王崮位于沂水天上王城景区内，在沂水县城西北 40 公里处，是沂水、蒙阴、沂源三县交界点。海拔 577.2 米，顶部阔大，面积约 4 平方公里。山体由石灰岩沙质岩构成，是沂蒙七十二崮唯一有人居住的崮，被誉为“沂蒙七十二崮之首”。据清康熙年间出版的《沂水县志》记载：“纪王崮，巅平阔可容万人，相传纪侯去国据此”。围绕纪王崮山水、人物、鸟兽、花草树木等产生了许多传说故事，这些故事代代相传，寄托了人们对美好生活的向往。

历史渊源 纪王崮处于齐、鲁、莒三国的交汇处，几个国家有着各不相同的文化，各种文化交流融合，形成了这一地区独具特色的地域文化。春秋战国时期，纪王崮传说开始萌芽，并在民间传播。唐宋年间，民间的经济交往、文化交流相对增多，进一步丰富了纪王崮传说。明清时期，形成了农历三月十五纪王庙会的传统，给纪王崮传说增加了传奇与神话色彩。纪王崮传说与中华民族普遍崇拜神话传说和惩恶扬善的美好愿望相一致，易于老百姓接受，得到了更加广泛的传播。纪王

纪王崮

崮传说流传地区为纪王崮周边的沂水县、沂源县、莒县、寿光市等县市。

传承人李春祯，少年时期对民间文化产生浓厚兴趣，开始学唱民歌，讲谜语故事，并收集整理大量资料。收集民歌近100首，2019年将其中15首民歌结集出版《崮乡情歌》，2021年整理民间故事与传说50余篇，出版《李春祯民间故事集》。

2008年12月，纪王崮传说被列入临沂市第二批非物质文化遗产名录。

主要内容 纪王崮传说大致分为三类，一是与纪王崮周边的人文地理、历史名人、历史古迹、风土人情有关的传说；二是与纪王崮上的奇石异景、险崖幽洞、花树虫鸟有关的传说；三是与纪王崮周边的崮、泉、河陵有关的传说。这些传说的主题大多是呼唤真、善、美，张扬仁爱正义、勇敢正直，歌颂勤劳善良、和睦亲情，鞭挞邪恶残暴，损人利己等。寄托了人们善良美好的愿望和对幸福未来的向往，这些传说起源于民间口头文学，具有浓厚的地域特色和传奇色彩。

石抱树的传说。很久以前，沂蒙山区有一对青年男女，男的叫周山，女的叫阿柳，他们两小无猜、青梅竹马，就在他们婚嫁的那年，方圆数百里遭遇百年罕见大旱，按照当地习俗，要将一对未婚男女带上百家谷、登上山顶拜天求雨，勇敢的周山、阿柳担当起了这份重任。

在山顶上这对年轻人顶着似火骄阳、共度恐怖黑夜，整整熬了七天七夜。第八天清晨，突然电闪雷鸣、大雨如注，淋着这期盼已久的喜雨，周山、阿柳紧紧拥抱，突然一道闪电击中了他们脚下的大石，危急时刻，周山将爱人推向安全地带，自己却随着一分为二的巨石滚下山去，阿柳和乡亲们顺着巨石滚下的方向寻找周山，却不见周山的影子，只见那破碎的两块石头静静地矗立在那里，阿柳送给周山的定情物安然地躺在石顶上，阿柳突然明白了，为了这场甘霖，他心爱的人献出了自己的生命，被造化为石。

此后，阿柳每天都来陪伴周山，直到有一天爹娘见阿柳没有回去，只见巨石缝中突然多了一

走马泉

株亭亭玉立、婀娜多姿的平柳树，树枝上阿柳送给周山的定情物随风舞动，石与树我中有你，你中有我，阿柳和周山终于结合在了一起，这棵树也成了当地爱情的象征。

还有透明崮的故事、八宝琉璃井的传说、沂蒙山七十二崮形成的传说等。

项目传承 “纪王崮传说”属社会传承。各种传说产出生于民间，发展在民间，流传于民间，是典型的乡土文学、口头文学。纪王崮传说都是经由群众传承，口口相传流传下来的。

齐长城传说

沂水县马站镇位于临沂市最北部，境内穆陵关是齐长城修建最早、最大、最著名、最险要的关隘。这里地势险要，风景秀美，历来为兵家必争之地，古老的历史文明和灵山秀水孕育了丰富优美的民间文学。

历史渊源 早在商代甲骨文中，就出现了商王武乙占卜到东方“穆”地田猎吉凶的记载。此“穆”地一般认为就是今穆陵关一带。《中国历史地图集》中西周时期全图，唯一标注的关口就是穆陵关。

全国重点文物保护单位——齐长城遗址

2008 年 12 月，齐长城传说被列入临沂市第二批市级非物质文化遗产名录。

主要内容 穆陵之名。穆陵古称大岘，西周第五代国君周穆王姬满，率文武百官巡游天下。一日来到大岘，见此地山势雄奇，灵气充盈，风景秀美，气候温和，心情格外舒畅，下令修建行宫，在此住下。历时日久，穆王爱妃盛姬患病而逝，葬于山上。今穆陵关东侧有“梳妆楼”遗址，传为穆王、盛姬所留。后人因穆王爱妃盛姬陵墓在此，遂将此山称之为穆陵。

据《左传》载：“僖公四年（前 656 年）管仲云‘齐地南至穆陵’。”又云：“赐我先君履，东至于海，西至于河，南至于穆陵，北至于无棣。”这是“穆陵”一词见于史册的最早记载。

齐长城穆陵关的传说历史久远。穆陵关本来就是齐、鲁、莒等国的接合部，春秋战国时期，疆界并不固定，你来我往，时有伸缩。穆陵关由于特殊的地理位置，自然成为各国攻略的重点，同时也成为融汇各方文明的大熔炉。齐国疆域曾延伸到穆陵关南几百公里，鲁国东进将疆土扩展到穆陵关以东，并筑郓、诸两城固守。莒国以穆陵关为西北边界，吴国、越国也曾将触角伸向穆陵关，楚国更是一度攻破了穆陵关防线。乐毅伐齐，又将燕国势力推进到穆陵关以南的莒国故城。穆陵关成为齐鲁燕楚等四方文化特别是军事文化的集中展示地。

姜太公、周穆王、齐桓公、管仲、孔子、齐威王、齐宣王、刘裕、李世民、赵匡胤、韩通、李白、刘长卿、欧阳修、苏轼、蒲松龄、郑板桥等众多历史文化名人，都在穆陵关留下史迹与传说，齐长城穆陵关传说约有几百个。

这些传说主题大多是呼唤真善美、弘扬仁爱、正义、勇敢、正直，歌颂勤劳善良、和睦亲情，鞭挞丑恶现象等，寄托了人们善良美好的愿望和对幸福生活的向往。

赵匡胤穆陵关大战韩通。相传，当年宋太祖赵匡胤为奠定基业，戎马疆场，讨平群逆，战至穆陵关。后周骁将韩通据守穆陵关，与赵匡胤对垒。传说韩通为沂山通臂猿转世，其臂可伸长丈二，有万夫不当之勇。尽管赵匡胤武艺高强，也斗不过有神通法术的韩通，苦战一天，败下阵来。夜宿山神庙，梦沂山神相告：明日再战，我当助你。赵匡胤醒来，精神大振，即向神庙三拜：“若得天下，一定重修庙宇，再塑金身，不忘神灵保佑也。”次日，赵匡胤再与韩通决战穆陵关。果然，韩通法术失灵，再也伸不出丈二神臂。一战被擒，赵匡胤大喜。为解斩将之仇，赵匡胤命士兵将韩通两脚缚住，拴在自己马后，催马向南驰奔。相传，马站（赵匡胤战马停歇处）、沭水（饮马漱口处）、道托（战马“倒拖”韩通处，后演变为“道托”），韩家曲（韩通屈死处，称韩家哭，后“哭”演变为“曲”，今当地还有人叫韩家哭）四地名便由此而来。后来，赵匡胤建立大宋，完成了统一。为感谢沂山神相助，诏令重建沂山神庙，赐名“东镇庙”。明代文人据此传说创作了杂剧《穆陵关上打韩通》。

还有常将军的传说。

1958 年以前，还有常将军庙和铁像，祭祀香火也非常多。后来被当作“四旧”破掉，庙宇亦被毁，连那常将军像也炼了铁，殊为可惜！

穆陵关东北侧是普照寺遗址。普照寺是青州、沂山地区较大的一处寺院，金代为其鼎盛时期。寺内松柏参天，殿宇严整，晨钟暮鼓，木鱼声声。一古松冠若华盖，荫可亩许。传金世宗封沂山，巡穆陵关，幸普照寺，对此松大加赞赏，封其为“大夫松”。元初撤穆陵县，寺渐荒废。明末傅国游访时，仅存大钟、孤松及残碑数幢。面对古寺残垣断壁，傅国感慨万千：“古寺穆陵县，县墟寺已荒。寺犹余断碣，县杳无遗隍。柏剪阴仍绿，泉幽水益香。草根残碎瓦，人说古僧房。”

除了人物的传说，也有很多因景生出的风物传说，这些传说以特定风物为依托，运用奇妙的幻想、超自然的形象、神气变化的手法，创作出引人入胜的故事，抒发了人们对生活的理想、喜好善恶，歌颂了人间真情和对美好生活的向往。穆陵停雪是古沂水八景之一，神秘媳妇洞的传说更是让人亦梦亦幻，歌颂了忠贞的爱情。在媳妇洞附近，姑子庙、虎头石、公鸡石等遗存和奇石等等，也有很多令人心驰神往的传说……

还有飞来石的传说、海贝石的传说、百年棠梨的传说、水帘洞的传说、石棚的传说、三立石的传说、母子石的传说、旗杆石的传说、梳妆楼的传说、鬼子楼的传说等。

这些传说，多数反映了人们对美好生活的追求，对丑恶现象的鞭笞，颂扬劳动人民的勤劳、勇敢、质朴、善良的优秀品质。这些传说，虽然有的有点历史掌故，但都是口头流传，流传时间久远、流传地域广泛，影响了世世代代的人们，形成了一种独具特色的齐长城穆陵关文化。

孟母传说

沂水县杨庄镇孟母村山清水秀，碧水环绕，北依石花山，南邻沭河，在这秀美的土地上，安息着亚圣孟子的母亲孟母，孟母墓和孟母庙都在这里，因此自古流传着孟母的传说。这些传说由十几个故事构成，属民间口头文学，有浓厚的地域特色和传奇色彩。

历史渊源　据《沂水县志》记载，孟子的母亲仉氏，娘家是南仉林村，后来嫁给了在莒国做官的孟激，生下了孟子。在孟子小时候，由于战乱不断，孟母跟随丈夫生活。孟子三岁时父亲去世，孤儿寡母无法生活，孟母便带着孟子回娘家居住，南仉林村和孟母村附近就留下许多孟母的美德故事，主题大多是弘扬仁爱正义、诚实待人的品行，寄托了人们对孟母的崇敬，对当地人的思想观念产生了巨大影响。

2008 年 12 月，孟母传说被列入临沂市第二批市级非物质文化遗产名录。

主要内容　墨潭的传说。孟母村前不远的地方就是沭河，河边绿树成荫，水流不断。河里有个很深的渊子，这渊子里的水看起来发黑，和别的地方不一样。相传，这是孟母教育孟子发奋读书习字、研墨洗砚台时把这渊子的水染黑了，所以这里的人把这渊子叫作墨潭。

锈针河的传说。孟子小时候也有不用心学习的时候。有一天，孟母做了一个梦，梦见一个老奶奶在河边沙滩上用钢梁磨绣花针。孟母问她，这么粗的钢梁，什么时候能磨成绣花针？老奶奶说：钢梁磨绣针，功到自然成。于是孟母就把孟子带到河边，把这个故事讲给他听。可巧，孟子夜里也做了一个同样的梦，惊奇之余从此发奋读书，后来成了伟大的学问家和思想家，这条河也有了绣

孟母传说遗址碑刻

针河的名字。

孟母显灵的传说。传说解放前有一年轻人路遇土匪绑架，至一破庙中过夜，迷糊中见一老妪，对他说“还不逃走更待何时？”年轻人打个激灵醒来，原来是在做梦，却见看押他的土匪已睡着，于是越墙而出，逆沭河而上逃至家中。与其母告知此事，老母感念恩人救子，遂持重礼沿河找寻。至孟母村附近，未见庙宇，问路人，答此即孟母庙旧址，老人即知乃孟母显灵救其子，遂叩头致谢。

项目传承　孟母传说以社会传承为主，以口耳相传的方式流传于民间，没有明确的传承谱系。

苍马山的传说

苍马山位于临沭县境北部，绵延数十里，方圆近百里。近看，苍马草冠演五峰并峙；远观，群峰嵯峨，层峦秀美。自古即有“苍马草冠演，五峰一线牵”之美景。山间朝暮四时，景色迥异，山清水秀，鸟鸣林幽，是省级风景名胜区。

如诗如画的美景中，传诵了很多故事，更是增添了苍马山无尽的魅力。苍马山的传说属于民间文学，总计有20余篇，故事完整，情节曲折，语言优美，地域特色十分明显，较为集中地反映了当地人民的生活、历史等情况。主要内容包括爱情故事、风土人情、历史人物等。比较有代表的《玉虚仙境》是苍山大乳峰南侧悬崖下一石室，相传秦汉时安期生曾来此隐居。《望夫石的传说》《阿龙与仙女》的故事歌颂了美好的爱情。《窦王自刎牛口峪》《喘气岭》《窦王过马山》等传说表现了隋末义军将领窦建德勇于反抗官府恶势力的英雄壮举。《山大王游月宫》《阎家楼的故事》《周木匠和金豆子》等故事诠释了人们勤劳善良的本质，以及他们对善有善报、恶有恶报的认同和追求。

历史渊源　苍马山的传说源于民间，属口头流传。具体产生的年代已无从考据。据内容来看，时间跨度较大，涵盖了上至远古尧舜时期，中有隋唐，下至明清的不同历史阶段。

苍马山的传说与人们当时的生产生活紧密相关，折射出当时社会生活的影子，反映了当时人们的世界观和伦理道德观念。这些传说故事并非产生于同一时期，而是在历史过程中产生、不断充实、完善、改变和创新的结果，是劳动人民在生产过程中集体创作的艺术结晶。故事内容多与当地景观有关，有的根据历史故事演义而成，也有反映爱情、伦理观念的故事，内容十分丰富，形式活泼有趣，极具文学价值、学术价值和社会价值。

2011年3月，苍马山的传说被列入临沂市第三批市级非物质文化遗产名录。

主要内容　望夫石的传说。相传古代东方祝国有一位美丽的云霞公主，为了追求自由和幸福，和一位勤劳勇敢的青年猎人杨青相爱，双双逃到苍山之麓，结为夫妻。

祝国国王得知女儿私奔，不由大怒，命令妖僧水刹星调用东海之水，于寒冬季节冰冻苍山。云霞公主玉体娇贵，受不住寒冷，请情郎杨青去祝国宫殿盗取冬暖夏凉的霓裳。为了使妻子免受寒冷之苦，猎人杨青不畏艰险，于夜间潜入祝国

苍马山

宫殿，准备盗取公主的霓裳。谁知杨青的一举一动已经被水刹星掌握，当杨青出手时被水刹星抓住，五花大绑，扔入东海。幸亏妻子云霞公主送给杨青一块宝玉在身，才不至于被鲨鱼吃掉。但有水刹星的妖咒捆绑，无法还原人类。杨青摇身一变，变成一块礁石。礁石高大无比，形似一伟岸男子。过往船只，听说是忠于妻子的杨青变的，无不肃然起敬，经过时纷纷焚香点烛，以示敬意。

却说云霞公主在苍山之巅朝思夜盼，等待丈夫杨青早日回归。但等到的却是父亲的一纸诏书。诏书写道："云霞公主，父王命你即日启程回宫，另择夫君。杨青已死，成一礁石。苍山虽好，不可久留，祝国富丽堂皇，国泰民安，天下最富。女儿来日方长，切记切记，见字速归。"

云霞看到父王诏书，当着使者把诏书烧毁，并对使者说："请你转告父王，如果不把杨青送还，云霞至死不归。"说完大哭一场。

使者回祝国复命，告知国王原委。国王懊悔不已，但事已至此，无法挽回，只是连连叹气。国王的妻子漆红玉太后，听到女儿如此坚决，非常担心。漆红玉心痛女儿，暗中命令水刹星解除苍山冰冻，并送给女儿霓裳。云霞拒绝霓裳，只求太后早日送还丈夫杨青。国王无奈，遍召祝国能人，谁能说服云霞公主下山，谁就是国王的驸马。一时间，皇宫门前车水马龙，人山人海，应聘者络绎不绝。云霞公主闻听父王出此下策，羞愧难当，悲愤难忍，继而静坐苍山，终日哭泣，不思饮食。可怜宫中娇女，遭受如此煎熬，心情忧郁，体力不支，不久便在苍山北峰郁闷而死。云霞死后化为一块巨石，形似云霞，貌似仙女，脉脉含情，立于苍山顶上，成为苍山奇景。那块形似美女的石块，被后人称为"望夫石"。

国王和王后听说女儿死于苍山，亲自前往寻找，派出千军万马，始终不见女儿尸体。只见苍山白云缭绕，怪石嶙峋，一块巨石，形似云霞，翘首苍山峰端，好像少女在哭泣，又似仙女在眺望。国王和王后对着苍山大哭一场，然后一路哭泣着返回祝国。

此后，每当云霞出现，苍山和东海之间便狂风大作，直到海水消退，暴露出东海礁石，此时正是云霞姑娘和杨青会见时刻。苍山望夫石和东海礁石遥遥相见之后，东海风平浪静，苍山风停雨息，云霞含笑隐退，渐渐消失。只有云霞飘绕的石块，巍然屹立，万年不动。

项目传承　苍马山的传说是历史的沉积，是人们在长期的生产、生活过程中形成的集体智慧的结晶，呈现出血脉相承的特点，苍马山的传说作为一种口头文学，是农耕文化的产物。其主要流传途径是口传心授，没有形成明确的传承谱系。

分金台的传说

临沂市河东区相公街道相公中村，原名管仲庄，相传春秋时期管仲和鲍叔牙曾寓居于此。后来管仲辅佐齐桓公九合诸侯，一匡天下，助齐桓公成为春秋五霸之首。齐桓公以管仲为相，管仲庄因改称相公庄。清乾隆《沂州府志》卷七"古迹"记载："相公庄，相传为管仲庄。"村中部有一座黄土高台，传说为管仲、鲍叔牙二人分金的地方，称分金台。分金台的传说由此演绎而来，至今已有2000多年的历史。

历史渊源　春秋时期，相公庄交通便利，经济发达。庄上有客栈，名鲍家店，店主鲍叔牙精通诗书礼仪，为人耿直忠厚，重义轻利。鲍叔牙有个好朋友叫管仲，二人合伙做生意，鲍叔牙出资金，管仲负责经营，每次赚了钱，管仲都给自己多分一些。时间久了，有人就替鲍叔牙鸣不平，鲍叔牙却不以为意，知道管仲家境贫困，每次分利润时，都会主动多分给管仲一些。后来二人又同到齐国做官，管仲辅佐公子纠，鲍叔牙辅佐公子小白。在争夺王位的斗争中，公子纠失败被杀，公子小白继承了王位，这就是历史上的齐桓公。鲍叔牙极力向齐桓公推荐管仲为相，两人互相支持，共同辅佐齐桓公成就霸业。二人的友谊成为后人的楷模，成语"管鲍遗风"由此而来。

2011年3月，分金台的传说被列入临沂市第三批市级非物质文化遗产名录。

分金台遗址碑

主要内容 春秋时期，鲍叔牙在今临沂市河东区相公庄经营一家客栈，生意非常红火，往来客商络绎不绝。一日饭后，鲍叔牙庭外散步，偶遇南来一客人，面色憔悴，步履艰难。近前，见其人身材魁梧，相貌堂堂，遂生怜惜，将其接入店中。经过交谈才知道此人姓管，名夷吾，字仲，颍水之滨（今安徽颍上）人。因旅途劳累，染上了疾病，身体虚弱，才如此狼狈。鲍叔牙每日里细心照顾，精心调养月余才好，二人遂成莫逆之交。

一日，管仲忽念及家中老母，意欲回乡，无奈大病初愈，腿疼不能远行。叔牙得知，对管仲说："我二人亲如兄弟，兄所想之事，我足可了你心愿。"管仲不胜感激，遂拿出身边所余银两，让叔牙作盘缠。叔牙知其家贫，坚辞不受，并说："我带些家乡土产，到安徽贩卖，可赚些钱作路费。"鲍叔牙风餐露宿，急奔安徽而去，见到管母，行亲子之礼，叙仲之情形，尽亲子孝道，管母非常感激。叔牙居留数日，拜别管母，到繁华之地，销售土产，又将稀缺商品贩到相公，此行赚了不少金银。管仲在家，主持店面，睦好邻里，一切井然有序。叔牙归来后，兄弟俩情谊更笃。

待到管仲完全恢复健康，将要辞行。行前两人促膝彻夜长谈，依依不舍。关于金银之事，未能商妥。鲍叔牙因管仲家贫想分些给他，管仲却认为叔牙对己古道热肠，仁至义尽，坚辞不受。翌日晨，管仲不辞而别，叔牙醒来急忙追赶，至庄南大槐树下追上了管仲，二人相见无言，遂在槐树下高台上坐下，叔牙拿出金银说："贤兄，你母即我母也。这些金银分作三份：一份给你，权作路费；一份给咱母亲，尽我孝道；一份我自己留用。后会之日，我无愧也。贤兄万勿推辞。"仲无奈收下，两人洒泪而别。

管仲、鲍叔牙二人感情深厚、相知相识、相互包容的友谊，成为朋友关系的典范，至今仍然被人们传颂。

相关遗存 分金台遗址位于河东区相公街道相公中村，遗址为村中汪塘中一处高土台，长宽各 100 米，面积 1 万平方米。20 世纪 80 年代第二次文物普查时定为商周遗址。分金台遗址处有两块标志碑，一块是 2000 年相公镇政府立，一块是 2004 年河东区政府立。遗址现已推平，为空地。汪塘大部分已填平，在分金台西侧和北侧还有小部分汪塘。

少年王羲之传说故事

王羲之是中国著名书法家，有"书圣"之美誉。王羲之少年时曾生活在临沂，与其相关的历史遗迹众多，保存至今的有兰亭、洗砚池、普照寺、五贤祠等。少年王羲之在这片土地上也留下了许多传说故事，这些故事生动有趣，历史悠久，流传地域广泛，流播方式多样，内容十分丰富，展现了少年王羲之的聪明才智，它植根于民间，流传于民间，具有浓郁的沂蒙地域特色和乡土气息，对后世有着重大的影响及深远的意义。

历史渊源 魏晋南北朝时期实行门阀制度。西晋后期，琅琊王氏成为临沂的士族大姓。

王羲之（303—361 年），字逸少，出生于临沂南仁里（今临沂市兰山区白沙埠镇孝友村）。王羲之幼时同母亲居南仁里，母亲对其有良好影响，后随父王旷居琅琊国都临沂城内（今羲之故居），跟卫夫人学书，在"三少"书堂学文练字。12 岁时，王羲之随王氏家族跟琅琊王司马睿到建业（今江苏南京）。成年后在绍兴为官，历任秘书郎、宁远将军、江州刺史，后为会稽内史，领右将军，人称“王右军”“王会稽”。王羲之的儿子王献之书法造诣也十分深厚，父子被世人并称“二王”。

王羲之传说最早的记载，见于六朝《世说新语》，此后在民间的口头流传不绝如缕。

2011年3月，少年王羲之传说故事被列入临沂市第三批市级非物质文化遗产名录。

王羲之故居

基本内容　在闫从舜所著《王羲之成才传奇》里收录有《王羲之洗砚池轶闻》《少年成才趣闻》《童年“偷书”》《爱鹅擅画》《书法和煎饼》《入木三分》《书写地契》《沙盘习字》等故事。

王羲之洗砚池轶闻。王羲之的家门口有一个水池，他每次刻苦练字后都会在此洗刷笔砚。天天如此，长时间后就把门前原本清澈的水池都洗成了墨色。之后人们便把那水池称为“洗砚池”了。

民国《临沂县志·古迹》记载：“王右军故宅，治城西南隅普照寺”。西晋末年“永嘉之变”时，王羲之随宗族南迁，“舍宅为寺，东有晒书台，南有泽笔池，一曰洗砚池，皆其遗址”。元代文人王冕留下脍炙人口的诗句：吾家洗砚池边树，朵朵花开淡墨痕。不要人夸好颜色，只留清气满乾坤。

卫铄授书。卫夫人看了王羲之的字后，觉得他是个可造之才，愿把多年习字心得传授与他，每隔三天便去他家教其习字，要求他每天练十个字，每个字练十遍，成为“百字”练。一个多月后，王羲之问表姑，怎样才能把字写得又快又省笔画，卫夫人就说，草字体写得快，但是小孩不能练，一定要写真书，为人要真实，写正字，走正路，写好了正字再说。

入木三分。王羲之练字专心致志，达到废寝忘食的地步。他吃饭走路也在揣摩字的结构，不断地用手在身上划字默写，久而久之，衣襟也磨破了，功夫不负有心人，有一次，王羲之为人写一块匾，他在木板上写了几个字样，送去叫人雕刻。刻工发现字的墨渍竟渗入木板里面约有三分深。于是人们常用“入木三分”的成语来形容书法笔力强劲，后来用它来比喻对事物见解、议论的深刻。

这些流传于民间脍炙人口的故事，一直被人们津津乐道，成为激励后人热爱书法、学习书法的励志故事。对于提高全民文化素养，促进中国书法文化的发展，提高文化名城的品位，有着重要意义，对日本和东南亚地区均有重大影响。

雹神庙古石狮系列传说

白塔街雹神庙位于临沂市河东区汤头街道驻地南6公里。白塔街，自明朝中期就有文字记载，至今有五六百年的历史。白塔街村西面万亩板栗公园内，残存着雹神庙、佛爷殿、关爷庙等几处古庙宇遗址。这里的每处建筑、每一个文物都有着悠久的历史和动人的传说，有神马吃草的故事、炸火池未伤及一人的传说等，有市级文物300多年前的古石狮一对。

历史渊源　雹神庙建于清朝雍正年间。雹泉殿是庙内正殿，传说初建时仅建此殿，后来续建其他配殿。大殿内雕梁画栋，殿前两侧各有古柏一株，显得更加森严。雹神庙是白塔街庙会的亮点和依托，庙内有雹泉殿、马神殿等古建筑。传说几百年前，有一年下冰雹，其他地方都下得很大，可雹泉寺周边10公里内几乎没下。这里的人们觉

白塔街雹神庙

得沾了玄天大帝的光，就捐钱建了这座雹泉殿。庙门前立着一雄一雌两个石狮，威风凛凛，底座上雕刻着传说中八仙过海使用的八件法器。自雹神庙内建筑物被毁坏之后，石狮代替雹神李老爷享受着盛衰各异的香火，久而久之，就成了雹神庙的化身。

2011 年 3 月，雹神庙古石狮系列传说被列入临沂市第三批市级非物质文化遗产名录。

主要内容　雹神李佐车。李佐车是赵国名将李牧之孙，秦汉之际谋士。秦末曾辅佐赵王歇，被封为广武君。赵亡以后，韩信曾向他求计，李佐车提出“百战奇胜”的良策，留下了“智者千虑，必有一失；愚者千虑，必有一得”之名言。《博兴县志》记载，民间传说李佐车是雹神。每年三月初六，距将军冢较近的百姓相约到冢上礼谒祈禳，备牲祭于村西北三百步外，祭毕埋下，来回均不能回头。后博兴境内将军墓被盗，雹神迁居沂河，化为沂河黑龙。因仗义遭贬，去东北为黑龙江神。雹神传说在沂沭河地方流传很广，传说曾化为沂河小黑龙，行走间常带大风雨，多冰雹。白塔街有雹神庙，相传供奉着黑龙李佐车，称呼其为雹神爷爷。李佐车作为雹神，体恤百姓，维护一方水土，每行雹雨，皆洒向沂沭河中，深得百姓爱戴。

1947 年，国民党军在雹神庙东边修了据点。建了碉堡住了兵，共产党领导的武工队，经常到据点袭扰。国民党军队清除了据点周围民房，雹神庙亦被强行拆除，同时被毁坏的还有两根五米多高的望天猴石柱和一座建筑典雅的大戏楼。

相关遗存　雹神庙门前尚存一对石狮。一雄一雌，昂首向南，雄伟壮观。雄狮霸气十足，傲然屹立，昂首眺望前方，雌狮身背一个幼狮，左臂上趴着一个小不点幼狮，另一个幼狮正在母亲怀里哺乳。这对古狮做工精细，形状独特，两个石狮下面均有一个非常规格的石座，上面刻有八仙过海用的法器图案。

雹泉殿尚存几块残缺石碑，有雹泉殿始建碑、几块重修雹泉殿碑，见证了雹泉殿的历史。雹泉殿始建碑记载该殿始建于康熙年间，时名白塔寺，属沂郡东北乡管辖。

孔子师郯子传说

鲁昭公十七年（前 525 年），鲁国大夫昭子问郯子少昊时代以鸟名官之事，郯子数典述祖，侃侃而谈，介绍了其祖先少昊拜鸟为师，以鸟名来称呼各种官职的缘由。郯子的博学让孔子非常钦佩。孔子周游列国时，专程前往郯国拜见郯子求教，此即“孔子师郯子”的故事。

历史渊源　郯子（生卒年不详），己姓，子爵，春秋时期郯国国君。约公元前 11 世纪，少昊后裔中的炎族首领就封于炎地，称炎国，属人方。炎，古音亦读谈（tán）。春秋前后，国名多加“邑”旁，炎国演化为郯国。

周平王元年（前 770 年）至周元王元年（前 476 年），周王室逐渐衰落，诸侯大国间争相侵扰，天下动乱。郯国虽小，却因国君郯子讲道德、施仁政、恩威有加，百姓心悦诚服，使郯地文化发达，民风淳厚，一些上古的典章制度都继续保存下来，并对后世产生了深远的影响。

2014 年 3 月，孔子师郯子传说被列入临沂市第四批市级非物质文化遗产名录。

主要内容　郯子才华由问官一事可见一斑，《左传》昭公十七年（前 525 年）有明确记载。郯子来朝，公与之宴，昭子问焉，曰："少昊氏鸟名官，何故也？"郯子曰："吾祖也，我知之"。"我高祖少昊挚之立也，凤鸟适至，故纪于鸟，为鸟师而鸟名。"意思是：鲁昭公十七年（前525年）的秋天，郯子第二次朝鲁，鲁昭公盛宴款待，席间，鲁大夫叔孙昭子问起远古帝王少昊氏以鸟名官之事。

郯子数典述祖侃侃而谈。他说：少昊是我的祖先，我当然知道。我的祖先少昊挚初立位时，恰好有凤凰飞来，这被当成吉祥的征兆，因此就拜鸟为师，以鸟名来称呼各种官职。郯子进一步解释说，从前黄帝以云来记事，因此他的百官都以云命名；炎帝以火来记事，因此他的百官都以火命名；共工氏以水记事，他的百官都以水命名；太昊氏以龙记事，他的百官都以龙命名。我的高祖少昊挚即位的时候，恰遇凤鸟飞来，因此便以鸟记事，他的百官也以鸟命名。如凤鸟氏掌管历法。所说凤鸟氏，就是历正。凤凰是吉祥的神鸟，它一出现天下就和平安定，它是知道天时的。历正是主管历数和天时的官，故叫凤鸟氏；玄鸟氏掌管春分、秋分。玄鸟即燕子，它们春分飞来，秋分离去，故名掌管春分和秋分的官为玄鸟氏；伯赵氏掌管夏至、冬至。伯赵就是伯劳鸟，它夏至开始鸣叫，冬至停止，故这个官职以它命名；青鸟氏掌管立春、立夏。青鸟就是鸧鸰，它在立春开始鸣叫，立夏停止，故这个官职以它命名；丹鸟氏掌管立秋、立冬。丹鸟即雉，它立秋来，立冬离去，故以它命名。以上这四种鸟都是凤鸟氏的属官。祝鸠氏就是司徒。祝鸠非常孝顺，故以它命名主管教育。作为管理百姓的官职，就只能以百姓的事情来命名，而不像从前那样以龙、鸟命名了。满座人无不佩服郯子的学识渊博。

据孔子年表记载：鲁昭公十七年，孔子27岁。郯子来朝，孔子见之，学古官名。孔子当时在鲁国做个小官，他听说了郯子这番话之后，周游列国时前往郯国，"见于郯子而学之"。韩愈《师说》中"孔子师郯子"即出于此。保存在曲阜孔庙内的《圣述图》内有一幅插图叫《学于郯子》，讲的就是"孔子师郯子"的故事。

孔子前往郯国拜见郯子时，在城北十里遇到晋国的学者程琰本，"倾盖而语，终日甚亲"，谈论礼乐诗歌难舍难分，两人的车盖都倾斜到一起，最后赠送绢帛表示情谊，为离别而悲伤。据《孔子家语》记载：孔子与程子临别时，谓子路曰："取束帛以送先生。"后人为纪念孔子来郯，在城北十里建倾盖亭，以示纪念。孔子来郯时曾登郯城东南15公里的马陵山峰望海，后世称为"孔望山"，峰顶石楼为"望海楼"，清代被列为"古郯八景"之一。

郯子死后，后人建郯子墓、郯子庙、问官祠聊以凭吊。据有关资料记载，郯子墓，位于郯城县高峰头镇西曹村西南，南距郯庙村约1公里。墓前有石碑，清乾隆年立。郯子庙于郯城县归昌乡郯庙村。庙基占地10亩，庙分两部分：北为庙宇，青砖结构，朴素无华；南庙门前有戏台。大殿有"三圣"（孔子、老子、郯子）、"四贤"（颜回、曾参、子思、孟轲）泥像。郯子被奉为"三圣"之一，足见当时人们对郯子的崇拜仰慕之情。郯子庙为历代文人墨客所礼拜，不少人前来游览瞻仰，留下很多脍炙人口的诗文。在郯子庙大殿前精雕石柱上的楹联"居郯子故墉纵千载犹沾帝德，近圣人倾盖虽万年如座春风"，至今仍被人们咏颂。

郯子公园

许由洞的传说

许由洞传说，在蒙山之阳，沂河之西，已流传千百年。

历史渊源　自岐山一带有先民居住始，就已有关于许由洞和洗耳河的传说。唐代之前，许由洞下即建有道观。据清代光绪《费县志》记载，武则天周朝时期，费县吴翟村（今属兰陵县）东禅觉寺有遗像碑，碑文中有“箕岑”的记载，即今岐山，又有“许由静耳之岩，早开精舍”的句子。“精舍”即道观，“许由静耳之岩”，是指许由所住之岩洞。证明当地早有许由洞和洗耳河的传说，且在此之前，就建有道观。

许由洞遗址

明万历三十八年（1610年），有署名“闲闲翁”者在许由洞口上端的岩石上刻诗一首：“人是羲复境是仙，山上导我入桃源，此行洞口频回首，只恐人间不记年。”落款为“万历庚戌小春望月，闲闲翁赋志”。该诗今仍悬于洞口上方。

光绪《费县志》又载：“（洞）地处丛山中，竹树掩映，洞口土如屋，中有小洞，仅可容身。若有人入其中，自东山朝阳洞出，今已堰塞。此诗刻石上，不署姓名，必高士也。”

2014年3月，许由洞传说被列入临沂市第四批市级非物质文化遗产名录。

主要内容　传说许由是上古高士，与尧帝同时代，原生活在江苏沛县一带。许由生性好学，聪慧过人，是当时著名的种田高手，养牛能手，通晓医道，不追求名利地位，道德高尚，品行高洁，在当地享有崇高声誉。尧帝听说之后，打算把帝位让给他，让他来治理天下。许由听说之后，不等尧帝来请，便偷偷离开家乡北上，到箕山（今岐山）西麓隐居起来。

在悬崖上凿出了个山洞，作为栖息之所，在泉水旁栽上翠竹。此洞被后人称为许由洞，山洞下的村落就叫许由洞村，山泉被称为竹泉。

一次许由从虎口下救了一头断腿的牛犊，经他精心饲养调治，牛犊渐渐康复。为了治疗小牛腿伤，许由经常牵小牛到山下河对岸的山坡上溜达，久而久之，人们把许由经常溜牛的山，称做逛山，后来演化为光山，山下的村落就叫光山头村，小牛后来变成一头健壮的大牛，并渐渐繁育发展，许由研制了木犁，用牛来耕田，在他的带动下，颍河两岸的荒地，都被开垦成良田，人们不忘牛耕田之功，把山下北边最大的农田称之为上牛田、中牛田、下牛田。把西北边最小呈簸箕形的农田，称之为簸箕掌。最南边的农田，因地势较低地块较小被称为小湖。后来这片土地上人越来越多，形成众多村落，于是便有了上牛田、中牛田、下牛田、簸箕掌、小湖等村名。

许由去世后，当地山民把他葬在山洞西边的一块平地上，并在山洞旁边建庙宇一座，供奉香火，尊他为道家代表人物。到隋唐时代，许多道人在此修行，这里成为著名道观，有的道人精通医道，治病救人，到现在还有道人主持香火。每年的正月初九有很多善男信女前来烧香祈拜。

曾子传说

曾子（公元前505—前432年）名参，字子舆，春秋末战国初鲁国武城（今平邑县南武城）人，中国古代伟大的思想家、教育家，儒家思想正宗传人，被尊为“宗圣”，与“亚圣”孟子、“述圣”子思，“复圣”颜回合称“孔门四圣”。元代郭居敬将其列入《二十四孝》。曾参撰《论语》著《大学》成

《孝经》，以弘毅之气，上承至圣道统，下开思孟学派，彰显着“孝本”思想，是中国文化艺术宝库的灿烂之笔。曾参被誉为“七十二贤第一人、孔门四圣第一家。”

历史渊源　宗圣曾子一生留下许多动人的故事，这些故事，有的记载于典籍，有的流传于民间，具有启迪和教育作用。

在曾子的家乡平邑县南武城，有关曾参的孝行故事流传甚广。曾子的孝行故事，除民间创作外，还有一些故事的底本来自古代典籍，经后人不断加工、丰富，变成了如今血肉丰满、感人至深的传说故事。

2014 年 3 月，曾子传说被列入临沂市第四批市级非物质文化遗产名录。

主要内容　平邑县南武城山水相映，风光瑰丽。曾参生于此，长于此，也逝于此。有关曾参的孝行故事在平邑县境内及枣庄市山亭区、滕州市，济宁市嘉祥县内流传甚广。《曾子轶事》以此为背景艺术再现了曾参的《少而好学》《耘瓜受杖》《杀猪示信》《啮指心痛》《忌食羊枣》《思亲操琴》《三省自身》《安贫乐道》《忠恕一贯》等传说故事。

啮指心痛。曾参少年时家贫，常入山打柴。一天，家里来了客人，母亲不知所措，就用牙咬自己的手指。曾参忽然觉得心痛，知道母亲在呼唤自己，便背着柴迅速返回家中，跪问缘故。母亲说：“有客人忽然到来，我咬手指盼你回来。”曾参于是接见客人，以礼相待。

三省自身。曾参在跟随孔子学习时，勤奋好学，深得孔子的喜爱，别人问他为什么进步那么快。

曾子曰：“吾日三省吾身：为人谋而不忠乎？与朋友交而不信乎？传不习乎？”意思是说：“我每天都要多次问自己：替别人办事是否尽力？与朋友交往有没有不诚实的地方？先生教的学习内容是否学好？如果发现做得不妥就立即改正。”

文学特点　《曾子轶事》记述了宗圣曾参的孝行故事，重点描绘了“家孝则国治”，“孝治天下”即“德治天下”的“孝治”思想。《曾子轶事》以曾

曾子墓

子孝行故事为主，形象而系统地诠释了“孝”之内涵。让人读之荡气回肠，心随神往，往往会感之落泪。

《曾子轶事》形象生动，文笔优美、流畅，让人读之荡气回肠，心随神往，感人泪下，发人深省，对于立体地全方位地弘扬“孝”文化，孝忠家国，实现中华民族的伟大复兴具有深远的历史意义和博大的现实意义。

秃尾巴老李的传说

传说秃尾巴老李是沂南县马牧池乡横河村解氏所生，为一条黑龙。因长相怪异，受到父亲嫌弃。母亲和外祖父母偷偷将其抚养大。后被父亲发现，慌乱之中挤断了尾巴。秃尾巴老李善良正直，造福百姓，深受大众喜爱。秃尾巴老李的故事在沂南县广为流传，在红石寨景区人们为他修建了秃尾巴老李庙。

历史渊源　秃尾巴老李的民间传说在山东广为流传，与现在流传故事相似的文字记载，见于清朝袁枚的《子不语》：“山东文登县毕氏妇，三月间浣衣池上，见树上有李，大如鸡卵。心异之，以为暮春时不应有李，采而食焉，甘美异常。自此腹中拳然，遂有孕。十四月产一小龙，长二尺许，坠地即飞去。到清晨必来饮其母之乳。父恶而持刀逐之，断其尾，小龙从此不来……”这是秃尾巴老李故事起源的一个版本，还有许多其他的演绎与版本。

秃尾巴老李庙

秃尾巴老李传说在临沂市境内最早流传于沂南县铜井镇鲁庄、树仁里一带。树仁里庄北有座山，山半腰有个泉子叫解家汪，泉子五冬六夏不干，水清澈透底，里边有鱼有虾。传说，秃尾巴老李的姥姥家在树仁里，姓解，后迁居到曹家泉庄。曹家泉庄南面有个解家林，每年寒食清明节老百姓都给添土、上坟。老百姓在解家汪泉子边上修了神庙。每年遇上干旱，曹家泉庄的村民抬着整猪、整羊、纸马香串，12 个童男、12 个童女到解家汪去祈雨，到庙上烧纸烧香，再摆贡品。几个属大龙的用水瓢从泉子里往外舀水，一边盛一边说“好大雨”，要是舀出鱼虾来，雨就没跑，不等祈雨的下山，雨就下开了。

后来，有村民在红石寨一带，发现了一个洞，名为“卧龙洞”，传说是秃尾巴老李受伤后养伤的地方，现洞内仍隐约可见龙形图案。传说秃尾巴老李在卧龙洞住下后，其外公外婆经常来给送饭送水，在洞外有一泉眼，每天早上，秃尾巴老李就到泉边等待外公外婆，见到外公外婆他会更加思念母亲，后来人们就把这个泉子叫做思母泉。

唐朝重修沂南县辛集镇苗家曲信量桥时，桥上共有 13 个龙头，但只有 12 条尾巴，那条没有尾巴的龙就是秃尾巴老李，此为沂南县发现的最早用秃尾巴老李头像做标记的实例。在建红石小镇时在土石中发现了秃尾巴老李的雕刻头像。景区负责人和传承人组织专人将秃尾巴老李的相关遗址、每个传说故事进行普查、搜集，在红石寨内修建秃尾巴老李庙，对部分遗址做了恢复性建设。

2014 年 3 月，秃尾巴老李传说被列入临沂市第四批市级非物质文化遗产项目名录。

主要内容 秃尾巴老李的传说在民间广为流传，备受称赞，脍炙人口，地域文化的不同，使得秃尾巴老李的传说各具特色，但总体的故事内容都是惩恶扬善，积极向上的。

传说在沂南县马牧池乡横河村有个庄户汉子叫李来福，到了 30 多岁才娶妻解氏，婚后到了 40 岁时还没有小孩。一天解氏走娘家经过解家汪时，因口渴就在解家汪泉子边喝了几口泉水。从娘家回来几个月后就觉得腰粗腿酸不想吃东西。李来福听说后，连声说：“老天爷可睁眼了，有赶我叫爷的啦。”13 个月后的一天早上，解氏觉着身上不舒服，就连忙躺到床上，一阵肚子疼，解氏就晕过去了。中午，李来福回家后一看傻了眼，一条小黑龙的头正拱在解氏的怀里，尾巴还缠在梁头上。原来小黑龙出生后，解氏早已昏过去了，就自己拱在解氏怀里喝奶，喝饱后就睡着了，不料自己现了原形，使父母受到惊吓。李来福顾不得害怕，顺手把小黑龙抱起来向外跑，跑到郊外把小黑龙扔在荒山野地里。孩子扔掉了，做娘的十分痛苦，不管怎么说，得想办法把他找回来。天渐渐黑了下来，解氏不知不觉睡了过去，迷迷糊糊中感觉有人在她怀里使劲咂她的奶，睁眼一看，原来是小黑龙回来了。她一见高兴得不得了，但又怕孩子他爹回来碰见，就嘱咐小黑龙喝饱了快藏起来。小黑龙渐渐长大了，就在小黑龙三岁那年的一天，他像往常一样回家吃奶，李老汉回家正巧遇上，就大喊一声。小黑龙听见喊声，掉头就往外跑去，不料跑得太急，门被带上了，把尾巴挤掉了一截。李来福傻了眼，只见有一阵黑雾窜出门去，什么也没看见，床前淌了一汪血，半截尾巴还在那里乱扑棱。

小黑龙跑出来后，强忍剧痛，没有别的地方去，就只好到了他外婆家，跟外婆说明了原委，外婆听后考虑再三，最后决定把他送在铜井镇西北方红石寨一带的一个山洞里（就是今天的卧龙洞）。秃尾巴老李住下后，其外祖父母经常来卧龙洞给送饭送水，在洞外有一泉眼，叫做思母泉。十余年后秃尾巴老李被东海龙王招到东海学习呼风唤雨的本领。成年后又被东海龙王派到了山东任职，专司刮风下雨事宜。因违反了龙王把冰雹下在庄稼地里的旨令被贬到东北黑龙江。

艺术特点　通俗性。秃尾巴老李传说最显著的特点是通俗，内容的生活化、语言的民间化，最直接地反映了广大人民的生活、观念、感受和愿望。

传奇性。秃尾巴老李传说是一种艺术创造，神奇迷幻富有传奇色彩。

传承不间断性。秃尾巴老李传说是沂蒙劳动群众创造出来的精神财富，是沂蒙文化的一个重要组成部分，沂蒙人代代口传、世代演绎、历朝积淀，或丰富曲折，或脍炙人口，或感人至深，令人神往。

指动石系列传说

指动石景区位于费县东蒙镇塔山脚下，属蒙山天蒙景区。指动石景区景点众多，主要有指动石、天蒙湖岛、天鼓、仙人指、望龟亭、睡佛、母子情深等30余处，留下许多美丽的传说。

历史渊源　费县历史悠久，春秋时期称鄪邑，战国时期称鄪国，西汉初年置县，是孔子的弟子闵子骞和唐代政治家、书法家颜真卿的故里。境内指动石故事自费县人的祖先始，祖辈口传，世代演绎，历朝积淀，形成许多美丽、丰富、曲折、动人的指动石故事传说。

2014年3月，指动石系列传说被列入临沂市第四批市级非物质文化遗产名录。

主要内容　天鼓传说。天鼓处的山崖原来是敲不响的，相传楚汉时期楚霸王项羽乃三龙女所生，长大后千里跋涉赴东海认母，走至东蒙时被龙王知道，龙王大怒便水漫东蒙，眼看项羽岌岌可危，三龙女怜子情切，赶至此地向龙王叩头求情，龙王不准。正赶上观音菩萨来莲花山弘法，三龙女的母爱感动了观音菩萨，观音遂掷下白玉瓶吸干了大水救了项羽。三龙女叩头之处便成了今日的天鼓。传说此鼓之音能感动观音，人们到此先默默许愿，然后敲击此鼓无不如愿以偿。

仙人指　景区有5块错落有致、突兀而立的石头，很像人的左手。传说当年此地有位书生，十年寒窗苦读屡试不第，后受仙人指点外出求道，跟师傅学得一手点石成金之术。下山时师傅谆谆告诫：此法术攸关天机，不到万不得已千万不可乱用，否则必遭天谴。书生回到家乡，看到父老乡亲还过着十分贫穷的生活，就想为百姓做点事，他将莲花山上的石头点化成金子，后被玉皇大帝知道了，玉帝非常恼怒，便派太白金星处理此事。太白金星见书生憨厚朴实不像是贪财之人，在与

仙人指

指动石

书生交往的过程中，发现他点化成的金子都是为老百姓做事，自己从来不用一分一毫，便动了恻隐之心，免了他的死罪。死罪能免，活罪难逃，于是给了书生两条路选择：一是将莲花山上的金子再变为石头，然后收回他的法术。二是将他的左手留在这里，为当地老百姓指点致富之路，书生毫不犹豫地选择后者，于是太白金星便施展法术将他左手的五根手指留在了这里。今天人们看到食指特别粗壮，就是因为当年他练点石成金用的这根手指。

指动石 指动石有“奇冠天下”的美誉，它长7米，宽5米，重达百吨，如此的庞然大物，以一指之力，便可使其上下颤动。当地人传说，这百吨巨石原先是不会动的，是由于观音菩萨要救助这一方百姓暗施法力，只让心诚向善之人将它一指而动，而凡能指动此石者，均得到观音法力的加持，消灾避难、一生幸福平安。所以指动石在当地百姓心中又称为“平安石”“试心石”。

鬼谷子传说（蒙阴县）

鬼谷子，春秋末期人，著名谋略家、纵横家，兵法集大成者，诸子百家之纵横家创始人。相传他被上天赐予通天彻地的智慧，深谙自然之规律，天道之奥妙，被后世尊为“谋圣”。鬼谷子隐于世外，弟子出将入相，左右列国存亡，推动着历史的走向。主要作品有《鬼谷子》《本经阴符七术》等，被后世称为“智慧禁果，旷世奇书”。

历史渊源 鬼谷子，姓王名禅，字诩，号鬼谷，春秋末期人，曾在韩、宋、齐等国任职。他与老子、孙武、孔子等先圣齐名，是一位杰出的思想家、谋略家，所著《鬼谷子》一书流传于世。著名纵横家苏秦、张仪，军事家孙膑、庞涓，仙道家茅蒙、徐福等，都曾师从鬼谷子，在蒙山鬼谷峪中拜师学艺、聆听教诲，最终成为影响中国历史的一代人物。鬼谷子传说在蒙阴县境内广为流传，平邑、沂南、费县、莒南等县境内也有流传。

2014年3月，鬼谷子传说（蒙阴县）被列入临沂市第四批市级非物质文化遗产名录。

主要内容 蒙山云蒙景区是一道深谷大涧，传说水帘洞悬崖上那座石门，就是王禅修仙的地方，五百年一开。王禅精数术，能占星看相，预测未来，通天彻地；精兵学，六韬三略，布阵用兵，鬼神难测；精辩学，广记多闻，出词吐辩、万口莫辩；精出世学，修真养性，祛病延年。因此，被尊称为鬼谷先生、鬼谷仙师，蒙阴当地则叫王禅老祖。

王禅在蒙山修道期间，收了很多徒弟，其中著名的有孙膑、庞涓、苏秦、张仪。鬼谷子传说有《请师出洞》《竹篮打水》《捡无烟干柴》《王禅老祖的来历》《泰山奶奶搬家》《王禅授兵书》等。与王禅在蒙山修道有关的遗迹众多，有鬼谷庙、鬼谷碑、鬼谷子村等。

孙膑练兵地

传承价值 以王禅为主题的鬼谷子传说，是蒙山特有的地域文化，更是一笔宝贵的文化遗产，有很高的传承价值。

鬼谷子传说，养育了一代代沂蒙儿女，是蒙山深厚文化内涵精髓，对于体现中华民族精神文明，丰富沂蒙人民文化生活，具有很大作用。

临沂兵城、郯城马陵古战场、蒙阴鬼谷子传

说三位一体的立体研修，对临沂文化旅游具有重大意义。

云梦山传说

云梦山位于莒南县朱芦镇境内，海拔300余米，占地1万余亩。因其山上松柏苍翠，云雾缭绕，故名“云蒙山”，又因有九个山头，亦称“九顶云梦山”。云梦山自然风景优美，文化遗迹丰厚。山上有“鬼谷子庙”遗址，形貌完备，古墙尚存，房舍石阶清晰可辨。相传鬼谷子曾在此隐居，不远处还有孙膑洞立于群山之上。云梦山上多传奇，有仙人洞的传说、鸳鸯石传奇、神茶的故事以及鬼谷子、庞涓、孙膑的故事。这些故事可以追溯到春秋战国时期，经历代人口耳相传，不断演绎，逐渐形成体系，于潜移默化中教育了世人。

历史渊源　莒南县朱芦镇刘家东山村，是云梦山传说的主要发祥地。云梦山寺庙、仙洞、奇石并称“三绝”，让人赏心悦目。寺庙有商传寺、云梦寺、乾宇寺、鬼谷子庙、观世音庙、龙王庙、庵庙（即尼姑庙）；洞有八仙洞、观音老母菩萨洞，滴水洞（又称龙女洞、老龙王洞）；怪石有百种，一步一景，有八鸽石、天龙石、龙母老人石、斩妖石、蟾蜍石、天鸡石、蘑菇石、劈雷石、卧虎石、张果老的拴驴石、鸳鸯石一对，有通天沟、南天门、振海鼓、仙女瑶池、石盆、石罐、石碗、八卦图、一线天、胭脂红、胭脂白等40多个景点。

云梦山文化底蕴深厚，古往今来人杰地灵，兵家荟萃，每一个景点都蕴藏着故事，有仙人洞的传说、滴水洞的传说、云梦山上神茶的传说、鬼谷子和孙膑等人的故事。这些故事传说通俗浑朴、明朗扼要，经过当地百姓口耳相传，世代演绎，或丰富曲折，或俏皮有趣，或美丽动人，反映人民群众嫉恶向善的价值观和追求美好的生活愿望，是沂蒙文化的重要组成部分。

2014年3月，云梦山传说被列入临沂市第四批市级非物质文化遗产名录。

主要内容　云梦山传说故事完整，情节曲折，语言优美，地域特色十分明显，较为集中地反映当地的历史、人民生活等情况，寄托人们传统的道德观念和美好的理想追求。主要的传说故事有：

人物传说15篇。《谷子王傲与救母的故事》《贼子王乾与救母的故事》《鬼谷子搭桥考庞涓》《冰塔脚下育孙膑》《鬼谷教徒严如子，庞涓厄孙天不容》《上有天，下有帝，自古害人害自己》《呕心沥血谱春秋》《勇于开拓的村文书》《庞涓过河心怀鬼胎，孙膑舍生救牛童》《天赐鬼谷八卦图》《只因多言被老母娘娘治了后半生》《天不怕，地不怕，就怕河西孟吉夏》《小人狡猾心肠歹，念尽弥陀总是空》《新时代里新风尚》《鬼谷行医传》。

神话故事8篇。《仙人洞是怎么通往东海的》《仙人洞的传说》《山红遇仙记》《八仙献宝与移山记》《王二小给岳父拜寿》《风水先生的传奇片段》《伤天害理上帝不容》《小天马与老人捉迷的故事》。

风物故事7篇。《一对鸳鸯石的传奇》《云梦山上一棵神茶的故事》《龙母老人石的故事》《云梦山上的老母松》《狼窝沟里的霹雷石》《绣针河畔上的故事》《劈棺记的故事》。

柳毅传书的传说故事

柳毅传书的传说故事在费县广为流传，梁邱镇有百姓传唱的关于柳毅传书民间小调。通过离奇神话故事，反映了人们崇拜侠义、憎恶邪恶、祈求平安的善恶观。

历史渊源　柳毅传书故事最早见诸文字是在唐代高宗年间，由李朝威所著的传奇小说《柳毅传》中。原载《太平广记》，题作《柳毅》，鲁迅的《唐宋传奇集》始为校增。汪国垣的《唐人小说》仍作《柳毅》。该篇故事富于想象，情节曲折，结构谨严。曾慥《类说》引《异闻集》题作《洞庭灵姻传》，似是原题。该篇是写一个爱情的神话故事，在唐代仪凤年间，有个落第书生柳毅，在回乡途中路过泾阳，遇见龙女在荒野牧羊。龙女向他诉说了受丈夫泾川君次子和公婆虐待的情形，请柳毅带信给她父亲洞庭君。柳毅激于义愤，替她投书。洞庭君之弟钱塘君闻知此事，大怒，飞向泾

柳毅庙

阳，把侄婿杀掉，救回了龙女。钱塘君深感柳毅为人高义，就要将龙女嫁给他，但因言语傲慢，遭到柳毅的严词拒绝。其后柳毅续娶范阳卢氏，实际是龙女化身，两人终成眷属。

柳毅传书的故事在费县流传很广，清光绪《费县志》记载：漯流山，西南六十五里，自高山头东北为避谷山，莓台山，虎头山，折而西北起此山。上有柳毅庙，下有葡萄涧。

根据柳毅庙院里的石碑记载，柳毅庙始建于隋唐，到了明清庙宇两次扩建，规模逐步扩大，大殿建成两层楼，楼前有前殿，东西有厢房，大殿东侧有三龙女殿。

梁邱《三檍堂·李氏宗谱》附考：漯流山距梁邱集南四里，山下有葡萄涧，山上有柳毅庙。明末清初，李氏五世祖李在公捐献修葺柳毅庙，并亲笔题字“柳毅庙”三字。青龙山麓温凉河畔又有天然的青龙洞、石羊群和石马，还有形象逼真的登仙台，更有敲打声响如锣鼓的石锣和声如鼓声的石鼓以及柳毅庙。这些天然逼真的形象物演绎出柳毅传书的传说故事。

2016 年 12 月，柳毅传书的传说故事被列入临沂市第五批市级非物质文化遗产代表性项目名录。

主要内容　相传过去费县西南的梁邱镇有座青山叫漯流山，山下是四十五里的寒江湖，山麓下湖边旁有一石洞，洞里住了一窝泥鳅，日久成精，经常在寒江湖里兴风作浪祸害百姓。一日泥鳅精去东海赴宴，见三龙女美丽动人，将三龙女骗至泥鳅洞逼三龙女成亲，三龙女誓死不从，泥鳅精便将三龙女逼到漯流山寒江湖畔牧羊，期间三龙女遭受了非人的折磨。

书生柳毅学医未就，又遭抢劫，行至寒江湖畔，孤苦无助，悲从中来，不禁掩面而泣。

三龙女见一白面书生哭泣，便走了过去。

柳毅见有人来，起身欲投湖自尽。三龙女急忙拽住柳毅的衣襟，道：看公子是文雅名士，何故走绝路？

柳毅施礼道：先谢小姐搭救之恩！我叫柳毅，父亲早逝，和母亲相依为命。父亲被病魔折磨而死，我矢志拜师学医，谁知战乱使我学医未就，归途又遭抢劫，回家如何面对母亲？就……

三龙女说：常言道，危难不倒志，得意不癫狂。堂堂男子汉为这点小事投湖自尽，太没出息了。你一死百了了，可你良心上能对得起日夜盼你想你的母亲吗？

柳毅急忙跪拜：谢小姐指点迷津，您的铭言诲语，如拨云见日，柳毅铭记在心。说完拱手致谢，走了几步又回来，见三龙女扑簌簌流泪，便道：小姐救我一命，既是天意又是缘分，如有危难之事说与柳毅，柳毅赴汤蹈火在所不辞。

三龙女道：我本东海龙王三公主，因被泥鳅精骗至寒江湖泥鳅洞逼婚，我誓死不从，泥鳅精逼我牧羊。拜托您去东海为我传书，让父王早日来搭救我。

说着咬破手指，写下血书。柳毅接过血书辞谢而去。

柳毅走后，三龙女每天都爬到漯流山峰的望海石上，遥望东海，为柳毅祈祷，盼望东海龙王早日来搭救她。

东海龙王收到柳毅的传书，派青龙斩杀了泥

鳅精，青龙一怒之下扒开了堵水岭，寒江湖向东倾泄而下，形成了温凉河。青龙镇守石洞，从此泥鳅洞改叫青龙洞，漯流山改叫青龙山。

后来东海龙王欲将三龙女迎回东海，三龙女与柳毅结为夫妻。从此，三龙女牧羊，柳毅为百姓治病救人，做了无数的好事，感动了天帝，天帝将二人封仙成神。

如今，柳毅和三龙女登石成仙的脚印仍清晰可见。老百姓为了缅怀柳毅，在青龙山上修建了柳毅庙。

涑河源的传说

涑河位于鲁东南，发源于费县马庄镇西部山区，流经马庄、探沂二镇，经西埠村流入兰山区，后横穿临沂城区，在城南大埠东村北注入沂河，全长60余公里，属季节性河道。

涑河源头由两股泉流汇聚而成。一股发源于西南峪村松树山老庵子泉，每当夏日泉水汇成涓涓溪水一路东流，注入马庄水库，再往下游便形成了涑河。一股源头在天井汪，亦由两股泉流汇成：一股曲折北溯至盘龙沟，以盘龙眼处馍馍泉为源头；另一股折西山崖沿夹沟而上至流金泉，又称海碗泉。涑河源留下许多美丽的传说，其中天井神龟的传说与流金泉的来历最有名。

历史渊源 据《费县志》记载："费邑多山水，大势俱分南北两条。北条之山，蒙其总名……自聪山……"涑河便发源于费县马庄镇西部山区，属尼山山系。涑河源头由两股泉流汇聚而成。一股发源于西南峪村，所在山为松树山，山腰有石屋取名"老庵子庙"，在解放前夕被毁，遗址处尚存一石碑，隐约可见"创修佛□（此字不清）庙记"六个刻字。庙旁有清泉名曰"老庵子泉"。一股源头在天井汪，亦由两股泉流汇成。一股曲折北溯至盘龙沟，以盘龙眼处馍馍泉为源头；另一股折西山崖沿夹沟而上至流金泉，又称海碗泉，此亦为源头。据民国5年（1916年）《临沂县志·山川》载："涑水，源出费县柱子固东之天井汪，东流西墠村入县境。"

2016年12月，涑河源的传说被列入临沂市第五批市级非物质文化遗产代表性项目名录。

主要内容 天井神龟传说。传说明朝开国皇帝朱元璋在少年时曾到天井汪要过饭。做皇帝后碍于面子，把天井汪的老百姓流放到外地，又从山西洪洞县迁来部分百姓。因早先闲置的房屋经常闹鬼，老百姓不敢居住，便搬到一大水井旁安家。该水井中住着一个老鼋，经常外出与村中居民来往，谁家有婚丧嫁娶之事，需要锅碗瓢盆等家什，只要到水井旁烧纸求老鼋帮忙，它都一一满足，所求之事逐一办到。后来因老鼋子孙众多，更有顽皮者常到老百姓家闹事，人神矛盾日益加深，遂产生了隔阂。老鼋为了更好地生存，就到南天井汪一户孙姓人家里借来了黄牛魂拉车，搬家到东乡沙沟崖下居住。老鼋走后，水井被一条黑龙占据，黑龙年年发洪水，祸害当地百姓，水井也被冲开，原来的村庄被冲成了一个大汪，老百姓苦不堪言，便拜托土地奶奶给老鼋捎信，请他回来收拾黑龙。老鼋也是故土难离，便回到水汪与黑龙大战七天七夜，终于将黑龙杀死。他们大战的地方便是现在的盘龙沟，尚存一只盘龙眼深不可测。老鼋也殚精力竭，在老龙潭边化作一块巨石，日夜守候着这方土地。从此，天井汪周边几十里风调雨顺，再也没有什么大的灾荒。

据传古有风水大师路经此地，俯瞰其周边诸山，山势两纵两横，状形似井。诸峰嵯峨巍巍，崖下泉水汩汩，故起名曰天井汪。大师见此地风水极佳，遂隐居于此。有赵、陈、刘、孙四姓氏移居于此成村落，后因人丁兴旺又分为三个村，以东、南、北而命名，尤以北天井汪为盛。

流金泉传说。传说从浙江绍兴来了一位风水大师沿涑河逆水而上，走了十几天的时间，寻至北天井汪西北5华里夹沟里，见一座石崖底有一泉眼，泉水汩汩流出。大师口渴了，便俯身喝水，泉水入口甘冽，沁人心脾，很是舒服。细看那泉水流入的形状似茶杯，杯中有闪闪发光的东西。大师便拂去杯中之水，取尽杯中之物藏入怀中。再看该泉周围，群山环绕，多股泉水流入夹沟之中，汇成涓涓细流。沟两边都生长着一种叫野涑子的植物，便给这溪流起名小涑河。河东山叫姨孙山，南山叫西打黑顶子。大师到泉下4华里处一个叫鱼林山的村里住下来。从此后，大师一年一次来泉边取走这杯中之物，年年如是。后来，大师年事已高，走不动了，便告诉了他住的那户人家真相：原来这是一个神泉，每年在一个固定的时刻都会流出一定的金子。他每年从泉水杯里取走的金子足够一年的生活，于是这户人家也就每年从泉子里去取金子。后来，这户人家的儿子嫌杯子太小，取的金子太少，就用凿子将石杯凿大，像海碗般大，从那以后泉水却再也没有流出金子了。为了警示后人不要贪心，当地人便把这个泉叫做流金泉，也叫海碗泉。

楼景洞的传说

费县朱田镇驻地正西10里有座轿子顶山，山半腰有个楼景洞，相传洞里面住着一位仙人。他用洞内的水煮炼丹砂，为民治病，后修成正果，飘然而去，留下一段传说。

历史渊源 娄景，西汉年间湖南人，道士、炼丹师。传说娄景走遍大江南北，发现云天崮（云台崮）山势险峻，高耸入云，视野非常开阔，且山中有洞，便在这里修仙炼丹，最终得道成仙，山洞遂称娄景洞。

2016年12月，楼景洞的传说被列入临沂市第五批市级非物质文化遗产代表性项目名录。

主要内容 传说费县朱田有座轿顶山，山中有个楼景洞。说起楼景洞的来历，那就远了！很久很久以前，楼景洞也叫娄瑾洞，洞里隐居着一位叫娄瑾的仙人，他用洞内之水煮炼丹砂为民医病。

轿顶山下住着几户人家，有个名二喜的小子很机灵，他每天都到轿顶山上去放牛。一天，二喜把牛赶到长满青草的山沟里，自己跑到轿顶山下的榆树底下乘凉，嘴里哼着自编的小曲：

小黄牛哟，能耕田，

小二喜哟，不愁吃和穿；

小黄牛哟，能打场，

小二喜哟，就要娶新娘。

唱着唱着，忽听有人喊："二喜子，二喜子。"二喜子一愣，在这漫山野地里谁喊我呢？他顺着喊声找去，见悬崖上站着一位白眉、白发、白胡子的老人，手拄拐杖，慢慢地向下走来。二喜赶紧跑上前去扶着老人，问："是您老人家喊我吗？"老人家点了点头。二喜心想：我天天在这里放牛，怎么从来没见过个这老头呢？老人亲切地说："现在日头已过晌，我见你还没吃饭，走，我领你吃饭去。"二喜没来得及多想就跟着他走了。只见老人拿龙头拐杖一指身边的悬崖，"哗啦"一声巨响，两扇石门大开，二喜吓得不敢吱声，跟着老人进了山洞。走了一小会儿，豁然开朗，苍松翠柏，红桃绿柳、凤舞鹤飞，别有洞天。老人把二喜领到另一个洞里，对二喜说："咱种稻子做饭吃吧！"说着在锅台上撒了几粒稻种，只一会儿就发芽、抽穗，又过了一位就变成金灿灿的稻子了，这时老人揪了几穗用手搓了搓，然后从耳朵里拿出一个小锅，放上米煮了起来。做好饭，老人叫二喜先吃，二喜一看，这点饭够谁吃？看样子五筷子就可夹完。谁知二喜吃饱了，锅里的饭一点也未见少，他觉得很奇怪，也没敢多问。

二喜一看天色不早了，先别了老人去找牛，到山沟里一看，连个牛蹄

楼景洞遗址

印也找不着，就哭着回家了。一进大门，把爹娘吓了一跳，二喜的爹壮着胆子说：“喜子，你已经死了一年多了，今天怎么回来了？”二喜一听全明白了，就把经过和爹娘说了一遍，他们听了又惊又喜。

第二天，二喜又到轿顶山悬崖下找老人，怎么也找不着，洞口也没有了。于是他又唱了起来，忽然石门大开，老人出现在二喜面前，说：“二喜，我要走了。”“您上哪？”二喜问。“我要回天上了，你说我该怎么上？”老人说，二喜指着身边的一棵树不假思索地说：“爬上这棵树，不就上天了吗。”老人真的爬上了树，奇怪的是，老人向上爬，树也往上长，一会儿树长到云彩里，老人的影子就不见了，忽然从天上飘下一条绸带，上面写着：“老翁今日归天去，洞内有药可免疫”下面落着“娄瑾大仙”的字样。二喜一看才知道遇到的老人是娄瑾大仙，十分后悔不该让老人爬树上天。

二年以后，这一带流行瘟疫，二喜想起了绸带上的话，就到山洞里取了娄瑾大仙炼的药丸给乡亲们治好了病。洞内泉子里的水是娄瑾炼药用的水，据说如果用它洗一下眼睛，这一年里就不会得眼疾了。

人们为了纪念娄瑾大仙，在洞口盖了庙宇，给娄瑾塑了像，把洞名取作“娄瑾洞”后来演化为“楼景洞”或“龙景洞”了。

历史记载　娄景，他写过一本奇书叫做《娄景书》，民间称作《六十甲子荒旱歌》或《甲子乙丑海中金》。“甲子乙丑海中金”出自《六十甲子纳音》，它是一种经历朝历代传承至今的择时术。“六十甲子配五行纳音表”的第一句是“甲子、乙丑，配海中金”，详解曰：“以子为水，又为湖，又为水旺之地，兼金死于子、墓于丑，水旺而金死、墓，故曰海中之金。”译成白话就是：“子，五行是水，是湖泊之水，是水势旺盛的地方，在五行中金死在子而墓在丑，水旺金死、墓，犹如大海中的金子，所以称作大海金。”是中国较早预测天气的文献。

据载娄景还是一名道士，炼丹师。五代时天台山道士王松年撰《仙苑编珠》有一段文字叫做《御妾娄景》：“娄景者，汉文帝侍郎也。从张君学道，得云母朱英丸方，服之，百三十岁，如年三十人。传其丸与王公子，年七十，服之，日行三百里，饮一斗酒。年二百岁。”

楼景洞的演变。根据《沂州府志》记载，娄景走遍中国大江南北，发现云天崮（又名云台崮）山势险峻，高耸入云，视野非常开阔，且山中有洞。在崮上居高临下，远离尘嚣，正是静心修炼的绝佳之处，洞中有个水池，那里的水可以炼仙丹，于是，他在这里潜行修仙炼丹，最终得道成仙，山洞遂称娄景洞。

清光绪《费县志·卷二·山川》称之为“娄瑾洞”，并记载：“娄瑾洞，在笼头崮（亦名双崮）之南。《府志》：‘世传娄瑾修炼处’”，古“娄景洞”又称娄瑾洞。

1982 年出版的《费县地名志》记载：“楼景洞：位于朱田公社西部，一洞、二洞总长 70 余米，宽 4 米，高 4 米，三洞深不可测。”于是，此洞正式称为楼景洞。

沭河民间故事·拉呱

《沭河民间故事·拉呱》以民间故事为题材，内容涉及三教九流、形式灵活多样，包括神话、历史故事、地方传说、民谣等，由徐进举搜集整理，结集出版后曾获第三届临沂市沂蒙文艺奖，入选 2015 年度“中华优秀传统文化故事会”等。

历史渊源　沭河古称沭水，俗名茅河，发源于沂山南麓，是鲁南地区第二大河流，全长 400

2017 年 9 月，徐进举参加山东省第二届“齐鲁故事大赛”

公里，流域面积6400平方公里。与沂河平行纵贯于沂蒙山区，向南流经沂水、莒县、莒南、河东、临沭、郯城，江苏省东海、新沂等市县（区），并通过分沂入沭工程使两河相连。

沭河两岸人口密集、土地肥沃，风景秀丽、民俗众多，资源丰富、经济繁荣，历史文化和人类文明也源远流长。长期以来，古老的沭河养育了智慧的人民、孕育了灿烂的文化，留下独特的自然景观和深厚的历史文化沉淀：从齐长城遗址到莒国都城遗址；从刘勰定林寺到山东省政府旧址；从马鬐山周围的龙山文化、岳石文化遗址到河东凤凰岭的细石器文化遗址；从常林钻石发现地到马陵山古战场。千百年来，在沭河两岸产生了很多内容健康、积极向上，脍炙人口、民众喜闻乐见的民间故事，并代代流传，这些故事倡导着诚信、友善、正义等社会正能量，有着深刻的思想内涵，对后世也有着重大的影响及深远的历史意义和现实意义。

2016年12月，沭河民间故事被列入临沂市第五批非物质文化遗产代表性项目名录。

主要内容 《宋一娘传奇》《不见棺材不落泪，不到黄河不死心》《单人与钱程》《小三媳妇》《害人如害己》《惯子如杀子》《布罩梨的故事》《手饰奇缘》《柳青云娶妻》《小二两和大二两》《路遥知马力，日久见人心》《恶有恶报，善有善终》《朋友妻不可欺，害人如害己》《孙膑与庞涓》等故事，通俗易懂、寓教于乐，是一份珍贵的非物质民间文化资料。其中，《不见棺材不落泪，不到黄河不死心》《路遥知马力，日久见人心》《恶有恶报，善有善终》《孙膑与庞涓》等故事内容脍炙人口，传递着社会正能量。这些流传于民间、寓教于乐的故事，一直被沭河两岸的人们津津乐道，并成为警醒后人的励志故事，对于传承和弘扬社会主义核心价值观，提高全民道德文化素养、构建和谐社会具有重要意义。

仙姑山的传说

平邑县仲村镇有座仙姑山，山上住着一位仙姑，她美丽善良，精通法术，常用仙术为山下百姓排忧解难，造福于民。后助唐王李世民军队取得东征胜利，唐王为其修建庙宇。从此，仙姑山上香火不断。

历史渊源 平邑县仲村镇周郭庄村西有一座山，山不高，但层峦叠嶂，富有灵气。相传过去曾有仙姑在此修行，恩泽众人，因名仙姑山。山顶有个洞叫仙姑洞，洞里供奉着仙姑奶奶的神龛，每逢节日，信男善女们便在此烧香许愿，祈求平安幸福。

2008年，依托仙姑传说，周郭庄村筹集资金对仙姑山进行开发，建设了仙姑塔、仙姑殿、玉皇殿、观音庙、财神殿等。仙姑山松柏常青，庙宇修缮一新，香火连绵不断。成立仙姑山旅游区管委会，修路、种树、引水，每年农历正月初三、九月初九举办庙会，仙姑山人流如潮，热闹非凡。

仙姑山的传说最早由住在仙姑山的泗水县道士传给姜成录，传至姜安典已传五代。

2016年12月，仙姑山的传说被列入临沂市第

仙姑塔

五批市级非物质文化遗产代表性项目名录。

主要内容　相传在唐朝时期，附近村庄一户姓乔的人家，生了8个男孩，又得了一个女孩，因生活所迫实在无力养活，夫妻二人整日愁眉苦脸，唉声叹气，最后二人商量决定将女孩抛弃。在一个漆黑的夜晚，狠心的父亲将自己的亲生骨肉遗弃到周郭庄村村西山下的草丛里，然后扭头走了。

仙姑山

说来此女也命大，她的哭声惊醒了山上修炼的道士，道士下山来将她救起，为她取名仙姑，将她抚养到18岁后，道士传教与她，便独自云游四方去了。仙姑独自一人在山顶修炼，并用仙术为山下的农民解病除忧，造福于民。

后来唐王李世民率百万将士东征，行至此地人困马乏，粮草断绝，仙姑施法术，解决了将士吃饭问题。

唐王兴奋地说："姑娘，你有如此高的仙术不就成了神仙了吗？"仙姑顿时浑身一震，头顶冒出一股青烟升向天空。原来神话传说中的修仙者修炼到一定的程度时，需要借凡人一句话才能修成正果。唐王问仙姑有何要求，待东征回来一定满足她的要求。仙姑正值妙龄，山中修行孤独寂寞，有点不好意思地说："我想要个他（指男子）"。唐王误将"他"听成"塔"了，便说："可以，我答应你的要求，请姑娘保佑我东征胜利，我回来后让士兵在马尾巴上拴两块砖头给你盖个塔。"说完便上马带兵呼啸而去。

数月后，唐王征东凯旋而归，修塔之事却忘得一干二净。当行至昔日仙姑做饭之处，忽然狂风大作，飞沙走石，吹得人不能睁眼，马不能前行。唐王急忙问军师是何征兆，军师掐指一算，高声道："唐王，前面就是仙姑山，我们忘记了当初对仙姑的许诺了，应该是仙姑在提醒我们呢！"唐王一听恍然醒悟，随即命令军队掉回头去，驮运砖瓦。于是将士们在每匹马尾巴上拴一块砖和一片瓦……就这样把砖瓦运上了仙姑山。唐王亲自督察施工，在山顶上修起三间庙宇，取名"仙姑殿"；又建起一座尖顶五层六角塔，称为"仙姑塔"，并立碑作记。从此，仙姑山上香火不断，仙姑凭借法力庇佑百姓，惠泽四方。

自从唐王修好塔后，山下的人们再也看不到仙姑的踪影了，但每到夜晚，塔顶便笼罩着一层黄色光晕，人们传说那是仙姑在显灵。后来人们为了纪念仙姑，便称其山为仙姑山。

闵子骞的传说

闵子骞的传说起源于临沂市兰山区汪沟镇闵家寨村，该村以闵姓居多，据闵林碑刻记载，"今闵家寨闵姓者，即先贤笃圣之后裔。户口繁盛，为他姓所不及，真可谓望族也。村内尚有闵子祠在焉，至今奉祀不绝，惟考其创修之始与先至者均不明了，且无碑碣可考"。千百年来，"鞭打芦花"等闵子骞的传说就在这里流传，闵氏族人谙熟于心，并引以为傲。闵子孝行流芳千古，家喻户晓。

历史渊源　闵子（前536—前487年），名损，字子骞。春秋时期鲁国人。孔子的弟子。孔子曾说："任用德行，（在弟子中可仕之人）则有颜渊、闵子骞、冉伯牛、仲弓。"《论语》中还收录孔子的赞叹："孝哉闵子骞！人不间于其父母昆弟之言。"元朝人编撰的《二十四孝图》，将闵子骞孝亲的故

笃圣祠

事排在第三，使之家喻户晓，成为中华民族文化史上著名的先贤之一。

2016 年 12 月，闵子骞的传说被列入临沂市第五批市级非物质文化遗产代表性项目名录。

主要内容 闵子骞幼年丧母，父亲继娶了姚氏，又生育闵革、闵蒙两个儿子，继母溺爱自己的亲生孩子，却虐待闵子骞，常常在丈夫面前说闵子骞的坏话。对此，敦厚老实的闵子骞从来不抱怨，也从来不去争辩。

鞭打芦花。元代郭居敬编的《二十四孝》和明朝编撰的《二十四孝图》，均将闵子骞《单衣顺母》《鞭打芦花》列为第三篇。文曰："周闵损，字子骞，早年丧母。父娶后母，生二子，衣以棉絮；妒损，衣以芦花。父令损御车，体寒失纼（zhèn）。父察知故，欲出后母。损曰：'母在一子寒，母去三子单。'母闻，悔改。"有诗赞道："闵氏有贤郎，何曾怨晚娘？尊前贤母在，三子免风霜。"

曹溪一滴。孔子广收门徒，闵子骞投师孔门。但当时家贫交不起充学费的束脩（干肉条），他就为老师奉上一缸精心酿制的佳酿。同学中有人嗤笑说："曹溪之水，怎能抵得上束脩？"孔子闻言，讲学时故意说道："闵子骞千里求学，精神可嘉，虽是曹溪一滴，远胜束脩百条。"闵子骞读书刻苦，为人沉稳持重，崇尚节俭，重视道德修养，淡泊名利。

孔子训鹅。闵子骞辞官后，日子过得十分清苦。有一天，孔子和弟子公冶长等人路过闵家庄，顺便到闵子骞家看看。闵子骞见老师来了十分高兴，就张罗让妻子做饭。

媳妇说："咱家有大米，做米饭吃行不？"闵子骞说："老师吃米饭倒行，就是没啥菜呀？"媳妇说："咱家还有两只鹅，咱就先把那小的杀了吧！"说着，就把小鹅绑了起来。闵子骞说："俺师徒好几个，这个小鹅不够吃呀！""那就杀大鹅吧！"媳妇说着又把大鹅捆了起来。

孔子在堂屋里坐着，见闵家如此贫寒，忽听屋后有两只鹅嘎嘎乱叫，就问公冶长："公冶长，你通鸟语，你听听你闵子骞家的鹅说什么呢？"

公冶长竖起耳朵听了听，说："是闵师弟见咱师徒来了，要杀鹅给咱吃。两只鹅打算杀一个，大鹅给小鹅说：'俺死以后，你要好好给东家看家，白天防着黄狼鼠，夜里小心花狐狸，没娘的孩子要学会照应你自己。'小鹅说：'俺死后，你甭哭来也甭烦，俺就像一个短命的小孩子，你甭哭坏了身子，没人侍候你。你也得好好给东家把家看，白天防着黄狼鼠，夜里小心花狐狸。'"

孔子听了公冶长的话，就说："你去给闵子骞说，一对鹅哪个也别杀，他要杀，咱就不在他家吃饭了。"

闵子骞最听孔子的话，赶紧把两只鹅放开了，鹅站起来扑棱着双翅，"鹅鹅鹅"地朝闵子骞施礼，闵子骞说："你甭谢俺，是堂屋里的老师不叫杀你的，你去谢谢老师的不杀之恩吧！"

两只鹅来到孔子脚下，往上点了三下头就要走。孔子说："二鹅回来。往后下河不准你把鱼虾伤，你想活来它也想活。头上我给你按个红疙瘩，从今后，你要口衔青草念弥陀！"

鹅遵了孔子之命，从此以后，就只吃青草，不逮鱼虾了。

慈湖文化传说

慈湖，位于沂水县道托镇驻地东南 8 公里处，胡家旺村东北，南临皇姑山，东南至石门山与莒县交界，拥有深厚的文化底蕴，集帝王、宗教文化于一体。拥有宁静幽远的自然景观，古朴、典雅，清新，是自然美与人文美的和谐统一。

起源及内容　慈湖景区有一座千年古墓，墓主人为后周大将韩通。据考证，宋太祖赵匡胤与韩通在此地展开激战，韩通死后，安葬于此。

慈湖边上有个村庄叫胡家旺。胡家旺西南有山名为皇姑山，又分为大皇姑山和小皇姑山，相传为皇姑们所居之山。因慈湖周边出产的桃子负有盛名，皇姑们每年都要前往采摘蟠桃为王母娘娘祝寿。有一次皇姑们在返回天庭时，被皇姑山荆棘上的倒钩钩住了裙角，恰好飞来一只老鹰，为其拧直倒钩，皇姑们顺利地回到天庭。为了方便人们，皇姑们慈心大发，施仙法将荆棘上的倒钩变成直的，所以皇姑山的荆棘是没有倒钩的。同时，为了感谢老鹰对她们的帮助，便将皇姑山上的一块灵石点化成了老鹰的形状，即为现在的鹰嘴石。

慈湖景区圣母山

慈湖的东侧有两座紧挨着的小山丘，当地百姓称其为大龙山、小龙山。传说此地为赵匡胤与其弟赵光义观赏风景、讨论军情、推演战术之地。大龙山东面的圣母山上，建有规模宏大的圣母堂，距今已有 110 多年的历史。1901 年前后，德国神父前来传教，在此修建了圣母堂。

在慈湖南面植被茂盛的石门山上，有处名为“慈母洞”的地方，相传为李逵之母遇害之所。此处惊雷石传说是由于李逵替母报仇，怒杀四虎，震裂形成。

2016 年 12 月，慈湖文化传说被列入临沂市第五批市级非物质文化遗产代表性项目名录。

代理阎王传说

沂水县诸葛镇上古村始建于元代，这里山势平缓，树木繁茂，山泉众多，水流不断，自然环境良好。早在春秋时期这里就有人类居住，几千年来，先民们在这里繁衍生息，创造了灿烂的文化，也留下了一些美丽动人的传说，其中，较为著名的是“代理阎王”的故事。

主要内容　清康熙七年（1668 年），上古村李氏家族第十世李养玉（字伯言）突然病重，家人为其准备后世，他说自己不会死，此去阴间只是代理阎王一职，很快就会复生。嘱咐家人在他死后不要埋葬，静待他归来。此后，他果然咽气，去阴曹地府代理了三天阎王之职。

上任后审理的第一个案子，是“江南某人奸淫良家妇女八十二人案”。他公正审问，取证扎实，并按阴间法律，将其处烙刑，烧成一团黑烟，再也无法聚成人形。在审理另一件案子时，被告竟是

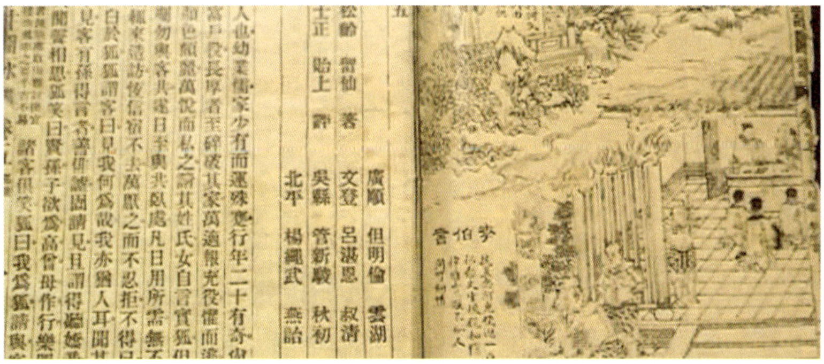
《聊斋志异》记载“代理阎王”的故事

他的亲家王某，其奴婢之父告王某强夺亲生女儿。此案王某强行找来朋友周生作伪证，伯言念及亲戚情意，心生袒护之念。此念头刚一出现，忽见大殿失火，危及房梁。伯言大惊。一个书吏连忙告知：“阴间和人世大有不同，容不得半点私念。”李伯言急忙聚精会神，收回私念，火光即刻消失。然后，李伯言秉公执法，判王某笞刑。两案审完，李伯言坐车返回，到家即醒，又活十余年方逝。李氏族人以李伯言为自豪，为纪念他，在村东专门修筑巨墓一座，称“阎王坟”。

李伯言的故事后经著名小说家蒲松龄提炼加工收入了《聊斋志异》卷五，取题《李伯言》，并借助异史氏之口，作了评论，揭露了阴间虽不见天日，却比阳世更有天理的社会现实，表达了人们对当时社会黑暗的极大愤慨和忧虑，以及人们对清廉官员的渴慕和对光明世界向往之情。

2016 年 12 月，代理阎王传说被列入临沂市第五批市级非物质文化遗产代表性项目名录。

流传版本 关于“代理阎王”的故事，版本主要分为两种。一种是蒲松龄搜集创作并收入《聊斋志异》的《李伯言》，另一种是沂水县流传的《代理阎王传说》。后来，受《聊斋志异》的影响，人们逐渐淡忘了其他民间版本。因此，《聊斋志异》中的《李伯言》就被奉为了正宗，得以广泛流传开来。

周七猴子故事

周七猴子，本名周七，外号“周嘴子”“周铁嘴”。郯城县人，生于清乾隆年间，主要活动在郯城西南一带。据传，其母生下的前六个孩子都先后夭折，直到第七胎才存活下来，便取名周七。周七从小顽皮，伶牙俐齿，机灵如猴，所以，大家给他起了个诨号“七猴子”。

历史渊源 周七猴子的故事流传已久，自清乾隆年间至今已逾 300 年。来自于社会底层，能言善辩，好打抱不平，深受当地百姓的推崇和喜爱。至今人们仍把他当作鲁南一带“阿凡提”式的人物，是一位智者的化身。周七猴子的故事在郯城广泛流传，并传播到邻近的苏北地区，在鲁南苏北地区家喻户晓，妇孺皆知。茶余饭后，田间地头，大家围拢在一起，来两段周七猴子的故事，自娱自乐，既可缓解疲惫的身心，又能引来欢愉的笑声。

在周七猴子故事传说中，主人公常通过文字游戏，用“脑筋急转弯”的方法愚弄对手，战胜对方。周七猴子的故事大都采取单线式结构，一件事、两个人物，构成一幅画面。也有的采用复合式结构，谋篇布局先设三道坎，比如遇到三个难题或者经过三次较量，让周七猴子一个一个跨越过去。故事情节的发展，环环相扣，最终柳暗花明，以笑结局。

2016 年 12 月，周七猴子故事被列入临沂市第五批市级非物质文化遗产代表性项目名录。

主要内容 周七猴子的故事传说，语言特点也非常鲜明，大量运用方言、谚语和歇后语，不仅保持了浓郁的乡土气息和地方色彩，也保持了民间故事的语言艺术特点。周七猴子故事传说，一直以口头形式在民间长期流传，其中，传承最广、最火爆的要数民间曲艺艺人的演绎，艺人们开场说书，总要借周七猴子说事。20 世纪 80 年代初，在民间文学工作者努力下，周七猴子的故事开始有了文字记录，2005 年，郯城县文化局出版的《郯城民间文学集成（故事卷）》主要收集了《周七出世》《拜师》《戏师》《打和尚》《周员外丢丑》《治眼》《点胭脂》《母女误会》《填箱》《逗嘴》《学水牛叫》《捏脚》《雇脚驴》《住店》《送石》《喝酒》《治罗锅》《点主》等，另外民间还有《剃头》《打酒》《放牛》《栽蒜》《揭瓦》《换季》《解难》《治牙》《送石》《换衣》《分井》《赴宴》《过桥》《算命》《唱戏》《贩盐》《抗捐》《出庭》《辩诬》《假中假》《换糖缸》《扛长工》《锯弯槐》《买罐鼻》《装关公》《打牛虻》《哄财主》《二斤半》《骂毛驴》《巧干活》《耍李秃》《治巫婆》《罚泼皮》《判鸭子》《骂主考》《斗船霸》《草驴子》《戏县官》《留一手》《多喂猫》等故事。作为优秀的民间文学作品，周七猴子的故事传说具有很高的艺术欣赏价值和学术研究价值，引起了国内外学术界的关注，在日本、韩国和中国台湾等地，有许多学者对周七猴子的故事传说进行研究。

卧佛的传说

莒南县十字路街道石泉湖村北有一座山，名虎山，呈南北走向，海拔 317 米，为境内最高山，卧佛的传说就来源于这座山。从石泉湖观佛台翘首北望，一尊长 1800 米的天然卧佛，安然地仰卧在群峦叠嶂之中，头朝西南脚朝东北，体态分明，五官清晰，天庭饱满，地阁方圆，狮鼻微翘，笑口常开，慈眉善目，神态安详，大有呼之欲出之感。换位观之，则像体态丰满，秀发飘逸的观音菩萨。再换位观之，又像威风凛凛、伏卧待起的猛虎。一山三景，天下独一无二，是全国发现的自然大佛中，最为神形兼备、惟妙惟肖的一尊。佛教界泰斗茗山长老朝拜后，欣然题词赞颂："莒南天佛，世界奇观。"

虎山卧佛

历史渊源　莒南卧佛的传说起源于虎山的天然卧佛。据考证，最早发现莒南天然大佛的是东晋时期的著名僧人佛图澄，时间是咸和七年（332 年）。唐开元十二年（724 年），大德僧一行在虎山前为卧佛寺定基，卧佛寺与虎山的天然卧佛处在同一条子午线上。虎山一带山峦叠翠，森林茂密，国有望海楼林场面积 2500 亩，古时候山林中有老虎出没。虎山的山体自然形成一山三景：卧佛、猛虎、菩萨，大自然的鬼斧神工加上人们的想象和文人的加工，便孕育出卧佛的神话传说，并在传承中不断地丰富发展。

2016 年 12 月，卧佛的传说被列入临沂市第五批市级非物质文化遗产代表性项目名录。

主要内容　相传很久以前，虎园村前虎山上出现了一只猛虎，伤人害畜，为非作歹，搅得十里八乡鸡犬不宁。人们谈虎色变，提心吊胆，惶惶不可终日。村里有一位叫化芳的老人，家中养着一匹马，体形矫健通身洁白如雪，日行千里不知疲倦，额上有一绺鬃毛覆盖，故名飞鬃马。后来发现此马常于深夜出走，次晨回来，都是大汗淋漓。化芳感到奇怪，乃于夜间潜伏于窗下，欲看个究竟。这天半夜时分，只见一溜火光，飞鬃马从家中飞奔到虎山之上，与老虎展开搏斗。只打得天昏地暗，难解难分。直到五更时，鸡声一叫，马归家，虎归洞。化芳才知此马是神马。于是对马倍加爱护。因见马鬃盖眼，就把马鬃剪掉了。本欲帮马助战，谁知马因失去神鬃，当晚竟被老虎咬死。化芳后悔不已，伤心地把马埋在虎山脚下，至今埋马之丘尚存。

这一天，恰是王母娘娘的寿诞之日，在瑶池举行蟠桃宴，群仙欢呼共祝娘娘万寿无疆。忽然，负责巡察四方的天蓬元帅慌忙跑进来，将飞鬃马与猛虎相斗的事禀报给王母娘娘。王母娘娘算出是身边的一只狸猫下凡作怪。遂请佛祖与观音菩萨前去降伏。他二人驾祥云来到山前，但见猛虎旁若无人地伏于山涧，遂怒斥道：孽畜，还不快快前来认罪！谁知那猛虎下凡已久，兽性难改，大吼一声，向二人扑去。只见佛祖念动咒语，菩萨轻挥拂尘，不一会，老虎就乖乖地趴在了他们脚下，化为一座青山。佛祖与菩萨又念动咒语，将山体变成他们各自的化身，护佑当地百姓。这就是现在看到的一山三景——卧佛、菩萨、猛虎。

东晋时期著名的僧人佛图澄，有一次率弟子出行，至卧佛山前，发现仰卧于群山中的大佛，大为震惊，五体投地，顶礼膜拜之后，决定在此地布道场弘法。在他的度化下，当地民众中有数百人信佛，他又收法本、法正、法长三人为弟子，并由他们募捐建寺，这就是后来的卧佛寺。

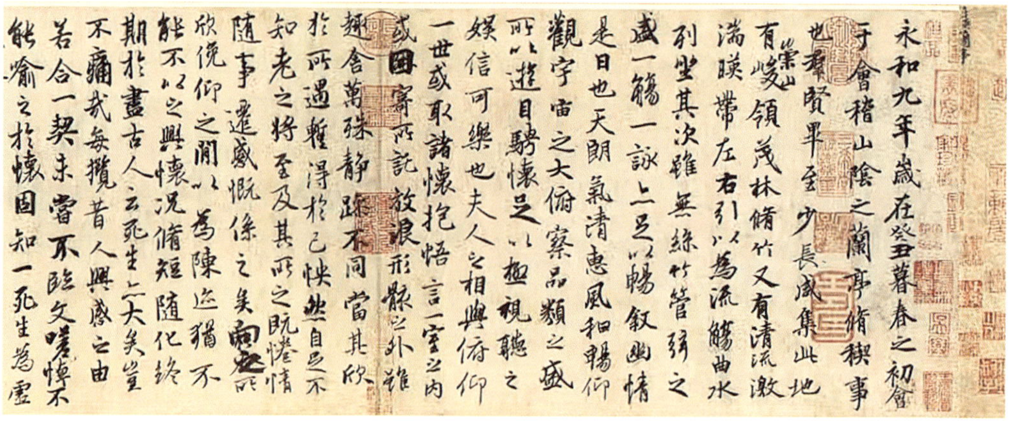

王羲之行书《兰亭序》（局部）

明洪武年间，化家始祖从江苏东海大路村搬迁至虎山脚下，建立虎园村。化氏族谱中记载：“村东有一潭，取名化家瀹，二世祖化芳家养有一匹白龙马，常饮化家瀹水，夜行千里，能与虎山之虎争高低。虎山下有一土台，取名虎崖台，相传是当年马虎争斗之处。”这一传说在虎园村代代相传，不断丰富。

王羲之传说

王羲之（303—361 年），字逸少，晋代琅琊临沂（今临沂市兰山区）人。永嘉之乱后，琅琊王氏家族跟随琅琊王司马睿渡江南迁至建邺（今南京）乌衣巷。王羲之 24 岁时入仕，初任秘书郎，后任参军、长史、宁远将军、江州刺史、右军将军、会稽内史。

王羲之画像

王羲之半生做官，一生从艺，是中国历史上著名书法家。他初从叔父王廙、卫夫人学书，后草书学张芝，正书学钟繇，草隶正行，备精诸体。王羲之取法高古，熔古铸今，自成一家。永和九年（353 年）上巳节时，王羲之和谢安、孙绰等 41 人在会稽山阴兰亭修禊，曲水流觞，王羲之趁着酒兴创作了《兰亭序》，后人称其为“天下第一行书”。

历史渊源　王羲之出身于魏晋第一高门大族琅琊王氏，是王导的侄子，少年时期就才华出众，13 岁时，谒见吏部尚书周顗，周顗深重其才。后来太尉郗鉴使人求亲于王导，王导让其到东厢选择。使者回去对郗鉴说：“王家的少年都不错，只是得知我去，便矜持起来，惟有一人坐在东床吃东西，好像没有这回事一样。”郗鉴说：“这正是我的女婿。”叫人一打听，原来是王羲之，便将女儿嫁给他。成语“东床坦腹”便由此而来。

王羲之是中国历史上著名的书法家，关于书法的故事很多，流传甚广。唐张怀瓘《二王等书录》称：“夫翰墨之美，多以身后腾声。二王之书，当世见贵。”南朝宋虞龢《论书表》记载：“羲之常自书表与穆帝，帝使张翼写效，一毫不异，题后答之。羲之初不觉，更详看，乃叹曰：‘小人几欲乱真。’”虞龢《论书表》还记载了王羲之“写《道德经》换鹅”“为老妪题扇”等故事。刘义庆编撰的《世说新语》中，载王羲之“东床坦腹”“听支遁谈《庄子·逍遥游》”等 10 余个故事，称颂王羲之高贵雅量。唐张怀瓘《书断》中有王羲之七岁时偷看父亲王旷枕头下的《笔法》秘笈和“入木三分”等故事。唐何延之《兰亭记》中讲述唐太宗令萧翼御史用计谋骗取越州永欣寺住持辩才高僧珍藏的王羲之《兰亭序》故事。

传承人聂邦瑞，幼时经常聆听王羲之传说故事。1986年开始研究与弘扬王羲之事迹，先后发表王羲之书画评论和研究文章300余篇。2007年，发掘111个故事并编著《王羲之传说》。

2016年12月，王羲之传说被列入临沂市第五批市级非物质文化遗产代表性项目名录。

主要内容　根据王羲之一生趣闻轶事演绎的王羲之传说共由111个故事组成，展现了王羲之风流倜傥、书剑双绝、文武全才、忠孝仁德、忧国忧民、性格骨鲠、仕途不顺、爱情坎坷的一生，尤其是把中国书法推向巅峰的伟大艺术成就；全面揭示王羲之书法艺术真谛和王羲之成为书圣、文艺大师的奥秘，深刻诠释王羲之书法的美学价值内涵。王羲之传说中，既有梁武帝、唐太宗、武则天、宋徽宗、乾隆等历代帝王对王羲之极力尊崇的内容，又有李白、苏东坡、赵孟頫、文徵明、刘墉等历代文人墨客对王羲之顶礼膜拜的内容。王羲之传说经过长期加工整理，加以丰富想象、合理夸张、适当虚构、正确演绎，成为人们喜闻乐见的独特民间口头文学。王羲之传说源于晋末，兴于南北朝，盛于唐宋，流行于元明清民国与新中国。

艺术特征　王羲之传说充分体现中华民族独创的以王羲之为代表的汉字书法美学价值与文化内涵，深刻阐释王羲之成为中华书圣与文艺大师的奥秘，具有鲜明而独特的艺术特征：

历史悠久，地域广泛。自东晋民间发端流传至今，有1600多年历史。流传地区遍及全国，有的甚至流传海外。

内容丰富，形式多样。王羲之传说全方位多层面展现王羲之人物形象和成就。除用口头、书刊、戏剧、曲艺等传统形式传播外，还用影视、网络等新媒体传播。

特色鲜明，雅俗共赏。王羲之传说具有显著临沂地域特色和浓郁乡土气息、民间文学原生态等特色，而且结合时代背景、多有创新和发展，深受各阶层人士的喜欢。

秀峪传说

沂水县诸葛镇秀峪村位于沂蒙山区腹地，三面环山，钟灵毓秀，是典型的岱崮地貌。其西南有透明崮、绣花鞋、货郎崮等，其中最为著名的要数仙人桥。仙人桥西南，即沂水县与沂源县石桥镇搭界的地带，山的阳面有一个山洞，当地人称为“韩湘洞”，洞里供奉着八位神仙像——正面主位是韩湘子。以韩湘子修仙为主的秀峪传说，就此孕育并传播开来。

主要内容　韩湘子修仙的故事，起于何时、何人传播的，已无考。但关于韩湘子的记载和传说，却一直为人们津津乐道。

韩湘子，字清夫，相传是唐朝韩愈的侄孙子，生性放荡不羁，看破功名尘世，不喜欢读书，每日饮酒，遍览天下名山。途中乐善好施，惩恶扬善，与得道高僧、道家真人广结善缘，谈佛论道，修心养性。后来遇仙师吕洞宾指点迷津，决定寻一处清净地方闭关修炼。

一日，韩湘子云游到秀峪，看到这里幽雅僻静，民风淳朴，便决定在此修炼。韩湘子觅得一处山洞，日日静心，凝结精、气、神，以求突破肉体凡胎束缚，早日成仙。经过九九八十一天的静坐苦修、参禅悟道、凝神聚气，可就是不能出阳神，获得无边的法力神通。

透明崮

于是，他一边感慨自己与仙界无缘，一边失望地步出洞口，迎着朝阳，向山顶方向漫步。当他来到山顶，面对着那一摆溜的巨石时，心下感叹上天造物之奇，顿有感悟。冥冥中，感觉这“仙人桥”好像就是上天专为自己安排的。于是，便下意识地踏上西北边的一块巨石。这一脚踏上，顿觉七窍通透，耳聪目明起来。放眼四望，八百里沂蒙层峦叠嶂，山外有山，与天相接，仙雾缭绕，尽收眼底；耳边笙箫和鸣，仙乐阵阵，天籁相闻。仔细听来，这弦乐曲调竟是自己闲暇时创作演奏过的曲子！韩湘子心中大喜，自己终于踏入神仙境界了。

后人把他修炼过的洞叫作“韩湘洞”，把导引他的桥叫作“仙人桥”，称引导他飞天的曲子为《天花引》。

2020年11月，秀峪传说被列入临沂市第六批市级非物质文化遗产代表性项目名录。

流传版本 秀峪传说流传着不同的版本：一个说韩湘子在终南山修炼成仙，游历天下，来到秀峪地界时，在韩湘洞驻留。据《新唐书·宰相世系表》记载，韩湘子是唐代大文学家、刑部侍郎韩愈的侄孙。他幼丧父母，由韩愈抚养长大，后得钟吕（汉钟离、吕洞宾）二仙传授修行之术。韩愈怒斥之，因遁至终南山修道，得成正果，成为“八仙”之一。这是有迹可循的、比较正统的传说。另一个版本是在沂水县的诸葛镇和沂源县的石桥镇一带流传的，即秀峪传说中的韩湘子修仙的故事。与前一个版本比较，秀峪传说更丰满、更系统，包括韩湘子收服村霸、铲除猪妖、救助村民、成全山清水秀等故事。这些故事与当地的自然风光、乡村风情水乳交融，更接地气，更为当地人喜欢。

相关遗存 有韩湘洞、仙人桥、透明崮、猪鼻子旺、货郎柜子、杏运石等。

圣水坊传说

沂水县圣水坊位于沂水县黄山铺镇西北部，占地面积5.8平方公里。这里历史遗迹众多，围绕这些历史遗迹产生了许多故事传说，它们或相互关联，或独立成篇，总称为圣水坊传说。圣水坊传说主要流传于沂水县城西的黄山铺镇一带，是沂水县民间传说中的经典故事系列之一。

历史渊源 沂水县圣水坊景区群山叠翠，庙宇林立，古木参天，碧水长流，是人文历史丰厚、自然景观秀美的国家级AAA级旅游景区，景区内有明代遗迹观音祠，清康熙年间的三元洞府、圣水龙宫，唐代中期的千年银杏树等，被列为市级文物保护单位。传说中的双崮、圣水龙宫、狐狸洞、皇姑泉均在景区范围内。奇山秀水加上悠久的历史文化，孕育了许多美丽动人的传说。“圣水坊传说”具体诞生时间已不可考，至少在明代已经流传，至今已有400余年历史。当地百姓一代代口耳相传，津津乐道，使这些传说经久不衰，丰富了一方民众的精神文化生活。

2020年11月，圣水坊传说被列入临沂市第六批市级非物质文化遗产代表性项目名录。

主要内容 圣水坊景区在明代即已闻名四方。明代成化年间，沂水籍进士、担任过陕西按察御使的诗人杨光溥，曾多次到圣水坊游览，并写下了脍炙人口的诗句。其一《游圣水坊》曰：路入仙境万虑轻，无边佳景足怡情。峰头树带烟霞色，洞口泉流日夜声。隔浦泥融闻燕语，傍林松漳觉风生。因来疑问前村酒，元晏先生倒履迎。其二《重游圣水坊》曰：仙境无人久寂寥，从来山色解相招。烟霞笼树春还在，苍草熏人酒易消。洞口寒泉飞作雨，水边仆柳卧成桥。担头正苦诗囊重，却被东风也上挑。

圣水坊有三大特点：山奇，树奇，水奇。山奇是指圣水坊被西游记中描述的九顶莲花山环绕其中。群山秀丽，古木参天，郁郁葱葱，山顶处岩石摇摇欲坠，清源河缓缓流于山下，风景独特。树奇是指圣水坊有名扬八方的古银杏雄树，树径2.25米，高33米。遮阴半亩多地，树龄已达1300余年，在此树北、东、南三面15米处，均匀排列着八棵合抱粗的雌银杏树，被当地人称为“九仙落圣水”。最负盛名的是圣水坊的“水”，在银杏树下有座用石头雕成的观音祠，内有观音菩萨塑像，观音祠外壁刻文曰：济南府莱芜县薛野保芦地王鹰因棍徒事曹刑，圣水脱险，捐修，落款是明天启二年（1622 年）。

圣水龙宫。座落在圣水祠院内西侧，位于一座两丈多高的石崖下面，宫内泉水潺潺流入龙池，池内碧水盈盈，泉水清澈甘甜，传说此泉与东海相连，龙王爷到沂蒙山观赏七十二崮胜景，常在此小驻。清康熙年间，时值大旱，莒州正堂张文范带队到沂水县圣水坊龙王庙祈雨得偿，遂带头捐资、发动民众重修了三元洞府，从此圣水坊成为官方祈雨场所。

狐狸洞。狐狸洞位于圣水坊景区北部的杏山下，杏山十分陡峭，古柏苍翠，东西绵亘数里，堪称圣水坊景区之天然屏障。狐狸洞处于杏山中间靠近山顶的一处悬崖下面，系一天然洞穴，洞口高 1.3 米，宽 0.8 米，进深 10 多米，洞口已有部分坍塌。洞下 400 米左右即为圣水坊的自然村——里大旺。早些年，每逢阴雨天气，雾霭弥漫的日子里，大旺村民就常见有成群结队的狐狸进出这个天然洞穴，故称“狐狸洞”，并留传下来一段故事。

皇姑泉。皇姑泉位于圣水坊景区东北 600 米处，系杏山南山麓的一眼天然山泉。泉水呈井状，口径 1.5 平方左右，深达 2 米，泉水为周围一自然村村民的饮用山泉，清澈见底，水质甘冽，长年涌流，溢出泉口。泉水上方为一茶楼，南侧 4 米处为一棵合抱粗的平柳树。皇姑泉 20 世纪 60 年代进行过整修，原来泉口在一块巨石之上，泉两侧的石上有天然手掌印等，这一奇特景观因人为破坏已无存。

圣水坊一带民风淳朴，百姓勤劳善良，对生活有着美好的憧憬和愿望，民间传说中蕴含的真善美契合了大家的思想和精神诉求，促进了《圣水坊传说》的传播与繁荣。《圣水坊传说》主要有圣水龙宫今昔、双崮的传说、狐狸洞、皇姑泉传奇等系列故事。圣水龙宫今昔讲述了山崖下的一泓清泉的变迁与传奇，阐述了人心向善、厚德载物的道理；双崮的传说则带着浓浓的地域文化色彩，叙述了一段扣人心弦的民间故事传奇；狐狸洞通过离奇美妙的故事，提醒人们敬畏大自然，善待生灵万物；皇姑泉传奇颂扬的是可贵的民本思想，自由的文化精神……

这些民间传说，没有跌宕起伏的情节，只是通过自然而然的过渡，顺理成章完成故事，起到了润物无声的效果，由此深受广大人民群众的喜爱，使大家耳熟能详，乐于传播。

第二节　传统音乐

苍山民歌

苍山民歌历史悠久，源远流长，从不同的方面表达出劳动人民的思想、感情、意志、要求和愿望，具有强烈的现实性和战斗性。在委婉、细腻、深切、优美、抒情之中，尽显百姓真情。

历史渊源　苍山县（今兰陵县）是山东民歌的重要发源地之一。春秋时期就有“齐风”“鲁颂”，后受荀卿说唱文学之风的影响。清宣统年间，在苍山一带出现边唱边舞的舞蹈歌曲，演唱形式、风格、阵容都发生了变化，俗称“玩社”。

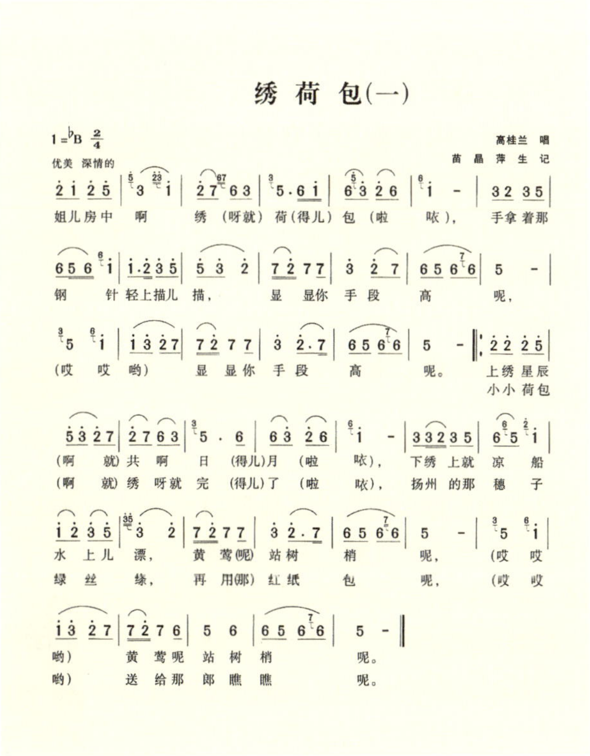

绣荷包

《苍山县志》记载，在苍山广泛流传的民歌有百余首，其中传统民歌59首，新民歌17首，儿歌9首，劳动号子20首。不同时代的民歌有着鲜明的时代特色和演唱内容。最具代表性的作品有《绣荷包》《大踏青》《小踏青》《歌唱大生产》《纺棉花》《拴娃娃》《忘恩负义（花鼓调）》《十二个月（花鼓调）》《劝五更》《拾子歌》等。

2007年8月，苍山民歌被列入临沂市第一批市级非物质文化遗产名录。

艺术特点 苍山县夏时属缯国（禹后），春秋战国时属鲁，后又属吴、越、楚，其文化既有鲁文化、儒家的浸润，也有楚地遗风，并受吴越文化的影响，呈现出文化的多样性。苍山民歌兼具齐鲁民歌的粗犷和吴越民歌的委婉。

苍山民歌从春秋始到两汉，至隋唐，元、明、清世代相传。几千年间从未间断，且流传社会，蜚声海外。

苍山民歌通俗易懂、百姓喜闻乐见，具有内容生活化，语言民间化，唱腔时俗化，歌词生动化，演唱简易化的特点。

苍山民歌吸收东西南北文化的精华，自成一体，行腔说唱相间，声腔融俗曲与古曲为一炉，集东西南北多种音乐特点于一身，并有创新与发展。苍山民歌的音乐来源于鲁南一带的流传曲目，以俗曲时调为主体，也精选了唐、宋、元等古曲及南北曲作补充，集古今名曲于一身。这些歌曲世代相传，百唱不厌，是民族音乐之经典。

传承价值 中国传统音乐大部已消失，唯独民间歌曲尚能保存下来，流传至今。苍山民歌，尤其花鼓调历经几千年的沧桑巨变，成为今天民间音乐的活化石，可使人们了解中国民歌的艺术风格、面貌特点及其形成与发展的轨迹。同时对认识中国音乐的结构、形态、特征，对深入研究民族文化的内涵、文化选择、思维方式等提供了素材。

苍山民歌节奏明快富于生活情趣，具有鲜明的地域特色和多样的演唱形式，唱词通俗易懂，形象鲜明生动，有着广泛的群众基础。其中《绣荷包》委婉、柔情细腻，滑音、切分音、卷舌音，方言衬词的运用充分体现了苍山县的地方特色。两长一短的歌词句式不但对以后爱情歌曲的创作具有借鉴意义，而且婉转动听的曲调和浓郁的乡土气息让听众深醉其中，而传唱大江南北。

苍山民歌内容丰富，多取材于日常生活，以歌颂爱情和劳动为主，鞭挞为富不仁，歌颂勤劳勇敢的精神，以传统伦理为主线，宣扬“忠孝仁义”，劝人改恶从善、戒赌戒色、轻利重义、诚信为本，至今仍有一定的现实意义。

郯城唢呐曲

唢呐，古称琐嘹，苏尔奈，又称喇叭、小唢呐、海笛，原是波斯乐器。公元3世纪传入中国，为军中之乐，后传入民间。经过几千年的发展，唢呐因具有独特的气质与音色深受人们喜爱，已成为中国具有代表性的民族管乐器。

历史渊源 唢呐传入郯城已有400多年的历史，清朝初期已形成郯城唢呐曲的基本形式。至民国初年，已有许家班、王家班等几十个乐班活跃在县城及其周边地区，为婚丧嫁娶及节日庆典渲染气氛。乐班队伍可大可小，演奏的曲目可长可短，或寄托哀思，或欢快热烈，能够营造与演出

唢呐团队

环境相适应的氛围。

郯城唢呐曲风格古朴、地方色彩浓郁。《五六五》《凡调》《苦中乐》是郯城唢呐曲的代表性曲目，被收录到《中国民族民间器乐曲集（山东卷）》。

2008年12月，郯城唢呐曲被列入临沂市第二批市级非物质文化遗产名录。

主要内容　郯城唢呐曲或灵活俏皮，或繁复绚丽，或凄厉悲婉，演奏起来具有极强的感染力。用于表现自然事物或表现人们的喜怒哀乐，都有独到之处，特别在城乡婚丧礼仪中，至今仍居重要位置。其艺术特点主要表现在两个方面：一是曲目灵活多变。艺人们在演奏时，不一定按照固定的曲谱，有时候完全根据个人的感情、周围的环境、特殊的场景即兴发挥，不拘一格。二是演奏技巧繁多。演奏技巧主要有循环换气法、滑音、颤音、吐音、花舌音、气拱音、气顶音、三弦音、箫音等，其中滑音又分为上滑和下滑，颤音分为指颤和臂颤，吐音分为单吐和双吐，另外还有一些无法用专业术语准确表达的技巧，如拖长音、压揉音、劈嗓音等，这些技巧是艺人们对唢呐艺术的独特诠释。

凡调。郯城唢呐艺人称作“凡调子”，是唢呐最常见的演奏曲目之一，红白事皆可用，适合演奏的乐器为小唢呐（郯城民间唢呐艺人称之为“尖家伙”），其演奏风格明亮、奔放。唢呐艺人在演奏时多用升“4”音作前倚音进行润色，通过巧妙地运用颤音、滑音等技巧，使整个曲目显得自由洒脱。

五六五。节奏舒缓，感染力强，适合演奏的乐器为大唢呐（郯城民间唢呐艺人称之为“憨家伙”）。主要用在白事的迎宾、行礼、祭拜等场合，具有控制节奏，渲染情感的作用，其演奏风格柔和、哀怨。演奏技巧以花舌为主，辅以颤音、滑音，常用“6”音作前倚音对高音“1”进行修饰。

苦中乐。节奏缓慢，表达感情细腻，主要用于戏曲一些场景中，其演奏风格哀伤、凄凉，但哀伤中透露着乐观，凄凉里又不失奋进。其演奏技巧以滑音为主，运用一些指颤音、拖长音表达出一种悲伤的感情，运用上滑音表现高昂的情绪。

唢呐曲的演奏队伍可大可小，一般大型演奏有12人，中型8人或6人，小型4人。与其配合演奏的主要乐器有笙、管子、铜笛、锡笛、鼓、钹、锣、小镲、镗锣等，有的还加入一些弦乐器，如二胡、坠琴、三弦等。

传承谱系　第一代许永兰；第二代许传金、相景玉、孟召前；第三代田庆臣、周作芳；第四代许贞祥、王继业、田作奎；第五代许华、田海臣、夏景龙；第六代晓宫、陈明府。

平邑李氏唢呐

平邑李氏唢呐始于清代，是“平派”木杆唢呐的杰出代表，主要用于民间节庆、婚丧嫁娶和戏剧场面，常与打击乐配合。

历史渊源　明朝洪武年间，唢呐随移民的迁徙传入平邑一带。在长期的发展演变过程中被广泛应用于民间的婚丧嫁娶、祭祀、庆典及秧歌会等仪式演奏。渐渐形成了枣庄、费县、平邑为中心的“平派”。平邑为木杆唢呐的发源地，仲村镇李家庄村是当地有名的“唢呐之村”，唢呐艺术已有200余年的历史，全村从事唢呐艺术的有近百人，其中李氏唢呐独树一帜。

清朝时期，李云九到邹城拜师学习唢呐，把唢呐艺术引入平邑仲村一带，李氏家族从那时起从事唢呐艺术，并由平邑仲村一带扩展到周边的泗水、新泰和蒙阴等县市。李氏唢呐除了沿用传统的单只吹奏方式外，还创造性地使用双只、多只和独特的用双鼻孔和嘴同时吹奏五只唢呐，这样吹出唢呐声调相同、音域宽广，乐谱准确而协调。李氏唢呐在花样上也有创新，正手、反手、转腕、偏转，手法运用自如，都能吹奏出动听的曲调。

2016年12月，平邑李氏唢呐被列入临沂市第五批市级非物质文化遗产代表性项目名录。

主要内容　唢呐由双簧哨子（芦苇制成）、蕊子（铜制）、杆子（木质圆锥体，共有八个音孔，前七后一）和铜碗（喇叭形）四部分组成。音色高亢

平邑李氏唢呐演奏

明亮，有的民间艺人能控制气息，吹出柔美的声音。经过不断改良，已发展为传统唢呐与加键唢呐，丰富了演奏技巧，提高了表现力，中、低、倍低音唢呐音色浑厚，多用于民族管弦乐团以及交响乐团合奏，也用于戏曲、歌舞等伴奏。在民音吹打乐或地方戏曲乐队中，唢呐经常作为领奏乐器使用。唢呐音量宏大，声音粗犷，宜于表现欢快、热烈、雄壮的乐曲和热烈奔放的场面，可演奏技巧性很高的华彩乐段，还可模仿飞禽和昆虫的鸣叫声。

演奏技法 演奏技巧主要有滑音、颤音、吐音、花舌音、气拱音、气顶音、三弦音、箫音等。

气颤音。是一种吟音，在音符上加“～”表示。演奏方法为吸足一口气，小腹用力支持气息并作有弹性的收缩，吹出的音产生微微波动，效果如弦乐上的揉弦。颤音可根据乐曲的要求分快慢和强弱。一般常用于长音，有时它的波动能表现不同民族或地方的风格。

齿颤音。也是一种吟音，在音符号“～”上加“齿”字来表示。演奏方法是用下边牙齿轻轻地颤动哨根，发出颤动的音。可分为硬颤和软颤两种。硬颤是用牙齿直接接触哨根，软颤则把嘴唇垫在牙齿和哨根之间。齿颤音常用在一个音上，须注意颤动轻重的均匀。

指颤音。亦称指花，是一种用途很广的技巧。常用于表现欢快、热烈的情绪，在一些抒情的曲子里用来装饰某些音所表现的感情时，更是多种多样。在演奏上，它的特点是能够明显地听出两个邻近的音迅速交替出现。

小臂颤音。小臂颤音的效果听起来和指颤音有区别。它的奏法是用小臂迅速地抖动带动手指。抖动的方向垂直于木杆，手指随着它反复按闭、打开音孔而使发音颤动。在演奏中常用于富有激情的乐段，特别常见于上把音。

舌颤音。又称花舌，舌尖放松虚抵上颚，向外吹气震动舌尖。

项目传承 传承人李振自编很多唢呐独奏曲，如《沂蒙情》《山河流水》《春意》等；以农村喜闻乐见的故事、人物、民间传说为题材，先后创作了《抬花轿改编》《百鸟朝凤》《六字开门》《一枝花》《风搅雪》《沂蒙情》《大合套》等，总曲目在100首以上，深得民众喜爱。

传承谱系：第一代李会荣；第二代李云九；第三代李付宝；第四代李俊亮；第五代李振。

崔家唢呐

崔家唢呐技巧丰富、表现力强，其发音开朗豪放、高亢嘹亮、刚中带柔，柔中有刚，深受广大人民喜爱和欢迎，广泛应用于民间的婚、丧、嫁、娶、礼、乐、典、条及秋歌会等仪式伴奏。

历史渊源 崔家唢呐始于清朝末年，由崔之

崔家唢呐表演

民引入。民国时期，其子崔凤云从山西辗转到了费县新庄，在当地以吹唢呐为生，并将其技艺传给子孙。到了崔怀山这辈，不但唢呐吹得好，还将唢呐曲融入了许多现代音乐元素。

2020 年 11 月，崔家唢呐被列入临沂市第六批市级非物质文化遗产代表性项目名录。

主要内容　崔家唢呐常用的唢呐有大、中、小三种，大唢呐筒音为 d1，发音深厚、丰满，中音唢呐筒音为 a2，发音圆润柔和，小唢呐筒音为 d3，发音激昂高亢。

崔家唢呐的哨片成布袋状，易于控制，发音洪亮甜美，松软而柔和，唢呐芯子锥度大而短，发上把中音和高音，准确而省力，便于模拟各种鸟鸣人声。

崔家唢呐吹奏潇洒自如、轻松灵巧、技巧丰富、变化多端，除了常用吐音、滑音、花舌、指花、颤音以及吞、吐、垫、打、抹等技巧外，还有舌冲音、气冲音、批弹音、仅双吐、连弹音、气唇同颤音、指气同颤音等特殊技巧。

传承谱系　第一代崔之民（1842—1905 年），第二代崔凤云（1865—1945 年），第三代崔富启（1905—1982 年），第四代崔怀山（1933 年生），第五代崔士广（1959 年生），第六代崔鑫（1986 年生）。

第三节　传统舞蹈

扑蝴蝶（河东区　临沭县）

扑蝴蝶最早出现在南宋时期江浙地区，是南宋节庆社火中常见的民间舞蹈之一，古代著述中多有记载。南宋时期西湖老人所著的《西湖老人繁胜录》、周密所著的《武林旧事》均有记载。

清朝末年扑蝴蝶传到临沂，经过几代人传承与发展，如今已成为一种极具地方特色的广场秧歌舞，主要流传区域在临沂市东南部临沭、河东两县区的十几个乡镇、近百个村庄，其中以临沭县青云镇李界前村和河东区汤河镇前东庄村的扑蝴蝶表演最为有名。

2007 年 8 月，扑蝴蝶（河东区、临沭县）被列入临沂市第一批市级非物质文化遗产名录。

2023 年，河东区汤河镇秧歌队表演扑蝴蝶秧歌舞

历史渊源　临沭县扑蝴蝶。清末开始出现，距今已有 100 余年的历史。主要分布在临沭县青云镇、蛟龙镇等地，以青云镇李界前村为主。革命战争年代，李界前村利用扑蝴蝶宣传抗战、组织发动群众、慰问子弟兵。1945 年冬，李界前村艺人王西伦、王洪谦组建扑蝴蝶秧歌队，并在演出中加入舞狮、舞龙、快板等表演形式，经常在附近村镇表演，很受群众欢迎。李界前村还曾组织扑蝴蝶秧歌队去蛟龙湾慰问子弟兵，在军民联欢晚会上，精彩的扑蝴蝶节目获得指战员的热烈欢迎。中华人民共和国成立后，村党支部发动群众组建舞蹈队，表演节目，以群众喜闻乐见的形式宣传党的方针政策，推动各项工作的开展。改革开放后，李界前村扑蝴蝶舞蹈队迎来了新的发展机遇，技艺与演出水平大幅提升，经常参加县、乡组织的巡回演出，多次被省、市新闻媒体报道。

河东区扑蝴蝶。扑蝴蝶在河东区前东庄村始于抗日战争时期，老艺人李仲香、旦彰街、刘明兰等向山西籍战友杨凡学会扑蝴蝶表演，经过几位民间老艺人的传承与发展，逐渐形成了一套完整的表演形式。革命战争年代，曾利用这种演出形式，向群众宣传党的方针政策，对当时的减租减

临沭县扑蝴蝶表演

息、土地改革、动员参军、交送公粮支援前线起到了极大的推动作用。

主要内容 扑蝴蝶是一种秧歌舞，参加的多则百余人，少则十几人，男女成对而舞，表演以跑场子走队形为主，动作比较简单。男、女腿部动作基本统一，只是上身动作稍有差异。男青年右手满握竹片抖动蝴蝶，女青年平时双手交臂前后甩动彩巾，扑蝶时将彩巾甩向蝴蝶，动静对比十分鲜明。表演的扑蝴蝶有歌有舞，过去常另有一丑婆（又称杂角）手持一把破蒲扇，在演唱中穿插跑动插科打诨，如开场时高声喊道："我说闺女呀！你们今（儿）讹，明日讹，讹着要个花蝴蝶，这么多蝴蝶你不逮，可别回家再讹我。"整段演唱轻松诙谐，表现了青年人对美好生活的向往和对自己家乡美景的赞美之情。

扑蝴蝶的队形。有单队、双队和四队等三种。单队，为男青年手持蝴蝶在前，女青年扑蝴蝶在后，一字排开，持蝴蝶者为单数，扑蝴蝶者为双数。双队要求持蝶者为一队，扑蝶者为一队，并排起舞。四队为收尾时的队形。

舞花基本动作。有拧绳、龙捆珠、叠字、剪子、金丝葫芦、蛇蜕皮、大团圆、和平花、单扑、双扑、快扑和满场欢等 12 种。

表演时，男青年扎头巾，穿白衣黑裤。女青年身穿红或绿色民族服装，梳独辫，手持彩巾。

扑蝴蝶表演道具。主要有蝴蝶和彩巾。蝴蝶用铁皮或硬纸片剪成，高约 15 ~ 20 厘米，用水粉勾勒出各种花纹，并在其上再系一铃铛。做好的蝴蝶系于竹篾上，竹篾长约 1.8 米，下端宽 2.5 厘米，厚 0.5 厘米，竹篾与蝴蝶之间用 10 厘米长的细弹簧连接。蝴蝶由男性表演者使用，通过其手腕的翻转等动作表现蝴蝶翩翩起舞的优美姿态。彩巾为两条，一般是彩色手巾或手绢，表演时由女性表演者拿在手中作为扑蝴蝶的工具。

伴奏音乐。采用打击乐队伴奏，乐队编制视条件而定，少则七八人，多则数十人。常见乐器有大鼓、大锣、大钹、小镲、手锣等，由鼓手指挥，与舞蹈配合。

传承价值 扑蝴蝶表现形式变化多端，仅舞花就有 12 种，舞蹈动作夸张逼真，使观众有亲临其境之感。

扑蝴蝶多在节庆日演出，活跃了山区群众的文化生活，增进了相邻之间的友谊。

扑蝴蝶气氛热烈欢快，群众参与性强，可充分调动群众参与文化活动的积极性和主动性，帮助群众树立积极健康向上的文明生活方式。

项目传承 临沭县青云镇李界前村传承谱系：第一代李奎林，第二代李西伦，第三代李西山，第四代李保华，第五代李善年。

河东区汤河镇前东庄村传承谱系：第一代杨凡，第二代李仲香、旦彰街、刘明兰，第三代刘明香。

打花棍（临沭县　费县）

打花棍又称花棍舞，起源于秦汉时期，清末传入临沂，是流传于鲁南一带的民间舞蹈，参加者多为女性，过去是姑娘挑选情郎的一种方式，后来发展为一种娱乐健身性舞蹈。

历史渊源 相传秦汉时期，有两名男青年同时追求一位姑娘，姑娘无法作出决断，于是她的父亲找来一根藤条，让两名青年站在两边，女儿站在中间旋转舞动藤条，先被打中或跳出藤条半径以外的，作为失败者退出竞争，这就是打花棍

临沭县打花棍排练

的起源。清乾隆时期刊印的《帝京岁时纪胜》中记载："博戏则骑竹马、扑蝴蝶、跳白索、藏朦儿、舞龙灯、打花棍……"，打花棍已成为当时较为流行的民间集体舞蹈。

临沭打花棍。清朝末年，打花棍流传到临沭县李界前村，并在该村得以传承。20世纪50年代，该村小学教师胡之政曾教过学生打花棍，当时为了配合宣传抗美援朝战争胜利，胡老师还编唱了一首歌，歌词是："我的那花棍呀长又长，可笑美帝打了个大败仗，20万人被打败，一齐往后跑呀嗨，一个个急忙忙，双手抱头扔了枪，依呀嗨哟嗨哟，就好像兔子是他的爹娘么依嗨哟。"当时舞蹈动作比较简单，没有现在的繁杂。

改革开放以后，李界前村人深入挖掘、传承和弘扬优秀传统文化，复兴了传统民间舞蹈扑蝴蝶、打花棍。该村妇女凌宗巧、王举凤小时候曾跟随村中老艺人学过打花棍，便自告奋勇当起教练。两人打花棍套路不同，各有各的打法，但都打得很好，在此基础上形成了打花棍的主要套路，固定了花棍的大小及形制。随着时代的发展，打花棍被赋予新的时代气息。表演时由锣鼓、二胡伴奏，还有歌曲配合，并由专人用木板打点指挥。

2007年8月，打花棍（临沭县）被列入临沂市第一批市级非物质文化遗产名录。

费县花棍舞。清朝末年，打花棍流传到费县朱田村，称作"花棍舞"，并在该村得以传承。1992年，传承人宁福忠把花棍舞由使用一根花棍改为使用两根花棍，并对花棍进行改良，他在花棍上挖出一个长方形的洞，穿上铜钱，并用不同颜色的彩纸贴上。演出时，随着演员的表演，配上唢呐、笙、笛等乐器，产生了极好的表演效果。宁福忠又在舞步、花棍的拍打和服装道具上进行创新，并随着形势的变化，把党的政策及农村变化编成歌曲，边舞边唱，使群众于娱乐中受到了教育。

2014年3月，花棍舞（费县）被列入临沂市第四批市级非物质文化遗产名录。

主要内容 打花棍韵律整齐，节奏感强。表演可一人可多人，多人时一般为双数，每人手持一根花棍，用手和花棍拍打肩、背、腿、脚踝等部位，发出有节奏的清脆响声。演员边唱边跳，翩翩起舞。打花棍的演员在进入场地转圈走动时，以乐曲为前奏，通常采用秧歌调指挥，反复进行，至打花棍开始。

打花棍共有6种表演形式，其中5种是歌伴舞，所用歌曲有《三大纪律八项注意》《红军不怕远征难》《不爱红装爱武装》，还有2首属群众创作歌曲。

用《三大纪律八项注意》伴奏，花棍打19次。右手持花棍，先用手拍花棍两下，再将花棍放在肩上两次，用手再拍打花棍两次，然后用花棍敲击地面前后各一次，再用花棍拍打左脚前后各一下，后用花棍打左脚踝里、右脚踝外各一下，再打

费县花棍舞表演

左脚踝里、右脚踝外各一下，再打左脚踝里一下，左脚踢花棍一下，后用手将花棍拿到肩膀上一下，两手往后背打一下，然后用手往前拍一下结束。

用《红军不怕远征难》伴奏，花棍打8次。先撤步，用花棍敲击地面一下，次击打左脚后边一下，三打右肩一下，四打左肩一下，五用左手拍花棍一下，六打右脚一下，转回身，两个花棍首尾互相碰击各一下结束。此为唯一具有双人互打动作的打法。

用《不爱红装爱武装》歌曲伴奏，打8次。用花棍先打右肩，再打左肩，用花棍打胳膊肘，用手拍一下花棍，再打右脚踝里，打右脚踝外，再打左脚心。以上动作是抬右脚打左肩，抬左脚用左手拍花棍，歌曲唱完，整套动作结束。

表演时花棍两端系有铃铛，配以锣鼓等器乐，锣鼓伴奏主要是大鼓和镲，其他常用乐器还有二胡、大锣、大钹、小镲、手锣、木板等。

花棍舞所用花棍既是道具，又是乐器，制作简便，动作欢快流畅，在全国各地皆有流传。临沭县青云镇李界前村的花棍舞独具特色，为当地群众广泛接受，是大众喜爱的健身娱乐活动。

双旱船

旱船又称划旱船、跑旱船，是一种古老的民间舞蹈，也是汉族民间舞蹈的重要表现形式。

历史渊源 传说爱国诗人屈原投江后，人们便以赛龙舟以示纪念，赛龙舟传到郯城时，因河道关系不能竞舟，于是人们就用木条、彩绘布等制成船形，加上鸣锣击鼓，游行于市，形成了旱船的最初形式。后来，人们又把各种水上行船的活动在陆地上进行夸张处理，形成一套虚实结合、情景交融的表演艺术。跑旱船也就成为人们节日喜庆活动的重要表演节目之一。据《明皇杂录》记载，早在唐代山东已有旱船这种民间舞蹈。到了明代，郯城县的民间艺人根据当时人们的生活习俗，创新了旱船的表演形式，变单为双，称作双旱船。

郯城县红花镇是民间舞蹈双旱船的发源地，该镇的红花埠是主要的传承区域。在1983年举行的民间乐舞普查中，临沂市有55种民间乐舞形式，其中郯城双旱船被评定为临沂市在全国独有的民间乐舞形式之一。1998年，“双旱船”被收入《中国民族民间舞蹈集成(山东卷)》。

代表性艺人纪雅洲(1935—1993年)，6岁随父参加本村的“桃园会”“子乐班”“乡会”等活动，11岁开始饰演双旱船中的撑船人，踩过高跷，扭过秧歌，推过花车，被当地群众称为“小能人”。成年后，在各级文艺会演中，扮演主要角色，并对演员进行辅导。几十年间，培养了大批文艺骨干，还创作了大量的民间文艺作品。

张凤玉，1949年生，少年时喜爱武术，青年时期开始练习民间舞蹈双旱船，饰演艄公角色，其表演形式诙谐、幽默，饰演的人物形象、逼真，独具创意，是20世纪70年代民间舞蹈双旱船的杰出代表人物。

刘新梅，女，1975年生，自幼喜爱舞蹈，勤奋好学，曾拜师民间艺人学习民间舞蹈双旱船，多次参加县级以上组织的各类民间艺术会演，曾代表郯城县参加临沂市广场艺术节演出，并在临沂市第一届民间秧歌会上获得金龙奖(第一名)。

2008年12月，双旱船被列入临沂市第二批市级非物质文化遗产名录。

2011年2月，双旱船参加“掌上明珠杯”临沂市第十一届民间秧歌会表演

主要内容　郯城双旱船的船体蒙布绘有水纹、荷花、荷叶等图案，因此又称“采莲船”。通常于春节前后在集市、庙会及欢庆场合进行表演，还常与花车、高跷、抬县官、打花棍等艺术形式同时进行。这种原汁原味的表演方式，带给了当地群众节日的欢乐。

双旱船由五人表演，一男持篙饰撑船艄公，四女分别扮成故事传说中的人物立于双船之中，两只旱船时分时合，忽左忽右，配合起舞。双旱船既保留了旱船的传统风格，又根据自身特点提高了表演难度，增加跑场和舞蹈动作，添加对白和对唱，更具有艺术性和欣赏性，深受当地群众的喜爱。

表演时，撑船人手持竹篙开路，双船分列两侧行进，打击乐队紧随其后。到达演出场地后，燃放鞭炮打开场子，打击乐队定位于场地的左后方，撑船人将双船并拢，使船头对着场地中心。打击乐队重新起乐，撑船人于左侧做“升帆”“查船”“起锚”等动作，然后高喊一声：“老汉开船啦！”随着他的撑船动作，双船随即并行快速进入表演场地。

撑船人是双旱船整个表演过程中的主要角色和指挥者，要幽默、逼真地模仿生活中撑船动作，强调篙头压地，变篙要斜身，步子平稳。模仿搁浅、抛锚、扒沙、泼水、扛船、拉船、升帆、起锚等动作时，双腿保持“骑马步”左右移动。打击乐队中的击鼓者两眼紧盯撑船人的动作，指挥乐队变化节奏、速度和强弱，为表演烘托气氛。四位乘船演员双手紧抓船舷，在撑船人的指挥下表演各种舞蹈动作，停时恰如风摆柳，走动如在水上漂。在表演过程中，撑船人与乘船演员还有一些对白或对唱，对唱采用《十二月对花》等，对白内容不固定，大多是根据当时情景即兴发挥。

动作要领。郯城双旱船对道具执法要求十分严格。乘船者要同时一前一后立于一条船内，分别将系船的绳带交叉挎于双肩，再将绳带捆缚于船帮，然后穿上服装，双手分别于身体两侧握住船帮；撑船人握篙的方法可分为“左握篙”和“右握篙”，执法以“右握篙”为例，左手于胸前，右手于胯旁握竹篙，将其置于身后，与其对称的动作便为“左握篙”。主要舞蹈动作有：水上漂、风摆柳、抛锚、起锚、升帆、后撑船、前撑船、前撑退跳、扒沙、扛船、卸船、搁浅等。

道具及制作　旱船是郯城双旱船表演的主要道具，主要由船体、船篷、船帷和船饰等部分组成。

船体用木条做成长 160 厘米、宽 70 厘米左右的长方形木框作为船身；用竹篾弯成两个弧形框架，固定在船身两头，作为船头、船尾。船身中间部分为船舱，用白布分隔为前舱和后舱，作为表演站立的空间；前后舱两侧各系有红绸绳，演出时挂在表演者脖颈，用来托吊旱船，船身体下侧安有 6 条船腿，表演空隙可将旱船放在地面。

船篷用八根竹竿扎成，固定在船身上方。船篷的高度根据表演者的身高确定，确保表演者能有足够的空间、活动自如。

船帷用白布蒙船篷顶四周做帷，帷下缀有红色穗子，四角分别挂带黄色长穗的红绸花。船体四周用白布镶蒙，布上绘有水纹、荷花、荷叶等图案。船头、船尾一般由纸花装饰。花盆用细竹篾编成骨架，外蒙白纸，上绘花卉图案，盆内固定几束彩色纸花。

郯城双旱船表演的其他道具还有：竹篙，用竹竿或藤条制成，长约 180 厘米。撑船人手持竹篙表演各种动作，指挥旱船表演和乐队伴奏。服饰，乘船人均头搭红色长方巾，两端垂于耳后，再戴上花额子，穿浅绿色长袖衣、外罩长摆红衫、浅绿彩裤、布鞋，扎红色腰箍。撑船人头戴青色鸭尾巾，挂白满髯，穿蓝色镶黑边对襟褂、浅蓝色短裙、蓝色灯笼裤、黑色快靴，腰扎黑布带。乐器。乐队一般由 8 ~ 12 人组成，主要是以打击乐器为主，常用乐器为大鼓、堂鼓、钹镲、大铙、锣等。

传承脉络　郯城县双旱船是起源于民间、流行于大众的舞蹈形式，早期能够从事这种舞蹈的艺人较多，且人员不固定，因此传承脉络不清晰。近现代较具代表性的传承人有：纪雅洲、张凤玉、周学贵、李建荣、潘秀军、刘新梅等。

竹马秧歌

竹马秧歌是兰山区响河屯村一种独特的民间舞蹈，已有200余年历史。竹马秧歌取材于民间传说《五女兴唐传》，艺人通过竹马表演，来歌颂五位女英雄。

响河屯竹马秧歌排练

历史渊源 隋朝末年，天下大乱，李氏兄弟李怀玉、李怀珠身陷困境。吴家姐妹吴凤英、吴月英大显身手，将其兄弟二人救出，并暗许芳心，后四人走散。吴凤英、吴月英踏上寻夫之路，她们相继结识了张美容、胡玉莲、白玉娥。五位女子进京考取武举功名，却遭遇到不公平的待遇，于是大闹考场，写下反诗，逃出长安。路上听闻百姓受到恶虎寨山贼的欺负，五女怒闯山寨，除掉山寨首领，占山为王，又将寨名更名为五凤岭，凤英当了寨主。五位姑娘个个武艺高强，才智过人，且长相俊美，各因不同原因被迫离家出走聚在一起，她们劫富济贫、锄强扶弱，多次打败前来清剿的官军，名声大振，演绎了一段巾帼不让须眉的传奇故事。后来五女投唐，帮助大唐走上了强盛之路。故事深入人心，被后人代代相传。

兰山区响河屯村民间艺人用竹片扎成骨架，外表糊纸，制作成五匹真马大小的竹马，通过竹马秧歌表演来歌颂五位女英雄。

中华人民共和国成立后，该村李佃方、李佃文、李佃坤、李佃举等人还能制作竹马，表演竹马秧歌，一直延续到1957年。“文化大革命”期间，竹马被毁，此后制作竹马的艺人陆续去世，其技艺失传。

2013年，响河屯村委投资6万余元，组织几位曾见过竹马制作过程的老艺人，回忆制作竹马，经反复试验取得成功。村里组织队伍排练节目，到区、市参加表演获得好评。

2014年3月，竹马秧歌被列入临沂市第四批市级非物质文化遗产名录。

主要内容 竹马是用竹子做骨架，外边用纸裱糊，按真马的体型分马头、前身、后身三节，完成后捆绑在表演者的腰部。有五人骑马，每匹马各配一名马童，表演时要求有一些武术动作，另外还有旱船、秧歌和西游记唐僧师徒四人相互配合而成。表演时，秧歌队员在前、竹马在后，分两队入场，绕场一周。以北门为上直奔南门，由南门2队人员向左右分开，转半圈扭向北门。再由北门向南门出发2队交叉形成一队，此间竹马每隔6人穿插进入队中，再由南向左奔东门、北门、西门。此间全场形成单人整圆圈并在各门交叉走门，走门时全场形成斜“8”字样，走门结束后，秧歌队员撤向场子周围形成圆形，此时竹马和马童在圈内任意撒欢表演，然后竹马再由北门形成雁别翅队形走向观众表演惊马和悬崖勒马，表演结束后，竹马和马童撤向北门后方。此时秧歌人员由北门组成2队走向南门，再由南门左右分开再扭向北门，由北门2队变4队扭向前台，此间以套马杆音乐为主旋律伴奏表演舞蹈，结束后，由原来的4队变2队带出会场。

传承谱系 第一代李佃方、李佃文、李佃坤、李佃举，第二代李宗儒、李宗信、密宗义、密承贵，第三代李正修、李宗民、刘金法、李继传，第四代密永春、苗春喜、刘金华、刘金月、刘金法、李宗勋、李继传、李正修、刘焕新。

老龙秧歌

秧歌在中国已有千年历史，明清之际达到鼎盛期。清代吴锡麟《新年杂咏抄》载："秧歌，南宁灯宵之村田乐也。"老龙秧歌是临沂市河东区太平街道大太平村群众自发创造参与的民间舞蹈，已经有500余年的历史。

历史渊源 河东区老龙秧歌历史悠久，其历史源头已不可考。相传在明朝中期，在正对着大太平村的地方，有一个石砬子，有一年发洪水，正巧在石砬子的地方决了口，村民为了祈求太平，就扎起了龙等象征着力量的猛兽，到石砬子敲锣打鼓舞起来。众人随龙狂舞，祈求神龙保佑百姓太平。一会儿工夫，水竟退了。自此，老龙舞秧歌便延续下来，该村亦名大太平村。

老龙秧歌表演

老龙秧歌作为一种民间龙舞和秧歌结合的舞蹈形式，到清末民初时达到鼎盛。老龙舞秧歌，常伴随着"祭天求雨""避邪祛瘟""庆丰收"等民俗活动。抗日战争、解放战争时期，作为一种庆祝形式，人们载歌载舞，举行军民联欢，欢庆胜利。中华人民共和国成立后，每逢有重大活动、节假日，都会有一些龙舞秧歌表演。"文化大革命"期间，活动陷于停滞。20世纪80年代初，太平镇文化站对老龙秧歌进行了发掘整理，辅导排练，老龙秧歌重新亮相民间。

近年来，老龙秧歌队连续参加了十多届河东区民间秧歌会演，多次被评为河东区明星秧歌队。参加了第九届临沂市民间秧歌会，被授予最高奖"金龙奖"，多次受邀赴周边地区参加会演。

2014年3月，老龙秧歌被列入临沂市第四批市级非物质文化遗产名录。

主要内容 表演动作。分为舞龙和秧歌两部分，二者有机地结合为一个整体。舞龙者多为青壮年，分两组轮番上场，每组13人；其中一人擎珠，其他人分执龙头、龙尾、龙身（舞龙尾者必须是未婚男青年）；舞龙表演由擎珠者指挥，龙随龙珠舞动而翻腾，舞龙人也随着龙珠而翻腾，同时随着龙的快速游动而高声齐吼，从秧歌队中穿插而出，绕场一周后，向天地祭拜，拉开龙舞表演的序幕。

动作套路。舞龙有老龙出水、老龙明珠、梅花阵、站龙翻腾、卧龙翻腾、盘龙、双窜龙、龙腾玉柱、蛟龙摸麟等25个套路100个动作。秧歌则以大摆队、十字梅、大秧歌、小秧歌为主，舞龙舒缓时，要穿梭于龙舞中。

龙舞伴奏主要用打击乐，曲牌有流水、急急风两种。秧歌用的是二胡伴奏，分为文秧歌和武秧歌两种。

表演道具。舞龙者头系红色头巾，脑后打结，上镶有黄色亮边，穿红色黄边对襟上衣、红色裤、黑色洒鞋，腰扎红绸带。擎珠人头系黄色头巾，脑后打结，上镶有红色亮边，穿黄色红边对襟上衣、黄色裤、黑色洒鞋，腰扎黄绸带。秧歌者穿水红色服装，腰扎绿色彩带，下身穿黑色裤子，脚穿黑色鞋子。所有参演者，服饰分夏冬两季服饰，以上为冬季服饰，夏季服饰颜色由服饰饰边的颜色为主。

技艺特点 老龙秧歌是一种民间舞龙和秧歌结合在一起表演的广场舞蹈，动作简单原始，少有雕琢，声势浩大、气势磅礴，所有动作一气呵成，豪迈奔放。

跑马灯

跑马灯是沂水县诸葛镇新民官庄村的传统特色文化之一，是该村村民代代传承的民间艺术，已有100多年历史。讲述的是北宋时期，辽军大举南下，先后摆出了13种阵势，杨继业率子女带领杨家军力挽狂澜，在实战中分别找出13种阵势的破解之法，大败辽军的故事。

2009年，沂水县诸葛镇新民官庄村村民表演跑马灯

历史渊源 沂水县诸葛镇新民官庄位于沂水县西北部，古时为齐鲁两国的交接地，历史文化兼具齐国重商、鲁国重礼的特点。自古民风淳朴，热衷文艺。清朝末年，该村爱好艺术的村民崔明贤根据京剧中的“走马灯”创造了“跑马灯”舞蹈，并在当地受到广泛喜爱。后经一代代马灯艺人的不断创新、改进，到民国时期已臻完善。每年元宵节晚上，来该村看马灯听戏的男女老少络绎于途，会场上人山人海。春节期间，四邻八乡来请马灯戏者令人应接不暇。

2014年3月，跑马灯被列入临沂市第四批市级非物质文化遗产名录。

主要内容 跑马灯是用竹篾扎成马身，将马身一分为二，前为头，后为尾，马身表面覆以各种颜色的彩绸，将其缚于扮演角色的人身上，表演者盔甲鲜明，手执兵器，成为一骑。以十三骑为一队，每骑前有一挑灯笼者，后有一打旗者，是为一组，共十三组。跑马灯开始时，人马排成纵队，整装待发。在队前引导的旗手令旗一挥，队员们便踩着咚咚锵、咚咚锵、咚锵咚锵咚咚锵的锣鼓点，围着表演场地不断变换阵式。

跑马灯表演分主场景、副场景一、副场景二，共三个场景。

主场景由一字长蛇阵、外四门阵、里四门阵、二龙吐须阵、梅花阵、八字阵、剪刀阵、八卦阵、三阴阵、龙门阵、乌雷阵构成。

副场景一由三个画面构成。第一个画面是一老者骑着小毛驴，飞快地追赶杨家军，好为前线将士烧火做饭，照料伤员。第二组画面是一对贫穷的夫妇，带着做好的干粮徒步上路慰劳杨家军，半道上，一条大河挡住了去路，妻实在力不从心了，想坐下来休息一会，身强力壮、心急火燎的丈夫二话不说，背起了媳妇渡过了大河，继续追赶部队。第三个画面是一名少妇，挎着一个包袱，包袱里面是做好的衣服和鞋子。她飞快地追赶部队，就是想把这密密缝补的衣物送到随杨家将出征的丈夫手中。只见她身着婚衣，面带几份羞涩，踩着明快的锣鼓点，步履匆匆，踏着杨家军的足迹一路追去。

副场景二表达杨家军凯旋，人民群众载歌载舞，热情欢迎。有三个画面：第一个画面是跑旱船，表现的是水上的情景：一艘小小的彩船里，一位年轻姑娘坐在船里，旁边手拿船桨为她撑船的是她年迈的父亲。姑娘在船中一边歌舞，一边不断偷偷远眺，当远征的情郎回来时，小船疾速向岸边驶去。第二个画面是扭秧歌。一些小媳妇、大姑娘涂脂抹粉，穿着整齐，腰系彩带，载歌载舞，欢迎杨家将凯旋。第三个画面是踩高跷。一群尚未成年的小后生，结束整齐，腰系彩带，足踏60多厘米的高跷，和着锣鼓铿锵的节奏在舞蹈。他们个个英气勃勃，龙腾虎跃。显示了杨家将深得民心，同时也说明杨家将后继有人。三个画面形象地表达了人民对杨家将的厚爱，对杨家将卓越功勋的赞颂，对胜利的陶醉，对和平的喜悦，对美好明天的憧憬。

技艺特点　跑马灯表演的是杨家四代将士为国慷慨出征的故事，他们跋山涉水，身经百战，屡挫强敌，保证了国家的和平与人民的幸福，最后凯旋班师。跑马灯用舞蹈的形式，动态地概括了杨家将四代人的丰功伟绩，彰显了他们卓越的军事才华，表现了他们忠于国家、热爱人民的高尚情怀。同时也表达了广大人民对他们的无限敬仰与深切怀念。

跑马灯演员阵容强大，场面气势恢宏、壮观。题材为广大人民所喜闻乐见，主题积极鲜明。场面布局层次分明而又重点突出，创作方法独具匠心，表现手法灵活多样。表演气氛热烈、激越、昂扬。

传承谱系　第一代崔明贤；第二代宋京成；第三代崔明举；第四代李春科，耿永祥（马灯队负责人）。

竹马旱船

竹马旱船发源于临沂市河东区朝阳街道养马庄村，始于隋朝末年，至今已有1300多年的历史，是一种民间秧歌与竹马、旱船等元素结合在一起的舞蹈表演形式。

历史渊源　相传养马庄因隋末瓦岗寨义军曾于此屯兵养马而得名，村民张士英、张士民、孙中兴、孙中强用竹子草纸糊马造船，载歌载舞慰劳起义军，后来逐渐发展成为一种民间表演形式。到宋元时期，旱船花车仍保持隋唐时的风格，但马的颜色发生了变化，人们按赵匡胤出巡所骑马的颜色，给竹马涂上白、黄、大红、粉红、黑五种颜色。白马上骑的是大将高君保，黄马上骑的是皇帝赵匡胤，大红马上骑的是刘金定，粉红马上骑的是丫鬟，黑马上骑的是大将胡敬德。演出时扮演角色的艺人包括骑马艺人、刷马艺人、秧歌队艺人、花车艺人、旱船艺人、锣鼓队艺人等。每逢盛世，居民便以竹马旱船、花车秧歌的表演方式，表达安居乐业的幸福心情。

庆祝中华人民共和国成立时，养马庄竹马旱船秧歌队曾被选调到临沭县钟山区参加演出。1955年起，老艺人们组织走乡串街进行演出，走遍钟山、仲山两区，竹马旱船表演与秧歌舞蹈相融合，表演形式有了新的发展。“文化大革命”期间，竹马旱船表演陷于停顿。改革开放后在一些热心老艺人的努力下，养马庄竹马旱船表演项目重新推出，并作了改进，增添了秧歌队的拴马、刷马、牵马、狂奔等套路表演；“船只”按照搁浅、扒沙、暴风雨中行船等一系列套路进行表演，“花车”则主要表现昏君不思朝政、吃喝玩乐的丑态，动作夸张、幽默诙谐。

2016年12月，竹马旱船被列入临沂市第五批市级非物质文化遗产代表性项目名录。

主要内容　竹马旱船的道具里最重要的五匹竹马，是按真马的原型制作而成，中华人民共和国成立后，老艺人用竹子做骨架，为了逼真和适用，外边用纸裱糊，按真马的体型分三节，分别为马头、前身和后身，捆绑在演员的腰部，马头能活动。每匹马各配一个马童，表演加入了一些武术动作，与旱船、秧歌和西游记唐僧师徒四人相互配合。表演时秧歌队员在前组成2队进入会场，沿会场转一整圈，竹马随后。表演场地为圆形，设东西南北4门，以北门为上。2队人员直奔南门，在南门向左右分开，转半圈扭向北门。由北门向南门出发2队交叉形成一队，此间竹马每隔6人穿插进入队中，再由南向左奔东门、北门、西门。此间全场形

养马庄表演竹马旱船慰问子弟兵

成单人整圈圆并在各门交叉走门，走门时全场形成斜“8”字样。走门结束后，秧歌队员撤向场子周围形成圆形，竹马和马童在圈内任意撒欢表演。然后竹马再由北门形成雁别翅队形走向观众表演惊马和悬崖勒马。表演结束后，竹马和马童撤出北门。秧歌队员由北门组成2队走向南门，再左右分开扭向北门，在北门2队变4队扭向前台，以套马杆音乐伴奏表演舞蹈。结束后，由4队变2队带出会场。

主要传承人 竹马传承人相再文、张星义；旱船传承人张兴友、李继彬；花车传承人孙景功、张星固；秧歌传承人张兴沂、张星为、孙景题；锣鼓传承人孙景财、孙成顺。

兴明高跷扑蝶

高跷也叫高跷秧歌，是一种广泛流传于全国各地的民间舞蹈，因舞蹈时双脚踩踏木跷而得名。高跷源于古代百戏中的一种技术表演，秧歌为百戏之源。在民间，踩跷表演的称“高跷秧歌”，不踩跷表演的称“地秧歌”。高跷秧歌在发展过程中不断吸收农歌、民间武术、杂技以及戏曲技艺与形式，从一般的演唱发展成民间歌舞，至清代这种表演形式在全国各地广泛流传。

历史渊源 兰陵县向城镇兴明村高跷秧歌起源于清咸丰年间，由吴自发引进，已有160年的历史。表演形式初为一男两女，后发展到两男四女。吴自发把这一绝活传给子孙吴继茂、吴景春及乡邻，形成了独具地方特色的民间秧歌。每到年关，乡亲们自动聚集一起，排大戏，踩高跷，红红火火，生生不息。20世纪50年代达到鼎盛时期，“文化大革命”期间受到冷落。1984年，兴明村恢复狮子高跷秧歌队，发展踩高跷的演员30多人，秧歌队多的时候70人，少的时候50人。每年农历腊月排练，演出从正月初一到正月十五，并到邻村串巷拜年。

传承人吴广国，9岁随父亲学踩高跷，练成祖辈流传下来的高桌高跷扑蝶绝活。具备一定的组织领导能力，使舞狮高跷秧歌队不断发展壮大。

申利飞是吴广国的搭档，为舞狮高跷秧歌队的文艺骨干，为传承保护、弘扬发展这一非物质文化遗产做出了积极贡献。

2020年11月，兴明高跷扑蝶被列入临沂市第六批市级非物质文化遗产代表性项目名录。

主要内容 高跷扑蝶是由高跷秧歌逐渐发展起来的一种群众性自娱自乐的形式，情节内容上模仿了人们田间嬉戏、追逐飞蝶的形象和神态，体现了劳动人民丰富的想象力和审美情趣，富有鲁南特有地域特色和浓郁的乡土气息。其表演形式沿袭传统民间舞蹈，保持两男四女对舞，相逗成趣，其角色有两男扮演小生戏曲人物持扇扑蝶，四女着民族服装挑蝶，锣鼓声中跳动的花蝶引逗小生腾挪闪跃嬉戏追逐。表演有“文跷”“武跷”两种套路，整个表演动作相间，配合默契，节奏明快，气氛热烈。它把舞蹈动作、武术杂技、滑稽表演融于一体，声情并茂，惟妙惟肖，增强了戏剧性、艺术性、观赏性、娱乐性，深受群众喜爱。

兴明高跷扑蝶动作——扇子打蝶

项目传承 进入21世纪，兴明村狮子高跷秧歌队，受到当地政府的重视和上级文化部门的关注。2005—2007年，受邀多次参加省市县及电视台举办的民间秧歌会，获得银龙奖、优秀组织奖等。2019年10月，兴明村高跷扑蝶参加中央电视台农业农村频道在兰陵县压油沟风景区组织的“乡村大舞台·文化大集”中展演，并于同年10月参加临沂市旅游局举办的乡村文化旅游节展演，成为非遗活动的一个亮点。

第四节　传统戏剧

靠山梆子

靠山梆子亦称莱芜梆子、莱光讴、高调梆子等，是一种古老的传统戏曲剧种。因其唱腔高昂激越、豪迈奔放、富有感染力，又被人称为“舍命梆子腔”，是中国戏曲宝库中的奇葩。靠山梆子流行于山东莱芜、泰安、蒙阴一带，清初已有演出。兰山区方城镇靠山梆子属于靠山梆子的分支，内容多取材于历史事件，以古装戏为主。

历史渊源　靠山梆的名称来源，有五种不同说法。其一，靠山梆也称柳梆，因靠山梆前身是鱼龙混杂的“三合一”剧团，也叫“三开箱”，即一个团能唱京剧、柳子（弦子）、梆子，故人们习惯对“三开箱”戏班称“柳梆”团，久之，就以剧团名代替了剧种名。其二，靠山梆也叫溜山梆，所谓“溜”，地方方言即模仿，也就是模唱“山东梆子”之意。其三，靠山梆又称溜山梆。这个“溜”字有“顺着”的意思，也就是顺着蒙山一带演出的梆子。其四，靠山梆也叫“拼命梆”，是根据唱腔旋律的大起大落，高音拖长，粗犷，泼辣，奔放而言。其五，靠山梆也叫“刘三梆”，民间流传着一个故事，很久前有一个叫刘三的人会唱很多小曲小调，是金嗓子。有一天外出找媳妇，天晚了住在破庙，遇一群狼，刘三害怕就唱起小曲小调壮胆，还拿两个木棍敲打着，因心里害怕，声音吓得变了调，连狼都不敢近前。有人闻声来救了他，他唱的小曲一传十，十传百，就叫“刘三梆子”，时间长了，以讹传讹，就变成了溜山梆子。

《费县简志》记载：“流行于费县境内的剧种有溜山梆、豫剧、柳琴、京剧、吕剧等，以溜山梆最为著名，溜山梆又名靠山梆，主要流行于费蒙山区。”《山东地方戏曲音乐》记载：“清乾隆之前，靠山梆已成立剧社演出，清乾隆年间有自称老道人的曹合泰，到临沂中西蒋村传教，并经常传唱一些民间曲调，如梆子腔、柳子腔等，演出糅进民间吹打、说唱音乐等，这是费县靠山梆（溜山梆）剧团的前身。”

清光绪年间，艺名“戏老狠”的李忠三，从菏泽地区逃荒到中西蒋村。李忠三精通戏曲，被中西蒋戏班收留。为迎合观众需要，该剧团在长期的演出实践中形成“三开箱”戏班——“三合班”。

费县靠山梆剧团排练

《山东地方戏曲史料汇编》中记载“……临沂地区的费县等地，也都先后成立过梆子班社”，所指的就是老艺人李忠三到中西蒋戏班后的情况。1920年，李忠三之子李贵祥（艺名二合）主持剧团，能演300出戏，剧团的名声和“二合”的表演艺术，在蒙山前后家喻户晓。以“二合”为代表的靠山梆剧团，在其父李忠三的基础上，推陈出新，在旋律、结构、唱腔，板式等方面均有发展，使其更加完善，更为沂蒙人民所喜闻乐见。李贵祥传艺于儿子李玉才，同期的演员有刘京文、刘京维、刘自坤、马京合、马京玉、胡文田、赵金祥、苗世才、殷作昌等人，活跃于中西蒋、西西蒋两个自然村。

2007年8月，靠山梆子被列入临沂市第一批市级非物质文化遗产名录。

基本内容　靠山梆子在板式方面，运用基本调的节奏紧缩、节奏伸展和节奏拆散等方法，形成了16个各具特色的板式：基本板式——一鼓二锣；伸展派生的板式——慢三眼（4/4），五音头；紧缩派生的板式——二板（流水）一吁（一串铃）慢四虎头；拆散派生的板式：①紧打慢唱类——慢乍黄，紧四虎头；②散板——大起板（散板）载板、小载板、哭迷子、快洋黄；吸收兄弟剧种的板式——呱哒嘴、金钩挂、扑地蛾。

靠山梆子演出剧照

相关器具。主弦：板胡，二胡；弹拨：琵琶或三弦、中阮；吹管：铜笛或竹笛；低音：低胡；打击乐：梆子、板鼓、鼓板、小堂鼓、大锣（高音、中音、低音）、小锣（高音、中音、低音）、钹（高音、中音、低音）。

主要作品。除了能演出300多出传统戏外，还创作演出《痛打日本鬼》《打老蒋》《送郎参军》《打黑七》《打蒙阴》《放脚》《恶婆婆》《懒儿媳》《纺线组》《闹出社》《魏龙民》《红灯记》《沙家浜》《计划生育好》《好支书》等剧目。1953年，西蒋靠山梆子剧团参加“山东省戏曲调演”受到嘉奖，并在山东电台录音，向全国播放。

基本特征 靠山梆子主要腔调称为剧种声腔基本调，它由声腔的旋律、节奏、调式特点与曲式逻辑的提炼升华而来，具有独特的风格和浓郁的地方特色，是该剧种创造唱腔，塑造人物音乐形象的曲调基础。其特点为生、旦腔基本调在节奏上皆板起板落，在调式上（旦腔宫调式，生腔角调式）形成强烈对比，具备明显的行当特点。

生腔旋律进行以调式主音为核心，每乐句调式主音出现两次，尾音都落在调式主音上。乐句结尾多用上行二度4 ~ 5的旋律，旋法给人以向上的动力和特别稳定的艺术效果。旦腔基本调变宫为角，下行跳跃的旋法，较明朗跳荡，跳宕起伏，呈现出梆子酣畅豪放、刚柔相济的音乐特色。

艺术特色 方城镇靠山梆子表演粗犷、夸张。黑脸张飞出场时，双手举过头顶，五指分开。推圈走场时右手挥力推圈，左臂随着推圈的右手有节奏地摆动。表现人物急躁、愤怒的情绪时，吹胡子瞪眼睛、晃膀子、跺脚甩胳膊等，突出凶猛骁勇的性格特点。

板式运用根据剧目中人物性格和剧情，选用一种基本板式形成独立唱段，主要用于情绪比较单一的唱词。此外，还可通过不同板式有机组合和转接，节奏明显变化、旋律对比鲜明的大段成套唱腔表现复杂的人物情绪。唱腔音乐属于板式变化体，各种板式都以七字句和十字句为主。花腔多、甩腔多，甩腔最后多落在“啊”音上，具有很强的地域特点，唱腔优美，激情高亢。行当以红脸、黑脸为主要角色，舞台上洋溢着雄浑、豪放的阳刚之美。

梆子戏以描写历史事件为主，反映政治暗斗、军事争端，表现不同历史时期的战乱戍边、英雄人物等，以征战、袍带戏居多。

项目传承 以社会传承、群众传唱为主。主要传承人有李忠三、李贵祥、李玉才等。

临沂皮影戏（临沂经济技术开发区　兰山区）

皮影戏旧称影子戏、灯影戏，是让观众通过白色布幕，观看一种平面偶人表演的灯影来达到艺术效果的戏剧形式。皮影戏中的平面偶人以及场面道具景物，通常是民间艺人用手工刀雕彩绘而成的皮制品，故称为皮影。皮影戏表演形式较为独特，表演者居幕后，双手操弄皮影，同时用当地流行的戏曲来讲故事，有“一口叙述千古事，双手对舞百万兵”艺术效果。

历史渊源　皮影戏最早诞生于西汉，俗称影子戏。关于皮影戏的起源，还有一个美丽的传说。相传汉武帝爱妃李夫人染疾去世，武帝非常悲伤，思念心切，神情恍惚，终日无心朝政。大臣李少翁一日出门，路遇孩童手拿布娃娃玩耍，影子倒映于地栩栩如生。李少翁心中一动，用棉帛裁成李夫人影像，涂上色彩，并在手脚处装上木杆。入夜围方帷，张灯烛，恭请皇帝端坐帐中观看。武帝看罢龙颜大悦，自此爱不释手。这个载入《汉书》的爱情故事，被认为是皮影戏最早的渊源。

真正的皮影戏出现在北宋时期。宋代孟元老《东京梦华录》载，当时北宋汴梁城内娱乐场所演出的百戏种类中就有“影戏”，并有著名影戏艺人董十五、赵七、曹保义等。南宋周密《武林旧事》载，当时杭州出现了名为“绘革社”的专门影戏组织。元朝末年，皮影戏相继传入波斯（伊朗）、阿拉伯、土耳其、暹罗（泰国）、缅甸、马来群岛、日本以及英、法、德、意、俄等亚欧各国。

清代皮影戏艺术发展到了鼎盛时期。当时很多王府官第、豪门望族、乡绅大户，都以请名师刻制影人、蓄置精工影箱、私养影班为荣。民间乡村城镇大大小小皮影戏班比比皆是，逢年过节、喜庆丰收、祈福拜神、嫁娶宴客、添丁祝寿，都少不了搭台唱影。

清朝末年，有的地方官府害怕有人利用皮影戏的黑夜场所聚众起事，便禁演皮影戏，甚至捕办皮影艺人。盛极一时的皮影行业万户凋零，一蹶不振。

临沂皮影戏（兰山区）于明末清初时流入，清光绪年间盛行，演出地点多，唱法多。唱腔多为柳琴，伴奏乐器有二胡、板胡、笙。

临沂孙氏皮影的发源地为临沂经济技术开发区芝麻墩街道秦岭村，起源于清同治年间，至2014年，在孙氏家族传承四代，有150年的历史。

2014年3月，临沂皮影戏（临沂经济技术开发区）被列入临沂市第四批市级非物质文化遗产名录；2016年12月，临沂皮影戏（兰山区）被列入临沂市第四批市级非物质文化遗产代表性项目名录扩展项目名录。

主要内容　皮影由皮革制成，出于坚固性和透明性的考虑，又以牛皮和驴皮为佳。上色时主要使用红、黄、青、绿、黑五种纯色的透明颜料。由于这些特殊的材质，使得皮影人物及道具在后背光照耀下投影到布幕上的影子显得瑰丽而晶莹剔透，具有独特的美感。沿袭传统戏曲的习惯，皮影人物划分为生、旦、净、末、丑五个行当，每个人物都由头、上身、下身、两腿、两上臂、两下臂和两手十一件连缀组成，表演者通过控制人物脖领前的一根主杆和在两手端处的两根耍杆操纵人物，做出各式各样的动作。

皮影人的四肢和头部是分别雕成的，用线连缀而成，表演时活动自如。一个皮影人，要由五根竹棍操纵，艺人手指灵活，常常玩得观众眼花缭乱。不仅手上功夫绝妙高超，嘴上还要唱、念、说、打，脚下还要制动锣鼓。演皮影的屏幕，是用一块1平方米大小的白纱布做成的。白纱布经过鱼油打磨后，变得挺括透亮。演出时，皮影紧贴屏幕活动，人影和五彩缤纷的颜色真切动人。皮影道具小，演出方便，且不受场地限制，演员也不需正规训练，深受人们喜爱，人们亲切地称它为“一担挑”艺术。

孙氏皮影戏演出剧目主要有《东游记》《西游

2009年6月1日，兰山区陈田年为临沂三小学生表演皮影戏

2015年10月24日，孙兰玉给梅埠街道月亮湾社区孩子们上皮影戏课

记》。一部《东游记》，孙兰玉可以连续演唱半个月。从曾祖至今，一直就没有剧本，剧情的说唱念打，起伏跌宕，全都装在皮影艺人的脑子里。

技艺特点 皮影造型经典、精巧细致，多采用《西游记》、八仙过海等神话故事人物，皮影人物头大身子小，身体上窄下宽，手臂过膝。面部形象除有个别丑角、鬼怪之类为四分之三的半侧面外，一般都是正侧。

皮影语言俏皮、动作传神，唱腔高亢，抑扬顿挫，具有浓厚的地方特色及乡土气息。

皮影表演，手上需要娴熟的技巧。一只手不仅要控制皮影人物，还要控制人物的各个关节及兵器。孙氏皮影戏表演有更高的技艺要求，表演者双手可同时控制三四个影人，最多时一手可同时拿七个影人，一边舞动一边唱念，还要密切配合场上的配乐，难度极高，在全国的老艺人中也非常罕见。

项目传承 孙氏皮影戏传承方式为家传，至今已传承四代，有150多年的历史。

兰山皮影传承谱系：第一代陈殿起；第二代陈玉祥；第三代张贵银、尤公启；第四代陈田年、张自超；第五代陈广良、李娜、张记者。

周姑戏（沂水县　沂南县）

周姑戏又名周姑子、肘鼓子、肘骨子、扭骨子、迯鼓子等，分布于临沂市的沂南、沂水、蒙阴，日照市的莒县，潍坊市的临朐一带，辐射至安丘、莒南等县市。山东其他一些地方戏曲，如柳琴、茂腔、五音戏等都与周姑戏有着密切的亲缘关系。周姑戏演唱形式简单，演唱题材多是民间传说，表现了风俗民情、伦理道德，生活气息浓厚，地方特色鲜明，群众喜闻乐见。

历史渊源 相传在章丘、长山交界处有一座庙，庙内有一周姓尼姑，善唱小曲小调，经常口哼小曲四处化缘。有一对青年乞丐，两口子特别喜欢周姑子的小曲调，每天乞讨归来，晚上就在周姑子的庙门下住宿，偷听她唱小曲，时间长了，就学会了很多。再上门乞讨，就经常唱段小曲给人家听，以讨得主人欢心，多给一点干粮。后来，别的乞丐见他二人唱小曲要饭收获特别多，也跟着到庙门下住宿、学唱。日复一日，很多乞丐便学会了唱周姑子小曲。周姑子的小曲小调广泛传播，越来越多的人爱听这个调调。后来乞丐自动组织起来，打场子、赶庙会、唱堂会、忙红白公事……由原来的干口清唱，到加上锣鼓伴奏，就形成了周姑戏的雏形。

由于该曲调易唱易学，内容大都是反映百姓乡里的民间凡事，深受农村大众欢迎。特别是戏文中的男欢女爱、打情骂俏，是非恩怨、家长里短，逢场作戏、捧场逗哏，妙趣横生，尤受农村妇女青睐，被戏称为“拴老婆撅子”。

《中国戏曲曲艺辞典》记载：周姑子也叫肘鼓子，民间小演唱。清代中叶流传于山东南部……周姑戏流传至沂南是在19世纪后半叶，由王宝香高祖王仕庆最早引入。王仕庆自幼放牛，生活贫苦，为了生计，投奔在临朐周姑戏班的姑姑，跟随姑姑学习周姑戏。回乡成立周姑戏班，到处唱戏。他改革伴奏乐器，将单一的月琴伴奏发展到打板、二胡、京胡、坠琴等。此后，民间或以家庭成员为主，或搭档凑班组成戏班，扩大演出范围，成为半职业性的小剧团。

20世纪90年代以前，周姑戏一直是沂水县民间重要的娱乐艺术形式，周姑戏易唱易学，唱腔

2014 年，沂水县黄山铺镇安子庄村周姑子戏剧团在莒县表演

清亮，伴奏简洁，唱腔中包含大段对白，对白以方言为主，且多用民间谚语俗语，地方特色浓郁，颇具生活气息。

沂南县周姑戏以表演民间故事居多，沂南县传承人王宝香的父辈还能演唱 70 余出戏，因他去世早，流传下来的只有 30 余出。经常演出的有《东京》《小姑贤》《双换亲》等，内容通俗接地气，颇得农村妇女的喜爱。沂南有民谣云“周姑戏，娘们（儿）的事，男人不稀听，老婆抹上蜜（儿）”。

2016 年 12 月，周姑戏（沂水县、沂南县）被列入临沂市第五批市级非物质文化遗产代表性项目名录。

主要内容　周姑戏既有文戏也有武戏，其唱法被称为“四六八句”，伴奏以月琴（琵琶）为主，间以打板、京胡、二胡等乐器相配，具有说唱音乐的特点。周姑戏曲调口语化，旋律变化多。演唱用本嗓，适于抒发多种感情。剧词生活气息、乡土色彩浓厚，群众语言丰富，具有民间口头文学的特点。表演角色以老生、老旦、小生、小旦、小丑、家眷、丫鬟戏为主，内容多反映男女爱情、家庭伦理等生活片段，剧目丰富。

沂水县黄山铺镇是周姑戏发展传承的重要地域，全镇曾有 6 个戏班子，其中以安子庄戏班为代表。该村的周姑戏班成立于民国初年，二十世纪三四十年代因战乱一度中断，解放后又重新组建，至今已传承五代，有演员、剧务 24 名，剧目以传统古戏为主。代表剧目有《东京》《西京》《南京》《北京》《南唐》《西岐》《过江》《观灯》《蓝桥》《卷帘》《回窑》《劝架》《双拐》《小姑贤》《大花园》《无台山》《钥匙记》《东南山》《火龙记》《卖宝盒》《五台山》《四平山》《粉红江》《南北朝》《王汉喜借年》《刘统勋私访》等。

艺术特点　周姑戏曲调相对缓和，演唱难度较小，进入门槛较低。表演时先吐字，后行腔。男腔相对短促，高亢洪亮，充满力量。女腔尾音旋律延长，后尾用假嗓翻高，俗称“云遮月”，亦叫“顶帘子”。全戏中夹带大段对白，运用方言俚语，内容直观，通俗易懂，符合沂蒙山人性格直爽的特点，与乡村百姓思想情感更易契合。

演出条件要求不高，专业戏班子道具服装比较齐全，没有服装也可便装演出，俗称“盘凳子”。伴奏乐器也相对简单，有二胡、京胡、琵琶、笙、板等，演出前先用打击乐器“热场”，有广而告之、提醒人来观看之意，打击乐器有鼓、锣、钹等。

传承价值　周姑戏源于民间，植根于民间，已成为沂蒙地区百姓节假婚庆、自娱自乐不可缺少的艺术形式。其独特的唱腔和顽强的生命力，具有较高的戏曲研究价值。

周姑戏上妆演出，跟京剧脸谱、服装非常相像，具有较高的审美欣赏价值。

周姑戏表现的多是当地农村妇女的形象和生

2017 年，周姑戏参加岸堤镇文化惠民演出

活状态，生活气息强烈，地方特色浓郁，方言淳朴自然，常用民间谚语和形象比喻，具有较高的方言保存价值。

茂秧戏

茂秧戏亦称茂腔，是流行于潍坊、青岛、日照、临沂等地的地方戏曲。最初为民间哼唱的小调，称为“周姑调”，因其上下句结尾处的“噢嗬罕”三字耍腔别具特色，故又称“噢嗬罕”或“老拐调”。

历史渊源 1895年，苏北人“老满洲”携儿女沿临沂向北演唱，将柳琴戏唱腔融合到“本肘鼓”中，形成了尾音翻高八度的新唱法。这种唱腔，当地群众称之为“打冒”或“打鸣”，取其谐音。“本肘鼓”逐步衍变成“茂肘鼓”，后定名茂腔。

茂秧戏伴奏乐器有琵琶、京胡、二胡、铜锣、打板等。茂秧戏源于劳动，贴近生活，具有浓厚的乡土气息和沂蒙地方特色，深受本地人民的喜爱。

2016年12月，（沂南县）茂秧戏被列入临沂市第五批市级非物质文化遗产代表性项目名录。

主要特点 沂蒙茂秧戏质朴自然，唱腔委婉幽怨，通俗易懂，女腔尤为发达，给人以悲凉哀怨之感。沂蒙茂秧戏调不仅是音乐的源泉，更是展示区域特色的一种文化。

沂蒙茂秧戏作为一个地方戏曲剧种，历经百年长盛不衰，深深扎根人民群众中，具有较强的感染力和生命力。

沂蒙茂秧戏发端于农村，是由民间小调发展而成的板腔体，唱词浅而易懂，平白如话；唱腔质朴无华，亲切动人，又以女腔最能引起妇女们的共鸣，深受妇女们的喜爱。

沂蒙茂秧戏唱腔旋律及音韵调直，极符合当地方言习惯，易听易懂、易学易唱，男女老少都能唱上几句，其浓郁的乡土气息，能与观众沟通，同悲同乐、倍感亲切。

沂蒙茂秧戏具有鲜明的地域特征，为观众所熟知的民俗特征，严格的戏曲程式特征，独特的表现特征，直抒民意的代言特征，风格迥异的音乐特征，丰厚的兼容性特征。

费县高调梆子

高调梆子又名山东梆子，简称“高梆”，是一个历史悠久、比较古老的剧种。是山陕梆子经河南开封一带传入山东境内，受到山东当地方言的影响，逐渐衍变发展起来的。

历史渊源 山东梆子主要流行在菏泽、济宁、泰安一带，至今已有400多年的历史。其中，以菏泽为中心的称“曹州梆子”，以济宁、汶上为中心的称“汶上梆子”（或称“下路调”），总称“高梆”或“高调”。山东梆子跟河南的“豫东调”“祥符调”有极为密切的关系，跟省内的平调、莱芜梆子也有一定的亲缘联系。

清末，高调梆子流入费县新庄镇下崖村，结合当地的风俗民情，形成了独具特色的费县高调梆子。

2020年11月，费县高调梆子被列入临沂市第六批市级非物质文化遗产代表性项目名录。

音乐形式 高调梆子的唱腔音乐属板式变化体。各种板式均以七字句和十字句为主。其唱腔中的基本板式有慢板、流水板、二八板、一鼓二锣等。辅助板式有起板、栽板、非板、一串铃、倒反拨、亢令亢等。板式运用形式，一为单一板式的应用，即根据剧中情节和人物情绪，选用一种基本板式作为一个独立唱段，主要适用于情绪比较单一的唱词；一为通过不同板式的有机组合和转接，构成节奏变化明显、旋律对比鲜明的大段成套唱腔，这是高调梆子唱腔音乐的主要表现手法。常用的

费县高调梆子《豹头山》演出剧照

蒙阴梆子演出剧照

唱腔板式分为四大类：一为慢板，包括慢板、中慢板、破字慢板、金钩挂、上五音及由它派生的二凡、一句正、一句落等。二为流水板，包括流水板、慢流水板、快流水板、一串铃和由它派生的一锣切、仓令仓、倒送板等。三为二八板，分为二八板、慢二八板、中二八板和紧二八板，还有它派生的一鼓二锣、呱嗒嘴、倒反拨、嘟噜锤等。四为散板，分为飞板、栽板、滚白、起板。

主要特征　高调梆子唱腔富有浓郁的地方特色，行当以红脸、黑脸为主，唱腔慷慨激昂，高亢雄健，动作粗犷，架势夸张，舞台上洋溢着雄浑、豪放的阳刚之美。过去全用“大本腔”（真嗓）演唱，旦角尾音翻高，后来逐渐变化，多用“二本腔”（假嗓）演唱。也有用“大本嗓”吐字，“二本嗓”甩腔。其中净行的发音则带沙音和炸音，唱腔更加粗犷奔放。女声各行当，都采用真假声相结合的演唱方法，发音多用口腔共鸣，声音圆润、音域宽广。

费县高调梆子唱腔优美，激昂高亢，其不同于其他兄弟梆子剧的突出特点是花腔多，且甩腔最后多落在“啊”音上，下崖村高调梆子继承发扬高调梆子传统并有所创新，形成了自己的特色。

山东梆子（蒙阴县）

蒙阴梆子产生于民国初年，发源地在蒙阴县西吴村，至今已有100余年历史。该剧种吸取了山东梆子、河南梆子、莱芜梆子及柳琴戏精华，唱腔带有地方方言，表演风格朴实自然、通俗易懂，深受当地群众喜爱。

历史渊源　1912年，蒙阴人孙凤同投师莱芜圣吉大兴班学唱梆子。1916年，孙凤同在新泰创建子弟班；1918年返回老家蒙阴西关村创办子弟班，并将梆子与蒙阴方言相融合，逐步形成了蒙阴当地的梆子风味，被称为蒙阴梆子。1916—1959年，孙凤同先后在蒙阴、新泰、平邑组建子弟班20余处，传教弟子1000余人。孙凤同为蒙阴梆子的创始人，蒙阴梆子在孙氏家族中代代传唱，至今已历四代。

2020年11月，山东梆子（蒙阴县）被列入临沂市第六批市级非物质文化遗产代表性项目名录。

主要内容　蒙阴梆子音乐唱腔高亢激昂，豪迈奔放，韵调优美动听，风格独特。它汲取了山东梆子、河南梆子、莱芜梆子、柳琴等精华，融入了蒙阴方言，乡土气息浓厚。表演风格诙谐幽默，特别是高腔部分响亮独特，其中一个音调能转十八弯更是绝活。深受蒙阴及周边地区群众的喜爱，民间流传着“三天三夜不睡觉，愿听蒙阴梆子调”的说法。蒙阴梆子的代表剧目有《马前泼水》《张彦休妻》《朱迈臣休妻》《借表嫂》《沂蒙六姐妹》等。

项目传承　蒙阴梆了创始人孙凤同，先后在蒙阴、新泰、平邑组建子弟班20余处，传教弟子千余人。其子孙玉志，承父业，行走乡间继续传承。孙玉志长子孙复常受家族熏陶自幼登台演唱，后参加公社宣传队，进入蒙阴县剧团。1986年剧团解散，孙复常收购了剧团的服装道具，与妻子刘翠组建蒙阴县百花剧团，夫妻二人编创演出了多个优秀剧目。2002年，刘翠、孙复常联合改编创作编排古装戏剧《张彦休妻》，2003年，创作编排现代戏《沂蒙六姐妹》。

蒙阴梆子采用家传与师传相结合的传承方式。

其家传谱系为：第一代孙凤同（艺名结巴丑）；第二代孙玉志（艺名戏篓子）；第三代孙复常（艺名孙庆华）、刘翠；第四代孙西亮、孙西明、孙喜成。

第五节　曲　艺

鲁南大鼓（苍山县　郯城县）

大鼓，原名安徽大鼓，相传起源于尧舜时代，周庄王在古时击鼓化民，唱大鼓也是正风化俗，劝化子民的手段。北宋年间，大鼓传入山东，随后形成极具地域特色的山东大鼓。

历史渊源　鲁南大鼓在苍山流传，至今已有100多年的历史。鲁南大鼓兴起于清末民初，盛行于解放前后。二十世纪七八十年代苍山境内活跃着一支鲁南大鼓艺人队伍。传承人张怀广，15岁从师王洪启学唱鲁南大鼓，学唱曲目有《刘秀传》《罗通扫北》《杨家将》《春秋战国》等。18岁出师，唱遍鲁南苏北一带，为鲁南大鼓第六代传人。

2011年3月，由苍山县申报的磨山鲁南大鼓被列入临沂市第三批市级非物质文化遗产项目名录。

郯城大鼓的行规较严，入门必须行拜师礼。1949年前后，鲁南大鼓在郯城民间十分盛行。每个集日都有几个大鼓唱点，聚集很多听众。当时，说唱大鼓比较有名的有晁岱云、刘玉坤、王守常、杜仁增、杜玉龙等。由于大鼓书采用郯城方言说唱，且收费较低，深受群众的喜爱。

2020年11月，由郯城县申报的鲁南大鼓被列入临沂市第六批市级非物质文化遗产代表性项目名录。

主要内容　鲁南大鼓为单人说唱艺术，演员右手执鼓槌击鼓，左手操鸳鸯板击节演唱，唱腔粗犷、豪放，兼有山东大鼓的特点，富有山东大汉的风韵。鲁南大鼓早期作为民间的一种演唱娱乐形式，同时也是一种谋生手段，艺人多在集市设摊演唱，成为赚钱养家糊口的手艺。20世纪60年代以前，表演形式为坐唱，很少有边说边表演的。60年代后期改为坐唱和站唱相结合，增加了人物动作的表演。鲁南大鼓伴奏乐器是一面大鼓、一副鸳鸯板，艺人左手持钢板，右手敲鼓。鸳鸯板富含技巧性，表演方法有平板、怀中抱月、单风贯耳、霸王担鼎、苏秦背剑等。鲁南大鼓开场多用“凤凰三点头”，演唱变化中用“长流水”“倒卷帘”，以及板点“珍珠串”等。演唱讲究字正腔圆，伶牙俐齿，唱中加叙，有时还要加旁白，表演神态举止，绘声绘色，观众如临其境，如闻其声，如见其人。

鲁南大鼓是以唱为主，以说白为辅。唱腔高亢、悠扬，形成了音色刚健的“卧嗓”和高质柔调的“立嗓”两派，以独特的演唱风格成为沂蒙曲艺的重要组成部分。演唱时艺人只打钢板不敲鼓，只有在唱句与唱句之间，或唱句句尾拖音时敲鼓。鼓白时只敲鼓不打钢板。钢板的作用在于控制唱腔的节奏，大鼓的作用在于烘托气氛，为听众提神，还可以吸引过往行人听书，起到广告宣传的作用。

鲁南大鼓的唱腔分为快板、慢板、四平腔三种。快板以七字句、十字句为主，四平腔七字句、十字句兼用。快板限在高潮时使用。大鼓的说白也分两个部分，一是演说，即带表演的叙说；二是赞，亦称贯口或白韵。说唱多用犁铧调，常用十三大辙，分别是言前辙、江阳辙、中东辙、人辰辙、发花辙、遥条辙、灰堆辙、怀来辙、由求辙、一七

鲁南大鼓说唱

辙、梭波辙、姑苏辙、乜斜辙。

大鼓书又称鼓词，传入初期，演唱内容多为公案类或征战类、神话类。如《包公案》《狄公案》《彭公案》《罗通扫北》《说唐》《杨家将》《封神榜》等。20世纪40年代，大鼓书的内容逐渐增多，题材逐渐丰富，流传至今的鼓词主要有：《秦雪梅吊孝》《五女兴唐传》《十把穿金扇》《打蛮船》《李官宝投亲》《刘文龙赶考》《李良方赶考》《梁山伯与祝英台》《铡美案》《王定宝借当》《武松传》《张彦休妻白玉楼》《杨家将》《呼延庆打擂》《刘秀走南阳》《大明奇侠英雄谱》《封神演义》《林海雪原》等。新中国成立后，郯城大鼓随着形势的发展和社会的进步而日益丰富，鼓词增加了抗日战争、解放战争和英雄人物等题材和内容，如《林海雪原》《平原作战》等。

大焗缸

大焗缸是流行于临沂市费县、兰陵县、平邑县一带的民间小戏。男青焗匠（俗称小锢漏）担着锢漏挑子下乡为人焗缸，巧遇村妇王大娘，二人对戏由此展开，剧中人物动作滑稽，演唱诙谐幽默，引得人们开怀大笑。

历史渊源 大焗缸源于明末清初，在费县石龙庄一带流传，至今已有300多年的历史。石龙庄村地处偏僻，群众为了丰富文化生活，根据当地故事自编自演了《大焗缸》等小戏曲，小戏分为两部分，分别为《大焗缸》和《红公子抢亲》。《大焗缸》讲述的是小锢漏与王大娘的故事，小锢漏不善经商，卖油赔了本钱，为生活所迫挑着担子下乡为人焗缸，村民王大娘有一缸需要焗，因价钱问题二人讨价还价，小锢漏因手艺欠佳，失手打碎了缸，大娘要小锢漏赔一口新缸，二人对白风趣幽默。

《红公子抢亲》讲述的是地痞流氓红公子整日游手好闲，一日正逢三月三蟠桃大会，王大娘领着两个女儿去赶会，正碰上红公子，红公子看上了王大娘的女儿，因调戏不成要抢亲，王大娘母女三人拼死反抗的故事。

《大焗缸》以当地方言为基础、对白和说唱相结合，通俗易懂，表演形式活泼，广泛流传于费县、兰陵、平邑等地，很受当地群众的欢迎。

演唱大焗缸

2016年12月，大焗缸入选临沂市第五批市级非物质文化遗产代表性项目名录。

主要内容 《大焗缸》

（小锢漏唱） 日头一出红不溜秋，当先一日买过豆油，
只因卖油赔了本，拾掇拾掇做了锢漏。

（小锢漏白） 伙计，今天该谁下乡了？

（伙计白） 该你下乡了。

（小锢漏白） 你在家干啥？

（伙计白） 我昨天挣了二百钱，在家里吃酒、摸牌。

（小锢漏白） 我现在腰里五千，钱里无腰，
我也想挣二百钱，回家吃酒、摸牌，伙计，担子呢？

（伙计白） 在马棚里。

（小锢漏白） 马棚里驴屎马粪的不脏吗？

（伙计白） 早先是马棚来，现在打扫成为上房了。

（小锢漏白） 伙计你给我挑来去吧。

（伙计白） 你自己挑去吧！

（小锢漏白） 好，我自己挑去。

（小锢漏唱） 行走之间来得好快，转眼来到

上房里。
晃晃身子摇摇肩，担子一挑肩膀上。
扭转身子往回走哟，不远来到大门上，
跨过大门向前行哟，拐弯抹角出了西门。
西门外边南北路呀，遇着蚂蚱路旁声。
饿了吃点路边的草呀，就怕秋后下盐霜。
秋后盐霜一下起啊呀，小腿一伸见了阎王。
一路走来一路看呀，前面到了岔路上。
向南就是十里堡呀，向东就是王家庄。
十里堡里出好酒呀，王家庄上出了花姑娘。
锢漏子贪花不贪酒呀，王家庄上去看花姑娘！
王家庄上有个王员外呀，一辈子所生三个大姑娘。
大的她叫香万里呀，二的她叫十里香。
就数三的长得俊呀，她的名字香两庄。
要问她丈夫有多好呀，一个一个表周详：
大的丈夫是个秃子呀，二的丈夫一头疮，
三的丈夫还算好呀，专道有毛当头里光。
三个女婿来上寿呀，不用点灯亮堂堂！
东院里就说失了火呀，西院里就说出了月亮。
丈母娘一见咪嘴笑呀，哪辈子烧的俺那秃子香！
一路走来一路想呀，前边来到了王家庄。
钯锅钯盆焗瓷缸，二来还会配锁簧。
钯天钯地钯碾砣，还钯酒店的大锡缸！
（白）小两口睡觉。
（唱）蹬破棉单俺也会钯呀，就是不钯尿水叉！进了西门向前走呀，前边到了大街上。挑子放在溜平地呀，扁担搁在地平箱。
（白）钯盆来焗缸！
（王大娘唱）王大娘就在绣房里坐呀，听见外边锢漏子腔，
忙扎钢针盘龙线呀，左手一推针线筐。
双手扶着就地起呀，看看锢漏在何方。
慢动金莲往外走呀，回头就把门关上。
走得快了风摆柳呀，走得慢了衣驻香。
前行之间来好快呀，不远来到大门上。
双扇大门单扇开呀，就怕外人闯进来。
双手扶着门两扇呀，金莲踩在门槛上。
东瞅瞅来西望望呀，看看锢漏在何方。
樱桃小口喊一声呀，叫声锢漏来钯缸。
（小锢漏白）好，前面有买卖，我向前走走。钯盆来焗缸！
听大娘你要焗缸？
（王大娘白）正是，昨天打了一个缸。
（王大娘唱）清晨早上发面打了一个盆呀，

明晚腌菜打了一个缸。
钯子钯了六十对呀，要俺的明钱多少筐！
（小锢漏唱） 钯子钯上六十对呀，要你的明钱八抬筐。
（王大娘白） 太贵了吧！
（小锢漏白） 一个还没捞着你的呢。
（王大娘唱） 钯子钯了六十对呀，还你的明钱三小筐。
（小锢漏唱） 早上起来不发市呀，你这个骚腚娘们打的什么央？买卖不做了去他娘，担子一挑我奔他乡！
（王大娘唱） 叫声锢漏你别走，买卖不成咱再讲讲。
（小锢漏唱） 俺少了不行，就要你七抬筐。
（王大娘唱） 好，七抬筐就七抬筐。
（小锢漏白） 这还差不多，好，大娘，你搬缸去。
（王大娘唱） 大娘身小力又薄呀，哪能搬动那口缸！
叫声锢漏来帮忙，快来给大娘来抬缸！
（小锢漏唱） 左一眼来右一眼，这位大娘赛天仙。
好，我去给大娘抬缸！
哎呦，大娘这缸怎么这么脏？
（王大娘白） 是咸菜缸。
（小锢漏白） 以为是大娘的尿水叉。
（王大娘白） 好，过门槛了，你要慢着点。
（小锢漏白） 好，大娘，你小心你那小金莲哟。
（王大娘白） 锢漏，你快钯你的缸。
（小锢漏唱） 俺问大娘你贵姓呀？
（王大娘唱） 虎头帽子俺姓王，俺问锢漏哪个字？
（小锢漏唱） 灯笼把子赵满堂，俺问大娘多大？
（王大娘唱） 三十六上俺属羊，俺问锢漏你多大？
（小锢漏唱） 六个六来俺也属羊，大娘属羊俺也属羊，大娘痒痒俺也痒痒！
（王大娘唱） 你这个锢漏钯瞎话，别走了锤子砸坏了俺的缸！
（小锢漏唱） 叫声大娘你放心，走不了锤子砸不了缸。
“哔” 砸了缸。
（王大娘唱） 你这个锢漏不正经，为啥砸坏了俺的缸！
（小锢漏白） 叫声大娘你别生气，砸你旧缸俺还你新缸。
（王大娘唱） 新缸腌菜不如旧缸香！
（小锢漏唱） 你让俺锢漏能咋办哟。
（王大娘唱） 你得还俺一口好缸。
（小锢漏白） 俺先前卖油就赔了本呀，
现在又砸了大娘的这口大缸。
俺锢漏又赔了大本了，大娘还想叫俺给买口好缸。
好，俺和大娘一起去给你买口好缸！
（王大娘白） 我看还是你自己去吧。
（小锢漏白） 好，我自己去。
（王大娘白） 叫声锢漏你快回来，别耽误大娘腌咸菜。
（小锢漏白） 好，别耽搁大娘你腌咸菜。
（王大娘白） 我看着这锢漏不正经，我得跟着去看看去。
（小锢漏白） 好，我就想你去看看，明天蟠桃大会咱一起再回来。

《红公子抢亲》

（红公子白） 闲来无事逛家北，遇了个兔子正啃麦。三条好狗蹿不上，叫瘸子逮着摔（shuī）了三摔。双扇大门过不去，窗户棂子往里飞。三口大锅没熬了，叫我瘸子一口吃得干净的。
我说大喜、二喜，你上哪儿去

胡吃狗油来？
（大喜白） 俺上南河钓鳖来！
（红公子白） 钓你爹也得给大爷说一声吧。
（大喜、二喜白）怕鳖听着！
（红公子白） 怕你爹听着也得给你爹摆摆手吧。
（大喜白） 摆手怕鳖望着！
（红公子白） 怕你爹望着？大喜、二喜，吃你大爷的，喝你大爷的，不听你大爷支使？
（大喜、二喜白）就受大爷支使！
（红公子白） 大喜、二喜，前边人来人往的揍什么的？
（大喜白） 三月三，逢蟠桃大会，王大娘领着大姐二姐赶会的。
（红公子白） 什么样的王大娘啊？
（大喜、二喜白）东庄提亲，西庄说媒的那个王大娘。
（红公子白） 大喜、二喜，你把那个王大娘叫来提个亲事行吧。
（大喜二喜白） 有请王大娘。
（王大娘白） 我就是东庄说媒，西庄提亲的王大娘。今天东庄也没有来叫我说媒的，西庄也没有来叫我提亲的，今天没有事，逢三月三蟠桃大会，我领着大姐二姐去赶会去。大姐头里走，二姐随后跟，走得急。
（大姐白） 大娘，你看前面这个东西不像个人样子。
（红公子白） 大喜、二喜，你去有请王大娘。
（王大娘白） 听说大爷叫，慌忙就来到，低头往下看，拾清裤子希乎烂！俺也不挣你的毛兰褂，图你的铜钱两大串呀两大串！
（红公子白） 你就是东庄提亲，西庄说媒的王大娘吗？
（王大娘白） 真是，我就是你大娘！
（红公子白） 你给大爷提个亲事不行吗？
（王大娘白） 你看你那个样，前鸡胸，后罗锅，又苛刻，又窝窝，三卷石榴皮，倒吊马蜂窝，你光腚坐簸箕，浑身到下都是窝，哪有好大闺女说给你。
（红公子白） 大爷是属栗棚的。
（王大娘白） 此话怎讲？
（红公子白） 大爷的俊面长里头去了！
（王大娘白） 俺不给你胡吃狗油了，俺领着大姐二姐听小曲去了。
（红公子白） 大爷一肚子小曲。
（王大娘白） 不是，俺是听小曲。
（红公子白） 听小曲？大爷唱唱你听听！
（王大娘白） 好，你唱给俺听听吧。
（红公子白） 俺唱唱，你听听。
（红公子唱） 三月里来是迎春，我的我，王又大娘，提亲的人来又赛天仙，煞白的小脸又赛粉团。我的我，王又大娘！
（王大娘白） 你到底要个什么样的？眉毛弯弯又像笔描，上穿石榴大红袄，八幅子罗裙叮当裙。小金莲不大一精宁，我的我，王又大娘！
（王大娘白） 你到底要个什么样子的？
（红公子白） 我就要大姐那样的就行！
（王大娘白） 要大姐那样的？不就是一枝鲜花插在了牛粪上吗？你不要做那黄粱美梦了，癞蛤蟆趴脚面子上不咬人干膘央人，大姐有主了。
（红公子白） 大姐有主了？要二姐那样的也行！
（王大娘白） 你要二姐那样的？黄鼠狼子站磨道里顶着牛屎牌——不像个人形，肥牛钻鸡窝——门也没有，你二姐也有主了。

（红公子白）　二姐也有主了？要王大娘这样的也行！

（王大娘白）　你二姐有主了，王大娘也有主了！

（红公子白）　都有主了？大喜、二喜，咱就给她抢！

（王大娘白）　清清的世界，朗朗的乾坤，说抢就抢了吗？大姐、二姐，咱就跟他拼！

（大姐、二姐白）没有家什呀。

（王大娘白）　拾刀头，镰刀头，剪子股，咱就给他拼了！

传承价值　具有重要的人文价值。《大焗缸》在以通俗唱法和多样的表现形式讲述与地痞流氓作斗争的故事，表现了人民不畏强暴、敢于斗争的精神。

具有历史价值和民俗研究价值。《大焗缸》以通俗的唱法和语言，对研究当地地域的历史、文化、方言、民俗等方面有着重要参考价值。

平邑落子

落子起源于山东、河南一带，最早称“道情”，俗称“莲花落”“光光书”，艺人称之为“荷叶吊板”。落子产生于宋，盛于明清，原是古代道人利用渔鼓进行化缘说唱的一种曲艺形式。后因渔鼓体积较大，行走时携带不方便，便逐渐从渔鼓发展到大钹、竹板。落子历经多个年代和地方发展，经过众多曲艺大师和艺人的改良加工，乐器更加和谐，曲目进一步增加，唱腔更流利干脆，成为山东、河南、安徽等地广为流传的一种曲艺形式。

历史渊源　平邑落子为山东落子分支，始于魏庄蔺勇奋，至今已传承五代。第三代传承人蔺学全受家庭熏陶，小时候爱好戏曲，年轻时学习中医，认识了滕县著名落子说唱艺人杨德平，遂拜杨德平为师，学习山东落子说唱艺术。通过认真学习和苦练，蔺学全掌握了唱念做打基本功，以大起板、喊腔、二板、三字崩、五学贤等说唱方式，形成了自己的演唱风格，演唱山东落子渐出名，成为鲁西南一带较有影响的落子说唱艺人。

2016年12月，平邑落子被列入临沂市第五批市级非物质文化遗产代表性项目名录。

主要内容　落子的乐器主要是大钹（俗称“光光镲”）、竹板、节子，而不用弦乐。演唱时，左手拿大钹、右手拿竹板，双手一高一低，协调配合，运用自如。板式有慢板、中板、快板、急板、垛子等，情绪高亢激扬，风格独特，富有韵味。平邑落子以唱为主，说为辅，曲调高亢宛转，动听感人，具有较强的地方特色。唱腔为双句体结构，其韵律长短句结合，较为押韵，大都一韵到底。表演中说唱者兼扮生旦净丑角色，另加身段、武功、口技等动作和特技表演，集喜怒哀乐于一体，有“一人唱出一台戏”之称。在文化生活极度匮乏的年代，落子颇受当地群众喜爱。

传统曲目有《朱洪武牧牛》《打蛮船》《许龙传》《呼家将》《杨家将》《南唐传》等。中华人民共和国成立后，艺人有时也说唱《铁道游击队》《烈火金刚》《林海雪原》《高山下的花环》等新编曲目及《一孩好》《锄草段》等小段。

传承谱系　第一代蔺勇奋，第二代蔺兴田，第三代蔺学全，第四代蔺景旺，第五代王洪生。

落子表演

山东琴书（蒙山旅游区　沂水县　郯城县）

山东琴书又称“唱扬琴”“山东扬琴”，起源于明代菏泽地区兴起的民间小曲“庄家耍”（又称“玩局”），因演唱时用扬琴为主要伴奏乐器而得名。琴书的表现形式不一，有一人立唱，两人或多人坐唱或走唱，也有分角色拆唱。唱词根据其乐曲，有七字句、十字句和长短句之分。有说有唱，一般以唱为主，以说为辅。伴奏乐器除扬琴之外，也用三弦、二胡、筝、坠胡等。

历史渊源　山东琴书自明初兴起于郓城，约有600年的历史。《郓城县志》载：“琴曲始出于书香之家”，称为“琴筝清曲”。至清中叶，“琴筝清曲”渐渐冲破文人雅士的小圈子，由最初的“携访友”变为农闲时节的自娱性“庄家耍”，开始在郓城一带农村盛行。

清末民初，山东琴书传入临沂，主要流传区域为郯城、平邑、蒙阴、沂水等县。

平邑孙氏琴书由第一代传人孙洪颜跟随民间艺人学得山东琴书的说唱技艺，后代代相传，至今已传承四代。先后创作出《金钱红绫记》《罗山记》《王二英思夫》《陈三两爬堂》《白猿偷桃》《杜康造酒醉刘伶》《狸猫教虎》《打狼段》《家有二老》《争灯》《不忘初心结硕果》《结亲连心一家亲》《共圆中国梦》《移风易俗树新风》《共产党领导我们创辉煌》等新唱段。

沂水的琴书可追溯到清朝乾隆年间，有惠民县艺人到沂水演唱并收徒二人，后蒙阴艺人王哲在沂源县收徒王某，20世纪30年代王某收徒李顺，50年代收徒泉庄镇石佛沟村刘海明、西棋盘村李文秀。80年代，二人同收塔井峪村公茂庆为徒，传承至今。

2016年12月，山东琴书（蒙山旅游区）被列入临沂市第五批市级非物质文化遗产代表性项目名录；2020年11月，山东琴书（郯城县、沂水县）被列入临沂市第五批市级非物质文化遗产代表性项目名录扩展项目名录。

主要内容　山东琴书的曲调很多，有凤阳调、上河调、莲花落、娃娃腔、寒苦垛、剪彩花、叠断桥、银落丝等。最常用的是凤阳调。凤阳调以七字句为主，兼有十字句，两句一韵。上河调是七字句，三句一韵。莲花落是首句分三节，每节三个字，以下为七字一句，两句一韵。寒苦垛是十字一句，两句一韵。叠断桥是首句两节，每节三字，二三句为七字，第四句是十字，两句一韵。银落丝的唱法不详。琴书唱词的字数虽不十分严格，但基本上都要遵守以上格式。

根据其伴奏乐器不同，可以分为扬琴琴书、坠琴琴书两大类。扬琴琴书伴奏乐器是扬琴、坠琴、云板（又称挎板），演唱者多为男女二人，可轮唱，亦可合唱。坠琴琴书又称坠子琴书，伴奏乐器是坠琴、脚踏梆子，演唱者多为盲人，单人说唱。

2020年，平邑县开展非遗、戏曲进校园活动

采用方言表演，行腔深沉，优美动听，咬字真切，于淳朴中显幽默，平易中求韵味。因其脱胎于民间的“小曲子”联唱，所用唱腔曲调十分丰富，约有曲牌200多支，主要有上合调、叠断桥、垛子板、梅花落等。民国初年以后，以垛子板为主要曲调，穿插少量小曲进行说唱。

早期表演形式为分角坐唱，演唱者四五人或六七人，分操琴、筝，配以四胡、竹笛、琵琶、简板、碟子、碰铃等。操琴、筝者唱主角，居中坐唱，其余分坐两侧呈扇面形。清末，演唱者走向职业化，为减少开支，改为二人自操乐器对口演唱。进入21世纪后，演出形式一般为二至五人，演唱者分赶角色，也兼乐器伴奏。分赶角色者一般二至三人，余者为伴奏兼伴唱。传统的演唱讲究稳重大方，演唱者正襟危坐，仪态端庄，目不斜视，全靠富于变化的唱腔和有机的伴奏配合完成故事情节的表达和人物形象的刻画。演出时，艺人右手打扬琴，左手打琴板，边说边唱，旁边有坠琴伴奏，说唱中既有风趣幽默的人物描述，又有火爆热烈的场景展示，抑扬顿挫的说唱此起彼伏，情节跌宕，深受广大人民喜爱。

郯城琴书街头表演

节目以中长篇书为主，兼唱小段。传统代表性节目较多，流传至今的有《杨家将》《包公案》《大红袍》《王定保借当》《三上寿》《梁祝姻缘记》《秦雪梅吊孝》等。新中国成立后，琴书得到进一步发展，流行范围扩大至省外，经过加工整理的优秀传统节目，如《梁祝下山》《十女夸夫》《姑娘的心愿》《锔瓷盆》影响较大。

项目传承　平邑孙氏琴书为世代家传，至今已传承四代。传承谱系为：第一代孙洪颜，第二代孙处银，第三代孙殿才，第四代孙宝兰。

沂水的山东琴书以师徒传承为主，至今已传承五代。传承谱系为：第一代公涛，第二代公平，第三代刘海明，第四代李文秀，第五代公茂庆。

郯城琴书传承谱系：第一代李义成，第二代李道生、陆成金、陆成银，第三代陆成修（师父：李道生），第四代吴剑平，第五代李佃奎，第六代吴云亮，第七代吴绍君，第八代陈宏得、闫园田、吴金婷、王靖。

第六节　传统体育、游艺与杂技

华　拳

华拳是中国著名拳术之一。讲究精、气、神“三华贯一”，因名华拳。内容有徒手、器械、单练、对练。12路华拳是其中具有代表性的拳术套路，这些套路多由踢、打、摔、拿等攻守格斗动作，按照攻防进退、动静疾徐、刚柔虚实等规律组成。

历史渊源　华拳是一个古老拳种，萌发于山东济宁。1961年，著名的武术家蔡龙云在《体育报》上撰文介绍：练华拳的人尊奉唐开元年间的技击家蔡茂为创始人。游侠蔡茂精技击，擅剑术，因与权贵结怨，手刃仇人，避祸山东任城，并在当地以其术传人。宋宣和年间，蔡茂的后人蔡泰（字无骄）、蔡刚（字有为）继承祖先之术，勇武过人，常被州郡选为相扑手参加诸道州郡或京都的露台争跤。在打擂格斗实践中，他们的技击术得到了发展。明嘉靖年间，华山蔡氏后裔山东济宁人蔡挽之，以“三华贯一”的古代哲理作为拳法的理论基础，写成了《华拳秘谱》，华拳形成了一个完整的拳种。中华人民共和国成立后，华拳被列为中国武术表演和比赛的项目，并先后整理出版《一路华拳》《二路华拳》《三路华拳》《四路华拳》4本书。

华拳传至临沂已有130余年的历史，清光绪元年（1875年）临沂人汪文玉随父经商至济宁，得知济宁有“齐鲁大侠”之美誉的丁玉山深得华拳拳法真传，便拜其为师学习华拳。艺成后于清光绪中期（约1894—1895年）回临沂传播。清末，华拳已发展到40余种，有徒手与器械和初、高级之分，具有代表性的十二路华拳已基本定型。1934年8月，沂州国术馆成立，临沂南关人姚秀石入国术馆拜汪文玉为师，系统学习华拳技法。1950

华拳动作——提膝打虎

年，临沂县人丁其林拜姚秀石为师学习华拳，艺成后传艺于李付华，李付华又传艺于其子李思源。李思源系统掌握了华拳的拳法、技法与理论知识，在临沂市兰山区、郯城县及聊城等地广泛传播。

2014年3月，华拳被列入临沂市第四批市级非物质文化遗产名录。

基本内容 华拳套路40余种，其中有徒手、有器械，有蔡公盛创编的31法、72式基本功练法，形成一个有初、中、高级之分的完整拳系。其中最具有代表性的是一至十二路华拳，能单人练习，亦能双人练习。还有华拳的实战技法，包括摔法、擒拿法、点打等法。华拳功法有站桩、打桩、跑桩、打沙袋、摘星换月式等。套路有十八路初、中级拳术和器械套路，十二路高级套路（即一至十二路华拳）。

华拳有徒手、器械、单练、对练套路。套路由踢、打、摔、拿等攻防技击动作组成，按照攻防进退、动静疾徐、刚柔虚实等规律运动。在搏斗方面，以勇为先，以气为决，而后神，搏斗时一狠、二毒、三急、四智、五顺、六机、七逸、八无。手型为拳、掌、勾、爪四种。步型有弓、马、扑、虚、歇五种。其拳法多长拳而兼短拳，结构紧密，拳势舒展。拳路里包含着柔韧、刚猛、飘逸、迅疾、悠慢、跌扑、滚翻、平衡、跳跃等动作势式。

传承价值 历史价值。华拳创立已有1300余年历史，保留下的套路有十八路初、中级拳术和器械套路，十二路高级套路。由于年代久远，有些套路已经失传，保留下来的套路具有较高的历史价值。

艺术价值。华拳内涵独特，舒展大方，具有非常高的艺术欣赏价值。对研究山东武术，乃至中国武术史具有重要的参考价值。

学术价值。华拳是山东省优秀的民间传统体育竞技项目，华拳的发展对推动中国武术事业的发展做出了积极的贡献。

实用价值。传承华拳技艺有利于丰富人民群众的文化生活和精神生活，实现国民强身健体的目标，对促进建设社会主义和谐社会具有十分重要的价值和意义。

技击价值。华拳的技击理论是以精气神三华贯一为主导，神附于形、由心而发、进而为攻。民国时期曾轰动上海滩，被誉为中国“神拳大龙”的蔡龙云，将华拳的技击理论与实践相结合，于1943年和1946年在上海先后击败俄国拳师马索洛夫和美国拳师鲁塞尔。

传承谱系 一代汪文玉、周振邦、周振东；二代姚秀石、徐袛法（素法大师）等；三代丁其林、王伟、张效军、程文东等；四代李付华、王一科、孙文杰、赵德法等；五代李思源、苏伟、贾庆国、韩洪刚等；六代韩勇、张喆、左培志、黄炳麟、吕柔敏、肖成旭、魏杰、王硕、刘洪睿、刘验绮、鲁子豪、吕瑞霖、张书豪、米奕萱、符俊凡、岳彦丞、张家铖等。

宋太祖长拳（冷氏太祖长拳）

宋太祖长拳有广义和狭义之分。广义是指在次生态文化的氤氲下形成的所有与宋太祖有关的武术形式的统称；狭义专指宋末元初形成的以宋太祖命名的原生态拳法体系。

历史渊源　相传宋太祖长拳是由宋代开国皇帝赵匡胤创立，并由其庙号命名的武术，明代已负盛名，在明代兵书《武编》《阵记》《江南纪略》《纪效新书》《武备志》和朝鲜的《御定武艺图谱通志》，以及众多明清古拳谱中均有记载。沂州府宋太祖长拳，产生于明代，民国时期得到较大发展，主要分布于临沂城及今郯城、费县、平邑、沂水、兰陵、枣庄，江苏省邳县、东海、赣榆等地。

宋太祖长拳产生的年代及主要特征，文献没有详尽记载。在《山东省志·体育志》《齐鲁讲武》《齐鲁武术史话》《山东传统武术文化研究》等专门研究山东传统武术的专著和文献资料中，虽有太祖拳在苍山流传的记载，但没有实质性的内容。沂州国术馆在刘毅带领下，对全国宋太祖长拳进行了长达20多年的系统研究，认为宋太祖长拳不是出自少林寺，也有别于现代流传的诸多太祖长拳，约形成于南宋与蒙古合力灭金时期，承袭汉族武术遗法，在元末红巾军起义过程中得名并加以锤炼，实为后人附会宋朝开国皇帝赵匡胤的产物，约有600多年的历史。

明朝万历年间，冷氏十二世祖为兵部侍郎，擅长太祖长拳，后因官场黑暗被害。其子时任游击参将，被罢官后，举家逃至山东琅琊，落户于青竹山前村，并在此繁衍生息，将家传拳法发扬光大。自明代传承至今已历十二代，400余年历史。

宋太祖长拳——对打

2014年3月，（沂州国术馆　兰陵县）宋太祖长拳被列入临沂市第四批市级非物质文化遗产名录。

主要内容　青竹冷氏太祖长拳是拳法和器械攻防格斗相结合的一套拳术体系，其拳法套路俗称九路锤法，至今保持原始风貌正宗打法。其拳法均能对练，讲究长练短打，刚柔相济，跌扑相间，以腿法见长。

拳法套路为：一路通背锤（一进拉四平），二路母子锤（二进中四平），三路三把锤（三进高四平），四路蹚子锤（四进低四平），五路斩拿锤，六路燕青靠，七路八个字（小锤），八路叶里藏花，九路老牛大扭头。以上九路拳法均含拳谱，每一招式皆不失真意，拳路则体现为打四门开式起势于一角，收势于中场，套路都比较长，动作快速敏捷，对练时分别在两个半场，过门后在中场演练。四进太祖长拳主要练习身法、步法、打法、跌靠法，以“一进太祖神拳拉四平”为母，学练三年而后学其他。

冷氏太祖长拳兵械武术功夫有流星、花枪、铁鞭、双合枪、十合棍，哨子棍、单刀、双刀、穿林枪、大刀十余种。除流星、铁鞭单势演练外，其他兵械皆为对打，对于兵械的掌握，求全而专，棍法枪法讲究贴身运用，长出短使，灵活多变，防不胜防。

技术特点　宋太祖长拳分为两两相当（两人在演练场地中，互相不接手的对练，俗称游场）和劈排定对（两人在场地中，游场与接手打斗交替互换）两种对练形式。宋太祖长拳动作舒展大方，快速敏捷，攻防并蓄，尤以腿法见长。擒拿，为独门绝技，古朴刁钻，不失真意。器械演练针对性强，长短、软硬兼备，攻防缜密，技击特点鲜明，除腾蛇棍、春秋大刀和降龙鞭为“两两相当”的“游场”套路外，其余均为“劈排定对”的对练形式。宋太祖长拳有完整的拳谱、江湖唇点（黄典）和用药简法等内容。

传承价值 宋太祖长拳是一种典型的动态文化，它以民俗的形式出现在琅琊文化之中，是中国古代劳动人民在长期的社会实践中不断积累和丰富起来的一项宝贵的文化遗产，具有鲜明的民族特色、地域特色。

宋太祖长拳是鲁南地区有证可考、年代最久、源流有序、拳理明晰、风格独特、自成体系的完备拳种。其丰富的多元文化信息，对于打破武术成拳史“怪力乱神”的虚妄，解开套路的形成历史，以及戏曲与武术的相互关系，理清北方武术体系的构成与嬗变，修正现有武术史的研究成果，具有重要的学术价值。

水火查拳

沂水水火查拳自成一体，清晰完备。招法拳理，古朴厚重，刚毅果敢，耕武文化鲜明，将刨地、扬场、行犁、秋收动作融入拳法，功力浑厚，一招制敌，是中华传统武术中著名的拳种之一。

历史渊源 水火查拳的理论奠基人是济南府米家老寨米成歧大阿訇，幼时学艺于济南西关拳房，熟读经典，文武兼备，大胆吸取了王岱舆的“四形合一”理论，效法宇宙“盛极必衰，物极必反；动如雷霆，生生不息”的法则，自创混沌四象六势水火理论，晚年在前贤各式查拳的基础上创编沂水水火查拳。

水火查拳于1879年开始由沙氏传入沂水县。沂水县沙氏一脉原为屯兵军户，平时养马耕田，练兵习武，战时戍边，与济南府“穆光镖局”的金永惠义结兄弟，同为昆仑兵家武术传承人。沙氏先人学得水火查拳后，在家族内传承至今。

2014年3月，水火查拳被列入临沂市第四批市级非物质文化遗产名录。

主要内容 沂水县水火查拳属昆仑派，为查密尔小架子拳，内容以纯格斗为主。水火查拳具有鲜明的特点，特别是在查拳器械、查拳秘密武器、查拳回族秘密医药方面，独具特色。主要练习五功套子功、二十四式溜腿功、四拳器械十二套、三杆、三铲、三鞭、暗器、对练拳、对练械等。

五功套子包括：混沌功、拧筋功、米象六式功、汤瓶功、掸络功。此五功有调气血、增内气、延年益寿、祛病强身的奇效，属阴性，柔中见刚，非入室弟子难以学全。

二十四式溜腿功包括：功力四式、拳四式、脚四式、文四式、武四式、肘膝四式，有上下内外联络的奇功，其功力深浅，主要在此功，必常年练习不息，才有实战能力。

四拳器械十二套：火势弹腿、十八手、水势七步拳、水火六势。

三杆：沙家杆、牧羊杆、梢子杆。

三铲：功力铲、方便铲、汤瓶铲。

三鞭：虎尾钢鞭、赶山鞭、水火鞭。

暗器：金钱镖、泥丸、弹弓。

对练拳：接十八手、接弹腿、混沌掂手、拍打手。

对练器械：牧羊杆对拳杆鞭铲、汤瓶铲对拳杆鞭铲、赶山鞭对拳杆鞭铲。

技艺特点 姿势舒展，动作紧凑。肢体关节活动范围较大，对肌肉和韧带的柔韧性和关节的灵活性要求较高，有助于发展肌肉、韧带和关节的灵活性。

动迅静定。要做到拳似流星眼似电，腰似蛇行脚赛钻，行如风，站如钉。在练功过程中，动

2020年，沙洪江教授水火查拳

作、手法须快速敏捷，同时在异常快速旋转、闪躲或冲、蹬、踢等技击方法进行时，又能突然静止而稳定。

发力顺达，节奏鲜明。查拳发力的顺序是上肢起于腰，传于肩、肘，达于手；下肢起于胯，传于膝，达于足。同时还要节奏分明，刚柔相济，快慢相间，一气呵成，自然顺达。

协调完整。人体内外要协调完整，手法、身法、步法须上下照顾，前后连贯；有些比较复杂的动作，如转身、拍脚、跳跃、起伏、转折等须有良好的平衡能力；同时眼神、意识、呼吸须与动作密切配合，做到眼到手到，神形合一。

打　缁

打缁也叫"打毛球"，是一项集游戏、娱乐、竞技于一体沂蒙地区独有的民间传统游艺活动。打缁主要在蒙阴县境内流传，沂南、沂源、费县、平邑等周边县也有。蒙阴县蒙阴街道金山社区、云蒙湖管委会公家万村以及周围十几个村庄是打缁最集中活跃的地区。

历史渊源　古时沂蒙山区封闭落后，民间娱乐活动贫乏，百姓于是想方设法自娱自乐，开发出许多独具特色的娱乐项目，打缁就是凝聚着沂蒙人民集体智慧的运动项目。

宋代开始，蹴鞠在民间流行，约在明朝嘉靖年间，蒙阴人民借鉴蹴鞠的球形和弹性，用毛线裹上酸枣仁、河沙等代替蹴鞠进行娱乐，后来在线球内裹上钢珠和橡胶等更富弹性的材料，增强弹性。

2014 年 3 月，打缁被列入临沂市第四批市级非物质文化遗产名录。

主要内容　缁是用废旧毛线将一弹性圆球缠绕包裹而成的一种圆球形弹性玩具，通过在地面、墙体和空中拍打反弹，达到娱乐、健身、竞赛目的，具有浓厚的乡土气息和地方特色。打缁最初的玩法是在地面上拍打反弹和单手扔的形式，后发展到击打于墙上，再后来发明了用手托打和空中击打，从单人和对打发展到团体竞赛项目，再后来分组游戏，形成竞技项目。打缁活动需要一定的技巧，拍打的力度、角度、反弹的方向都可以人为控制，尤其是托缁短打，需要队员之间配合，变化复杂、动作质朴狂放，深受广大人民喜爱，是当地时令节庆、庙会、乡村大集中不可缺少的游艺娱乐竞技节目。

古传少林拳法

少林拳是中国传统拳种之一，是在中国古代健身术的基础上，吸收各种武艺之长而形成的拳术。作为一个最有影响的流派，以其刚健有力、朴实无华和利于技击而在国内外享有盛名。

历史渊源　沂州古传少林拳法，在民俗文化的氤氲下，呈现错综复杂的承传形式。其中有真正的少林拳法，也有民间拳法的附会挂靠，总体概括为三种形式，分别在不同历史时期进行着递传延续。

第一支为明清以降本地遗存的少林拳法。有少林梅花七十二行拳、十三路挑子捶等，具有明代技击特点。

第二支以近代沂州少林武术家汪文玉为代表。汪文玉，江湖人称"大枪汪文玉"，师承周振东、周振邦。于民国 23 年（1934 年）出任沂州国术馆少林拳教习，其拳法称为"少林点子拳"，与冷氏宋太祖长拳是同种异传的同源拳法。

第三支由少林拳师、有"赛北侠"之称的杨秀山（1885—1949 年）于民国初年传入，主体拳法为十路少林拳、少林小擒拿手、少林大擒拿手等。

沂州古传少林拳分布在临沂城区及今兰陵县、郯城县、费县、莒南县、临沭县、沂南县、沂水县等地，形成了具有临沂本土文化特点的古传少林拳法体系。

2016 年 12 月，古传少林拳法被列入临沂市第五批市级非物质文化遗产名录代表性项目。

主要内容　古传少林拳法包括十路弹腿、十路少林拳、二十四势、三十六势、一百零八势、四角扇、劈挂拳、梅花拳、少林短拳、跋臁拳、猛虎上山捶、猛虎下山捶、黑虎捶、黑虎扑、闯马围、青龙出海拳、精义十三抓、小红拳、大红拳、小离捶、大离捶、八极拳等；

器械包括六路单刀、双刀、杨家枪、罗门枪、五虎枪、哪吒枪、齐眉棍、孙家阴手棒、六合剑、七星剑、达摩剑、开山斧、虎头钩、九丈旗、九耳锡环方便铲、玉皇笔、手梢子、三节棍等；

对练包括十路弹腿对练、十路埋伏捶对打、八极对接、秘梁架、红拳对打、小擒拿手、大擒拿手、阴手棒对练、对扎五虎枪、手梢子进枪、单刀进枪、双刀进枪、大刀进枪、三节棍进枪、镗锤进枪、少林十三杆、棍战枪等。

技艺特点 古传少林拳套路演练形式，分为打四门十字路线和直趟练习，具有鲜明的时代特征，拥有完整的拳谱和技战打法等内容。技术特点主要以长拳为主，讲究吞吐开合，长短相宜，气势磅礴，体现了古传少林拳简洁实用的特点。另外，古传少林拳没有"门派"之分，技术体系中没有"功法"的存在，体现了朴素的历史人文特征。

赵家拳—燕青贴身靠

赵家拳—燕青贴身靠脱胎于燕青拳，是流传于鲁东南地区，具有较大影响的民间拳术之一，距今已有150余年历史。是费县马庄镇北天井汪村赵家拳几代传人在吸收了大、小红拳，长拳等技法的基础上，由燕青拳兼收并蓄发展而来。

历史渊源 赵家拳—燕青贴身靠属少林拳谱系燕青拳，相传由梁山好汉燕青所创。清嘉庆年间蒙山隐士、燕青拳传人毛而道游经北天井汪村，在此开馆收徒，历经12载，共授徒10余人，以赵文举、赵文登、赵文强、赵二罗为佳。后赵文举等又把燕青拳45套及十八般兵器技能传与赵林生、赵林朝、赵林庭、赵林坤、赵林全等。至第四代传承人，一改门风，广收门徒，创立了以燕青拳为基础的贴身靠技击法门，俗称赵家拳。

赵家拳—燕青贴身靠

1953年，在临沂地区武术比赛中，赵学新、赵学忍表演的"粘连捶"，赵学志、赵学信表演的"十行刀"分别获得技击、器械类第二名。第五代燕青贴身靠亲传弟子均在本村居住，农闲时常聚集一起练武，以陈贵幸、赵万祥最为突出。

2016年12月，燕青贴身靠被列入临沂市第五批市级非物质文化遗产代表性项目名录。

技艺特点 燕青贴身靠具有内家拳炼精化气之势，又兼取外家拳的腾挪劈打之态，集内家拳和贴身靠打于一身。去繁就简，立足于实战，具有招式多变、运用灵活、短桥窄马、擅发寸劲的特点，动作轻灵敏捷多变，讲究腰腿功，脚下厚实，功架端正，发力充沛。主要技法有拉、靠、粘、连、拽、跳、截、挂、缠、闪、定等，技击性特强。此拳刚柔相济，内外兼修，招式内敛，暗藏杀机，专击人身之要害，往往能一招制敌。

传承谱系 第一代毛而道，第二代赵文举、赵文登、赵文强、赵二罗，第三代赵林生、赵林朝、赵林庭、赵林坤、赵林全，第四代赵学新、赵学志、赵学信、赵学忍、陈学启、陈学兰。第五代陈贵幸、赵万祥。

形意拳

形意拳，又称行意拳，中国传统拳术之一。形意拳创立之初称心意六合拳，强调心与意合，意与气合，气与力合，肩与胯合，肘与膝合，手与足合。形意拳讲究内意与外形的高度统一，基本内容为三体式桩功、五行拳和十二形拳。

历史渊源 形意拳起源说法不一，一说为南宋岳飞所创，一说为明末清初山西蒲州人姬际可所创。清乾隆后，形意拳在山西、河南、河北广泛传播。各地武林前辈在不同地域承传着原传心意武学，结合自己的实践不断研创、革新和充实。清道光十六年（1836 年）直隶（河北）深州人李飞羽（字洛能）慕名到山西祁县，投师戴龙邦学习“戴氏心意拳”。李飞羽学成后广收门徒，主要传徒有山西车永宏、宋世荣、宋世德、李广亨，河北刘奇兰、郭云深、刘晓兰、贺运亨等。

郭云深绝技为半步崩拳，将形意拳五行拳的内容进一步充实。孙禄堂师从李奎垣，并得郭云深亲授形意拳，兼学程派八卦掌、武式太极拳，创孙式太极拳。孙禄堂收徒李玉林（民国 17 年任山东国术馆教务处长），李玉林收临沂人姚秀石为徒，将形意拳精髓倾囊相授。姚秀石传艺伏胜德，伏胜德传艺杨中波，杨中波成为临沂形意拳第七代传人。

2020 年 11 月，形意拳被列入临沂市第六批市级非物质文化遗产代表性项目名录。

基本内容　形意拳以三体式、五行拳（劈、崩、钻、炮、横）、十二形（龙、虎、猴、马、鼍、鸡、鹞、燕、蛇、骀、鹰、熊）为主。练习要领：一要塌腰，二要缩肩，三要扣胸，四要顶，五要提，六要横顺，七要钻落翻分明。

基本拳法主要有三体式桩功、单人行桩、双人行桩、五行拳、五行肘、五行腿、五行生克、五花炮、顺步炮、五行合一进退连环拳、五行大连环拳、五行单操对练、金刚八式拳、十二形拳、十二形连拳、杂式捶。以五行拳的劈、崩、钻、炮、横为根。以模仿龙、虎、猴、马、鸡、鼍、燕、鹞、蛇、骀、鹰、熊十二动物搏击的动作为本。以斩、截、裹、跨、挑、顶、云、领八字功为主要用法。练习形意拳以散手单练为主，套路器械为辅。对练套路有五行单操对练、五花炮、安身炮。器械有五行连环刀、五行枪、五行棍、五行剑等。

主要特征　临沂形意拳出手“虎抱头”动作简练朴实，紧凑协调、力整如一、刚柔相济。辅助功法有单人行桩、双人行桩、形意推手练习、丹田气打、五行肘、五行腿、五行连环拳对练，是别的形意拳没有的。行拳路线以直进为主，虚实转换，屈伸起落左右重复。立身中正，支撑八面。出手投足三尖对（手尖对鼻尖对脚尖），用中守中，两手不离心，两肘不离肋。以腰为轴身体如同拧绳，快速中带有弹力，刚中寓柔，柔中寓刚。周身如一，快速整齐，纵横联络，灵活多变。讲究内三合：心与意合、意与气合、气与力合；外三合：手与足合、肘与膝合、肩与胯合。动作简洁实用、严密紧凑、沉着稳健、快速完整。

形意拳宗师孙禄堂

传承价值　形意拳有长寿拳之称，在健身养生方面具有重要的价值，是体、用、艺三者兼备的优秀拳种。习练者撑劲拔骨，呼吸自然、精神贯注、排除杂念。以意识引导动作，不但使人周身腰胯、四肢、骨骼、肌肉得到很好的锻炼。使人的肺活量增强，促进血液循环和人体的新陈代谢。有改善和增强、延缓衰老身体的内脏器官和心脑血管系统的机能。同时对人的中枢神经系统和大脑功能起到很好的调节和保护作用，预防老年痴呆。形意拳的练法可柔可刚，左右动作均衡对预防半身不遂有明显的效果，适合于各个年龄段的人士练习，对于提高群众的健康水平，养生长寿，弘扬民族文化十分有价值和意义。

形意拳动作对称、严格、完整、和谐，长期系统地练习形意拳能使主动肌、协同肌和对抗肌的大脑皮层相应的运动中枢之间具有高度的精确性和协调性，能使运动中枢与自主神经之间也具有高度的准确性和共济的协调性，从而改善各中枢

形意拳动作——龙虎相交

之间的协调性。

长期坚持练习形意拳能够充分调动全身肌肉、关节、骨骼、韧带和筋膜，增强肌肉的弹性、伸展性。通过提高肌纤维的伸展性，增强肌肉的弹性，协调主动肌与协同肌和对抗肌来发展肌肉力量，也使关节活动的幅度加大，韧带、筋膜拉长，脊柱的活动幅度加大，增加了柔韧性和灵活性，增强了骨代谢，能使骨骼系统中骨松质有序化，提高骨密度，增强骨骼的抗拉、抗压、抗扭和抗折的能力，这对保持肌体工作能力、防止肌肉萎缩、骨质疏松以及预防颈、肩、腰、腿痛和关节淤血等疾病很有帮助，提高运动系统的整体机能。

传承谱系 临沂形意拳传承方式为师传。传承谱系为：第一代郭云深（独创“半步崩拳”）；第二代李奎垣；第三代孙禄堂（武林中号称虎头少保、天下第一手，是孙氏活步开和太极拳的创始人）；第四代李玉林（曾任山东国术馆教务处长）；第五代姚秀石；第六代伏胜德；第七代杨中波。

中国十路少林镇山拳

少林拳是因少林寺而得名的古老拳种，为中国流传最广、影响最大的武术流派之一。它形成于隋末唐初，经历代僧众结合民间诸家流派相互交流，不断发展，逐渐形成少林武术。宋代少林寺福居禅师邀请各地武林高手 18 家到少林寺献艺，相互切磋、取长补短，福居和尚扬各家之长，汇编成《少林拳谱》。

历史渊源 中国十路少林镇山拳相传是王姓少林俗家弟子在明末清初编创，开始称少林拳法，后名镇山拳，俗称少林拳。清末民初，由王振邦传给同在北京镖局的好友杨秀山，由杨秀山发扬光大。20 世纪 30 年代杨秀山受聘于临沂（沂州）国术馆，教授少林拳。40 年代中后期在临沂、郯城、苍山、枣庄、苏北等地乡村广为传授，又由弟子宋德聚、张如松、何秀奎、吴树美、郭庆方、杨宝德、于化龙、徐敏武、伊宝友、张西房等再传至今。

2020 年 11 月，中国十路少林镇山拳被列入临沂市第六批市级非物质文化遗产代表性项目名录。

主要内容 少林拳是中国武术拳系中的外家拳的总称，在鲁南苏北流传的少林拳内容十分丰富。十路少林镇山拳是其主要代表性套路，包括一路功力拳、二路迎门掌、三路趟连手、四路三请诸葛、五路小五掌、六路地盘腿、七路七星架、八路八卦掌、九路打四门、十路埋伏拳。十路少林镇山拳刚健有力、朴实无华，套路系统、内容充实、招法多变、利于实战，在武术界独具一格，国内外久负盛名，深受广大武术爱好者青睐。

主要特征 套路系统，风格独特；结构严密，动作朴实；刚柔相济，内静外猛；跺脚催力，落地生根；四击合法，八法自然；象形取意，招实意明；重点重复，贯穿始终；桩功合一，相辅相成。

两仪拳·游龙掌

两仪拳·游龙掌和两仪拳同根同宗，是两仪拳和游龙掌的总称，是一个门派，两拳很多内容重叠，两仪拳·游龙掌集两拳精华，知识与技术更加全面、训练手段更加完备、实战实用性更强，以往仅限于历代掌门掌握，从第六代掌门宋庆福开始公开传授，第七代掌门张德重发扬光大。

历史渊源 两仪拳·游龙掌是清乾隆年间江

苏泰州刘荣庆家传的拳术，迄今已有 270 多年历史。刘荣庆凭借该拳打败所有大内高手，夺得乾隆皇帝贴身带刀侍卫的头把交椅。后以大将军身份领兵作战，兵败，受冤狱数年，后得昭雪。返乡途中得重病，被游医魏洪深救治。刘荣庆为报恩打破不外传家规，授拳术于魏洪深。魏洪深随缘相传，经历了第三代段升堂、第四代陈子亮、第五代董自由。

2020 年 11 月，两仪拳·游龙掌被列入临沂市第六批市级非物质文化遗产代表性项目名录。

主要内容 两仪拳·游龙掌是一个古老的内家拳种，融健身防身、养生治病技法于一体。拳术主要以单人或双人以及多人练习的拳术套路流传，内容极为丰富。拳术包括混元气功、无极拳、太极养生功、三十六式两仪拳、先天八卦、两仪老慢架、九宫阴阳拳、两仪八卦九宫游龙掌、两仪朝阳（阴）功、两仪游龙掌、神佛六步等；器械术有两仪大（小）刀、两仪游龙花枪、两仪游龙长（短）棍、两仪吊手棍、两仪游龙剑、两仪九节鞭、两仪绳镖、两仪八卦拂尘、两仪趟枪法等。对练项目有二十四操手、厥四阴、两仪三节棍对枪、两仪小刀对枪、两仪游龙剑对游龙枪等。点穴是该拳的精华，既可用于搏击格斗一招制敌，也可用于对人体疾病的理疗。

传承谱系 两仪拳·游龙掌原为师徒传承，近年来逐步转变为社会传承。其传承谱系为：第一代刘荣庆（1761—1842 年），清朝乾隆四十九年（1784 年）武状元，乾隆皇帝头等带刀侍卫；第二代魏洪深（1838—1925 年，刘荣庆挂名弟子）；第三代段升堂（1873—1957 年）；第四代陈子亮（1904—1989 年）；第五代董自由（1933—1989 年）；第六代宋庆福（1950 年生），打破保守的传统，公开授徒；第七代张德重。

两仪拳·游龙掌对练

大成拳（兰山区 兰陵县）

大成拳又称意拳，是中国传统拳术之一，属于内家拳。大成拳源于心意拳，是清末民初河北深县（今深州）魏家林村人王芗斋在形意拳基础上吸取众家之长创立，至今已 100 余年历史。因大成拳无固定招法和拳套，强调以意念引导动作，故又名意拳。

历史渊源 王芗斋，1885 年 11 月生，少时体弱多病，为求强身健体，学习各种武术。1907 年，他为开阔眼界，增长见闻，离师出游。1913 年，袁世凯的陆军部长靳云鹏在北平（今北京）设立陆军部武技教练所，王芗斋受聘主持教务工作，得与刘文华、尚云祥、孙禄堂等拳术名家切磋交流，取长补短，技艺日臻精深。1918 年，王芗斋到河南嵩山少林寺与方丈心意拳传人恒林大师切磋数月；后经湖北、湖南至福建，得识南少林寺心意拳名家方恰庄。后王芗斋重返湖南，在衡阳遇心意拳巨匠谢铁夫，学习心意拳，得谢铁夫倾囊相授。20 世纪 20 年代中期，王芗斋对多年出游搜集到的资料进行整理、总结和研究，在形意拳基础上，吸取众家之长，创立了面目一新的“意拳”。

王芗斋门人众多，在技击方面出类拔萃者以王选杰为著，被誉为“实战拳王”“大成拳中兴之主”。临沂两位大成拳名家公茂安、付之玉都曾拜王选杰为师，专心研练大成拳。公茂安练就一身过硬的功夫，深得王选杰喜爱，并为其手书“拳学之道，已得真髓，形神兼备，深入清逸大勇”。

大成拳拳法——金龟出水

2020年11月，大成拳被列入临沂市第六批市级非物质文化遗产代表性项目名录。

基本内容 大成拳功法包括站桩、试力、步法、发力、试声、推手、单操手、断手、健舞等。

站桩。是意拳之母，站桩首要重意念。站桩意念首先在于胳膊抱球，大腿夹球，此神意要在内虚领、外挺拔舒适得力的基础上，悠然抱球、夹球同时意念到，随着体认深入由简入繁再到头若悬丝，股如凳坐，抱七撑三，夹七撑三逐步完善站桩意念。站桩所谓的内动并非主观的动，而是在于切合实际的神意所释然，这个过程在于不期然而然，自然达到不练而自练，不养而自养，此处核心在于身体后靠前裹圆之意。初次站桩只要一分钟足可受益，如此反复加上逐日熏陶，才具备修炼站桩的条件。站桩讲知行合一，要有实质的变化从抽象到具象逐渐认识的过程。

试声。是意拳特有的一种练功方法，一般将其归于试力范畴，是为了弥补试力不够细微之处。

走步。也称摩擦步，是指脚步移动时，脚底与地面似接触似不接触，而且在意念活动中与地面不停地摩擦着前进或后退，实际上摩擦步就是腿与脚的试力。其锻炼的基本原则是“上动下自随，下动上自领”，并在前后、左右、进退的步法变换中，保持身体重心的平衡和整体协调，具体锻炼时多与试力相结合进行练习。

发力。是拳术有效打击力量的动力，意拳发力，就是浑元力的发动。意拳的拳（掌）法是一项专门的训练，本质上就是发力，它要求是在极短的距离内，用很小的动作，爆炸的速度，打出很重的力量，以便完成有效的打击。

推手。是试力和走步的具体化，是为了训练在双方有肢体接触时，能够牵制对方并施以有效打击，是有条件的实战，是为了弥补实战之不足。

散手。意拳也称之为实战或实作，它是拳术各项训练的总成，是直接检验拳术锻炼的综合体现。散手是不附加任何条件的徒手搏斗。

器械。意拳认为是自身手臂的延长。器械训练与徒手训练本质上完全一样。意拳主要的器械有半把杆、双把崐刀。

主要特征 动静结合。大成拳站一个小时的桩就要拉筋、扽筋、脱肩、脱胛、扽搓、弹垫、弹手、伸筋拔骨等，就要动30分钟，静30分钟，习练中动静结合、快慢相兼、节奏和顺。

内外兼修。大成拳通过站桩中拉筋调动五脏六腑，补充营养，增加气血流通和新陈代谢，使肌肉富有弹力，提高了免疫力和自愈力，达到了内外兼修的综合性锻炼目的。

无固定招法和拳套，强调以意念引导动作，故名意拳。以意念统率肢体，精神集中，呼吸自然，周身放松，使肢体各部连成一个整体，进而运用精神，使全身处处建立争力，并与外界建立争力，名之曰浑元力。争力为身体各部松紧的互相交替，使精神和肢体，肢体和外界达到高度协调统一，从而充分发挥精神和身体的能量。

传承谱系 第一代王芗斋；第二代王玉芳（王芗斋之女）、王选杰、于永年、何镜平、常志郎；第三代付之玉、公茂安、王一俊、林东河、张礼仪、徐燕；第四代付帅、崔世凯（爱沙尼亚）、阿诺（智利）、刘燕（美国）、薛健全、许健生、周振林、梁伟、陈前庆、郑有聪、罗小青、何印平、倪海平、向万斌、王浩、黄泽勇、李景坤、杜畅、王金华、曾庆祥、周新武、佘伟、蒋红炜、陈禹秀、陈潭、霍忠诚、尚泳良、韩校信、陈常斌、郑树范、王坤、郑桦林。

陆棋（费县　临沭县）

陆棋，即六棋，民间称“来六”“下大六”“搁大六”，是一项二人对弈游戏。下陆棋需要棋盘及棋子，棋盘为横竖各六条线，直线交叉形成 36 个交叉点，即成了棋盘。二人席地而坐，中间画上棋盘，再准备数枚棋子，然后根据约定的棋规进行博弈，最后分出胜负。棋子不拘材料，树枝、砖瓦、石子、种粒皆可用，双方各 18 枚，双方棋子需加区分。

陆棋对弈

陆棋在临沂各县区分布很广，其内容与形式大同小异，是一项较为普及的民间游戏，在田间、地头、路口、树下，人们劳作休息之余，随时随地可进行搏杀，既具有娱乐性，又可以开发智力。

历史渊源　陆棋究竟起源于何时，又是何人发明的，已无从考证。传说为当年鬼谷子隐居蒙山时所创，最初是为了推演战场形势，演练捭阖之术，后传播于民间。陆棋流行于民间，靠的是口口相传，与围棋、跳棋、象棋、军棋有相似之处也有与之不同的特点，具有浓厚的地方特色。

传承人胡松军，长期研究和传承陆棋，多方调查研究陆棋相关资料，把陆棋的相关知识和技能整理成文，发表在《沂蒙文化》期刊上，使相关技能以文字、图片等形式得以保存。

顾瑞强，从小就喜欢陆棋，曾向棋艺精湛的吴天晓讨教，得到一套下陆棋的技巧。为了更好推广陆棋，研发了便携式棋盘盒，内有两种颜色棋子，打开就能用。

2020 年 11 月，陆棋（费县、临沭县）被列入临沂市第六批市级非物质文化遗产代表性项目名录。

主要特征　便利性。无成本，只需要在田间地头画横、竖交叉各六道杠，随手取些树枝和石子就能进入双方博弈中，且不受时间限制，不论春夏秋冬，择地而坐，随时就来。

普及性。陆棋参与人数众多，男女老少都适宜，很多当地人从小就喜欢围在一起玩陆棋游戏。

寓教于乐。陆棋虽然看起来简单，但是要想下好，也要多多动脑思考，是非常益智的游戏。

第七节　传统美术

长城套色门笺

门笺是剪纸艺术的一种，俗称“过门笺”“门吊子”或“花纸”，最早出现在汉代。清初有“除夕贴挂钱”的习俗，与现在流行的门笺已非常相似。

长城套色门笺一门五张，每张一色，边框与膛子颜色各不相同，采用挖补套色制作，中心花纹内容多为吉祥语或吉祥图案组成，色彩斑斓，五彩缤纷，承载着历史人文，反映了乡风民俗，散发着浓郁的乡土气息。

历史渊源　苍山套色门笺发源于长城镇冯村，起源于清朝末年，已有 100 多年历史。最初艺人学得这门手艺是为了养家糊口，门笺制作也只是一种在农闲时期谋生的手段。抗日战争时期，该村老艺人徐玉堂在躲避战乱途中，还把门笺样板绑在腿上或腰间，以防丢失，并一直小心翼翼地珍藏着父辈制作的门笺纹样。中华人民共和国成

套色门笺

立后，百姓安居乐业，农闲季节，刻制门笺便成了冯村人的主要工作，几乎家家户户都在制作门笺，熟练的艺人一天可生产 30 ~ 50 套。产品集中行销于临沂、潍坊、淄博、枣庄一带，有的还远销江苏、安徽、河南和东北等地。冯村老艺人赵克田，17 岁时师从本村徐玉堂学习制作门笺，后将手艺传给儿子赵学付，赵学付又收于村的庄前艳为徒，使这一技艺发扬光大。

20 世纪 60 年代前后，长城门笺引起文化部门和一些美术家的重视。1964 年，国家对外文化交流委员会到苍山征集门笺 10 套，参加驻外使馆展出。一些专业文艺工作者对传统门笺制作技艺进行挖掘整理，改革创新，表现手法上对现代剪纸和汉画像特点兼收并蓄，设计创作出很多新式门笺，通过民间艺人进行复制和推销。长城套色门笺曾先后参加山东省工艺美术展览、山东省民间美术汇报展览，两次晋京参加山东省工艺美术展销会、山东省民间美术汇报展览。中央工艺美术学院还把苍山门笺的制作工艺列入民间美术教材。

2007 年 8 月，长城套色门笺被列入临沂市第一批市级非物质文化遗产名录。

工艺特点 长城门笺为套色门笺，采用“挖补套色”的方法，民间艺人称做“换膛子”（膛子即门笺的中心部位）。膛子花纹题材多以鸟兽、虫鱼、花卉、瓜果为主。其制作方法是把五色大小相同的纸叠在一起，刻成膛子花纹，然后取出拆开，重新组合，背后用窄纸条粘牢，在统一的外框内，通过精心搭配的膛子花纹，可以出现各种色彩的底纹、花瓣、叶子、瓜果、鸟虫等，成为一套绚丽多彩的门笺。

门笺粘贴时，色彩顺序亦有讲究，以边框色彩排列，一般为一大红、二绿、三黄、四水红、五蓝或紫。民间艺人创作的这种巧妙的套色方法，既省工省料又华丽多彩，也更富有装饰性，形成独特的艺术风格。

长城门笺内容丰富，具有鲜明的地方艺术特色，作品“福禄寿喜财”“凤凰戏牡丹”“吉庆有余”表现了大众的审美情趣和对美好生活的追求，为群众喜闻乐见。

手指书法

手指书法是以手指作为书写工具在宣纸上进行书法创作的艺术。与毛笔书法一样，指书按书体分为楷书（含魏碑）、隶书、行书、草书、篆书（甲骨、钟鼎、小篆）、汉简书、章草等。主要表现形式有中堂、条幅、横幅、对联、扇面、圆光、手卷、简牍等。

历史渊源 手指书法最早的记载，见于宋人马永卿所著《嬾真子》，该书记述：“温公（司马光）私第在县宇之西北，诸处榜额，皆公染指书。其法以第二指指尖抵第一手指头，指头微曲染墨书之”。元明时期，指书未见于记载。清代顺治皇帝崇尚指书、指画，推动了这一艺术的发展，有造

挂门笺制作

诣的指书艺术家达数十人。清末昌邑秀才李鸿田（1864—1936年）行书飘逸洒脱，偶作手指行草。孟庆甲（1920—1982年）师从李鸿田习书法，创出手指书楷书、行草书法。临沂人王树民1968年师从孟庆甲学习指书，尤以手指书写隶书、小篆见长，探索出用煮捶宣取代熟宣的方法，取得很好的艺术效果。

手指书法甲骨文——物华天宝，人寿年丰

2008年12月，手指书法被列入临沂市第二批市级非物质文化遗产名录。

主要内容　手指书法以手指为书写工具，由于5个手指粗细、形状不同，可以分别代替不同型号、不同性能的毛笔。拇指可代替大号笔，中指可代替中号笔，小指可代替小号笔。用指肚轻力书写则相当于软毫毛笔，用重力书写，则刚柔相济，相当于兼毫毛笔，用指甲书写则相当于硬笔。5个手指各有其运指姿势、方法，但以中指和拇指运行为主，其余3指为辅。大拇指运行时，其余4指伸直，掌面与纸面平行。中指运行时，大拇指伸直，其余3指微曲，呈半握拳状。食指运行时，其他4指微曲，呈半握拳状。无名指运行时，食指、中指并拢，大拇指抵住食指，小指伸直。小指运行时，食指、中指、无名指并拢，呈半握拳状，大拇指抵住食指。

手指书法作品有硬笔书法的特点，笔划圆融，有屋漏痕、锥划沙之妙。其字骨力洞达，有很强的碑刻韵味（即金石气）。特别是半肉半甲写出的线条虚实兼有、刚柔相济、质朴自然，作品既有毛笔书法的阴柔之美，又有硬笔书法的阳刚之气。指书书写最大幅字为行草单字，字径可达40平方厘米，最小用指甲尖可写字径2平方厘米的行草书。

褚庄泥塑

褚庄泥塑始于清代早期，二十世纪二三十年代达到鼎盛时期，全村百分之七十的村民从事泥塑行业，有泥人制作作坊110余家。褚庄泥塑作品敦厚古拙、意趣盎然，很受大众的喜爱，虽历经300余年，依然有着顽强的艺术生命力。

历史渊源　清康熙五年（1666年），褚庄一村民应征修临沂城墙，偶得一泥马，甚是喜爱。他回家后反复揣摩，仿其法，绘其色，就其风格制作了八洞神仙，到市面上叫卖，非常受欢迎，遂成专业。受其影响，四邻从业者日众，褚庄泥塑代代相传。20世纪30年代，以鸟兽鱼虫、神话故事、戏剧人物等为题材的泥塑玩具，种类繁多，造型新颖奇巧，色彩绚丽，令人爱不释手，远销江苏、河北等省，成为当地的一大收入来源。当时民间流传着“贞一吴兰印票子，不如褚庄泥哨子”（解放前临沂城王贞一和吴兰两家作坊给官方印制流通货币）；“铁匠木匠强，不如佃文家泥哨行”，反映出诸庄泥塑鼎盛时期的兴旺。

传承人程学义，从小痴迷于泥塑，每天托着泥巴，精心琢磨，用手捏出造型，用毛笔蘸上涂料，轻轻地刷几笔，一个活灵活现的泥塑作品就诞生了。他的泥塑作品色彩艳丽，造型独特，富有乡土气息。近年来，他突破传统创作模式，开发出一系列具有当代气息的泥塑作品，被多家省级博

褚庄泥塑进校园

物馆收藏，多次在国内外展出中获大奖，他还赴日、韩参加国际民间艺术展，被誉为“沂蒙泥塑第一人”，获文化部“中国民间艺术家”称号。2010年，程学义把珍藏多年的500件泥塑作品捐献给临沂市益民少年宫。

2011年3月，褚庄泥塑被列入临沂市第三批市级非物质文化遗产名录。

主要内容 褚庄泥塑以当地特有的泥土为原料，一般向下挖地2.5米取土，经掺水搅拌均匀后，精心塑（捏）成各类造型，批量生产可用模具成型。泥模制作较为复杂，需由有经验的工匠先求像，反复揣摩后制成模具。泥塑晾晒后放入高与宽约一米左右的砖砌小土窑焙烧。出窑后施以彩绘，先把表面涂一层白粉底子，然后再根据不同造型，涂以掺骨胶的大红、桃红、黄、绿、紫等色，以桃红和绿色为主调，富有热烈、明快、活泼的气息，最后用黑色画龙点睛，达到既调和又色彩对比强烈的效果。大多数泥塑背部或底脚不着色，坦露泥土本色，给人一种朴实无华的质感。

技艺特点 褚庄泥塑种类繁多，代表性作品有站马、狮子、卧牛、小鸟、青蛙、山鸟水哨、小牛头哨、小五丝哨及历史人物等，造型别致，惟妙惟肖，富有灵性。有些泥塑关节可以活动，并嵌有悦耳的芦苇哨，用手挤拉能发出哨音，有的还能吹出简单的曲调。

泥狮制作较为复杂，需花费很长的时间，反复对照狮子的模样、神态，刻画其外形特征，做成泥模。泥狮的种类很多，有威严的蹲狮，有脚蹬绣球的雄狮，有身背小狮、怀抱幼狮、充满母爱的雌狮，或仰或卧，或嬉闹或撕逗，生动有趣、形神兼备。

泥鸟、泥鸡造型稍显粗糙，但装饰纹样富于变化，同一造型的鸟，可分别用牡丹、菊花、条纹、网纹、点纹等十几种花纹装饰鸟身，用红土子打底，先把红土子研碎磨细，调上水胶，涂在泥胎上，晾干后施彩绘。这些泥玩具主色调为暗红色，纹饰色块面积较小，是最具特色的民间玩具。

有些泥塑玩具与临沂历史、民俗息息相关。取材于临沂历史人物的诸葛亮、王祥卧鲤，塑画生动传神，色彩秀丽明隽。五丝哨是以红、黄、蓝、白、黑五色花线系着的陶哨，为端午节儿童佩戴的百岁索，具有驱祟避邪功能，民间有“五丝哨，五丝哨，小孩带着不逃觉”的民谣。

沂蒙布贴画（兰山区　兰陵县）

布贴画原名宫廷补绣，又名布堆画、布贴花、布摞花、拨花等。该画色彩丰富鲜艳，剪贴的边线明朗整洁，富有木刻版画的刀木特点，是中国民间常见的手工艺术之一，广泛流传于民间。

历史渊源 《周礼》中有“刻绘为雉翟”的记述，意思是剪贴雉鸟于皇后的衣服上，是布贴画的雏形。商周时期，布绣、布贴已经普遍用于衣裙之上。到了汉代，布绣、布贴更加广泛地用于日常生活。手工布贴画可追溯到唐代，随着经济文化的兴盛，形成了独特的贴布手工艺“贴绢”“堆绫”，其工艺类似现代布贴画。明清时期是布艺发展的鼎盛时期，宫廷、贵族多佩戴由刺绣与布贴制成的各种布艺装饰品。民间出现专门从事布艺的手工作坊，但都局限在日常生活用品的制作上。

沂蒙布贴画发源于临沂市兰山区，始于清朝后期，至今已有近200年历史。据石氏家谱记载，石玉琦为第一代沂蒙布贴画制作人，后将技艺传给石贞田，经过五代传承，形成了独具特色的沂蒙布贴画。

沂蒙布贴画主要分布于兰山区义堂镇、白沙埠镇，河东区杨庄村，沂南县南长旺村、高里村、界湖镇，兰陵、费县、临沭等县亦有分布。沂蒙布贴画以其艺术美感和丰富的寓意、多姿的造型、斑斓的色彩和高雅的文化内涵深受人们喜爱，已成为中国传统艺术品中独具魅力的手工艺品。

2014年3月，沂蒙布贴画（兰山区）被列入临沂市第四批市级非物质文化遗产名录；2020年11月，沂蒙布贴画（兰陵县）被列入临沂市第四批市级非物质文化遗产代表性项目名录扩展项目名录。

沂蒙布贴画——富贵平安

基本内容　沂蒙布贴画为纯手工制作，利用做衣服剩下的边角料，在底布上拼成各种图案，先用浆糊粘牢，再用针线沿图案纹样的边锁绣，将其固定，并进行细部加工而成，它色彩鲜艳，边线明朗整洁，有木刻版画的质感。

沂蒙布贴画制作

制作工艺。第一步设计图样，根据构思将图案按一定的比例画在白纸上。第二步取样，将纸质图样用复写纸复制到硬纸板、木板或绢上，一式两份。第三步剪纸板，沿画的轮廓线把硬纸板剪成形状各异的纸板片，剪口要光滑圆顺不走样。第四步把布料熨平，把剪好的纸板片正面涂上乳胶，粘在布料上，再把布料沿着硬纸片的形状剪下来，剪的时候要在周边留出2～3毫米的包边布。第五步包边，把乳胶涂抹在包边上，把留边包住纸板的边沿捏实。留边有转弯的地方要预先剪口，弯度大的地方剪口要多些。第六步组合，把包好的纸板片在背面涂抹乳胶，对照图稿放到相应的位置，叠压组合。完成后用玻璃板等重物压平，就可以装裱了。

制作工具。剪刀、镊子、刮胶竹板、布（化纤、棉麻、针织、绸缎）、线（从丝绸里子布中抽出的线及各种缝纫的线）、棉絮（用以填充）、电熨斗、纸板、免漆板、绢、复写纸、硬纸板、彩色卡纸板、白纸、铅笔、毛笔、丙烯颜料。

主要特征 沂蒙布贴画工艺繁琐，技术复杂，耗时费力。制作过程需要娴熟的技艺，深厚的绘画功底和极大的耐心。

布贴画制作精细，线条明朗，有版画的特点。画面立体感强，内有填充物，不变形，不褪色，装饰效果极佳。

画面丰富多彩，颜色艳丽，形象逼真，生动活泼。布片的颜色，有浅有深，中间有过渡色，做出画面效果明显，惹人喜爱。

传承谱系 兰山区布贴画传承谱系：第一代石玉琦；第二代石贞田、石刘氏、石张氏；第三代石立勋、范兴庵、李秀婷；第四代石印增、刘素珍、李建英、张庆红、崔佛罡；第五代石运梅（石梅）、王玲、吕婷、李玲、张秋云。

兰陵县沂蒙布贴画主要在庄坞镇王氏家族中传承，已历四代人，距今有100多年历史。

指　画

指画，亦称“指头画”，是以指头、指甲、手掌和手背蘸水墨或颜色在纸、绢上作画的一种艺术形式，是中国画里的一个特殊画种。

历史渊源 清代文人高秉在其所著的《指头画说》中记载：“恪勤公（高其佩的谥号）八龄学画遇稿辄摸，积十余年，盈二簏，梦一老人，引至土室，四壁皆画，理法无不备。而室中空空，不能摹仿，唯水一盂，爰以指蘸而习之，觉而大喜。奈得之于心而不能应之以笔，辄复闷闷。偶忆土室中用水之法，因以指蘸墨，信其大略，盖得其神，信手拈来头头是道，职此遂废笔焉。曾镌一印章云‘画从梦受，梦自以成’。中年画‘推蓬画册’十二页，自题此意于道幅，伯史惠畴一室藏家画，以此为第一神品。”他一生创作了大量的指头画，并受到大家的推崇而风行全国，开创了清初画坛中一个新兴画派。

沂南尹氏家族从第十世尹乐兴开始与指画结缘。据说尹乐兴曾在指画名家高其佩手下做兵卒，见到高氏画作非常喜欢，他在临摹的基础上加以研究，逐渐掌握了指画的基础知识。他时常以指作画，画些花鸟，并将此技艺传与子孙。到尹传宏，指画艺术在尹氏家族已经传承了近300年。其曾祖父尹仲岱画作《张天师打狗》至今珍藏在艺社里。

传承人尹传宏，自幼受祖辈影响，对指画产生浓厚兴趣。经过50多年的悉心钻研和苦练，尹传宏用指头、指甲、手掌和手背蘸墨在纸绢上作画已得心应手，其画风随性自然，运指爽捷，线条刚劲有力，墨随指到，有浓有淡，亦干亦湿，运墨于有意与无意之间，生趣盎然。2016年5月，成立沂南县尹传宏手指画馆。2018年，被评为山东省工艺美术大师。

2014年3月，指画被列入临沂市第四批市级非物质文化遗产名录。

艺术特点 尹传宏指画大体分四类：梅花、沂蒙风光、写意画、汉墓拓画。指画以指为笔作画，虽有局限性，但也有奇妙之处。

指画——喜上梅梢

线条独特。指画画线画点是指甲指肉并用，落指是圆，收指也是圆的，线条边缘处自然形成斑驳的质感，又因指头不能过多蓄水，长线全由短线相缀而成，每条线似断非断，似连非连，似曲非曲，似直非直，极为自然，是毛笔难以达到的。

墨色独特。指头不能像毛笔一样饱含墨色，用墨用色往往不是太湿就是太枯，极易产生枯墨、焦墨和泼墨的效果。

表象独特。独具特色的线条和特点鲜明的墨色，使得指下所表现出来的物象可以达到似生非生，似拙非拙，似是而非的意想不到的效果，往往是行不到神到，墨不到韵到。

构成独特。指画创作在点线面的结合上，不像笔画那样融合、匀净、自然、顺畅，但它形象突兀、构图险峻、对比强烈，突破了笔画的程式化，令人耳目一新。

沂蒙面塑（沂南县　临沂市文化馆　兰山区　罗庄区　郯城县）

面塑，俗称面花、礼馍、捏面人，是在民间做面花食品的基础上发展起来的。以面粉、糯米面为主料，调成不同色彩，用手和简单工具塑造各种的形象。面塑根据需要随手取材，经捏、搓、揉、掀，用小竹刀灵巧地点、切、刻、划、塑成身、手、头面，披上发饰和衣裳，顷刻之间，一件生动传神的面塑作品就呈现在眼前。面塑作品色彩鲜艳、精致细微、栩栩如生、趣味盎然，既有中国传统绘画的风格，又不失民间艺术的淳朴气息，加之成本低廉、保存时间长、艺术欣赏价值高，深受广大群众尤其是少年儿童的喜爱。

历史渊源　中国的面塑艺术历史悠久，汉代就有文字记载。新疆吐鲁番阿斯塔纳唐墓出土的面制人俑和小猪，距今已有1340多年历史。

到了宋代，每逢春节，人们就开始用白面捏塑成猪羊代替牲礼祭祀，以求来年六畜兴旺，五谷丰登。南宋文学家孟元老在《东京梦华录》中有捏面人的记载："以油面糖蜜造如笑靥儿。"那时的面人是能吃的，谓之"果食"。明清时期，面塑已经具有很高的艺术价值和经济价值，出现了专做面塑为生的手艺人。近代以来，面塑艺人或挑着货郎担走街串巷，或在街头闹市摆张桌子现场捏制，深受群众喜爱。

沂南左氏面塑始于左兆秀。左兆秀家庭困难，以做面食为生，无意间碰到捏面人的张先生，遂拜张先生为师，学做面塑，面塑技艺在左氏家族世代相传。第四代传承人左安胜在传承前人技艺的基础上加以改进，研究出一套使面人长期保存的配方，制作的面人，不霉、不裂、不变形、不褪色，有利于长期收藏。

兰山区从事面塑的手艺人很多。20世纪初，山西人钟氏逃荒至临沂，将"花馍"和"捏面人"手艺传授给其女孙钟氏，孙钟氏传授给其女孙文芝，孙文芝传授给女儿吕婷，至今已有百年以上的传承历史。

罗庄区面塑起源于王安。一次偶然的机会王安学会了制作面塑并以此为生，面塑技艺在王氏家族代代相传。经过王银、王兆圣、王苏辰几代人的传承，到王树海时，已传承五代。

沂蒙面塑——红楼梦人物

郯城县沂蒙面塑用料讲究，作品形式独特，具有历史、文化、经济和艺术价值。在传统面塑中融入了现代元素、红色革命元素，创作了一批赞美祖国，歌颂党，讴歌新时代的面塑作品。

2014年3月，左氏面塑（沂南县）被列入临沂市第四批市级非物质文化遗产名录；2016年12月，沂蒙面塑（兰山区、罗庄区、郯城县）被列入临沂市第五批市级非物质文化遗产代表性项目名录。

主要内容　制作工具有塑刀、滚子、压板、剪刀、梳子、竹签、锥子、乳胶、羊毛、羽毛、丝

沂蒙面塑——关公

线、棉花等。

制作流程。选精制面粉、糯米粉按 4∶1 的比例，放入盆中，用沸水烫面，烫面时加入少许蜂蜜、食盐、油、防腐剂等，不断搅拌均匀后揉制面料，待面料光滑时，用塑料袋包好，醒面 20 分钟，再入锅中蒸 30 分钟取出。将面揉至光滑后调色，一般调成白、肉、粉红、大红、黄、绿、蓝、黑 8 种颜色。面料加彩后，用手指和小刀、小篦子、竹针等通过压、按、点等手法塑造出小型动物、植物、人物等，制作步骤分一印、二捏、三镶、四滚，缺一不可。

艺术特点 面塑是一种生命力极强的造型艺术，经过几千年的传承，已成为中国民间艺术的重要组成部分。它体现了中国传统美学旨趣和技艺特色，融合了绘画、雕塑、刻印、装饰等诸多传统技艺。

面塑造型夸张、生动，用色明快、大方，风格粗犷、朴实、简练，富有雅拙的美感，民间和地方特色鲜明；造型优美，色彩鲜艳，手法细腻，表现人物形象、衣饰容貌逼真传神；作品形象生动，线条流畅，保存几年不干裂，极具艺术价值和收藏价值。

沂蒙面塑作品体积较小、便于携带，材料便宜，制作成本低廉，作为一种特色旅游产品，吸引了许多慕名而来的游客，他们选择喜爱的面塑，还可以动手制作，感受沂蒙面塑的艺术魅力。

传承谱系 沂蒙面塑是一种大众化的艺术形式，在民间广泛流传，传承方式主要有家族传承和社会传承两种形式。

左氏面塑传承谱系为：第一代左兆秀，第二代（名不详），第三代左振环，第四代左安胜。

兰山区沂蒙面塑传承谱系：第一代钟氏（山西人，名不详），第二代孙钟氏，第三代孙文芝，第四代吕婷。

罗庄区沂蒙面塑传承谱系：第一代王安，第二代王银，第三代王兆圣，第四代王苏辰，第五代王树海。

郯城县沂蒙面塑传承谱系：第一代孙克英（1910—1991 年），第二代朱开月，第三代王先侠，第四代韩红元，第五代潘凤乔、胡金香。

烙　画

烙画又称烫画、火笔画、火花，是以电烙铁或煨热的铁笔、铁条为笔，在木板或木制家具、竹片、厚纸等表面烫画，获得深浅不同的褐色图案，可用于创作人物画、花鸟画、山水画等。

历史渊源 烙画为中国古老的画种，始见于西汉末年，至今已有 2000 余年历史。传说当时南阳城里有一位叫李文的烙花工匠，是远近闻名的烙花高手，无论是尺子、筷子，还是手杖、扇坠，经他烙烫，各式各样的人物、花鸟、山水、走兽，栩栩如生，跃然物上，人送美称“烙花王”。东汉时期，烙花技艺已经非常成熟，从业工匠众多，精品迭出。后因灾荒战乱，曾一度失传，直到清光绪三年（1877 年），才被民间艺人赵星重新发现整理，后经辗转，逐渐形成以河南、河北等地为代表的几大派系。

沂南人曹廷礼，生于清光绪元年（1874 年），木匠出身。30 岁时在山东曲阜朋友家中偶然见到赵星的一幅烙画，甚是喜欢。经朋友指点，开始练习用铁钩在木条上烫画，从此开始了烙画创作。其子曹玉铎、孙曹传渭传承这一技艺，在床头、橱柜等家具上烙画，技艺达到一定水平。至曹广斌时，已传承五代，有近百年的历史。

曹广斌 17 岁时，开始研习烙画。最初在家具上烙画，后来发展到木板烙画、宣纸烙画，技艺日趋精湛。在传承前人技艺的基础上，注重改进创新，研发了“勾、勒、点、描、涂、染、抹、擦”等手法，并将技艺倾囊授予徒弟武玉芹。

2014 年 3 月，烙画被列入临沂市第四批市级非物质文化遗产名录。

主要内容　烙画工具。早期烙画艺人以铁针为工具，在油灯上炙烤进行烙绘。后来，制作工艺和工具不断革新，采用电烙铁或专用电烙笔，可以控制温度，增添了烙画的表现力。

烙画材料。烙画大多在木板上创作，椴木板色泽洁白，木质细腻、纹理不太明显，适合烙多种题材，是创作烙画的首选。艺人根据个人爱好、习惯以及题材的需要，也可选择其他木板。烙山水、花鸟画所需的木板一般要求不严格，各种木板均可采用；烙人物肖像画或某些特定题材的作品时就要精心挑选合适的木板，表现肤色比较粗黑的人物肖像，可选择质地略粗、色调沉着的木板；表现青年妇女或儿童肖像可选用质地细腻、色泽洁白的木板。烙素描效果的画，所选用的木板质量要高，以面无疤痕、色泽一致的木板为佳。

烙画技法。烙画在其长期的发展演变中建立了许多符合自身审美要求的构图法则，构图“五字法”是其技艺精髓的高度概括。“之”字法是左推右让、“甲”字法是上重下轻、“由”字法是上轻下重、“则”字法是左实右虚、“须”字法是左虚右实。“五字法”为研究、学习烙画提供了较为明晰的思路。

烙画题材。作品内容多取材于古典小说、神话故事和中国传统吉祥图案以及山水风景等，图案清新，美观大方，永不褪色。

烙画流程。烙画大体需要 7 道工序：选材—画格—线描—烙画—调整—落款—装裱。

艺术特点　烙画具有悠久的历史和独特的艺术风格。烙画创作要把握火候、力度，注重“意在笔先、落笔成形”，采用中国画勾、勒、点、染、擦、白描等手法，烫出丰富的层次与色调，具有较强的立体感，酷似棕色素描和石板画，既具中国传统绘画的民族风格，又有西洋画严谨的写实效果，具有独特的艺术魅力，给人以古朴典雅、回味无穷的艺术享受。

蛋壳脸谱

蛋壳戏曲脸谱，又称蛋壳画，是将传统戏曲人物的脸谱绘制在小小的蛋壳上的一种绘画艺术。费县蛋壳画正面为戏曲脸谱，背面为小篆书法书写脸谱名称及制作时间，是集绘画和书法为一体的蛋壳艺术。

历史渊源　脸谱起源于原始图腾，后来逐渐演变成艺术化的戏剧脸谱。据《旧唐书·音乐志》和唐段安节撰《乐府杂录》记载，南北朝时期，北齐兰陵王高长恭英勇善战，但因貌美少威，每次作战就戴上面目狰狞的假面具以威慑敌人。到了唐代发展

烙画——百骏图

蛋壳脸谱

成为一种“代面”的歌舞形式，再后来发展为将面具上的花纹直接画在脸上的化妆艺术。戏曲脸谱是中国传统戏曲独具特色的化妆造型艺术。

费县蛋壳戏曲脸谱起源于清末山东聊城一带，至今已有 100 多年历史。山东齐河魏官庄赵玉功喜爱戏曲艺术，一边从师学艺，一边给别人画脸谱。后来见师父的孩子在纸张、扇面、伞面上画脸谱，受到启发，尝试把脸谱画到与人脸型相似的蛋壳上，绘制的脸谱具有立体感，更加逼真，蛋壳戏曲脸谱由此诞生。赵玉功的儿子赵殿龙除了喜欢画脸谱，还喜欢书法，尤其钟情于小篆，他继承了父亲的脸谱绘画艺术，又在背面书写脸谱人物的名称，于是集绘画和书法为一体的蛋壳戏曲脸谱艺术发展起来。后来赵氏族人传承了这一技艺，并推陈出新，开发了鹅蛋壳、鸵鸟蛋壳脸谱艺术品。费县蛋壳戏曲脸谱兼具绘画与书法之美，受到国内外戏曲爱好者、书法爱好者的喜爱。

2016 年 12 月，蛋壳脸谱被列入临沂市第五批市级非物质文化遗产代表性项目名录。

主要内容　费县蛋壳戏曲脸谱呈椭圆形，原材料为纯天然的蛋壳。选择形状规则、表面光滑的鸡蛋、鸭蛋、鹅蛋等，用牙签于两端各戳上一个小孔，将牙签插入蛋中搅散蛋液，再用嘴将蛋液吹出，注入清水洗净蛋清残液，消毒备用。用铅笔在蛋壳一面画十字，将蛋壳分成四等份，再将脸谱摹绘于蛋壳之上，运用各种色彩明艳的颜料，绘制出形态各异、色彩图案变化多样的脸谱形象，背面再用精美的小篆书写上作品名称，使蛋壳与脸谱巧妙地融合为一体，集绘画和书法为一体。

费县蛋壳戏曲脸谱根据颜色分为红色忠义脸谱（关羽），绿色莽撞脸谱（程咬金），黑色公正脸谱（包拯），白色奸诈脸谱（曹操），金色高人仙人脸谱等。还根据中国传统戏剧创作了西游系列脸谱，三国系列脸谱，白蛇传系列脸谱，红灯记系列脸谱、宝莲灯系列脸谱等。

传承谱系　费县蛋壳脸谱传承以家传为主。传承谱系为：第一代赵玉功，第二代赵殿龙，第三代赵立立、赵立梅，第四代赵素雅、贾瑞豪。

平邑李氏草编

李氏草编是平邑县一项传统的民间工艺，起源于清道光年间。以棕榈叶、塑质材料为原料编织而成。作品题材丰富、寓意吉祥，艺术表现力强。

历史渊源　清道光年间，平邑县原宪屯人李万松师从民间艺人，掌握了草编技艺，编制蚂蚱等昆虫供儿童玩耍，很受欢迎，后将技艺传与子孙，至李自亮已传承五代。李自亮在继承先辈技艺的基础上，与时俱进，大胆创新，对草编材料进行更新，选用不同颜色的塑质材料，编出来的作

草编——蜘蛛

品造型生动，颜色亮丽，形象逼真，成本低廉且可长期保存。

2016 年 12 月，平邑李氏草编被列入临沂市第五批市级非物质文化遗产代表性项目名录。

主要内容 平邑李氏草编采用手工制作，工艺复杂，从图案设计、构思、选材、编织、处理等，都由艺人自主设计，手工完成，作品以动物为主，最早只能编蚂蚱，后来发展到了几十种，代表性作品有孔雀开屏、凤凰展翅、丹顶鹤、百灵鸟、十二生肖等。

主要工序有：选棕叶、剪条子、剪四肢、剪翅膀、握钢丝、编型、放翅膀、出须、放眼睛、整形、包装等。

技艺特点 平邑李氏草编技艺精选棕叶经过蒸煮、晾晒、防虫、除卵，通过撕、拉、缠、绕、打结随意组合，纯手工编制而成。题材丰富、寓意吉祥。草编纹样以动物形象、书法题材等为主，作品龙凤、孔雀开屏、仙鹤、十二生肖等，代表着富贵、平安，富有浓郁的乡土气息。制作全部采用纯天然原料，无污染，符合当代人的环保理念。

传承谱系 第一代李万松，第二代李瑞宝，第三代李兆存，第四代李现俊，第五代李自亮，第六代李宜洳。

沂蒙剪纸（临沂市文化馆 河东区 郯城县 兰陵县 平邑县 蒙阴县 罗庄区 沂水县 莒南县 费县）

剪纸是用剪刀或刻刀在纸上剪刻花纹，用于装点生活的民间艺术，有着悠久的历史，可追溯到汉代，是中国乡村年节喜庆生活的文化标志之一。沂蒙剪纸在临沂市各县区广泛分布，具有良好的群众基础，参与人数众多。

历史渊源 剪纸历史悠久，《史记》中“剪桐封弟”记述了西周初期周成王用梧桐叶剪成圭赐其弟，封姬虞到唐为侯的故事。战国时期就有用皮革镂花（湖北江陵望山一号楚墓出土文物之一）、银箔镂空刻花（河南辉县固围村战国遗址出土文物之一），都与剪纸同出一辙，为民间剪纸的雏形。

中国发现最早的剪纸作品是新疆吐鲁番火焰山附近出土的北朝时期的五幅团花剪纸。唐代剪纸已处于大发展时期，民间还出现了利用剪纸形式制作的漏版印花板。杜甫《彭衙行》诗中有“暖汤濯我足，翦纸招我魂”的句子，以剪纸招魂的风俗当时已流传民间。藏于大英博物馆的唐代剪纸可看出当时剪纸手工艺术水平已极高，画面构图完整，表达一种天上人间的理想境界。

南宋时期，已经出现了以剪纸为职业的艺人。宋人周密《武林旧事》中记载，当时杭州的“小经济”多达上百种。其中就有“剪镞花样”者，有的善剪“诸家书字”，有的专剪“诸色花样”。

明、清时期剪纸手工艺术走向成熟，并达到鼎盛时期。民间剪纸手工艺术的运用范围更为广泛，举凡民间灯彩上的花饰，扇面上的纹饰，刺绣的花样等，无一不是利用剪纸作为装饰并再加工的。更多的是民间常以剪纸装饰家居，美化环境，如门笺、窗花、柜花、喜花、棚顶花等。

20 世纪 40 年代，以现实生活为题材的剪纸开始出现。中华人民共和国成立后，出现大量反映社会主义新人新事的新剪纸，开拓了剪纸创作的道路，丰富了民间装饰美术的形式和内容。儿童、体育、杂技、歌舞等也成为剪纸常见题材。

沂蒙剪纸最初起源于剪鞋花、喜花，明朝以后逐渐发展起来。沂蒙妇女心灵手巧、擅长手工女红，民间有“谁家姑娘好，要看针线巧”的说法。绣花鞋是她们的必修课，先用纸剪出花样图案，将花样子贴在鞋帮上，再用各色花线绣出逼真的鞋花来。谁家姑娘鞋花剪得好，十里八乡的乡民慕名前来索要，专门从事剪鞋花的艺人出现了。后剪纸逐渐演变成人们节日喜庆活动的组成部分，逢年过节、男婚女嫁，都要剪些吉祥图案装扮环境，营造节日喜庆氛围。

随着社会的发展进步，沂蒙剪纸的题材和功能也发生了变化。传统剪纸，如窗花、喜花、灯花、棚顶花等，多以大红色为主，逢年过节或喜庆时刻贴于窗户、室内，寓意喜庆吉祥，延续了装饰、喜庆功能；一些过去实用的剪纸，如鞋花、衣饰花逐步淡出。新时期的剪纸作品题材广泛，色彩亮丽，以人物、花鸟、山水、历史故事为主要表现形式，或用于个人欣赏，或作为厅堂装饰品，用于家庭、酒店、茶馆、文化娱乐场所等。礼品剪纸也有初步开发，是馈赠亲朋好友的佳品，也受到收藏爱好者的青睐。

临沂市河东区沂蒙剪纸艺术历史悠久，农妇、村姑大都会在农闲时节制作剪纸，既是娱乐，亦可换些零钱补贴家用。剪纸题材广泛，花卉盆景、飞禽走兽、亭台楼阁、山川人物等图案在翻转之间跃然纸上，构图丰满，富于变化，或流畅生动，或粗犷豪放，呈现出一个丰富多彩的剪纸艺术世界。河东剪纸多用于婚嫁、节庆的吉祥图案，有圆形、方形、菱花形、桃形、石榴形、锦旗形等，主题花型嵌以人物、花卉、龙凤及吉祥文字，烘托喜庆气氛，展现追求美好幸福生活的寓意。传承人李玉玺在传承家传技艺的基础上，还拜王艳俊、林化强为师学习剪纸技艺。

郯城剪纸主要分布在杨集、马头、高册等乡村，剪纸艺人大多是农村的妇女，她们的手艺都是祖辈传承下来的。农村女孩五六岁就围着奶奶、妈妈学剪纸，到十五六岁就能独立执剪了。“二八闺秀学针线，巧剪花样百家传”是郯城剪纸的真实写照。艺人谢瑞芳世居杨集镇梁海子村，曾祖父辈就专门从事剪纸行业，祖父谢成光（1889 年生）在继承家族剪纸技艺的基础上还从事挂门笺的生产制作，父亲谢印松（1918 年生）和叔父谢印凯（1923 年生）继承祖传的剪纸技艺并发扬光大。谢瑞芳幼年就帮父亲做剪纸，十多岁开始独立制作剪纸。

兰陵剪纸在清末民初时已遍布广大农村，当时民间剪纸分为两大类：一类是刀刻镂空雕凿剪纸，主要是门笺，分布于长城冯村，卞庄、小岭和向城西城前村；另一类是剪刻剪纸，主要有日常室内装饰用的窗花、顶棚花、喜庆吉祥纹样和丧葬素色剪纸等，主要流传于长城、尚岩、大仲村等地及周边地区。这些民间剪纸风格细腻，古朴典雅，色彩浓艳，具有鲜明的生活情趣和艺术特色。大仲村镇涝坡村艺人李月爱，擅长单色剪纸和折叠剪纸。一把剪刀在手，不用画图样就能剪出各种花样。李氏家传剪纸技艺已传承三代，有逾百年的历史。

平邑县蒙阳剪纸历史悠久，主要分布在平邑县蒙山周边地区和南部山区。明清时，蒙阳剪纸以传统吉祥图案为主，如年节图案、门前花饰、灯彩花等。中华人民共和国成立后，涌现出一大批民间剪纸艺人，平邑县铜石镇、流峪镇等有些八九十岁的老艺人，甚至终生以剪纸为生。改革开放后，为更好地适应市场的需要，蒙阳剪纸强化作为礼品、艺术品、生活点缀品的艺术功用，主要有窗花、装饰剪纸、特种剪纸、刺绣花样四类。造型和刀法在继承前人技艺的基础上，追求刀随心意，大刀阔斧，随心所欲，神随形生，注重创作形式从有法到无法，从有序到无序，力求出神入化，创作出具有地域特色及鲜明时代特征的新型剪纸。

沂蒙剪纸——蒙山鹰窝峰

蒙阴剪纸造型善用夸张变形手法，将平衡、参差、疏密以及不规则的线条自由组合，构成美妙的图案和物象。为了使所需突出的部分更明确、更集中、更引人注目，往往在物象上添加一些纹饰。表现人物时，将人物的衣服上缀满花朵；描绘动物时，将动物身上的毛皮夸张成漩涡状，或在其身上直接添加图案，使原本普通的形象变得通透，体现出很强的装饰性。锯齿形和月牙形是蒙阴剪纸常用的装饰纹样。蒙阴剪纸通过汲取国画、版画、年画等其他艺术门类的精华，融合现代审美观点，逐渐形成了独特的剪纸艺术风格。

罗庄区苗氏剪纸传承人苗苗，自幼喜欢剪纸，跟奶奶学习剪喜花，慢慢地掌握了剪纸的步骤和方法，后师承临沂剪纸大师王滨，在传承传统技艺的同时，积极创新，开发了30多种剪纸文创系列产品。苗氏剪纸的制作采用单色裁剪技术，集绘、剪、刻、镶、贴、喷色、套色等多种工艺手法于一体。初期剪纸的图案花纹和色彩大都是吉祥图案、福禄寿喜、十二生肖以及瑞兽祥鸟、民俗故事等，多以谐音、象征寓意等手法，表达对美好生活的向往和审美情趣。后来在传承发展中不断创新，不断融入具有时代特点的新内容，以接地气的形式，把剪纸融入现代生活，逐步打开市场，把剪纸做成了老少皆宜、方便携带的文化产品，受到国内外市场的欢迎。

沂水剪纸具有色彩艳丽喜庆，图案寓意吉祥，艺术风格粗犷，红色基因明显的特征。传统的剪纸手工艺人基本都是农村的妇女、姑娘，她们在农闲时剪窗花、喜花，剪纸几乎是农村女孩必须掌握的手工艺。沂水剪纸广泛应用于室内室外，作为婚嫁喜庆时装点各种器物用品和新婚居室的室内陈列装饰用品，还可作为逢年过节的礼物赠送亲朋好友。近年来，沂水剪纸强化了作为礼品、艺术品、生活点缀品的艺术功用，增加了新时代的内容题材，形成了具有沂水地区民间传统文化的内涵。主要传承人有陈孝娟、陈永红、张秀兰、张希玲等。

莒南剪纸历史悠久，群众基础广泛，爱好者众多。多采用阴阳结合技法，作品线条粗犷，天真质朴，具有独特的艺术魅力。多用于逢年过节、新婚喜庆，人们把美丽鲜艳的剪纸贴在墙上、门上、窗户上，渲染出浓郁的喜庆气氛。传承人吕心久在继承传统剪纸技艺的基础上，创作了大量的剪纸作品，成为莒南民间剪纸艺术的奠基人。第二代传承人宿建华师承吕心久，她的剪纸细致、清秀，花鸟、侍女灵动飘逸。第三代传承人孙潇，6岁时就跟随奶奶学习剪纸，2016年跟随宿建华学习剪纸技艺，作品多次获奖。她致力于剪纸技艺传承与推广，担任县老年大学剪纸教师，在文化馆常年举办剪纸培训班，免费培训剪纸学员，培养了一大批剪纸爱好者。

沂蒙剪纸——福

费县剪纸属于中国民间北派剪纸，是沿渤海地域剪纸的重要组成部分。费县剪纸取材于现实生活中的植物、动物等形象，以剪纸的方式呈现生动、形象的画面，表现当地的风土民情，歌颂美好生活。剪纸艺人王陈氏生于1875年，剪纸手艺远近闻名，深受当百姓喜爱。受王陈氏影响，其孙女陈荣兰自幼喜欢剪纸，传承奶奶的手艺，并加以推陈出新。陈荣兰又将剪纸技艺传授给表弟孙晓东，孙晓东成为费县剪纸第三代传承人，其剪纸作品主要有窗花、衣帽花、家具器物装饰花、过春节的门心花及门笺等，多次在国内外报纸杂志上发表。他热心剪纸技艺推广，举办周末剪纸学习班11年，培养了大批剪纸爱好者。

2016年12月，沂蒙剪纸（临沂市文化馆、河东区、郯城县、兰陵县、平邑县、蒙阴县）被列入临沂市第五批市级非物质文化遗产代表性项目名录。2020年11月，沂蒙剪纸（罗庄区、沂水县、莒南县、费县）被列入临沂市第五批市级非物质文化遗产代表性项目名录扩展项目名录。

沂蒙剪纸——鸿运当头

主要内容 沂蒙剪纸按色彩分，有单色剪纸和套色剪纸。用一种颜色的纸剪刻出来的作品叫单色剪纸，它如同版画中的单色木刻，是最常用的一种形式，这类作品朴素大方。套色剪纸是用不同颜色的纸剪刻出来的作品，这种形式并不常用，但看起来更加生动形象。套色剪纸有整体套色和局部套色两类，整体套色以阳刻剪纸为主稿，多用黑纸和金纸，刻好后，将其正面分别扣合在所需各种色纸的背面，用铅笔把需要套色的形状勾画下来，然后分别剪好，再把剪出的各种色纸按要求部位，正面向下，准确地套粘在主稿背面。亦可将所套的色纸与主稿轮廓少许错开一些位置，则别有一种情趣，颜色须注意搭配关系和主调。局部套色只需在某个局部进行，颜色要求少而精，在画面上起到画龙点睛的作用。

剪纸步骤主要有：

构图。构思确定后，一般用容易擦除的笔画图，对画面进行具体的描绘，画出黑白效果。

制样。采取喷样或者晒蓝图的办法制样（现在一般使用复印制样）。

选纸。彩色宣纸，工艺特殊，号称千年寿纸，质感强、纤维细腻，颜色是在造纸过程中加在纸浆里的，遇光遇水不脱色。

压纸。一般每 5 ~ 6 张宣纸展平为一层，喷雾少量清水，并在草面撒一层滑石粉。根据刻制数量加层，然后用表面平整的重物压 24 小时，阴干，便于刻制。

根据样稿粗细程度，选用不同的刻刀。图样粗的地方采用宽刀，图样细或小的地方采用窄刀，便于转刀，控制精确。

刻制。将要刻制的纸裁好，放在图样下面，用宣纸捻或订书器订好，放在蜡板（可根据厚度采用其他平板）上。两脚自然平放如肩宽，头抬起，鼻对刀锋，两眼距刀锋约 30 厘米，执刀指实掌虚刻制。

揭离。剪刻完毕后需要把剪纸一张张揭开，因纸质轻薄，又经闷潮和上色，容易互相粘连，在揭离之前，须将刻好的纸板轻轻卷一卷，然后放在平板上，用光滑平直的圆木棍轻轻推碾，使纸张互相脱离，再拿起用手指轻弹，便可揭开。

成品修改。剪刻时有时会走刀剪坏，修改时做到心中有数后下刀。

主要特征 富含浓郁的生活气息。剪纸与人们日常生活息息相关，在逢年过节，娶媳嫁女，满月祝寿、新居装饰、人生祈愿的时候都有贴剪纸的习俗，寓意吉祥喜庆。

物吉图祥寓意丰富。剪纸以大红色为主，选用寓意喜庆吉祥、祝吉纳福的图案，如松柏象征长寿，梅兰竹菊象征人的气节高洁清雅，牡丹则寓意着富贵吉祥，表达了人们对美好生活的向往，逢年过节更加烘托喜庆气氛。

题材丰富。所用题材十分广泛，有文字、图片、人物、山水、花鸟、历史故事、生活场景、日常用品等。既可作厅堂装饰品，又可以馈赠亲朋好友，也可以收藏。

造型生动。构思巧妙，结构精妙合理，风格淳朴，粗犷中见清秀，夸张而不失真，线条刚柔相济，块面分割连接合理，作品立体感强。

技艺复杂，综合运用多种技艺手法。以刻为主，剪为辅，要先设计样稿然后依样刻剪，尤其套色剪纸，需要集绘、刻、剪、贴等多种工艺手法于一体。

传承价值 使用价值。剪纸是传统的家居装饰物，用途广泛，无论传统的喜花、窗花、棚顶花，或是新时期的剪纸作品都既可以作实用物，又可以美化生活，具有实用性。

艺术价值。剪纸是审美与实用相结合的民间艺术，沂蒙剪纸布局具有对称美，带来的是协调的美感。沂蒙剪纸以曲线为主，也有直线以及弧线相间交替。其构图精妙合理，造型独特，风格淳朴，色彩丰富，具有较高的艺术价值。

民俗文化研究价值。沂蒙剪纸作为沂蒙民俗文化的载体，反映了人们丰富多彩的民俗生活，是民俗研究、民间文学研究和历史文化等方面研究的直观实物证据。

文化传承价值。沂蒙剪纸内容形式很多，其纹样题材直接生动地记录沂蒙地区的文化特色。历史故事、人物、山水、花鸟、传统吉祥祈福图案，表现最多的是具有地域特色、传统文化的东西。

传承谱系　代表性传承人有林化强、王玉桂、王滨、李玉玺、宋常虹、罗长福、李玲、苗苗、张晓秋、孙潇。

林化强剪纸传承谱系。第一代吴王氏，第二代孙吴氏、张吴氏，第三代孙保才、孙保田，第四代林化强、卜晓燕、林化莲，第五代林静怡、刘文烨、张诗淇、李佳辰、卜凡。

王滨剪纸传承谱系。第一代、第二代：老太（名不详），第三代：孟彭氏，第四代：王王氏，第五代：王家英，第六代：王滨，第七代：田旭红、尹传宏、牛纪义、王乔、苗苗、胡元君、王琨。

苗氏剪纸传承谱系。第一代苗世平，第二代苗传美，第三代苗兴全、薛庆娥；第四代苗俊富；第五代苗苗；第六代王子怡。

张晓秋剪纸传承谱系。第一代冯陈氏，第二代崔冯氏，第三代崔桂英，第四代张晓秋，第五代秦舒妤、张欣欣、张闰轩。

景泰蓝金丝彩釉画

景泰蓝又名金丝珐琅，起源于元代，明景泰年间发展成熟，因其釉料颜色以蓝色为主，故名景泰蓝。景泰蓝金丝彩釉画，采用金箔丝、金刚砂、石英砂等天然釉料，融合多种工艺美术技法，手工精制而成，以金属丝为线条，天然彩石为颜料，镶嵌成精美图案，有较高的艺术价值和收藏价值。

历史渊源　中国景泰蓝工艺历史悠久，起源于元朝大都（今北京），盛行于明朝景泰年间。历经元、明、清三个朝代的变革，工匠艺人们用简单的工具锤击紫铜板制成胎型，手工掰丝掐成花卉等的图案，以小铲填充各种彩色釉料，炉火将釉料烧结在掐好丝的铜胎上，再用脚踏带动轮轴转动，手持沙石木炭磨光。在众多的工艺作坊里，制胎、掐丝、点蓝、磨光，创造出景泰蓝的灿烂历史。清乾隆时期景泰蓝成为皇帝御用品，得到空前的发展。

沂南于氏高祖于清乾隆年间学得这门技艺，后在家族中传承，至于文婷已传至第五代，有200余年的历史。于氏景泰蓝掐丝珐琅工艺在传承的基础上大胆创新，将古老工艺与现代科技融合发展，研制出用人造琥珀封膜的景泰蓝珀晶画及景泰蓝活性炭板画、景泰蓝活性炭看盘、景泰蓝活性炭艺术品等。

2016年12月，景泰蓝金丝彩釉画被列入临沂市第五批市级非物质文化遗产代表性项目名录。

主要内容　金丝彩釉画是在借鉴传统的景泰

景泰蓝掐丝珐琅盘——龙凤呈祥

蓝工艺中的掐丝、点蓝等工艺创新而成的景泰蓝平面画，它与传统的景泰蓝制作方法相比，省了制坯等多道工序。金丝彩釉画运用镶嵌工艺，以金丝和釉料为主要原材料，经过描图、掐丝、上色、水晶表面处理等一系列独特工艺，精心细致地作出各种风格、图案、色彩、规格的装饰画。它借鉴了油画、国画、水彩等上色技法，采用冷处理的现代手法，画面浑厚庄重、图案线条清晰、色彩绚丽、豪华典雅。金丝彩釉画为纯手工制作，每一根金丝，每一点颜色，都需要手工制作。用金丝来制作图案的线条，与笔墨勾勒的线条相比更精细更富有立体感，画面不仅有金属的质感美更显富丽堂皇。使用的釉料不同于普通的彩砂，呈现特殊的质感，具有更强的表现力，画面生动活泼、准确细腻、色彩明快，永不褪色。在国内国际享有极高的声誉，具有很高的观赏价值和收藏价值。

景泰蓝金丝彩釉画制作有构思、设计、制板、画图、审图、掐丝、审丝、洗沙、调沙、配色、点蓝、平沙、修细、定型、烘烤、打磨等近20道工序。其中构思设计是前提，掐丝、点蓝是重点，打磨是关键。

费县撕纸

费县撕纸是用手把纸撕出各式各样、妙趣横生的生活场景，是剪纸的另一种表现形式，种类多样，作品饱含情感，寓意深刻，有浓厚的文化色彩，深受人们喜爱。

撕纸——挑水

历史渊源　撕纸艺术由剪纸发展而来。春秋战国时期，人们采用镂空雕刻的技法在一些薄质材料上制作工艺品。南北朝时期，人们用纸剪出美丽的图案。宋代随着造纸技术的成熟，剪纸艺术得到普及。清朝末年，剪纸派生出撕纸艺术。由于撕纸取材方便、制作简单，不需要借助工具，不拘泥于材料，以手代刀，以撕代剪，在沂蒙地区广为流传。

费县撕纸艺术传承人孙枫玲的姥姥心灵手巧，喜爱撕纸和剪纸，后把这门手艺传给其女密乃华，密乃华撕纸作品多以人物、动物形象反映农民生活状态，反映农民质朴的情怀。孙枫玲传承了母亲的技艺并不断创新形成了黑白分明、粗犷豪放的艺术风格。

2020年11月，费县撕纸被列入临沂市第六批市级非物质文化遗产代表性项目名录。

主要内容　撕纸在创作过程中主要运用拇指和食指、中指配合，一般左手负责控制纸的角度右手负责固定，撕时左右手一起施力，四片指甲形成剪刀一样的结构，高手可以随手撕出任何图案。

费县撕纸用材以黑色宣纸为佳，作品追求神似，用外轮廓和黑影来表现人物特征和表情，撕裂后的宣纸边缘会出现毛刺，不像剪过后那样光滑，能产生一种新奇美，使人物显得神秘、朦胧，独具艺术魅力。

费县撕纸大多取材于淳朴的沂蒙山生活，其中的农民形象不完全写实，但也不彻底抽象，把农民的善良、淳朴、吃苦耐劳形象表现得入木三分。画面没有任何背景陪衬，干净利落、单纯明快。撕纸画用黑色宣纸撕就，铺在白色的纸上，黑白相间，有强烈的视觉冲击力。撕出来的人物都是影像，没有鼻子、眼睛和面部表情，衣纹也很少，虽然仅是个轮廓，却能让人从概括的外形感悟到人物的神韵。

传承人孙枫玲的系列撕纸作品《沂蒙老农》记录了一些平凡的、细微的、甚至不被人注意的农民劳动场景和生活细节。她的作品反映沂蒙群众生活，表现出对一段历史的追忆和存储，让人们看后能从中受到启发，珍惜美好生活。

艺术特征 费县撕纸用外轮廓和黑影来表现人物特征和个性，不见五官衣纹，却能从粗犷的外形上感悟到人物的神韵，给观赏者留有想象的空间，影像外在特征简洁鲜明，影像内结构模糊，形成虚实对照，黑白分明的影像，表现了丰富的内容。撕纸不需要画草稿图，表现形式不拘一格，随心所欲，即兴创作，通过手撕、整形、粘贴，构成画面。

费县葫芦雕刻彩绘

葫芦雕刻彩绘是在葫芦雕刻技艺基础上发展而来的，为沂蒙地区特有的民间工艺。它将绘画、书法与葫芦雕刻相结合，作品既具金石味和沧桑感，又色彩艳丽、层次分明，具有较高的艺术价值和收藏价值。

历史渊源 费县葫芦雕刻彩绘艺术已有200余年历史。清末道光年间，费县通泰庄村丰氏家族丰绪贵经常来往于京津地区做金银花生意，一次偶然的机会，看到小葫芦雕刻之后可以卖钱，想起家乡家家户户种葫芦，资源非常丰富，便拜师学艺，开始种葫芦、刻葫芦画。后来，当地人纷纷效仿，葫芦雕刻由此流传开来，逐渐演变成深受大众喜爱的葫芦雕刻彩绘艺术。

丰绪贵儿子丰忠文长大后继承了父亲的手艺，后来丰忠文将手艺传给长子丰培庭，丰培庭喜欢书法绘画，他将绘画、书法与葫芦雕刻彩绘工艺相结合，作品达到较高的艺术水平。20世纪70年代，丰培庭将这一技艺传给侄子丰博。丰博自幼跟随伯父学习书法绘画，后接受正规西画训练，他继承传统，大胆创新，葫芦雕刻彩绘艺术达到新的高度，丰博又将此技传与侄子丰茂松，现已传承五代。

2020年11月，费县葫芦雕刻彩绘被列入临沂市第六批市级非物质文化遗产代表性项目名录。

分布区域 费县葫芦雕刻彩绘艺术主要流传于费县薛庄镇，发展辐射至临沂各县区及周边地市，以沂蒙地区为主，经常有济宁、聊城、潍坊、泰安等地的葫芦爱好者来参观、学习、交流。不同的葫芦，采用不同的染法，因材施艺，巧染巧雕。费县葫芦雕刻彩绘是沂蒙地区特有的民间工艺，历经近200余年的传承与演变，形成了独特的艺术风格，受到国内外专家学者的青睐和广大群众的欢迎。近几年，随着旅游产业特别是乡村游的发展，费县葫芦雕刻彩绘艺术受到越来越多游客的喜爱，成为传播沂蒙传统文化的重要载体。

葫芦雕刻彩绘创作

主要内容 葫芦雕刻最早以制作养蝈蝈容器为主，将扁圆的油葫芦采摘后，去皮晾干，放入锅内添水加适量儿茶，将葫芦煮成暗红色，然后施以雕刻，雕刻完成后在凹线里填上各类颜色，又称葫芦染雕技艺。还有一种素葫芦雕刻技艺，直接将图案刻在素葫芦上，然后上色，称素雕葫芦。

葫芦雕刻技法主要借鉴了木雕、篆刻、竹雕的一些传统技法，有阳雕、阴雕、双勾勒等，或色彩艳丽饱和，或古朴厚重，图案多样，构图饱满，表现主题丰富多彩，具有强烈的视觉冲击力和较高的审美情趣及收藏价值。

技艺特点 色彩古朴厚重，古雅。雕刻线条古拙，刀法洗炼，具有强烈的金石味道和沧桑感。彩绘葫芦类，色彩艳丽饱满，浓淡相宜。笔法大胆，豪放泼辣。综合材料类葫芦制作力求原始、简单、朴素。

构图饱满，主题突出，层次分明，虚实相间，注重形式感，力求内容和形式的统一。

制作设计，因材施艺。什么样的葫芦，染什么样的色彩，根据葫芦的形色质设计制作什么样的作品，利用每一个葫芦特点，做到材美工巧。

作品主题鲜明，思想性较强，装饰性与实用性并重。

传承谱系　第一代丰绪贵，第二代丰忠文，第三代丰培庭，第四代丰博，第五代丰茂松。

兰山亓氏雕刻（石刻、玉雕）

石刻在中国有着悠久的历史，是运用雕刻的技法在石质材料上创造出具有实在体积的各类艺术品。艺术家和匠人广泛运用圆雕、浮雕、透雕、减地平雕、线刻等技法创造出风格各异、生动多姿的石刻艺术品。

历史渊源　兰山亓氏雕刻技艺已有150余年的历史。亓氏雕刻遵循“以型定法，设计先行”的理念，以精益求精、精雕细琢的精神赢得普遍赞誉。兰山亓氏雕刻技艺已经传承五代，亓氏家族在古家具、牌坊、楼阁、走檐、壁兽制作与古建筑修复等传统技艺方面代代传承，注重创新，使“亓家工”不断推陈出新。

2020年11月，兰山亓氏雕刻（石刻、玉雕）被列入临沂市第六批市级非物质文化遗产代表性项目名录。

主要特征　兰山亓氏雕刻技艺主要特征体现在两大方面：一是注重传统技法、刀法的传承，颇具技术含量的“蝉翼雕刻”深得家传；二是注重设计理念和因形施技，培养独特的文化价值取向和审美观，认为器以用为功，制砚造器应突出实用和鉴藏两大功能，创意和题材是砚雕作品之灵魂。

亓氏砚石雕刻“以形定法”，每一件作品融合多种技法，根据石材原料的大小、形状、颜色等天然特征，经过匠心独运的设计，将其精心雕刻成各种砚台工艺品。亓氏注重对古代书画、哲学、雕刻艺术的研究，具有扎实的绘画、雕刻、书法功底和深厚的文化修养，创造了一套独具特色的雕刻技法，被业界奉为“亓氏雕刻法”。

传承谱系　第一代亓梦兰（1846—1916年）；第二代亓连珠（1881—1948年）；第三代亓鸿昇（1899—1962年）；第四代亓振利（1930—2007年）；第五代亓石明（1978从业）、亓功（1988从业）；第六代王志平、齐洪全、齐洪军、庞海峰、康凯墨、刘子一、王其堂、齐子辰、王目杰。

兰山微刻

微刻是用刀等工具在石头、骨牙、果核、宝玉、头发上刻出微小的字体或线描出具体画面，是一种微小精细雕刻技法。微刻属阴刻，有装饰性，少立体感。创作时凭感觉运刀，靠经验完成创作，故人们又将其称为“神刻意雕”。

历史渊源　微刻历史源远流长，史前玉器上的微刻是中国最早的微刻形态。殷商时期甲骨文中已有微型雕刻。陕西省岐山县的周原文物管理所陈列室里，陈列着1976年出土于古周原凤雏村西周早期甲骨文，甲骨上面镌刻着的多数字体小如芥籽，笔画细若秋毫，需借助于5倍以上的放大镜才可辨认。战国时的玺印小如累黍，印文却有朱白之分。唐朝社会的发展促进了手工艺制作业的兴旺，微刻技艺达到前所未有的高峰，象牙平刻的最早形态已出现。经过宋、元、明初的发展，微刻艺术在明末、清、民国时期达到全盛。清朝一名艺人在一粒芝麻上书“万寿无疆”为乾隆庆寿，微刻声名大噪。清初杨璇、周彬都曾在寿山石雕品的花纹僻处刻以小字，后人在印章方柱的四边，以极细微的文字，雕刻古人诗词作为边款。

随着微刻种类增多，技艺更加精微，名家不断涌现。明代的核刻、象牙立体微刻，清代的核刻和以“南于北吴”著称的于硕、吴南愚创立的象牙平面微刻，对中国近现代微刻的发展都产生了巨大而深远的影响。王叔远的《核舟》是中国历史上微刻艺术的经典之作。

兰山微刻主要传承人张翼，1989 年开始专攻微刻，数十年来坚持不懈地致力于微刻艺术的创作，在不借助任何放大工具情况下，创造了每平方厘米刻 908 字的世界微刻之最，凭感觉成功在一根头发丝的截面上刻下两行文字。近年来张翼的微刻作品已经走出山东，走向世界，数次应邀到英国、韩国、新加坡等地进行艺术交流，受到国内外爱好者的喜爱。历时 10 年完成微刻中国古典四大名著，被誉为“古典四大名著微刻版本”之父。作品包括《红楼梦》《西游记》《三国演义》《四书五经》《孙子兵法》《唐诗三百首》《前后出师表》《聊斋》等古典文学名著上千万字。中华微雕研究会常务理事长王天明评价张翼的微刻“很有章法，刀法流畅生动，特别是能在 1 平方厘米上刻 900 多个字实属难得，能在 120 块石头上完成《红楼梦》巨著，更是一项创举”。

2020 年 11 月，兰山微刻被列入临沂市第六批市级非物质文化遗产代表性项目名录。

主要特征　微刻是一种艺术创造，是以刀代笔、以石为纸，以“微”和“刻”为特征来表现优美书法的一门艺术。微刻之美，美在方寸之间即呈千里之势，“笼天地于形内，挫万物于笔端”。

微刻是集书、刻为一体的艺术。微刻并非越小越好，不能以小媚俗，小要小得恰到好处，在最大限度表现优美书法基础上才越小越好，二者相辅相成，相得益彰。

微刻用的是“心、眼”，为达到作品精气神的合一，在创作前须将所刻内容抄写几遍，并一字不错地背下来，无论鸿篇巨制，还是尺牍小品，都要全部背会才刻。这样在创作中胸有成竹，意在笔先，意念集中，一气呵成，才能使作品刀笔交融，气韵流畅，神采飞扬。

兰山刺绣

刺绣，又名针绣，俗称绣花。以绣针引彩线，按设计的花样，在织物上刺缀运针，以绣迹构成纹样或文字，是中国优秀的传统工艺之一。

历史渊源　周代有“绣缋共职”的记载。湖北和湖南出土的战国、两汉时期的绣品，水平都很高。唐宋刺绣施针匀细，设色丰富，盛行用刺绣作书画、饰件等。明清时宫廷刺绣规模很大，民间刺绣也得到进一步发展，以地域和绣品风格差异，先后形成苏绣、粤绣、湘绣、蜀绣，号称“四大名绣”。另有顾绣，京绣、瓯绣、鲁绣、闽绣、汴绣、汉绣和苗绣等，各具风格，沿传迄今，历久不衰。

鲁绣是山东地区的代表性刺绣，汉代已相当普及。绣品清隽淡雅、质感逼真、风格粗犷中见精微，是中华民族悠久刺绣文化的重要组成部分。

兰山刺绣属于鲁绣的一种，传承人李伟自幼于外婆膝下长大，耳濡目染学会了这门手艺，在传承前人技法的同时，结合现代生活，将沂蒙文化元素融入绣品中，研发出一系列面目全新的刺绣产品。2017 年，李伟创立了自己的刺绣品牌“西阁”。2019 年，创建西阁刺绣（山东）有限公司。

2020 年 11 月，兰山刺绣被列入临沂市第六批市级非物质文化遗产代表性项目名录。

基本内容　兰山刺绣色彩鲜艳、风格粗放，具有典型的沂蒙民间艺术特色。在原材料的选择方面非常严格，使用质地上乘的棉、麻、丝、缎等，确保产品的品质。

针法以齐针、滚针、长短针、乱针、点针、打籽绣居多，掺杂着网绣、接针、套针、散套针等多种灵活针法，针线整齐均匀，疏密有致。

主要作品有服装、箱包、茶道、香道、虎头鞋、虎头帽、莲花帽、香荷包等。作品题材广泛，选取民间喜闻乐见的吉祥图案，表达人们对于清正廉洁、富贵吉祥、平安喜乐的美好愿望，刺绣风格不仅写实更兼写意，有色彩浓艳的虫鸟花卉，亦有粗犷古朴的画石、拓片风格，受到群众喜爱。

项目传承　兰山刺绣属沂蒙地区民间手工工艺，最初为家族传承，今已发展为社会传承。

罗庄王氏手绣

王氏手工绣是罗庄区一项传统的民间工艺，主要用于制作婴幼儿服饰，为纯手工绣制技艺。

图形设计多为金钱、莲花、牡丹、老虎、狮子等，有祈福、祛病、纳财之意，寄托人们对家人、亲朋的祝福和对美好生活的向往。

王氏手绣——金钱莲花帽

历史渊源 王氏手绣为王氏先人所创，自明末起流传，至今已有300多年的历史。影响辐射范围为临沂市罗庄区及周围县区。传承人王友红，受家族中女性长辈影响，自幼喜欢刺绣。12岁跟随祖母及母亲学习刺绣技艺，制作传统儿童鞋帽。在传承家族手工艺的同时，吸收、借鉴鲁西南传统刺绣手法，不断发展创新，探索刺绣配色方法及刺绣手法，在沿用传统针法的基础上，采用了鲁绣齐针、缠针、辫子股针、接针等针法。在金钱莲花帽中主要使用了刺绣、饰边、布贴、拼接等工艺，突出部件使用了填补绣法。

2020年11月，罗庄王氏手绣被列入临沂市第六批市级非物质文化遗产代表性项目名录。

主要内容 王氏手绣是集民间绘画、配色、手工技艺为一体的造型艺术，共有三大类、十多个品种。代表性作品有儿童金钱莲花帽、莲花帽壳、狮头帽、虎头帽、狮头鞋、狮头百天裤等。这些服饰多数以纯棉材料制作，内衬棉花，柔软舒适，保暖性好，适合婴幼儿穿戴。刺绣针法多采用绷花、平绣、缠绣、填补绣及盘金边等针法结合布贴和拼接等工艺。图形设计主要采用金钱、莲花等形象，寓意“富贵有余”“金玉满堂”“好运连连”等，表达对孩子生活富足、平安健康的美好祝福。

罗庄王氏手绣的用料主要有丝缎、纯棉布、棉花及各色丝线等。使用工具主要有剪刀、尺子及各型号绣花针等。工艺流程可分为备料、下料、上浆、刺绣、缝合、饰边等工序。手工制作图案主要以各种花卉、狮子、老虎、金钱等瑞兽吉祥图案为主。通过拼接结合绣花工艺制作，呈现莲花盛开，金钱堆积等立体形象，寓意美好，特别是莲花上面饰以蝴蝶、蜻蜓、仙鹤等图案，更显生动活泼。颜色以红、绿、黄、蓝、青色为主，色彩艳丽，对比强烈，具有较强的观赏效果。

项目传承 王氏手绣在家族内女性中通过口传心授、代代相传的方式延续流传，至今已传承至第六代。

传承谱系：第一代王李氏（生卒年不详），第二代王陈氏（王李氏儿媳），第三代王杨氏（王陈氏儿媳），第四代周振英（王杨氏儿媳），第五代王友红，第六代刘月、郭莹莹。

漆器工艺画

漆器工艺画由古代漆器装饰彩绘发展而来，它传承了传统彩绘漆画的全部技艺，同时又有所创新与发展。漆器工艺画纯手工制作，绘制过程

漆器工艺画——三阳开泰

纷繁复杂，工艺要求极其严格，每件作品都是独一无二的。

历史渊源　中国漆器工艺有着悠久的历史，7000年前的河姆渡时期就已经使用漆器。商周时期，不仅用漆绘制花纹，还运用了镶嵌技术，漆艺作品显得更加华贵。战国时期，漆绘工艺被大量运用于生活用品。两汉时期，漆艺达到了鼎盛时期，出现了镶嵌贴金银箔、彩绘等新的绘画手段。西汉马王堆墓出土的黑地漆棺用红、黑、白、黄等色彩描绘云气，云中穿插仙人异兽，用笔刚柔相济，气韵生动，已经脱离了漆饰的范畴。三国、两晋、南北朝时期，漆画的内容、形象、色彩更加丰富。经过唐、宋、元三代的发展，漆器的装饰技法更加成熟，运用范围不断扩大。明代，漆画工艺开始运用到家具上，取得了非凡的成就，还诞生了中国第一部漆工专著《髹饰论》，其中单列"漆画"一条，全面总结了传统的漆艺技法，阐述了漆画的创作原则。清代，漆艺在全国各地全面发展，形成了各自的制作中心和地方特色。明清时期的雕漆、百宝嵌等工艺达到了前所未有的水平，工艺之精湛令人惊叹，达到了"千文万华、纷然不可胜识"的地步。民国以来，漆画发展日渐萧条，逐渐淡出人们的生活。

20世纪80年代，沉寂多年的漆画艺术开始复苏。临沂市河东区的漆器工艺画在充分汲取各派之长的基础上，加入平面绘画的技法兼将传统吉祥寓意融汇其中，在漆器工艺画流派中独树一帜。

2020年11月，漆器工艺画被列入临沂市第六批市级非物质文化遗产代表性项目名录。

主要内容　漆器工艺画也叫树脂千层画，是在干燥固化的树脂上用勾线笔和丙烯颜料进行图案绘制，之后继续淋浇1～2毫米厚的树脂，待其干燥固化后，再继续绘制，通过绘画层数的叠加，凸显图案的立体感。漆器工艺主要有剔漆、百宝嵌、八宝灰、描金、描漆、描油等。

河东漆器工艺画采用树脂漆作为绘画载体，保留了其"透如清水，亮如晶"的特点，通过层层叠加绘制，作品从各个角度观赏均有3D立体效果，并具有独特的厚重感。

作品主要是手工绘制，从第一层起稿至最后一层卸笔绘成，最多需要30多层，均需手工描绘主题内容，且每层绘制内容不一，保留了手工制作的温度和情感，工艺步骤纷繁复杂。

技艺特点　漆器工艺画作为一种立足传统、立意创新的民间工艺美术品，具有工艺精湛、画面逼真、寓意丰富等特点，极具观赏价值，其画面具有裸视3D效果。

唯一性。采用手工绘制，所用容器多为天然形态容器，作品具有唯一性和不可复制性，每件作品都是独一无二的。

观赏性。作品在传承传统绘画的基础上突出了其立体效果，成画后的可观赏性较其他传统绘画更具鲜明的时代特征。

拓展性。手工艺特点决定了漆器工艺画产量低，其艺术价值和市场需求决定了它拥有巨大的市场潜力，以同样技术作为技术支撑的衍生工艺品开发前景良好。

传承谱系　第一代王辉（生卒年不详），第二代王恕（1859—1920年），第三代王杨林（1881—1950年），第四代王成礼（1918—2007年），第五代王春刚（1953年生），第六代王金磊、王玉鑫。

莒南手绣

莒南手绣历史悠久，乡土气息浓郁，地方特色鲜明，受到广大群众的喜爱。种类有布老虎、虎鞋帽、五毒肚兜、布娃娃、迎春鸡等。手绣产品和民俗息息相关，在人们的生活中扮演着不可缺少的角色。布老虎送给新生婴儿，迎春鸡于立春之日缝在孩子帽子上，五毒肚兜、布娃娃则是端午节送给孩子避五毒所用。

历史渊源　莒南手绣代表作布老虎流传很广，最早人们用艾草扎制老虎，用来辟邪祛病，后逐渐演化为用布制作老虎。清末，莒州寺西村（今属莒南县相邸镇）董张氏继承祖传的手绣技艺，制作的绣品工艺考究，造型逼真，寓意深刻，深受群众的喜爱。她的手艺在家庭女性中代代相传，女儿

季桂琴缝制布老虎

董彦新心灵手巧，在手绣制作方面颇具天赋，一学就会，一看就懂，并能举一反三。成年后，董彦新嫁入西芦林村孙家，在丈夫孙家卿帮助下，对莒南手绣的起源、门类、价值、内涵等进行了系统的研究。董彦新更加注重对这一传统技艺的传承，将手绣技艺传与儿媳季桂琴。

2020 年 11 月，莒南手绣被列入临沂市第六批市级非物质文化遗产代表性项目名录。

主要内容 莒南手绣工艺精巧，种类繁多，主要有虎头帽、五毒肚兜、布娃娃、绣球、围嘴、迎春鸡等，富有浓郁的生活气息。莒南手绣（以绣球为例）制作步骤有剪裁、裱布、画图案、刺绣、制作球体、缝合球面、装饰等。

布老虎。采用纯棉布料，纯手工缝制。两片黄布做上身、一片红布做肚底，上身黄布绣有黑色斑纹和吉祥图案，黄红布缝合后，内填棉花、锯末或麦糠，再经撑楦挤压成型，耳、目、口、鼻、胡须是手绣的。造型生动、夸张、传神。无论大小，布老虎造型相似，都是方头大耳，圆圆的眼睛、矮脚、小尾巴，看上去憨态可掬但又不失威严。布老虎在民间被视为吉祥之物，传说它能辟邪驱魔，是孩子们最好的玩具，它白天陪孩子玩耍，夜里又是舒适的枕头。布老虎还寄托着人们期望孩子虎气生生、健勇刚毅、茁壮成长的美好愿望。

虎头帽。用青、蓝、红色布料手工缝制而成的，帽子的前面是一个平直长方形的帽脸，用五彩线绣上眉、眼、鼻、口、须。帽脸靠上两侧是用硬质衬布做成虎耳朵，两耳之间用黄线绣上“王”字，整个帽子的造型恰似一个虎头，小孩子戴着它显得虎头虎脑、憨态可掬。

五毒肚兜。用红色布料搭配彩线缝制而成，上绣老虎、蛇、蟾蜍、蜈蚣、蝎子五种毒物，以老虎为中心其余四毒环绕周围，神态生动、色彩艳丽、憨萌可爱。端午节孩子们穿上“五毒肚兜”据说可以毒攻毒、镇压五毒，护佑孩子平安健康。

线绕香包

香包历史悠久，春秋时期已经出现，战国时期人们已经佩戴，唐宋时期成为达官贵妇的专属用品，清代又演绎成为爱情的信物，民间以它作为端午节的赠品，寄托人们求吉祈福，驱毒避邪的美好愿望。莒南香包采用硬纸塑形，香料填充，丝线缠绕，再坠以彩色穗子，造型精美、淳朴典雅、芳香浓郁，令人爱不释手。

历史渊源 香包，古代称香囊，亦称佩帏、容臭、香袋儿、荷包。香包在《诗经》的一些篇章里

线绕香包

已有描述，说明早在3000年前就有了香包。香包佩戴的历史至少可以追溯到战国时期，屈原《离骚》中有“扈江离与辟芷兮，纫秋兰以为佩。”江离、辟芷、秋兰均为香草。纫，乃连缀之意。佩即佩帏，在这里既指香包，也含佩戴之意，说明香包在屈子所处的战国时代已是一种饰物了。汉代《礼记》云：“男女未冠笄者……衿缨皆陪容臭”。容臭即香包，说明汉代未成年的男女都佩戴香包。唐宋时期，香囊逐渐成为仕女、美人的专用品。男性官吏们则开始佩戴荷包。至清代，香囊又成为爱情的信物。演化到近现代，香包多半用于民间端午节的赠品，主要功能是求吉祈福，驱毒避邪。

莒南线绕香包分为粽子形、铜钱形和绣球形三种。先用硬纸片剪切成不同的形状，然后经折叠做成粽子、铜钱等形状，内放置香袋，香袋中装有薰衣草、艾草、薄荷、紫苏等香料，然后用丝线进行缠绕。

传承人鲁彦春，自幼跟姥姥学习香包制作技艺。在传承祖传技艺的基础上又有创新发展，她制作的香包造型丰富、图案精美、淳朴典雅、芳香浓郁，表达着人们的图腾崇拜、趋吉避邪、祈求福寿平安、子孙繁衍、爱情幸福及对美好生活的憧憬与向往。

2020年11月，线绕香包被列入临沂市第六批市级非物质文化遗产代表性项目名录。

主要内容　线绕香包制作时，先用剪刀剪出纸样，折叠成型，再贴上银纸做底色。在线头上沾胶，固定线头在卡纸里，然后开始缠绕。在每一个棱角上都对绕上线头，然后尖奔着尖，一直平行绕行，几种颜色的线，线线相接，一根线绕完，把线头固定住，再绕另一根，全部缠完后，在坠上用丝线做成的彩色穗子，穿上几颗晶莹的珠子或桃核，一个漂亮的线绕香包就做完了。

莒南葫芦雕刻

葫芦雕刻，是在葫芦上刻字雕画，集书法、绘画、篆刻为一体，技法以中国画线描为基础，以其奇妙的构思，精美的图案，娴熟的刀法将人物、山水、花卉、飞禽走兽刻入画面，表现题材多为中国吉祥图案，历史典故，人物等，种类和工艺非常丰富。

葫芦雕刻——《兰亭序》

历史渊源　莒南葫芦雕刻历史悠久。清同治年间，莒县看马庄村（今属莒南县文疃镇）人陈志训学得葫芦雕刻技艺，后传诸子孙，到其曾孙陈淑熙已传四代。陈淑熙拜葫芦雕刻大师郑志开为师，技艺日见精进。陈淑熙葫芦雕刻作品典雅清新，构图严谨，内涵丰富，寓意深刻，着色古朴，自成一风，颇具工艺之美，深受大众喜爱。

2020年11月，莒南葫芦雕刻被列入临沂市第六批市级非遗代表性项目名录。

主要内容　莒南葫芦雕刻要经过选材、抛光、设计、起稿、烙色、精雕、打磨、封蜡等多道工序，需要掌握木工、雕刻、绘画等多项技能。葫芦上作画，叫“起稿”，就是把要表现的内容，用铅笔画在葫芦上，做好整体布局；起稿毕，进行雕刻。葫芦雕刻要用到刻刀、锉刀、烙铁、胶、砂纸、金刚砂磨针等工具；雕刻手法有阳雕、阴雕、透雕、阴刻阳雕、双勾勒等。每件葫芦雕刻作品都独具生命，都是艺术孤品。

雕刻葫芦选题和选材是决定作品优劣的前提。选题就是立意，好的立意能激发起作者创作的冲动和兴趣，作品也就有了灵魂与生命。有了要表现的题材后，再选适合的葫芦，葫芦的形、色、皮、肉都要尽量符合创作要求，这也是作品成败的关键。

陈淑熙雕刻葫芦

葫芦雕刻工序。将成熟的葫芦摘下，去掉表层青皮，经晾晒使葫芦颜色变黄。再在葫芦上面雕刻各种图案，雕刻多采用镂雕技法，将构图以外的空白部分全部镂空，透刻上折线纹、如意纹、古钱纹等。最后为葫芦上色，先用锅底灰或麦秸灰同棉油或豆油搅拌均匀，加入色料，涂抹在雕有图案的葫芦上，再用布把葫芦表面的灰擦拭干净，留在图案凹槽的油灰会使图案更加清晰逼真，永不褪色。

莒南葫芦雕刻重技法，更重思想。葫芦雕刻传承人陈淑熙将绘画、书法、雕塑等各种美术手法都融合到葫芦雕刻中，起稿、雕刻、造型，都渗透着他对美的感悟与理解。他技艺精湛，施刀时力度把握得恰到好处，可谓入木三分。葫芦刻后，容易起毛，必须一个边角一个边角地耐心细致打磨。雕刻和打磨，如影随形，两者交错进行，相当于作品的再创造。陈淑熙从王羲之的《兰亭序》中找到灵感，在一葫芦上刻出竹简，将《兰亭序》雕于其上，此作品被收录进《中国葫芦艺术作品集》。

传承谱系　第一代人陈志训（1868—1931 年），第二代陈宽林（1902—1956 年），第三代陈希佑（1929—2019 年），第四代陈淑熙。

沂水石板画

石板画是在质地坚硬的石板上刻画，需要平整光滑的刻面，用刻刀、凿子、锤子等工具来表现作者的构思。石板画是室内外装饰手段，也是厅堂上的艺术品。沂水石板画作为传统的美术形式，有很强的装饰和实用性，可用于门楣、护栏、台阶、方圆石柱、石桌、石凳、摆件、挂件等。

历史渊源　沂水石板画兴起于沂水县前晏家铺村，自明朝嘉靖年间起，其技艺在徐氏家族世代传承。早期传承谱系已不可考，有据可查的传承共五代。第三代传承人徐俭心灵手巧，能刻善画，门边上床枕边都有他刻的角花、龙凤等图案。他刻凿的八仙图、龙凤图、石敢当栩栩如生。徐俭的儿子徐国栋是个画家，有较深的绘画功底，在石板画制作方面更有独到之处。第五代传承人徐仲启，自幼在祖父、父亲的熏陶下痴迷石板画，从事石板画创作 40 年，为寻找石材足迹遍及全省各地。他刻凿的人物、景物、动物、花鸟及几何图案很有特点，很受群众欢迎。代表作有毛泽东、十大元帅、爱因斯坦、齐白石、胡志明、清代皇帝等人物肖像。

2020 年 11 月，沂水石板画被列入临沂市第六批市级非物质文化遗产代表性项目名录。

主要内容　沂水石板画是在石质板上以电脑绘制等工艺制作而成，石板经雕刻和腐蚀后，经过反复抛光、干燥、风干、釉层处理后，将画面印制在石材上，最后在成型的画面上经过深层化学保护技术处理，使画面得以长久保存。

沂水石板画表现内容丰富，有山水、人物、动物、花鸟虫鱼、边花角花、连续图案、十二生肖等。采用撞击形成线条，线条错综复杂、错落有致，可用直线、曲线、弧线、斜线、虚线，能很好地体现作者的追求与艺术风格。石板画用途较广，可以用在地面墙面，廊檐庭柱，桥身梁体，广场布置及装饰等，室内室外均可。石板画经久耐用，不变形不褪色，不怕风吹雨淋，日晒老化。

石板画工具简单，包括刻刀、凿子、锤子等，大部分需要自己根据需要制作。制作形式可以是浮雕、线雕、透雕，画面可素可彩。

传承谱系　第一代徐芹，第二代徐风乾，第三代徐俭，第四代徐国栋，第五代徐仲启。

荆山泥塑

泥塑，俗称“彩塑”，是中国传统的民间艺术。它以泥土为原料，以人物、动物为主题，手工捏制成形，或素或彩，展现一方民俗，记载一段历史。泥塑分布地区广泛，每个地方的泥塑都有自己的风格，带有鲜明的地方特色。沂水县龙家圈街道荆山村的泥塑在沂蒙地区远近闻名。

历史渊源　泥塑始于西周时期，流传民间3000余年。两汉以后，随着道教的兴起和佛教的传入，道观、佛寺、庙堂泥塑偶像需求增加，泥塑艺术得到发展。到了唐代，泥塑艺术达到顶峰。宋代宗教题材的大型佛像继续繁荣，小型泥塑玩具也发展起来，有人专门制作泥人作为商品出售。元代之后，历经明、清、民国，泥塑艺术品仍然流传不衰，尤其是小型泥塑，既可观赏陈设，又可供人玩耍，几乎全国各地都有生产。沂水县荆山泥塑从第一代传承人刘治嬴开始，至今已传承五代。

荆山泥塑——孝

2020年11月，荆山泥塑被列入临沂市第六批市级非物质文化遗产代表性项目名录。

主要内容　泥塑用的泥土需精心挑选，一般选用含沙量低无杂质的优质黏土，经风化、打浆、过滤、脱水，加入棉絮反复砸揉形成熟泥，再经过制子、翻模、脱胎、着色，最后自然风干，所有作品均是手工制作。

制子就是制出原型，找一块和好的泥，运用雕、塑、捏等手法，塑造好一个形象，经过修改、磨光、晾干后即可，有些地方还要经过烧制，增加强度。

翻模就是把泥土压在泥塑上制成模子，常见的有单片模和双片模，也有多片模。

脱胎就是用模子印压泥人坯胎，通常是先把和好的泥擀成片状，然后压进模子，再把两片压好泥的模子合拢压紧，再安一个“底”，使泥人中空外严，在胎体上开一个孔，使胎体内外空气流通，以免胎内空气压力变化破坏泥胎。

最后一道工序是着色，俗语有“三分塑，七分彩”之说。着色之前一般先上一层底色，以保持表面光洁，便于吸收彩绘颜色，彩绘的颜料多用品色，调以水胶，以增强颜色附着力。

传承谱系　荆山泥塑在刘氏家族内代代相传，第一代刘治嬴，第二代刘士宗，第三代刘文胜，第四代刘成修，第五代刘世玉。

平邑郝氏金属丝编艺

金属丝编织是以金属丝为原料，通过传统的编织方法来塑造形象，赋予它独特的艺术生命。金属丝编融合传统的棕编、草编、竹编等工艺，又有所创新。郝氏金属丝编工艺复杂，选择不同直径的金属丝，编织出相应的形状，通过组合安装，制成精美的工艺品。

历史渊源　金属丝编艺起源于秦代，汉代有了专门从事金属丝编的艺人。经历代工匠不断丰富发展，编织工艺历久弥新。郝氏金属丝编技艺

金属丝编——中华龙

始于清道光年间，平邑人郝国安师从民间艺人，掌握了金属丝编技艺，后在家族中传承。郝氏家族世代从事金属丝编，至今已传承五代，有近200年的历史。

第五代传承人郝仕启，从事金属丝编数十年，能用彩色铝线编织出几十种产品，在蒙山景区及周边县区集市出售，很受欢迎。代表作有孔雀开屏、凤凰展翅等，做工精美，色彩鲜艳，富丽堂皇，有较高的观赏和收藏价值。

2020年11月，平邑郝氏金属丝编艺被列入临沂市第六批市级非物质文化遗产代表性项目名录。

主要内容　郝氏金属丝编采用的金属丝加工性好，硬度适中，可折弯易成型，耐候性好，金属丝编工艺品在室内长期使用不变色，不腐蚀，不氧化，不生锈，长期暴露于阳光下不变色。

郝氏金属丝编采用多彩的金属丝材料，通过拉伸取直，捆绑，缠绕等十几道工序，制作成一件件精美的工艺品，颜色艳丽，形象惟妙惟肖，是传统手工美术品的优秀代表。

传承谱系　第一代郝国安，第二代郝朝忠，第三代郝荣街，第四代郝存山，第五代郝仕启。

蒙阳绣工

蒙阳绣工是用绣针引彩线，将设计的花纹在纺织品上刺绣运针，以绣迹构成花纹图案的一种工艺。产品种类有沂蒙服饰、吉祥挂件、香包3个系列。

历史渊源　蒙阳绣工由民间服饰上的装饰制作发展而来，源自平邑县铜石镇丹阳村。清朝末年，姚加娥的奶奶为维持生计，学会了蒙阳绣工。民国时期，社会动荡，姚加娥的母亲和姑姑继承蒙阳绣工技艺，却只能将刺绣作为闲暇自娱自乐的消遣。

第三代传承人姚加娥，在传承家传技艺的基础上不断创新，形成了别具特色的蒙阳刺绣。2016年起，先后在首届蒙山艺术节民间工艺创意大赛、山东省首届传统手艺文化大展、首届临沂文创旅游产品大赛中获奖。

2020年11月，蒙阳绣工被列入临沂市第六批市级非物质文化遗产代表性项目名录。

主要内容　蒙阳绣工集实用价值和艺术价值于一身，作品图案精美、色彩艳丽、形象生动。虎头帽、虎头鞋等传统儿童服饰，以纯棉材料制作，柔软舒适，保暖性好，适合婴幼儿穿戴，深受广大

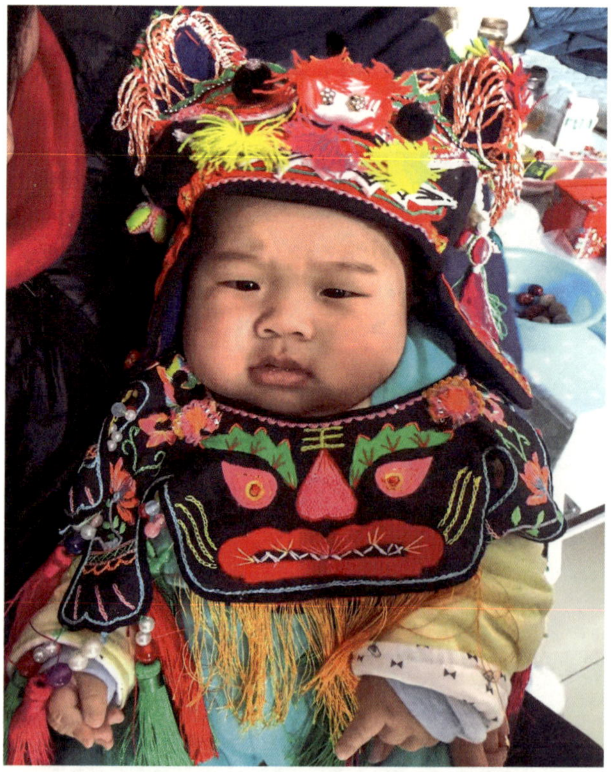

蒙阳刺绣——儿童服饰

群众喜爱。

先从市场上购买质地较厚、韧性较强的夹纸，剪成各种动物、花草、飞鸟图形，紧贴在布料上，用花线精心刺绣。

刺绣传统针法有稀针、手针、侧针、拉绣，近人创新出滚针、游针、扇形针、网绣、锁丝、刮绒、戳纱、纳锦、铺绒等富有地方特色的工艺。刺绣多取材于民间故事，象征五谷丰登、吉祥如意等图案，包含着人们对美好生活的憧憬和祝愿。

虎头帽。用青、蓝、粉红色布料或绸面手工缝制而成。虎头帽工序非常烦琐复杂，要经过剪、贴、插、刺、绣等几十道工续才能完成。先用硬布壳做成帽脸，然后用五彩丝线绣上虎眉、虎眼、虎鼻、虎口、虎须，眼珠多是用玻璃纽扣或铜制纽扣缝上去的。帽脸靠上两侧各缝上用硬质衬布做成两只虎耳，耳内粘上白色兔毛，两耳之间用黄线绣上“王”字。帽后拖有长长的“帽尾”，如京剧武生头盔的披饰，有的还在虎耳两边钉上流苏和小铃铛，在帽尾处缝上两条彩色的飘带。整个帽子的造型恰似一个虎头，小孩戴上，不仅可以保暖，而且显得虎头虎脑、憨态可掬。

虎头鞋。鞋底用衬布贴好，然后用粗线纳成。鞋面多用棉布（也有用绸缎的）做成，红绿两色居多。鞋的前头（俗称鞋脸）绣成虎头形状，有的是用彩线刺绣而成，有的是用割花工艺，有的是用色布剪成老虎的五官，缝到鞋面上。虎头鞋做工复杂，常用兔毛将鞋口、虎耳、虎眼等镶边，红、黄、白间杂，轮廓清晰。孩子穿上虎头鞋后，兔毛随风飘动，虎头也有了动感。

兰陵绳编

兰陵绳编是一种立体的结子，变化很多，每一个基本结又根据其形、意命名，把不同的结饰互相结合在一起，或用其他带有吉祥图案的饰物搭配组合，形成造型独特、绚丽多彩、寓意深刻、内涵丰富的中国传统吉祥装饰物品。

历史渊源　兰陵绳编发源于兰陵县南桥镇北桥村，第一代传人汪氏生于清光绪年间，以为人制衣缝补为生。当时生产落后，制衣采用传统的盘扣（打结），汪氏制作的盘扣美观大方，很受欢迎。汪氏这门手艺传于后辈女性，并在家族中传承下来。2000 年以后逐渐发展为现代绳编，以双面编、立体编为主，产品由简单的钥匙扣绳编发展成挂饰，并赋予其“十全十美”“成双结对”的美好寓意。至赵福云，兰陵绳编已传承五代，有 140 余年的历史。

绳编——结花寄情

2020 年 11 月，兰陵绳编被列入临沂市第六批市级非物质文化遗产代表性项目名录。

主要内容　兰陵绳编是祖辈流传下来的传统技艺，制作精细，工序严格。要经过设计、选材、准备工具、编制，部分作品还需定型、针线缝制等工序。兰陵绳编编制，要经过配饰、编、抽、修、定的过程。其中编出的“结”是固定的，“抽”决定结体的松紧、耳翼的长短、线条的流畅与工整，充分表现出编者的艺术技巧和修养；“修”是为结子做最后的修饰，如镶缝珠石、上浆定型等。

传承谱系　第一代汪氏，第二代任汪氏，第三代任传莲，第四代任传荣，第五代赵福云。

木雕（费县代氏木雕　蒙阴桃木雕刻　莒南黄杨木雕　沂水木雕）

木雕是雕塑的一种，一般选用质地细密坚韧，不易变形的树种如楠木、紫檀、樟木、柏木、银杏、沉香、红木、龙眼等。采用自然形态的树根雕刻艺

木雕——梅

术品则为“树根雕刻”。木雕有圆雕、浮雕、镂雕或几种技法并用，有的还涂色施彩用以保护木质和美化。

历史渊源　木雕技艺起源于新石器时期的中国，距今7000多年前的浙江余姚河姆渡文化，已出现木雕鱼。秦汉两代木雕工艺趋于成熟，绘画、雕刻技术精致完美，施彩木雕的出现，标志着古代木雕工艺已达到相当高的水平。唐代是中国工艺技术大放光彩的时期，木雕技艺也日趋完美。许多保存至今的木雕佛像，是中国古代艺术品中的杰作，具有造型凝练、刀法熟练流畅、线条清晰明快的工艺特点，为当今海内外艺术品市场上的宠儿。明清时代的木雕制品题材多为生活风俗、神话故事，如吉庆有余、五谷丰登、龙凤呈祥、平安如意、松鹤延年等木雕作品，深受大众欢迎。临沂木雕历史悠久，技艺精湛，品类众多，分布广泛。早期木雕以实用为主，多用于门窗、家具雕花和寺庙造像，后逐渐发展到木雕工艺品、艺术品。

2020年11月，木雕（费县代氏木雕、桃木雕刻、莒南黄杨木雕、沂水木雕）被列入临沂市第六批市级非物质文化遗产代表性项目名录。

费县代氏木雕　代氏家族于明末清初时搬迁到费县甘林庄，其先祖是木匠，擅长门窗镂空雕刻、家具雕花和寺庙佛像塑身。民国时期，代文之开始制作根雕作品和观赏摆件，此后木雕制作技艺在代氏家族中代代相传，至今有近百年的历史。

传承人代夫建自幼爱好木雕，经过多年学习和实践，掌握了圆雕、浮雕、镂雕等雕刻技法。其作品造型别致高雅，雕刻精美细腻，外形精致美观，内涵丰富深刻，多次在大型工艺展览上获奖，具有较高的艺术价值和收藏价值。

费县代氏木雕构思新颖，选材广泛，创意想象空间大。画面抽象和复杂，人物刻画细腻逼真，在一些细节如眼神、举止和服装方面都非常讲究，有的达到了传神的效果，具有很高的艺术价值。

费县代氏木雕制作流程包括选料、相形、设计、打胚、粗雕、修光、打磨、上油或刷漆八个步骤。木雕创作耗时长，从选材、造型、构思、制作，直到命名，需历时一年半载，甚至更长时间方可完成。创作的构思，着眼于最大限度地保护自然之形，自然之美，而将人工痕迹隐藏于自然之美中。构思中往往对木材作多角度的全面

桃木雕——九龙台

观察，反复揣摩后方能定型。

代氏木雕在费县探沂镇，经过几代传承发展有较高的知名度，常有木雕爱好者从烟台市、杭州市、天津市等地前来参观学习交流。木雕作品销往北京、天津、河北、广东等地。

蒙阴桃木雕刻　中华桃木文化历史久远，至少可以追溯到汉代之前。《辞源》记载，古代选桃木枝、刻桃木人，立于户中以避邪。汉代，人们就刻桃木印符挂在门口以阻挡不干净的东西，称桃印。中国最早的春联大多都用桃木板制作，故又称桃符。“千门万户曈曈日，总把新桃换旧符”是这一习俗的真实写照。

蒙阴桃木雕刻秉承先人传统，精选上等蒙山桃木，经过蒸、晾、烤，去除木料中的糖分，通过选料、构图、打坯、细修、抛光、打蜡或上漆等工序，采用雕花、浮雕、透雕、镂空等技法精雕而成。产品富有神韵，栩栩如生。作品以人物、走兽、花鸟、文字等为主，多取材于神话传说、民间故事，采用比拟、双关、象征等手法，创造出图形与吉祥寓意完美结合的雕刻艺术形式。

传承谱系：第一代石立堂（1882—1919 年），第二代石曾新（1899—1947 年），第三代石运永，第四代石绍松，第五代石统禄。

莒南黄杨木雕　黄杨属于比较矮小的灌木，生长速度非常缓慢，《本草纲目》记载：“黄杨性难长，岁仅长一寸，遇闰则反退”。一棵经过百年生长的黄杨，直径最多 12 厘米，民间称之为“千年矮”。黄杨木木质坚硬光洁、纹理细腻清晰、色彩庄重光亮，是制作木雕的优质材料。

莒南黄杨木雕起源于莒南县筵宾镇解家庄，至今已传承四代，有近百年的历史。莒南黄杨木雕古朴文雅、精致圆润，彰显艺术之美。

工艺流程。一般有构图泥塑、选料取材、敲坯定型、实坯定格、修光精刻、擦砂磨光、修饰刻纹、油漆上光、配座等十余个工序。

构图泥塑。即构思草图，塑制泥稿，作者将经过深思熟虑的创作题材内容确定，先用铅笔以速写形式画在稿纸上，以工笔白描形式确定构图画稿。再反复推敲作品各个角度的立体效果，不断进行修改调整，将平面画稿制成立体塑像。

黄杨木雕——鸟

选料取材。选择色泽鲜艳自然、纹理细腻圆润、适合雕刻的优质木料，尽量避免有黑斑、节疤、开裂等毛病的材料。根据题材内容选定材料部位，黄杨树迎着阳光的一面生长较快，其年轮粗阔；背着阳光的一面生长较慢，年轮紧致细密。选定材料与作品表现的主题有直接关系，如美女、名人类材料，年轮木纹要细腻，色要圆润，浅金黄色为好；而武士、动物之类，选择木材年轮纹理可以粗犷些，年轮线明显，色可深沉些。作品主要部位忌讳出现阴阳材料，如人物的脸部选材要求年轮色彩对称，避免选在迎阳光与背阳光的年轮之间，否则将出现阴阳脸。

敲坯定型。以塑好的泥稿为依据，在材料上选定方位，较优材料部位用于作品的正面及重点部位，先用铅笔在选好的材料上勾线定位，再用凿、锤、锯等工具打坯，以形成作品的初步轮廓。

实坯定格。即雕刻实坯，在粗坯的基础上对作品进行细化定型。一般人物类先从头部着手，如对人物的面部先五官定位，随后是四肢结构、动态造型、衣裙装饰、物件道具等等，都随着刀凿的起落逐步落实。

修光精刻。即在实坯的基础上把人物的整个面部、肌肉、衣褶各细部等处反复细刻完整。修光要由下至上进行，从衣裙下端沿上细修，使衣纹更具质感，结构清晰，线条明了。在修光中还要注意黄杨木纹的顺逆，应顺纹进刀。

李强根雕创作

擦砂磨光。擦砂磨光能使黄杨木的细腻美感更加突出，黄杨木雕的擦砂方法要先粗后细，先用粗砂纸将雕刻过程中遗留在黄杨木雕身上的刀痕进行磨光处理，先深后浅将每个角落擦到位，将刀痕全部清除。再用细砂纸将第一次磨粗砂时留在作品表面的砂纸纹路全部清除，使作品达到光洁圆滑。擦磨脸部五官和手的部位，手法要轻柔，以防太重造成作品轮廓或细部损伤，影响作品的细腻。

细修刻纹。对作品的有关部位做精修细刻，主要是眼睛、眉毛、五官、头发、指甲、纹饰、图案等。

打蜡上光。打蜡上光能增强整个作品的光洁度。主要选择蠑光蜡、香蕉水、清漆等原材料，用小毛刷涂刷在作品上。如要求亚光的一般刷一遍，用料单薄些；亮光的用料则要浓些，并且多刷几遍，待干后再刷第二遍或第三遍，使其光泽鲜亮。上蜡是木雕的最后一道工序，能使作品保持黄杨木的天然本色，光洁秀丽，还增加了作品的保护层。

装配底座。要根据作品的题材内容，大小高低、简洁繁杂的情况来设计。不同组合的作品应配置不同形式的底座，如复杂的作品，底座要相对简单。掌握好作品与底座大小的尺寸比例。要考虑底座颜色和作品颜色的协调，一般情况下底座色深暗，在视觉上会更显稳重。配装底座要注意作品和底座的完整和协调。

传承谱系：第一代季富（1914 年生），第二代季玉刚，第三代彭有怀，第四代彭翔学。

沂水木雕　沂水木雕技艺历史悠久，主要分布于沂水县龙家圈街道、黄山镇及周边地区，明清时期最负盛名，主要用于家居装饰、古建筑、实木家具和祭祀器具等，当时富贵人家几乎每件家具上都有雕刻精美的图案，雕工精湛，具有较高的艺术价值和观赏价值。

沂水木雕创作中由外向内，通过减去废料，一步步将形体挖掘显现出来。题材广泛，主要有人物、山水、飞禽、走兽、花卉、鱼虫等，多取材于民间传说、历史故事等。制作工序包括木活、旋活、锼活、凿活、铲活、锉活、磨活、上色、烫蜡、漆活等。其中木活、旋活、锼活为雕刻的准备工序，通过简单加工形成待雕组件的基本轮廓。

传承谱系：第一代李培，第二代李文山，第三代李文友，第四代陈兆生，第五代李强。

第八节　传统技艺

金星砚制砚技艺

金星石产于费县与兰山区交界处的岐山山涧洗耳河畔，因石上金星遍布，似天空中繁星闪烁，故称“金星石”，用金星石制成的砚台，称金星砚。金星砚制作历史可上溯二千年，又因出自晋代大书法家王羲之的故乡，又名“羲之砚”，金星砚制作一度衰落，20 世纪 70 年代初再度复兴。

历史渊源　金星砚制作历史悠久，西晋张华编撰的《博物志》，宋代唐彦的《砚录》、高似孙的《砚笺》、米芾的《砚史》均有记载。山东是古齐鲁文化圣地，自古域内多有工匠利用当地石料雕刻成砚出售。中华人民共和国成立后，费县县政府鼓励发展石雕工艺品生产，涌现出一批在全省甚至全国有名的制砚大师，推动了制砚业的发展。20世纪70年代起，费县加大对金星砚的开发力度，开办工厂加工生产，产品畅销国内外，为书画家、收藏家及文人墨客所珍爱。2014年11月，费县被中国文房四宝协会命名为“中国金星砚之乡”。

金星石为轻微砂（硅）化的泥质灰岩。内含硫化铁（黄铁矿）结晶，大如莲子，小如豆粒，金黄灿亮，镶嵌在色如黑漆的砚石上，犹如繁星点点的夜空，神奇独特。

金星砚是鲁砚的重要品种，古朴大方，庄重典雅，偶有异彩出现，则更加奇特美观。已发现有六大特色：金星、圆金星、碎星、虫蛀、灰点、异彩、金银线、子石。金星砚古朴典雅，质坚理细，使用润而不滑，下墨快，不损笔，宜书宜画，时在酷暑，墨汁不易干涸，为砚中上品。

2007年8月，金星制砚制作技艺被列入临沂市第一批市级非物质文化遗产名录。

主要内容　金星砚制作从毛石到成品，大致经过选料、制坯、设计、雕刻、磨光、上光等工序。

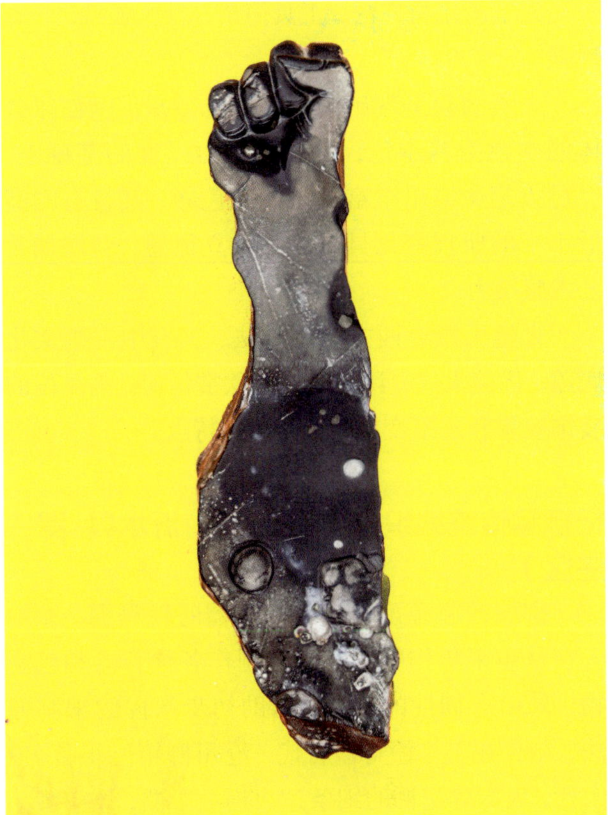

金星砚——中国力量

选料：观察砚坯造型，金星石色，石形等。

制坯：整平清理石材。

设计：从整体出发，确定砚膛位置，表现内容，立意和题材，用笔在砚坯上画稿。

雕刻：首先开挖砚膛，然后根据具体情况采取不同的雕刻技法。

磨光：用不同规格的砂纸进行打磨。

上光：将砚台在水中再次水磨上光。

主要石刻技法：有透雕、浮雕、半浮雕、浅雕、平面刻等技法。透雕法就是把石材部分镂空。浮雕法即采取阴线雕刻，立体突出。半浮雕刀法简练整洁。线雕是采用阴线或阳线雕刻技法，主题图案鲜明。平面刻，多用于装饰以及修饰之用。

制作工具主要有：平刀、圆刀、扁刀、刻刀、铳子、陀子等。平刀用于开挖砚膛，清理平面；圆刀用于修整砚边边缘；扁刀用来雕刻饰物；刻刀用于雕刻文字及饰物图案；铳子剔除多余边料；锤子用于敲打刻刀，雕刻砚石；陀子用来打磨砚材及镂空工艺。

火笔画（河东区　蒙阴县）

火笔画起源于西汉，兴盛于东汉宫廷，距今已有2000多年的历史。后来由于灾荒战乱，火笔画一度失传，清朝末年得以恢复。

历史渊源　临沂市河东区火笔画流传于汤河镇前西庄村，至今已有120多年的历史。清朝末年，在宫廷中做木工的河东工匠，看到有人用铁钎和木香捆绑在一起，点燃木香加热铁钎作画，遂将这种技艺学会并带回家乡。一次偶然的机会，许洪刚学会了火笔画，并对此产生了浓厚的兴趣，开始悉心钻研火笔画艺术，创作了大量的火笔画作品，多次参加国家、省、市级书画大赛并获奖，其作品被多家新闻媒体、报纸杂志宣传报道。

蒙阴火笔画传承人孙胜运，1975年开始学习创作火笔画，师从著名画家冯士松，作品被誉为“纸与火的艺术”。他自制烙铁为烙画工具，在木板和纸板上运用工笔、素描、水彩加套色等技法，

火笔画创作

以岱崮地貌和当地人文风情为题材，创作了大量烙画作品。

2011年3月，（河东区）火笔画被列入临沂市第三批市级非物质文化遗产名录；2016年12月，（蒙阴县）火笔画被列入临沂市第三批市级非物质文化遗产代表性项目名录扩展项目名录。

主要内容 火笔画是用温度300℃～800℃的铁签代笔，利用碳化原理，在竹木、丝绢、宣纸等材料上作画，巧妙自然地把绘画艺术的各种表现技法与烙画艺术融为一体，形成自己独特的艺术风格。

火笔画以黑、棕、茶、黄、白五色为主要色调，线条粗细不一、简洁明快。完成一幅烙画作品需经过设计、构图、选料、拓稿、熨烙、修整、平磨、抛光、设色、装裱等步骤，要求创作者了解宣纸、绢、布、亚麻等材料的特征，根据构图需要掌握烙具的速度、控制烙具的温度、把握烙具的角度和压力，使用落、起、止、走、住、叠、圆、回、藏的运烙技巧进行创作。烙画包括点烫、立体烫、工笔白描烫、面烫、线烫、冷烫、烘烫、间隔烫、特技烫、混烫等多种技法。

火笔画创作在把握火候、力度的同时，注重“意在笔先，落笔成形”，不仅有中国画的勾、勒、点、染等手法，还发展出润色、细描和烘晕、渲染等技艺，烙出丰富的层次与色调，给人以古朴典雅，回味无穷的艺术享受。

火笔画作品一般呈深、浅褐色。在木板、树皮、葫芦等材质上烙绘，画面上自然产生凹凸不平的肌理变化，具有一定的浮雕效果。木材、葫芦等材质较硬且厚实，在上面烙制相对来说较易控制。宣纸较薄，温度过高，宣纸会变焦，温度过低，又烙不上痕迹，宣纸烙画成为烙画中的精品。要练出随心所欲使用手劲的能力，需要经过漫长艰苦的训练。

技艺特点 火笔画的特征是以铁作笔，以火为墨，在木板、竹簧、宣纸、丝绢等不同材料上作画，借鉴国画技法，运用远近虚实、浓淡相间的方法，烙绘而成，作品大至数丈，小不盈尺，具有很高的艺术欣赏价值和收藏价值。

由于掌握这门技艺的大多是民间艺人，受文化和艺术修养的限制，大多构图简单，技法单调，往往是一枝、一花、一人、一鸟，师徒相传，往返复制。

火笔画用材广泛，工具简单，着色独特，装饰性强。

火笔画会呈现出国画的视觉效果。以创作载体的本色为基本色，在把握着力程度的基础上，经过火笔烫染出丰富的层次和色彩，其特有的高低不平的肌理变化具有较强的立体感，会增加其艺术感染力。

火笔画既有西方油画技法，又有中国画文化底蕴，优美大气，具有较高的欣赏价值，高品位的装饰效果和永不变质、不变色的特点。

杞柳编传统编织技艺（郯城县 沂水县 罗庄区）

柳编的起源可追溯到旧石器时代早期，原始人在从事采集作物的过程中制作各种容器和包装物，采用有韧性的植物，借助初步掌握的编制方法，制作出篮、筐等。唐代，沧州柳箱已很著名。宋代，人们取杞柳的细条，“火逼令柔曲，作箱箧”。临沂柳编历史悠久，是全国著名的杞柳生产和柳编加工基地，各县区都有柳编加工产业，其中较为集中的有临沭、郯城、沂水、罗庄等县区。

历史渊源　郯城县杞柳种植可追溯到1000多年前，沙墩镇朱柏、黄山镇柳行等地的村民开始在河滩地栽植杞柳。郯城杞柳编织最早的文字记载，始见于明朝永乐年间，今沙墩镇株柏村、华埠村村民将杞柳编织成篼子、笊篱、箱篓、簸箕以及斗升等生产生活用具。近代以来，当地百姓多靠杞柳编织维持生计，因有“编筐打柳，养家糊口”之说。中华人民共和国成立初期，当地人民政府开始组织群众利用湿地、涝洼地种植杞柳。1972年，郯城县工艺美术总厂开始生产柳编工艺品，同年杞柳编织制品打入了国际市场。1986年产值达580余万元，居全国同行业前列。20世纪90年代后，郯城杞柳编织业向规模化发展，经营方式也逐渐向“公司+农户”的模式转变。沙墩、黄山、庙山等乡镇群众中流传着“金条、银条，不如柳条”“编筐、编篓，家家都有（富有）”的谚语，是对杞柳编织业兴旺发达的形象描述。

进入21世纪后，郯城县杞柳编织业进入了快速发展阶段。杞柳编织制品因质量高、款式新，造型优美、色调和谐、美观大方，兼具实用和观赏价值，而深受客商赞赏，产品畅销美国、日本、法国、英国、加拿大、荷兰等30多个国家和地区。全县从事柳编业农户2万余户近6万人，有杞柳制品100多个系列，1万余个花样，拥有柳制品经营企业90余家，其中具有自营出口权的近60家，年加工销售产值3.5亿元，成为国内最大的集杞柳种植、加工、贸易为一体的集散地之一。

沂水西于沟村柳编历史悠久，明永乐年间，当地农民就开始种植杞柳和编织柳器，迄今已有500多年的历史。清朝中期，当地有“于沟簸箕河边柳”之说。数百年间，通过家族传承，社会传承，西于沟传统柳编工艺不断发展。20世纪60年代，柳编产品销往全国，从事编织的工匠达到4000多人。70年代末，西于沟发展出口型柳编工艺品，产品销往欧美、东南亚等多个国家和地区。

罗庄区杞柳编织主要集中在黄山镇。20世纪70年代末，部分村开始兴办柳编工艺品厂，引进柳编新工艺，生产外贸出口柳编工艺品。1988年，根据市场需求对柳编制品进行创新，柳编制品样式更新颖，造型更优美，色调更和谐，工艺更精湛，在国际市场很受客商青睐。2020年，柳编逐渐发展成为黄山镇的支柱产业之一，全镇规模较大的柳编企业有20余家，带动5000余户、20000余人从事柳编加工。依托柳编、苗木种植等29家农村经济合作组织、协会、商会，临沂佳源工艺公司成为全市最大的柳编企业。

2011年3月，郯城杞柳编织技艺被列入临沂市第三批市级非物质文化遗产名录。2020年11月，传统柳编（沂水县、罗庄区）被列入临沂市第三批市级非物质文化遗产代表性项目名录扩展名录。

柳编花瓶系列

主要内容　临沂杞柳编织产品或玲珑精致、典雅秀丽，或粗犷豪放、古朴自然。技艺精湛，技法繁多。大致分为选料、上色、浸泡、编织、熏蒸、晾晒、刷漆等7个流程。

选料。以伏天柳条为最佳，这时柳条较为成熟、剥皮容易、颜色较白，直径大约为1～5毫米，长度约60厘米。

上色。根据设计要求，将所需要的颜色均匀地涂在柳条上，并晒干。

浸泡。柳条浸泡是为了增加其柔韧性，粗柳条要浸泡 20 分钟，细柳条 10 分钟。经过浸泡的柳条变得柔软，有韧性，易于弯曲，编织起来不容易折断。

编织。按照一定的形状和规格进行。主要方法有平编、勒编、绞编、砌编、缠边等。平编是经纬交织，互相穿插掩映，从而形成不同的交叉编织纹样。勒编是传统的柳条编织技法，以麻绳或牛筋线作经，以柳条作纬，麻绳互相交错穿过柳条间，穿一次，绕扣勒紧。绞编也是以经纬编压为主要特点的技法，先编排好经桩，然后以编条交叉上下穿行于经桩上下，循环绕行，编成后表面全为纬编所掩盖，不露经条。砌编多用于圆形器物的编制，先将编织物聚合成把，然后用较结实的篾片，将这些把束穿起来。缠边主要用于条编器具的边沿、把手部分，多以坚硬的材料为芯，外面用柔软的条子按一定方向缠绕，缠绕时可以编出花纹图案，多见于柳编制品及屏风的包边和衔接部分。

熏蒸。为了清洁美观和增加湿度，编织出的成品要用洗衣粉进行擦洗。然后，将成品放入熏室内，把放在容器内的硫黄点燃熏蒸 2 小时，熏蒸时必须将熏室门窗密封。

晾晒。熏蒸后的成品要及时地进行晾晒，熏蒸和晾晒都是为了防止产品发霉和变形。

刷漆。晒干以后，刷上清漆，使其结实耐用、亮度增加、更加美观。

技艺特色 杞柳编织技艺经过几百年的传承、发展和创新，集中体现了当地群众的智慧，具有深厚的文化底蕴和浓郁的地方特色。

用料选材考究。杞柳制品要求柳条亮白、芯细且柔韧强。3 县区气候环境和土壤非常适宜杞柳种植，出产的杞柳制品坚固耐用，美观大方。

技法各具特色，变化多样。郯城勒编技法是柳线结合、质密耐用；砌编讲究产品的造型和曲线；缠边则讲究朴实大方、美观实用。沂水县柳编根据器物的底、帮、沿等部位，采用不同的编织工艺，分别以葵花桩、“米”字桩、“丰”字桩、麻花绞桩、胡椒眼、三角眼、筛子眼、经纬编及绞、圈、挑、压等工艺绞桩打底。

向城虎头帽

虎头帽分带巾子（虎头帽后边连接的护肩）和不带巾子两种，带巾子的以“祥云八卦图”虎头帽最具特色，寓意平安富贵，厚德载物。后又派生出虎头鞋、虎头连裆裤、枕头顶、枕巾等十几种绣品，其中枕头顶、枕巾多用于喜庆，以传统吉祥图案为主，主题有“早生贵子”“喜鹊登梅”“鸳鸯戏水”“凤凰戏牡丹”“百鸟朝凤”“步步登高”等。

历史渊源 向城虎头帽为兰陵手绣的主要品种，属于传统的鲁绣，所用的绣线大多是较粗的加捻双股丝线，俗称“衣线”，故又称“衣线绣”，它历经几代人的传承，不断发展，形成了独特的刺绣风格，至今已有 200 多年历史。

虎头帽（组图）

第五代传承人李贵辉，自幼跟随祖母及母亲学习刺绣及制作传统儿童鞋帽，在家传手工艺基础上吸纳鲁西南刺绣手法，制作出儿童狮头帽、虎头帽、莲花帽、围嘴、肚兜等，富有观赏性和实用性。

2011 年 3 月，苍山向城虎头帽被列入临沂市第三批市级非物质文化遗产名录。

制作工序 虎头帽制作的核心是虎头帽壳制作，主要工序有：

打“确子”。将布料刷上浆糊，贴在平整的木板上，一层浆糊一层布料，贴四五层，晾干后形成有一定硬度的板料称“确子”。

剪图样。是将糊成的确子做成帽壳或剪成各种图形纹样，图形纹样分两种，一种为平面图形，如虎耳、虎眉、虎嘴、虎牙等，一种为浮雕形，即用确子或布、绸剪成所需要的图案，有的地方需使图案纹样凸起，呈现立体效果。

绣图案。以彩色强捻双股衣线为绣线，采用齐针、缠针、打籽、滚针、套针、接针等针法，将图案绣于帽壳上，技法采用剪纸、贴花、刺绣、锁边、镶金边等传统针法，又采用鲁绣的补绣技艺，零件突出部件使用填绣补，突出主体效果。

缝合。是将做好的各种图案零件缝合在帽壳上。帽壳分为两种，带巾子的帽壳顶上留有圆洞，不带巾子的，帽壳是封顶的。两种帽壳在缝合图案时，除虎头脸上的零件相同外，虎耳有所区别，带巾子的帽壳上的两个虎耳是瓦形，缝合在帽壳圆洞的两边下方，后边还安上一个带穗子的“奓撒子”。而不带巾子的帽壳的虎耳是尖椭形，则安在帽壳顶部的两角上。

装饰。是用黄色线在眼角和嘴边安上穗子象征虎眉毛、虎须。为美观好看，还要在帽壳周围安上“牙子”（裙边）。

传承谱系 第一代邹云英祖母（不详），第二代邹云英母亲（生于民国时期，卒于 1996 年），第三代邹云英，第四代李兰侠（邹云英女儿）、周自美（邹云英儿媳），第五代李冬梅、李贵辉。

沂蒙老区酒酿造技艺

沂蒙老区酒是中国传统手工蒸馏酒，其特有的制曲工艺、复式糖化发酵工艺和甑桶蒸酒技术在蒸馏酒中别具一格。沂蒙老区酒酿造采用传统的老五甑工艺，所用水取自当地冠山之泉，清冽甘甜，微量元素较多。酿酒的主要原料为当地生产的优质高粱、小麦、白米、糯米、玉米、黄菊花。经过发酵、蒸馏、量质摘酒、入库陈熟、精心勾兑等工序而成。产品香气浓郁，酒体醇厚，窖香突出，饮之回味悠长。

蒸粮蒸酒

历史渊源 临沭酿酒历史可追溯到距今约 5000 多年前的东夷文化时期。唐宋时期，夏庄、曹庄、南古一带手工业开始兴起并逐渐繁荣，沭河两岸形成了大大小小近百家酿酒作坊。

明清时期，以南古为中心的酒坊规模和数量不断扩大，具有代表性的有邸家酒坊、巡会酒坊、南古庄酒坊、陈家酒坊等 16 家，其中陈巡会酒坊生产的“顺风”酒，享誉鲁南苏北，并通过连云港远销朝鲜半岛、日本等地。

抗日战争时期，为解决山东根据地经济困难问题，1942 年 7 月，刘少奇在临沭陈巡会村召开发展工业会议，决定成立榨油、酿酒等合作社。1944 年以酒业合作社为基础，建立了巡会酒厂。

1963 年，临沭县政府决定将县内的邸家酒坊、夏庄酒坊、巡会酒坊、南古庄酒坊等十几家酒坊合并成立国营临沭县酒厂，后改为山东沂蒙老区酒业有限公司，传统酿酒技艺得到进一步保护和传承。沂蒙老区酒在长期的生产实践和探索中，逐渐形成以菊花制曲、砖泥结合窖池、“两低一长”为核心的独特酿造技艺。

2011 年 3 月，沂蒙老区酒传统酿造技艺被列入临沂市第三批市级非物质文化遗产名录。

生产工艺流程 选择当地生产的优质高粱、小麦、大米、糯米、玉米、黄菊花为主要生产原料，粮食要求成熟饱满，无霉烂，淀粉含量高。原料处理分两步：第一步对用于酿酒的粮食进行细致的筛选，送到原料粉碎车间进行粉碎。第二步粉碎后要润粮，水温在 45℃左右，翻料均匀，堆积 20 分钟，确保料粒吸水泡透。

配料。原料的配比要求淀粉浓度达到 18% 左右，高浓度发酵是沂蒙老区酒的另一大特色。配完料后要润粮，水温在 45℃左右，翻拌均匀，堆积 20 分钟，确保颗粒吸水泡透。在配料中，根据需要加一定量的黄菊花，以此确保酒的特质。

出窖。揭开窖池，除去窖皮泥，依次将池内酒醅清出，最上面的一层是丢糟，其次为回渣、小渣、大渣 2、大渣 1。正常生产时，大渣 1、大渣 2、小渣加入新粮，丢糟和回渣不加新粮，丢糟在蒸酒后直接丢掉，回渣蒸酒后加 20 ~ 30 公斤曲粉，成为下一轮的丢糟，其他加料后蒸粮蒸酒。

蒸粮发酵。蒸粮时，应使粮粉充分糊化，蒸粮时间为 80 分钟。出甑的粮糟推至通风板后加浆，浆水温度大于 80℃，浆水要与粮糟充分拌匀，加浆从大渣 1 到小渣依次递增。粮醅加浆后通风、扬冷，冷却后撒曲，回渣加曲温度为 33℃ ~ 45℃，大渣加曲温度为 28℃ ~ 35℃。

入窖对水分、酸度、温度等都有一定的要求，水分保持 52% ~ 60%，夏季偏高，其他季度偏低；酸度夏季为 1.8 ~ 2.8，其他季度偏低；大渣入窖温度夏季为 22℃ ~ 28℃，其他季度为 13℃ ~ 22℃，入池时要踩紧窖边，回渣入窖温度要偏高，并做好标记。待入窖完毕后，再用塑料纺织袋盖好，用泥封好，拍光、抹平，最后用塑料布盖好。

装甑摘酒。装甑前首先将底锅清理干净，再加适量清水，待水煮沸后，以糠铺底等待装甑。装甑时，轻撒慢装，保持物料边高中低，防止塌甑、漏气现象。装甑时间控制在 30 ~ 35 分钟。摘酒要分段摘酒、文火蒸馏，严控流酒速度，确保文火蒸馏，让酒醅发酵过程中产生的香味物质和菊花中的有效成分得到充分的提取，使酒的香味更突出，质量更好，风格更典型。掐头去尾、量质摘酒是有效提高产品质量的措施，每甑摘取 2 ~ 3 公斤酒头单独存放，酒头中低沸点物质多，香味物质多，经过贮存作为调味酒可提高基础酒的前香。分段摘酒充分体现不同馏分的风格特点，采用文火流酒，流酒温度控制在 25℃ ~ 30℃，通过蒸馏中雾沫夹带作用充分提取酒醅中的香味物质。蒸完酒后，大汽追尾，并排除杂味。

入库老熟。从酿酒车间刚蒸馏出来的曲酒多呈燥、辛辣味，不醇厚柔和，通常称为“新酒味”。进入酒库经过一段时间的贮存后，“新酒味”会逐渐消失，酒的燥辣味明显减少，使香气更柔顺，味道更绵软、更浓厚，酒体变得协调，更加完美。香气风味都得以改善，此谓入库老熟。贮存所用容器为陶制容器，其特点是能保持酒质，透气性好，所含多种金属氧化物在贮酒的过程中有利于加速酒的老熟。

勾兑调味。勾兑与调味技术是生产工艺中非常重要的一环，它对稳定酒质、提高优质酒的比率起着极为显著的作用。它由尝评、组合调味组成，是一个不可分割的有机整体。尝评，主要对酒的色、香、味、格四个部分进行眼观其色、鼻闻其香、口尝其味，并通过色香味确定酒的风格。组合调味是根据小样试验从各个酒缸中抽取不同风格不同质量的酒进行组合调味，使其酒质达到香味协调、优雅丰满、回味爽净。

品评。是酒生产的重要环节，是利用人的感官对酒的外观、香味、口味作出鉴定，品评者要按照观色、闻香、尝味等步骤，最后写出酒的风格，是对酒的一项综合评价。

主要特征 独特的菊花制曲技艺。制曲选用优质小麦、黄菊花为原料。将小麦加水润料后，加入一定比例的菊花粉碎，合成制曲原料，经过拌料、踩曲等工艺，最后培养制成菊花曲。菊花曲具有抑制金黄色葡萄球菌等有害生物生长的特性，提高了曲的糖化力及发酵力，缩短了培养周期。

特有的砖泥结合窖池。为了保持菊花入酒要求的酒体净爽感，在传统浓香泥窖的基础上，创造性地发明了砖泥结合专用窖池，泥窖成香物质丰富、酿酒香味浓郁，砖窖酿酒纯净、淡雅。通过长期的试验，找到了泥窖和砖窖两者结合的最佳比例，保障了酒体的香味和风格。

“两低一长”酿造工艺。经过长期经验积累和老师傅心口相传，逐渐形成了“两低一长”的酿造工艺，即“低温入窖、低温发酵、延长发酵时间”。通过“两低工艺”控制，使得整个发酵过程更加缓慢，保证了酒体的绵柔、细腻。通过超传统浓香型白酒一倍时间的发酵周期，使发酵更为充分，成香成味物质更为丰富，保证了酒体的醇厚、丰满。

项目传承　沂蒙老区酒的传统酿造技艺以师徒方式传承。最早可追溯到清朝末年的酿酒师邸厚山，他的徒弟在夏庄、巡会等地开了多家酒坊。

张贵选一脉的传承谱系为：第一代邸厚山，第二代陈朝彦、朱尧恕、王洪明，第三代王孝梅、吴景学、曹建亭，第四代曹希祥、邸秀礼、吴守元，第五代张贵选，第六代王爱军、邸仕宝、王利彬。

传承群体：沂蒙老区酒业专门设立22个古法酿酒技术班组、建立行业内高标准的技术研发中心，培养和选拔高技能的传承人。传承人多次参加国内、省内的行业交流会，传播传统酿造技艺，让传统古法在传承中创新发展。

小二回锅炒鸡制作技艺

炒鸡是中国传统的特色美食，鸡肉富含矿物质，蛋白质及脂溶性膳食纤维等营养成分，营养价值很高。临沂小二回锅炒鸡选用当地的土生土长的国雁鸡，加入适量的盐、醋、花椒、茴香、辣椒、料酒、酱油、八角等，配以秘制炒鸡料，调料和鸡肉形成绝妙的搭配，炒出的鸡肉酱红透明，香味纯正浓郁，集色、香、味、补为一体。

历史渊源　临沂小二回锅炒鸡的起源可追溯至清朝，相传康熙皇帝南巡，经沂州府（今临沂市），走到城外约十里处，一阵风吹来，忽然闻到前面飘来阵阵香味，就派随从前往打听，得知香味来自城里一家炒鸡店，于是便带人来到店里。但见食客满座，生意兴隆。店小二上前来招呼，康熙说上几个拿手好菜，小二便将本店拿手好菜——炒鸡，还有几个小菜端了上来。鸡香浓郁扑鼻，色泽鲜亮，康熙夹起一块放在口中细细品尝，食欲大振，不一会吃个精光，对小二炒鸡大加赞赏。

2014年3月，小二回锅炒鸡制作技艺被列入临沂市第四批市级非物质文化遗产名录。

小二回锅鸡

基本内容　临沂人喜爱吃鸡，境内炒鸡店有上千家。临沂小二回锅炒鸡香辣可口、色泽红亮、滋味爽滑、营养丰富，是兰山区王善平根据传统炒鸡秘方，利用当地的国雁鸡品种，结合现代人的饮食口味，改造创新形成的一道独具沂蒙特色的菜品。

原料：本地土公鸡（约2千克），青、红椒各30克。

调料：炒鸡粉15克，混合油100克（色拉油、熟猪油各50克调匀）；B料：葱、姜、蒜、红椒各100克，高汤500克；C料：鸡粉20克，盐、味精各10克；D料：盐5克，味精6克，味达美酱油8克，老抽4克。

回锅炒鸡制作方法：

先将鸡洗净，斩成块备用。

锅入1/2混合油烧热，下入1/2 B料小火煸香，进行第一次调味；下入鸡块大火翻炒3分钟，倒入高汤烧沸，下入炒鸡粉、C料炒制2分钟，进行第二次调味；倒入高压锅压制10分钟，取出鸡块备用。

锅入剩余混合油烧热，下入剩余B料小火煸炒，进行第三次调味；入压好的鸡块大火翻炒，再下高压锅内的原汤，中火慢慢收汤，至汤汁快干时，下入D料进行第四次调味，下入青、红尖椒翻匀，旺火收汁出锅即可。

此菜炒制时进行四次调味，投料时间与下料顺序十分讲究，若中间出现差错，味道就会大相径庭，要求厨师基本功必须扎实。鸡块要大小均匀，方便成熟、入味。

惟一斋八宝豆豉制作技艺

八宝豆豉是临沂名土特产之一，以其营养丰富、醇厚清香、去腻爽口、食用方便的特色享誉中外。八宝豆豉是用大黑豆、茄子等8种原料经过一年密封发酵而成，含有丰富的蛋白质、维生素、谷氨酸、赖氨酸、天门冬氨酸等营养成分，具有温中健脾、益气补肾、滋补润燥、舒筋活络等保健功能。1992年获全国博览精品金奖，1995年获中国名优精品金奖。

历史渊源　豆豉制作历史悠久，已有400余年历史，明代《本草纲目》谷部中即有记载："豆豉，诸大豆皆可为之，以黑豆者可入药。有淡豉、咸豉，治病多用淡豉汁及咸者，当随方法"。惟一斋八宝豆豉采用大黑豆、茄子、鲜姜、杏仁、紫苏叶、鲜花椒、香油和白酒八种原料经一年密封天然发酵而成，故称"八宝豆豉"。

关于八宝豆豉的由来还有一段故事。相传在清道光年间，临沂城惟一斋酱园有个王哑巴，得知蒙阴垛庄有位老妈妈善用大黑豆、茄子、香油作原料腌制豆豉，垛庄酱园彭三从她手中学到了制作豆豉的技艺。于是，王哑巴将彭三请至惟一斋酱园。不久，又得知临沂城外独树头村崔家和大店庄家制作的豆豉很独特，便千方百计弄来配方，交彭三学习研制。惟一斋博采诸家之长，不断地试制改进，于清道光末年研制成八宝豆豉。八宝豆豉制作技艺在惟一斋代代相传，至今已有170余年历史。20世纪80年代，临沂惟一斋酱园制作的八宝豆豉深受群众欢迎，供不应求，成为紧俏商品之一，产品除销往山东及京、津、沪等地并远销日本和中非。

惟一斋八宝豆豉以其色泽晶莹、香味独特、营养丰富、去腻爽口、食用方便的特色和生津开胃、降逆消食的作用迅速成为享誉中外的临沂地方名吃，在山东众多的酱园中独树一帜。

2014年3月，惟一斋八宝豆豉制作技艺被列入临沂市第四批市级非物质文化遗产名录。

基本内容　八宝豆豉制作用料多、准备复杂、历时久。首先将黑豆煮熟，捞出晾干，然后密封发酵，约一周之后重新取出，洗净晾干，再用水浸泡，使之恢复煮熟时的原状，再晾晒至含水30%左右；茄子洗净切片，加盐放在坛子里腌制10天，每天翻搅一次；花椒、紫苏叶、鲜姜等加适量盐腌渍备用；杏仁米煮熟，搓掉皮备用。原料准备好之后，先用布袋将腌好的茄子压出水，再用压出的茄子水将黑豆泡15分钟，最后将所有原料放入腌制容器内，配合一定比例的香油、高度白酒拌匀，密封严实。腌制豆豉的容器以陶瓷制品为佳，易于长久保存且不散失香气。密封好的容器春秋放在阳光下，夏季放在阴凉处，任其自然发酵，切忌进水。经过一年发酵，到第二年中秋前后，打开密封的容器，可以看到粒粒黑豆浑圆饱满，透黑莹亮，闻起来清香四溢，吃起来爽口不腻。

沂蒙泥哨制作技艺

沂蒙泥哨又名陶笛，是流传在沂蒙地区的一种古老的民间艺术品，是沂蒙民间文化的代表性作品之一。二十世纪六七十年代，每当春暖花开，乡村的孩子们便聚在一起，摔泥巴，捏泥团，做泥哨，经晒干或烧制，便可吹奏玩赏，泥哨是当时孩

沂蒙泥哨——葫芦

子们最喜欢的玩具之一。

历史渊源　沂蒙泥哨制作历史悠久，临沂市河东区曾出土汉代吹泥哨人俑，证明2000多年前临沂人就开始制作、吹奏泥哨。《中国民间玩具简史》记载：临沂市东去三里的褚庄，盛产牛头哨、双音哨……这些泥哨均设双孔，一深一浅，一粗一细，吹奏时声音一高一低，双声共鸣，十分悦耳。旧时，沂蒙地区物资匮乏，孩子们就自己动手做泥哨，或用废品从货郎手中交换。20世纪初，褚庄沂蒙泥哨一度盛行，远销到江苏、河北等地，成为当地一大收入，从业者十之有七。

2014年3月，沂蒙泥哨制作技艺被列入临沂市第四批市级非物质文化遗产名录。

主要内容　泥哨的成型有三种方法：一是手捏成型，二是模印成型，三是半捏半印成型。手捏成型是用双手给泥巴造型，先按照作品的规格大小，将泥巴搓成坯，再捏塑成形象。模印成型是用泥巴在模具里压印出来的泥哨，又称压模泥哨，可用于批量生产，使用最多的是模印成型。压模泥哨需要事先制作模具，模具是用泥巴制成，再经过火烧后形成。模具一般是双片，两片得体吻合，中间的空心便是压模泥塑的形体。取出模具内的泥胎，在泥胎没有干燥前，须用竹签或刮刀将泥胎修光，去掉两片模具交接处的接缝泥巴，使泥模光洁。沂蒙泥哨有陶土原色和上色两类，陶土原色泥哨就是不加任何修饰，上色泥哨需要经过粉坯、彩绘等工序，色彩鲜艳，更显档次。

泥哨制作工序：

做模型。艺人称“捏仔”，泥塑模子皆从“仔”脱出来的。

和泥。取当地2米以下的僵瓣土，经晒干、砸碎、浸泡、踩泥，去除泥中结块。

制哨。将和好的泥拍成薄饼，放在模子里，合坯印模；把泥哨从模具里脱出来；用竹签捅出发声哨道，用小圆锥棍捅出发音孔；用擀面棍把泥哨外观擀平整，然后用竹片把坯体修光，将泥哨放在阴凉处晾干。

上色。将骨胶化开，放入白色粉；用白色的骨胶将泥哨部分涂上白色；根据造型和含义，绘上彩色图案。

沂蒙泥哨制作工艺精良，一件作品要经过十几道工序才能完成。经过繁杂的工序，可以使泥哨坚硬，不易干裂。采用纯天然的陶土或瓷土，造型粗犷夸张。本色泥哨外观朴素奇巧，手工彩绘的色彩简洁艳丽。当地人常以红、黄、蓝、白、黑五色丝线拴挂一枚小泥哨，佩戴在儿童胸前，用以祈福消灾避瘟病。

郑旺酱菜

郑旺酱菜是临沂民间一种家常小菜，迄今已有上百年的历史，具有色泽鲜亮、脆嫩清香、酱香浓郁、咸甜适中的特点。

历史渊源　河东区郑旺酱菜具有悠久的历史。相传宋太祖赵匡胤就用此处的咸菜供应军需，郑旺酱菜成为宋代军队的军需品。元代京城达官贵人把郑旺酱菜视为珍品。明清时期，郑旺酱菜逐渐成为大众日常消费品。民国初年，郑旺街上有宋家、董家、林家等几家有名的咸菜铺子，主要经营腌菜疙瘩、腌莴笋、腌黄瓜、豆瓣酱、八宝丝、酱油醋等。抗日战争和解放战争时期，咸菜和沂蒙煎饼一起，作为补给，无私奉献给前线的人民子弟兵。

20世纪50年代，镇上的几家咸菜铺子通过公私合营，加入了新成立的郑旺供销社酱园，一直延续到80年代，酱园停产。1988年，郑旺镇经贸办从天津第一调料厂引进技术人才，成立临沂市调料厂。厂技术指导王福山带领技术人员在传统郑旺酱菜的基础上加以改进，生产出第一批工业化酱菜，命名为“怡然”牌。当时“怡然”牌酱菜在全国红极一时，畅销大江南北，尤其是蒜蓉辣酱，以其独特口味深受广大消费者青睐。

传承人宋连永，生于酱菜制作世家。10岁就跟着爷爷学习酱菜腌制。1988年，进当地酱菜厂当工人，他勤奋好学，聪明能干，做事认真，跟随从天津聘请来的技术人员王福山学习天津酱菜制作技艺。将天津酱菜的腌制方法与传统的郑旺酱菜腌制技术相结合，提升了郑旺酱菜品质，制作的酱菜酱香浓郁、咸淡适中、口味纯正。1994年，宋连永创办临沂大宋食品有限公司，并担任总经理。为保留传统制作酱菜的方法，他投资200万元建设老工艺车间，完全按照老工艺加工酱菜。他还投入资金1500余万元，建成华东地区第一处集研发、种植、生产、加工、销售于一体的大型酱菜制品生产加工基地。

2014年3月，郑旺酱菜被列入临沂市第四批市级非物质文化遗产名录。

主要内容 郑旺酱菜制作技艺的流程：

选材。挑选无腐烂、无杂质、无虫害的蔬菜，清洗干后放入缸内，一层蔬菜一层盐，腌制60天。

切削。根据酱菜的性质，切成不同形状的条、块、丁、丝、片等。

脱盐。咸菜坯1份用10倍水浸泡，常温情况下，春秋季2.5 ~ 3天，夏季2 ~ 2.5天，冬季3 ~ 3.5天。

脱水。将浸泡脱盐后的菜沥干或压水分。

酱制。将酱汁、豆酱调好后，放入压榨好的菜胚进行酱制，每天翻缸一次，连续翻七天，然后封缸。酱制2个月后，调料入味，然后包装出售。

黄家粉皮

粉皮粉条的制作是中国北方尤其是山东一带传统食品加工项目，几乎村村都有粉坊。主要原料是绿豆、豌豆、高粱、土豆等。清末民初，甘薯逐渐成为制作粉皮粉条的主要原料，制作工艺也得到了进一步的改良提高。

历史渊源 黄家粉皮产自临沂市河东区汤头街道西安乐村，清朝末年兴起，距今有120余年历史。清末民初，黄家粉皮第一代传人黄玉法在粉皮原料选用和配方比例上进行改良，尝试用甘薯代替豌豆、绿豆和高粱生产粉皮粉条。经过多次试验，摸索出了以甘薯为主要原料的粉皮粉条制作工艺，大大地降低了粉皮粉条的制作成本。甘薯中淀粉含量高，且含有丰富的胡萝卜素和多种维生素及矿物质，味道甘甜。用甘薯做主要原料生产出来的黄家粉皮晶莹透明、口感上佳，许多外地客商专程前往预订，黄家粉皮名声大噪，有“山东粉皮西安乐，黄家粉皮家家乐”的美誉。

传承人黄树青，高中毕业后进入家庭作坊，改良工艺和加工机械，提高了导热效率。2010年，成立黄家粉皮合作社，进驻沂南县竹泉村旅游度假区，现场制作粉皮，开发了粉皮卷大葱、凉拌粉皮等特色小吃，很受群众欢迎。

2014年3月，黄家粉皮制作技艺被列入临沂市第四批市级非物质文化遗产名录。

主要内容 黄家粉皮，主要以红薯淀粉为原

黄家粉皮制作

料，掺杂少量绿豆淀粉，不添加任何食品添加剂，坚持手工制作，经过调浆、旋制、晾晒、压平、打捆等十多道工序，采取自然晒干的形式制成。制作出来的粉皮口感爽滑、绵软、筋道，耐煮，富含碳水化合物、膳食纤维、蛋白质、烟酸和钙、镁、铁、钾、钠等矿物质，营养丰富。

制作粉皮一般需要三人，一人负责旋制，一人负责揭取摆放，一人负责端出去晾晒。制作粉皮的铝制旋子直径约50厘米，旋子烫在八印锅的热水里，很快就将炭火的温度从炉灶内通过水传递给淀粉浆。旋制师傅趁着淀粉刚刚感受到的热度，两手捏住旋子边缘用巧劲一旋，在离心力的作用下，尚未凝结的浆汁滑向旋子四周，在滚热的旋底部涂上了一层非常薄的淀粉。在热力的作用下，转瞬间这层淀粉变得几近透明，而回流浆汁在旋制师傅灵巧的拨弄中，均匀地摊在第一层上面。揭皮子的人需要眼疾手快，将旋子掠过，浸入一口凉水缸里一激，转圈地将皮子揭下，敏捷地摊在竹排上。一般5个一组拿到阳光下晾晒，等彻底晾干以后便可以储存、食用了。

传承谱系 第一代黄玉法，第二代黄在坤，第三代黄富贵，第四代黄树青。

陈桥老咸菜制作技艺

老咸菜又称“黑咸菜”“熟咸菜”，是用铁地锅、木柴火炆制的咸菜，是沂蒙民间传统家常小菜。陈桥老咸菜选料讲究，工艺精湛，具有香味独特、口感筋道、咸淡适中、食用方便等特点。

历史渊源 陈桥老咸菜产自兰陵县向城镇陈桥村宋家，创始人宋广晋，吸收民间炆老咸菜的做法，不断改进创新，制成了独具沂蒙风味的陈桥老咸菜。儿子宋文衡10岁随其学习制作老咸菜，制作的老咸菜，闻名乡里。宋家制作老咸菜的手艺代代相传，至宋传新已传承五代，有140余年历史。

传承人宋传新，毕业于青岛大学食品科学与工程专业，在保持家传技艺的基础上，运用所学食品营养、食品工程专业知识对陈桥老咸菜生产工艺和营养成分加以改善，2006年研制出散装老咸菜，2007年开发出礼品箱，倍受消费者欢迎。

2014年3月，向城陈桥老咸菜制作技艺被列入临沂市第四批市级非物质文化遗产名录。

工艺做法 选取立秋后十多天在枷河两岸的沙土地种植的绿色无公害蔬菜——芥菜（此地种植的芥菜做出的老咸菜有天然荠香，口味纯正）。原料经清洗、撒盐、腌制、晾晒、脱盐、制作老汁、煮制、加配料、封缸、焖制、包装等，共需12道工序。制作时间从当年的11月到次年3月，每道工序特别讲究。采用地锅、木柴火炆制咸菜，煮制用的老咸菜汁严格按比例勾兑，要求浓度适宜，汤色黑酱色，香味浓郁，精选八种配料按比例配制，多则影响老咸菜荠香味，少则荠香调味不足。用木柴先大火煮制1小时，再文火煮制24小时，煮出的咸菜筋道可口，曾是苍山民间一年四季的家常菜。

荣祥豆油制作技艺

豆油是从大豆中提取出来的油脂，具有一定黏稠度，呈半透明液体状，其颜色因大豆种皮及大豆品种不同而异，从浅黄色至深褐色，具有大豆香味。大豆油中含有大量的亚油酸，是人体必需的脂肪酸，对幼儿健康成长和老年人白内障及心脑血管病预防大有裨益。荣祥豆油精选上好大豆，经去皮、挤压、粉碎后，再蒸熟馏干，采用传统古木榨与现代榨油技艺制作豆油，产品具有香气浓郁、口感舒滑、无豆腥味、食用方便等特点，很受群众欢迎。

历史渊源 荣祥豆油产自沂南县孙祖镇城子村。该村王锡瑛于清光绪十六年（1890年）考中武榜眼，获封官职。衣锦还乡后，看到周围几个村庄都没有打油的地方，十里八村的乡亲们都到很远的地方才能打到油，王锡瑛用三年的时间学习榨油技术，投资在家乡办起了油坊。由于手艺精湛，油质清亮，香气纯正，豆油很受周围群众的欢迎，生意兴隆。其孙子王永聚，创立了增援油坊，名声远扬，青岛、日照等地都有客户前来订购。20

世纪50年代，全国实行公私合营，王永聚将油坊交村集体经营，儿子王绪亮在集体油坊里负责技术。改革开放后，王绪亮承包了油坊。20世纪90年代，王洪祥接手油坊后，将名字改成了荣祥油坊，同时也改进了生产工艺，扩大了生产规模，产品已销到济南、青岛、黑龙江、吉林等地。荣祥豆油制作技艺自清末始，至今已传承五代，有150余年的历史。

2014年3月，荣祥豆油制作技艺被列入临沂市第四批市级非物质文化遗产名录。

主要内容 传统古木榨技艺。第一步用柳条编的筛子进行筛选，选出品相完好的豆子。第二步洗去原料上的浮土。第三步用碌碡压制豆粒，除去表皮。第四步将去皮的大豆放在石碾上压制成豆片。第五步将豆片放包袱里，置于铁锅篦子上隔水蒸熟。第六步把豆片摊开晾干。第七步把豆片放在木桶里，工人穿草鞋踩成豆饼。第八步将豆饼放在木栅里，木标尺上下固定，然后用石锤从前后方往木栅里撞击，称为悠锤。悠出油来，下面用石质油盆接着，再用舀子将油舀出来。

现代榨油技艺。第一步使用钢丝筛网进行大豆筛选。第二步洗去原料浮土。第三步将豆子放在挤豆机里压成豆片。第四步将豆片放馏桶里通过蒸汽馏熟。第五步将馏熟的豆片放在炒锅上炒干。第六步将豆片装在包袱里，放到包饼机上打饼，成形。第七步把豆饼放在铁圈里，用液压油缸机压出油来。第八步将榨出的油经过滤网过滤后装到塑料桶里。

兽油古陶制作技艺

沂南县新王沟村制陶历史悠久，考古发掘证实，战国时期就有人在新王沟烧制陶器。

兽油古陶以兽油和陶土相和，历经醒泥、踩泥、打泥、阴坯、挂油、晒坯等工序制成，具有“色如墨，声如钟，薄如纸，亮如镜，硬如瓷”的特点。

历史渊源 于氏家谱记载，于氏家族起源于东海国的斥山部落（今山东日照至荣城、文登一带）。秦朝时，于公裔孙因善于烧制大型器皿被从东海（今山东东南部）迁徙至代北参加陶俑烧制，后加入拓跋部落，定为万忸于氏，北魏孝文帝时恢复于姓。

兽油古陶花瓶

元朝末年，受花马军之变影响，于氏十三世祖母与丈夫失散，后携子迁居临淄。于氏十四祖鉴擅兽油陶制钱模，明初应征参与东厂造币，并被朝庭赐予穿匠人鞋特殊荣誉。明末，后人被诬陷私造钱币，遭杀身之祸，举家逃至沂州远里（今沂南县）避祸，为纪念特为儿子取名东厂。世祖东厂为防止祸事，随母迁入独树，后转入新王沟，以烧兽油古陶为生，并与沂水刘姓人合建窑厂。

于万发的曾祖父于学继承了兽油古陶制作的技艺，并成功开发出八角盘刻花，多以枣花、莲花、莲枝、万不断等吉祥图案为主。晚年，开发出坐婆婆婴儿陶盆，曾极度畅销，沂南县博物馆有藏品。于万发的爷爷于林东继承了家族制陶手艺，建起窑厂，制作兽油古陶和烟熏黑陶等器具。

于万发的父亲于风田因爱喝茶，巧妙地利用兽油古陶抗热、抗凉性，开发出了茶陶互容的透汗壶，大的称老母鸡壶，小的叫抱鸡壶，沂南县博物馆有藏品。

2014年3月，兽油古陶制作技艺被列入临沂市第四批市级非物质文化遗产名录。

主要内容 兽油古陶烧制采用沂南县新王沟村南湖泥，该泥由新王沟南岭铝矿风化而来。选择地面2米以下的生土，放在阳光充足的地方摊平晾晒，下午日落起露水前，把泥土堆起来，也可以用油纸把窑泥盖住，窑泥一旦被露水淋湿就不能用了。窑泥要暴晒到干裂，挑拣出杂质，在中午阳光最强的时候用深井凉水，均匀泼洒在泥块上，听见滋滋作响，一直泼到泥块流出清水没有响声为止，然后用草帘子盖住泥块不能透风，俗称醒泥。

几天以后，用一根剥去皮的树枝向泥堆里插至底部，如果感觉没有硬物才能进行下一道工序。

踩泥。是为了找出泥里所含的小石子和夹生的微小硬泥块。先将醒好的窑泥用铁锹翻一遍堆积起来，然后赤脚从窑泥堆的外围开始踩，从左向右，从上往下，脚趾上翘，脚心绷紧，用心去感觉有没有东西硌脚，踩完后，用泥叉呈放射状把窑泥分割成三角形小块，俗称头道泥。

摔泥。俗话说“一摔胜三踩”，抓起三角泥块举过头顶，用力向下猛摔，要摔成一堆，接着再用头道泥的方式连踩三遍摔两次。最后选一阴凉地方用水把地面浇透，将窑泥一块块摞在一起经常洒水不能见干。这种存泥的方法叫泗泥，泗的泥越久做出的陶器越细腻。

打泥。泗泥时间长了，窑泥会变得柔软互相粘连在一起，须用生牛皮条把泥隔成大小约一升的片状，然后把泥放在打泥台上，用老枣木锤捶打。

打油隔。将上好的牛油加温化成油水再均匀浇到窑泥上，每升泥不能超过二钱油，将牛油泥块平铺在台上，沿着边缘逐渐往里砸，每次砸的进度不能超过 3 厘米，要砸均匀，反复捶打，直到将牛油砸均匀为止。再经制坯、阴干、晾晒、烧制等工序，一件兽油古陶就完成了。

传承谱系　第一代于鉴，第二代于东厂，第三代于学，第四代于林东，第五代于风田，第六代于万发。

牛皮弓传统制作技艺

弓箭是中国一项古老的发明，远在 1 万年前的中石器时代，中国境内的人类就已经广泛使用弓箭了。

历史渊源　北宋时期，宋辽开战，沂南县一带成为战场。北宋为解决长途运输问题，采用就地制弓箭办法，在铜井设置采矿点，炼铜造箭。因北方缺少竹子，箭杆就地取材采用山柳，故称柳子箭或流子箭，柳子箭村村名由此得来。

清朝末年，柳子箭村一弓弩制作者流落到西王沟村，将牛皮弓制作技艺带到该村。民国初年，于迎修学得牛皮弓制作技艺，他箭法极准，抗日战争期间，遭汉奸诬陷，被日军逮捕，押往东北煤矿充作劳工。后被东北抗日联军救出，他所制造的弓弩成为抗联打击日军的利器。其制弓技艺后来传与于林成（外号于麻子），于林成再传于万发。

2014 年 3 月，牛皮弓传统制作技艺被列入临沂市第四批市级非物质文化遗产名录。

主要内容　牛皮弓的制作材料：2 年生以上的上好牛皮，大铁锅 1 口，石灰 100 斤，朴刀 1 把（退牛毛用），剪刀 1 把，粗麻布，狗皮或狼皮 1 张。木马 1 架（做牛皮弓专用的模具，用一棵弯

牛皮弓

树，把有弯的地方截下来，挖一个长宽与弓相等的槽，深度为弓的10倍），桑木片10块，长宽度不超过弓体，不能太厚要有弹性。

大铁锅加入大半锅水，文火烧至70℃，把牛皮放进锅内，不停地搅动，边搅动边拔除牛皮脖子一带的毛，并立即把皮子从锅里捞出，放到木板上平铺，用朴刀打毛。

牛毛去净冲洗后，放进石灰水内浸泡3天。将牛皮取出平铺在桌子上，这时的牛皮已被石灰脱脂，变得很厚、很滑、很脆。用剪刀将头部、肚皮裁下，做弓弦用，牛脊背皮放一边备用。

弓弦制作：把牛肚皮平铺在桌子上，用剪刀从外围绕着皮子剪，螺旋着剪不能断，所剪皮条的宽度不超过2厘米。剪完后要用清水将皮条泡起来，水要勤换，直到皮条恢复到没泡石灰之前的状态，这时牛皮条粗细约1毫米左右，将牛皮条捞出，根据弓弦的长度6倍截断，再平均截成3根，接着将牛皮条3根对在一起，将其中一头扎起来，另一头散开，3根牛皮条上每根在头上系一个小木棍，然后要有4个人，3人拿小木棍，1人拿扎的头。拿小木棍的向一个方向拧，拿扎头的人向后把皮条拉紧，俗称上绳花。等绳花上到皮条上出现自动打卷时，就不能再上了，这时候3个拿木棍的要把木棍集中在一人的手里，接着拿系绳头的人要慢慢向相反的方向转动手里的绳头，牛皮条就会自动变成一根绳，晒干后，泡上桐油弓弦就做好了。

弓坯制作：将大锅加上一桶水，放上篦子，铺上麻布，将裁好的牛脊皮，剪成与弓同长、同宽的长条，清水洗干净，放进锅里煮烂。麻布用剪刀剪成长条，宽度约是木槽宽的6倍，长是木槽的长度加宽度的3倍。麻布用水泡透，铺到木马槽里，趁热把牛皮放到木马槽里，一层层铺开，直到把木马槽铺满。用铺槽多余的麻布包裹起来，压上木条，挂上坠石，每隔十几厘米搭两块，一直搭到头，放在屋内阴干。如果发现压弓坯的木条被压下去了，就要加木条，直到压不动为止。经3个月左右，干好后取出，弓坯就做好了。

弓坯包皮：宋朝以后，受辽弓的影响，开始给弓做蒙皮。一般用狼皮，也可用狗皮。将狼皮或狗皮去掉四肢和头部，裁成和弓坯等宽（围宽）等长，闪开握把处，裁成两段。接着将鳔放在锅里，加上3倍水慢火熬化，用刷子均匀地刷到弓坯上。贴上毛皮（毛向外），用布条缠绕紧，七八天后松开布条。

鳔的制作：将鱼鳔包在麻布袋，放在锅里蒸烂，然后用木锤反复敲打成糊状，涂抹在木棍上晾干备用。

弓梢握把制作：弓梢要用上好的柘子木或护山棘木，以护山棘为佳。在制作时要挑没有虫眼，生长3年以上的老木，用水浸泡3个月以上，去掉糖分，杀死虫卵，在制作前把木头水分烤干定性。

弓梢握把安装：先在弓坯的两头向内一寸处中心点钻一个小孔，接着刷上鳔，放上弓梢，用铜钉铆住。用线围着弓梢底部与弓坯连接处缠紧。握把的铜钉要钉3个，中间的铜钉正对着弓坯的正中心，然后，用皮条围绕缠，从握把的一头缠绕到另一头，一定要紧。

老油坊传统榨油技艺

植物油最早出现在东汉时期，明清时期榨油技术进一步发展。宋应星编著的《天工开物》记载："凡取油，榨法而外，有两镬煮取法，以治蓖麻与苏麻；北京有磨法，朝鲜有舂法，以治胡麻。其余皆从榨出也。凡榨，木巨者围必合抱，而中空之，其木樟为上，檀与杞次之。"明代花生榨油已比较普遍。

历史渊源 花生是中国传统的油料作物，据《山海经》记载："长生果，北方油食也。长生果，唐代始称花生。"沂南县是花生的重要产区，花生油制作历史悠久。《沂南县志》记载，宋末元初沂南已大量栽种花生，明代中期花生已广及山区、丘陵，民国期间各乡均种有花生。明崇祯六年（1633年），刘庆仁、刘淑仁创立油坊，沿用古法榨油，百里之内多来此换油、买饼。

2014年3月，老油坊传统榨油技艺被列入临沂市第四批市级非物质文化遗产名录。

基本内容　沂南老油坊采用“黄连木龙榨”工艺，花生采收后，经过堆沤、晒果、脱壳、晒籽等工序，即可进入榨油阶段。

将晒干或焙干的花生放入大碾槽中碾成粉末。碾碎后的花生要过筛，筛是当地百姓特制的，以保证花生粉细且均匀。接着将花生粉倒入特制的平锅里烘炒，去除水分，再进行蒸粉和包饼。蒸粉用的蒸笼是专用的，包饼不但要求有良好的腰力、臂力，还要有相当的巧力、准力。包饼师傅的一双手如同一杆秤，每100斤花生包12块花生饼，每块饼榨干后重6.5斤，上下不差3两。包好的花生饼，叠放在一起，运到木龙榨里榨油，这是花生油制作的核心环节，俗称“打油”。传统的黄连木龙榨重超千斤，用一根或两根大黄连硬木镂空制成，横摆在榨油坊的显要位置，看上去活像一条长龙，当地人们称其为“黄连木龙榨”。一切准备就绪，即以专门制作的撞杆（或石锤）大力撞击钎头，不断挤压花生饼榨出油来。

此种榨油，采用麦饭石制作的石碾，含有对人身体有益的矿物质及微量元素，黄连木所制作的木榨具有中药材保健作用，采用低速碾压，产出的油具有色清、味正、口感好等特征。

费县石磨煎饼制作技艺

煎饼是鲁南地区人民的主食，费县石磨煎饼起源于北部山区，距今已有2000多年历史。作为煎饼的发源地，沂蒙广大农村曾保持着“户户支鏊子，家家摊煎饼”的习俗。抗日战争和解放战争期间，沂蒙人民不分昼夜，家家烙煎饼支援前线，“大军连营七百里，村村灯火到天明”正是当时沂蒙人民全力支前的真实写照。

历史渊源　战国时期费县称为鄪国，传说当时家住东蒙山下的田壮，因帮穷人打官司，遭到恶霸诬陷坐牢，恶霸威胁说：“你整天和我过不去，这回关你七七四十九天，只准吃笔墨纸张，让你尝尝咬文嚼字的滋味”。丈夫饿在牢房，田壮妻子巧珍吃不香、睡不甜，于是就把小麦磨成糊子，在烧热的石板上摊成饼，再把大葱作笔，豆酱当墨给田壮送去，狱卒见是“笔墨纸张”没多过问，田壮喝着山泉水，吃着煎饼平安出狱后，发愤苦读，背着巧珍摊制的煎饼考上了状元，善良的巧珍就把自己发明的煎饼技艺传授给乡邻乡亲。后来人们把花岗岩打磨成龟背状用作摊制煎饼，称之为“鳌子”，后改生铁铸具，演化为“鏊子”，巧珍因发明煎饼，被沂蒙山人供奉为“煎饼老奶奶”，煎饼因此又称“状元饼”。

传承人、沂蒙小调特色食品有限公司总经理李怀珍，人称“煎饼大嫂”。继承老工艺，开发新技术，相继开发了小米、荞麦、水果等几十个煎饼品种，烙制的煎饼“薄如纸，柔似缎，色泽亮丽，营养丰富”，取名为“沂蒙小调”。经过艰苦创业，发展成为拥有8个分厂、9个办事处、141名员工，资产310万元，年销售收入860万元、利税62万元的私营公司。产品远销美国、日本、阿拉伯联合酋长国等。

2014年3月，费县石磨煎饼制作技艺被列入临沂市第四批市级非物质文化遗产名录。

主要内容　制作煎饼有独特的工具，主要有鏊子、摊子、推子、油闹子等。鏊子，系用生铁铸造，直径一米，中间微凸略厚，边缘较薄，形如秃头锅盖，上面平整光滑，下面有三只腿作支撑。近年有人制出了可以转动的鏊子，效率大大提高。摊子又称刮子，用木片做成，呈长方形，长宽比例

煎饼成品

为2：1，把手居中，看起来很像一把砍刀，使用时横握把手，左推右抹，是摊煎饼的主要工具。推子（又称耙子）类似无齿耙。在长方竹片上面垂直安一个把手，可以用手拖曳，也就是用来摊煎饼的。油闸子，用白净棉纱，按做口罩的方法叠30多层并压实，用棉线细细密密地纳牢后，放入花生油里浸透，再晾干即可使用。

加工煎饼，也称摊煎饼。摊煎饼是一项专门的技艺，手法有刮、摊、滚、擀等。加工煎饼首先要制糊，将所用原料加水，用石磨加工成糊状，当地称之为“糊子”。糊子稠了，勺子舀起来不能顺畅地倒在鏊子上，稀了，在鏊子上四散流淌，稀稠适当才能摊出好的煎饼。刮煎饼是将糊子舀在鏊子上，用光滑的木片把面糊摊开、刮平、刮薄、刮均匀。漏了的地方，挑一点糊子填上，顺手一抹，天衣无缝。煎饼熟时，周边会自动卷起，顺手揭起来即可。滚煎饼则是将糊子和成不软不硬的面团，直接在鏊子上滚，依靠鏊子的热度把面团沾在鏊子上一层，然后再用刮子一抹即成。摊煎饼是用耙子（推子）将舀到鏊子上的面糊从里到外或从外到里均匀摊一圈，煎饼糊所到之处就会在热鏊子上迅速凝固，就成了一张煎饼。糊子制作好后立即加工，则煎饼甜，等糊子发酵稍微有点酸味时再加工，就是酸煎饼。不论使用哪种方法，手要麻利，火候还要适当。煎饼很薄，很容易熟，火候大了或揭得慢了，煎饼会焦煳，火候小了或揭得快了，煎饼则不熟。揭完一张煎饼，要用油闸子往鏊子上抹油，然后烙下一张煎饼。好的煎饼要薄如纸，厚度均匀，饼面完整。

蓑衣编织技艺（费县　临沭县）

蓑衣是传统的防雨用具，采用不易腐烂的茅草编织而成，可像衣服一样穿在身上遮风挡雨。蓑衣历史悠久，《诗经·小雅·无羊》有“尔牧来思，何蓑何笠”的诗句。后世诗人吟咏诗文繁多，“青箬笠，绿蓑衣，斜风细雨不须归”“孤舟蓑笠翁，独钓寒江雪”“竹杖芒鞋轻胜马，谁怕？一蓑烟雨任平生”等诗情画意的场景是蓑衣融入生活的真实写照。

历史渊源　传说蓑衣源于大禹时期。当时雨水较多，治水常冒雨进行，没有防雨用具，便用大型的植物叶子，以树皮连接搭在身上挡雨。后来人们采用的原料种类越来越多，从植物阔叶发展到树皮、蒿草等。从简单连接发展到编织，到宋朝时期，蓑衣形成了完美的编织技巧和造型式样，并形成了南北区域的分化。

蓑衣编织

蓑衣是旧时沂蒙地区遮蔽风雨的一种常见工具，各县区均有分布。蓑衣坚固耐用，一领蓑衣如果翻晒适时、保管得当可以用20年左右。每年春耕时节，正是雨水多的时候，下雨有利于秧苗的生长，同时也导致农活不便进行。蓑衣能在行走做事时挡风遮雨，又操作使用灵活便利，解放了手和脚，还具有保暖功能，恰好解决了这些问题。

随着时代的变迁，20世纪70年代后，蓑衣已逐渐被塑料或尼龙雨衣所替代，现存的基本被作为民俗艺术品收藏或作为商店及家庭的装饰品。

临沂市蓑衣编织技艺现存于费县和临沭县。两县蓑衣纺织技艺大同小异，材料略有不同。费县编织蓑衣的原料有龙须草、茅草等，以龙须草为佳。临沭县编织蓑衣主要用蒀草、马稃草、鹳草，其中蒀草质地柔软、韧性大，是编织蓑衣的最好材料。

2014年3月，（费县）蓑衣编织技艺被列入临沂市第四批市级非物质文化遗产名录。2016年12月，（临沭县）蓑衣编织技艺被列入临沂市第四批市级非物质文化遗产代表性项目名录扩展项目名录。

主要内容　蓑衣草，又名龙须草，生长于沟渠、池塘或河沿的潮湿地带，伏天割来，平摊在地上晾晒，半干时便可编。若晒干用时可喷些淡盐水，使其软化后再编。秋天割的蓑衣草易折断，不可用。

编织一件结实耐用的蓑衣需要经过搓领套绳、编领、搭草、系草、分草、续草、收边、锁边等步骤。

搓领套绳。用马稼叶或蓖草搓成两股长约1.5米，如同铅笔杆粗细的草绳备用。再搓一根长约70厘米，两头细中间粗的草绳，最粗处跟前两股绳子一样。

编领。首先把所用的草叶用水泡软。然后把之前搓好的长绳系在树或门鼻上，根据用途不同，需要编织的蓑衣大小不一，决定领口的大小和蓑衣的肥瘦和长短。领口用的草叶要稍短（约40厘米）、稍粗一些，因要穿领口绳，并负担4～8斤的整幅蓑衣的重量。将多根草搓捻在一起进行编织，俗称“打蓑衣领子”。

编蓑衣片。在编好领子后，开始编织蓑衣片，主要技巧体现在搭草生扣：在领口下搭草编织完一行，下一行要在上一行的两边各增加1个扣眼（同编织毛衣加针一样，织蓑衣眼的大小，决定用草多少；用多根草捻搓在一起，又让蓑衣眼小，编织起来的蓑衣外毛严密，内面漂亮，不透风雨，睡在上面也很舒服。），这时要操作好搭草，在每股领口草上搭3～4根草。搭草后再用一根草把搭好的草和领口草系在一起，折下来进行分草，通过搭草、系草形成五字扣。分草、搭草、系草反复进行，每编织完一行，下一行都要在两边各增加一个扣眼，同时要加几根草收边，直到编织到大小尺寸合适。

技术要求。纺织蓑衣要根据人体的高矮胖瘦确定领口的大小和蓑衣长短，下摆宽窄。蓑衣编织过程中，是扣结扣，扣连扣，扣扣不断。要求每四个扣点之间撑开的蓑衣眼形状为菱形，只有做到这一步，才便于放大和缩小蓑衣尺寸。一般地，蓑衣上身眼要小，下半身眼要大，从领口到蓑衣底边，扣眼要逐渐放大，最后一行的扣眼最大。大蓑衣编织起来费时费力，一般需要五六天。

蓑衣的外毛有许多层，为了防雨，第一层毛压在第二层毛上面，第二层毛压在第三层毛上面，依次叠压，直到底边。

石井惠家猪肉汤制作技艺

石井惠家猪肉汤发源于费县石井镇驻地。石井镇盛产五谷，自古有利用山地放养土猪的习惯。当地人喜欢吃猪肉汤，每逢集市，猪肉锅随处可见，赶集之人点上一碗，汤肉共食，凉拌热炒，丰俭由人。石井村惠家以做猪肉汤为业，制作的猪肉汤独具特色、远近闻名，深受当地百姓喜爱。

历史渊源　惠氏先祖原籍江苏泰兴，世代以厨师为业，做得一手好菜，在当地开办的餐馆久负盛名。后因家庭变故，于明朝末年流落费县，在费县南门外官道旁开一门脸儿，制作猪肉汤，因做法兼具南北方菜的特点，很适合当地人的口味，非常受欢迎。

传说乾隆下江南时，途经费县，驻在万松山行宫。费县县令推荐惠家猪肉汤馆的老板惠天丰到行宫做菜，惠天丰苦思冥想，做了一碗咸辣味的猪肚汤，呈送上去。没想到皇帝用后感觉不错，只是觉得里面的肉少了些，意犹未尽。原来惠天丰担心肉放多了皇帝会感觉肥腻，故在熬的汤中少放了几片猪肚。惠家猪肉汤由此声名远播，前来品尝的人络绎不绝。

后来惠家与石井王家联姻，迁居石井，并在石井置地买房。到惠镇军时已传承八代，历时200余年。惠镇军承继祖业，在石井镇政府驻地开办了“石井惠家猪肉汤馆”，一年四季生意红火。

2014年3月，石井惠家猪肉汤被列入临沂市第四批市级非物质文化遗产名录。

主要内容　猪头肉汤：猪头肉、猪下货，配以自制萝卜丸、豆腐、猪血、时令蔬菜熬制，汤味浓醇，肉质香糯。

猪头肉拼盘：一盘猪头肉包含了猪头的五个部位，其中有猪舌头，猪耳朵，肥猪头肉，瘦猪头肉，猪拱嘴（指猪嘴唇）各一份，盘中间配有辣椒酱，猪头肉蘸上配料，细细品尝，越嚼越香，回味无穷。

酱猪蹄：手工清洗、腌制、煮焖、酱熏，闻之开胃，嚼之劲道，齿颊留香。

石井惠家的猪头肉在选材、加工、用料、火候上非常讲究，要经过选料、清洗、熏烤、洗泡、卤制等十多道工序。惠家猪肉汤汤味香醇、肉质肥而不腻，烂而不糜，尝一口口舌含香，回味悠长。酱猪蹄色泽红润、晶莹剔透，令人赏心悦目，食之筋道，香味浓郁。惠家的猪头肉最大的特点就是肉骨分离，入口肥而不腻，酥烂香浓，香糯可口。

沂蒙泥塑制作技艺

沂蒙泥塑主要以沂蒙山娃、沂蒙大嫚、沂蒙民俗、佛像神将为创作主题，其中沂蒙民俗系列最受人青睐，以反映沂蒙人民日常生活的烙煎饼、晒瓜干、压碾、推磨为代表作品。

历史渊源　费县沂蒙泥塑发源于费县城北乡演马庄，起源于明朝永乐十五年（1417年），原为王氏祖先从山西绛州（今新绛县）移民时带来。

王氏祖先在山西老家世代以制作面塑为生，移民到山东费县后，开设了山西面塑店，制作寿桃、枣山、饭山、花糕、十二生肖等花馒头出售，还做一些小动物造型的供小孩子玩耍。后弃商务农，在今费县演马庄安家落户，以种地为生，只在逢年过节时制作面塑用于祭祀、观赏和食用。后来这门手艺传到了黄永的姥姥张凤兰手中。20世纪60年代，全国自然灾害，生活困难，张凤兰家里人口众多，孩子常因饥饿而哭闹，张凤兰就用泥巴捏泥塑玩具哄孩子玩。黄永5岁时，一次偶然的机会，张凤兰老人捏了一只小青蛙送给他玩，黄永便喜欢上了泥塑，经常缠着姥姥给他做各式各样的泥塑。长大后专门从事沂蒙泥塑创作。

2014年3月，沂蒙泥塑制作技艺被列入临沂市第四批市级非物质文化遗产名录。

主要内容　沂蒙泥塑的制作一般分为五步：设计画稿、和泥、手工捏制、雕刻细化、烧制。首先根据客户需要设计出满意画稿，其次选用带些黏性又细腻的土，经过捶打、摔、揉，有时还要在泥土里加些棉絮、纸、蜂蜜等。再根据设计好的画稿捏制出大体的轮廓，运用雕刻的手法将泥塑作品细致化并在胎体上留一个排气孔，使胎体内外空气流通，以免烧制时因胎内空气压力大破坏泥胎。最后等晾干后装入窑炉经过1200℃高温烧制即成。

沂蒙泥塑作品外形美观大方，风格独树一帜，富有艺术韵味。作品内容主要以沂蒙地区民俗活动为主题，表现手法较为夸张、奔放，线条粗犷、意境深远。人物形态憨厚朴实，栩栩如生。采用漫画变形体态，或胖或瘦，或高或矮，儿童造型天真烂漫，憨态可掬，仕女、美女环肥燕瘦，各有千秋，妙趣天成，具有浓烈的沂蒙乡土气息，看后震撼人心。

沂蒙泥塑——沂州府

马头朝牌制作技艺

马头朝牌俗称马头烤牌，是古代马头人为方便商旅而创造的一种面食。因其形状类似古代上朝时用的笏板，故名“朝牌”。

历史渊源　马头朝牌起源于郯城县马头镇，

并沿运河传播至山东济南、枣庄、济宁，江苏南京、邳州、新沂、宿迁等地。

马头朝牌起源有两种说法，一是从新疆的馕演变过来的，二是从江苏沭阳传过来的。无论是哪种起源，都印证了朝牌是在运河文化、民族融合发展的商贸环境下形成独特的马头民俗饮食文化。

马头朝牌制作技术含量不高，但需通过长期实践，才能掌握制作要领，把握火候。

2014 年 3 月，马头朝牌制作技艺被列入临沂市第四批市级非物质文化遗产名录。

主要内容 马头朝牌主要原料是面粉，辅以油、盐、花椒面、芝麻，贴在烤炉内壁上以明火烤制而成。外观金黄，香气扑鼻，酥脆可口。

制作要经过发面、掺面、揉面、成型、上色、撒芝麻、烘烤 7 道工序。

发面。一般使用上次和面用剩下的老面团做“引子”，尽量不使用发酵粉。和面讲究用三合面，即老面、烫面、嫩面各占三分之一。发面时需要尽量用温水或者小火把面盆先煨一下，为发面提供合适的环境温度，使酵母菌的活性保持最大。发酵时间一般控制在 8 小时左右。

揉面。要下力气反复揉，揉到面皮光滑，一拍“嘭嘭”作响方可。揉面的时候从四面均匀用力，一般是逆时针方向旋转用力，保证面团揉制程度基本相同。在揉制过程中可根据面的劲道程度选择补充水、油和生面粉。

成型。将揉好的面用擀面杖擀制成长条，然后根据烤牌大小揪成小面团，称作“剂子”，剂子的大小一般与一个拳头差不多大。将剂子擀成厚度均匀的长方形面皮，最大厚度不超过 5 毫米。然后涂一层油，再放上适量盐、花椒面等调料。

上色。撒完调料后，将面皮折叠，再卷起来擀匀，刷上糖稀和酱油，然后撒上去皮芝麻，用力拍打使芝麻完全嵌入烤牌。

烘烤。将烤牌贴到特制的吊炉内壁上，下面烧火，上面烤饼，受热均匀。炉子一般使用碳火，通过鼓风机控制火力大小。经过约 5 分钟的烤制，烤牌上的芝麻香味被激发出来，慢慢被烤成了焦黄色，至酥透及里便可出炉。烤制好的烤牌，两面澄黄、吃起来香脆可口，令人唇齿留芳，百食不厌。

马头朝牌制作

民族乐器二胡的制作技艺

郯城县素有“中国二胡之乡”“中国民族乐器之乡”的美誉，制作的二胡、京胡、板胡、坠琴、笙、箫、笛、管等畅销全国各地。以庙山镇岳庄村制作的二胡最为著名，庙山镇因此被称为江北民族乐器第一镇。

历史渊源 中国二胡的制作始于唐朝，唐代诗人岑参曾有“中军置酒饮归客，胡琴琵琶与羌笛”的诗句。从岑参诗句当中可以看出，“胡”既是中原对北方游牧民族的泛称，同时也表明这种乐器源于草原。到了近代，因为胡琴只有两根弦，故又称为二胡。

郯城县庙山镇岳庄村的乐器制作技艺始于明末清初，当时处于零散的制作阶段，没有形成规模。民国初年，民间艺人高永贵师从苏州著名的二胡制作艺人金凤艺，学成归乡后开始制作二胡，并授徒传艺。岳庄二胡制作传承了苏式二胡的制作技艺，其发展分为四个阶段。

第一阶段（民国初年—20 世纪 50 年代初）：岳庄二胡制作的萌芽期。民间艺人高永贵自苏州学艺归来，就地取材、授徒传艺，岳庄村开始制作简单的二胡。期间，艺人主观随意性强，制作的二胡规格参差不齐，音量不大、音色不佳。

第二阶段（1956—1979 年）：岳庄二胡制作的

二胡调音

发展期。1956年，岳庄制作二胡的内、外弦改用钢丝弦，琴体加上了托板，花色增多。1958年，岳庄村成立了乐器生产组，由高永贵带领他的徒弟进行民族乐器生产。1963年和1978年，国家先后颁布和修订二胡制作标准，岳庄二胡制作深受其影响，二胡生产制作趋于标准化。1976年，郯城县庙山镇乐器厂成立，时有技师81人，岳庄二胡制作技艺获得了飞速发展。

第三阶段（1980年—20世纪末）：岳庄二胡制作的成熟期。此期，岳庄二胡在样式和音质上有了很大的改进和提高。20世纪80年代前期，扁圆杆二胡比较盛行。20世纪90年代后，岳庄二胡根据市场需求进行技术创新，制作出线条优美的扁楞杆二胡，受到了市场的青睐。

第四阶段（21世纪以来）：岳庄二胡制作的创新期。进入21世纪后，庙山镇成立了民族乐器制作协会，以岳庄村为中心向周围十几个村庄辐射，生产规模进一步扩大，产品档次进一步提高。目前已有“乐泉”“鲁杰”等注册商标，产品远销北京、上海、天津、江苏等30多个省市。2011年，全镇乐器销售收入近5000万元。岳庄村因制作乐器远近闻名而改名为乐泉村。

2014年3月，民族乐器二胡的制作技艺被列入临沂市第四批市级非物质文化遗产名录。

主要特色　二胡主要由琴筒、琴皮、琴杆、琴轴、弓子、琴弦、千斤、琴马和琴托九部分组成。

琴筒是二胡的重要部分，是通过琴弓的推拉运动，摩擦琴弓后振动琴皮发音的共鸣体，琴筒的质地和形状对音量和音质有直接影响。一般用红木、乌木或紫檀木制作，有六角形、八角形、圆形、前八角后圆形等形状。岳庄二胡以六角形最为常用。琴筒后面镶嵌着一个音窗（一般为雕木花窗），对琴筒起了装饰作用，并对发音、传音和滤音有一定的辅助作用。

琴皮一般用蟒皮制作，它是二胡重要的发音体，也是振源的关键，对音质和音量有着直接的影响。蟒皮的鳞片越大，音色越好。

琴杆是二胡的支柱，不仅起着上连下接的支撑作用，而且对整体振动发音有一定的影响。主要用红木、乌木或紫檀木制作。

琴轴又名琴轸，有上下两个，分为铜轸和木轸两种，起调整音高的作用，上轴缚绞内弦，下轴缚绞外弦。

弓子是二胡发音的重要工具，由弓杆和弓毛两部分组成。弓杆是用细实的紫竹制成，粗细要适中。弓杆的软硬和弹性会直接影响到演奏效果。弓毛多用马尾制作，细实紫竹缚上马尾，一端装有活螺丝（弓鱼）用来调整弓毛的松紧度。

琴弦是琴的发音体之一，也是二胡的声源体之一。岳庄二胡以金属弦为主，具有拉力好，音质好，音准好和灵敏度高等特点。

千斤又称千金，主要用棉线、丝线制成，对二胡琴弦起固定和切弦作用。

琴马是琴弦与琴皮之间振动的介质，对发音有重要作用，一般用色木或油松制作，具有发音圆润、淳厚的特点。

琴托是琴身的底托，起着装饰、稳定琴身的作用。

工艺流程　二胡的生产流程主要由各部件加工工序组成，完成一把二胡的生产，工序总共有近百道，主要分为琴筒加工、琴杆加工、琴体装配、皮膜加工、表面处理工艺和声音品质调试六道工序。岳庄二胡的制作在遵循基本制作工序的基础上，更注重关键部件的精密加工和细致调整，使岳庄二胡独具特色，深受乐人喜爱。

琴筒制作，需要对二胡工作原理有充分认识并经过长时间的实践才能完成。

鞔皮。重点是皮质的挑选、处理和调试鞔皮的松紧。

琴杆和琴头。选好木料后按尺寸锯出毛坯，顶部至肩部进行刨方，其余部分要刨去棱角，用大尖木锉锉成上粗下细的圆锥体形。

弦轴。将选好的材料锯成小段，经修圆后粗端旋成粗坯，细端旋成 1∶12 的锥度，然后粗端按照直瓣形刻出或铣出纹路，再用小尖光木锉逐瓣清沟。弦轴的锥度一定要和琴杆轴孔的锥度一致，使二者紧密结合，不能过紧、过松，以免发生跑弦、跳弦等现象。弦轴与轴孔有效配合部分的锥度为 1∶12。

音窗。将选好的木料刨光后，把各种花样的音窗图样贴在木板上，用镘弓锯镘出，经砂纸磨光后即成。

琴弓。琴弓的制作，首先要选优质的竹材作为原料，标准琴弓的握弓处弓杆弯度适宜；其次是选择优质马尾，保证二胡能够发出甜润优美的的声音。

琴马。以色木为材最好，琴马的底座呈扁形，但是扁的要适中，其程度要由制作人根据自己的经验来掌握。只有这样，在调整二胡下把位音量时才能保持音色的甜美浑厚。

项目传承 岳庄二胡是纯手工制成，制作工艺精湛，演奏音质甜润优美，融入了当地乐器制作技师对民族乐器的理解，代表了我国北方二胡制作的水平，具有浓郁的地方特色。其独特的形制、结构，蕴含着声学、力学等方面的科学原理，具有一定视觉艺术和听觉美感，体现了科学性和艺术性的有机统一。

岳庄二胡明末清初至民国初年传承不详。有据可查的代表性传承人有：

高永贵，男，1906 年出生，已故。

高振保，男，1949 年生，1976 年担任庙山乐器厂技术员，长期从事乐器制作，技艺精湛。

高庆银，高振保次子，对二胡制作具有独到的见解。将先进的生产技术引入了二胡制作工艺，进一步提高了岳庄二胡的制作水平和产品质量。2007 年 10 月，注册了“乐泉”商标。

古琴制作技艺（兰山区　河东区　郯城县）

古琴，又称瑶琴、玉琴、七弦琴，是中国传统拨弦乐器，有 3000 年以上历史，属于八音中的丝，位列中国传统文化四艺“琴棋书画”之首。古琴音域宽广，音色深沉，余音悠远，被文人视为高雅的代表，亦为文人吟唱时的伴奏乐器，自古以来一直是文人必备的知识和必修的科目。

历史渊源 中国古琴文化历史悠久，古籍记载伏羲作琴，又有神农作琴、黄帝造琴、唐尧造琴等传说。舜定琴为五弦，文王增一弦，武王伐纣又增一弦为七弦，中华古琴文化源远流长，博大精深。2003 年 11 月 7 日，联合国教科文组织世界遗产委员会宣布，中国古琴入选世界非物质文化遗产名录。

关于琴的最早文字记载见于《诗经》，《诗经·周南·关雎》：“窈窕淑女，琴瑟友之”；《诗

古琴制作

经·小雅·鹿鸣》:“我有嘉宾，鼓瑟鼓琴”，说明古琴在周朝，便是一件在民间非常普遍、非常受人喜爱的乐器。

西周时期的钟仪是现存记载中最早的专业琴人。战国时期涌现了大量的琴人，如伯牙与钟子期，伯牙创作的《高山流水》成为流传千古的经典。东汉至魏晋时期，琴在士人中非常流行。蔡邕所著《琴操》是现存介绍早期琴曲最详尽的专著，还有刘向所著《说苑·琴录》，扬雄所著《琴清英》。琴曲《广陵散》在此时广为流传。南北朝时期，隐士丘明所作《碣石调·幽兰》，是现存最早的文字谱。

隋唐时期斫琴有了巨大的发展，四川雷氏家族所斫“九霄环佩”为传世名琴。宋代的古琴发生变化，长128厘米，肩宽25厘米，琴身扁而长，尺寸大于传世唐琴。明代造琴盛况空前，皇帝亲王、官宦之家，好琴者甚多，其宗室制琴有宁王、衡王、益王、潞王四大名家。

民国时琴随文人漂洋过海，流传到东南亚、欧美和澳洲。改革开放后，华人在马来西亚、新加坡、美国、加拿大、德国、英国、荷兰和瑞典等都有琴师和琴社。

临沂，有着厚重的历史和丰富的文化资源，历史上名人辈出，诸葛亮、王羲之、颜真卿等人都擅操古琴、精通音律。清末山东诸城琴派兴起后，临沂弹奏古琴的越来越多。

兰山区古琴制作技艺传承人郭忠坤，在祖辈影响下，自幼喜欢古琴弹奏制作，为更好地传承和发扬古琴制作技艺，成立了临沂市兰山区明月斫琴行，设有木工坊、漆工坊、阴坊，拥有3名斫琴师。

河东区古琴制作技艺传承人马兴民拜诸城派第五代传人朱子易为师，成为诸城派古琴第六代传人。2012年在河东区创建梓杉坊斫琴工作室。

2016年12月，(兰山区　河东区)古琴制作技艺被列入临沂市第五批市级非物质文化遗产代表性项目名录。

郯城古琴斫琴主要分布在郯城县庙山镇和泉源乡交界处的南夹埠村，历史可追溯至明弘治年间，安徽桐城人陈计保护卫泾王来沂，因功封沂州卫千户世职，并得到泾王赏赐古琴一床。其子陈斌甚是喜爱，后经乐师指导，不仅善弹，亦善斫，诰封武畧将军，以后皆是子承父业。陈氏在临沂传承至今已历22世。陈氏十三世孙陈淑孟，曾任清朝大学士，著有《陈氏斫琴密谱》。陈氏十九世陈德久(德仲)，为诸城派古琴第五代传承人，精通韵律，擅长演奏和制作多种民族乐器。1942年，陈德久遇到诸城派古琴第四代传人詹成秋，二人因琴结缘，成为知音。陈乃峰自幼随爷爷陈德久斫琴，工艺熟记于心，对斫琴技艺进行创新，引入现代声学技艺，琴的品质大幅提升。

2020年11月，古琴斫琴技艺(郯城县)被列入临沂市第六批市级非物质文化遗产代表性项目名录。

主要内容　古琴的制作流程精细繁杂，要经过选材、造型、槽腹、合琴、灰胎、研磨、擦光、定灰、安足、上弦等十多道工序。其中，选材、设计外形、上灰胎、上面漆、栓弦，是制作古琴的重要步骤。

古琴的面板由桐木或杉木、松木等易于透音的木材所制，底板则由梓木或其他较硬的木材所制。琴轸、雁足、岳山、冠角等由黑檀所制。

选料。选用老旧稳定的桐木、杉木做面板，材质较硬的梓木做底板。越古老的木头越容易振动，还要选择年轮比较均衡的，这样它的声音会好很多，面板要选择纤维通顺，年轮比较顺，间隔距离比较均匀的材料。

定型。传统古琴样式有50余种，常见样式有伏羲式、仲尼式、落霞式、蕉叶式等。

琴面制作。要光滑平整，琴面从二徽半开始，向岳山方向应逐渐向下倾斜，俗称“低头”。

槽腹制作。是制作古琴的核心工序，很大程度上决定一床琴的音色质量，也是最为考验斫琴师的经验与技术。需要根据面板材料的不同，设计相应的结构，再配以合适的底板，以确保琴声纯正。

合琴及配件安装。琴面与底板用大漆黏合，形成古琴的共鸣腔体，同时在琴面相对应的槽孔上安装岳山、冠角等配件。

灰胎与面漆。古琴木胎完成后，将琴体涂上由生漆与鹿角霜调和而成的灰胎，由粗到细，反复多遍髹涂于琴上，最后用纯生漆制作面漆。

定徽、安足与上弦。最后安上徽位、雁足和琴弦。岳山、承露、轸池、冠角、龈托、龙龈多数采用紫檀木、老红木、花梨木等材质。琴轸、雁足有石化石、象牙、紫檀木等。

兰山区明月斫琴坊和河东区马氏古琴制作技艺均严格采用古法，制作周期漫长，其工艺大同小异。

郯城古琴形态中庸而不失传统，颜色平和而不失雅致，音色沉稳、松透、悠远。郯城古琴斫琴技艺调节了灰胎厚度，并把金、银、朱砂、瓷粉、珍珠母、孔雀石等数种珍贵宝石粉掺于鹿角霜中与生漆合成，质地坚硬耐磨，色彩斑斓，增添古琴音色的金石之韵。独创“古琴音律平衡斫琴法”“古琴压感扩音系统法”，解决了传统制作古琴完全依靠听力判断和演出时音量低的难题。

刘氏狮头帽

刘氏狮头帽是鲁南民间刺绣艺术的代表。狮头帽质地柔软、色彩鲜艳，兼具保暖、美观、实用的特点，儿童佩戴活泼可爱、喜庆吉祥。

历史渊源　兰陵县卞庄街道柿树园刘氏狮头帽制作技艺创于清朝末年，至2016年已传承四代，有120多年历史。产品有狮子头棉鞋、狮子头百日裤、虎头帽、少儿枕、少年帽、蝴蝶、公鸡、荷花、玲珑绣球、多色香囊等。

2016年12月，刘氏狮头帽被列入临沂市第五批市级非物质文化遗产代表性项目名录。

主要内容　狮头帽制作属于民间刺绣工艺，因帽面为狮子头造型，故名。狮头帽以纯棉材料制作，质地柔软，穿戴舒适，适合婴幼儿春秋季节穿戴，具有既保暖又美观实用的特点，受到人们的钟爱，成为鲁南地区具有鲜明地域特色的民风民俗。刘氏狮头帽制作工序共分为备料、下料、刺绣、缝合、饰边、合成等。在造型设计上分棉帽和单帽两种，其区别棉帽带尾巴（巾子），单帽不带尾巴。在整个工序中，图案刺绣是重要的环节。刺绣工艺除延续传统的包针绣、盘金边、绷花等针法外，又采用了鲁绣齐针、缠针、镇针（辫子股针）、接针等针法。色彩运用上，在传统深色调的基础上，大胆采用大红、紫红作为帽子底色，增加了儿童的活泼可爱及喜庆感。同时狮头帽上的眼睛、鼻子、耳朵用不同颜色填补绣，缀以色彩绚丽的镶金边、缀彩带及绒线等方法突出了这些部位形象及绚丽感，使绣品栩栩如生，活灵活现。

狮头帽

黑陶手工制作

黑陶手工制瓷是以泥土和釉料为基础，经纯手工多道工序制作带有地域特色强烈、风韵独特的瓷制品。制作工艺程序多样，极具装饰性，受到人们喜爱。

历史渊源　临沂市罗庄区自东汉时期开始生产黑陶，南北朝时期发展迅速，至唐、五代、北宋时期，制陶技艺达到高峰。从考古发现的文物来看，各个历史时期器物的纹样发展、演变一脉相承。

传承人孔凡洪，随父亲学习黑陶手工制作多年，为保护传承黑陶手工技艺，遍访本地老艺人，招募热爱传统黑陶的年轻人，教授黑陶手工制作技艺，培养出谢印宝等一批黑陶手工制作艺人，使此技艺后继有人。

2016年12月，黑陶手工制作技艺被列入临沂市第五批市级非物质文化遗产代表性项目名录。

主要内容 罗庄区黑陶制作材料主要有泥土和釉料。其中泥土由瓷土矿、黄土矿等基础原料加多种微量元素科学配比而成；釉料由石英、硼砂、长石、黏土等混合研碎，加水制成。

黑陶手工制作经拉坯、利坯、上釉制成陶坯，再采用仰烧、覆烧等技法进行烧制，共有28道工序，其中核心环节是拉坯、修坯、上釉和烧窑四道工序。

拉坯是成型的最初阶段，也是器物的雏形制作，将制备好的泥料放在坯车上，用轮制成型的方法制成具有一定形状和尺寸的坯件。利坯亦称修坯，是将经过印坯工艺后的粗厚不平、规格不齐的粗坯经过旋削，使之厚度适中，表里一致。上釉是在器坯内外上一层玻璃质釉，使之光润。烧窑是成瓷的最后一道关键工序，是将装有成坯的半成品按窑位放在窑床上，烧至1300℃左右，采用先氧化焰，后还原焰的方法，烧制10昼夜，将坯胎烧成陶器。

技艺特点 罗庄黑陶制作选用天然矿物质材料，对矿石成分、矿石产地要求极其高。从原料加工到成陶28道工序均由手工完成，其原料配方加工大都自然天成，没有具体的理化指标，全凭经验掌握，烧制的成品质地细腻、手感光滑、表面精细，隐约有花纹。

陶艺泥哨

陶艺泥哨是山东鲁南地区具有代表性的民间传统手工制品，由埙转变而来。罗庄陶艺泥哨历史悠久，其制作技艺在陆氏家族内代代相传，经不断地改进，已成为备受大众欢迎的音乐用品。

历史渊源 罗庄陶艺泥哨制作技艺发源于罗庄区册山街道龙山社区南陆庄村，始于清光绪二十年（1895年），至2016年已有120多年历史。该村陆凤友拜山西泥哨王为师，学习泥哨制作技艺，学成回家后，结合本地的实际情况，认真钻研改进制作工艺，并逐渐形成了自己的特色。他采用二龙山泥土和龙泉水和成泥浆，经过滤制成泥团，存入库内，数月后取出使用。捏制前用木棒反复捶砸，用手反复揉搓，揉至泥团扯拉不断、捏制不裂的状态方可制作哨坯。泥哨制作工艺精细复杂，多达20多道工序。制成的泥哨造型美观，花样繁多，韵律精准，在本地及周边地区大受欢迎。

2016年12月，陶艺泥哨被列入临沂市第五批市级非物质文化遗产代表性项目名录。

主要内容 罗庄陶艺泥哨是以当地黄黑土为原料，经过滤形成泥材，存放数月后捏制的泥哨。制作工序包括：晒土、砸面、水泡土面、过滤泥浆、晾成泥团，收集入库；取泥团捶砸多次，用手反复揉搓，手工捏制成哨坯；修坯、钻眼、挖哨、晾坯、雕刻、打磨毛坯、上光、校音、手绘、施釉、装窑、烧制、出窑、检验入库。

传承谱系 第一代陆凤友，第二代陆爱，第三代陆儒生，第四代陆全法，第五代陆红千。

米酒制作技艺

米酒亦称黄酒，属酿造酒，是世界上最古老的酒类之一，源于中国，且为中国独有，与啤酒、葡萄酒并称世界三大古酒。

历史渊源 约在3000多年前的商代，中国人创造了酒曲复式发酵法，开始酿制米酒。汉代，米酒酿造技术已经成熟，人们掌握了用曲技术，酿酒作坊迅速发展，酿造出更多更好的美酒佳酿。

宋代陆游在《游山西村》中写到："莫笑农家腊酒浑，丰年留客足鸡豚"诗中说的腊酒，就是以糯米为原料的家酿土酒，色白，稍浑浊，性若黄酒而口味较淡，后劲较足。一般腊月酿制，春节饮用，故称"腊酒"或"春酒"。

杜氏米酒。杜氏家族世居沂南县苏村镇大杜家庄村，其第十五世祖杜景星，生于1819年，年轻时每年都去日照安东卫推盐、贩海货，住在一韩家老店中，店老板有一门做即墨老酒的好手艺，杜景星学会了。杜景星将手艺传给儿子杜宝明（1852年生），杜宝明在村中开了一家小酒店，每逢集日赶集摆摊卖酒，自酿自卖，杜氏米酒的名声传播开来。第三代传人杜德英（生于 1895 年）继承其父手艺，接手酒店后，经常做出一些让人回味悠长的精品米酒。第四代传人杜继先夫妇，醉心于米酒酿造，研制出琥珀曲和玫瑰曲，对传统米酒的工艺制作流程也有独到见解。第五代传承人朱元玉，是杜继先的儿媳，受公婆影响，对米酒酿造产生浓厚兴趣。与国内很多米酒产地酿酒师傅们进行交流探讨，学习借鉴外地经验，历经 30 余年钻研，开发出适宜各个季节饮用的米酒，夏季饮用清凉舒爽，冬季饮用暖胃祛寒。

2016 年 12 月，（杜氏）米酒制作技艺被列入临沂市第五批市级非物质文化遗产代表性项目名录。

善和米酒

善和米酒。起源于 19 世纪末，由李氏先人李启祥在古法酿酒的基础上提炼升华而成，其技艺世代相传，至今已传承五代，有 100 多年的历史。

善和米酒选用优质小米为原料，采用液态发酵、固态发酵双轮发酵工艺。采用临沭优质山泉水，泉水甘甜、清冽，酿造的米酒口感绵软、细腻，含有 21 种氨基酸及大量的 B 族维生素，具有通血脉、润皮肤、养气护肝、除风下气等功效，经常饮用可滋阴健肾、美容养颜。

传承人李善和，1998 年创立了善和米酒厂，后改制为山东善和酒业有限公司。他将古法酿造技艺与现代技术相结合，经过数千次实验，开发出独特的多轮低温发酵工艺，并将米酒的酿造技艺传给其子李磊，徒弟王鹏飞、李亚运。

2020 年 11 月，善和米酒酿造技艺被列入临沂市第五批市级非物质文化遗产代表性项目名录扩展项目名录。

主要内容　米酒以谷物为原料，北方多以黍子米（黄米），南方多用糯米（江米）。因酒曲和工艺的不同，南北所产米酒的色味皆有差异，南方主要用糯米为原料，用熟麦曲发酵，能加快发酵时间，原料利用率高，但酒口感较淡，杂味较重。北方多用黍子米做原料，用生麦曲发酵，所酿的米酒香味浓，口味醇厚，但发酵时间缓慢，原料利用率较低。二者酒精度均不超过 20 度。

米酒营养丰富，乙醇含量低，可为人体提供的热量比啤酒、葡萄酒高出很多倍。米酒含有十多种氨基酸，其中八种是人体不能合成而又必需的，是世界上其他营养酒类所罕见的，被称为“液体蛋糕”。米酒是药酒之首，具有补气养血、健脾养胃、舒筋祛风之功效，男人常喝养精强阳，女人偶饮顺经养颜。

杜氏傍沂水而居，采用沂河优质水源，以糯米为原料酿造米酒，将生麦曲与熟麦曲按比例混合，兼有南北米酒之优点，酒精含量为 7% ~ 20%。酒色多为米色、琥珀色，特殊工艺酿造后亦有玫瑰色。具有色泽瑰丽、气味馥郁、香型独特、性质温和、质地醇厚、焦香微苦、后味悠长的独特风格。

酿酒先做曲，酒曲又分为大曲和小曲，酿酒时要用大曲或小曲作为糖化发酵剂。北方米酒多使用大曲酿造。

杜氏米酒制作步骤：

第一步泡米：根据季节的不同泡 2 ~ 8 小时，所泡之米用手轻轻捏能捻碎即可。第二步蒸米：将泡好的米放在锅内蒸，水开 20 分钟，将少许凉水撒在米上再蒸 20 分钟左右。第三步拌曲（陈伏曲）：将米晾凉到 40℃以下，均匀拌入酒曲（生麦曲与熟麦曲比例为 8：2）。第四步入缸发酵：前 7 天每天早晚各搅拌 1 次，使之发酵均匀，7 天后再加入适量的凉开水，加盖密封，1 ~ 3 个月成酒。第五步过滤：用脱脂棉纱布袋过滤 3 遍，尽量使酒中的醪渣减少，以防影响酒质。第六步封缸：最好封缸3个月后饮用。第七步陈酿：装入陶瓷容器或玻璃容器中陈化，一年的呈浅姜黄色，第二年呈浅褐色，三年以上则变成琥珀色。

冬季是一年之中最为适合米酒酿造的季节，米酒丰富的口味和营养都是源自冬季缓慢的发酵，夏季温度过高，会加快米酒的发酵进度。在夏季要把室温控制在15℃到10℃之间，这样有利于米酒的缓慢发酵。

朱家林石屋石砌技艺

石砌房民居建筑技艺是一种古老的建筑技艺，以石材为主料，木头、麦秸、泥土等为辅料，巧妙地利用地形，或依山或傍河，因势而造，体现出人与自然和谐统一的生活理念。

明清时期建筑的石砌民居

临沂市各县山区均有石屋分布，其中沂南县朱家林石屋石砌技艺历史悠久，技艺高超，非常具有代表性。

历史渊源 沂南县朱家林村为明末兴建的古村。几百年来，男性村民打墙盖屋，代代相传，传承形式主要为师傅带徒弟，口传心授，徒弟在具体实践中掌握技艺。村内随处可见清末民初建造的石屋、石院、石板路和梯田石坝。传统石砌建筑因山就势以片石堆砌而成，形成独具特色的石头村落。朱家林村历史建筑按使用功能可以分为公共建筑和民居两大类。公共建筑有历史街巷，其中主街巷格局十分完整，街面以石材铺就，两侧石材砌墙，依形就势，狭窄曲折，形成独具特色的街巷空间。街巷两边有非遗文化体验馆、“杏林医馆”朱家林村乡村生活美学馆、织布民宿、老屋茶馆等文化场馆，房屋全部用石料垒砌而成，老屋茶馆是村里现存最老的一套石砌房屋，已有150余年的历史。

2016年12月，沂南县朱家林石屋石砌技艺被列入临沂市第五批市级非物质文化遗产代表性项目名录。

主要内容 石砌民居一般为主屋带院，以四合院居多，一般堂屋3间，有的5间堂屋两头是挂屋。坐北朝南称主屋，由长辈居住，东西屋略低于主屋，由晚辈居住或作仓房，南屋一般放柴草。另加门楼，屋顶多用黄草、麦秸苫盖。四周院墙封闭，只有大门为进出口。

石屋建造程序为：放线—挖地基—铺墙基—垒平台—安门窗—垒平口—垒山墙—拾凤凰沿—瓦屋（苫屋）。西部山区为石木结构，有的用薄石板拿滳，四周的墙是石头干碴墙。

在石屋石砌建造的过程中，村民们巧妙地把当地的民俗与风水文化结合到民居中。从选址、上梁、画符、镜子到石敢当的设立，都贯穿了当地百姓辟邪纳福、祈求平安吉祥的淳朴思想。建筑装饰中还在门枕石、挑翅、迎风、石狮、石鼓等部位运用了丰富的绘画雕刻，图案采用菊花、荷花、梅花鹿、铜钱等动植物的形象，线条流畅，雕刻细腻。

陈氏古式家具制作技艺

陈氏古式家具采用纯手工打造，经过锯、斧、凿、磨、镂等多道工序制成，尽显古朴、厚重、美观、耐用等特点，在方圆百里小有名气。

历史渊源 旧时鲁南一带乡间，每逢儿娶女嫁，打制家具是必不可少的一件大事，一般男方需打制几、床等家具，女方视家庭情况打制橱、柜、桌、椅、箱等家具作为嫁妆，这样的风俗，对

古式家具制作

民间匠人有较大的需求，一批心灵手巧的艺人应运而生。陈氏古式家具诞生于沂水县黄山铺镇胡家庄村，从创始人陈阙开始，在该村陈氏家族世代传承，至陈鹤起已历经五代。

2016 年 12 月，陈氏古式家具制作技艺被列入临沂市第五批非物质文化遗产代表性项目名录。

主要内容　陈氏古式家具以楸木为主要原料，选取树龄 50 年至 100 年的楸树，截取中间光滑的树段。楸木密度高，木纹光滑细腻，品质极佳。原料选好后要解料，上窑熥。根据家具的需要先量好尺寸，用电锯或手锯将木料切割成大大小小的木板或木条，再将解好的木料架放于专用的炉灶上以暗火烘烤 6 小时左右，以去除木材中残留的水分，保证木材的稳定性。

木材初步处理后，算好家具尺寸，用墨斗在木材上放线、凿铆开榫，整个家具不用铁钉，不用钯锔，全靠铆和榫的咬合连结。完成这道工序后，进行木料抛光。先用光刨子和圆刨子等打磨木料，将这些材料根据需要刨成或圆或方的零部件。再用砂纸细细打磨，直至打磨得用手抚摸没有凹凸感。然后着手雕刻花板子、装花沿子。刻花板子是整个制作过程中最为精细的活儿，先用花样子垫复写纸在木料上画好，再用弓子锯、钻、刻刀镂空雕刻。一对太师椅上的花板子雕刻完需要 3 天以上的时间。将面子、腿、边料等半成品进行初装后，再安装面子下面的一圈花沿子，八仙桌、条几、太师椅等桌面下均有花沿子，安装完花沿子后，太师椅之类的家具还要再安上护手后背及后背上的花板子。组装好的家具还要进行表面打磨，先用粗砂纸慢慢打磨边边角角，将表面粗糙的部分打磨好，再用细砂纸磨擦，反复十多遍直至家具表面光滑如镜，然后进行最后一道程序——上漆。一对太师椅从选料到上漆需要 20 多天才能完成。

技艺特点　用料好。陈氏古家具选取树龄 50 年至 100 年的楸树，截取中间光滑的树段，密度高，木纹光滑细腻，品质极其优良。

做工精致。陈氏古家具不用铁打，不用钯锔，全靠铆和榫的咬合连结，而且榫卯方正严密。结构方面家具桌面四个角的面心方正，线条从始至终等粗，横线与曲线的过渡自然流畅。

造型美观。陈氏古家具的造型符合传统美学，能够把握住古典家具的内在美与神韵美，同时还能讲究发展与创新，保障舒适。

柿饼制作技艺

沂水县高庄柿子栽培历史悠久，其果似牛心，肉厚皮薄，甘甜清脆，含有胡萝卜素、黄酮类、脂肪酸、酚类和多种氨基酸及人体所需多种微量元素，具有清热止渴、润肺化痰之功效。用高庄柿子加工成的柿饼，肉质干爽，香甜醇厚，营养丰富。高庄柿饼年产量 10 余吨，深受消费者欢迎。

历史渊源　汉初高庄就有种植柿子的习惯，后因柿子季节性较强、不易保存。高庄人遂将其制成柿干、柿饼。高庄柿子出饼率高达 26%，是制作柿饼的优良品种，被专家誉为“制饼珍品”。王家庄子等村制作柿饼已有上百年历史，这里树龄百年以上的柿树屡见不鲜，因其沙土土质，光照充足，处于山腰处的柿树结的柿子口感极佳，传统老工艺制作的柿饼品质优良，堪称沂蒙特色臻品。每年初冬，村民们或多或少做些柿饼，对外出售或自食，在本地和青岛、烟台等城市供不应求，王家庄子成了远近闻名的“柿饼村”。

2016 年 12 月，柿饼制作技艺被列入临沂市第五批非物质文化遗产代表性项目名录。

主要内容 高庄柿饼的制作工艺相对较复杂，具体包括以下几步：

采摘。当柿果充分成熟，果皮黄色减退稍呈红色后，选择果形端正、大小均匀、无病虫、无沟痕的柿果采收。

去皮。用剪刀剪去柿蒂翼，用旋刀旋去表皮，基部果蒂周围留皮 1 厘米。

脱涩。去皮后的柿子在烘干房内保持 40℃左右的温度，关闭排湿口，保持湿度，持续 24 小时即可脱涩。

捏果。在烘烤过程中，还要 3 次捏果，边烘烤边捏果。烘烤、捏果过程需 4 ~ 5 天，以柿饼干燥至含水量为 30% 左右为宜。

上霜。在冷凉处铺席，将柿饼放在席上聚成 30 厘米高的小堆，用塑料薄膜覆盖，周围保持通风，防止发热、发霉。一般在正常天气下，约经 1 ~ 2 昼夜，糖分随水分外渗，打开后饼面发白，即为出霜。这时，将柿饼翻堆，10 ~ 15 天后，霜出满后即为成品。

高庄柿子具有果大、个头均匀、果皮光滑、肉质松脆、汁多味甜，含糖量高等特点，制成的柿饼质细，味甜，透明，霜厚。高庄柿子营养价值很高，含有丰富的胡萝卜素、核黄素、维生素等元素。做成的柿饼含有一种水溶性膳食纤维的果胶，对于改善便秘、保持肠道正常菌群生长等有很好的作用。高庄柿饼外皮棕红，柔嫩弹牙，里面的溏心像是浓稠的蜜糖一样，既有焦糖的浓郁，又有柿子的清香，营养丰富。

沂蒙煎饼（沂水县、市文化馆）

马站自秦汉以来即设有驿站，徐淮至青州、古莒国至青州的两条古驿道在马站境内穆陵关交会，马站南还有一条日照至莱芜、泰安的盐道。马站为古代交通要冲，过往人员及商旅众多，为马站饮食文化发展打下良好的基础。

马站煎饼

历史渊源 沂水马站煎饼的历史非常久远，该地曾出土元代鏊子，由生铁铸成，大小和形状与现在的鏊子基本一致，证明马站煎饼已有千年以上的历史。

马站煎饼选料精细，加工讲究，色泽黄润，饼质薄柔，口感香韧，久放不霉。传统的马站煎饼主要分布在马站小盆地内古道两侧的 20 多个村庄，以马站村和杨家城子村为代表。

代表性传承人刘运花，10 岁跟母亲学习烙煎饼。从磨糊、发酵到烧火上鏊，每道工序都认真学习，认真琢磨，她烙的煎饼好吃、好看、易保存，远近闻名。20 世纪 80 年代，人们对食物精细化、个性化要求不断提高，她研制出蔬菜煎饼、水果煎饼以及适合“三高”人群食用的高粱、荞麦煎饼，五谷杂粮煎饼，玫瑰花煎饼等，受到广大消费者喜爱。

2016 年 12 月，沂蒙煎饼（沂水县、市文化馆）被列入临沂市第五批非物质文化遗产代表性项目名录。

主要内容 马站煎饼工序繁琐，技术要求高。以玉米煎饼为例：

磨糊。将干净的玉米和大豆分别放到石碾上碾碎，然后按照 95 : 5 的比例拌匀，用 80℃的热水将拌好的玉米大豆碎料烫至八成熟，用水量以把料完全浸透为宜。然后，上石磨，把泡好的玉米熟料磨成玉米糊。

发酵。磨好的玉米糊要盛在陶盆中发酵，发酵的火候要把握好，看陶盆里的玉米糊似动非动，用勺子一搅，闻一闻，有微微的甜酸味，这时发酵火候正好，太过、太欠都影响煎饼的口感。

烙煎饼。烙煎饼是个费力气的技术活，要求手脚麻利，用火均匀。要想烙出的煎饼，圆而匀、薄而韧，没有三五年用心的训练，是达不到的。烙煎饼的工具有鏊子、抡筢子、油褡子。烙煎饼时要先将鏊子支好，鏊子一侧放盛玉米糊的陶盆，另一侧放油褡子，烙煎饼手盘腿坐在鏊子前的蒲团上。先在鏊子底下用干草烧火，待鏊子烧热后，用油褡子把鏊子抹一遍。左手舀一勺玉米糊，放到鏊子中心，右手捏住抡筢子放在玉米糊上，迅疾由鏊子中心顺时针向四周均匀旋抡，将玉米糊均匀地摊覆在鏊子上。待鏊子上的饼子周边翘起，两手捏住饼子轻轻一揭，一张煎饼便完成了。

蒲松龄曾在沂水刘南宅和马站镇西李家当过私塾先生，对烙煎饼有过精彩的描写："掬瓦盆之一勺，经火烙而滂，乃急手而左旋，如磨上之蚁行，黄白忽变，斯须而成。"

裘皮画

裘皮画是用裘皮拼接起来的画，以裘皮毛天然的颜色、疏密、长短、粗细来表达画面内容，追求神似，具有立体感。裘皮画制作是纯手工，很细致很繁琐，特别费工夫，制作一幅 145 × 80 厘米的裘皮画，两个人要花一周时间才能完成。

历史渊源　裘皮画发源于沂水县马站镇，马站自古商贸发达。清乾隆年间回民由临淄金岭迁入，起初主要从事皮毛生产、加工和买卖。由于长年同皮毛打交道，马站镇回族老人无意中发现可以用裘皮作画，后在家族内代代相传。

2016 年 12 月，裘皮画被列入临沂市第五批市级非物质文化遗产代表性项目名录。

主要内容　裘皮画的制作分为设计、选材、下料、缝制、装裱五个步骤。设计要有意，选材要准，下料要慎，缝制要巧，细节决定成败。

设计，制作裘皮画先设计画稿，确定画面内容，用九宫图原理把画稿放大到硬纸片上，剪成小模件，再将小模件放到裘皮上用裁刀沿模件四周裁割裘皮。

选材，就是根据画的内容、结构、颜色，选取与之毛色相同的裘皮，选取裘皮时要注意裘皮的部位，不同部位的裘皮，毛的粗细、长度、密度、毛向不同，选材不当会直接影响拼制出的裘皮画的神韵。

下料，要看毛的颜色、长短、粗细、疏密和毛的方向，毛向不对，料就废了。以老虎画为例，要熟悉老虎的生理特点，按照老虎生长的毛向来裁料。如老虎的腹部皮毛，越靠近脊椎，毛颜色越深，毛越粗，越长。同一种颜色，部位不同，所裁的料也不同，如老虎的腹部和头部都有白色，但毛的方向、粗细、长度和密度不一样。同样是腹部的白色条纹，上部和下部毛的粗细、密度不一致，制作时绝不能图省事，裁一块料就行了。动物的眼睛在不同情形下，眼神不一样，虽然只有两三种颜色，由于裁的料小，难度很大，毛长或短、多或少都会影响眼神的传神度，下料时需反复琢磨，慎之又慎。

缝制，缝制是把裁好的裘皮料按画的样子拼

裘皮画制作

成后用线缝在一起。因缝的是裘皮板皮面，往往缝上几针，就要反过来看看，有时费好几天工夫缝制好一幅裘皮画，反过来一看，有的地方与原画相差甚远，只能拆开重缝。一只鹰的眼睛有时需要拆缝十几遍，反反复复，一幅裘皮画往往要拆缝好几遍才能完成。

沂水龙家圈土陶烧制技艺

沂水县龙家圈土陶，是土陶器中的灰、黑色陶器，具有色如墨，声如钟，薄如纸，亮如镜，硬如瓷的特点。沂水土陶在工艺、造型、色泽、图案、表现手法等方面，保持着原始风貌。

历史渊源 明朝洪武二年（1369 年）张氏家族从山西洪洞县迁至山东沂水县东得水村，以制作土陶器为生。据明洪武年间张氏族谱记载："祖上以制作土陶器为生，土陶器包括红色、灰色、黑色土陶器"。张氏黑陶的烧制方法为水润闷窑法，是烧制实用性黑色陶器的主要方法。经世代口传心授，传承了黑陶的烧制工艺，保持了传统柴窑烧制。

1990 年前沂水土陶多为生活器具，有碗、盆、砖、瓦、泥哨等。1990 年以后，开发出部分高档黑陶工艺品，如花瓶、平面浮雕产品、大型工艺品

黑陶作品四件套

等。工艺由简单的雕刻发展到镂空、挑点、剔泥、平雕、浮雕等近 80 种工艺技法。陶器制作采用轮制、模制、印坯、灌浆、手塑等方法；造型讲究美观、古朴、高雅，形式多样；融古老制陶技艺与现代美术、工艺于一体；烧制一般采用高温密封窑烟渗碳之法，根据不同要求，可控制达到毛光、乌光、漆光的程度。形成 3 大系列 6 个类别 300 多个品种，产品被多家博物馆和爱好者收藏，销往全国各地并出口欧洲国家。

传承人张月，高中毕业后开始学习黑陶制作。在父辈的口传心授下，凭着良好的悟性和锲而不舍的精神，逐渐掌握了黑陶制作技艺，并成为黑陶制作高手。开发出许多新产品。

2016 年 12 月，沂水龙家圈土陶制作技艺被列入临沂市第五批非物质文化遗产代表性项目名录。

主要内容 黑陶的制作主要分选料、拉坯、烧制三个步骤：

选料。龙家圈黑陶的泥土采用沂水富官庄特有的红黏土，这种土是碳酸盐岩石经过数万年的风化堆积而成，土质细腻，是上好的陶土。取土时，先挖去地表 1 米以上的表层土，然后才是优质的制陶黏土。

拉坯。是整个工艺的核心环节，其好坏程度直接决定了后续烧成的结果。拉坯之前要明确做什么样的器物，拉坯时要心平气和，眼准手稳。拉坯之后还要修坯，可以单独借助工具修坯，也可以直接在拉坯机上独立完成。

烧制。黑陶呈黑色与烧制时的温度控制有关，温度在 800℃ ~ 900℃之间才能烧出黑陶。超过这个温度，烧制出来的颜色就是红的，低于这个温度则呈白色。

代表性作品有：四孔陶笛、六孔陶笛、十二孔陶笛、专业双腔埙、工艺埙，熏香炉、卷筒、茶具、砂锅、火炉、茶罐、温酒器、各种盆、罐、杯子、碗，陶鬶、浮雕瓶、四君子瓶等。

技艺特征 沂水黑陶工艺主要利用陶轮轮制的方法。不以装饰取胜，而以造型见长。在烧制时采用封窑烟熏的渗炭方法，器表呈现出深黑色光

泽。黑、薄、光、纽为四大特点。

沂水黑陶造型美观、古朴典雅，图案分明，立体效果强，具有较高的观赏价值和收藏价值。

陶器表面磨光，朴素无华，纹饰仅有少数弦纹、划纹或镂孔。器物花纹精细，有极强的艺术感染力和表现力。

传承谱系 第一代张文德（1823 年生），第二代张玉树（1846 年生），第三代张坤泽（1875 年生），第四代张洪成（1899 年生），第五代张学义（1922 年生），第六代张国庆（1952 年生），第七代张月（女，1980 年生）。

手工制作银饰

刘氏银饰通常以传统的鱼、团花、龙凤、万字符、喜鹊等吉祥图案为设计元素，融入现代设计理念，与传统手工工艺相结合，运用不同的色彩、材质及时尚图案的搭配，在体现中国风的同时增添时尚色彩。

历史渊源 银器制作历史悠久，夏商时期就出现了小件的饰品。西周时期在体量以及工艺上有所变化，但总体上仍然是处于非主流地位。

春秋战国时期，用于外交、赏赐、宴饮的金银器出现。秦统一天下后，银器作为装饰品开始自成体系。两汉时期，器型更加多样，数量增多，更加贴近生活。隋唐开始，金银器发展进入了一个重大的变革期，迎来了中国金银器发展的一个高潮。不仅中央、地方的官营造院出产精良的金银器，许多私人作坊中也生产了大批优良金银器，金银器制造工艺飞速发展。

宋代银器最主要的特征便是民众化和商品化，民间作坊成为金银器生产的主流。银器制造也呈现不同风格，面向权贵富商的银器更加精细华美，面向普通民众的则注重朴素简洁。许多器型的银器出现了制式模板，批量生产，如饮器、盛器等。

明清时期出现大批陈设观赏性极强的器具，表现出极为浓厚的文人艺术风格，银制器皿也开发出了作为文玩的观赏把玩功能。

沂水刘氏银饰制作发源于沂水县崔家峪镇西荆山头村的刘氏家族，从光绪年间学艺，传承至今。按当地风俗，每当娶媳嫁女时，需要打制一套精美的金银首饰，手镯、簪子、戒指、耳环、项链等。新生儿出生后，长辈也要送长命锁、手镯等象征吉祥如意的金银饰品。刘氏银饰制作以服务乡邻为理念，注重其实用性和收藏性，在当地拥有很高的知名度。

2016 年 12 月，手工制作银饰被列入临沂市第五批市级非物质文化遗产代表性项目名录。

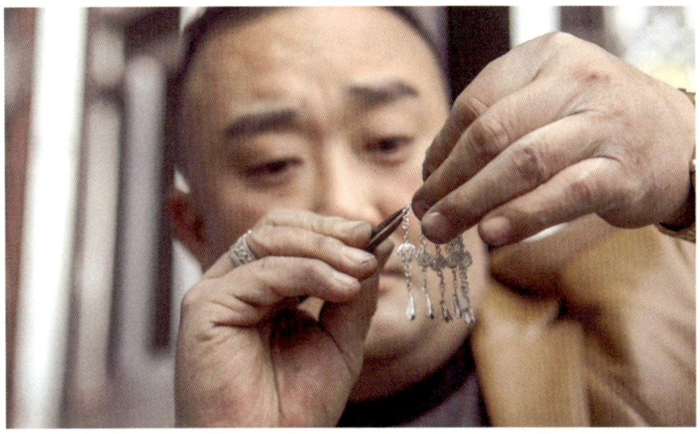

银饰制作

主要内容 刘氏银饰是纯手工打制，工艺繁杂，主要工序有：

选料。要选取成色较高或者足色的银料。

熔化。把银料放在熔炉内坩埚中，以焦炭为燃料，当炉温升至 1200℃左右时，银便融化为液体，然后浇铸成银板或银条备用。

捶打。通过一遍遍敲打，打到所需要的厚度，银条打成后再通过丝板孔进行拉细。将捶打好的细银条用锉子做好尖头，再用拉丝眼板拉丝。拉丝眼板一般分 52 个直径不同的眼孔，根据需要拉成粗细不同的银丝，直到拉成花丝。

搓丝、掐丝。将拉好的细银丝放置在一起，用木质滚条将银丝线搓在一起，这种工艺让搓好的银丝具有独特的纹路和韧性。将搓好的银丝掐出不同的图案，嵌进事先做好的银丝框内。这个过程相当精细，银匠不需模具，全凭想象，一气呵成。

成型。不同的器皿，不同的金银首饰有不同的制作方式，常见的有扎、压、手工成型、焊接、组装等。不同的花纹样式，制作方法不一，有雕刻冲压、手工长丝、拼凑、组装等。

霉洗。传统的做法是用明矾霉洗，把明矾和做成的成品一起放在铜器皿内，加清水烧至100℃左右即可。

上光。把霉洗后的成品放入斗珠布袋内，摩擦清洗至光亮为止。

镶嵌加固。将事先手工打磨好的银珠摆放在需要镶嵌的位置，然后用焊枪整体加温。该过程需要严格控制温度，温度过高则熔断银丝，温度过低则镶嵌不牢固。银匠们最后将整件饰品放入特制的溶液中，先用高温煮沸，去除污渍，再用清水将银饰品表面洗涤干净。

技艺特点　纯手工打造。刘氏银饰打制工序繁杂，生产流程全部人工完成，耗时较长，一件银冠、银锁或者雕花之类的银饰品往往需要半个多月的时间，甚至更久。

技艺独特。刘氏手工制作的银饰图案从无范本，完全依靠胸有成竹、手随心动，浑然天成，每件首饰都是独一无二的。

独特的文化底蕴。通常以传统的鱼、团花、龙凤、万字符、喜鹊等吉祥图案为设计元素，体现中国风格，以传统的手工工艺，彰显出中国银饰的古典风格。

传承谱系　第一代刘志营，第二代刘繁亭，第三代刘成修，第四代刘世玉，第五代刘珂金。

荆菊虎头枕

虎头枕是中国民间刺绣的一种，做法基本和做枕头相似，枕形仿照传统虎的形状。缝制精细，纹饰、造型别致，寓意吉祥平安。

历史渊源　虎为百兽之王，是中国民间普遍尊崇的吉祥物，汉代就有画虎于门，以驱灾避邪之俗。虎头枕亦称布老虎，传说起源于殷商。东晋王嘉《拾遗记·魏》记载："次检宝库中得一玉虎头枕……是殷时遗宝也。"人们经常以虎为原型为孩子做一些伴生物，除了有驱邪镇定作用外，还有祝福孩子虎头虎脑、健康成长之意。

荆菊虎头枕

临沂市北部山区满山遍野都是黄荆、山菊花、野艾等，当地百姓有就地取材，利用其药用价值填枕芯制作虎头枕的传统。费县南张庄乡（今东蒙镇）制作的荆菊虎头枕，是集药用、实用、观赏价值于一体的手工艺制品。荆菊虎头枕主要传承人有张淑香、董占金、孟祥莲等。

2016年12月，荆菊虎头枕被列入临沂市第五批市级非物质文化遗产代表性项目名录。

主要内容　荆菊虎头枕由枕皮和枕芯组成，其中枕皮多采用老式蜡染棉、麻蓝印花布。枕芯则采用山区特产的黄荆种子、山菊花、艾叶等作为填充材料，每个枕头重1.2公斤。因其加入山间草种及野菊花，形成香气凝聚于枕周围，味淡而不薄、久而不弱、清而不浊、散而不走。具有独特的药用价值，小儿使用可平肝明目，治疗小儿惊吓；成年人特别是老年人使用可清热、祛风、缓解两眼昏花、头晕、头痛、神经衰弱，对治疗颈椎病亦有帮助。因枕头两端绣有虎头，多用彩绘、刺绣、剪贴、挖补等手法描绘出五官和花纹，故称为荆菊虎头枕。

明氏洪炉锻造技艺

洪炉，俗称铁匠炉，代指铁匠。明氏洪炉集中在山东费县探沂镇西埠村。明氏先祖于清咸丰末年从山西洪洞县迁居山东费县西埠村，世代从事铁业加工，至今已传承六代，历150余年。

历史渊源　清咸丰末年，明氏先祖明志从山西洪洞县迁居西埠村，后在此繁衍生息。太平天国运动期间，鲁南山区爆发了大规模的幅军起义。清同治元年（1862 年），探沂镇孙化祥带领岐山幅军参加起义，西埠村民被征召到队伍当中，会洪炉加工技艺的就开始生产加工兵器和刀具，西埠匠人加工的兵器和刀具非常的锋利且坚韧。幅军为清政府剿灭后，西埠村村民回到村里，继续从事洪炉加工，维持生活。至 2016 年明氏家族人口已达 500 余人。其中 80% 左右的成年人从事铁业加工。代表性传承人有明文印、明茂臣等。

2016 年 12 月，明氏洪炉锻造技艺被列入临沂市第五批市级非物质文化遗产代表性项目名录。

主要内容　明氏洪炉主要生产厨房刀具、农具和传统兵器。厨房刀具主要有黑刀、白刀、不锈钢刀、砍刀、劈刀、宰猪刀、刮毛刀、剔骨刀等。生产工具有锄、镰、镢、锛、铚、斧、锯、锤、钎、錾、铇等。传统兵器有刀、枪、剑、钩、七节鞭、匕首、拐子、流星等。其中最具有盛名的是明氏厨房刀具。其厨刀以锋利耐用、不卷刃等特点深受广大使用者的喜爱。

明氏洪炉制作都是纯手工制作，工序繁琐，选用优质铁和钢，制作时间长，烟熏火烤劳动强度大，"趁热打铁看火色"等绝技需反复实践，用心领会才能掌握。明氏洪炉锻造是纯手工重体力劳动，一把刀要经过选料、夹钢、沾火、锻造、打坯、冷镇、切割、整形、切磨、打磨、水磨、淬火、细磨、抛光、装把等 30 多道工序才能完成。

刀具打制

花儿团子制作技艺

花儿团子、大米糕等都是大米爆成大米花后，用专门的工具，加入食用糖、蜂蜜等做成的大米制品，制作原料以大米为主，辅以小米、花生。制作成圆球形、长方形、正方形、小鸟形等，其口味酥脆香甜，特别受孩子们欢迎。

历史渊源　花儿团子是费县胡阳镇的乡土小食品，为初冬农闲时节村民手工自制的一种特色风味小吃。万福庄村花儿团子制作历史悠久，清道光年间，该村农户十之六七以做团子为生。熬糖稀、炒粉条、揉团穿串儿是其三个主要工序。工艺简单，若不得要领却做不出来。因糖稀遇热融化，一般在冬春季节做。20 世纪 50、60 年代，万福庄村的花儿团子多在集市、庙会、戏场、婚礼等场所销售，为了卖个好价钱，很多人挑担推车，风餐露宿。逢年过节，孩子们一群群地围着货挑子，流着口水喊着叫着不肯走，爷爷、奶奶们便掏出几分钱买上几个递到孩子手中。

花儿团子最早是用粉条和糖稀制成，后来改用大米花。大团如鸡蛋，中团似核桃，小团像山楂。可玩可吃，也可悬挂室内作装饰品。

花儿团子承载着一些成年人儿时的记忆，也象征着团圆、欢乐、幸福与吉祥。花儿团子的制作简单易学，以家庭为单位即可制作，因此得以迅速发展。

传承人王振明，少年时跟父亲学习制糖稀、炒米等技术，是村里少有的会使用古老工艺流程制作花儿团子的老艺人之一。

2014 年 3 月，花儿团子制作技艺被列入临沂市第四批市级非物质文化遗产名录。

制作工艺　制糖。先把麦子用水浸泡，把水倒出，放在泥盆里盖上湿布。一两天淘一次，直到麦子生芽 2 厘米，芽子的顶头稍微发黄，然后上磨碾压，将白水压出来备用。再将大米浸泡 7 ~ 12 小时，锅内加水烧开，再放进大米熬制，待大米没有硬芯时盛到大缸里。把麦芽水也放大缸里，用木棍来回搅动大约 1 小时，若是晚上下的麦芽水到第二天早上就用豆腐布袋把大米和麦芽一同按出，然后把按出的水放在大锅里熬糖，直到用白铁勺子向上拉，一拉一大片糖稀就算制作成功。

炸花、炒米。先把大米放在大盆里浸泡 6 ~ 8 小时，捞出控干。用大茅笼在大锅里蒸熟，把蒸好的米放在席上凉大半干后再晒干备用。

养沙。把大小均匀的干净沙子放锅里加入豆油炒沙子，炒至用刷子一插能插出眼即可。然后，用四两的茶杯盛上大米放到油沙里炒，期间要用刷子不断地搅拌，到 97% 的米炸开花，立刻把大米花筛出。

制团。把炒好的米加入糖稀，用筷子搅拌均匀，把它放在用梧桐木做成的木槽里，来回滚动直至圆球形。准备模具（用一块木头刻出几个核桃大小的窝），把用糖稀拌好的大米花用木铲按在模具里压实，然后刻出，将刻出的米花团再放入木槽搓圆。将制作好的团子用线穿成串，花儿团子制作就完成了。

糖画制作技艺（费县　莒南县）

糖画，是以糖做的画，它亦糖亦画，可观可食，民间俗称“倒糖人儿”“倒糖饼儿”“糖灯影儿”。糖画为一种传统民间手工艺，以糖为材料进行造型。所用的工具仅一勺一铲，在绘制造型时，用小汤勺舀起溶化了的糖汁，在铝板上飞快地来回浇铸，画出造型，随即用小铲刀将糖画铲起，粘上竹签即成。糖画分为平面糖画与立体糖画两种。它是地道的民间画种，颇具特色的街市艺术，备受老百姓喜爱的工艺食品。

历史渊源　汉代朝廷宴会上已经出现“以糖作啫形，号曰啫糖”的制品。宋朝时期，吴自牧《梦粱录》中有记载：“小儿戏耍家事儿，如戏剧糖果之类：行娇惜、宜娘子、秋千稠糖葫芦、火斋郎果子、吹糖麻婆子孩儿等”。明代，人们为祭奠神

糖画制作

灵用糖浇筑成各种形象，这就是糖画的前身。清代小说家褚人获的《坚瓠补集》里载，明俗每新祀神，“熔就糖”，印铸成各种动物及人物作为祀品，所铸人物“袍笏轩昂”，俨然文臣武将，故时戏称为“糖丞相”。他的一首诗真实记录了糖画盛行的情况：“熔就糖霜丞相呼，宾筵排列势非孤；苏秦录我言甘也，林甫为人口蜜腹。霉雨还潮几屈膝，香风送暖得全肤；纸糊阁老寻常事，糖丞来年亦纸糊。”到了清代，糖画更加流行，制作技艺日趋精妙，题材也更加广泛，多为龙、凤、鱼、猴等普通大众喜闻乐见的吉祥图案。

糖画逐渐走进民间，手艺人将“糖丞相”改为富有吉祥寓意的各种图案，在街上看到挑着担子的大爷把炉子、铜锅、石板、勺子、铲子摆出来，孩童们就会蜂拥而至，转转盘，转到什么图案就画什么图案，不仅是孩子们喜欢，大人们也对这门手艺有着浓厚的兴趣。

糖画起源的另一说为起源于唐朝。相传唐朝诗人陈子昂在家乡时很喜欢吃黄糖（蔗糖），他的吃法却与众不同。首先将糖熔化，倒在清洁光滑的桌面上，铸成各种小动物及各种花卉图案，待凝固后拿在手上，一边赏玩一边食用，十分有趣。

后来陈子昂到京城长安游学求官，因人地两生，闲暇无事时便用从家乡带去的黄糖如法炮制，以度闲暇。一天，陈子昂正在赏玩自己的“作品”，宫中太监带着小太子路过，小太子看见了陈子昂手中的小动物，便吵着要。太监问明了这些小动物是用糖作的，便要了几个给太子，欢欢喜喜回宫去了。小太子将糖吃完了，哭着闹着还要，惊动了皇上，太监只好上前如实回禀。皇上听完原委，即诏陈子昂进宫，并要他当场表演。陈子昂便将带去的黄糖熔化，在光洁的春凳上倒了一枚铜钱，用一支竹筷粘上送到小太子手中，小太子破啼为笑。皇上心中高兴，脱口说出“糖饼儿”，这就是糖画最早的名称。

费县糖画　清朝末期手工糖画传入费县姚河村齐可安家，经三代家族传承，形成了自己的特色，图案美观，构图简洁，借助谐音、象征、寓意等手法表达了对美好生活的向往和追求，如“蝴蝶”图案，“蝴”与“福”谐音“蝶”与“耋”谐音，蕴含了祝福健康长寿的寓意，“麒麟”图案是仁慈祥和的象征，能给人带来丰年、福禄与美好。

2003 年，魏生国跟一位 60 多岁的师傅学习手工糖画制作，他思想活跃、富于创造力，在原来的图案中融入了现代的素描、国画、年画、漫画等元素，创作的糖画更符合现代人的审美观。他开发出反映沂蒙风情的立体糖画。在熬糖技艺方面，借鉴熬糖葫芦和冷拔丝的熬糖工艺，解决了夏天高温不宜做糖画的问题，经过多方面的改革创新，逐渐形成了风格独特的手工糖画。

2016 年 12 月，费县糖画制作技艺被列入临沂市第五批市级非物质文化遗产代表性项目名录。

莒南糖画　莒南糖画在民间流传已久，其历史已无从考证。莒南糖画制作技艺传承人胡怀伟，自幼喜爱书画艺术，从事糖画制作多年，他改进制作工具，将大理石板改用铝板；改进画法，把先画头部改为先画尾部，因为动物都是尾部厚重，头部细腻，先画尾部是适应了熔化的糖汁开始流动快的特点，等糖汁流动减慢后，再用细线条勾画面部，作品更加细腻传神。代表作有十二生肖等，还用糖画书写美术字。

2020 年 11 月，莒南糖画制作技艺被列入临沂市第五批市级非物质文化遗产代表性项目名录扩展项目名录。

主要内容　在进行绘制糖人之前要先熬糖。熬糖前先准备一块铝板，刷上薄薄的一层油，防止糖粘在铝板上。

将铜锅放在火上，加入适量清水，再放入糖料（绵白糖和麦芽糖按照 1.5 比 1 的比例兑成），水与糖的比例是 2 比 1。糖料放入以后要轻轻搅动，防止粘底。用小火将水温逐渐升高，利于糖溶解在水中。烧至糖液逐渐开始起大泡，待色泽微黄，大泡变为小泡时，趁热倒在大理石板上冷却，凝固后，把糖片切碎备用。这样熬制出的糖透明度较高，非常脆，不粘手，不滴油，不流液，是绘制糖画的好材料。

在绘制糖画之前先化糖，把准备好的糖片放在糖锅内小火熔化，糖完全溶解后就可以绘画了。做糖画没有底稿十二生肖、戏曲人物、花鸟鱼虫、飞禽走兽等，全在艺人的脑子里，随着缕缕糖丝的飘洒，一幅糖画便栩栩如生地呈现在面前，再趁热粘上一根竹签，晶莹剔透，活灵活现。

民间修脚（临沂经济技术开发区　兰山区）

修脚是中国民间专为足疾患者修治脚部皮肤和趾甲病痛的传统技艺，为中医外治的一个组成部分，它采用医术和刀法相结合的方法治疗各种脚病，与中医的针灸、按摩并称为“中国三大国术”。

历史渊源　修脚历史悠久，据甲骨文中记载，周文王患甲病，有个叫冶公的人用方扁铲将其治愈，这是关于修脚的最早文字记载。隋朝《诸病源候论》中已有肉刺、鸡眼的记载。到了清代，修脚已成为一个专门的行业。清光绪年间，河北定兴李廷华著《五言杂字》中有“修脚剜鸡眼”的记载，当时修脚术已广泛应用于足病患治疗。

民间修脚技艺大体上分三路：河北派以北京为中心，特点是修脚技术巧妙，活茬细致，擅长修

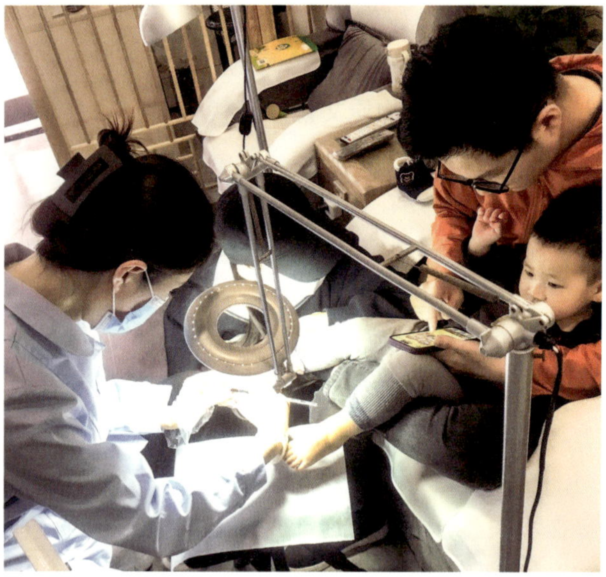

王建秀为小朋友治疗甲沟炎

治各种脚病。江苏派以扬州为中心，修脚讲究活茬精致美观，尤其是捏脚，刮脚有其独到之处。山东派以济南为中心，技术比较全面。

临沂经济技术开发区夏氏民间修脚。第一代传承人夏澜峰，从小学习修脚技艺，靠修脚维持生计。解放初期把修脚手艺传给夏永年，从此夏永年就在临沂城双口井浴池从事修脚工作。夏永年刀法利落干净，活茬细腻，当时号称一刀修脚，不留毛茬。后将此技传给夏华三，至夏洪才已传承四代。

2016 年 12 月，夏氏民间修脚被列入临沂市第五批市级非物质文化遗产代表性项目名录。

兰山区“临沂修脚一把刀”创始人王寿科，1976 年师从临沂修脚师傅杜洪生（已故），杜洪生曾任临沂县第九届政协委员，终生从事修脚行业，是临沂修脚行业的早期从业者，备受业界好评。王寿科在继承杜洪生修脚技艺的基础上，多次奔赴北京、河南、扬州等地考察学习，经过 40 余年的潜心钻研，在集合多地修脚流派之长的基础上，将传统修脚行业由中医保健逐步引向修脚治病的范畴，将“修”与“治”有机统一，形成了“一推脚跟、二片脚掌、三修脚趾、四治脚病、五刮脚垢、六通经络”的“王氏修脚术”和“看、问、泡、摸、修、治、访”组成的“王氏七字诊治法”。针对灰指甲、鸡眼、胼胝、跖疣等不同脚病类型和病症，因病施治，研究配制中医药秘方，药效显著。

2020 年 11 月，民间修脚（兰山）被列入临沂市第五批市级非物质文化遗产代表性项目名录扩展项目名录。

主要内容 夏氏民间修脚可以处理脚上的各种问题，包括修脚趾甲、刮脚、捏脚、去死皮等，尤以修脚垫、鸡眼、厚甲、灰甲、嵌甲等见长。夏氏民间修脚技法变化多样，操作中有持刀“三法”：捏刀、逼刀、长刀；持脚“八法”：支、抠、捏、卡、拢、攥、挣、推；修治“八法”：抢、断、劈、片、挖、撕、分、刮。各种修脚方法，一般手到病除。夏氏民间修脚治好了一些疑难脚病，被誉为“肉上雕花”。

夏氏民间修脚采用中国传统医术和刀法相结合的疗法，对症运刀治疗足部疾患，分为平活和细活，平活是指修长指甲、死皮和脚垢，共分为三步：

刮脚。脚经温水浸泡后，用柳叶刮刀刮除脚垢。其动作要领是“行云流水游刃有余”，讲究运刀舒适与好看，刀刃游走留有余地。

片脚。是指片除脚垫厚皮，动作要领是“一切二平三运刀”，刀刃入脚垫部位，将刀放平后再开始运刀。

修牌。首用锛刀锛指甲，要领是“一理稳、二放平，三向内关行”，然后使用指刀修脚。

夏氏民间修脚地处江苏派、山东派两地之间，汲取两家之长，并得到北京修脚大师郑全德的口授，独创一脉。夏氏修脚技艺有鲜明的地方特色，其修脚技术、刀法、手法，与全国各地的修脚技艺存在很大差异，夏氏修脚讲究快刀，右手行刀娴熟，行刀收刀上下翻飞，是其他派系所没有的。

夏氏民间修脚术具有手法简易、安全、有效、痛苦小、恢复快等特点。经过几代人的技艺传承与创新，具有传统诊断技术和治疗技术特色的夏氏民间修脚逐步完善丰富，形成独特的技艺，长期以来为周边百姓解除脚病痛苦，深得广大群众的认可。

兰山区修脚一把刀为足疾患者修脚具体服务有：修理趾甲、胼胝（脚垫、老茧、脚茧、腿子）、鸡眼、嵌甲、脚气、跖疣等，并扩展至各种脚病的治疗及捏脚、括脚、搓脚、浴脚等。讲究“精细、准确、有效、科学”，结合病患不同的病情，对症施治，同时配合中医配方，用最有效的方法和最短的时间，为患者解决脚上的病疾。

项目传承

夏氏民间修脚传承谱系：

第一代夏澜峰，第二代夏永年，第三代夏华三，第四代夏洪才。

兰山区民间修脚传承谱系：

第一代杜洪生，第二代王寿科，第三代王建秀、王建云、王建光。

核雕（蒙阴县　沂水县）

核雕古称“鬼工技”，是在桃核、杏核、橄榄核及其他硬质果核及核桃上雕刻人物、动物、山水的一种微雕技艺。

历史渊源　核雕历史悠久，分布范围较广，大体可分为南工与北工，北工以山东潍坊为代表，南工以江苏苏州、浙江舟山为代表。另外，北京、河北、广东、江西、福建、辽宁等地也有广泛分布。

蒙阴核雕　发源于1915年，至2016年已有100余年历史。蒙阴县山地多，自古盛产桃、杏、山楂、樱桃等水果，水果内核俯拾即是，为蒙阴核雕提供了丰富的原料。沂蒙核雕技艺发源于高都镇礼官庄，后传入西住佛村，核心区在蒙阴县。

1915年，蒙阴县礼官庄村年轻木匠秦广钦一时兴起，利用自己的木雕技艺在桃核上进行雕刻，作品得到众人赞赏，遂产生兴趣，钻研入门，成为当地核雕第一人。

第二代传承人秦贞文（1934—2001年），继承了父亲的核雕技艺，并潜心研究核雕工具，蒙阴核雕技艺向精细化发展。第三代传承人秦元代，在继承父亲核雕技艺基础上将传统家具木雕的图案题材应用于核雕，大大丰富了核雕的内容和表现力。

2016年12月，核雕技艺（蒙阴县）被列入临沂市第五批市级非物质文化遗产代表性项目名录。

沂水李氏核雕　起源于沂水县院东头镇四角泉村。清嘉庆年间，李氏高祖李炳章心灵手巧，农闲之时见随处丢弃的桃核，觉得可惜，便捡回家连磨带刻，做成桃人、桃篮送给亲戚朋友，因民间传说桃木制品有“辟邪”功能，所以很受亲朋喜爱。

曾祖李义，生于清光绪二年（1876年），家中排行老四，人送外号“四疯子”。12岁随高祖到山西，14岁跟当地人称“洪一刀”的木雕师父学习木工。19岁随洪师父参与过光绪二十一年（1895年）五台山菩萨顶修葺。后随高祖返回今沂水县院东头镇四角泉村。农忙之余，以桃核磨刻小猴等，作为烟袋包子上的饰物赠予乡邻。

2020年11月，核雕（沂水县）被列入临沂市第六批市级非物质文化遗产代表性项目名录。

主要内容　核雕是集浮雕、圆雕、镂空雕于一体的传统民间核雕技艺，具体制作步骤有：

构思。好的核雕作品离不开巧的构思，构思是否巧妙决定作品的好坏，好的核雕师善于寻找灵感，灵感来自对生活深刻的感悟与理解。

选料。根据构思，选取核雕材料，要选择色质形俱佳的果核，这样雕刻起来顺手，能保证作品的质量。

核雕创作

画样。是在核上绘制基础图稿，确保主题突出。

造型。亦称出坯，是根据图案进行粗雕，把作品的整体轮廓显现出来。

细雕。是对作品进行细部处理，雕刻师需要耐心、细心，雕刻人物或动物还要开脸，具有“画龙点睛”的作用，也是关乎作品神韵的关键一步。

抛光及后续。作品完成后，先用300～500目的砂纸打磨，抛出光泽，然后穿为珠串、坠件或安装底座成为摆件。

技艺特点 核雕以果核为制作原料，创作的空间很小，需要匠人以丰富的想象力，将紊乱的果核纹理构思成型，在艺术创作上很大程度受限于果核形状、纹理。

雕刻用料丰富，以桃核雕刻为主，亦可用酸枣、山楂、樱桃、橄榄等果核。

作品内容丰富，文化底蕴深厚，二十四孝故事、蒙山传说故事、各类吉祥图案、山水风景、儒释道经典人物、戏曲故事等均可作为创作题材。

雕刻手法有圆雕、镂空雕、浮雕等，融合传统石雕、木雕、玉雕等雕刻技法，同时借鉴书法、国画、篆刻艺术，融会贯通，于毫厘之间雕镂出万千世界，细致入微，栩栩如生，精巧雅致。

每个核雕都非常传神，有自己独到之处。有的粗犷豪放，有的细腻入微，比如人物衣衫粗略几刀简单带过，面部表情则要精雕细刻，给人栩栩如生的感觉。

郯城传统手工刺绣

郯城传统手工刺绣是在服饰、鞋帽上绣制花纹图案的传统手工技艺，通过艳丽的色彩、吉祥的图案、美好的寓意和复杂的工艺，寄托人们对亲人的祝福和对美好生活的向往。

历史渊源 郯城传统手工刺绣始于清朝，至今已有200多年的历史。主要是在服饰、鞋帽等物品上，运用丝线及刺绣针法绣制出不同花纹图案。多用于儿童服饰、鞋帽，绣花荷包等物品。

郯城地处苏鲁两省交界处，刺绣技艺兼具鲁秀和苏绣的特点，形成了独具特色的郯城刺绣风格，在鲁南、苏北地区妇女之间广泛流传。

2016年12月，郯城传统手工刺绣被列入临沂市第五批市级非物质文化遗产代表性项目名录。

主要内容 郯城传统手工刺绣共4大类、30多个品种。帽子类有儿童虎头棉帽、莲花帽壳、虎头单帽、公子帽等；服装类有虎头袖口、儿童连体裤、肚兜等；鞋类有虎头单鞋、百天鞋、虎头棉鞋等；睡枕类有儿童睡枕、耳枕等；饰品类有鸳鸯荷包、莲花荷包、公鸡荷包、蝴蝶荷包、六角香囊等。

郯城传统手工刺绣以中国传统的祈福、祛病、纳财等图案为主。老虎、狮子形象多为男童穿戴，祝福男孩长大后威武雄壮，虎虎生威。蝙蝠、金蟾、蜈蚣等图案寓意多福、多财与祛病消灾。莲花图案寓意长大成人后女孩相貌秀丽，男孩为官清廉等。同时也有受戏曲人物造型影响的，如虎头帽像戏曲中的顶戴花翎，莲花帽壳像凤冠。刺绣图案颜色以红、绿、黄三色为主，色彩艳丽，对比强烈。

传统手工刺绣制作工序有备料、下料、上浆、刺绣、缝合、饰边等。制作前精心挑选布料、配色丝线、设计图案、准备模具。准备齐物品后，根据制作模具下料，剪裁布料，下好的布料背面上浆，待布料干后将绣制图案的花样贴于布料上，在绷

郯城手工刺绣——虎头鞋

架上开始刺绣，刺绣针法多采用绷花、填补绣及盘金边等。

主要特征　图案纹饰多样。以花卉、动物等吉祥图案为主，采用谐音、象征、寓意等手法，表达人们美好的愿望和对幸福生活的向往等。

手工技艺复杂独特。郯城传统手工刺绣经数代人的传承，不断采纳众长，形成了独特的风格。沿用了传统的包针绣、纳线绣、盘金边、绷花等针法，又采用鲁绣的齐针、缠针、镇绣（辫子股针）、接针等针法。绣品部件突出部位使用了填补绣，呈现浮雕效果。

颜色鲜艳，色彩对比强烈。大胆采用蓝、绿、黑、红、紫、黄等颜色，色彩对比鲜明，有很强的视觉冲击力。

具有浓郁乡土特色。鲁南苏北地区有“新年到，穿虎鞋，戴虎帽”的传统习俗。这种纯手工缝绣的虎头鞋帽保暖舒适、图案精美、寓意吉祥，深受人们的喜爱。

传承谱系　郯城传统手工刺绣主要是在家族内部传承，具有代表性的传承家族是刘氏家族，其传承谱系为：

第一代刘陈氏（1880—1945 年），第二代李富贞（1900—2002 年），第三代赵启英，第四代刘景芝，刘景霞，王瑞英，王友红，张梅，第五代吕胜楠，张晓云。

费县手工纯粮醋制作技艺

费县手工纯粮醋采用古法酿造，口感绵柔醇厚，富含有机酸、氨基酸和维生素等多种有益于人体健康的物质，有助于促进消化、增强免疫力和调节血压，可以帮助改善消化不良、缓解口渴和清除体内的有害物质。

历史渊源　费县手工纯粮醋起源于清末直隶省（今河北省），后经社会传承到费县一带。先由赵连生、刘相仁学得制作技艺，继有赵宝昌、邸连发改良创新，再由赵家伦、邸家开不断继承与发展。至 2020 年已传承五代，有 100 余年的历史。

制醋

费县手工纯粮醋早期由老工艺人走街串巷售卖。成立供销社后，各供销社食品加工厂开始生产，并逐渐形成规模。改革开放初期，稍大的村子都有酱醋厂。后受食用醋酸勾兑醋的冲击，手工纯粮醋人工成本高，制作纷繁复杂，逐渐失去了市场，手工作坊遂衰落。目前，纯手工制作酱醋已变得稀有，只有极少的人自制自食，手工纯粮醋制作技艺濒临失传。

2020 年 11 月，费县手工纯粮醋制作技艺被列入临沂市第六批市级非物质文化遗产代表性项目名录。

主要内容　取本地新小麦，去除杂质，碾压后制坯为麦曲，放入发酵房中发酵 30 ~ 45 天，房间温度控制在 40℃以上，湿度百分之百。发酵期间，翻曲 25 ~ 40 遍。夏季入伏制作，将粮食磨面后置入铁锅烀熟，出锅摊凉至 25℃ ~ 30℃时按比例放入麦曲，入瓷缸密封，发酵 30 ~ 45 天。出缸拌入糠类，入大坯缸（泥缸），发酵 20 ~ 30 天，根据发酵情况翻坯，制成醋坯后进入淋缸淋制，经过滤沉淀，暴晒后方为成品。

新醋为琥珀色或者红棕色，口味鲜酸，略带甜味。经过 8 个月以上的陈存，醋的颜色加深，成为黑红色，口味甘醇、绵酸，越陈越香。

制作技术精湛，制作流程严格——夏伏做曲，待新鲜粮食收获时做坯，冬春发酵，酿造周期至少5个月以上。

传承谱系 第一代赵连生、刘相仁，第二代赵宝昌、邸连发，第三代赵家伦、邸家开，第四代赵玉琢、邸如申，第五代赵东宁、邸文光。

沂蒙布衣缝制技艺

沂蒙布衣产自沂蒙地区，尤以费县、沂水、河东、蒙阴等地居多，大襟上衣是最具代表性的临沂传统服装。

沂蒙布衣手工坊作品展示

历史渊源 考古发现证实，距今七八千年前的裴李岗文化遗址、陕西临潼白家村遗址中都发现骨针、纺轮，说明当时人们已会纺布制衣。到了约5000年前的仰韶文化时期，不但大量发现纺轮，还在陶器上发现大量布纹的印痕。同时期的遗址中还发现了苎麻、蚕茧。说明此时已经产生了原始的农业和纺织业，用苎麻织成的麻布和饲蚕得到的丝来做衣服，人们的衣冠服饰体系日臻完备。

清代初期，马褂为一般士兵穿着，至康熙年间富贵之家也有穿者。雍正年间，马褂已甚为流行。并发展成单、夹、纱、皮、棉等服装，成为男式便衣，士庶都可穿着。之后更逐渐演变为一种礼仪性的服装，不论身份，都以马褂套在长袍之外，显得文雅大方。民国年间曾被列为礼服之一。新中国成立后，马褂逐步被摈弃，后经改良又以“唐装”的形式重新回到人们的视野中。

近代以来，沂蒙地区男人和中年妇女都穿对襟服装，只有上了年纪的女人才穿大襟的，棉袄的大襟类似于旗袍的襟。大襟向右系扣，左面的襟从脖子前的扣，向右肩，再向右腋下形成一个弧，右肩处有一个扣，腋下有一个扣，再往下有两个扣，再加上脖子下的扣，共五个扣。受清朝剃发易服政策影响的汉族上衣，有夹、棉、皮之分。领呈条状。

大襟衣服除了样式外最大的特点是盘扣，每一个扣子都是纯手工编制，这样的扣子更有特色，编法不同扣子的形状也不相同，一件布衣需要经过十几道工序才能完成，服饰的类型反映了当时人们的审美观、社会习俗、文化情趣及生产力发展水平，构成沂蒙的服装文化，对以后服饰的演变起着很大的影响。

2020年11月，沂蒙布衣缝制技艺被列入临沂市第六批市级非物质文化遗产代表性项目名录。

主要内容 沂蒙布衣多采用天然纯棉布、亚麻布、棉麻布、桑蚕丝、香云纱等绿色纤维的面料，气质简朴，天然舒适，审美意趣清雅高远。

制作一件布衣需经过洗料、晾晒、量衣、打版、绘制、裁剪、缝合、锁边等工序，另外还要经过打绳、盘扣、缝扣、钉扣、整理等共十几道工序才能完成。

沂蒙布衣主要样式有大襟褂子、棉袄、旗袍、坎肩、百家衣等，其中大襟衣服是沂蒙布衣的典型代表。

沂蒙布衣大襟褂，冬天铺填上棉花叫大襟袄，是流传在山东地区的民间传统服饰。大襟设计独特，一般小襟在右，大襟在左，大襟从左向右覆盖小襟，一直伸到右腋下侧部，然后在右腋下系扣。多右衽，也有左衽者。扣缀于大襟边沿，扣门则在小襟与后襟结合处排列。袖筒从腋部至腕部渐呈梯形状。

大襟袄，是指左右两片衣襟一片宽大一片窄小、大的衣襟从衣领到下摆全部覆盖小的衣襟、纽扣偏在一侧的衣服。按照大襟边沿和系扣的方向，可分为右衽和左衽两种，大襟从左向右覆盖小襟的称为“右衽”、从右向左覆盖小襟的称为“左衽”；大襟袄原本男女不分、大人小孩都穿。

常见款式的坎肩，有带大襟的（捻襟）、对襟直翘的、对襟圆翘的、人字襟的、圆领的、鸡心领的、长身的、短身的等诸多式样，多半都套在外边穿。坎肩有装领头的或不装领头的，领的高低也有变化，坎肩的用料及颜色和马褂差不多，有单、夹、棉、纱、皮之分，一年四季都可以穿，内着衬衫，下穿长裤。坎肩的用料和颜色与马褂差不多，其功能除了装饰作用外，还有穿着方便、保暖的实用价值。

巧儿布艺制作技艺

巧儿布艺的代表作品就是虎头鞋、虎头帽。《风俗通义・礼典》云：“虎督万物，百兽之长，能执搏挫锐，噬食鬼魅。”虎为“百兽之王”，做虎头鞋帽是为了借助虎的威武和阳刚之气来辟邪、祈福，保佑孩子们健康成长，长命富贵。这种愿望的重要表达方式便转化为在鞋子上、帽子上绣制虎或虎头图案，来增加孩子“虎气”，达到辟邪的目的。

历史渊源　河东区民间有制作虎头鞋、虎头帽的传统。巧儿布艺是制作虎头鞋、虎头帽的典型代表，其技艺始于清朝末年，从傅陈氏开始，通过家庭母女、婆媳之间代代相传，传承至今已有百余年的历史。

创始人傅陈氏，生于晚清一个比较富裕的家庭，穿着讲究，对于手工活要求严格，传下来的老绣件，绣工雅致、做工考究、式样非凡，属难得的精品。傅陈氏的女儿傅庆玲，自幼接受良好的家庭教育，棋琴书画和女红无所不能。后随母亲到山西投奔做官的舅舅，又学习了当地的绣工技艺。傅庆玲的女儿马秀英，出生于20世纪30年代，从小受姥姥和母亲的影响，心灵手巧，技艺超群，她把布艺和手绣等女红技艺传授给十里八乡的村姑和媳妇，上门拜访学艺的人络绎不绝。

传承人邢艳霞，是马秀英的女儿，自小穿的戴的都是母亲缝制的，她耳濡目染，很小的时候便学会了这些针线活，特别对虎头鞋、虎头帽情有独钟。2007年3月，成立了临沂沂蒙巧儿工艺有限公司，专门从事虎头鞋、虎头帽的传承性保护开发。

2020年11月，巧儿布艺制作技艺被列入临沂市第六批市级非物质文化遗产代表性项目名录。

主要内容　河东区民间孩童流行穿虎头鞋、戴虎头帽，一般选用黄色、红色和绿色作为色块对比，再配以黑、蓝、白、紫等颜色作为装饰点缀用色；纹样多用万字纹、五毒图案、花草图案等寄托对生活的美好向往和对平安健康的祝福。孩童幼儿时期由其女性长辈制作鞋帽，民间有“姥姥的帽子舅母的鞋”之说。虎头鞋、虎头帽分男式、女式，颜色为男红女绿，取意为“红官绿娘子”，祝愿儿童长得虎头虎脑、生龙活虎，有个好前程。男孩穿戴红色虎头鞋、虎头帽，暗寓“无病无灾长大当官”，女孩穿戴绿色虎头鞋、虎头帽，谓之“绿娘子”，有望女成凤之意。

虎头鞋鞋底用衬布贴好，然后用粗线纳成。鞋面多用棉布做成。鞋的前头（俗称鞋脸）绣虎头，有用彩线刺绣的，也有用割花工艺的，还有用色布剪成老虎五官，缝到鞋面上的。

虎头帽用青、蓝、粉红色布料或绸面手工缝制而成，帽的前面是一平直长方形的帽脸，用硬

2022年11月，巧儿布艺参加非遗购物节

翻花制作

布壳做成。然后用五彩丝线绣上虎眉、虎眼、虎鼻、虎口、虎须，眼珠多是用玻璃纽扣或铜制纽扣缝上去的。帽脸靠上两侧各缝上用硬质衬布做成虎耳朵，耳内粘上白色兔毛，两耳之间用黄线绣上“王”字。帽后拖有长长的“帽尾”，如京剧武生头盔的披饰，有的还在虎耳两边钉上流苏和小铃铛，在帽尾处缝上两条彩色的飘带。整个帽子的造型恰似一个虎头，小孩戴上，不仅可以保暖，而且显得虎头虎脑、憨态可掬。

技艺特点 巧儿布艺虎头鞋帽为手工缝制，取材为常见的各色布条、纽扣、线等。虎的形象塑造没有程式化样式，完全是群众的自由创造，不再是凶猛的野兽或者权威的象征，而变成天真有趣、温顺可亲的模样儿。虎头鞋帽颜色有黄、红、绿、橙、紫、蓝、白、黑等；装饰手法有刺绣、布贴、堆花、彩绘等。

虎头鞋帽的手工绣制把虎的明显特征很好地表现出来，工艺有繁有简。有的用花边、布块、毛线、毛皮、珠子等精心绣制，显得繁复且雍容华贵；有的只用彩线，在图案的眉、眼、嘴上下功夫，进行简练概括。绣品样式灵活多变，生动传神，可选用的布料、毛线多种多样，运用刺绣、拔花、打籽等多种针法。

传承谱系 第一代傅陈氏，第二代傅庆玲，第三代马秀英，第四代邢艳霞。

莒南翻花制作技艺

翻花是一种古老的手工艺品，在民间流传已久。清代以前称为“翻花”“仰天翻”，后来又称“变花”“十八翻”。改革开放初期，人们称它为“艺术之花”。翻花以构图多样、色彩艳丽、变化多端见长，体现了民间艺人的智慧与创造。

历史渊源 莒南翻花制作始于清末，道口镇姜家庄村汲传信向当地手艺人学会了做翻花的手艺，并以此为业，养家糊口。汲传信将手艺传给儿子汲长修，翻花技艺在他的手里得到传承。汲长修又把这门技艺传给了自己的儿子汲广玉。

2020 年 11 月，莒南翻花制作技艺入选临沂市第六批市级非物质文化遗产代表性项目名录。

主要内容 莒南翻花制作的原材料为白牛皮纸，制作的工具有标尺、圆凿、锥子等。主要工序有粘贴、凿切、罩染等。粘贴采用锥子锥孔做标记，然后用直尺顺孔隔行涂胶，这样既均匀又牢固。粘好晾干后，用特制的圆凿凿成花瓣，圆凿分为大小 4 个型号，10 个花瓣捆成一捆，用调制好的 6 种颜色上色。上色不能操之过急，过急容易串色，直到全部浸透为止。然后准备晾干，半干半湿的时候解开捆绳继续晾晒，五六天后即可组装。3 个花瓣为一组，用两个翻花板粘牢，做成的翻花能变换十余个花样。莒南翻花不仅在山东省销售，还远销广东、北京、吉林等地，深受人们喜爱。

传承谱系 第一代汲传信，第二代汲长修，第三代汲广玉，第四代汲生玲、汲生平。

高榆木梳制作技艺

梳子，古称梳篦，是整理头发的工具，通常形状扁平，并带有很多齿，形如细棒，密齿的梳称为篦。除了整理头发外，一些梳亦可作发饰之用。高榆木梳制作历史悠久，技术独特，木梳手艺世代相传。东高榆村为木梳加工专业村，木梳加工已有300余年的历史，有“中国木梳第一村”之称，全村家家户户常年加工木梳，年产木梳6000万把。

历史渊源　莒南县板泉镇东高榆村，宋朝末年建村，已有800余年历史。相传清康熙年间，一位受人陷害的宫廷老艺人避难至此，善良的陈氏家族收留了老人，为报答救命之恩，老人将自己制作木梳的手艺传教给陈家，从此陈家将木梳制作技艺传承发扬至今。在很长的历史时期里，木梳制作一直是陈家秘不外传的家传技艺，从陈元敬到陈庆昌，木梳技艺传承已达六代，有300余年历史。丁氏家族从丁元祥、丁兆俊到丁明文传承三代。20世纪50年代，以生产队为单位的集体化生产，使木梳加工快速发展，从1964年到1975年的10多年期间，高榆木梳制作进入高速发展时期，全村最多时年产木梳150万把。

高榆社区党总支书记、东高榆村党支部书记丁明文带领群众先后建起莒南县非物质文化遗产展销中心、莒南县高榆木梳工艺品专业合作社、临沂鹊桥工艺品有限公司、木梳文化博物馆、木梳实训基地、木梳技艺体验馆、木梳电商直播间，注册“高榆”“鹊之桥”“清越坊”等木梳商标，提高了高榆木梳的品牌影响力，高榆木梳已打入国际市场，产品远销美国、加拿大、日本、韩国等国家。

2020年11月，高榆木梳制作技艺被列入临沂市第六批市级非物质文化遗产代表性项目名录。

主要内容　高榆木梳制作的原料主要采用木质细腻的枣木、杏木、梨木。高榆木梳制作工艺复杂，其制作过程为截柁、解板、顺木丝、蒸煮、脱胶、晾（烘）干、砍板、刮板、铲口、划样、开齿、齐齿、散花、剔齿、棒齿、锯背、圆背、磨背、刻花（贴花）、着色、上漆等20余道工序，每道工序都有一定的操作步骤和严格的技术要求。东高榆村有技艺精良的传统木梳工艺大师，越来越多的年轻人加入到木梳制作行业中，传统木梳制作焕发出新的生机。

高榆木梳花色品种多样。通过不断改革创新，外形由原来单一的大小弯弓，发展到圆把、勾把、翘把、双弯把、鱼尾把、鸟梳、直条、月梳、双山、双月、大眼鱼、龙凤梳、永结同心、四大美女、仕女图等上百个花色品种。木梳色泽美观自然，梳齿圆滑、光洁，造型别致，手感极佳；不拉头发，不伤头皮，且不带静电，长期使用可有效刺激头部穴位，促进头部血液循环，具有清脑提神，滋养头发，促进睡眠等功效，实现了实用型与保健型的完美统一，是居家、旅行必备的天然绿色生活用品。

高榆木梳图案寓意喜庆。龙凤图案代表龙凤吉祥，永结同心代表心心相印，蝙蝠梳代表福在眼前，幸福美满。四大美女梳代表了古代人们对美好生活的向往和审美情趣。

高榆木梳制作技艺精湛，工艺复杂，其制作过程有20多道工序，需要制梳工艺师不断地学习，才能熟练掌握。

传承谱系　高榆木梳制作技艺传承人有陈氏和丁氏两脉，其中陈氏已传承到第六代，丁氏传承到第三代。

陈氏传承谱系：第一代陈元敬，第二代陈兴安，第三代陈鸿楷，第四代陈茂春，第五代陈肇峰，第六代陈庆昌。

丁氏传承谱系：第一代丁元祥，第二代丁兆俊，第三代丁明文。

高榆木梳

浓香花生油原生初榨制作技艺

浓香花生油原生初榨制作工艺，传承古法技艺精髓，慢火烘烤，物理压榨，只取初榨精华。融合古法技艺与现代科技，金胜在传承古法技艺的同时，不断创新，自主研发获国家发明专利的七星初榨工艺，充分保留了花生油的本色原香与本真营养，还原纯粹初榨好油，较传统压榨花生油香味更浓郁，指标更安全。

原生初榨花生油

历史渊源 花生油的制取工艺源远流长，水代法是中国传统制油技术，古人将花生等油料破碎后上火蒸，因非油物质对油与水的亲和力不同，以及油、水之间比重不同，会出现油水分离的现象，油在最上面，水在中间，最下面一层是花生等油料的枯饼。古代技术较落后，对于分离出来的油，只能采取把绢布沾满油然后晾晒成型的方法将油取出。等到需要用油时将绢布加热，使凝固的油融化。

经过不断的传承与发展，水代法发展到石臼取油法、木臼取油法等手工榨油法，后发展到机械榨油法。20世纪60至90年代，花生油的生产逐渐走向机械化，榨油机从95型发展到202型，花生油的生产工艺逐渐成熟。

浓香花生油原生初榨制作技艺第一代传承人高智运（1906—1992年）担任村党支部书记后，开始摸索木榨技艺。第二代传承人高洪奎用老式压榨法代替传统制油法。第三代传承人高凤山创办了金胜集团，借鉴原始榨油技艺，探索浓香压榨工艺，创新研发了浓香花生油原生初榨制作技艺。第四代传承人高冠勇首创原生初榨技艺，2014年获得国家专利。

2020年11月，浓香花生油原生初榨制作技艺入选临沂市第六批市级非物质文化遗产代表性项目名录。

主要内容 浓香花生油原生初榨制作技艺对每一道工序都严格把关，对原料进行百分之百烘炒，精控原料产香的黄金温度，留存花生原始纯香。独特的瞬间高温压榨、速冻凝香工艺，保留了花生油的天然风味，锁住了花生的丰富营养。新鲜的原生初榨花生油，由全自动灌装流水线全封闭无菌灌装，生产过程不含任何人工添加成分，全面保留了花生的天然营养。

原生初榨花生油的技术核心为原料不破碎，不软化，不蒸炒，360度炒籽，花生米整粒压榨，锁定了新鲜与营养；原料经过100%磁选、色选。臭氧杀菌去除黄曲霉毒素。初榨速冻凝香工艺，避免花生油的香味及营养成分丢失。

浓香花生油原生初榨制作技艺压榨出来的花生油被中国绿色食品发展中心认证为“国家绿色产品”，获“山东老字号”称号。原生初榨技艺高

玉皇牌花生油

度保留了原始工艺的精髓，产品香味浓郁，晶莹剔透，不饱和脂肪高达76%，含有人体中不可缺少的脂溶性维生素，能促进人体的生长发育，抗病延年。

古法特香食用油制作技艺

玉皇特香花生油是采用花生油古法压榨工艺，精选莒南花生，蒸炒生香，纯物理压榨只取第一道，低温凝香而成。

历史渊源　清朝末年，莒县张家茅墩村（今属莒南县）张氏家族开始从事花生制油业，同治十一年（1872年），古法特香食用油制作技艺创始人张殿林在村内创建哨门里油坊，自制一台卧式木质榨油机，自创古法特香压榨技艺。张殿林将技艺传授给其长子张继儒和次子张继佩。民国初期二人将秘方传给第三代传承人张传任和张传胜。1941年，张传任和张传胜响应抗日民主政府号召，合伙成立花生油合作社，大量生产花生油，供人民子弟兵食用。1966年，合作社交由第四代传承人张守德和张守民，他们既坚持古法精髓，又改进生产工艺，自制双对辊轧胚机，在传承与创新中得到了发展。

2020年11月，古法特香食用油制作技艺（莒南县）被列入临沂市第六批市级非物质文化遗产代表性项目名录。

主要内容　古法特香压榨技艺，是清朝末年莒南县朱芦镇张家茅墩村张殿林所创，用脱皮风车脱去花生皮壳，再用筛了人工去除花生仁中的碎石、土粒等杂质。精选花生仁粒，在石碾中碾压破碎成为花生糁，将花生糁放进铁锅中人工翻炒，适时适量加水润糁，根据火候掌握翻炒速度，确保花生糁受热均匀，通过“眼观、鼻嗅、手捻”确定火候，炒至金黄油亮后将笼布垫入箍圈内铺开，放入炒制好的花生糁，适时适温精心摊铺包裹，排放到卧式榨油机内，4 ~ 6个排成一组，再用石锤击打油槽中的木楔，有节奏地挤压出油，榨出的花生油经过滤放入瓷缸内，沉淀后倒入特制的油篓内密封储存。此工艺只榨取第一道花生自然本油，具有色泽金黄，香味浓郁的特点，为花生油中的精品。

传统锔瓷技艺（兰山区　莒南县　临沭县）

锔瓷，就是将打碎的瓷器，用像订书钉一样的锔钉修复起来的技术。锔瓷技艺始于宋代，盛于明清。山东是锔瓷重要的发源地之一，鲁南地区的锔瓷技艺更是独树一帜。锔匠在鲁南地区俗称箍漏子、锢炉子、锢漏子，旧时匠人多挑一副担子走村串巷，招揽生意。锔瓷技艺需要极大的耐心，要先对好茬口，再用笔做好标记，然后破瓷、打孔。打孔前点上水，以防钻头受热，孔深打到瓷器厚度的一半即可，太浅钉子没有拉力，太深容易打透。锔钉是用黄铜丝手工做成，大小宽窄因品而异，用小锤轻轻敲紧即可，要使修补好的瓷器做到滴水不漏、不再开裂，操作中不仅需要细心、耐心，更要靠经年累月练出来的手感。

紫砂修复

历史渊源　中国是瓷器的故乡，锔补锡镶修复瓷器的产生与中国瓷器发展有着密切联系。瓷器坚硬耐磨，持久使用，弱点是易碎，一件瓷器破碎后，留着无用，弃之可惜，匠人们便开始琢磨如何将破碎的瓷器修补好，经过艰苦的摸索实践，总结、整理出一套锔瓷技艺，产生了锔补修复瓷器这一行当。锔补修复瓷器，很快被百姓接纳，破碎的瓷器得到了再生，同时锔瓷匠人得到了劳动报酬。

锔壶上钉

潍坊锢炉匠所供奉的"祖师爷"胡鼎真人的原型是唐代诗人胡令能，因从事"钉铰"之业，被时人称作胡钉铰。描绘北宋都城汴京景物的《清明上河图》中，有宋代锔瓷匠人从业的形象。国内所能见到的最早的锔瓷实物为明代早期的瓷器。

锔瓷经历了宋、元、明、清、民国、新中国6个时期，形成了山东、河南、河北三大流派，山东的金刚钻为皮钻，河南的金刚钻为弓钻，河北的金刚钻为砣钻。山东派的皮钻由三条皮绳往返拉伸，旋转平稳，对钻头、瓷器都有保障，三大派的金刚钻形状不同，操作不同，但钻头相同，都是钻石或金刚石，锔钉、锔瓷的过程也大致相同。

清乾隆时期，在三大派的基础上又分为两大类，即：常活，也叫粗活，以民间生活用品为主，通常被称作锔盆、锔碗、锔大缸的锢炉匠，所用的工具金刚钻、锔钉都较大、粗糙、单一，是清一色的铁钉。另一类是经过艺术加工专为达官贵人服务的锔瓷细活，即行活，也叫秀活。所用的工具金刚钻小巧精致，锔钉完全用民间绝活锻铜工艺加工而成，美妙绝伦，有花钉、素钉、金钉、银钉、铜钉、豆钉、米钉、砂钉。由于有了锔匠精美绝伦的锔瓷细活，使得那些达官贵人在享乐中兴起了"锔活秀"。锔瓷行当在古董、古玩行里有了一席之地，由被动修补转为主动作秀，由单一的锔补转为锔补修复、嵌饰做件、镶包配饰等风格迥异、艺术魅力独特的一门绝活技艺，成为古董、古玩行里古旧老瓷器作秀的一门专业行当，作秀锔匠的名声也随之大振。

山东是传统锔艺的发源地之一，由于临沂特殊的地理环境，以及沂河漕运的兴起，郯城的马头、罗庄的盛口成为锔艺匠人的聚集地。

兰山传统锔艺第一代传承人葛健年，泰安肥城文阳镇人，生于1905年，传于第二代传承人陈成奎，陈成奎又把技艺传给了第三代传承人陈士安（泰安泗店王院人）。临沂市兰山区御碑街房海英师承陈士安，为第四代传承人，在继承传统锔艺的基础上，不断发展创新。

莒南锔瓷技艺为板泉镇谷家岭村的谷氏族人所掌握。明末清初，谷氏先人逃荒途中学得锔瓷技艺，建村时谷氏族人便以锔瓷技艺世代相传。有记载的锔瓷技艺第一代传承人为谷修亮（已故），谷修亮传于次子谷恒三（已故），谷恒三又家传次子谷凯德，谷凯德传给侄子谷海龙。谷海龙自幼受堂叔影响深爱锔瓷，稍有空闲便随堂叔学艺。2012年，拜日照市锔瓷非遗传承人唐立果为师，研学锔艺锡镶技艺，后专业从事锔艺。

临沭锔瓷最早可追溯到400年前，郯城县李庄黄楼村黄氏先民带着锔瓷挑子在此落户，其技艺世代相传，形成锔瓷专业村。由于本地盛产金刚石，为金刚钻的制作提供了充足原料，辐射鲁南、苏北地区，带动了锔瓷业的发展。传承人姚兴陆，从事锔瓷多年，初中毕业后回乡拜师学习锔瓷，2012年跟耿海胜学习锔艺细活，从事锔瓷业至今。近年来多次参加各种展会，宣传锔瓷，并拜访省内多位民间老锔匠，学习传统锔瓷技艺。

2020年11月，传统锔瓷技艺（兰山区，莒南县，临沭县）被列入临沂市第六批市级非物质文化遗产代表性项目名录。

主要内容 锔瓷使用的传统工具有：锔瓷挑子、铁砧子、铁锤、小火炉、金刚钻、皮钻、陀钻、弓钻、压杠、脚剪、剪刀、盘钳。现代工具以雕刻机代替各种钻。

主要原料有铜、铁、锡、铁粉、盐卤、石灰、蛋清、瓷粉等。锔补种类：20 世纪 80 年代前锔补大缸、石槽、铁锅、錾子、碗盘等；现代以紫砂茶具、古董瓷器为主。修补方法主要有锔、补、嵌、包等工艺。

匠人因个人习惯、锔瓷手法、所用材料等原因，采取的工艺流程略有不同，但大同小异万变不离其宗。

兰山区房海英锔艺流程。第一步制作锔钉，把不同粗细的铁丝、铜丝，用锤敲打成不同大小的锔钉雏形，然后再通过敲打，折出锔钉的角。经过打磨，让它展现材质本身的光泽。第二步用大漆作为黏合剂，涂抹于碎片之上。两个破碎的瓷片，在大漆的"调和"之下"重归于好"。第三步借助金缮工艺，将艺术品修复完整。第四步用钻具在碎片裂缝两侧打孔，再将锔钉两头敲入孔中箍紧器物。第五步在空隙处涂抹调制好的白瓷膏以达到封护目的。锔钉怎样"排兵布阵"很有讲究，用 3 个钉子能把它做好，就没有必要用 10 个钉子，破碎的线条很美，但用锔钉还是要与其他艺术相结合。

莒南县谷海龙锔瓷技艺流程。第一步是找碴、对缝，把破损的瓷器恢复原状，准备修补。第二步定位点记，根据瓷器的纹饰结构以及样式确定张合位置和位点，以及锔钉数量。第三步用金刚钻打孔。金刚钻是长约 10 厘米的铁钻杆，在铁钻杆的外部套着毛笔杆粗细的竹外套，外套的两端用铁箍把钻杆和竹外套固定在一起，再在普通的钻具用铜焊把钻石镶嵌在工具头部做成。打孔是对锔瓷匠人的一大考验，有些瓷器厚度仅几毫米，打孔时都是毫厘之差；一是手要拿得稳，对得准，最好不能打穿，有时不小心打穿了，还得多加几道工序把孔填补起来；其二是孔要对称，不能有偏差。第四步锔钉，锔钉制作体现手艺人的水平，锔钉的韧性和制作锔钉的水平，决定着锔补器皿的使用寿命。锔钉分为金钉、铜钉、花钉，锔钉的大小，需要根据器物的大小以及破损程度来确定。器物修复后不仅盛水不易漏，而且还给器物本身增添了几分韵味。第五步用鸡蛋清和瓷粉调和补漏，防止瓷器漏水，这样完整的锔瓷就完成了。

锡镶制作过程要经过熔炼、锻打、镂雕、镶嵌、抛光、焊接等十几道工序。莒南锔瓷技艺将锔瓷与锡镶结合，锡镶是用锡弥补瓷器的残缺。锡熔点低、无毒、延展性强，容易加工。在修补瓷器时根据瓷件的总体风格，设计好锡镶的图案，再手工雕刻完成。莒南锔瓷技艺将传统工艺与现代审美元素相结合，锡镶工艺同锔瓷技艺相结合，创造出新的美感，让每一件破损的瓷器焕发出新的生命。

大庄烧鸡制作技艺

沂南县大庄烧鸡始创于 1896 年。以野外散养的沂蒙山优质草公鸡为原料，配以砂仁、白芷、肉蔻、丁香等 20 余种中药材，经祖传秘方制成。具有表层酥脆、肉里嫩滑、鲜香诱人、回味无穷的特点，成为沂蒙山区广受消费者欢迎的特色名吃之一，产品远销全国 20 余个省、市，被评为山东名吃、山东老字号、山东著名商标。

历史渊源　大庄烧鸡的创立人为清嘉庆、道光年间的大庄河村黄氏十二世黄相。1896 年，大庄河村黄氏族人在侯子岭上开办了黄家烧鸡铺。黄家烧鸡干湿适宜，色泽好，味道香，通过行商贩卖，销售到沂水城、沂州城、莒州城等。民国年间，黄家烧鸡生意非常火爆。

大庄牌烧鸡

20世纪50、60年代，黄家烧鸡铺关闭。改革开放后，黄氏后人恢复烧鸡加工，并在大庄镇驻地侯子岭老车站沿街房开设黄家烧鸡铺，专卖烧鸡。因烧鸡出自大庄镇驻地，过路行人慕名购买，遂名“大庄烧鸡”。

2020年11月，大庄烧鸡制作技艺被列入临沂市第六批市级非物质文化遗产代表性项目名录。

主要内容 大庄烧鸡香气扑鼻，色泽鲜艳，鸡体干爽，肉烂有丝连，嚼骨有余香，营养丰富，老少皆宜，食之香而不腻。

原材料选择。大庄烧鸡全部采用沂蒙山区优质草公鸡，这些鸡吃五谷杂粮，喝山泉，个头壮，肉紧实，是制作烧鸡的最佳材料。

宰杀整形。鸡在宰杀前需停食12小时左右，同时给予充足饮水，以利于消化道内容物排出，便于操作，减少污染，提高肉的品质。宰杀后经过浸烫去毛、开剥，对鸡体进行整形。

佐料配制。大庄烧鸡的佐料配制特别讲究，佐料要绿色环保，无任何化学添加剂。需要砂仁、白芷、肉蔻、丁香、辛夷、大茴、小茴、陈皮、草果、花椒等20余种中药材秘制而成。

蒸煮方法。在传承土灶优点的基础上，引进现代科技的全钢可倾式夹层锅、全钢煮制锅，采用蒸汽、天然气、电力加热等新技术，使蒸煮更科学，更卫生，更环保，火候把握更准确，制作出的烧鸡更可口。

蒙山妈妈老粗布家纺制作技艺

蒙山妈妈老粗布是采用沂蒙传统手工工艺纺织的棉布。它质地柔软，透气性好，手感舒适，无静电反应，经久耐用，是居家和服装制作的首选面料，尤其适合老人、孩子。

历史渊源 老粗布历史悠久，元明之际，随着纺织技术的提升，粗布制造已经成熟。清代，老粗布晋升为贡品，成为皇家御用之物。粗布文化作为黄河文化的重要代表，见证了黄河文化的发展。老粗布具有纯棉质地、手工织造、民族图案、古老民间工艺等特点。老粗布制作技艺传承大都是家族传承或邻里或朋友传承。

2020年11月，蒙山妈妈老粗布家纺制作技艺被列入临沂市第六批市级非物质文化遗产代表性项目名录。

老粗布被罩

主要内容 蒙山妈妈老粗布家纺以蒙山优质棉花为原料，采用农户分散与集中加工相结合的生产模式。从采棉、纺线到上机织布，经72道工序才能完成。蒙山妈妈家纺和民间工艺品解决了老粗布容易褪色和缩水的难题，顺应自然环保健康潮流，不断研发创新，产品销往全国各地，在北京、黑龙江、甘肃、江苏、宁夏、陕西、山东等省市设立加盟直销店49家，大客户销售和直销点200余家。

蒙山妈妈老粗布制作工具有弹棉花机、纺线机、经线刷子、闯杼、掏综、吊机、栓子、织布机、打线机、浆染桶、沌线池、落线机、经线机、刷子、作综板、闯杼棍、吊布机、栓布卡子等60余种。

产品有老粗布衬衣、睡衣系列，儿童宝贝棉服系列，床上用品老粗布系列，棉麻套件系列，老粗布凉席、布鞋、绣花鞋系列，手工工艺品系列，传统布鱼、布老虎7大系列、300余个品种、1000余个花色。

技艺特点 实用舒适。蒙山妈妈老粗布采用

100% 优质棉原料，不上浆，无污染，纯手工制作，用古老的脚踏板木制织布机加工而成，与皮肤接触没有干燥感，明显优于其它纯棉工艺。

色彩艳丽。老粗布图案主要为几何图形，由各种色线交织而成，质地柔软，色泽艳丽，图案变化多端，风格粗朴豪放，既蕴含古老的人文气息，又织入现代的流行色彩，给人一种既返璞归真，又舒适自然的感觉。

绿色环保。不易搓起，不卷边，粗布线粗、纹深，绿色天然、环保健康。从棉花种植到手织布成品，不使用农药和化学染剂，纺织品不含甲醛。

醉三国浓芝复合香酒酿造技艺

沂南醉三国浓芝复合香酒采用传统白酒酿造技艺，以高粱、小麦、大米、玉米、糯米为原料，多菌种混合制曲，采用“浓芝复合香酒”生产工艺，泥池发酵酿制而成。具有复合香突出，入口绵甜，口感纯正，回味悠长的特点。

历史渊源　沂南县有着悠久的酒文化和酿造史。北寨汉墓出土的石画像上有 6 处酒宴、1 处滤酒的场景，内有酒壶 21 只，酒杯 46 只，证明秦汉时期，沂南酒文化就非常繁盛。《太平广记》第 60 卷记载“阳都女，阳都市酒家女也。生有异相，眉连，耳细长”，证明宋代酿酒、卖酒已成为地方上经常性的商业活动。清代沂水知县吴树声在《沂水桑麻话》中有“沂之境内烧锅二百余口”之说。

清末至解放前，沂南县有葛沟镇“复昌信”老酒坊，岸堤酒坊，张庄酒坊，青驼酒坊，依汶“元泰”酒坊，界湖“太和成”“聚成”“恒丰祥”酒坊。当时的酒坊以高粱、小麦、大米、红薯、豌豆为原料酿酒，生产高度烧酒。

醉三国浓芝复合香酒酿造技艺第一代传承人戴有合生于 1880 年，依汶镇孙隆村人。后把酿酒技艺传给本村的戴成会，戴成会传给戴尊成，戴尊成又将此技艺传与马牧池乡西四堡村人张贵福。第五代传承人车志营为依汶镇“元泰酒坊”酿酒师。1948 年，“元泰酒坊”转为依汶镇办酒厂，2002 年改为山东醉三国酒业有限公司。

第六代传承人李宗建，19 岁在国营沂南酒厂参加工作，师从李敬希、刘纪远、车志营、王世昌，学习酿酒技艺，受师傅们言传身教，技术比较全面。

2020 年 11 月，醉三国浓芝复合香酒酿造技艺被列入临沂市第六批市级非物质文化遗产代表性项目名录。

主要内容　醉三国浓芝复合香酒酿造技艺经过几百年传承，具有鲜明地域文化特色。醉三国浓芝复合香酒精选当地产的小麦、大米、玉米、高粱、糯米等原料，经过洗粮、粉粮、粉曲、配粮、出糟、拌粮、上甑、蒸馏、取酒、坛藏老熟、摊凉降温、加曲、入池、踩窖等工序进行酿造。所酿之酒复合香突出，入口绵甜，口感协调，回味悠长。

醉三国浓芝复合香酒坚守传统老工艺，选好粮，酿好酒，陶坛储存真年份，不添加酒精和添加剂，是地道传统工艺的品质化白酒。代表产品“李九十”品鉴沂南酒以独特的包装及过硬的品质，得到消费者的好评。

技艺特点　用料用曲特别。精选当地产的小麦，大米，玉米，高粱，糯米五粮为原料，选用高温曲、中温曲、芝麻香专用曲三曲并用。经过洗粮、粉粮等多曲酿造，断花摘酒，分级储存，纯手工酿造。

酿造工艺独特。醉三国浓芝复合香型酒采用复粮用料、多曲并用、高温堆积，低温入池、超长发酵（150 天）的独特工艺。

储存方式不同。采用陶坛储存，二次窖藏。陶坛储存 5 年以上，经老熟后，酒体醇厚绵柔，陈味突出，甘爽协调，酒体微黄。品质好酒，不添加外来香味物质，保持原生态风格。二次窖藏使酒的口感具有复合香突出、入口绵甜、口感纯正、回味悠长的特点。

醉三国桑皮纸酒具裱糊制作技艺

醉三国桑皮纸酒具是用桑皮纸涂上猪血融合石灰等物裱糊而成。装入白酒后，既不漏酒又能透气，有利于白酒微生物活动，加速白酒的氧化

裱糊第一层桑皮纸

酯化过程，使白酒陈化增香。

历史渊源 明清时期，沂水县南部（今沂南县）有裱糊技艺流传，界湖西南的小官庄村有裱糊酒具的传统，该村匠人的裱糊技艺远近有名。清末民国年间，恒丰祥、太和成酒坊裱糊的酒具质朴美观，古色古香，借助这些酒具，界湖街上的烧锅（酿酒厂）生产的白酒远销四方，酒器具与所盛货物相得益彰，身价倍增。

抗日战争爆发前，沂水、临朐境内还有用桑皮纸裱糊酒器具的工艺，后因战乱几近失传。2002年，山东醉三国酒业有限公司成立，公司技师、代表性传承人朱兆玉传承祖父、父亲的裱糊技艺，遍访当地匠人，并拜曲阜纸坊村陈师傅为师，学习裱糊技术，她用桑皮纸传统工艺裱糊出的酒具美观大方，古朴典雅。

2020年11月，醉三国桑皮纸酒具裱糊制作技艺被列入临沂市第六批市级非物质文化遗产代表性项目名录。

主要内容 醉三国古式酒具裱糊技艺是一门传统手工技艺。所用原料为传统陶坛、动物血液、鸡蛋清、石灰、桑皮纸。精选陶坛，清洗晾干。选用新鲜动物血液，过滤后加鸡蛋清、石灰，按照比例混合搅拌后，将桑皮纸反复裱贴，裱糊在坛体上，再用专用刷子反复刷，使裱糊结实。桑皮纸裱糊的酒具不含任何化学制剂，属纯天然绿色材料，酒经过血料容器储存后，酒体各味协调，醇香自然，时间越久，品质越佳，越能够促进酒体的老熟，喝起来更加绵甜爽口，回味悠长。醉三国古式酒具内部经传统工艺粘贴处理，既可起到滴酒不漏的密封效果，又能使桑皮、动物血、蛋清中的有益元素与酒产生交互作用，在酒海中形成一个利于有益微生物生长的优越环境，使酒的营养价值更高，饮用后更有益人体健康。

技艺特点 历史悠久，选料考究。醉三国古式酒具裱糊技艺，源自明清时期，是一门传统手工技艺，传承中国传统的藏酒文化、民俗文化。沂南县很早就有用裱糊酒具藏酒、盛酒的习俗，裱糊所用原料为传统陶坛、动物血液、鸡蛋清、石灰、桑皮纸。

工艺精细，操作严谨。精选陶坛，清洗晾干后，选用新鲜动物血液，加鸡蛋清、石灰，按照比例混合搅拌后，进行发酵融合，铺好一张桑皮纸刷上浆液，再铺上一层桑皮纸，依次操作，反复裱贴，待刷至6层后，裱糊在坛体上，再用专用刷子反复刷，将里面的空气赶出，使其裱糊结实。裱糊完后，放在阴凉通风处干燥30～50天。把晾干后的酒坛，用清水洗刷坛内，再用高度酒杀菌消毒后，灌入待封藏的酒，然后选用平底瓷盘盖在坛口，再放上刷好浆的桑皮纸，用刷子反复刷制裱糊，把气泡赶出，使裱糊结实。封口要裱糊2～3层，这样才保证不跑酒，不漏酒，能长期储存。最后把标签裱糊在坛体上，一坛裱糊好的成品呈现在眼前。

古朴大方，储酒恒久。用所裱糊的酒坛盛酒，经时间的淬炼，老熟后，酒体变得色泽微黄，醇厚绵柔，回味悠长，有突出的陈香、窖香，复合香突出，留香好，成为酒中黄金，酒中极品。

沧浪沟张氏刀具制作技艺

沧浪沟张氏刀具制作历史悠久，已有100余年。由传统的单一品种逐渐发展为菜刀、水果刀、剪刀、斩骨刀、剁刀、扒皮刀、不锈钢刀等30余个品种。纯手工打造的铁菜刀选用优质铁和钢，品种齐全，富含人体所需铁元素，畅销全国各地。

历史渊源 明朝末年，张氏族人从山西移民至沂南，族人聚居立村，繁衍至今，沧浪沟村百分之九十的村民都是张氏族人。相传张氏高祖年轻时家贫，出走青州为人扛货，路过青州城北大街一家铁匠铺，听到叮叮当当之声，遂驻足观看，并产生浓厚兴趣。之后每天来此偷看，将铁匠师傅们的操作程序熟记于心。一日偷学期间，恰逢铁匠师傅掌钳淬火，帮忙打二锤的伙计不在。高祖眼疾手快，上前端起铁锤帮师傅把火熟好，得到师傅欣赏。师傅见他聪慧好学，便收其为徒。在师傅指导下，他勤勉学习，刻苦钻研。学成回乡后，将技艺传授给族人。凭借着一身过硬的刀具制作技艺，兄弟们挑着炉灶、家什走村串巷，打制刀具，赚钱养家糊口。

张氏族人打铁技艺世代传承，随着时代的变迁，打铁匠不再游走四方，他们开炉制造，称打铁铺。风箱一拉，铁锤一抡，众乡亲端坐炉旁欣赏，看炉中红红的火苗，听着叮叮当当敲击和淬火时的滋滋声，铁匠师傅们与众乡邻共欣赏一幅幅美妙画卷，见证着一把把刀具的制作过程。

2020 年 11 月，沧浪沟张氏刀具制作技艺被列入临沂市第六批市级非物质文化遗产代表性项目名录。

主要内容　沂南县铜井镇沧浪沟村张氏刀具制作工艺起源于清朝末年发达的铁货业。百余年来，一直沿用传统的制刀工艺，历经几代人的传承与摸索，精心锻打，用心研磨，成为方圆几百里内的少有的纯手工刀具。

张氏家族中几乎人人都能打制刀具，在继承传统工艺的基础上，把适量的钢夹到炉火烧红的铁中，通过不断地加热锻打，使钢与铁融为一体。刀口的部分是硬度较高的钢，以增加刀口的锋利，刀身的部分是铁，以增加受力时的柔韧与弹性。在淬火环节，则选用村东沂河甜水淬火。经过工匠艺人的层层锻打，生产出的菜刀刃口坚韧锋利，钢火深，刀面平整光洁。能砍断筷子粗细的铁条而锋利如旧，剔骨剁肉，刀刃不卷不崩，俗称“快马轻刀”。

刀具制作

诸葛亮家酒酿造技艺

《三国志·诸葛亮传》记载，诸葛亮，字孔明，琅琊郡阳都县（今沂南县）人。诸葛亮家酒为沂南县特产，有诸葛亮家系列酒、诸葛亮府系列酒、诸葛亮宴系列酒、百年春系列酒、界湖系列酒五大系列百余个品种。产品精选沂蒙山绿色优质原料，采用传统老五甑酿造工艺，精制而成，具有窖香浓郁、醇正干爽、回味悠长的特点。

历史渊源　汉代沂南一带酿酒业就很兴旺，清咸丰年间，酿酒业持续繁荣。抗日战争、解放战争时期，粮食奇缺，酿酒业处于低谷。1948 年，沂南解放后，解放区政府选址界湖袁佃家的宅子，以聚成酒坊为主体，整合恒丰祥、太合成、恒聚等酒坊，成立临沂专区实业公司界湖酿酒厂，有职工 200 余人，窖池百余口，以小麦造曲，高粱、谷糠入池，上甑蒸酒。当时民间流传着“开锅十里香，不喝馋得慌”的民谣。

1968 年，界湖酿酒厂在县城西北角建成占地 108 亩的生产区和生活区，扩大生产规模，酒厂更名为国营沂南县酒厂。1989 年，酒厂注册“诸葛亮家”商标。1992 年，在沂南县酒厂的基础上，成立诸葛亮酿酒集团公司。2004 年 9 月，成立山东诸葛亮家酒业有限公司。

2020 年 11 月，诸葛亮家酒酿造技艺被列入临沂市第六批市级非物质文化遗产代表性项目名录。

主要内容 诸葛亮家酒酿造技艺源自古法酿造五甑工艺、跑窖工艺、沂之烧锅工艺，是在此基础上历经几代匠人摸索改进而形成的别具特色的酿造技艺。

山东诸葛亮家酒业有限公司拥有诸葛亮系列、百年春、界湖、舌尖上的妙品等商标，并获多项产品专利；有窖池500余口、灌装生产线4条、制曲车间400余平方米、曲种培养室200余平方米、2台蒸曲锅炉、甑锅8口、储酒库1500余平方米、原料库1683平方米、产品勾调中心1200平方米、包装材料仓库1700余平方米、成品酒库1600余平方米、运输车辆12台。

诸葛亮家酒以沂南地产优质高粱、小麦、大米、玉米、糯米为原料，经过选料、配料、发酵、上甑、蒸馏、取酒及取酒后的存储，采用分层投粮，分层发酵，分层堆糟，分层蒸馏，分段摘酒，分质并坛的酿造技艺；古法酿造出的产品深受消费者青睐，并出口韩国。

技艺特点 地域特征鲜明。诸葛亮家酒酿造技艺自聚成酒坊创始人高允山起，经过200余年传承改进，历经多代，从未间断，是当地著名产品。

窖池独特。诸葛亮家酒酿造窖池始于清代，历经200余年从未间断，形成了丰富的微生物群，为生产优质白酒提供了保障。

酿造技艺独特。采用六艺分层的独特技艺，即分层投粮，分层发酵，分层堆糟，分层蒸馏，分段摘酒，分质并坛的酿造技艺。它来源于古法，在具体生产过程中系统运用了多代匠人的实践经验与生产环节上的改进，形成了别具特色的酿造技艺。

传承谱系 第一代高允山（1802—1866年），第二代高培烈（1828—1893年），第三代徐小芳（1849—1930年），第四代高家开（1874—1950年），第五代吕学先（1911—1992年），第六代汲长德（1932—2007年），第七代李敬希，第八代能学廷、李荣明、张伟英。

高来德烧鸡制作技艺

沂南县高来德烧鸡以散养草鸡为基础原料，配18种沂蒙山中药材加老汤精制而成。具有香气扑鼻、色泽鲜艳、鸡体干爽、肉烂有丝连、嚼骨有余香、营养丰富、老少皆宜、食之香而不腻的特点。

历史渊源 高家烧鸡历史悠久。创始人高帮善，生于清光绪二年（1876年），弱冠之年独自一人挑着一副扁担来到侯子岭（今大庄），开了一家饭馆取名高家饭馆。一次偶然的机缘，他研制出烧鸡的独特配方，并总结出独有的选鸡标准：通过看鸡的精神状态，鸡毛的颜色及顺滑度，判断鸡是否健康；通过掂量鸡的重量判断出鸡的年龄；通过手摸判断肉是否有弹性、结实。第二代传承人高兴端善于钻研，技艺精湛，制作的烧鸡更加美味，还把烧鸡盘成吉祥扣的样子，在宴席上更加美观。1951年，第三代传承人高昇范在自家店里挂牌“高来德烧鸡”，以店名经营。1979年，第四代传承人高来德重开烧鸡店，严格按照祖辈留传下来的制作秘方，文火煮，武火炖，制作的烧鸡香浓而不失新鲜，工艺精细，煮制专业。

2020年11月，高来德烧鸡制作技艺被列入临沂市第六批市级非物质文化遗产代表性项目名录。

主要内容 高来德烧鸡起源于1896年的高家饭馆，至今已有120余年历史。历经五代人的传

高来德烧鸡加工

承和发展，长盛不衰。

高来德烧鸡精选当地散养草鸡，配上砂仁、白芷、肉蔻、丁香、辛夷、大茴、小茴、陈皮、草果、花椒等18种沂蒙山中药材，再添加祖传秘制老汤精制而成。烧制的烧鸡色泽明丽、鸡体干爽、肉结丝连、香而不腻。

2001年，高来德成立沂南县高来德烧鸡有限公司并注册“高来德”商标。2008年5月被评为“山东名吃”；2013年10月获山东省著名商标；2014年3月被山东省商务厅认定为“山东老字号”企业。随着经营规模不断扩大，2016年，投资2016万元，新建山东德祥苑食品有限公司。

翻晒豆酱

制作工艺 选鸡：高来德在多地建立养鸡基地，专门雇人散养沂蒙草鸡。制作烧鸡时只选生长期长、个头中等的鸡。

宰杀：经专业师傅屠宰，抓头攥尾，在鸡脖处一刀到位，刀口小，像豆粒一般大，称为“豆口”，可以保证烧鸡的肉质鲜美。屠宰完之后，传承人还要亲自“看腔”：一看鸡体是否有血块，是否有水瘤，是否有其他杂质，二看鸡肜形状、颜色是否正常。

整形：清洗干净后，把鸡的两腿扭成对结，关节成“V”型插进鸡屁股，鸡翅从嘴里穿出，样式为“吉祥扣”。

煮制。严格按照家规祖训进行。鸡入锅之后，用专门的筛子去除汤里面的杂质，同时去除膻味，保证烧鸡味道鲜美。由传承人亲自配料，当归、黄芪、枸杞、八角等18种食材按比例搭配。看火候，烧鸡用武火沸腾之后，改为文火慢煮，由专人负责观火候，静等烧鸡飘香。根据鸡龄大小、老嫩程度不同，煮至一定时间之后分批出锅。

同承宴酱油酿造技艺

酱油是中国传统的调味品，富含多种氨基酸、有机酸等成分，不仅能增加和改善菜肴的味道，还能增添或改变菜肴的色泽。酿造酱油是以大豆或脱脂大豆、小麦或麸皮为原料，经微生物发酵制成的具有特殊色、香、味的液体调味品。同承宴酱油色泽红褐色，有独特酱香，味道鲜美，是调味佳品。

历史渊源 同承宴酱油古法酿造技艺起源于清光绪年间的蒙阴县北庄燕冀堂下设分号御院和酱园的技术，垛庄酱园传承先人的酿造技术，酿造的同承宴酱油口味、品质俱佳，在当地家喻户晓，有很高的声誉。

“燕翼堂”是蒙阴县垛庄镇垛庄村刘姓大地主的堂号。民国鼎盛时期，“燕翼堂”建有30亩八卦庄园，拥有5800余亩土地，上万亩山林，地跨沂南、蒙阴、沂水3县。有酱园、酒店、油坊、布庄、百货等，在济南、青岛、上海等地设有商号，在沂蒙山区富甲一方。

岸堤镇南岩路村刘文厚的先祖刘棣，年轻时曾在垛庄酱园当徒工，他勤奋好学，仅几年工夫，就全面掌握了酱园工艺流程，尤其是酱油、醋的古法酿造技艺。后来，刘棣回到家乡开办了一处酱油、醋作坊，酿造的酱油、醋及酱菜质量和垛庄燕翼堂酱园产品不相上下，四里八乡的人们都慕名前来购买。

刘氏将酱油酿造技艺传与子孙，后世代相传，至刘曰贞已传承五代，有120余年的历史。2016年3月，第六代传承人刘文厚成立临沂市同承宴食品有限公司，开始利用祖传技艺酿造酱油，所产酱油具有高粱的天然色泽，味道鲜美，保持了古方酿造酱油的本色，受到消费者的青睐。

2020 年 11 月，同承宴酱油制作技艺被列入临沂市第六批市级非物质文化遗产代表性项目名录。

主要内容　同承宴酱油古法酿造技艺严格按照祖传古法，采用孟良崮山泉水酿造，主要生产工艺为：蒸、发酵、晾制、出油、暴晒。其中，酱油酿制过程为春准备、夏造酱、秋翻晒、冬成酱，日晒夜露，要历经一年才能制成。酿造过程对环境温度要求较严，酱油的发酵须保持 30 多度的高温，器皿的选择亦很严格，发酵容器必须用无彩釉沙缸，否则酱油品质与口味不纯正。所使用的原料大豆、高粱、小麦、谷子等全部来源于自己的生产基地，施用农家土杂粪，不施化肥和农药，不使用任何添加剂，属于天然调味品。

首先精选黄豆清洗后浸泡 6 小时，然后放在蒸锅中蒸 2 个半小时，降温出锅后的黄豆加上一定比例蒸熟的干面粉拌匀，然后放入发酵池中以自然微生物发酵 72 小时，再放入 20% 盐水缸内，放在太阳下晾晒。这个过程比较漫长，至少要 8 个月以上，而且还得用木耙经常翻动，使其均匀晾晒。只有在自然环境中自然发酵，才能酿成味道醇厚的酱油。

高粱饴制作技艺

高粱饴，又称饴糖，是山东传统的名牌软糖。沂南县圣福记高粱饴选用优质白砂糖、淀粉、麦芽糖浆、水、高粱粉等为原料，采用传统工艺、设备，稳火细工熬制而成；口感细腻、富有韧性、微甜可口、老少皆宜。

历史渊源　中国最早的糖是麦芽糖。古时候，麦芽糖有块状和稀状两种，块状的称为“饧”，稀状的叫作“饴”。麦芽糖以含有淀粉的粮食作物为原料，在大麦、玉米、稻谷以及马铃薯等发芽时，把其中的淀粉加水分解就能得到这种糖，以大麦芽中提取率最高，味道最好，麦芽糖由此得名。高粱饴是山东传统的地方特产，饴糖在 20 世纪 70、80 年代是孩子们最喜爱的糖果，能吃上一块高粱饴是非常开心的事。

2020 年 11 月，高粱饴制作技艺被列入临沂市第六批市级非物质文化遗产代表性项目名录。

主要内容　采用优质高粱淀粉调乳，用精制砂糖化浆，再以适量的有机酸长时间熬制，产生多种有益于人体的糊精、低聚糖、单糖等碳水化合物和消化酶等物质。制作过程大致经过原料处理、熬制、成型、冷却、切块、成品等程序。除用高粱淀粉外，还可以用绿豆、玉米、地瓜等淀粉精制成翡翠饴、绿豆饴、珍珠饴等。具有组织细腻、富有韧性、微甜可口的特点，深受广大消费者喜爱，成为老少皆宜的特色食品。

山东圣福记食品有限公司经过多年来的探索和实践，不断改进生产工艺，开发出山楂饴、核桃饴、花生饴、绿豆饴、麦香饴、苹果饴、草莓饴、玉米饴、红枣莲子饴、芝麻饴、冰糖雪梨饴等 30 余种不同风味、各具特色的饴糖产品。还创制了具有玫瑰味的玫瑰饴、具有柠檬味的酸酸饴、具有清凉解渴生津特点的薄荷饴等许多新的花色品种。

酒囊制作技艺

酒囊是古代民间一种主要的盛酒器，制作工艺复杂，一般用桑皮纸、猪血、石膏、石灰、猪膀

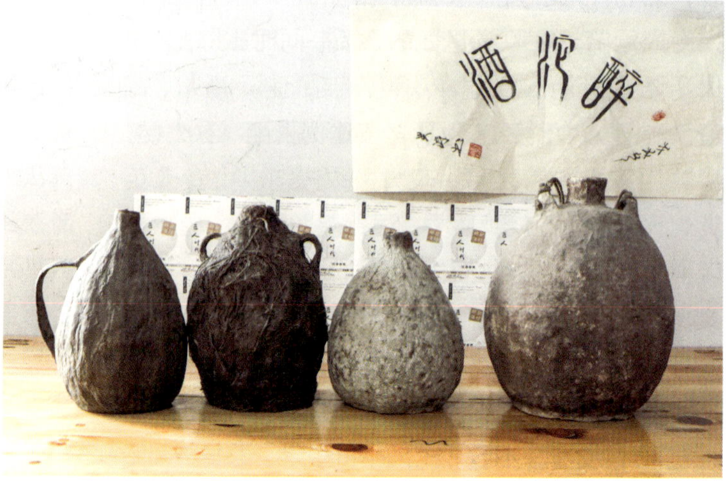

酒囊成品

胱等为原料制作而成，作为一种大众消费品在民间盛行。

历史渊源　酒囊制作已有2000余年历史，古人将其系于腰间、放于筐篮或挂于车马等交通工具上，使用十分方便。酒囊制作作为一种职业和谋生的手段，成为一些匠人谋生的技艺，出现过大量制作酒囊的专业户，其制作技艺也多是世代相传、子承父业。

大批量酒囊制作一直存续到清末，随着时代变迁，各种瓷瓶、玻璃瓶逐渐替代了酒囊。20世纪50年代以后，桑皮纸酒囊作为盛酒的器具，完全退出了人们的日常生活。

沂南卢氏酒囊制作技艺可追溯到清朝末年。卢朋兴生于1868年，善用桑皮纸制作酒囊，在当地小有名气。卢朋兴将手艺传与儿子卢兆松。此后桑皮纸酒囊制作技艺在卢家世代相传。至卢克洋已传承五代。卢氏世代以酒囊制作为业，年制作酒囊数百个，被众多文化界、收藏界、工艺品界人士所欣赏，已成为具有馈赠、收藏价值的高档消费品。

2020年11月，酒囊制作技艺被列入临沂市第六批市级非物质文化遗产代表性项目名录。

主要内容　酒囊制作工艺复杂，民间一般选用桑皮纸、动物血（梅花鹿血最好，猪血次之）、石膏、石灰、猪膀胱等为原料制作。桑皮纸酒囊全部为纯手工制作而成，造型古拙，艺术感极强，桑皮纸酒囊不易破碎、容易携带，盛酒不跑味、不变质，能使酒质更加香醇浓郁。由于其独特的制作原料，只可盛酒使用，民间有"盛酒一滴不漏，盛水一滴不剩"的说法。

沂蒙蓝印花传统服饰制作技艺

沂蒙蓝印花传统服饰展示

蓝印花布是一种古老的手工印花织物，也称靛蓝花布，以天然蓝草制取染料印染而成，又称"药斑布""浇花布"，为全手工制作。沂蒙蓝印花传统服饰制作技艺发源于沂南县界湖街道小白石窝村，以蓝印花为原料制作传统中式服装，具有简洁、素雅、实用的风格，符合沂蒙人民的审美情趣，成为沂蒙文化的代表性符号之一。

历史渊源　沂蒙蓝印花传统服饰制作技艺起源于清朝光绪年间，距今已有130多年历史。当时小白石窝村有多家染坊，其中郑氏先祖郑兆蒲开设的郑记大染坊最有名。郑兆蒲的妻子李氏是村里有名的巧媳妇，村里年轻人结婚都找她缝制婚服，郑记染坊采取男染布、女制作传统服装的经营模式。第二代传承人郑光友自幼随父亲学习印染技术，其妻代纯营也是一位巧媳妇，跟着婆婆学习传统服装制作，十里八乡结婚的新人都慕名前往缝制婚服。抗日战争时期，郑氏召集村里妇女缝制衣服，拥军支前。

2020年11月，沂蒙蓝印花传统服饰制作技艺被列入临沂市第六批市级非物质文化遗产代表性项目名录。

主要内容　沂蒙蓝印花传统服饰制作是以棉布、丝绸等为原料，运用镶、滚、拼、盘、贴、荡、绣、染等工艺设计制作传统民族服饰，具有鲜明的地域特色，主要流传于沂南县。面料主要有棉、麻、丝、毛等，辅料有里料、衬料、填料、线、织唛、纽扣等。技艺流程分为选料、印花、设计、刺绣、镶嵌、绣花、裁剪、缝制、整烫等十几道工序，主要制作传统汉服、礼服、常服、太极服、旗袍、沂蒙小棉袄等传统中式服饰。

沂蒙蓝印花传统服饰制作工艺复杂，选料精

良，剪裁得体，滚边讲究，盘扣精美，经过精确的尺寸度量和型体分析，制作出一件合体的、能展示穿着者身材美的传统服饰。从领口、底边到盘扣，每一步都是纯手工制成。

沂蒙蓝印花传统服饰制作吸收和传承了中华民族几千年的服饰文化精髓，借鉴“大襟、立领、一字扣”等款式，充分展现沂蒙传统工艺，诠释沂蒙服饰文化内涵。

艺术特点　沂蒙蓝印花传统服饰领型设计让穿着者更显气质，主要有低领、凤仙领、元宝领、水滴领、连立领等。低领多用于袄裙搭配，谦和柔美；水滴领领口处挖出水滴形状，多用于迎宾旗袍；凤仙领也称上海领，是比较典型的领形；元宝领的旗袍，穿着时需挺直脖颈，抬高下巴，显得仪态端庄典雅。

盘扣分为直扣、琵琶扣、花扣。直扣也称一字扣，是最简单的盘扣；琵琶扣由中国结变化而来，应用广泛；花扣是装饰性的扣子，可分为实心花扣，空心花扣。

门襟分圆襟、单襟、双襟、直襟、曲襟、方襟、琵琶襟、斜襟、如意襟、大圆襟等。

传拓技艺（兰山区　沂南县）

传拓是将石碑或器物上的文字图案复制在纸上的一种技术，是中国古老的传统技艺。拓法分擦墨拓、扑墨拓、蜡墨拓、镶拓、响拓等。传拓主要应用于金石器物，如拓印碑刻、墓志、甲骨文字、陶器文字、青铜铭文、玉器花纹、瓦当图案、画像石、铜镜、货币、铜器器型等，故又称金石传拓技法。它是集金石学、考古学、美学三位于一体的艺术门类，作为一种独特的艺术形式兼有科学价值、艺术价值、历史价值，以全新的立体的观赏视觉，被文化界和收藏界所接受。

历史渊源　传拓，是中国一项古老的传统技艺，自东汉起距今已2000余年。《隋书·经籍志》载：“其相承传拓之本，犹在秘府”指的就是通过拓本得以传承。初唐时期唐太宗李世民撰写的《温泉铭》，是迄今发现的最早的实物拓本之一。唐代经济文化繁荣，“擦拓”法出现，用纸、用墨和传拓技术，均达到了较高的水平。

北宋时期创造了“扑拓”法。北宋官私刻帖蔚然成风，拓印的使用非常广泛，传拓技术也有了提高，扑拓法与擦拓法相比，更加容易操作和掌握。

元代出现“蜡拓”法。书画大家赵孟頫擅长书写刻立碑铭、墓志、法帖等。在寻访深山野碑时，采用便于野外作业的“蜡拓”法，在碑帖拓印等墨迹干后，再擦上一层蜡，保护墨色，乌黑油亮、甚为美观。

明代“乌金”“蝉翼”“镶拓”拓法得到广泛应用。三种技法用浓淡墨色表现图案意境，丰富表现手法。明代还出现“彩拓法”，运用多种色彩来传拓。

清代发明“全形拓”。清嘉庆、道光年间，始创于马起凤之手，后经过六舟和尚添绘插花，使全形立体拓与绘画相结合，在文人圈中广泛传布，至清光绪时期，金石收藏家陈介祺采用“分纸拓”法，将器身、器耳、器腹、器足等部位的纹饰、器铭分拓，然后撕掉多余白纸，按事先画好图稿，把

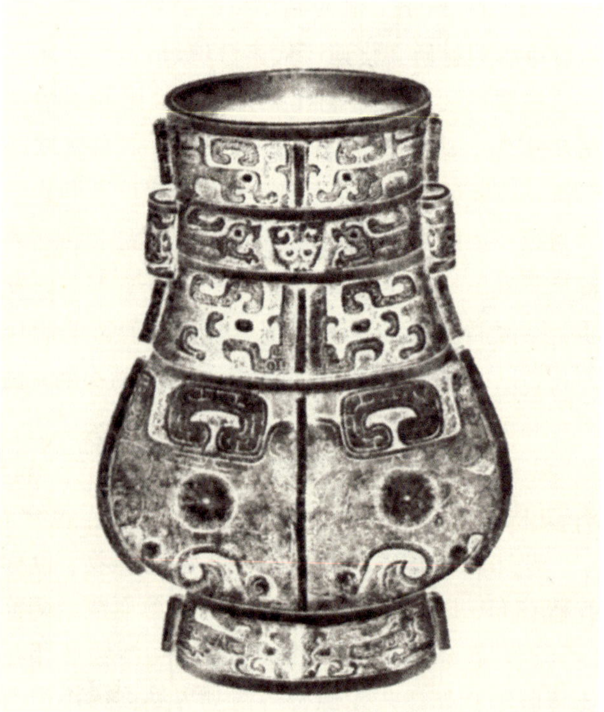

拓片作品

拓完的各部分拓片拼粘在一起，由于所绘图稿准确，用墨浓淡适宜，使得全形拓技法得到进一步的发展。全形拓技法最初不太讲究透视、阴阳，至民国时期，周希丁将西方素描引入全形拓中，给人以立体感，墨色更是考究，浓淡相间，所拓器物图像的立体感大增，当时人们追求的庙堂味和金石气在全形拓中都能感受到。金石学发展到民国时到达顶峰，当时最有学问的人都在研究青铜器；同时，由于照相技术在当时还未普及，人们想窥见一件别人收藏的青铜器是一件非常难的事。青铜器全形拓就满足了爱好者的需求，研究、喜爱金石学的古人，通常采用拓片或者绘画的形式研究古物，而拓片的真实性和逼真度远胜于绘画。

至民国时期，全形拓技术达到了前所未有的高度。随着以摄影为基础的石印、珂罗版等复制技术的广泛应用，全形拓这种费时费工的纯手工技艺，急剧走向衰落，逐渐成了稀罕而珍贵的艺术品种。

1903 年，兰山胡德甫开始经营纸碑帖店，往返各地拓制碑刻摩崖，放店内售与需求之人，并以品种多、拓制精、价公道而闻名，当时学书者皆以用“胡氏手拓”碑帖为荣。胡德甫将传拓技艺传授给胡家成，胡家成又传给胡发科，胡发科依托丰富的古家具木雕花板资源，不断地钻研、创新，由最初平面拓技艺发展到全形拓，形成完善成熟的传拓技艺，极具沂蒙文化韵味。

2020 年 11 月，传拓技艺（兰山区、沂南县）被列入临沂市第六批市级非物质文化遗产代表性项目名录。

主要内容　全形传拓综合运用素描、剪纸、刻纸裱拓等技术，利用西方透视原理，凭借墨色的浓淡变化，将器物的立体形象完整的传拓到纸上，使之呈现古器物的逼真状态。

全形拓又名立体拓、器物拓、图形拓，是传拓技艺中最难的一个分支，也是传拓艺术发展的巅峰，始于清嘉庆年间，至今已有 200 余年的历史。它以墨拓为主要手段，流行于清末，民国初年臻于极盛，经陈介祺、周希丁、马子云等名家推广传播，传到全国各地，为金石专家和风雅之士所推重，风靡一时。

平面拓

拓器物立体全形是各类传拓技法中最难的一种，全形拓历来为文人学者所重视，全形拓作为收藏中的一个重要门类，有着悠久的历史。拓片中墨拓、朱（朱砂）拓所展现的黑红世界，别具金石韵味。全形拓还能够体现原物所没有或不够明显的绘画特色。全形拓制作过程中必有的捶拓工艺，使拓片成为珍贵的艺术品。由于全形拓捶拓年代及捶拓者不同，使一些全形拓本身就具有极高文物价值。一些早年流传下来的全形拓，再加上名人收藏题跋，其价值不亚于原物。全形拓的收藏就是对珍贵文物的保护和利用。

传统拓印是中国古代长期使用的一种行之有效的复制方法，选用具有伸缩性能的传统手工宣纸，以清水泡白芨，将宣纸附在器物上，再用拓包沾墨汁将其图案、文字打拓出来，拓片大小形状与原器物相同，较为真实地再现被拓器物的图案、文字信息，拓印后的拓本作品也便于保存和运输。陶刻符号、甲骨文、青铜铭文、砖雕、玉石图案、碑刻、墓志铭、古钱币等，都广泛使用这种技法，来记录其文字或图案信息。

拓片大致分为两种：干拓和湿拓，拓法有很多，以墨色论，有扑墨拓、擦墨拓、蜡墨拓、镶拓、响拓等。以所拓器物论，有全形拓、高浮雕、平面拓、植物拓、鱼拓、颖拓等。

材料和工具。纸张、墨、拓包（各种规格）、棕刷、毛巾、喷水壶、打刷等。

传拓步骤。上纸后用棕刷刷平纸张、打刷使纸入凹，待八九成干后，用拓包蘸墨拓制，待完成后，揭下，平展晾干即成。

艺术特点 传统视觉语汇的体现。传统拓片，就是利用宣纸和墨汁将历代的文字或图案，按原比例清晰地拷贝在宣纸上的一种古老的技法，能较为真实地再现被拓器物的原始信息，记录它们所处的那个时代的历史语境和文化特征，有助于直接了解特定历史语境里的文化传统和社会风貌。

平面立体空间的展示。传统拓片作为平面、立体空间的展示是指将原立体器物空间上的图案、文字通过拓印的手段转移表现出来。拓片的展示形式既有原器物空间立体空间的转印，也有纸张平面范围内崭新艺术形态的视觉表达。拓片通过器物表面结构、形貌特征，将内在的文化内涵发掘出来，在重视客体对象原有空间特征的同时，重视拓片纸张上新空间的重新构建处理。

传统拓片与现代设计融合。拓片作为一种传统的信息载体，能够记录不同时代历史、文化、经济、政治、宗教、日常生活等信息，传统拓片与现代设计的融合，就是两种信息载体的融合，体现了记录信息的特征，能够提高信息记载的功能，使信息更加全面地表达。

鼐公家酒制作技艺

鼐公家酒产自蒙阴县桃墟镇公鼐故里，这里水量充沛，水质纯净，遍地五谷杂粮，山果丰盛，为酿酒提供了充足的优质原料。鼐公家酒采用传统古法结合新工艺酿造，系列产品有“鼐公家酒”“明朝公鼐酒”“进士酒”“御封酒”等。

历史渊源 明嘉靖年间，公鼐曾祖公跻奎，自山西潞安（今太原）知府晋湖广副使提督军卫，其家府的烧酒作坊，在蒙阴城旧县衙之东。

明嘉靖三十七年（1558年）公鼐出生，其祖父赴任南京，三祖父中举，一年内三喜临门，公家在家府东北门外“落花泉”边建“庆昌酒店”酿酒，供家用，多余的对外销售。由公鼐二祖父公一鸣与家府总管公家禄经管，后世延续，经久不衰，远近闻名。抗日战争时期，公家将酒店交给抗日政权经营，为抗战筹措经费，公鼐家族经营传承380年中断。酒店生产沿用了“庆昌”技艺，保留续用“庆昌”锅主、调酒师、操作工14人。1945年3月，沂蒙行署专卖处在“庆昌酒店”的基础上兴建国营蒙阴县酒厂，同年10月投料生产出酒。

2005年4月，传承人公维任从蒙阴县酒厂辞职经商，2015年成立鼐公家酒有限公司，在蒙阴县桃墟镇工业园建厂，采用传统古法酿酒。他认真钻研酿酒技艺，多次向老一辈酿酒师傅请教，总结了祖辈传承下来的古法酿酒经验，重视品牌保护和酒文化的传承与发展。

2020年11月，鼐公家酒酿造技艺被列入临沂市第六批市级非物质文化遗产代表性项目名录。

主要内容 鼐公家酒水源是蒙山“天泉”之水，酿造出的白酒，色泽透明清澈，窖香浓郁，入口绵爽，回味悠长。

用料考究，选取当地产优质水果、玉米、豆类、麦麸等，经粉碎（古法用大石盘碾、驴骡牵拉磨粉）、装池密封，发酵90天成酒醅，装甑桶用炉火或电力蒸制，流出酒液入罐沉淀，到期加山泉水调制，检验合格后输入灌装线，装入瓶、坛、桶封盖再沉淀，抽检合格进入成品仓库。

配料、发酵、配曲、装甑桶、控温仍使用传统方法，粉碎、检验、灌装、包装等用新工艺保证质量，减轻工人劳动强度，全部流程十几道工序均经过严格把关。

传承谱系 第一代创始人公跻奎家府总管公家禄；第二代公家禄之孙公之胄；第三代清初公廷飏；第四代传承人公元卿；第五代公毓敦；第六代公佐东，经营酒店至抗日战争时期；第七代公维任。

吹糖人

吹糖人是旧时北京的一个行业，相传祖师爷是明朝的刘伯温。糖人在北京城的大街小巷是很受大人小孩追捧的玩意儿和零嘴儿，这项传统技艺门槛不高，流传很广，如今已经成为遍布全国各地的传统技艺，受到广大民众的喜爱。

吹糖人

历史渊源 相传朱元璋为了自己的皇位能一代代传下去，造“功臣阁”火烧功臣。刘伯温侥幸逃脱，被一个挑糖人担子的老人救下，两人调换服装，从此刘伯温隐姓埋名，天天挑糖人担换破烂。在卖糖的过程中，刘伯温创造性地把糖加热变软后吹出各种糖人儿、小鸡小狗之类，煞是可爱，人们争相购买。许多人向刘伯温请教学吹糖人儿，刘伯温一一教会了他们，于是这门手艺就一传十、十传百，至 2020 年已有 600 余年历史。

蒙阴县孙法文经社会传承学会了这门手艺，并将手艺传授给自己的儿子孙成业，此后在孙氏家族代代传承。

2020 年 11 月，吹糖人被列入临沂市第六批市级非物质文化遗产代表性项目名录。

主要内容 旧时，小贩们肩挑挑子走街串巷，挑子一头是一个带架的长方柜，柜子下面有一个半圆形开口木圆笼，里面有一个小炭炉，炉上的一个大勺里放满了糖稀（麦芽糖溶化所得）。木架分为两层，每层都有很多小插孔，为的是插放糖人。糖人好看、好玩，玩完后还能吃，一般孩子都喜欢。

糖料由蔗糖和麦芽糖加热调制而成，本色为棕黄色，也有的加入颜料或色素使之呈红色或绿色。制作时把糖稀熬好，用一根麦秸秆挑上一点糖稀，对着麦秸秆吹气，糖稀随即像气球一样鼓起，通过捏、转等手法塑成各种造型。最后用竹签挑下，冷却后成型。制作时火候的控制是关键，过热则太稀易变形，冷了又会太硬无法塑形。糖人造型有人物、动物、花草等，以动物造型居多，体态丰满，常见的是十二生肖。吹出的糖人质地很薄，易碎。

传承谱系 第一代孙法文（1903 年生），第二代孙成业，第三代孙丕义，第四代孙斌，第五代王慧英。

蒙阴光棍鸡制作技艺

光棍鸡是蒙阴县蒙阴街道办事处小新庄村付泽明根据祖传技艺，结合现代人口味，经多年研究和实践研制，精选蒙山草鸡，30 种中药材配制成鸡料，用木柴地锅炒煮而成。炒出的光棍鸡色泽光亮、汁鲜味美、香气扑鼻、百吃不厌，受到广大顾客赞誉。

历史渊源 相传山东巡抚丁宝桢对烹饪颇有研究，喜欢吃鸡，尤其喜好辣味。清同治五年（1866 年），丁宝桢赴济南府任职，途经蒙阴，由于连日赶路，车马劳顿加上水土不服，丁家的主厨掌灶师傅病倒了，但任期比较紧，丁宝桢便把他留在蒙阴付玉亮家养病。

厨师在付家人的精心照料下，身体很快好起来。通过对付玉亮的观察，他发现其为人和善，乐于助人，爱好厨艺且天分很高，便将自己压箱底的炒鸡技艺传授给付玉亮。从此炒鸡技艺在付家代代相传。

20 世纪 80 年代初，付家后人付泽明家境贫穷，因为有祖传的炒鸡手艺，就在蒙阴城西小新

蒙阴光棍鸡

庄自家的土地上建了个炒鸡店谋生。饭店虽然偏远，但炒鸡味道独特，令人流连忘返。常来就餐的人就根据饭店没有名字，也没有女店员，而又专炒公鸡的特点，送了个“光棍鸡”的雅号，迅速叫响并走红。

2020 年 11 月，光棍鸡制作技艺被列入临沂市第六批市级非物质文化遗产代表性项目名录。

主要内容 取一年生草公鸡一只（约2千克），花生油 70 克，青椒 50 克，姜、葱、酱油、高汤、盐、陈皮、八角、花椒等 30 多种药料各适量。鸡宰杀洗净，改成劈柴块；葱切段、姜切片、青椒切片；锅放油煸姜片、葱段，下鸡块炒至灰白色无水分时放酱油再炒至鸡块呈酱红色，加入高汤、盐、药料等文火炖 20 分钟，待汤汁浓稠时下青椒、味精装盆即成。

光棍鸡制作精细考究，大火土灶、果木烧火炒制，保持原汁原味。风味独特、色泽红润、汁鲜味美，尝来让人回味无穷，欲罢不能。用料讲究，所选鸡必须是纯正的农家散养一年以上的草鸡，单只重 2 千克左右，现场宰杀后直接炒制。光棍鸡成品的汤汁较少，但是很黏，很好吃，泡米饭最佳，鸡肉块吃起来味道独特，筋道纯正。

传承谱系 第一代付玉亮，第二代付全德，第三代付兴法，第四代付泽明，第五代付本忠，第六代付超然。

蒙阴全蝎酒酿造技艺

沂蒙全蝎属东亚钳蝎种，主要产于蒙阴，是重要的中药材。沂蒙全蝎酒属于药酒，因使用沂蒙全蝎为药引泡制得名。现逐渐发展为滋补酒，以滋补养生健体为主，内服、外用皆可。

历史渊源 蒙阴自古就有用蝎子泡酒强身治病的传统，饮用者大都为老人或病人，主要用于治疗腰酸腿麻、风湿、头痛、牙痛、惊吓等。1978 年，国营蒙阴县酒厂顺应社会需求，利用蒙山当地丰富的全蝎资源，在民间全蝎泡酒基础上研制全蝎酒，经过 10 余年的潜心研究及试验，获得成功。

2020 年 11 月，蒙阴全蝎酒酿造技艺被列入临沂市第六批市级非物质文化遗产代表性项目名录。

主要内容 蒙阴全蝎酒的主要功能原料为全蝎。全蝎入药始见于《蜀本草》，已有 1100 年历史。明代李时珍《本草纲目》记载：全蝎的有效成分是蝎毒，具有通筋活络、消肿止痛、解毒解络、熄风镇痉、改善人体微循环、提高免疫力等功效。以优质曲酒为酒基，采用现代科学工艺，提取全蝎有效成分，并加入多味名贵中药材，严格按标准配制，是高档营养保健酒。该酒色泽金黄，呈琥珀色，醇香绵柔，回味悠长。经常饮用能精力充沛、增强免疫力，具有祛除风湿、舒筋活血、强身健体等保健作用，是全国唯一经国家批准的全蝎保健酒产品。

传承谱系 第一代公性真，第二代传承群体国营蒙阴县酒厂，第三代传承群体兰陵集团蒙阴分公司，第四代传承人邵长军。

赵家扣肉制作技艺

扣肉是一道用猪肉制成的菜肴，扣肉的“扣”是指当肉蒸或炖至熟透后，倒盖于碗盘中的过程。赵家扣肉又称垛庄扣肉，是蒙阴传统美食的代表。具有软烂香糯、入口即化，口感饱满、自然醇香的特点，是当地逢年过节、宴请亲朋、结婚生子等百姓宴席必备的传统名菜之一。

历史渊源 蒙阴东蒙赵氏赵传乎支系居住在

蒙阴县垛庄镇白虎峪村，清光绪年间，赵传乎是名扬十里八乡的婚宴大厨，出自他手的扣肉，肥而不腻，味醇肉烂，入口即化，备受人们喜爱，成为宴席特色菜，当地厨师纷纷效仿，扣肉这道菜在民间广为流传。赵传乎将此技艺传给其子赵久友，赵久友子承父业也成了一名乡厨，通过红白喜事宴席将赵家扣肉发扬光大。第三代传承人赵存义，读过私塾，对美食格外执着，潜心传承研究赵家扣肉的制作技艺，并在乡村宴席推广。第四代传承人赵立修，自小就是乡村宴席的帮厨，后不断研究改进赵家扣肉的制作，赵家扣肉影响越来越大。第五代传承人赵元亮，传承祖传技艺，积极挖掘、传承地方餐饮文化。2007 年创立蒙山养心园大酒店，2016 年创立蒙阴天佑园大酒店，为赵家扣肉代表性传承人。第六代传承人王明会，在蒙阴天佑园大酒店担任厨师长，在餐饮实践中研究、传承赵家扣肉这一传统技艺，并将这一传统美食文化发扬光大。

赵家扣肉

2020 年 11 月，赵家扣肉被列入临沂市第六批市级非物质文化遗产代表性项目名录。

主要内容 赵家扣肉选用沂蒙山区农家散养的土猪，肉质紧实，营养丰富。选取其中新鲜上等的五花肉，使用农家传统的地锅，用当地的洋槐作柴，加入本地山花椒、麦饭石酱油、大葱等十几种纯天然的地方特色配料，经过 20 多道工序，历时 6 个小时精心蒸制而成。

仲子家酒酿造技艺

平邑县仲村镇，因孔子著名弟子仲子而得名。仲村历来就是圣人化行之邦，商贾云集之地，酿造业历史悠久，传承千年。临沂市蒙山一家人酒业有限公司采用大米、高粱、小麦等多种粮食，运用传统酿造技艺酿造的仲子家酒清香纯正、绵甜爽口、馥郁芬芳，备受客户青睐。

历史渊源 清光绪二十五年（1899 年），出生于山西杏花村酿酒世家的侯晋魁到仲村办起了酒坊，采用杏花村酿酒技艺酿酒，先后办起“天盛永”“恒茂正”“永发源”“汾太成”“德源永”“晋德隆”6 家堂号，盛极一时。

蒙山县仲村酒厂建于 1948 年。蒙山县撤销后称平邑县仲村酒厂。1965 年 5 月，仲村酒厂和平邑县酒精厂合并，称平邑县酒厂。1995 年，平邑县仲子家酒厂成立。2000 年 8 月，仲子家酒酿造技艺第五代传承人周传明成立临沂市蒙山一家人酒业有限公司，公司积极探索传统酿酒工艺与现代技术的融合，让仲子家酒在传承中不断发展、创新，在周边省市县有较为稳定的市场。

2020 年 11 月，仲子家酒酿造技艺被列入临沂市第六批市级非物质文化遗产代表性项目名录。

主要内容 仲子家酒用料考究、工艺独特、酿造周期长。精选优质有机高粱，玉米、大麦，以曲类、酒母为糖化发酵剂，经过蒸煮、糖化、蒸馏、陈酿而成，气味芬芳纯正，入口绵甜清爽，经贮藏老熟之后，将酒装入酒缸，置入地窖，贮存 3 年，再经酿酒师精心勾兑，方可上市。酿造所用当地独有的高含锶型碱性地下水赋予仲子家酒鲜明的地域特征，重酿工艺是仲子家酒有别于其他白酒的重要工艺特征，这一工艺使酒香达到了高度融合。

郯城老洪炉刀坊锻造技艺

郯城铁器锻造技艺是将铁、钢等金属通过加热到一定温度，反复锤打制成器具的一种民间传统工艺。主要分布于郯城县重坊镇刘孟庄村，其他乡镇也有分布。

历史渊源 老洪炉刀坊铁匠铺始于清末，陈宗武因家境贫寒，自幼学习打铁技艺，学艺出师后，开铺打铁，生产农耕器具和家庭生活用具，尤擅手工锻打夹钢菜刀。郯城老洪炉刀坊铁器锻造工艺复杂，经过加热、锤打、冷却、回炉、再锤打制成雏形，再经过开槽、造型、打磨、淬火等工艺，千锤百炼而成。主要产品有斧子、刨刀、锛、凿子、耙子、锄头、镰刀、铲、犁镶、犁级窝、铡刀、砍刀等生产工具和菜刀、剪刀、片刀等生活用具。

刀具打造

随着农业机械化普及，铁制农具市场萎缩，郯城铁器锻造技艺面临着后继乏人的窘况。目前，郯城铁器锻造技艺以陈仕杰的老红炉刀坊为代表，依然坚守技艺，用传统的技艺服务于人民的生产生活，并致力于传承和发展技艺。

2020年11月，郯城老洪炉刀坊铁器锻造技艺被列入临沂市第六批市级非物质文化遗产代表性项目名录。

郯城古法麦芽糖制造技艺

郯城县马码头镇陈高册村古法制作麦芽糖技艺历史悠久。麦芽糖制作工艺属于传统发酵，手工搅拌。麦芽糖具有美容养颜、补脾益气、开胃生津、滋润内脏等功效，对治疗气短乏力、脾胃虚弱、肺燥咳嗽、干咳少痰、咽喉肿痛等亦有帮助。

历史渊源 据《陈氏家谱》记载，郯城县马头镇陈高册村古法制作麦芽糖起源于清顺治年间，距今已有370多年。陈氏先祖为养家糊口，开设麦芽糖作坊，制作麦芽糖，早期传承情况不详。麦芽糖有块状和稀状两种，块状的叫作“饧”，稀状的叫作“饴”。20世纪60、70年代，高册麦芽糖作坊被毁，技艺几近失传，后经麦芽糖第三代传承人陈世忠回忆得以恢复。第四代传承人陈光明（艺名陈大吹）对麦芽糖传统工艺进行改进创新，在糯米和麦芽中按比例加入一定的粟米，制作的麦芽糖晶莹剔透，清脆爽口。

2009年，陈光明创办了陈大吹民俗文化发展有限公司，重点打造麦芽糖品牌。不断创新生产经营模式，把产品融入到消费者日常生活中，这种味道相对清淡的糖很有特色。

2020年11月，郯城古法麦芽糖制造技艺被列入临沂市第六批市级非物质文化遗产代表性项目名录。

主要特征 传统工艺，手工制作。古法麦芽糖制作还原了古代工艺所拥有的产品成分，比现代麦芽糖制作工业流水线工序完整精细。

传统发酵，手工搅拌。泡好的糯米直接用甄子蒸熟，然后将其与麦芽按照1∶10的比例放进锅里搅拌均匀，整个发酵过程需隔30分钟搅拌一次，7～8个小时后，材料发酵基本成熟。

滋补食品，甜而不腻。古法麦芽糖是很好的滋补食品，麦芽糖略带焦色，刚入口时不甜，30秒后，因淀粉酶消化其中的糯米成分，才会感觉出甜味。

饴糖为基，花样繁多。在古法麦芽糖制作的基础上，形成了古法麦芽糖系列，互动吹糖人、画糖人、罗汉糖等系列产品。

郯城黑陶制作技艺

舜裔黑陶分布广泛，器物以盆、罐、缸、壶等日常用具为主。郯城古属郯国，是龙山文化的承载地，境内发现古窑址多处，是传承和发展黑陶的有力证据。1949年前后，郯城黑陶器销往多地，东至沿海各地，北到黄河，南到长江流域都有销售，冶陶业负有盛名。

历史渊源　宋窑村位于郯城县花园镇驻地北两公里处，据《郯城县志》记载，该村约建于秦朝，原名孙贾庄。明嘉靖年间，宋、田两姓迁入，村中居民大多以冶陶为业，遂改称宋家窑村，后简称宋窑村。这里的土壤多以黑黏土和黄沙土为主，是冶陶的主要原材料，同时这里属温带大陆性季风气候，四季分明，湿热同季，有利于陶器生产，便利的交通让手艺人的产品得以销往各地，提升了当地冶陶的知名度。

舜裔黑陶传承至今已历十五代人，约400多年的历史。

20世纪80年代以前，宋窑村的百姓绝大多数靠烧制黑陶生活。鼎盛时期，全村有陶窑近200座，吸收劳动力近2000人。春秋时节，各家各户男女老少齐上阵，挖泥、制坯、烧制、出窑存储，一派繁忙景象。到了冬季，他们把烧制的黑陶装上地排车，由男人运到外地销售，有的甚至辗转远销塞北、江南、河西走廊等地。改革开放后，由于新材料新技术的发展，陶瓷、塑料、金属等器皿走进千家万户，宋窑黑陶逐渐被替代，制陶业出现凋零，大多数黑窑被破坏。田作才在自家的灶房中，盘个小窑，坚守这门古老的技艺，锲而不舍，坚持制作黑陶。

2020年11月，郯城黑陶制作技艺被列入临沂市第六批市级非物质文化遗产代表性项目名录。

黑陶制品——釜

主要内容　舜裔黑陶作品简洁大方，线条流畅优美，或古朴典雅，或精致细腻，让怀旧的人们爱不释手。

黑陶的制作程序复杂，技艺也细致。经过选土、炼泥、拉坯、晾晒、压光、码窑、封窑、烧制、雕刻等10余道工序，其中拉坯是制作工艺中难度最大的环节，稍不留神，生产出来的就可能是畸形或废品。黑陶作为生活用具，所用泥土材料无化学成分、无污染，用起来安全环保，深受消费者喜爱。随着时代的发展，黑陶制品更注重外在美和文化元素的结合，成为一种艺术品，满足不同人群的陈列、使用、收藏等消费需求。

传承脉络　第一代田显科（明嘉靖年间人），第二代田耕，第三代田自种，第四代田欲济，第五代田坦，第六代田美德，第七代田恒，第八代田质文、田质彬，第九代田枋，第十代田西祥、希章，第十一代田清谓、田清淳，第十二代田怀信、田义信，第十三代田宗常、田宗伦、田宗宝，第十四代田庆芳、田庆玲、田庆孝、天庆泽，第十五代田作才、田作忠、田作平、田作玉、田作田。

冯记羊肉汤制作技艺

羊肉汤是中华传统名吃，遍布全国各地。制作原料主要有羊肉、辣椒油、胡椒面、盐等，汤汁乳白，肥而不腻，以无膻味为佳，在全国各地均有各具特色的羊肉汤地方小吃。冯记羊肉汤采用祖传秘方熬制而成，色泽光亮，营养丰富，味道鲜美，在临沂影响广泛。

历史渊源　羊肉汤在饮食文化中占据重要地位。相传，早期的羊肉汤主要用于祭祀和皇宫御宴。《战国策》记载，中山国国君在分赐吃羊肉汤时，无意漏掉了一位大臣，因此招致此人嫉恨投奔楚国，并说服楚国出兵，灭掉了中山国。这就是“一汤亡一国”的故事。

相传清朝乾隆年间，乾隆皇帝下江南途经刘皇路一带，正在饥饿难耐时，巧遇河边一饭馆，遂进店。但见食客都在喝汤，汤汁清逸，香倾四邻，

冯记羊肉汤

闻者馋涎欲滴，食者赞不绝口，得知此汤为冯记羊肉汤。早年店主人因家境贫寒，萌生了做羊汤养家糊口的念头。但腥膻之气常常让食客退避三舍，为找到能够消除腥膻之气的妙方，冯姓老人精选上百种天然调料，进行了无数次组方搭配，无数次筛选浓缩，终于做成不腥不膻、汤鲜味美、老少皆宜的羊肉汤，老人也成为蜚声老城内外的传奇人物。

传承人冯良山，老冯记羊肉馆负责人，山东老冯记实业有限公司总经理，经营老冯记羊肉馆多年，曾获“2010 年度沂蒙十大餐饮名店金牌雇主”“2017 年度中国清真餐饮百强企业”“2018 年度中国餐饮民早五百强企业”等称号。

2020 年 11 月，冯记羊肉汤制作技艺（兰山区）被列入临沂市第六批市级非物质文化遗产代表性项目名录。

主要内容　冯记羊肉汤在临沂各县区都有分店，做羊肉汤的工序、选料、工具、火候都十分讲究，食材严格选用沂蒙山特有的散养红黑山羊，制作时将新鲜羊骨头投入大锅里熬汤，再将切成大块的新鲜羊肉与清洗干净的羊杂一起投入汤锅中煮。煮熟后捞起来沥干，食用时切成薄片放入滚开水里一氽，再倒入汤碗中，冲入滚烫雪白的羊汤水，撒上碧绿的葱花，一碗热气腾腾，香气四溢的羊肉汤就做成了。再根据食客口味，以辣椒油、花椒面、盐、味精等调味，羊肉汤含在嘴里，香味便融入整个身体。

制作工具有炉灶、锅、甑、盆、桶、勺子、笤篱、筛子等。

甑是一种特殊的炊具，它与锅连接在一起，类似于圆桶，目的是增大锅的容量。最早甑是用杉木或柏木制作的，一般高 1.3 米左右，规格以所用的锅为准，安装于锅沿之内，锅口之上，相距约 1 厘米左右，中间缝隙填以棉花、豆面、鸡蛋糊拌成的混合物，防止火大时烧坏木质漏汤。用这种甑烧出的羊肉汤味道纯正，非铁锅能比。

羊肉汤以香辣可口、肥而不腻、营养丰富被临沂人所喜爱。喝汤讲究“热、辣、香、肥”四美。其中“热”是关键，不热就无从突出“香、辣、肥”等特点。一碗热羊肉汤，配上具有临沂地方色彩的烤牌、发面饼之类，吃起来有滋有味，是一种真正的美食享受。

传承谱系　第一代冯启敏，第二代冯庆龄，第三代冯升高，第四代冯良山、冯良泰，第五代冯民建。

安记疙瘩汤制作技艺

疙瘩汤，是一道北方家常汤品，营养丰富，美味一绝，已成为人们饭桌上的“常客”。制作原料主要有面粉、鸡蛋、西红柿等。疙瘩汤里的汤为清水或排骨汤、鱼汤、骨头汤等。疙瘩汤既可以做成素的蔬菜疙瘩汤，也可以做成有肉的荤疙瘩汤。用鸡蛋、肉类等做成的疙瘩汤特别适合脑力工作者，可以补充蛋白质；身体虚弱、消化功能较差的人，更适合清淡的、素的疙瘩汤，以鸡蛋、油麦菜、菠菜、西红柿等为主，蔬菜中含有大量的维生素和矿物质以及纤维素，有助于增强身体免疫力。

历史渊源　相传疙瘩汤和清代大文学家蒲松龄有渊源。清康熙九年（1670 年）八月，蒲松龄应同邑友人、江苏宝应知县孙蕙之聘做幕宾，返回故里途中，三次住在沂州（今临沂市），蒲松龄在这里听南来北往的客商讲鬼怪故事，写出了聊斋故事《莲香》。

一次，蒲松龄肠胃不适，不想吃饭，店主无法，蒲松龄就主动到厨房，点拨厨师做了一道汤，用一点儿白面搅拌成小碎疙瘩，准备一些土豆、萝卜、鸡蛋、香菜等，炸锅时葱花、姜末烹焦发香，加水煮沸，陆续放入主料辅料，做好后，他邀请厨师、店主一起品尝，大家赞不绝口。问及此汤的名字，蒲松龄随口说疙瘩汤，厨师牢记心中，以后代代传承，延续至今。

第五代传承人安广利制作的疙瘩汤将传统工艺与现代人的饮食口味相结合，增加了各种青菜、海鲜、肉类等原材料，加入精心熬制的高汤，有菜、有面，既可作菜，也可作主食。

2020年11月，安记疙瘩汤制作技艺（兰山区）被列入临沂市第六批市级非物质文化遗产代表性项目名录。

主要内容　疙瘩制作均匀，黄豆颗粒大小，色泽洁白如玉，口感筋道。加入辅料可以制作成多种口味、多种颜色、美味可口的疙瘩汤，荤素均可。汤鲜味美，面疙瘩细腻滑爽，含有丰富的蛋白质、碳水化合物、铁等，具有非常高的营养价值。

安记疙瘩汤制作

主要汤品有西红柿疙瘩汤、虾仁萝卜丝疙瘩汤、三鲜疙瘩汤、蛤蜊肉疙瘩汤、鲜菌疙瘩汤、茼蒿疙瘩汤、南瓜疙瘩汤、皮蛋瘦肉疙瘩汤等。

西红柿疙瘩汤。

原料：大骨鸡汤1000克、西红柿340克、汤面300克。

调料：蒜片2片、香葱1克、葱油10克、香油1克、鸡蛋1个、盐4克、鸡精5克、鸡粉2克、胡椒粉1克、番茄沙司2勺。

制作方法：1. 拐骨、母鸡熬汤。2. 西红柿开水烫皮，改刀切丁。锅内加一勺油，倒入番茄沙司两勺、鸡汤，加入切好的西红柿，熬至开口倒出放凉备用。3. 汤碗淋入香油、香葱备用。4. 葱油熬制以10斤花生油为例，配12斤大葱，大葱去除根叶与葱心，改成两半，切1.5厘米段，凉油下锅炸至金黄色，捞出放凉备用。5. 坐锅取1000克熬制2小时以上的汤大火烧开，加入西红柿，依次调入盐、鸡精、鸡粉、胡椒、蒜片烧开，加入提前和好的汤面340克，大火烧开。加入葱油、鸡蛋液烧开，倒入放好香葱的汤碗里装盘即可。

虾仁萝卜丝疙瘩汤。

原料：大骨鸡汤1000克、虾仁40～45克、汤面300克。

调料：萝卜丝150克、姜丝3克、香葱1克、葱油10克、香油1克、鸡蛋皮4片、盐4克、鸡精5克、鸡粉2克、胡椒粉1克。

制作方法：1. 拐骨、母鸡熬汤。2. 虾仁烫熟备用，青萝卜去皮切丝，开水烫熟，去除浮沫回凉备用。3. 汤碗淋入香油、香葱、鸡蛋皮备用。4. 葱油熬制以10斤花生油为例，配12斤大葱，大葱去除根叶与葱心改成两半，切1.5厘米段，凉油下锅炸至金黄色，捞出放凉备用。5. 坐锅取1000克熬制2小时以上的汤，大火烧开加入虾仁、萝卜丝，依次调入盐、鸡精、鸡粉、胡椒粉、姜丝烧开，加入提前和好的汤面340克大火烧开，加入葱油烧开，装盘即可。

传承谱系　第一代安凤春，第二代安玉功，第三代安守业，第四代安金生，第五代安广利。

马埠岭小磨香油制作技艺

小磨香油是以芝麻为原料，通过石磨磨制，采用水代法加工制取的香油，具有香气扑鼻、香味浓郁诱人的特点，又称芝麻油或麻油。

历史渊源 芝麻油历史久远，三国时已有文字记载。据《三国志·魏志》记载："孙权至合肥新城，满笼弛往……折松为炬，灌以麻油……"那时麻油作照明燃料，是用石臼法或木榨法生榨芝麻而成。晋人张华《博物志》中记载"煎麻油，水气尽无烟，不复沸则还冷"。南北朝时，香油已广泛用于餐饮；唐宋年间，香油被视为最上等的食用植物油，应用更加广泛。

马埠岭小磨香油因产于艾山脚下的马埠岭村而得名，制作技艺始于清乾隆年间，原为沂州府附郭兰山县马埠岭村刘记香油坊，距今已有200余年历史。该村刘庭善（1880—1965年）拜师学艺，潜心研究香油制作技术，从芝麻的挑选、炒制到石磨磨浆，每道工序精益求精。他常挑着油篓走村串巷卖香油，十里八乡的人们每当听到熟悉的梆子声，就知道马埠岭村卖香油的来了，纷纷围上，即使不买也要过去闻闻那浓郁的香味儿。随着人们生活水平的提高，香油也成为寻常之物走进大众的餐桌。

2020年11月，马埠岭小磨香油制作技艺（兰山区）被列入临沂市第六批市级非物质文化遗产代表性项目名录。

基本内容 马埠岭小磨香油精选上乘优质芝麻为原料，经12道工序精制而成。石磨是取自泰山青石打造而成，磨浆不起热，有效地保留住芝麻油的天然营养和自然香气，采用传统石磨水代法取油，生产的芝麻油色泽饱满纯粹，呈枣红色，清香醇和，富含营养，香气浓郁，味道纯正，受到广大消费者的信赖和好评。

制作过程 精选芝麻。选择成熟后的颗粒饱满、干湿适中的新芝麻，先用簸箕清除各种杂质，然后用清水漂洗除去漂浮的杂质和沉底的泥沙，让每粒芝麻吸水均匀。炒芝麻时，先用急火加热，快熟时改慢火，并加快搅动，促进烟和水气放出。待芝麻呈黄褐色时，迅速取出，摊开降温，并簸去炒焦的碎末渣滓。

细磨芝麻。把芝麻放进石磨中反复研磨，制成芝麻酱，酱汁越细越好。

兑浆搅拌。在芝麻酱中加入90℃以上的开水，加水量一般是芝麻重量的50%左右，分三四次加入，逐次减少加水量，每次加水后均要搅拌。油浆底部渐呈蜂窝状，大部分油浮出。最后酌量加水定浆，搅速放慢，30分钟后将油撇出。

震动分油。料浆加水搅拌后，大部分油从油浆中分离出来，可用葫芦类物体在油渣浆中上下震荡，促进渣浆中的小油滴结团浮出。连续震动撇油3次。震动分油时应保持温度在80℃~90℃，以减少油的黏度。撇出的香油若不带浆渣就不用过滤，即为清香透明的小磨香油。

传承谱系 第一代刘庭善（1880—1965年），第二代刘汉臣（1910—1995年），第三代刘玉良（1945年生），第四代刘淑现（1971年生）。

沂水制瓮技艺

沂水制瓮技艺是沂蒙山区极具特色的传统技艺，起源于沂水县高桥镇瓮山村。清道光年间《沂水县志·舆地》载："瓮山，县北五十里，东麓抵沭水右岸，西麓即朱龙河左岸。"因山麓之土可烧制瓮，故称瓮山。

历史渊源 沂水制瓮技艺起源于沂水县高桥镇的大瓮山村、小瓮山村。相传元初史姓先居于此（史姓茔地曾有一元代墓碑），之后程、谭、卢、刘等姓相继迁入。据《程氏谱碑》载，程姓于明初自安丘县马头山迁此，已十九世。村名初为芙蓉村，包括大芙蓉村、小芙蓉村，后发现瓮山陶土可烧制陶瓮，将村名改为大瓮山村、小瓮山村。

瓮山村村民世代以烧制陶瓮为业，产品大多在本土销售，用于村民日常生活。清末民初，村中地主卢安靠烧制陶瓮富甲一方，曾建有规模宏大的宅院，留下很多传说。中华人民共和国成立后，

陶瓮拉坯

村内家家户户制陶，瓮山村集体有10处窑。改革开放初，沂水县整合大、小瓮山村的技术、资源，成立了沂水第一陶器厂、沂水第二陶器厂，专门生产陶器。

随着科技进步，粗陶作为日常生活用品逐步被瓷器、塑料等取代，瓮山也不再制陶，但兴盛时留下的遗迹却随处可见。特别是村内的老院落，到处摆放着七大八小的瓮罐，有的村民家院墙坍塌了，就用闲瓮来修补，成为当地一景。

2020年11月，沂水制瓮技艺被列入临沂市第六批市级非物质文化遗产代表性项目名录。

主要内容 瓮山陶瓮烧制过程复杂，采用瓮山的陶土，经取泥、晒干、和泥、丘泥、揉泥、制坯、晾干、烧制、焖火等十几道工序才能完成。

采土。陶土采集后需要对其进行加工，黏土的颗粒越细，其可塑性越大，烧制成品越光滑细腻。

沉淀。除杂后的陶土放入大缸或水池中浸泡，使粗砂沉淀，除去漂浮的杂质，再把泥浆倒入沉淀池，风干。

晒干。把陶土晒干，置于阴湿、温暖、不通风处陈腐一段时间，促使泥料中的水分均匀分布，促使有机物腐烂，并产生有机酸，提高泥料的可塑性。

揉泥。使用时取出进行揉炼，使泥料进一步均化，排出气体，改善泥料的结合性、可塑性，防止烧成过程中产生气泡、变形或开裂。

制坯。制坯有泥条盘筑法和快轮拉坯法。泥条盘筑法较为原始，有拍打成型和提拉成型两种。快轮拉坯技术更为先进，就是利用轮盘快速旋转所产生的惯性力，通过双手的捧托、挤压、提拉将泥料直接拉坯成型，初坯成型后还要进行修坯，刮掉多余的泥料。快轮拉坯所制陶器一般器型规整、器壁较薄，器底和器壁内外会出现螺旋式拉坯指印，器底下面有偏心涡纹。

装窑、烧制。待陶坯修整装饰完毕，阴干一段时间后，即可装窑烧制。装的时候把陶坯倒着先从最小的放，然后放大点的，依次类推，各有间隔，是为一组。一组大体由十几件陶坯组成，七组为一柱。一个窑能放十几柱。每个窑每次能烧制1000件左右的陶器。烧窑时24小时守候在窑边，随时掌握窑内的温度，稍有闪失，就会前功尽弃。

瓮山陶器主要为日常生活用陶，包括蒜臼、小坛、大坛、小罐、大罐、小瓮、中瓮、大瓮等，仅瓮就有5种型号，产品销往周边县市。大瓮山还烧制一种大肚小口坛，主要销往沿海地区，渔民用它作浮漂用于海上捕捞。

传承谱系 第一代刘元普，明末清初人（生卒年不详）；第二代刘克敬，清早期人（生卒年不详）；第三代刘凤翰，清中期人（生卒年不详）；第四代刘尊道，清末人（生卒年不详）；第五代刘敬先，民国人（生卒年不详）；第六代刘金玉（1915—

村民用旧瓮砌墙

1989年)、刘金全、宋长发、秦德集;第七代刘学春,刘学奎,李中江;第八代刘文强。

沂蒙布鞋制作技艺

沂蒙布鞋制作历史悠久,千百年来都是自产自用,多余的部分拿来出售换点零花钱。抗日战争、解放战争时期,沂蒙布鞋作为拥军鞋,承载着沂蒙人民的深情厚谊送到前线子弟兵手上,为抗日战争、解放战争的胜利做出了贡献。新中国成立后,机制布鞋大量出现,传统手工布鞋渐渐失去了市场。

历史渊源 布鞋有着3000多年的悠久历史。据考证,最早的手工布鞋是在山西侯马出土的西周武士跪像所穿的布鞋。殷商时,初步建立了礼制,已有皮、棉、布、草各种鞋履。中华人民共和国成立前,主要是传统的手工、绣花布鞋,具有柔软舒适、透气吸汗的特性,深受百姓喜爱。

革命战争年代,沂蒙人民几乎家家纳鞋底、做布鞋支援子弟兵。中华人民共和国成立后,各地开办了很多布鞋厂,集中大量生产机制布鞋,布鞋生产销售达到鼎盛时期。改革开放后,手工布鞋因成本高、产量低,逐渐淡出了市场,但依旧保持着旺盛的生命力。进入21世纪后,趋向自然和健康的生活理念深入人心,沂蒙布鞋因鞋底厚、鞋帮软、透汗养脚、轻便舒适,深受消费者的欢迎,沂蒙手工布鞋再度赢得人们的青睐。

传承人田京荣,年轻时心灵手巧,是四里八乡出名的巧姑娘,缝制的布鞋版型好,穿着舒适。她立足于传统,不断改良工艺,坚持纯手工制作,采用全棉布料,工艺精湛,舒适美观,经久耐用,她还对周边村民妇女统一培训,带动沂蒙布鞋形成规模,走出沂蒙,销往全国。

2020年11月,沂蒙布鞋制作技艺(沂水县)被列入临沂市第六批市级非物质文化遗产代表性项目名录。

主要内容 沂蒙布鞋制作步骤包括剪裁底样、填制千层底、手工纳制千层底、切底边、剪裁鞋帮、缝制鞋帮、绱鞋、楦鞋、修整、抹边、检验。

剪制底样。沂蒙布鞋采用民间传统的制作工艺,用纸剪制出鞋样。

填制千层底。采用纯棉填制,层数不少于25层,布层之间不能有褶皱,底边剪切必须留出1.5厘米的余地,剪口圆滑不走样。

纳鞋底。纳制时保持鞋底的清洁,走线采用交叉方式,纳边时线迹排列整齐,没有扭曲现象,横竖间隔均匀。纳底时用力适当,鞋底表面平整。

切底边。先将纳好的鞋底用锤平整,这样做可以软化鞋底,成鞋后穿着更舒适。再用专用工具切除鞋底剩余的边沿,切割时需要平顺,不可留下明显的刀痕。用优质棉花铺于鞋底,缝上衬里布。

剪裁鞋帮。面料有全棉布、缎面、真丝、绣花等。先用衬料裁成帮样,用浆糊把面料和衬料铺平粘合起来,再用专用衬里布将其反面粘合住,风干待用。

缝制鞋帮。将风干后帮样的多余部分剪除,再进行缝制。缝制针距按国际标准,直线走针时要平直,拐弯时要顺弯走针,不可扭曲。滚口布和沿条须按紧,缝边时不能出现松弛、褶皱。同时也要保持沿条清洁。

绱鞋。采用传统的手工针线绱帮,要把握好鞋帮与鞋底的配合尺度,针距不得过大,针迹不得歪斜,鞋帮左右两边要对齐,不得超出鞋边沿。

楦鞋。绱好的成鞋必须经过楦鞋来整形。楦鞋时鞋楦规格与鞋的大小必须一致,这样楦出来的鞋穿起来才好看又合脚。

修整、抹边。剪去多余的线头,除掉鞋面上的异物,再用专用的材料将鞋底毛边抹平,待风干后检验。

四十里泥哨制作技艺

20世纪70、80年代,沂蒙农村经常有货郎挑着担子或者推着小车,走街串巷卖针头线脑、米花、颜料,用废旧物品换泥哨。只要听到泥哨响,孩子们就会争先恐后地跑出来,买好玩的玩具、好吃的零食。

沂水四十里泥哨是用当地特有的无沙细软黄黏土捏型，用木棒打孔投响、木柴窑烧制，描红上彩制作而成，吹奏可以发出清脆悦耳的音调，深受孩子们欢迎。

历史渊源 泥哨由古代陶埙发展而来。沂水县四十里堡镇的郦家庄村，富有优质的泥土资源，民间一直有制作陶埙的传统。由于时代变迁，陶埙从乐坛中退伍，但它柔和的音色，简单的造型，仍受到人们的喜爱。四十里泥哨就是在动物造型的玩具头部开 1 个吹孔，在圆鼓似的哨体上开 6 个小孔，吹时变换指法，便可吹出各种悦耳动听的音阶，是泥哨中的精品。

传承人郦俊廷，15 岁就跟着父亲学习制作泥哨，平均每月可制作 500 个。他积极参加“非遗进校园”活动，教孩子们制作泥哨，让越来越多的孩子了解泥哨，熟悉泥哨制作，并将这门古老的手艺传承下去。

2020 年 11 月，四十里泥哨制作技艺被列入临沂市第六批市级非物质文化遗产代表性项目名录。

主要内容 选材制作泥坯。在晴朗的天气取土，用细筛筛除杂质，取用细软的黄面土加水和成软泥，再在面板上反复摔打，直至光滑均匀。

泥坯制好后，开始捏型。取鸡蛋大小的泥坯，捏成小鸟的形状。经验丰富的老艺人捏出的小鸟栩栩如生，或展翅欲飞，或站立沉思，或低头梳羽，百态千姿。

成型之后再“投响”。在小鸟的腹部打通音孔，通过几个音孔控制气流，能吹奏出动听的旋律。

定型。投响后，泥哨就基本定型了。将其放在阴凉处阴干，避免曝晒，否则会出现裂痕。阴干好的泥哨，放在柴灰里文火闷烧一段时间，泥哨就会坚硬。

上彩。烧制好的泥哨凉透后是灰黑色的，看上去有点脏，此时要进行最后一道工序——上彩。以白色打底，绘绿色的羽毛、红色的斑点、黄色的羽翼，泥哨就鲜活起来了。

四十里泥哨小巧而质朴，造型注重动物头部特征，强调神似，形成夸张变形的艺术风格。每个泥哨下部均留有一个吹气孔和一个回气孔，能吹出清脆悦耳的声音，在制作时要注意，吹气孔和回气孔要形成 120 度才能吹响。

杨庄灌肠制作技艺

杨庄灌肠，由沂水县杨庄镇新时代合作社注册生产，以其工艺独特、营养丰富、鲜美可口、回味悠长等特点深受消费者欢迎，成为远近闻名的沂蒙特色小吃。

历史渊源 灌肠最早起源于夏商周三代“醢人”，将宰杀后的动物碎肉腌制贮于动物肠内。到明代灌肠成为宫廷名菜，清《调鼎集》记其制法：“取大肠，打磨洁净，小肠亦可。分三截，先扎一头，以竹管吹气，鼓，急扎，风干一日。先取精嫩肥肉，剁小块，风干四五日或七八日，以椒末、微盐揉过，色红为度。将干肉筑实肠内，扎紧，盘旋入锅，以老汁煮之，不加盐酱，待熟取起，晾冷，随时切片。”切片后市肆多煎而食，《故都食物百咏》就有“猪肠红粉一时煎，辣蒜咸盐说美鲜。已腐油腥同腊味，屠门大嚼亦堪怜”的诗句。有挑担小贩经营，则是“粉灌猪肠要炸焦，铲铛筷碟一肩挑。特殊风味儿童买，穿过斜阳巷几条”。可见当时，不仅有肉灌肠，还有粉灌肠。

传承人孙焕亮的曾祖父曾开办酒肆，加工生产灌肠，很受食客欢迎。这一技艺在孙家代代相传，至今已有 100 多年历史。孙焕亮 14 岁跟随父亲学习灌肠技艺，边学习边实践，并潜心研究，在传统技艺的基础上，集众家之长，使杨庄灌肠加工技艺得以发展。

2020 年 11 月，杨庄灌肠制作技艺被列入临沂市第六批市级非物质文化遗产代表性项目名录。

主要内容 杨庄灌肠制作材料有新鲜的猪大肠、小肠、精肉，山鸡蛋、木耳、松菇、精盐、香油、大葱、姜、花椒、八角、茴香等。

猪小肠择去花油，翻转、用水洗涤，再放白醋、细盐反复抓挠揉搓，洗净黏膜和脏腥气，裁成一尺长备用。将去皮新鲜五花肉、本地松菇、木耳细细剁碎，再撒姜末、葱碎、花椒、盐酱等调料，视情打上30至40个山鸡蛋，用力搅、增加黏稠度，使肉馅上劲。肠衣一端用粗棉线打两个死扣扎紧，另一端抖开，持漏斗将鸡蛋馅料灌入，馅料灌入八成左右时扎紧封口。灌肠下锅，用木柴烧至80℃～90℃时转小火，大敞锅盖，慢煮约1小时。此时人不能离锅，得眼瞅着锅里的肠。软塌塌地吸收了温热水的滋润，待肠逐渐硬挺，不疾不徐地上下翻弄，以利于受热均匀。至蛋液逐渐凝固，捞出、控水。煮熟的香肠捞出晾干，用蜂蜜均匀涂抹上色。食用时，切成小段放入热油中，加入作料红烧。

项目传承　杨庄灌肠的传承方式为家族传承，至今已传承五代。

第一代传孙辉（1880—1930年），第二代孙德时（1908—1955年），第三代孙淑法（1928—1973年），第四代孙树成，第五代孙焕亮。

杨府酥糖制作技艺

杨府酥糖是沂蒙地区的特色风味小吃。主要品种有大虾酥、花生酥、小米酥等，以甜、香、酥、脆，味道醇厚，口感松软著称。酥糖主要使用花生、芝麻、白砂糖、麦芽糖等为原料，按照古人配方、工艺生产，保持了酥食的原始味道。

历史渊源　沂蒙山区，农历二月初二有炒料豆的习俗。童谣云："二月二，龙抬头，家家户户炒豆豆。你一把，我一把，剩下这把喂蚂蚱，喜得小孩笑哈哈"，炒料豆为酥食的雏形。

民国时期，沂水县石山官庄村杨仪收留了一位落难的外乡人，外乡人为了报答他，将花生酥制作技艺传授给他，自此杨家开始做酥食并代代相传，杨家不忘外乡人的恩泽，尊他为第一代传人。

第二代传承人杨仪经营家庭小作坊，依照传统方法制作酥食，从炒制花生，研磨花生酱，熬制白砂糖，调制酥馅，到轧模成型都是纯手工完成，所用工具比较落后，产量不大。

第三代传承人杨金泉，利用沂水县建设食品城的契机，改良传统古法，引进半自动加工设备，将传统糖果作坊扩建为杨府酥糖加工厂。

第四代传承人杨德志开办金兴食品厂，产品销往全国各地。

2020年11月，杨府酥糖制作技艺被列入临沂市第六批市级非物质文化遗产代表性项目名录。

主要内容　传统酥糖以花生、糖为原料，经碾削、熬糖、拉糖、压糖等工艺精制而成。产品呈长条形，口感香甜酥脆、入口即化，余香沁人心脾。制作时先将晒干的花生米烘干捣碎，制作成花生酱。冷却后，把花生酱切成小方块。再熬制白砂糖，制糖师傅需仔细观察糖锅内糖稀的火候，不时测其温度，然后将糖倒出，撒上芝麻，浇在方块上。冷却后，用木杠反复碾压，成型后用刀切成小块，再经拧花、包装，酥糖制作完毕。

杨府酥糖以本地优质大花生为主要原材料，具有传统酥糖酥脆香甜、口感润滑的特点。在传统酥糖的基础上，传承人杨德志根据现代人健康饮食养生的需求，创新研发出黑糖、山楂、核桃、芝麻等众多口味的酥糖产品，尤其是鲜虾口味的大虾酥，以其繁琐的制作工艺、独家拉花技术见长，口感酥脆、香味醇正、甜度适宜，满足了消费者多元化需求，深受人们喜爱。

杨府酥糖包装

沂蒙山酒酿造技艺

山东沂蒙山酒业有限公司地处沂水县院东头镇，其前身为建于1948年的沂水酒厂，是一家具有70多年历史的老字号酿酒企业，文化底蕴深厚，历史悠久。公司采用古法酿酒，年生产粮食白酒6000吨。

历史渊源 1977年冬，沂水县院东头镇出土了大量青铜与陶制酒器，证明该地区酿酒历史可追溯到约2600年前的春秋中期。1948年沂蒙山酒业有限公司成立，采用宋代《北山酒经》中记录的古法酿酒，在不断探索总结前人经验的基础上，形成独特的高温堆积、高温发酵、高温流酒、高氮配料、高温制曲，长期储存“五高一长”芝麻香酿造工艺，并较好地继承发展了古代出酒、封坛等仪式，使古法酿造技术获得了新的生命。建厂时的窖泥一直沿用至今，历经70多年仍生生不息，活力四射。培养保留了一批酿造匠人，使酿造技术、酿造工艺薪火相传。公司把“沂蒙山”品牌建设与旅游产业发展相结合，投资1.2亿元建设沂蒙山酒文化生态园。

传承人师立亮，担任山东沂蒙山酒业有限公司党支部书记兼董事长。亲自组织专家团队进行创新策划，采用独特新配方，适应市场发展的需要，全力打造自己的白酒品牌。近几年，成功推出了浓香型和芝麻香型白酒，开发出“红色经典”“洞藏原浆”“红沂蒙”三大系列几十个品种，市场占有率逐年提高。

2020年11月，沂蒙山酒酿制技艺被列入临沂市第六批市级非物质文化遗产代表性项目名录。

主要内容 选粮。选取优质的高粱、玉米、小麦、大米、糯米等原料，要求作物的颗粒均匀饱满、新鲜、无虫蛀、无霉变、干燥适宜、无泥沙、无异味、无其他杂质。

选曲。根据白酒类型选取适合的酒曲，白酒的口味如何，选曲至关重要，优质酒曲出酒率高，无邪杂味，新出的酒口感好，可直接饮用。

发酵。根据需要采用固态发酵或液态发酵法。发酵方式的不同，酿酒设备的选择直接影响出酒的口感。固态发酵白酒在配料、蒸粮、糖化、发酵、蒸酒等生产过程中都采用固体状态流转，发酵的过程就是将上一个阶段生成的糖发酵转化成酒精的过程。固态发酵窖池由于长期持续发酵，生成的栖息微生物和香味物质达上百种。这些栖息微生物与香味，又持续不断地往窖壁深入渗透，使窖泥微生物和乙酸乙酯等香味物质日积月累，不断激活，以糟养窖，以窖养酒。

装甑。装甑技巧直接影响白酒的品质与出酒率，在白酒酿造工艺中关系重大，也是工艺要求最复杂的一道环节，沂蒙山酒装甑严格遵循“轻、松、匀、薄、准、平”六字法。

蒸馏出酒。靠发酵产生的酒精度数很低，为了提高酒精含量（度数），一般还要进行蒸馏提纯，主要采用甑桶作容器（半固态法除外）进行缓慢蒸馏，还可采取将黄水、酒尾倒入锅底进行蒸馏等方法。经过蒸馏后得到的原酒，度数一般比较高，不同批次的原酒其质量、风格都不相同，需要分批存放。蒸馏出酒的过程重点在火候，不同的温度下蒸发出来的成分完全不一样，接酒的时候需要掐头去尾，把酒分成不同的档次。

陈酿。陈酿也叫老熟，经过蒸馏的高度原酒辛辣，不醇和，只有在特定环境中贮存一段时间使其自然老熟，才能使酒体绵软适口，醇厚香浓。贮酒容器最好是陶坛，更大的贮存容器可用不锈钢等材质，贮酒应采用自然老熟，禁止用催化剂等化学方法催陈。

勾调。是纯粮酒与纯粮酒之间口感统一的调配，不同批次的酒口感不一样，同一个牌子酒要保持口味一致，要用不同轮次和不同等级的酒及各种调味酒进行勾调，以去除杂质，协调香味，降低度数，便于消费者饮用。

灌装。一般白酒需要经过一段时间的存放才可装瓶售卖。在灌装白酒的过程中，灌装车间要保持干净整洁，灌装过程要快速流畅，避免酒与空气过多的接触，保持酒的清澈与储存寿命。

技艺特点 沂蒙山酒以优质高粱、大米、糯米、小麦、玉米为原料，以地下深层天然山泉水为酿酒用水，采用传统手工工艺，泥池发酵，经过天然洞藏长期储存，优中选优，精心调制而成。浓香型白酒具有“窖香浓郁、味香醇厚、入口绵甜、至喉爽净、香味谐调”的独特风格。而经“三高一长”工艺生产的芝麻香型白酒，则具有“优雅纯正、醇和细腻、香气协调、余味悠长、风格典雅”的特点。

泉庄豆腐皮制作技艺

沂水县泉庄豆腐皮是一种地方风味小吃，它工艺独特，美味可口，主要分布在尹家峪、泉庄、里庄、石牛坡、郭庄一带。随着市场经济的发展，泉庄纯手工豆腐皮不仅是家常美食，也成为馈赠宾朋之佳品。

磨豆糊

历史渊源 泉庄豆腐皮制作的历史可上溯到清同治十三年（1874 年），尹家峪设立集市，有柴山、黄山铺等周边地方的客商来赶集卖豆腐皮，石牛坡村、尹家峪村村民，常邀请客商到家中做客，逐渐学会了豆腐皮制作，此后，豆腐皮制作技艺在两村代代相传。

2020 年 11 月，泉庄豆腐皮制作技艺被列入临沂市第六批市级非物质文化遗产代表性项目名录。

主要内容 泉庄豆腐皮制作工艺精细，选用颗粒饱满的大豆，经泉水浸泡、磨浆、过滤、结膜、捞膜、晾干等工序精制而成。

先用石磨把选好的大豆磨成豆糁，用簸箕精心簸去豆皮，再将豆糁倒入干净的木桶中，加入优质泉水，置阴凉处浸泡 2 个多小时。然后上磨磨成豆糊，豆糊要求越细越好。将磨好的豆糊倒入大盆中，舀入棉纱袋中，用手反复揉，将豆糊中的豆渣与豆汁分离出来。把过滤好的豆汁放入大锅中，用木柴慢火烧开，把发酵的酸浆水搅入豆汁中，豆汁就变成了豆脑。把准备好的木质模具摆放入豆腐皮的制作房间，在模具内铺上布条，倒入一瓢豆脑，把布条折回铺平再次倒入豆脑，反复进行。在模具顶层压一块干净的模板，模板大小以能下到模具中为宜，然后在木板顶上放上干净的石块施压，直到榨干浆水。适时取下石块，打开木板，揭开棉纱布，然后把豆腐皮一张张的取出来，放置在干净背阴处晾至水分适中。把晾好的豆腐皮撒上适量食盐，一张张卷起来，这样制作的豆腐皮口感适中，便于保存。

技艺特点 泉庄豆腐皮薄如纸张，色泽金黄，油光发亮，质地细密，味道鲜美，筋道爽口，是当地人招待宾客、馈赠亲朋的上乘之品。

泉庄豆腐皮含有丰富的蛋白质、糖类、脂肪、纤维素，还有钾、钙、铁等人体需要的矿物质。长期食用，能降低人体的血压和胆固醇，增强人体对肝炎和软骨病的防治能力，其营养价值很高，是男女老幼皆宜的高蛋白保健食品。

泉庄豆腐皮

垛庄糖蘸制作技艺

糖蘸，又名糖葫芦，是中国传统小吃，历史悠久。垛庄糖蘸将山楂用竹签串成串后蘸上冰糖糖稀，糖稀迅速变硬，形成外酥里糯，酸甜可口的糖葫芦，象征着红红火火的幸福生活。

历史渊源　糖蘸在宋朝便有，清代《燕京岁时记》载：冰糖葫芦，乃用竹签，贯以山里红、海棠果、葡萄、麻山药、核桃仁、豆沙等，蘸以冰糖，甜脆而凉。茶楼、戏院、大街小巷到处可见。

传说南宋光宗赵惇绍熙年间，最宠爱的黄贵妃生病了，面黄肌瘦，不思饮食。御医用了许多贵重药品，皆不见效果。皇帝见爱妃日渐憔悴，也整日愁眉不展，最后无奈张榜求医。一位江湖郎中揭榜进宫，为黄贵妃诊脉后说："只要用冰糖与红果（即山楂）煎熬，每顿饭前吃五至十枚，不出半月病准见好。"开始大家还将信将疑，好在这种吃法还合贵妃口味，贵妃按此法服后，果然如期病愈了。

后来这种做法传到民间，老百姓又把它串起来卖，就成了糖蘸。糖蘸主要集中分布北方，由于深受百姓的喜爱，便在全国各地普及开来。沂水垛庄糖蘸制作技艺主要在王氏家族传承，至今已传承四代。

2020 年 11 月，垛庄糖蘸制作技艺被列入临沂市第六批市级非物质文化遗产代表性项目名录。

主要内容　选料。选上好的山楂洗净，取一根筷子，将其籽和尾部顶出，用竹签将其一个一个地串起来。

熬糖。锅内放冰糖加水，大火熬煮，起大泡后转小火，慢慢熬至出小泡，呈鲜黄透亮状态。

蘸糖。放入黑白芝麻，取一根串好的糖葫芦，在糖泡沫中转一下，立即拖出。蘸糖时，动作要利落，只需表面在糖泡沫里轻滚即可。

放凉。将糖葫芦放在事先铺好的防粘油纸上，要分散排放，以防流动的糖互相粘在一起。

技艺特点　用料讲究。选择光亮圆润饱满并且没有虫眼的山楂，以口感偏甜偏面的为佳；糖需要用上好的冰糖。

制作精细。熬制糖稀最好选用砂锅，分为水熬和油熬，以油熬糖稀为佳，熬制糖稀时需把握好火候，待糖稀呈现出微微的金黄色，且气泡密集时，方可将穿好的山楂迅速粘上糖稀。糖蘸出锅后外面的裹糖迅速冷却，咬起来脆甜酸爽，不粘牙。

传承谱系　垛庄糖蘸技艺主要是家族传承，目前已传承四代，传承谱系为：

第一代失考，第二代王吉信，第三代王学臻，第四代王中荣。

锡器制作技艺（罗庄区　沂水县）

中国冶锡技术商周时期就很发达，能够用铜锡合金铸造大型青铜礼器。明清时期，锡箔业兴起，不少生活用具也开始用锡制作。锡器可用作盛酒具，也可以作温酒器，在民间有着广阔的市场。

20 世纪 60、70 年代，临沂锡器作坊较多，家家户户都会有一把锡酒壶，用来温酒待客，一些锡器作为嫁妆陪送出嫁的闺女。90 年代中期，随着不锈钢、塑料制品大量进入百姓生活，锡原料大幅涨价，锡器制作行业逐渐萎缩。

历史渊源　中国具有悠久的炼锡历史，商代中期已熟练掌握炼锡技术。春秋后期，已能熟练配制锡青铜、锡铅青铜，还总结出 6 种不同用途的青铜器中铜合金的配比。秦汉以后，青铜逐渐被铁器替代，但锡的用途却日趋广泛，产量有增无减。汉代时，有相当一部分锡被用来铸钱，那时所铸的钱币"白金三品"，采用的就是锡合金。南北朝时期，王室贵族常以纯锡制作牛、马、猪、羊等冥器。

宋代文献中关于锡器的记述增多，锡器已成为百姓日常生活的必需品，锡器制作成了重要的民间手工技艺，成为市井之中不可或缺的行当。明代，有人受紫砂制作工艺的启发，制作出了观赏性极强、适合把玩的仿紫砂锡器。

清代锡的运用更加广泛，涌现出了不少具有高度艺术修养的锡器工艺大师和制作高手，他们

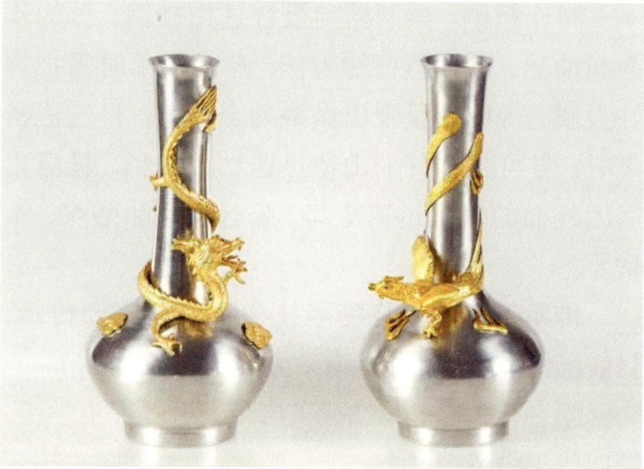
锡雕龙凤对瓶

在锡器制作工艺、材料、装饰等方面，都有一些新突破，制作了一批独具创意的锡工艺品。

民国时期，锡器与人们生活已息息相关，到处都有锡铺或游走的锡匠和他们的锡器担子，锡器渗透到了社会生活的方方面面。

20世纪60、70年代，临沂锡器制作匠人较多，随着市场萎缩多数人不再从事这门技艺，保留下来的传承人如凤毛麟角。

罗庄区的锡器制作技艺始于民国时期，从刘宝伦开始传承，目前传承至第三代。代表性传承人齐自祥，热爱打锡技艺，借鉴瓷器、金银器器型，在传统技艺的基础上不断创新和改进，制作的锡器精致典雅。2012年与妻子朱慧敏成立知行堂工作室，加大产品研发力度，拜访名师学习技法，锡器制作技艺日渐成熟。

沂水县锡器制作技艺传承人刘士明，20世纪60年代在莒县遇到一位锡器艺人，刘士明开始跟随师傅学习锡器制作手艺，几十年一直从事这门手艺，并将其传给了自己的孩子。

2020年11月，锡器制作技艺（罗庄区、沂水县）被列入临沂市第六批市级非物质文化遗产代表性项目名录。

主要内容 锡器制作工序颇为繁杂，工艺极为精细，所有环节全靠手工制作，首先要确立主题立意、结构层次，构思成熟后作出草图，制出模型小样，才可具体制作。制作流程包括熔锡、制模、浇铸、裁剪、焊接、磨光。

熔锡。安装起风箱、炉子，燃起木炭，炉上放坩埚，把旧锡器放入锅中熔化。

制模。一块硬木板放在地上，把一头垫高两三寸，平整铺上两三层草纸。然后，在上面用绳子围成相连的几个模型，模型下头大上头小，便于锡液灌满。上方留一个小口，用来倒入锡液。将另一块已经贴好草纸的硬木板，轻轻盖在上面，还要注意上端留着灌锡液的入口。

浇铸。用勺子将锡液趁热注入模型，灌满后放置不动，令其自然冷却。

裁剪。揭开上面一块木板，按照所制锡器的大小，利用辅助工具，把锡模分割成所需的形状。

焊接磨光。将锡模按照设计要求焊接起来，打磨平整，一件锡器就做好了。

技艺特点 原料特征。锡是一种质地较软的稀有金属，熔点低，可塑性强，其价值仅次于金、银，须与其他的金属元素制成合金，才能用来制作成锡器。经特殊工艺加工成高纯度锡制品，具有杀菌、净化，保湿，保鲜、无毒、不易氧化、富有光泽的特点。

技艺特征。锡器制作工艺流程繁杂，工序多，工期长，成本高，劳动强度大。

产品特征。锡制品是以97%的锡及十余种对人体有益的微量元素，经特殊工艺加工而成，具有较好的保鲜作用，用以贮藏茶叶、药材，色味经久不变。锡制酒具盛酒冬暖夏凉、醇厚清冽；锡制花瓶插花，水质鲜活，有延长花期不易干枯的功能，锡器还有很好的保温性能。

传承谱系 罗庄区锡器制作技艺传承谱系：第一代刘宝伦，第二代刘德义，第三代主要传承人为齐自祥、朱慧敏。

沂水县锡器制作技艺传承人刘士明，20世纪60年代师从莒县匠人，后将技艺传与孩子。

传统灯笼制作技艺

灯笼是中国传统的手工艺品，古时候灯笼主要用来照明，是生活必需品，需求量大。经过数千年的发展，灯笼发展出了不同的地域风格，每一种灯笼都具有独特的艺术表现形式。

历史渊源　灯笼起源于2000多年前的西汉时期。唐开元年间，为庆祝国泰民安，人们扎结花灯，藉着闪烁的灯光，象征“彩龙兆祥，民富国强”，花灯风气至此广为流行。明朝初年，曾于秦淮河上燃放水灯万支。明永乐年间，在京城设灯市，今北京市灯市口街道名称即由那时沿袭下来。民国后，花灯之俗渐趋平淡，会制作传统灯笼的人越来越少。

鲤鱼灯

临沂市罗庄区苏氏传统灯笼制作技艺，始于清光绪年间。据《苏氏家谱》记载，苏氏祖先原居四川峨眉，清光绪年间迁至山东临沂，灯笼制作技艺是其家族祖传手艺，子承父业代代相传。已传至第四代，有100多年的历史。

2020年11月，苏氏传统灯笼制作技艺被列入临沂市第六批市级非物质文化遗产代表性项目名录。

主要内容　灯笼，是一种笼状灯具。外层多以细篾或铁丝等作骨架，蒙以纸或纱类透明物，内燃灯烛，供照明、装饰或玩赏。灯笼综合了绘画、剪纸、纸扎、刺缝等工艺，与中国人的生活息息相关。

苏氏传统灯笼制作取材广泛，原材料包括纸张、竹木、铁丝等，其制作有开竹、开篾、削篾、折篾、扎框、扎架、绘图、裱糊8道工序，品种主要有宫灯、纱灯、吊灯等，绘有人物、山水、花鸟、虫鱼、龙凤等。除传统的瓜棱款式外，还有鲤鱼、兔子、杨桃、寿桃、六角宫灯等。

苏氏传统灯笼制作因工艺精湛、样式繁多而远近闻名。传统灯笼表面是弧形的，绣花容易变形，苏氏传统灯笼用经防腐处理的竹条做框架，把灯笼改造成了鼓形，将不同的款式赋予了各种美好的寓意，能在黑暗中带来光明，在深夜带来幽静与寄托。苏氏传统灯笼制作技艺将绣花与灯笼结合，创作出绣花鼓灯，兼具美观与实用特性，既保留了传统工艺又符合现代审美观。

百年来，苏氏几代人坚守着这门手艺。第一代传承人苏友贵曾开过灯笼铺，擅长制作各种花灯，因手艺精湛找上门的客人多，灯笼不愁销路，“有市无灯”是常事。其子苏寿春，是村里有名的木匠，也是十里八村最好的灯笼匠，遇有红事白事，村里人都会带着礼品上门请一对灯笼。三代传承人苏计平，继承了父亲的手艺，但不以制作灯笼为业，仅在中秋、元宵等节日制作一些大红灯笼赠与乡邻。四代传承人苏国友，自幼跟随爷爷学习灯笼制作技艺，将绣花与灯笼结合，创造出精美的绣花灯笼，接手灯笼铺后，通过电商平台让精美的传统灯笼销往全国各地，乃至海外。2017年创建云川阁原创工作室，2019年《绣花鼓灯》申请发明专利。

张老大草烧鸡制作技艺

张老大草烧鸡是临沭地方名吃，因主人姓张，在当地经营时间长、销量大、声誉高深受当地人喜爱，取名“张老大草烧鸡”并取得了注册商标。

历史渊源　清朝末年，张家人在郯城县东北乡曹醋保小张家贺城村居住，以加工烧鸡、牛肉等卤制品为生。后到临沂城经营，抗日战争时期被迫中断。20世纪80年代初，张宗平到临沭重操祖业，通过挖掘整理家族的传统手工技艺，并在原配方的基础上添加了生地、天麻、肉蔻、沙仁等对人体有益的多种中药材。张老大草烧鸡，选用苍马山地道农家健康土鸡及半年以上的圈养草鸡，经过屠宰、脱毛、成型、腌制、卤煮、熏烤而成，具有外焦里嫩、香气扑鼻的特点。张老大草烧鸡连续六年被山东省食文化研究会评为山东风味名吃，是享誉鲁东南地区的美味佳肴。

张老大草烧鸡

传承人张教奎，对祖传的配方进行了大胆的调整，使其更加符合现代人的口味，同时增加了烧鸡品种，取得了注册商标，建设熟食加工车间，增加真空包装，延长烧鸡保存时间。

2020 年 11 月，张老大草烧鸡制作技艺被列入临沂市第六批市级非物质文化遗产代表性项目名录。

主要内容 张老大草烧鸡实行以销定产，生产车间根据每日店内的销量生产，保证烧鸡新鲜美味。随着时代的发展，张老大草烧鸡不断改进，推出了真空包装、礼盒包装，便于顾客走亲访友。店内同时搭配销售红烧牛腱子等 20 多种熟食，产品风味独特，数十年畅销不衰，深受广大顾客喜爱。

工艺流程：原料处理。选择生长期 1 年，体重 1 ~ 1.5 公斤的健康母鸡，宰杀净膛后用清水将鸡体内外漂洗干净。

别鸡。把处理好的鸡放在加工台上，腹部朝上，将两爪从腹部开口处插入鸡腹腔，再将右翅从宰杀的刀口处穿入，从鸡嘴穿出。将鸡腿的膝关节卡入另一鸡腿的膝关节内侧。鸡头弯回别在翅膀下，左膀向里别在背上，与右膀成一直线。最后将鸡腹内两只鸡爪撑开，顶住鸡腹。

腌制。将配方中香辛料捣碎，用纱布包好入锅，加入一定量的水和老汤煮沸 1 小时，在料液中加入食盐，然后把别好的鸡放入卤水中，腌制 30 ~ 40 分钟，中间翻动 1 ~ 2 次。

过油上色。将腌制好的鸡用铁钩钩着鸡颈，用沸水烫淋 2 ~ 4 次，待鸡水分晾干用毛刷蘸饴糖均匀涂抹鸡身。用刷子将糖液在鸡全身刷 3 ~ 4 次，刷糖液时，每刷一次要等晾干后再刷第二次。

将涂好糖液的鸡放入 170℃ ~ 180℃的植物油中，炸成均匀的酱黄色捞出。

煮制。依白条鸡重量按比例称取配料。香辛料用纱布包好入在锅下面。把油炸后的鸡逐层排放入锅内。上面用竹箅压住，再把食盐、糖、酱油加入锅中。加老汤将鸡淹没，用旺火烧开。熟后捞出，出锅时要眼疾手快，确保鸡形完整，不破不裂。

索村泥陶制作技艺

索村泥陶以红陶为主，主要烧制经济适用、美观的套件和单件泥制陶器。以家庭作坊的形式

索村泥陶——梅瓶

生产制作，工序严格，制作讲究，产品品种较多，风格独特。

历史渊源　索村位于兰陵县大仲村镇南，其泥陶制作历史悠久。相传在明初有一孙氏族人用担子挑着兄弟两个，带着泥陶的制作手艺定居索村，泥陶制作技艺从此在索村扎下了根。

据《索村孙氏族谱》记载：清道光年间，孙氏十二世孙敬全，以盘窑烧制泥陶为生，为索村泥陶第一代传人。为了生存和保护这项手艺，孙氏只在家族中传承这项手艺。至孙宗玺（十七世）时，索村泥陶已历经200余年，传承六代。

传承人孙宗玺，2016年从事泥陶事业，通过网络学习，到外地陶瓷厂观摩学习，博采众家之长并与祖传技艺融会贯通，创作的泥陶作品造型别致、风格独特。近年来，他致力于泥陶特性功能的开发，泥陶产品被越来越多的人认可和欢迎。

2020年11月，索村泥陶制作技艺被列入临沂市第六批市级非物质文化遗产代表性项目名录。

工艺做法　索村烧制的泥陶器以红陶为主，原料为当地地表下3～4米处的生姜土，从取土拉坯、修坯、安装附件、入窑烧制等共15道工序，烧制达12小时以上。泥陶烧制火候特别讲究，一般每窑烧制泥陶300余件。索村泥陶品种有20多个，初期烧制有大件，如大缸、大盆等，现在主要烧制经济适用的套件和单件泥制陶器，其中套件茶具精美雅致，单件小花纹耳罐口径仅1厘米，具有较高的观赏及收藏价值。

第九节　传统医药

王氏膏药

王氏膏药是沂南县大庄镇南双泉村王武江采用家传秘方，由30多味中草药加香油熬制而成，具有舒筋通络，祛风祛寒，消炎止痛，软坚散结之功效，对治疗骨质增生、椎间盘突出、腰腿疼、关节炎、肩周炎、风湿、类风湿等有较好的疗效。

历史渊源　膏药是中药外用的一种，古称薄贴，用植物油或动物油加药熬成胶状，涂在布、纸或皮的一面，可较长时间地贴在患处，用来治疗疮疖，消肿痛。中医外科膏药是运用中药归经原理，运用药物互相协调为用的效能，组成多味药物的大复方，以发挥药物的良好效果。

膏药有着悠久的历史，《黄帝内经》记载“桂心渍酒，以熨寒痹”，用白酒和桂心涂治“风中血脉”，被后世誉为膏药之始。晋朝葛洪《肘后备急方》记载了用生地黄或栝蒌根捣烂外敷治伤，用软膏剂贴敷疗外伤的方法。

沂南人王建兰，生活于清朝末年，其母晚年患有腰腿疼病。王建兰遍寻民间验方，研制膏药，为母亲治病。经多年摸索实践，终于研制出了一种膏药，根治了母亲的腰腿疼病。此后，十里八乡慕名求药之人络绎不绝，他的膏药治好了不少病人，民间称之为“王氏膏药”。王氏膏药制作技艺在家族中世代传承，二代传承人王振彩曾行走于青州、莒州、沂州一带，以卖膏药为生。三代传承人王夫礼，一边务农，一边制膏药以备附近群众所需。四代传承人王圣德在祖传配方的基础上，又用从岳父那里学到的医药知识，进一步改良膏药配方。至王武江已传承六代，历130余年。

2014年3月，王氏膏药被列入临沂市第四批市级非物质文化遗产名录。

主要内容　王氏膏药由防风、羌活、细辛、白芷、独活、伸筋草、千年健、青风藤、川椒、红花等30多味中草药加芝麻香油熬制而成。

将配制好的中草药放在芝麻香油里浸泡24小时，用武火烧开，再改文火熬制4小时，把药炸枯。过滤去除药渣，再把药汁烧沸，加入配料慢慢搅拌均匀，熬至入水成珠。把药倒入事先准备好的水里降火去除火毒，注意每天换水，这样膏药贴在身上才不发痒。10天后把水滤去，使用时把药温开，用勺子将药摊到布片上即可。

使用时，用热毛巾将疼痛处或相关穴位洗净、擦干，再将膏药贴上抚平按实即可。天气寒冷时，可将膏药贴好后再用热水袋热敷一下，使膏体迅速软化，增加治疗效果。

技艺特点 王氏膏药继承中医传统文化，将中草药熬制成膏药，用内病外治的方法治疗疾病，传承了中医传统手工技艺。

王氏膏药在治疗腰腿疼、关节炎、肩周炎、骨质增生、椎间盘突出、风湿、类风湿等，内病外治，药力持久，疗效显著且无副作用。

王氏膏药利用内病外治的方法，使病人免除了打针吃药的痛苦，使用简便，价格低廉，携带方便，储藏便利，经济实惠，一贴见效。

传承谱系 第一代王建兰，第二代王振彩，第三代王夫礼，第四代王圣德，第五代王春意，第六代王武江。

于氏针灸

针灸是中国古老的治疗疾病的手段，治疗方法是“从外治内”，通过经络、腧穴的作用以及应用一定的手法，来治疗疾病。针灸疗法具有广泛的适应症，可用于内、外、妇、儿、五官等科多种疾病的治疗和预防；治疗疾病见效快，疗效显著；操作方法简便易行，医疗费用经济，基本安全可靠，又可以协同其他疗法进行综合治疗。

历史渊源 针灸起源于中国，具有悠久的历史。传说三皇五帝时期，伏羲发明了针灸，他“尝百药而制九针”（三国西晋皇甫谧《帝王世纪》）。针灸疗法最早见于战国时期的《黄帝内经》：“藏寒生满病，其治宜灸”。西汉司马迁《史记·扁鹊仓公列传》记载：“或不当饮药，或不当针灸。”晋葛洪《抱朴子·勤求》：“被疾病则遽针灸。”唐代，中国针灸传播到了日本、朝鲜、印度、阿拉伯等国家。明代针灸学发展到鼎盛时期，名医辈出，针灸理论研究逐渐深化，出现了《针灸大全》《针灸聚英》《针灸四书》等大量的针灸专著。清初至民国时期，针灸医学由兴盛逐渐走向衰退。中华人民共和国成立后，采取一系列措施发展中医事业，针灸医学得到恢复与发展。

平邑县于氏针灸始于清朝末年，第一代传承人于清发在家传针灸技艺的基础上，结合大量实践，摸索出一套独具特色的针灸治疗方法，在疑难杂症如神经性头痛、头晕、腰腿疼、面瘫等治疗方面效果显著。于清发将针灸秘方口传心授给于殿臣，于殿臣又传于恩奎，于恩奎传给于泽相，到于成江时已传承五代，有百余年的历史。

传承人于成江，自幼跟随父亲学习针灸之法，尽得家传，苦研《金匮要略》《伤寒杂病论》等典籍，深得岐黄之要，将家传技法与现代医学相结合，形成了独特的针灸体系。在神经性头疼，内耳眩晕，股骨头坏死等疑难杂症的治疗上取得突破，在当地及周边地区影响较大。

2016 年 12 月，于氏针灸被列入临沂市第五批市级非物质文化遗产代表性项目名录。

主要内容 于氏针灸以传统中医理论为基础，结合几代人大量临床实践，形成了独特而有效的治疗方法，于氏针灸技艺不断发展，治愈了大量患者，在当地及周边地区享有一定的知名度。

于氏针灸采用祖传提、插、捻、按并结合捻转法、弹法、震颤法和摇法等手法，将针体通过人体经络腧穴为病人治疗。针灸与拔火罐相结合，有利于针灸时淤血排出，提高治疗效果。针与艾灸结合，刺激局部穴位，起到温经散寒的作用，用于虚寒性胃疼、腹泻或者宫寒、痛经，闭经等虚寒性疾病的治疗。在临床方面，针灸对内、外、妇、儿等科 100 多种病症有较好疗效，尤其对心脑血管疾病、胆道结石、细菌性疾病，乳腺增生等疗效明显。

技艺特点 疏通经络。经络“内属于脏腑，外络于肢节”，运行气血是其主要的生理功能之一。经络不通，气血运行受阻，临床表现为疼痛、麻木、肿胀、瘀斑等症状。于氏针灸选择相应的腧穴和针刺手法及三棱针点刺出血等使经络通畅，气血运行正常。

调和阴阳。针灸治疗最终目的是使机体从阴阳失衡状态向平衡状态转化。疾病发生的机理复杂，总体上可归纳为阴阳失衡。于氏针灸通过经络阴阳属性、经穴配伍和针刺实现阴阳调和。

扶正祛邪。疾病发生发展及转归的过程，实

质上是正邪相争的过程。于氏针灸通过扶助肌体正气发挥扶正祛邪的作用。

潘氏正骨

正骨，是运用推、拽、按、捺等手法，使移位的骨折端正确复位并治疗软组织损伤的一种医术。正骨对象主要是外力作用所致的骨、关节和软组织的损伤，也包括同类原因引致的体内脏器损伤。元代医学家危亦林在《世医得效方》中设有“正骨兼金镞科”，专门论述骨关节损伤及金刃所伤疾病之脉因证治。清代《医宗金鉴·正骨心法要诀》指出：“今之正骨科，即古跌打损伤之证也。”

历史渊源　民国初期，沂南人潘玉松为人聪慧善良，善于用心钻研。当时兵荒马乱、缺医少药，潘玉松注意收集周围病人治疗骨伤骨病的方法和技术，时常为乡里乡亲治病疗伤，积累了大量正骨经验和人气。后潘玉松将正骨医术传与潘熙芳，第三代传人潘峰勋在全面继承潘氏正骨技术的基础上，经常外出参加中医正骨培训，不断总结临床经验并融合现代医学知识，进一步丰富潘氏正骨的内涵，潘氏正骨水平达到了新的高度。1987 年，潘峰勋创办沂南攀峰骨科医院，并把潘氏正骨技术传授给潘俊博、刘春欣等。潘氏正骨代代相传，已传承百余年。潘氏家族凭高超的手法复位技巧和自制的膏药、接骨中药制剂救死扶伤，深受大众欢迎。

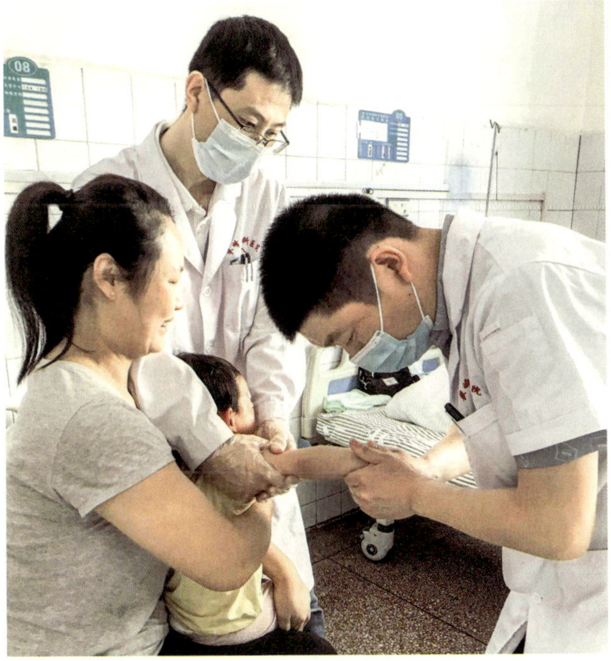

小儿桡骨远端骨折手法整复

2016 年 12 月，潘氏正骨被列入临沂市第五批市级非物质文化遗产代表性项目名录。

主要内容　潘氏正骨采用祖传的手摸心会、拔伸牵引、旋转屈伸、提按抖捏、摇摆回旋、挤捏分骨、拉伸折顶、穴位按摩等“潘氏正骨八法”，对脱位及骨折骨伤患者实行复位。复位后采用小夹板、皮牵引、骨牵引、绷带固定等方法，对骨折部位进行固定。再外用乌鸡、乳香、没药等 30 味名贵中药，采用祖传秘方制成的接骨膏药，起到消肿止痛、活血化瘀、接骨续筋的独特功效。最后内服由桃仁、红花、当归、杜仲等 20 余味中药组成的接骨中药制剂，达到补养气血、去瘀生新、补肝益肾、强筋壮骨的目的。其方法消肿止痛快、骨折愈合周期短，特别对闭合性骨折多数能免于手术之苦，患者痛苦小，医疗费用低，深受广大患者欢迎，每年为约 5000 例患者解除疾病痛苦。

传承谱系　第一代潘玉松，第二代潘熙芳，第三代潘峰勋，第四代潘俊博、刘春欣。

俯卧位颈椎特色整复手法

俯卧位颈椎特色整复手法，为针灸推拿与正骨结合，中药治疗颈椎疾病的一种方法。最具代表性的为俯卧位颈椎复位整复治疗寰枢关节和寰枕关节半脱位、颈胸椎关节紊乱，双手弹筋拨络揉法治疗软组织疼痛，再配合颈痛胶囊口服治疗。

历史渊源　清朝末年，刘子云在国医堂学得俯卧位颈椎特色整复手法。他到沂水中心医院工作后将此方法带到沂水中心医院，成立了中医科。后孙元迎在国医堂学习，毕业后到沂水中心医院中医科工作，在刘子云带领下，从事针灸推拿工作。中医科后来建立针灸推拿室，俯卧位颈椎特色整复法在科室内传承，刘树鸾、牛树常、刘加池、刘松江相继到科室工作，其治疗方法得到传承并广泛应用到临床。周斌分配到该科后，在临沂市第二批老中医专家学术经验继承中，师承第三代传承人刘加池，于2009—2012年学习中医骨伤治疗。2012年，治疗颈肩部疼痛及腰部疼痛时主要运用针灸推拿正骨结合中药治疗。

2016年12月，俯卧颈椎特色整复手法被列入临沂市第五批市级非物质文化遗产代表性项目名录。

主要内容 俯卧颈椎特色整复手法体现了中医整体观念思想，提出“筋骨同治”，符合中医“未病先防，既病防变”的“治未病”思想。通过双手弹筋拨络揉法松解痉挛的肌肉，消除肌肉的无菌性炎症，调整颈椎关节时采用俯卧位颈椎复位整复，该方法安全、有效、简单、省力、规范。

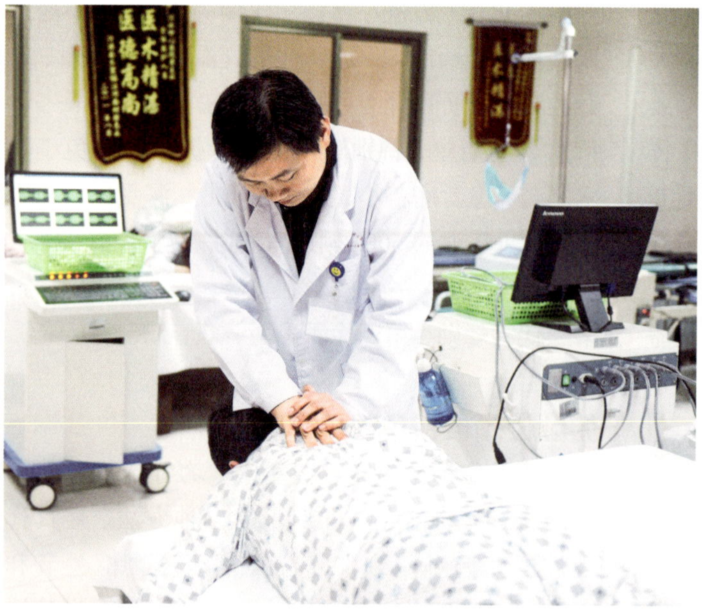

双手弹筋拨络揉法

俯卧颈椎特色整复手法主要分为俯卧位颈椎复位整复和双手弹筋拨络揉法。俯卧位颈椎复位整复主要采用四部整复法，分别为松解、端提、拉伸、斜扳整复；双手弹筋拨络揉法是一种按摩手法，操作简单、作用力量大、刺激性较强，适用于肌肉结实患者。

整复治疗后配合颈痛胶囊口服治疗，其组方为：当归60克，川断30克，土元30克，炮山甲30克，全蝎30克，红花20克，没药30克，乳香30克，血竭30克，雄黄3克，儿茶10克，自然铜30克，冰片3克，麝香3克，共研细末装胶囊，每丸0.5克，1日3次，每次4丸。方中当归、川断补肝肾、壮筋骨；土元、山甲、全蝎祛风活血通络；乳香、没药、儿茶、自然铜、血竭化瘀散结止痛；雄黄解毒破结；冰片、麝香透发络窍。

传承谱系 第一代刘子云，第二代孙元迎，第三代刘树鸾、牛树常、刘加池、刘松江，第四代周斌，第五代高俊祥、马振军、郭金泽、刘邴洋、刘国强。

刘氏恒春堂炉甘石炮制法

恒春堂眼药老店始创于清嘉庆年间，位于临沂城北白沙埠镇船流街村，这里曾是沂河东西往来的主要渡口，义务摆渡远近过客，故名“义渡船流”，后改为“船流街”。由于医术高明，疗效显著，慕名而来诊治眼病的患者很多，“船流眼药”远近闻名。

历史渊源 刘氏恒春堂眼药老店的炉甘石炮制法已有200余年的历史，创始人刘怀宝，天生聪慧，勤奋好学，对传统医学和眼病诊治有一定造诣。每逢红眼病暴发流行期，前来求医者甚众，当时缺医少药，一般人只能用一些草药熏洗，收效甚微。

刘怀宝查阅医药典籍，刻苦研读，根据一些中药有清热解毒、祛风止泪、消肿止疼、退翳明目之功效，经过反复试验，临床验证，成功创制了炉甘石炮制技术。他把提取精细的炉甘石粉和一些名贵药材合在一起，配制成拨云散、珍珠散，用于一些眼病的临床治疗，效果显著。他将自己精心研制的炉甘石炮制法和配制眼药的技术传给子孙，刘氏世代为周边地区眼病患者服务。

2016年12月，刘氏恒春堂炉甘石炮制法被列入临沂市第五批市级非物质文化遗产代表性项目名录。

主要内容 刘氏炉甘石制作以厚重泥盆及侧柏木煅之，以达到最佳炉甘石提炼效果，保留最大药效。煅烧后的炉甘石以黄连水淬之，一斤炉甘石用黄连水一两五钱煎汤浸淬，用黄连水浸淬后的炉甘石对于目爆赤肿、风弦赤烂、风眼流泪等疾病疗效显著。以独特技艺煅制的炉甘石粉，加以辅药配制出拨云散、珍珠散等眼药，对目赤肿痛、风弦赤烂、风眼流泪、翳膜胬肉、目暗昏花等有较好的治疗作用。对于目疾之外的湿烂、溃疡等疾病也有着较好的作用。

炮制方法与步骤。器具与原料准备：泥盆一个（用黄泥和麦糠秸草三者黏合而成的厚重泥盆），特制的里面不挂釉的研药用瓷盆一个，研药用瓷锤一把，盛药用瓷盆一个，煎好过滤黄连水一小盆，沉淀用瓷盆数个，扇子一把，竹筷一双，5 厘米见方的干燥侧柏木一筐，挑选好的块大、白色或淡红色、质量轻的上等炉甘石若干，敲打成橡子果大小的小块。

取火烧石：把侧柏木块放满泥盆内，用明火引燃，待烟尽明火熄灭后，此时为炭火样，把选好的炉甘石块分放在炭火之上，不断用扇子扇去死灰。

浸萃：待炉甘石煅红且变成微黄色时，逐一用竹筷轻轻夹出放入盛有黄连水的盆中浸淬。

研磨：然后放入研药盆中，加入适量清水超过药面二至三指，左手抱盆，右手握研药用瓷锤轻轻按顺时针、逆时针交替旋转研磨。切忌用力，因为用力大会把沙石研碎，容易随药液滤出。随着研磨水越来越浑浊，如石灰水，把混悬液慢慢滤入沉淀用瓷盆内，再加入清水，轻研慢滤，如此反复多次，待轻研不再浑浊时药的精华部分已提取干净，剩余沙石残渣弃用。

过滤：重复上述步骤，以便提取更为精细的炉甘石粉。经过多次倒盆过滤，直至盆底无颗粒状物质后，倒入沉淀用瓷盆内。

沉淀取药：此时盛药的沉淀用瓷盆内是白色混悬液体，等白色混悬体全部沉淀后，滤出上面清水，用白纸盖住瓷盆口呈包裹状，用棉绳把周围的纸扎紧，晾干即成。

用药方法。把沉淀晾干的炉甘石放到研药用的瓷盆中，研细至手捻无颗粒粉末为止，放到干净的玻璃瓶中备用。

配药禁忌。环境必须卫生，沉淀后的研制要注意无污染。细小程度以手捻无颗粒为标准。

传承谱系 第一代刘怀宝（生卒年不详），第二代刘景源（1809—1878 年），第三代刘步干（1837—1905 年），第四代刘锡玉（1866—1938 年），第五代刘志勋（1892—1954 年），第六代刘继远（1928—1987 年），第七代刘永达，第八代刘昊、刘明。

密氏膏药制作技艺

临沂市兰山区密氏为中医世家，受正统儒家文化“不为良相，即为良医”的思想影响，密氏后人多从事中医事业。密氏膏药是草本中药经选取组方后，用植物麻油或动物油加中药熬制而成，主要用于治疗跌打损伤、疮疖、酸麻胀痛等。在鲁南、苏北一带享有盛誉，不仅销往临沂市各县区，还远销东北、华南、港澳台等地。

历史渊源 临沂密氏膏药起源于清代沂州府兰山县城西的苗庄村密氏中医世家。临沂市博物馆馆藏的《文惠密公碑》记载：沂州密氏第十七世文惠密公，清乾隆时期秀才，因棘闱不得志，遂弃科举，专岐黄，施药膏，入太医院吏目，救活病人无数，并于清道光年间荣获朝廷所赐“八品寿官”一职。

第二代密毓修（？—1821 年），《密氏家谱》记载：好读书，兼精岐黄，问答察候甚验。

第三代密云路，清道光二十五年（1845 年）乙巳年恩科进士，殿试位列三甲第 40 名，赐同进士出身。签分浙江诸暨知县，后拜任金华知府、大理寺少卿，官职居从四品。官任期间有政声，得民心。《钱塘县志》《金华县志》均记载其率乡民抗击流寇事迹。史书载道：好读书，兼精岐黄。素知民间疾苦，拜访搜集民间秘方，结合京城御医之术，施药善行。晚年还乡，自制家传膏药，治骨伤，为民所用，传承至今。

第四代传人密鸿玉，13 岁时就读《内经》《伤

密氏膏药老店（1993 年摄）

寒》，跟随师父为病人把脉，少有所成。十九岁即可独立行医坐诊，堪称中医奇才。清同治二年（1863 年），在沂州府城南门外大街（民国时期为南关街）开设密氏中医药馆，集中医手法诊疗、祖传膏药熬制、中药炮制销售为一体。专营道地中药材、自制密氏膏药，后数次搬迁。

第五代密宝胜（1872—1938 年），《密氏家谱》记载：幼承家业，会田柳窗氏以医，勤事之，遂精岐黄，诊疗多中，且不较其利，凡病者，药立效。辄启以疑难，授以经验密封，公及老而自逸，其子四人，及二子（密乃士）继其业焉。

第六代密乃士（1903—1999 年），毕生素秉家学，精医业，用妙药，授人以方。善岐黄之术，承家传七剂之妙，一投遂能起沉疴。1934 年，在南关开密氏膏药店（密医堂），善熬制膏药、专接骨拿伤，行推拿膏摩之疗法，享誉沂蒙地区。

第七代密家驹（1929—2002 年），幼承家学，通读《内经》《脉经》《血症论》等名家医注，精求岐黄，参透活人妙诀。及成人，临祖传之正骨、接骨及疗伤秘方医术。

第八代密士春（1952 年生），具有扎实的中医医学理论和祖传密氏接骨疗伤技法，能运用接骨手法整治各种骨创伤病。从医近 40 年来，凡病亲手按察，躬行接整，接骨治愈 10 万例。其接骨手法日益纯精。治病严谨，医德高尚，大胆创新，练就精湛的接骨手法，用药坚持内外兼顾，中西合参。

2016 年 12 月，密氏膏药制作技艺被列入临沂市第五批市级非物质文化遗产代表性项目名录。

基本内容 临沂密氏膏药制作技艺，作为密氏中医的核心技艺，传承迄今已 240 余年。

密氏膏药制作根据配伍精选本草药材、捡晒炮制、小磨香油浸药、烈火炸取、枯渣过滤、文火久熬、药油下丹、熬炼成膏、井水拧取、窖藏去毒、温火煎沸、加贵药粉、涂布冷却、烘化贴用等程序，其配方主要由麝香、香油、血竭、红花等名贵中药组成。制作用料精、数量多、炮制细繁、准备复杂、熬制费时费力，历时久（须放置半年以上）。其价格低廉，携带方便，耐藏耐用，使用简单。

在治疗风湿骨病方面有奇效，具有精准、快捷、持久、安全、舒适五大特性及软坚散结、舒筋活血、祛风止痛、化痞除瘀、活血消肿等功效。用于治疗慢性关节炎、腰椎间盘突出、颈椎病、骨质增生、陈旧性骨折、股骨头坏死、筋骨疼痛，跌打损伤、四肢麻木等症状。密氏膏药传承九代，在鲁南、苏北一带享有盛誉。远销华南、港澳台、东南亚等地。

主要特征 组方百年传承。密氏膏药处方源自密氏祖传中药方剂，合剂分用亦可。与普通中药方剂相比，密氏膏药取长补短，去其轻淡平温之剂，益以气味俱厚生香引导之味，以促进膏药中的草本精华快速深入病灶，直达痛处。

密氏膏药具有色黑似漆，软滑油腻，光亮如镜，药香四溢，使用起来热则软，凉则硬，贴之即粘，揭之即起的优良特征。

原料选取精细。组方中含有活血、拔毒、化瘀、续筋、接骨、滋补等药理成分，具有温经祛寒、行气化瘀、滋补润燥、舒筋活络等保健功能。同时因内含药材广而多，适应复杂的病理变化。密氏膏药制作用料精、数量多、炮制细繁、准备复杂、熬制费时费力，成本高，历时久。

古法熬制摊贴。密氏膏药制作技艺沿承古法，手工熬摊，减少了现代膏药在粘敷时的化学过敏反应，保持了中华传统医学文化的灵魂。

外用安全简便。密氏膏药运用中药归经原则，本草药物互相协调为用的效能，外用于肌表，开结行滞，使用起来非常安全、简便，对局部皮肤还有保湿修复作用。价格低廉，耐藏耐用，携带方便。

传承谱系 第一代密献廷（1744—1836年），第二代密毓修（？—1821年），第三代密云路（？—1867年），第四代密鸿玉（？—1901年），第五代密宝胜（1872—1938年），第六代密乃士（1903—1999年），第七代密家驹（1929—2002年），第八代密士春（1952年生），第九代密淑晓（1981年生）。

密氏正骨疗法

密氏正骨疗法以阴阳五行、脏象经络理论为指导，主要通过望诊和触诊，观察肢体形态的变异与触知跌打损伤、疼痛处的变化活动度及是否有肿胀、触痛、血瘀、变形、软硬、块状、酸麻胀痛等不同情况，以提供必要的诊断依据，再按八纲辨证方法判断其表里、寒热、虚实及与全身的关系，从而确定正骨推拿膏摩的外治疗法。

历史渊源 临沂密氏正骨疗法，起源于清代兰山县苗庄村密氏中医世家，相传可上溯到明末清初时期。密氏先祖密献廷，放弃科举，专攻岐黄，研制药膏，治病救人，乡亲百姓感恩戴德。其后人密云路高中进士，曾任从四品官员，晚年还乡，自制家传膏药，治疗骨伤，尤其擅长正骨推拿术。其技艺世代相传，至今已传承九代，历时240多年。

经过近百万例的临床经验总结，系统整理出一套实用的中医外治疗法，称“密氏正骨疗法”。该法由“摸骨四十二法”“接骨十八法”“脱位上臼法”“整脊正骨法”“推拿理筋法”“膏摩外治法”“功能康复锻炼法”七大部分组成，各种手法组合计100余种治法。治疗领域包括骨伤科、风湿科、疼痛科、内科、外科、妇科、儿科等多科病症，并广泛应用于预防、康复、保健等领域。

2020年11月，密氏正骨疗法被列入临沂市第六批市级非物质文化遗产代表性项目名录。

基本内容 密氏正骨疗法是运用中医经络理论判断病之阴阳、表里、寒热、虚实，根据患者不同体质，经筋辨证，以及辩病论治疾病的衍化规律来指导正骨推拿膏摩手法的一种中医药外治方法。把独特的中医诊断、经筋治疗与正骨推拿、膏摩治疗方法密切地结合起来，根据经络辨证，选用不同的手法、外治法用以防治疾病。

密氏正骨疗法以双手摸捏接骨整脊、矫正推拿、药膏按摩身体特定部位的经脉肌筋，行气活血、接骨续筋、正脊通督、畅达经络、调理脏腑，达到强筋健骨、调和气血、通经活络、防病治病的目的。

其理论源自中国传统医学的经络筋骨中医药学说，治疗技术则循承于古代道家中医的“导引按跷、徒手膏摩”之术。

密氏正骨疗法继承中医文化传统，形成了独特的中医正骨理论和推拿膏摩技术疗法。该技法手法多样，简便易行，适应症广泛，疗效确切，传承方式具有开放性、多样化的特点。

密氏正骨疗法治疗常见疾病，各种跌打损伤、骨折创伤，如四肢骨折、关节错位、跌打伤筋等；急慢性颈肩背腰腿痛等痛症包括风湿、类风湿关节炎、骨质增生、颈椎病、肩周炎、腰椎间盘突出症、坐骨神经痛等常见软组织损伤与脊柱相关疾病；颈椎、腰椎小关节错位（或位置微变）主要有头痛、眩晕、失眠、发热、耳鸣、视觉障碍、鼻敏感、心悸、颈项肩臂痛和指麻等病症；内、外、妇、儿科包括痛经、月经不调、遗尿、尿频尿急、便秘、腹泻、腹痛、下肢麻无汗或多汗等病症。

主要特征 密氏正骨疗法核心技术主要依靠纯手法治疗各类骨伤疼痛病症，具有“不开刀、不手术、痛苦小（无需手术及二次手术受罪），无创伤，无留疤，复位好，不打针，不吃药，疼痛轻，康复快，并发症少，无不良后遗症”等特征。既减少患者的痛苦，又缩短骨伤恢复时间，具有花费少，愈合康复好，疗效肯定等特点。

密氏正骨疗法以心为法，以手为形，心在手中，手在心中，手摸心会，摸骨接骨正骨手法、整脊推拿膏摩，存乎一心，一气呵成。辅以小夹板外固定治疗、中药内服、膏药外敷，并配以适度功能锻炼、牵引，辅以中医理疗，关节康复训练。

传承谱系　第一代密献廷（1744—1836 年）；第二代密毓修（？—1821 年）；第三代密云路（？—1867 年）；第四代密鸿玉（？—1901 年）；第五代密宝胜（1872—1938 年）；第六代密乃士（1903—1999 年）；第七代密家驹（1929—2002 年）；第八代密士春（1952 年生）；第九代密淑晓（1981 年生）。

百籽养心鸡

李氏百草籽养心药膳

罗庄区李氏食疗讲究辨症施膳，因人施膳，合理施膳，按疗程食用。选用纯天然时令食材，古法炮制，对人体无任何毒副作用，在日常饮食中，轻松去除病痛，恢复健康。百草籽养心鸡是李氏食疗的代表性食疗处方。

历史渊源　李氏食疗源于山西省洪桐县李家食单，可追溯至清代康熙年间。早期传承脉络已无法考证，至李洪善时，仍居山西。李洪善是一名老中医，行医游历于民间，善烹膳茶饮祛邪扶正，调理病症。在瘟疫盛行的年代靠药膳挽救了众多人的性命，当地民间有“大善人家饭菜香，治病不用开药方”的说法。20 世纪 50 年代，李洪善去世，儿子李士展离开山西到山东生活。李士展的儿子李永晓受堂伯父李士一（资深老中医）的影响，潜心学习中医知识和针灸技术，闲暇时间，帮助周边的村民开药、针灸。

2020 年 11 月，李氏百草籽养心药膳被列入临沂市第六批市级非物质文化遗产代表性项目名录。

主要内容　李氏百草籽养心药膳是在中医理论指导下利用食物的特性来调节机体功能，使其获得健康或愈疾防病的一种方法。是用食物代替药物而使疾病得到治疗、使细胞恢复功能、使人体恢复健康。

中医讲究“三分治疗，七分调养”，李氏百草籽养心药膳重在食养，调理人体的五脏六腑，解除因虚、热、湿、寒、淤、堵所造成的各种病症，补给各器官能量，增强机体活力，强身壮体，达到标本兼治。

具体做法：取农家草鸡（公鸡）一只，宰杀处理干净，去头，去皮，去油，去掉内脏，斩块洗净。选用蒙山天然成熟百草籽 250 克，研磨成粉，加入约 3 公斤清水，浸泡搅匀过滤取汁。以上原料放砂锅内，大火烧开改小火煲约 1 小时即可食用。有利于调理冠心病引起的心悸、心慌、乏力、胸闷、气短，有助于亚健康人群恢复健康。

传承谱系　第一代李德恩，第二代李成泽，第三代李洪善，第四代李士一、李士展，第五代李永晓、张杰。

李氏保生丸制作技艺

李氏保生丸是临沂河东煤山中医医院根据李氏家族祖传秘方，以清水为黏合剂制成的中药丸。具有溶散、释放药物缓慢、药效长、毒性低、刺激性小、不良反应少等特征，适用于慢性病治疗。

历史渊源　河东李氏为中医世家，其家训云：

"有志者，可为国之栋臣而利庶民；无大志者，一可启蒙后生，秉夫子遗志为国造材，二可为良医而救人。"李氏族人秉承家训，从医者众。李氏保生丸制作起源于清道光年间，由李瑞德创制，在李氏家族内世代相传，至今已传承六代，历经百年历史。历代传承人以弘扬和传承中医药文化为己任，潜心研究、不断改进配方和制作方法。李氏保生丸对糖尿病的治疗有特殊疗效，惠及众多患者，深受患者信任。

传承人李健，自幼博览中医经典。后毕业于山东中医药大学，有扎实的中医基础和理论功底。从事中医诊疗20余年，在治疗肾病，糖尿病，肝病，妇科病等方面技术独特，治愈病人超过10万人，慕名求医的病人来自十几个省市。

2020年11月，李氏保生丸制作技艺被列入临沂市第六批非物质文化遗产代表性项目名录。

主要内容　保生丸的制作方法，用清水做黏合剂，将中药方中全部药物细粉制成小丸。让药粉利用水的黏性沾附到药丸上，中药水丸制作有其独特的优势，更易保存，而与用蜂蜜做黏合剂的蜜丸相比，更适用于糖尿病患者。

将人参、苍术、覆盆子、五味子、首乌等中药材烘干磨成细粉（80～100目），经灭菌后备用。

将药粉撒布于包衣锅内，在包衣锅转动下将水喷入，使药粉全部成湿润的小颗粒，再加入少量细粉，继续滚动一定时间，使小颗粒坚实、紧密，再喷水撒粉，如此反复进行操作，即成规则的丸模。丸模经筛选后再继续成型，交替加水加粉，反复滚制多次，整个基本动作即是揉团、撞翻交替进行，以加强丸粒硬度与圆整度，直至丸粒逐渐加大成型，符合要求为止。然后将干粉均匀撒至丸粒，通过滚筒的转动、碰撞、摩擦达到表面光滑、致密、色泽一致。水丸制成后，须置通风处晾至六成干，然后再晒干或低温烘干。入干燥室前，分盘摊开，丸粒在60℃以下干燥。干燥时要经常翻动，以防药丸色泽不匀，产生阴阳面。长时间加温干燥可能影响水丸的溶解速度，宜采用间歇干燥方法。

传承谱系　第一代李瑞德（1830—1882年），第二代李茂林（1855—1916年），第三代李景星（1876—1934年），第四代李象复（1924—2017年），第五代李健，第六代李云彤。

中医崩止丸制作技艺

临沂河东益康中医医院研制的崩止丸，选用红参、三七、益母草、当归等名贵药材，精心熬炼而成。具有药性长、毒性低、刺激性和不良反应小等特点，对妇科病治疗有明显效果，受到患者广泛赞誉。

历史渊源　崩止丸制作已有上百年的历史，初创人为临沂市河东区李氏先人李振位，他为人忠厚老实，秉性纯良，年轻时跟随山西一位老中医学徒。老中医擅长治疗妇科疾病，因喜欢李振位的人品，遂将毕生从医总结出来的经验及收集到的民间验方倾囊相授。李振位为了把师父传给他的秘方熬制成药丸，翻阅了大量的中医典籍，精心揣摩，反复试验，终于研制成功。他采用传统制作工艺，加上本地出产的优质蜂蜜和手工研磨红参等名贵药材熬炼成药丸，熟练掌握了药丸熬炼的火候和步骤。其技艺在家族中代代相传，至今已传承五代，有100多年的历史。

2020年11月，中医崩止丸制作技艺被列入临沂市第六批市级非物质文化遗产代表性项目名录。

主要内容　崩止丸制作环节有配方、配蜜、炼蜜、调和、搓条、和丸等。

配方与打粉。将按配方抓好的药物细火烘焙或暴晒干燥后，打成细粉，装入消毒盆备用。

配蜜。以药粉的重量为标准，按1∶1.2～1.5的比例配好蜂蜜；若药料中糖质、胶质或淀粉含量较多，则以1∶1～1.2的比例配备。

炼蜜。即熬炼蜂蜜，目的是去除杂质，破坏酵素，杀灭细菌，蒸发水分，增强粘性。先用武火将蜂蜜熬沸，然后改为文火慢熬，同时在旁边放一碗凉水，并注意观察蜂蜜的颜色。当发现蜂蜜泛黄沫时，用一根竹筷在蜂蜜中沾上一滴滴入水中。若蜂蜜在水中不散开而沉底，即达到了"滴水成珠”的状态，就算炼好了。

调药与和药。将熬炼好的蜂蜜用勺子舀入消毒盆盛装的药粉内，边舀边搅拌，当基本上看不到干药粉时停止加蜜。调好后，将药和蜜在消毒盆内和成团状。

搓条与和丸。为避免药团粘手或粘器具，搓条与和丸时可用少量甘油、芝麻油或花生油等点于掌心，这样能使丸药圆滑光亮。如按每粒丸药重 10 克计算，一料药共重 3000 克，则要做成药丸 300 粒。可将和好的药团分为三坨，每坨再分为 5 小坨，每小坨搓条后，切为 20 节，每节搓一丸。

包装与贮藏。制成的蜜丸，其外形圆润光滑，表面致密滋润，无可见纤维或其他异色点。待药丸发汗，外表变硬后，用蜡纸、保鲜膜、塑料袋或蜡壳等包好，贮存于阴凉干燥处即可。

传承谱系　第一代李振位，第二代李淑岩，第三代宋佑成（随母姓），第四代王祥峰，第五代宋明阳。

接骨断续丸制作技艺

接骨断续丸是临沂河东益康中医医院依据祖传秘方精心炮制的中药丸，选用续断、当归、枸杞、制乳香、制没药等道地名贵药材，精心配制成丸。具有活血散瘀、消肿止痛的功效，对于跌打损伤、青紫肿痛、闪腰岔气、筋断骨折、瘀血作痛都有较好的疗效。

历史渊源　临沂市河东区人李振位，战争年代曾收留过 5 名受伤军人，他将家中所剩不多的粮食全部拿出给军人养伤食用，军人养好伤后，为了报答李振位，将接骨断续丸的秘方送给他。李振位为人善良、忠厚老实，为依照此秘方熬制接骨断续丸，查阅了大量的中医典籍，精心揣摩方法，采用传统制作工艺，加上本地出产的优质蜂蜜和续断、当归、枸杞、制乳香、制没药等名贵药材熬炼成药丸。用此药为乡亲治病，造福百姓。其技艺在家族中代代传承，至今已传五代，有 100 余年历史。

2020 年 11 月，接骨断续丸制作技艺被列入临沂市第六批市级非物质文化遗产代表性项目名录。

主要内容　临沂河东益康中医医院“接骨断续丸”中药丸，采用当地上好蜂蜜加上续断、当归、枸杞、制乳香、制没药等为原料，用科学、严谨的制作工艺熬炼而成。患者使用后骨折愈合时间明显缩短、愈合状态良好。接骨断续丸能有效改善发病部位血液循环，促进组织功能恢复，并能清热解毒，去腐生肌，消炎止痛。可以加快骨折部位局部血液循环状态，促进骨折端附近的成骨组织细胞在短期内活络增生，形成与骨干平行的骨样组织，逐步形成纤维骨痂，促进骨折断面初表的粘连。此种方法可延长药性，降低毒性，减少刺激性和不良反应，适用于骨折及骨不连治疗。

传承谱系　第一代传李振位，第二代李淑岩，第三代宋佑成（随母姓），第四代宋光亮，第五代宋明阳。

柴氏鼻炎灵制作技艺

鼻炎是一种常见的鼻腔炎性疾病，直接影响呼吸系统，严重者还会引起多种并发症。柴氏鼻炎灵萃取 30 多味中药的有效成分，集草木之精华，经十几道工序精制而成。经过皮肤吸收直接作用于病灶处，起到疏风通窍、温经通络、活血化瘀、理气止痛、去腐生肌等作用，能够治愈各类型鼻炎。

历史渊源　平邑县柴氏鼻炎灵，源于清朝嘉庆年间，已有上百年历史。经过柴氏五代人的传承，不断研究和发展，已经成功治愈上万名患者。2019 年 7 月，注册“仲邑”商标。2021 年 10 月，鼻炎药油及其制备方法获得国家专利。

2020 年 11 月，柴氏鼻炎灵制作技艺被列入临沂市第六批市级非物质文化遗产代表性项目名录。

主要内容　柴氏鼻炎灵遵循“中药必选其精，炮制谨遵祖训”的原则，按照选材、炮制、浸油、控温、熬制、浓煎、提纯等工序，对所用 30 味中药材严格选材炮制，加入植物油控温浸制 24 小时，将油倒入锅中再经 48 小时熬制，进入温火煎制环节，煎制后过滤，去除杂质装瓶。该剂制成后，凝而不固，滑腴油润，气味浓郁，应用方便，疗效稳定，无刺激性、无致敏性、无副作用，可通过眼、耳、鼻用药，老、少、孕者均可在家治疗；深受患者喜爱，吸引了省内外众多患者前来求药治疗。

柴氏鼻炎灵具有疏风通窍、温经通络、活血化瘀、理气止痛、去腐生肌、消炎止痛等功效，是一种无激素、纯天然的外用中药制剂，由皮肤传递吸收，直接作用于病灶，适用于顽固性鼻炎、急性鼻炎、慢性鼻炎、过敏性鼻炎、干燥性鼻炎、萎缩性鼻炎、鼻息肉、鼻前庭炎、血管运动性鼻炎、药物性鼻炎，亦可用于急性中耳炎、结膜炎、角膜炎、泪囊炎和部分皮肤病的治疗。

传承谱系　第一代柴德战，第二代柴永法，第三代柴占亭，第四代柴玉太，第五代柴秀成。

平邑县王氏中药炮制技艺

中药炮制是在中医理论的指导下，按中医用药要求将中药材加工成中药饮片的传统方法，古时又称“炮炙”“修事”“修治”。药物经炮制后，可提高药效、降低药物的毒副作用，且方便存储，是中医临床用药的必备工序。平邑县王氏中药炮制技艺历史悠久，影响广泛。

历史渊源　中国第一部药书《神农本草经》序例中记载：“药有毒无毒，阴干暴干，采造时月、生熟、土地所出、真伪陈新，并各有法。若有毒宜制，可用相畏相杀，不尔合用也”。中国古代“医圣”张仲景认为，药物须烧、炼、炮、炙，生熟有定，或须皮去肉，或去皮须肉，或须根去茎，或须花须实，依方拣采治削，极令净洁。

王氏中药炮制技艺发源于平邑县。清朝年间，王朝然行医卖药，悬壶济世，在平邑及周边的邹城、滕州、泗水、枣庄等地有很好的口碑。其子王显成、孙王振禹均传承其技艺，行医卖药行走周边。王振禹育有五子，都在当地务农行医卖药。其子王文德得王振禹真传，后王文德在平邑开设六合堂悬壶济世，加工制作九丹膏散治病救人，其二子王开伦在六合堂学徒。

王开伦在六合堂师从闫嘉秀、高延勋学习中药炮制技术，后因六合堂资助抗日队伍遭日伪军破坏，闫嘉秀避走滕州开设六合堂，平邑六合堂由高延勋、王开伦等负责。王开伦主要负责制作九丹膏散，收购中药材，炮制中药材做成茶饮，在感冒瘟疫流行季节煎煮汤药施药救治当地村民，并配制发往周边县。中华人民共和国成立后，王开伦被评为第一批“国家级老药工”。

王万昌得其父王开伦亲传，创办平邑明德药业、山东德伦昌生物科技有限公司，改进提升“九蒸九制”传统中药炮制工艺，生产出以金银花甘草茶饮和九蒸九制黄精为代表的 30 余款药食同源养生佳品。

2020 年 11 月，平邑王氏中药炮制技艺被列入临沂市第六批市级非物质文化遗产代表性项目名录。

主要内容　王氏中药炮制技艺为古法炮制，金银花炒制使用柴锅手炒，文火炒至土黄色，保持了金银花清热解毒的效果，使其寒凉之性平和。金银花随行小茶饼的制备是传统金银花制备工艺的提升，严格控制净度保证压制的紧实度，避免花蕾的破碎是传承人王万昌在多次试验后总结的经验，也是传统技艺和现代工艺的完美融合。九蒸九晒黄

王氏中药炮制金银花饼

王氏中药炮制九蒸九晒黄精

精，选用林下 5 ~ 8 年深秋采收黄精，以蒙山泉水浸润去泥沙，反复冲洗刷去栓皮，将挑选好的黄精分档置于罐中，用 20 度 的黄酒浸渍一晚，闷润至透心，次日清晨上笼蒸制，待水开上汽后蒸制 6 ~ 8 小时，圆气闷制 1 晚，隔天早上取出，至阳光房晒场晾晒 1 日，采用“阴阳交变法”“以母子气回环”行水火共济之道，如此反复九次才能制出黑如漆、味如饴的古法九蒸九晒黄精。炮制后的黄精补而不腻，行而不滞，缓而不峻，能起到滋阴润肺，补脾益气，滋肾填精的功效。

平邑县王氏中药炮制可消除或降低药物的毒性、烈性或副作用，改变药物的性能，使之更能适合病情需要，便于制剂和贮藏，除去杂质和非药用成分，使药物纯净，用量准确，利于服用。

传承谱系　第一代王朝然，第二代王显成，第三代王振禹，第四代王文德，第五代王开伦，第六代王万昌。

何氏正骨膏药制作技艺

费县何氏正骨膏药是经香油浸药、烈火煎沸、文火久熬、药枯过滤、药油下丹、加贵药粉、窖藏去毒、涂布冷却等程序手工熬制而成，从选药、熬制到使用，制作周期需要 3 个月以上。其配方主要有麝香、香油、血竭、红花等。香油滋补润燥，各味中药互相调和，相得益彰，具有活血化瘀、温里散寒、舒筋活络等作用。

历史渊源　何氏正骨膏药制作始于清咸丰年间，距今已有 100 多年的历史。创始人何德轩自幼随父何春福学习正骨技术，潜心钻研正骨手法、外敷中草药等疗法。而立之年，为避战乱随父到山东费县行医。何德轩用膏药外敷，使数以万计的骨伤病患者免受病痛折磨。特别是在骨折、骨关节退变、颈肩腰腿痛的治疗方面，有其独特的理论见解与治疗方法。通过几十年的临床实践，何氏先后研制出了舒筋活血膏药、止痛治痛膏等多种骨伤科特色中药膏剂，在临床使用中获患者的广泛认可。

2020 年 11 月，何氏正骨膏药制作技艺被列入临沂市第六批市级非物质文化遗产代表性项目名录。

主要特征　组方百年秘传。何氏正骨膏药处方，合剂分用皆可。与普通中药方剂相比，何氏正骨膏药制作取长补短，去其轻淡平温之剂，益以气味俱厚生香引导之味，以促进膏药中的草本精华快速深入病灶，直达痛处。

药材选料地道。何氏正骨膏药内含药材广而多，适应复杂的病理变化。何氏正骨膏药熬制过程中有效扩大了药物的脂溶性、挥发性等，最大限度地提升中药分子的活跃度以及药物渗透力，快速达到活血、消炎、止痛、化瘀、去腐、生肌、续筋、接骨等作用。

古法熬制摊贴。何氏正骨膏药制作技艺利用纯正香油、地道药材、精炼官粉熬膏作赋形剂，可防腐、防燥、保护疮面。纯棉布、生宣纸、熟面浆等组成的载贴，可有效保证药效的持久性以及药物对皮肤的无刺激、无过敏性。

传统摸骨扶正调筋法

郯城县摸骨扶正调筋法是治疗各类骨骼关节、肌腱、神经系统类疾病的传统手法。采用扶正骨节、疏通神经，达到气血通畅的一种集治疗、保健、调理于一体的特色诊疗方法。

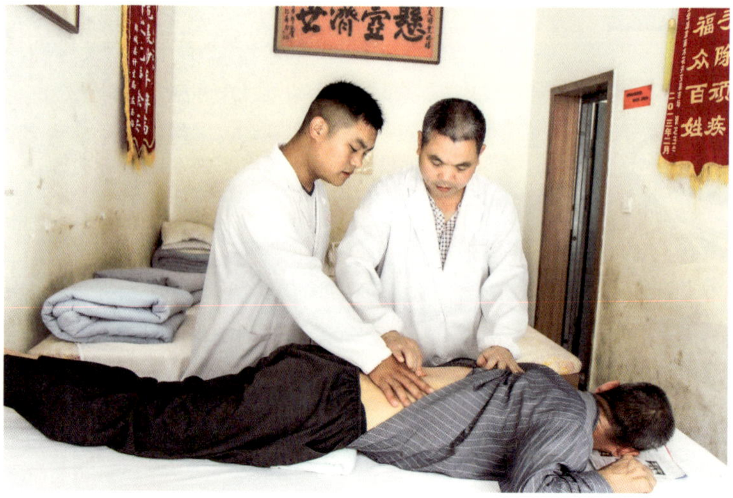

推拿治疗

历史渊源　摸骨扶正调筋法起源于清代末期，创始人陈式。第二代传承人于志武，从事推拿按摩多年，技艺精湛。第三代传承人黄应圣，妻子患腿病久治不愈，后经人介绍认识了于志武，于志武采用摸骨扶正调筋法为其按摩治疗，效果很好。为方便妻子治疗，黄应圣学会了这门推拿按摩手法，又通过十多年的学习与实践，将此技运用得得心应手。2004 年创办了国际人体保健按摩中心，为更多病患解除病痛。

2020 年 11 月，摸骨扶正调筋法被列入临沂市第六批市级非物质文化遗产代表性项目名录。

主要内容　摸骨扶正调筋法对患者采取摸骨扶正、推拿按摩、调理部位神经的治疗手段。治疗方法分为三个步骤：摸骨诊断，扶正调理，调筋疏通。基本手法为：点击、滚、敲、推、拉、刮、调等，对肌肉、神经、肌腱进行疏通治疗。对人体的骨骼调理、神经疏通有明显的平衡治疗作用，能够使早期病情得到及时恢复。

郯城摸骨扶正调筋法诊断准确，手法轻盈奇特，治疗简单，讲究筋骨并重，快速缓解结节、肌腱僵硬病变给患者带来的痛苦。具有医学实用研究、文化传承和社会服务价值，因治疗方便、无后遗症、治疗费用低、痊愈周期短等特点，受到患者的好评，在郯城及周边地区有很高的声誉。

朱果吴氏正骨

朱果吴氏为七代中医世家，其正骨术累世相传，迄今已有 200 多年历史。通过手法及药物诊疗伤科疾患，在长期治疗骨伤科类疾病的实践中，逐渐形成了独特的整复和功能锻炼手法体系及内服、外敷、熏蒸等多种中药组方并用的理法方药体系。

历史渊源　清朝嘉庆年间，吴氏先祖吴庆叶的夫人不慎骨折，多方求医仍不能治愈，先祖怜夫人之苦，自行研读医书，为夫人整复骨折后以树皮固定，自拟内服及外用方药配合治疗，不久先祖夫人骨折愈合，而先祖可治骨折之名传于乡邻，后慕名求诊者渐多。由于古代伤科向与走江湖、耍猴棒等跌打损伤结缘，被讥为“贱医”，吴氏正骨虽疗效显著但吴氏先祖从未想过以此技安身立命，并且吴氏先祖对于吴氏正骨传人要求极严格，对于“医技”和“医德”均有较高要求，往往只能专心教导一人，故吴氏正骨漫长岁月中发展缓慢，历代吴氏正骨均只传一人，首选长子。

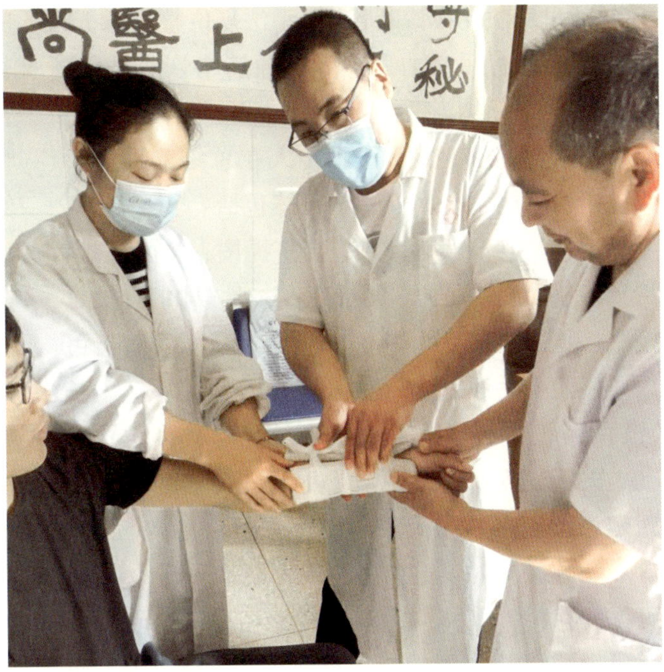

吴氏正骨

中华人民共和国成立后，随着人口增长骨伤科患者日益增加，朱果吴氏正骨第五代传人吴春清感叹吴氏正骨手握秘笈却不能为更多患者施治，遂打破历代只传一人的规定，与夫人何宗兰共同研习医术为患者治疗，后举家迁至交通便利的南古镇驻地，便于患者就诊，吴氏正骨之名渐渐传于周边县市。

2020 年 11 月，朱果吴氏正骨被列入临沂市第六批市级非物质文化遗产代表性项目名录。

主要内容　朱果吴氏正骨发源于临沭县西南的朱果村。清朝嘉庆年间，由吴氏先祖吴庆叶创制，现已传承七代。主要内容包括手法整复，夹板固定，内服药物、外用药物，功能锻炼等方面。

手法整复。传统的朱果吴氏正骨重视手法，讲究“机触于外，巧生于内，手随心转，法从手生”，通过手法比摸诊断骨折，手法复位整复骨折，后期还要通过手法协助患者疏通筋络恢复功能。《医宗金鉴》归纳为“摸、接、端、提、推、拿、按、摩”的正骨八法，吴氏正骨传人在总结前人经验后提出自己的“正骨九法”，具体包括：

手摸心会、顺势牵引、端挤提按、摇摆触碰、折顶回绕、旋转屈伸、夹挤分骨、叩击击打、推拿按摩。通过“正骨九法”的治疗，多数新鲜骨折可以通过闭合手法复位，达到“不歪不斜，不短不长（没有侧方及旋转移位，没有短缩或分离移位）”。

夹板固定。复位后给予不超过关节的小夹板固定患肢。朱果吴氏正骨的小夹板制作与固定，自成一体，与时俱进。小夹板的制作多采取随处可见的材料，柳木、杉木、竹帘、树皮甚至硬纸壳都可以成为小夹板的制作材料，以取材方便、便于塑形为主要要求，制作时根据肢体周径、长度、关节活动度等进行塑形，放置衬垫，在牢固固定骨折的基础上兼顾患者的舒适度。

药物治疗。在药物治疗方面，吴氏正骨采用外用及内服两个方面治疗骨折，根据早、中、晚三期辨证用药，根据“骨为干，脉为营，筋为刚，肉为墙”（《灵枢经脉》）的特点处方用药，重视骨折周围血脉循行、筋络活动、肌肉分布对于骨折愈合的影响。

功能锻炼。吴氏正骨人始终把患肢功能的恢复作为诊疗效果评价的标准。在骨折复位后便要求患者开始功能锻炼，吴氏正骨九法中的“推拿按摩”专门针对功能锻炼进行

回阳散制作技艺

历史渊源 回阳散是兰陵县向城镇“常庆堂”研制的中药丸，其制作技艺为宋氏家族世代相传。据《宋氏家谱》记载，黎丘宋氏十六世宋振荣，于清咸丰年间从宫内讨来治面瘫的秘方，制成回阳散救治乡邻。宋氏立下“传男不传女，传长不传幼”的规矩，将这一种秘方传给长子宋继安，此后世代相传，至宋永庆已传承五代，有160余年的历史。

传承人宋传义，18岁从医，在向城街开办“常庆堂”门诊，用祖传秘方“回阳散”治疗吊斜风。坚持坐诊和出诊50余年，人送外号“宋歪大”。在长期实践中积累了丰富的临床经验，并承前启后，将“回阳散”制作技艺及医疗经验、医疗知识传授给子孙。

2020年11月，回阳散制作技艺被列入临沂市第六批市级非物质文化遗产代表性项目名录。

主要内容 回阳散系中药制品，配方简单，用料精细考究。其工序有：

原料采集。主要有皂角、天麻、龙骨、酸枣仁、枳实、蓖麻子、樟脑、五味子、朱砂、冰片等十几味中药材。这些药材有的是在山上采集的，有的是自家种植的，有的是从药材公司购得。

晒药。将采集来的药材去掉杂质，晾晒干燥。

配方研制。将晾晒干燥的药材按照一定的剂量称好，放在一起，用药碾子碾成粉状。然后按一定的比例分成若干份，每份用消毒纱布包成花生米大小的药丸。

收藏备用。将研制成的药丸放在玻璃容器内保存备用。

传承谱系 第一代宋振荣，第二代宋继安，第三代宋诚材，第四代宋传义，第五代宋永庆。

耿氏中医传统疗法

耿氏中医传统疗法主要分布于临沂市蒙阴县，济南市莱芜区、莱城区、钢城区，泰安市新泰市。由于其方法独特、疗效显著，全国除香港、澳门、台湾地区以外的所有省、市、自治区都有病患慕名前来求医问诊，甚至还有日本、美国的患者前来治疗。

历史渊源 耿氏祖居济南市莱芜区口里镇林马村，据《林马耿氏族谱》记载：清末民初，耿福绍、耿传彬父子在林马村行医。耿传彬七岁读私塾，后随父研习中医，由于天资聪慧，勤学苦读，大胆实践，逐渐成长为当地颇有名气的中医，对治疗各种疮病有独特手法，被称为“疮大夫”。耿传彬的医术在耿氏家族内传承下来。

其族孙耿庆云，跟随耿传彬学成中医后，于

1933年举家迁居蒙阴县常路镇杏山庄（今杏泉村），以行医为生。经过多年探索实践，研究出一套治疗不孕不育的独门绝技，在当地影响越来越大。耿氏中医疗法在蒙阴县耿家代代相传并不断发展。

2020年11月，耿氏中医传统疗法被列入临沂市第六批市级非物质文化遗产代表性项目名录。

主要内容　耿氏中医对治疗妇女不孕不育、月经白带异常、子宫内膜异位症、子宫腺肌症、孕儿无胎心、无胎芽等各种不明原因引起的流产等病症，疗效独特。使用纯中药治疗，安全可靠，无毒副作用，且费用低廉。诊断时医生凭借高超的切脉技术，辅以望、闻、问诊，能准确断定病情，依据患者病情巧妙组方，科学用药，时常经短短几个疗程即能治愈多年顽疾。

传承谱系　第一代耿福绍，第二代耿传彬，第三代耿庆云，第四代耿佃军，第五代耿金梁，第六代耿靖洲、耿靖鑫。

高氏蜡泥疗

蜡泥疗是将各种中药加入蜡泥中制成药蜡，把加热的蜡泥敷在患部，或将患部甚至患者整个身体浸入蜡泥中的热疗方法。利用加热的蜡泥敷在患部的方法称蜡敷法，将患部或整个身体浸入蜡泥中的方法称浸蜡法。沂南县大庄镇的高氏蜡泥疗主要用于风湿、类风湿性关节炎，颈肩腰腿痛，高血压冠心病等心脑血管疾病，中风引起的肢体功能障碍，妇科疾患等的临床治疗。

历史渊源　沂南大庄高氏家族，自明初由长山县（今山东省邹平市区东部和淄博市区西北部）迁至在沂河岸边的高家店子定居，高氏家族崇尚“德技传家、诗书继世”的理念，涌现出很多优秀人才。高氏先祖自明代就是著名的民间中医，大庄街百年老店“世德堂药铺”、界湖街行医多年的“杏春堂大药房”皆为高氏家族开设。

高氏蜡泥疗法为高海观、高志方等人研制发明，传于高夫京、高治先，后在高氏家族世代相传，至今已传承五代，历经百余年。高氏蜡泥疗广泛用于临床治疗风湿骨病、妇科疾病、肩周炎、颈椎病、腰椎病、腰肌劳损、腰椎间盘突出、坐骨神经痛、软骨组织损伤等陈年腰腿痛病症引起的疼痛和颈椎、腰椎、膝关节、滑膜炎、半月板损伤、跟骨骨刺等部位的骨质增生病症引起的酸沉、疼痛等，疗效奇特。

2020年11月，高氏蜡泥疗被列入临沂市第六批市级非物质文化遗产代表性项目名录。

主要内容　高氏蜡泥由蜂蜡糅合进不同方剂配制的中药而成。经过几代人的研究改进，利用现代工具、工艺使用蜡介质、火山灰、砭石粉和中药提取物等制作蜡泥。蜡泥疗分为蜡泥灸疗和蜡泥浸疗两种。使用蜡泥灸疗时，将蜡泥加热，趁热摊薄敷于患处，待蜡泥冷却后除去。蜡泥浸疗是使用特制设备制成蜡泥恒温液，患者浸泡手脚等患处。蜡泥疗具有渗透性强、活血养血、疏通经络、调和脏腑，散风驱邪、排寒排湿等作用，不含麝香、无副作用、不刺激皮肤、治疗成本低。

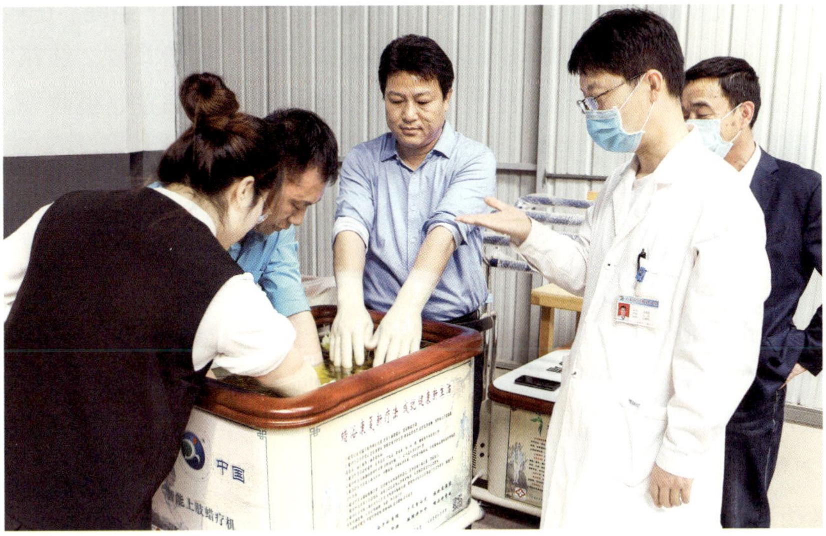

高氏腊泥疗体验

高氏蜡泥疗项目一直被广泛应用于民间颈肩腰腿痛、风湿骨病的治疗，近年来随着患者口碑的宣传，高氏蜡泥疗项目逐渐被各地公立医院的专家、医生认可，渐渐走进各级医院，越来越多的医院疼痛科、康复科嫁接高氏蜡泥疗作为特色疗法，治疗范围也从颈肩腰腿痛、风湿骨病、妇科疾病逐渐扩展到脏腑疾病、疑难杂症。至 2020 年末，已有山东、江苏、河南、黑龙江、湖南、广东、新疆维吾尔自治区等省区 130 余家公立医院引进高氏蜡泥疗。

技艺特点 蜡泥热容量大，导热率低，散热慢，保温时间长达 1 小时以上；蜡泥韧性足，不开裂，能密贴于体表；依据症状开出处方制作蜡泥，能实现个性化治疗；绿色疗法，具有无创伤，疗效显著的特点；蜡泥可反复使用，治疗成本低，患者易于接受。

蜡泥疗具有多重功效，可以疏通人体经络，促进气血畅通，对各种拘挛痛症有明显的效果。可以改善循环，放松筋膜，改善人体新陈代谢，促进血液循环，帮助排除体内淤堵。还能消除疲劳，使全身放松，缓解压力，让心情轻松愉快，恢复活力。可使全身细胞活跃，有效改善体质，增强免疫机能。可刺激人体微循环系统，改善人体各器官机能。可调节和改善内分泌失调，预防治疗妇科疾病，消除色斑，塑形瘦身。

传承谱系 第一代高海观、高志方，第二代高大京、高治先，第三代高贵坡、高贵泉、高奚勋，第四代高玉元、高玉森、高玉峰，第五代高国权、高阳、高群、高非。

刘氏传统黑膏药制作技艺

膏药古称薄贴，用植物油或动物油加药熬成胶状物质，涂在布、纸或皮的一面，可以较长时间地贴在患处，用来治疗疮疖、消肿痛等。

历史渊源 刘氏传统黑膏药传承自宋朝燕青。相传在北宋末年，燕青跟随宋江在水泊梁山起义，由于居住环境和长年作战，许多人患上了风湿病及跌打损伤，影响了战斗力。负责作战的燕青大为头痛，遂向当地郎中请教，集众家所长熬制成膏药供义军使用，效果神奇。清朝末年，刘氏先祖刘洪祥跟随燕青传人郭增荣学习膏药熬制技艺，得到真传。后刘洪祥携带家眷回到老家沂南县马牧池乡野竹旺村定居，以行医为生，刘氏家族熬制的膏药在当地十里八乡享有盛名。后因战乱，刘氏膏药制作陷于停滞，几近失传。20 世纪 70 年代，刘洪祥的孙子刘玉成将祖传膏药配方和熬制方法传给儿子刘清营，刘清营又将此技传与自己的儿子刘振安。

2020 年 10 月，刘氏传统黑膏药制作技艺被列入临沂市第六批市级非物质文化遗产代表性项目名录。

主要内容 刘氏传统黑膏药由 90 余味名贵中草药配制而成，遵循祖传的制作方法，纯手工熬制而成。产品经过麻油浸药、烈火煎沸、文火久熬、药枯过滤、药油滴水成珠、下黄丹、加香药（或贵重药、胶体性药物）、去火毒、涂布冷却、烘化贴用等程序。熬成后的膏体色泽黑亮，老嫩适中，贴在患处便于透皮吸收，直达病灶。具有散寒祛湿，开窍透骨，活血化瘀，通经活络，镇痛消炎等功效，对风寒湿邪，劳损导致的颈，肩，腰，腿，关节等痹症具有标本兼治的效果。

生产原料。菜籽油、三七、马钱子、羌活、生龙骨、山柰、玄参、独活、木瓜、杜仲、川芎、牛膝、生半夏、川断、远志、黄芩、姜黄、地龙、苦参、制附子、白芥子、鸡血藤、生川乌、生草乌、生南星、威灵仙、石菖蒲、五倍子、红茜草、自然铜、刺猬皮、五灵脂、五加皮、积雪草、老鹳草、鹿晗草、海风藤、豨莶草、骨碎补、千年健、苍耳子、蜈蚣、水蛭、松香、虎杖、癞蛤蟆棵、红花、没药、丹参、防己、乳香、麻黄、白芷、小茴香、穿山龙、细辛、黄柏、薄荷等。

制作工序：

炮制。按方剂备药称重，按比例放入纯正小磨香油浸泡 7 ~ 15 天。

熬药。将泡制好的药和油一起倒入铜锅中生火加热，用桑木棍按顺时针方向不间断地搅拌，直至药材被熬至焦黄为度。

炼油。捞出药渣后继续炼油，至取药油滴入水中达到“滴水成珠”时止。

下丹。炼制好的药油按比例加入红丹，少量

多次不停地搅拌，至成膏沉水，不黏手，柔软拉丝即可。

去火毒。膏药熬成后倒入凉水内浸泡，每日换水，浸泡 7 日。

摊膏。将去火毒后的膏体放入锅中，文火融化，加入细药搅拌均匀，摊于布片、厚纸或薄油纸片上。

技艺特点　刘氏传统黑膏药经百年传承，由 90 余味名贵中草药组成，用铜锅、纯香油、传统技艺熬制而成，具有消炎镇痛、活血化瘀、通经活络、开窍透骨、祛风散寒、强筋健骨等功效。

刘氏传统黑膏药对于跌打损伤、风湿性关节炎、肩周炎、颈椎病、椎管狭窄、腰肌劳损、腰椎间盘突出、骨质增生、骨刺、四肢麻木、无菌性股骨头坏死（前期）、筋膜炎等有着修复治疗的作用。

刘氏传统黑膏药价格低廉，具有渗透好、吸收快、便于携带、使用方便、简单易行、安全可靠等特点。

刘氏传统黑膏药能替代西药的止痛药和激素药，直接贴于患处可使药性完全发挥，持久促进血液循环，通过皮肤的吸收直达病灶，渗透快吸收好。

张氏中医外治疗法

张氏中医外治疗法以中医综合理论为指导，以脏腑辨证和皮损辨证相结合，所用药材易采易得，无剧毒、无刺激性，安全有效。具有简、便、廉、验、捷等特色，易于操作和推广。

历史渊源　1900 年，德国传教士费修民在沂水县王庄天主教堂传教兼行医，教堂内设有西药房，能做些简单的外科手术。张学军的曾祖父是当时小有名气的中医外科医生，他参与了西药房的筹建，在接触德国的西医技术后，与自己所学的中医技术相结合，自创张氏中医外治疗法，用中西医结合的方式治疗内、外、妇、儿等科疾病，取得了良好的效果。后将此疗法传给儿子张仲善，从此张氏中医外治疗法在张氏家族内代代传承，至今已有 100 多年的历史。张学军的爷爷张仲善、父亲张大福在实践中逐步积累经验，改进验方，使这种疗法在传承中得到发展。

2020 年 11 月，张氏中医外治疗法被列入临沂市第六批市级非物质文化遗产代表性项目名录。

主要内容　张氏中医外治疗法治疗牛皮癣、湿疹等皮肤病有特效。先辨证确定方剂，再煎汤外洗、穴位拔罐，外用验方研末烤油或加入各种溶剂外抹，对特别严重的患者，在治疗中融入现代科技，增加药物的透皮吸收，大大缩短了疗程。采用神效散、珍珠散外抹，秦艽汤煎汤外洗，结合针灸、拔罐、推拿、耳穴压豆等手法，治疗小儿湿疹、皮炎、无名肿毒、疖疮不收口等疗效显著。治疗痤疮采用无痛针清技法，用祖传倒膜粉外敷，用热蒸气促进微循环，打开毛孔、毛囊，加快药物吸收，然后用阴阳水调粉刺散，外抹患处，解决了痤疮治疗难题。

第十节　民　俗

白塔街三月三庙会

庙会，亦称庙市，中国市集形式之一，唐代已经存在，在寺庙节日或规定日期举行。早期庙会仅是一种隆重的祭祀活动，随着经济发展和人们交流的需要，庙会逐渐融入集市交易活动，成为中国市集的一种重要形式，后来庙会上又增加了娱乐活动，逛庙会便成了人们不可缺少的节日活动。

历史渊源　临沂市河东区白塔街的三月三庙会始于清康熙年间，至今已有 300 年的历史。相传白塔街村原有一座寺庙，庙内有一座高耸入云的白塔，白塔街以此得名。清康熙年间，白塔街村有佛爷庙、关帝庙、雹神庙三座庙宇，尤以雹神庙最为出名。由于庙群的存在，年复一年，香火逐渐兴盛起来，附近小商小贩们看到这里整日车水马龙，孕育着无限商机，便将当地的泥哨、玩具、鸟笼、拨浪鼓、发饰等传统工艺品拿来叫卖，逐渐形成庙会。后，每逢农历三月初三，各地善男信女、

白塔街三月三庙会

百姓商贾都来庙里上香、烧纸、燃放爆竹，以祈求神灵保佑平安，五谷丰登，白塔街庙会渐成风俗。

2007年8月，白塔街三月三庙会被列入临沂市第一批市级非物质文化遗产名录。

主要内容 白塔街东有青州古道，西过沂河有京福官道。自古商业发达、商贩云集，过去盐商、海货商组织的驴骡帮从日照的岚山头和江苏的赣榆、青口运盐、贩海货，由莒南十字路向西，经白塔街过沂河，到达临沂、济宁、曲阜等地。兴盛时白塔街商铺鳞次栉比，家家生意兴隆，有客栈、饭馆、酒店、杂货铺、药铺、酱园、中药材批发店、锡匠、铁匠、银匠、铜匠、木匠、马掌铺、油坊、染坊、扎彩铺、馍馍坊、钱庄、海货店、绸缎庄、布料行、糕点店、盐店、瓷器店、燃料铺、石匠、理发店、银楼、屠宰、小炉匠等众多行业。

庙会的前几天，商旅云集，张家口的骆驼，安徽的跑马拉戏班子，菏泽的杂耍艺人，当地的柳琴戏班相聚于此，表演争奇斗艳，热闹非凡。炸香油果子的，卖水煎包的，开汤锅的一家连一家，人头攒动。柳编篾编，铁器木器，瓷碗黑陶，牲畜家禽，粮食油料等交易旺盛，尤其是孩子喜欢的泥老虎、泥哨、泥公鸡、小竹笛、青竹子蛇、王八打鼓等玩具，花红黄绿，摆了一摊又一摊。几十里、上百里前来赶庙会的百姓络绎不绝。

三月三庙会历史久远，文化内涵独特，远近闻名，影响遍及方圆几百里。每年庙会三月初三至初五必唱三天大戏。庙会上的商贸区域，棚铺连着棚铺，遮天蔽日。生产资料、生活用品、民间工艺品等花样繁多，干鲜果品、风味小吃、煎炒烹炸、酸甜麻辣等摊点让人一饱口福，自然形成了经济、文化中心，每年赶庙会的人数多达5万余人。

相关传说 赤草坡神马传说。传说雹神庙的泥马每天晚上都要出去，跑到村东北十七八里地的一片草滩上吃草。现在赤草坡是一个村庄，当时是一片红色草场，因草叶呈红色，百姓疑为有毒，不敢让牲畜食用，只是自生自灭，毫无用场。一日清早，有农人拾粪，见两匹马在地上吃草，便过去看个究竟。两马见人随即走开，农人随后相追，至雹神庙前，马却不见。农人进雹神庙看时，泥马嘴上却有吃草迹象。农人认为此乃神仙点化，证明赤草坡的赤草能够放牧牲畜。时隔不久，就有放牧牛羊之人，天长日久便成了村庄，即现在的赤草坡。虽年代变迁，赤草不复存在，但村庄犹存。老人们还讲，泥马经常出去吃草，夏秋季节吃野草，冬季却吃农人的麦苗。这天泥马吃麦苗被农人发现，追至庙内，见泥马嘴上有青未干。为防止泥马再度啃青，赤草坡的乡亲捐资为泥马安装了栏杆。后来，人们称泥马为神马。

龙王奶奶逛庙会。白塔庙会非常繁盛，热闹非凡，传说龙王奶奶也被这空前的盛会所吸引，带着一家老小逛庙会。据说在有一年的庙会上，只见一位白发苍苍、满面红光、气度不凡的老太太，也来赶庙会。当她走至雹神庙的正门时，见里面很多人在上香、烧纸，便往里面看了一眼。这一看不要紧，正在接受香火的雹神突然神色慌张地从神位上下来，走到院子里朝大门外的老太太倒头便拜。老太太一招手，笑了笑说，不要见我了，我也是出来散散心，观观民间盛景，凑个热闹，回你的位子去吧。接着一阵风雨，雹神现了真身，蹿到天空连打了三个响雷。供奉香火的人群一见此情形大惊，赶紧躲避。雹神身边塑的护将，随着雹神下来，忙去把庙门关了。雷声过后，噼噼啪啪的雹子只下在了雹神庙的院内、老槐树的周边。赶庙会的人见此情景叩头跪拜，龙王奶奶已经驾起祥云，回龙王堂子去了。

相关遗存 雹泉殿残缺石碑。几块残缺石碑中，有雹泉殿始建碑、几块重修雹泉殿碑，见证了雹泉殿的历史。雹泉殿始建碑记载该殿始建于康熙年间，时名白塔寺，属沂郡东北乡管辖。虽残缺不全，字迹不太清晰，但它们记载了先人的功与德，让后人永远铭记。

三官庙庙会

庙会是中国传统的节日形式，可上溯到古老的社祭，在寺庙节日或规定日期举行。每年农历正月十五，三官庙附近群众都到此上香，摊贩聚集，成为一种祈福民俗文化活动。

历史渊源 临沂市河东区三官庙，古时曾是沂河东岸较大的道教活动场所。据史书记载，三官庙始建于唐开元三年（715 年），清乾隆五十二年（1787 年）重建，后经历多次自然灾害和战火的摧残，原建筑已无存。2012 年，修复并设立为道教活动场所。修复后的三官庙威严耸立，幽静肃穆。

相传，旧时三官庙的道士用“三官手书”给百姓治病，消除病患，得百姓信赖。至唐宋时，道教达到全盛时期，对社会产生了空前的影响，名目繁多的宗教活动出现了，如坛醮斋戒、水陆道场等。其后在宗教仪式上慢慢加了娱乐内容，如舞蹈、戏剧、出巡等，不仅吸引了信众，更让许多普通群众也乐于参加，逐渐演变成一种大型的民俗文化活动——三官庙庙会。

2011 年 3 月，三官庙庙会被列入临沂市第三批市级非物质文化遗产名录。

主要内容 三官庙供奉着天官、地官、水官三座神像，三官庙村也因庙得名。天官名为上元一品赐福天官，紫微大帝，隶属玉清境，每逢农历十月十五日，即下人间，校定人之罪福，故称天官赐福；地官名为中元二品赦罪地官，隶属上清境，每逢农历七月十五日，即来人间，校戒罪福，为人救罪；水官名为下元三品解厄水官，洞阴大帝，隶属玉清境，每逢农历十月十日，即来人间，校戒罪福，为人消灾。

三官庙庙会是流传于三官庙村的一种祈福民俗文化活动，每年农历正月十五，附近群众到三官庙上香，由于小商小贩们看到烧香拜佛者多，在庙外摆起各式小摊赚钱，渐渐地成为定期活动。随着经济的发展和人们交流的需要，三官庙庙会与集市交易活动结合越来越紧密，同时还增加了一些娱乐性活动，演变成了集宗教、文化、生活、娱乐、贸易于一体的大型集会。

相关遗存 三官庙雌雄二狮。三官庙数百年来几经战乱，多次重修。庙门外安放着雌雄二狮，雄左雌右。二狮石质细腻，做工精巧，形态皆年轻。雄狮右脚踩一绣球，头向右看，似有嬉悦之意。雌狮左脚踩一小狮向左瞧，似有回应之意。雄狮略残，雌狮保存完好。

清乾隆年重修三官庙碑。清乾隆五十二年（1787 年）重修三官庙，刻碑为记。民国二十三年（1934 年）修建沂河九曲老桥时，村中将此碑献出，字面向下安放在九曲桥东头南边。20 世纪 70、80 年代石桥塌陷，此碑恰正面朝上，被三官

三官庙

庙村民发现，运回三官庙址东南，几经掩埋，后于2007年6月重新出土。

送火神

沂水县诸葛镇大峪村，每年农历正月初五都要举办场面宏大的“送火神”仪式。这项具有浓厚地方色彩的民俗活动，从清嘉庆元年（1796年）开始，至今已经延续了260余年。活动以大峪村为中心，辐射周边蒙阴、沂源、沂南、莒县、莒南、兰山、河东等十几个县区，近万个村庄。

历史渊源 大峪“送火神”为沂蒙山区特有民俗活动，传说始于商朝。古时候，有部落首领祝融以火施教，为民造福，被尊为火神。夏朝末年，执政者桀荒淫无道，成汤愤而起兵伐夏，但是久攻不下。天帝令祝融以火帮助成汤，成汤大胜，建立商朝后感念祝融，令全国百姓每年正月初五举行敬奉火神仪式。后朝代更替，火神于传说中不只造福，亦能成灾，需敬而远之，故每逢正月初五，人们便奉上供品，到村南焚香烧纸放鞭炮，礼送火神，以保全年不遭火灾。

清乾隆末年，大峪村连续三年遭受大火，烧毁房屋达百余间。村中大户郝家，房屋损毁几十间，伤亡牲畜十余头。为避灾祸，郝家大多搬离大峪，另择栖所。张刘二姓迁居于此，请术士探测，言村中有人曾对火神不敬，故火神怒而降灾。若避之，需连年举行盛大仪式，方能平息火神之怒。此时恰逢京剧兴起，百姓闻之迷醉。张姓中有位叫张珺的，为人仗义，乐善好施，联合刘家集资白银百余两，购置服装道具，成立起乡村京戏班，并于嘉庆元年正月初五唱京戏、跑旱船、踩高跷，以盛大仪式礼送火神。此后，该仪式渐成民俗，代代相传。民国年间，战乱频发，京剧班难以为继，被迫解散。但京剧服装未失，送火神仪式亦得以保留下来。

2009年，诸葛镇大峪村送火神活动场景

2011年3月，送火神被列入临沂市第三批市级非物质文化遗产名录。

主要内容 每年正月初四傍晚，村里的组织者和演员们便集合到一起，做仪式的准备工作，如分配演员角色、分发道具、准备祭品、组织观众等等。

正月初五一大早，在村口的最高处摆好供桌，祭品有自家烧制的黄酒、猪牛羊三牲、时鲜果蔬等。供桌的一边堆放着元宝、纸钱。供桌上摆上两神之位，东为玉皇大帝，西为火德真君。

演员在凌晨三四点钟开始化妆。服装主要有黑蟒袍、白蟒袍、绿蟒袍、红蟒袍、皮袄、皮帽、乌纱，关公、刘备、张飞、赵子龙服饰，唐僧、沙僧、八戒、悟空服饰等。

准备就绪后，开始文艺会演，会演结束后（一般是11点左右），开始“送火神”仪式，先祭拜火神真君和玉皇大帝，由四大天官（一说四大宰相）叩拜之后，锣鼓队、舞狮队、高跷队、秧歌队等组成的队伍开始游行，其中以彩妆的高跷队最为抢眼。整个队伍有专人指挥，主要给村中经商户、产业户等拜年助兴，这些人家设香案供奉，队伍来时，鞭炮齐鸣，燃香焚纸，游行队伍在鞭炮声中走上几个花样。每家经营户在队伍离开前都要送上一条烟和两包糖，图个喜庆。拜完年后，队伍就走出村外，送神队伍最后到达村外空地，面向西南方向，在着黑蟒袍者带领下祭拜，将火神送走。仍由四大天官祭拜，将全村各家各户送来的“金银元宝”“金砖银锞”等香火纸钱一起烧起来，游行队伍解散，只留下几位老人看着香火烧尽，磕头作揖后，送火神仪式结束。

丰阳山庙会

丰阳香山庙会

香山位于平邑县丰阳镇西北 3 公里处，海拔 316 米，这里风景秀美，气候宜人，树木茂盛。山上遍布千年古枫，每年霜降过后，漫山遍野，层林尽染，飞霞流丹，像一幅浓墨重彩的油画，吸引了大量外地游客前来登高赏秋，欣赏红叶，陶醉在大自然的美景中。

历史渊源　香山最具人气的是每年农历三月初三和九月初九的庙会。香山庙会始于唐开元十年（722 年），距今已有 1300 余年的历史。每年农历三月初三、九月初九，人们从四面八方赶到香山，有的烧香许愿，有的玩耍休闲，热闹非凡。

香山庙会源于山上的三皇姑庙。传说三皇姑是卞国国王的三女儿，她上面的两个姐姐均出家。卞王想让她生儿育女过日子，三皇姑性情倔强，坚决不从。卞王便设计谋百般为难她，善良的三皇姑在仙人帮助下一一化解。卞王怀疑三皇姑成了妖精，于是要杀掉她。三皇姑闻讯，逃到了香山，脱俗成仙。

自从三皇姑落脚香山，香山变成了一座远近闻名的仙山，香火旺盛，有求必应。

20 世纪 50、60 年代，三皇姑庙被毁，1997 年重建。庙宇位于香山顶端，正面三间大殿，殿内塑像，中间为三皇姑，两侧是她的侍从，后来又增加了玉皇大帝、求财、求子、求功名几个殿宇，庙会亦逐渐恢复。

2014 年 3 月，丰阳香山庙会被列入临沂市第四批市级非物质文化遗产名录。

主要内容　每年农历三月三、九月九，前来看大戏赶热闹的人从四面八方赶到香山，众多村民游客来这里祈福，热闹非凡。看戏的、祈福许愿的、来旅游享受自然风光的、卖糖葫芦的、卖油煎包的、捏泥人、说书、秧歌、唱大戏、卖手工艺品的人山人海，络绎不绝，周围滕州、泗水、邹城等地的游人和邻近的村民都前来赶会。

巨龙山王母宫庙会

费县探沂镇巨龙山王母宫庙会始于唐代，远近闻名，影响方圆几百里，王母宫庙会规模宏大、商贾云集，热闹非凡，与其寺庙样式独特、内涵丰富、戏楼古朴典雅、民俗文化繁荣息息相关。

历史渊源　费县探沂镇巨龙山自古为人文荟萃之地，尧舜时期便有贤人许由、巢父隐居于此，成语“洗耳恭听”亦是出自此山。巨龙山王母宫始建于唐朝，初为木质结构，有正殿两间：王母殿、观音殿，另有偏殿和丹房数间，装饰富丽堂皇。鼎盛时期长住道长、信众众多，香火旺盛。后经历代修葺，大部分保留下来。

20 世纪 60、70 年代，王母宫建筑群被毁。改革开放后，当地百姓自发捐款修复，已恢复王母宫、观音殿、关帝殿、文昌殿、月老祠、瑶池、钟楼、鼓楼等。历史遗存有石质香炉一个，有研究价值的石碑 7 块，王母宫院内有千年古银杏树一棵及朝阳洞、白云洞、洗耳泉、石门、望夫石、龙雨石、青龙泉、黄龙洞、一线天等景点。

王母宫庙会始于唐朝，至今已有 1800 余年历史。道教和民间一直将王母娘娘作为长寿延年的象征，以王母娘娘为金箓延寿道场的主神。王母娘娘神诞之日为农历三月初三，是日道教徒，特别是女性教徒常聚集在道观内，为王母娘娘建祝诞道场，同时祈求健康长寿。

王母宫庙会于每年农历三月三、九月九举行，逛王母宫，求子、求婚姻、许愿是该庙会的亮点和依托。丰厚的历史文化底蕴吸引着方圆上百里的人们，每一届的庙会都人流如织，游客到庙会上逛上一次，既可以领略到当地的风土人情，又可观赏到春日和金秋乡村美丽的田野风光，还可以了解“朝阳洞”“洗耳恭听”的故事。各地客商云集，摊位连绵不断，货物琳琅满目，交易旺盛，再加上说书的、唱戏的、玩杂技的、卖泥哨的等，极大地丰富了当地居民的文化娱乐生活。

2014 年 3 月，巨龙山王母洞庙会被列入临沂市第四批市级非物质文化遗产名录。

洗耳泉的传说　费县城东南 22.5 公里处有座岐山（又名箕山），山西侧悬崖下有一古老的岩洞，相传乃上古时期高士许由隐居的地方，故名许由洞。山东侧巨龙山，有坐西面东的朝阳洞和白云洞，是许由的朋友巢父隐居的地方。

许由、巢父是尧舜时代的贤人，品德高尚，才智过人，很受部族尊敬。部落联盟领袖唐尧因年事已高，四处寻访贤人，发现了许由，决定把天下让给他。许由说：“子治天下，天下即已治也。而我犹代之，吾将为名乎？名者实之宾也。吾将为宾乎？鹪鹩巢于深林，不过一枝；鼹鼠饮河，不过满腹。归休乎君，予无所用天下为”，便连夜逃到岐山隐居。

一日他沿山放牧，来到巨龙山下，见这里山清水秀，草丰树茂，土质肥沃，有一农夫正在耕地，便高兴地说：“此乃牛壮田肥之地也。”农夫听了觉得很有道理，便称这里为牛田村，后来不断发展，形成了今天上牛田、下牛田、中牛田三个自然村。唐尧听说许由隐居岐山，又派人请他做九州长官。许由听后撒腿就跑，来到邻友巢父居住的朝阳洞旁的泉子里洗耳朵，表示不愿让世俗的声音污染了自己的耳朵，洗耳泉由此得名。后世演绎出“洗耳恭听”这句成语，亦源于此。唐宋之间有诗《陪群公登箕山赋得群字》云：许由去已远，冥莫见幽坟。世薄人不贵，兹山唯白云。宁知三千岁，复有尧为君。时佐激颓俗，登箕挹清芬。高节虽旦暮，邈与洪崖群。

郯城徐姓祖陵祭祀文化

郯城徐氏祭祀文化，是以徐氏祖陵祭祀为主的传统民俗文化活动。郯城系“少昊之遗墟”，是古徐州和徐文化的源头，徐姓发迹和祖陵所在地。徐、郯都是少昊族直系后裔，主祭少昊，徐姓祖陵祭祀文化也是祭祀远祖少昊的文化。

历史渊源　夏之前，徐姓尊始祖伯益为东夷首领，主持祭祀少昊，是徐姓祖陵祭祀文化的起源。夏封徐国，对少昊祭祀处于主祭地位。徐人祭祀先祖，首先祭祀远祖少昊，所用祭祀仪式繁复冗长。相传孔子“四夷学礼”学的就是古徐、郯的礼仪。夏商时，徐姓先人多任秩宗之官，主持国族祭祀，秦汉时，郯城徐氏以“东海堂”为组织祭祀祖先的堂号。

魏晋南北朝时，郯城历史名人徐宁家族影响深远，祭祀仍用“东海堂”号。隋唐时，徐氏作为郯城望族，其家族文化的影响仍然存在，代表人物有：陈太子舍人徐德言，唐国子博士徐文远，右

2010 年，徐氏祖陵祭祀大典

司史郎中徐有功等。因这支徐姓人世居高官，地位显赫，祭祀祖先的活动频繁，这一文化现象得到不断重视和发展。宋元时，徐姓发展到10个郡望，知名堂号200多个。

明清时，郯城徐氏家谱对祭祀情况有了记载，正德年间徐可原，万历年间举人徐嗣爰，崇祯年间监生徐长倩，清康熙《郯城县志》编修徐源淳、廪生徐渭桥，延续了徐姓祭祀的文化。每年清明、冬至，就近集结在始祖陵或各村始迁祖墓前，由祭祀传承人或族长主持祭祀。

清末、民国、直至解放初期，郯城40多个徐姓为主的自然村，对祖陵祭祀都有所传承。“文化大革命”期间，成规模祭祀活动一度中断。改革开放后，世界经济一体化进程加快，海内外徐姓人交流频繁，寻根问祖，祭祀活动增加。

2016年12月，郯城徐氏祭祀文化被列入临沂市第五批市级非物质文化遗产代表性项目名录。

主要特征　郯城徐氏祖陵祭祀活动首先从供奉远祖、尊始祖、始祖，左右依次供奉古徐国44代国君，供奉各支派始迁开基祖及历代名望贤达，内容浩瀚。

徐氏祭祀是展示徐氏文化的一种形式。徐以国作姓，其历史文化源远流长，历史上名人辈出，祭祀既是展示徐氏史脉文化，也展示了徐氏族规族训、诗词歌赋，以及名家巨匠所留下的文化遗产和精神财富。

祭祀活动程式化。郯城徐氏祭祀活动在礼仪、程式、内容上有着严格的规定，具有示范作用，海内外各地徐姓人口集聚区举行祭祀活动时，都参照郯城徐氏祭祀仪式。

徐氏祭祀具有尊祖、爱国、团结、传承的文化内涵，能够唤醒人们内心深处孝道、善良、仁德本性，对传承和弘扬中华优秀文化、引导海内外华人团结一心、奋发有为具有积极的引导意义。

附：《祭中华徐氏祖陵文》

维公元2012年9月17日，岁序壬辰年捌月贰日吉时，广东徐氏联谊总会会长徐越、广西徐氏联谊总会会长徐兆佑偕广东、广西祭祖团全体成员等怀赤诚之心，具素酒牺牲之仪，告奠中华徐氏祖陵，曰：

吾祖盛德，万古流芳，东夷文化，举世敬仰；
助禹治水，承受禅让，经通山海，记述八荒；
仲康封爵，统领徐方，铸造青铜，镇国立邦；
侯君数代，威名远扬，巍巍陵寝，安卧郯乡；
中更蹉跎，世事沧桑，山河有灵，天地无疆；
故冢犹在，裔徙四方，诗礼传家，士农工商；
祖荫祖德，永念永享，宗亲联谊，忠孝为纲；
齐聚郯地，大计议商，奉献社会，和谐共襄；
祖陵之根，情系八方，葺修扩建，重任担当；
广东广西，祖国南疆，徐氏后裔，枝茂源长；
马陵巍巍，沂沭荡荡，缅怀祖德，永矢弗忘；
掬诚告奠，伏祈灵鉴。

兰陵朗公寺庙会

每年农历三月初八的大宗山朗公寺庙会又称“东山会”。众多善男信女，纳福求子、踏青春游、亲朋游聚、络绎不绝，庙会不仅是祭拜的活动，还增加各种小吃、娱乐活动，成为当地群众体验民俗经典的好时节。

历史渊源　大宗山朗公寺位于兰陵县大仲村

郎公寺

朗公寺庙会剪影

基本状况 朗公寺庙宇地处车镇车庄村东，为古琅琊四大名寺之首。该寺创建于东晋成帝咸康五年（339年），创建者是晋代名僧佛图澄的弟子。

元成宗元贞元年（1295年）重修，明弘治三年（1490年）扩建，清代多次增建重修，鼎盛时期僧侣逾千人。朗公寺曾与济南万德灵岩寺和杭州灵隐寺齐名，历史悠久，影响颇广，迄今已有1600多年的历史。

朗公寺现存古建遗址为晋代建筑风格，规模宏大，构造复杂，有上寺、塔林、下寺三大建筑，在朗公山之阳，下寺、塔林、上寺，从低至高依次排列。上寺殿堂飞檐斗拱，石柱盘龙，雄伟壮观，分前后三进，东西各配有碑亭、廊房，大殿为佛祖殿，供奉如来佛祖，两侧为罗汉塑像；二殿五间，为罗汉殿，殿内塑弥勒佛像，两侧列十八罗汉；前殿五间，主体建筑包括山门、天王殿，殿内塑四大天王。上寺中保存了大量碑碣刻石。

塔林位于上寺西约50米，原是历代寺僧安息处，塔基多为鼓形，塔身为六面柱体，所置覆莲花项轮随处可见，塔身各面雕有盘龙、飞天等图案，优美的造型与绝妙的浮雕相辅相成，显示古代佛教雕刻造型艺术的独特风格。

朗公寺依山而立，庙会依寺而兴。据考证，朗公寺庙会，始于元，盛于明清，“文化大革命”时期中断，1980年农历三月初八庙会恢复，前后绵延达700余年。1997年春，大仲村镇政府把大宗山朗公寺修葺一新，为当地百姓创造了一个游玩观赏、生产贸易、文化交流的好环境。每年清明节，香客、游人络绎不绝，尤其是一年一度的庙会，人如潮流，商贾云集，规模宏大，促进了民俗文化的繁荣和经济社会的发展，成为当地的一大特色。

2016年12月，朗公寺庙会被列入临沂市第五批市级非物质文化遗产代表性项目名录。

庄村东侧，面积为3.6平方公里，为山东建寺较早，面积较大，保护较好的寺庙之一。2003年、2013年分别被列为省、市级文物保护单位，对研究中国的佛教文化，雕刻、书法艺术及历史文化具有重要的考古价值，源远流长的民俗民风对研究中国民俗文化具有重要的参考价值。

朗公寺坐落在大宗山之阳，这里山清水秀，林木茂盛，远看群峰巍峨，近看涧深谷幽，四季景色怡人，旅游资源得天独厚。2005年大宗山成功申报国家AA级旅游风景区，大宗山朗公寺列入省市旅游开发总体规划。2012年兰陵县大仲村镇编制了《大宗山朗公寺旅游区总体规划》，一个集旅游观光、餐饮购物、休闲度假的佛教文化圣地逐步形成。

传承与保护 大仲村镇仲村村，建于明永乐年间（1403—1424年），因聚落处有一大冢，命名为冢村，后为书写方便，多作“仲村”，久而成俗，遂为今名。仲村宋氏族人为向城杭头村宋氏望族，明末清初从安乐庄迁于仲村。相传明代诗人宋稷学曾游朗公寺，触景诗发，留下“游朗公寺诗二首”石刻一方，成为宋氏族人的荣耀。后人多次参与朗公寺维修事宜，清嘉庆年间，宋氏族人捐款维修朗公寺的碑记还完好的保存在杭头宋氏家庙内。在漫长的岁月中，仲村宋氏数代人耕种经营朗公寺山地，对这片土地有着深厚的感情。

1980 年，农历三月初八朗公寺庙会重新恢复。1997 年，大仲村镇政府对大宗山进行综合开发，重修朗公寺庙宇。仲村村宋玉、宋华东父子慷慨解囊并承担了朗公寺项目建设。2008 年朗公寺再次维修，2010 年竣工，朗公寺面貌大为改观，立功德碑一座。此后宋华东、宋增辉父子承接了朗公寺的管理工作，成为大宗山朗公寺的保护人。

塔山玉皇庙庙会

塔山玉皇庙位于费县银座天蒙旅游区境内，始建于明代，现存玉皇殿共 3 间，东西长 6.38 米，进深 4.2 米，砖石结构，墙体皆为条石垒成，厚 1.1 米。玉皇殿为无梁殿，穹窿形石碹顶，上覆灰陶筒瓦，形制为硬山单脊。玉皇庙庙会始于明代，距今已有 700 多年的历史，是当地群众祭祀、祈福、游乐、交易的场所。

历史渊源　塔山玉皇庙建于明代，建庙之初，周边的民众开始围绕玉皇庙自发地举行祈福祭祀活动，拿家里的肉和水果作为贡品，求雨消灾，开始形成塔山玉皇庙集会活动。到清代，庙会已具有一定的规模，并向多元化转变。随着社会的发展，庙会逐渐和集市交易融为一体，成为人们敬祀神灵、交流感情和贸易往来的综合性社会活动，几百年间从未间断。

2016 年 12 月，塔山玉皇庙庙会被列入临沂市第五批市级非物质文化遗产代表性项目名录。

塔山玉皇庙祈福

主要内容　每年农历正月初一、初九、十五，三月初三等，都是举行庙会的固定日子，其中正月初一庙会规模最大，持续五至七天不等，香客以本乡本土人为主。

正月初九传说是玉皇大帝的生日，这天当地百姓通常带着鸡、鱼、酒、香、纸等供品到玉皇庙里烧纸磕头，为玉皇大帝庆生，感谢玉皇大帝的恩赐，同时祈求玉皇大帝的保佑。年长的老人、年幼的孩子、待嫁的姑娘、新过门的小媳妇都会上山祝拜玉皇大帝，他们有的祈求财运，有的祈求健康平安，有的祈求儿女双全，有的祈求美好姻缘。

正月十五举行为玉皇大帝“送驾”的活动，由附近村民组成的声势浩大的送驾队伍开始游行。前面为八面彩旗开道，锣鼓唢呐队伍紧随其后，后面还有高跷队、旱船队、舞狮队等。队伍抵达玉皇庙时，设香案，燃香烛，叩首跪拜，之后便载歌载舞，欢呼雀跃，以讨玉皇大帝欢心，保佑人们延年益寿，五谷丰登。

颛臾故国主祭蒙山

颛臾故国遗址在平邑县柏林镇固城村。《左传·僖公二十一年》载：“颛臾，风姓也，实司太皞与有济之祀，以服事诸夏。”杜预注：“颛臾在泰山南武阳县东北。”清曹寅《过沂水有怀芷园弟》诗：“寒事颛臾早，征轺沂水初。”章炳麟《封建考》：“于周亦有任、宿、须句、颛臾，实祀有济，盖仳诸侯。”

故城南北长 600 米、东西宽 550 米，用黄土夯筑而成，东、西、北面残墙高 3 ~ 4 米，最高处达 9 米。遗址内文化遗存极其丰富，残砖断瓦俯拾即是，残墙夯土层次分明。

相传远古时代太皞后裔建立颛臾国。西周初，成王封颛臾王祭祀蒙山。后颛臾因势单力薄被楚所灭。宋朝时期，徽宗加封颛臾为“英烈昭济惠民王”，并将原颛臾国祭祀蒙山的主祭处蒙祠改称颛臾王庙以祭颛臾。

柳老爷庙会上的舞龙秧歌表演

历史渊源 公元前11世纪，周成王为了祭祀蒙山，封伏羲之后，风姓之人，立颛臾国，以主祭蒙山。《论语·季氏》载："季氏将伐颛臾，……孔子曰：昔者先王以为东蒙主，……何以伐为？"《左传·僖公二十一年》载："颛臾，风姓也"。颛臾国主要辖今蒙阴南半部，平邑北半部，费县东北部的蒙山周围地区。都城在今平邑县柏林镇固城村北，其遗址犹存。古人一年四季祭蒙山，春东，夏南，秋西，冬北。

蒙山周围至今还流传着歌颂颛臾王的传说和诗文。天旱了他为百姓向天祈雨；百姓有病，他用山上的草药为百姓治病；外敌入侵，他的家人英勇作战，壮烈殉国……。明永乐进士，正统年间住山东副史彭勖诗赞颛臾王曰："蒙山突兀鲁城东，巨大如龟镇上峰。为问颛臾今有祀，季孙空富过周公。"《平邑县志》载："颛臾王世守蒙阳，君长斯民，善政善教，民爱戴之如父母。王薨，葬于蒙阴，岁时墓祭，民哀怜之如考妣。"

颛臾王在世时，每年新年、立春、立秋等节日，都代表周天子，率领文武官员前往蒙祠，虔诚叩拜，敬献祭品，宣读祭词，祈求蒙山神保佑人畜平安，五谷丰登，天下安定康宁。颛臾亡国后，战国至清代官方主持祭祀蒙山的活动时断时续，其规格、规模、仪式等不尽相同。

2016年12月，颛臾故国主祭蒙山被列入临沂市第五批市级非物质文化遗产代表性项目名录。

主要内容 颛臾国，风姓四国之一，是太昊伏羲氏的后裔，有"司太皞与有济之祀，以服事诸夏"的职责。西周初年，周成王将其封为诸侯国，国君为"颛臾王"，命其主祭蒙山。

颛臾王去世以后，蒙山周围的人们历代都祭祀他，甚至把颛臾王当成蒙山神。颛臾国祭祀蒙山地在今蒙山主峰脚下古蒙祠，宋宣和年间起，蒙山南麓的玉虚观（今万寿宫）道士兼祭蒙祠。旧《费县志》记载：对颛臾王"汉、唐以来，历代崇祀。至宣和五年癸卯，始封为英烈昭济惠民王，列入祀典。历元及明皆因之"。《蒙山志》载：周时颛臾王主祀蒙山，一年四时设祭，蒙祠为其夏祭坛，原祀蒙神。宋熙宁八年，神宗封古颛臾王灵显潜应侯，宣和五年徽宗又封他为英烈昭济惠民王。从此，蒙祠改祀颛臾王，祠名改为英烈昭济惠民王庙。明洪武三年（1370年），朱元璋下诏去除山川神祠历代封号，颛臾王庙官方祭祀遂废。洪武之后，民间祭祀仍延续。

柳老爷庙会

农历三月初三，是龙神柳老爷的生日，又是柳老爷庙建庙纪念日。临沭县柳庄村每年三月初三都会举办柳老爷庙会。该庙会始于隋唐时期，流传至今，是柳庄村仅次于春节的重要节日。

历史渊源 柳毅庙又称龙神柳老爷庙，位于临沭县白旄镇柳庄村村西，相传建于唐朝以前，距今已有近2000年的历史，后经历代多次重修。唐二世重修柳毅庙时，碑上刻有"庄亦柳名，人亦柳姓"字样。清乾隆二年（1737年）碑记述"乾隆庚年岁次丁巳重修柳毅庙"；清宣统元年（1909年）重修庙时，大殿楹联为相公庄举人李熙春撰写，上联是："胜迹溯泾阳尺书远寄片井长留直与洞庭山并峙今古"，下联是"崇祠开沭左翠峰遥拱蓝波近映恍疑灵虚殿尚在人间"，这些石碑都完整地保留了下来。

柳毅庙于解放前夕被毁，1986 年重修。2008 年，在众多善男信女的大力支持下，修复柳老爷庙一期工程完成，为龙神柳老爷重塑金身。新建的龙神殿为仿古建筑，坐北朝南，长 16.4 米，宽 9.9 米，高 10 米。殿堂正中供奉柳老爷，左边雹子老爷，右边柳奶奶。柳老爷即柳毅，相传柳毅因慕大禹治水建功立业、名扬天下而立志治水患济苍生，从治理沭水开始，又治理了山东、江苏、浙江、安徽、江西、海南等地许多小河。人们感念他的功绩，尊称其为“柳功长”，立庙祀之。柳奶奶为东海龙王之九女，柳毅因助龙女传书而与之结仙缘；雹子老爷系柳奶奶外甥，保佑一方百姓不受雹灾。

柳老爷庙会始于隋唐时期，每年农历三月三都会举办柳老爷庙会，这一风俗流传至今年。

传承人王朝学，出生于柳编世家，受父辈影响，从小就痴迷于柳文化。从事传统柳编及柳文化研究数十年，收集整理了大量的柳文化资料，连续多年策划和制定柳老爷庙会办会方案，撰写祭文，将柳老爷庙会发扬广大。

2016 年 12 月，柳老爷庙会被列入临沂市第五批市级非物质文化遗产代表性项目名录。

主要内容　柳老爷庙一年四季都有前来焚香拜祭的，逢年过节更多。农历三月三日柳老爷庙会集中送香已经约定俗成。从头天晚上开始，庙里送香的人接连不断，灯火通明，香气缥缈，鞭炮声不绝于耳。三月三庙会这天，柳庄附近几十个村庄的男女老少蜂拥而至，还有来自江苏省、山东省周边县市的善男信女。这日龙神堂聚集上万民众，他们手持香火在龙神庙虔诚跪拜，祈求神灵保佑其全家和睦、身体健康、五谷丰登、万事吉祥。

庙会一般持续三天，期间前来拜祭的人络绎不绝。庙会的高潮为送香活动，走在前面的是拿着鞭炮开道的青年，后面跟着龙灯秧歌队，最后是拿着香火的老人和锣鼓队，依次在龙神堂前烧香跪拜，祈求地方风调雨顺，祛病禳灾。

庙会上买卖、小吃、杂要、说书、唱戏的，应有尽有。各种水果摊、小吃点密密麻麻排成一列，熙熙攘攘而又秩序井然。最显眼的是“柳货市”，身怀绝技的柳编艺人们把自家编制的圆筐、篼子带过来，赶庙会的人争相购买。人们不仅可以买到平时不易买到的货物，还可以欣赏到舞龙、杂要等精彩表演。每年，柳老爷庙会都会邀请临沂等地的剧团表演传统大戏，为当地百姓奉献一场文化盛宴。

附：《拜龙神柳老爷祭文》（王朝学）

惟公元二〇一三年四月十二日，岁次癸巳，节过清明，金蛇起舞，玉宇澄清。柳氏苗裔，共献至诚。恭祭柳毅始祖之庙曰：

癸巳之初，春和景明，惠风和畅，天朗气清。
一元复始，万木萌生，百鸟翔集，梨白桃红。
紫气东来，霞蔚云蒸，神州大地，喜气盈盈。
山有钟华，松柏青青，水有沭河，波光泠泠。
千年古槐，淡定从容，栗树老祖，又见新生。
金滩栗海，物阜年丰，民心恭敬，人杰地灵。
抱朴守拙，古道热风，柳庄之地，实乃福境。
先祖之技，柳编遗风，隋始至今，从未断行。
筐箱篼箕，瞬间而能，技艺高超，世人皆惊。
柳庄渊源，远近有名，更有传说，异彩纷呈。
人以柳事，赖此谋生，千年沧桑，终有大成。
适逢盛世，春风畅行，传统柳编，威名日盛。
省级非遗，保护传承，做大做强，建设柳城。
文化产业，前景光明，幸福生活，自兹远行。
今日聚首，拜谒祖灵，感恩厚德，佑我民生。
香火不绝，日益兴盛，以和为贵，福寿康宁。
幸福柳庄，其乐融融，千秋万代，永享太平。
伏惟尚飨！

沂蒙传统婚俗

婚俗是人类繁衍社会属性的表现形式，是人类的一种重要的仪式仪规。沂蒙地区受儒家思想影响很深，非常讲究传统文化，表现在婚姻大事上，就是有一套严谨的婚礼仪规。沂蒙传统婚俗的分布区域较广，大致在鲁中南沂蒙山区一带，以沂水县为核心，辐射临沂周边地区。

历史渊源 沂水县三官庄村传统婚俗文化非常具有代表性。早在清代，村中于氏族内掌管婚丧嫁娶的执事就对本村、邻村红公事的形式、内涵，进行过系统的整理记录，代代相传，到于秀兰，已传承五代。

2020年11月，沂蒙传统婚俗被列入临沂市第六批市级非物质文化遗产代表性项目名录。

沂蒙传统婚俗——拜堂

主要内容 沂蒙传统婚俗，有着独特的地域文化特征，内容丰富、热闹有趣，主要包括婚前准备、结婚、婚后新生活三部分，内容主要包括上门迎亲、盘头上妆、催嫁、发嫁、迎亲、过门、拜天地、入洞房、闹洞房、回门等环节。

沂蒙传统婚俗的核心是婚礼当天的婚庆仪式，包括迎亲、领红、拜堂、入洞房、闹洞房等程序。各个环节都讲究隆重、热烈、喜庆。

婚庆仪式的主色调全部是喜庆的中国红，洋溢着浓郁的欢快喜庆气氛。礼宾仪仗锣鼓家什一应俱全、迎亲队伍吹吹打打上门迎亲，其中包含了舞狮催嫁、唢呐吹调等内容。新郎乘马新娘坐轿一起回府，路上新娘脚不沾土，新郎人不下鞍。拜堂成亲保持原汁原味的传统仪式，由司仪主持，证婚人宣读证婚词，然后磕头拜天地、拜父母，夫妻对拜，入洞房。

闹洞房是为新郎新娘贺喜取乐的一种方式。结婚喜宴结束以后，有兴趣的亲友便会纷纷参加。时间一到，亲友不分辈分长幼，都会争先恐后进入新房中嬉闹。一为祝两位新人幸福美满，早生贵子，二为沾沾新人喜气。

第四章 县区级非物质文化遗产项目

第四章　县区级非物质文化遗产项目

第一节　兰山区

2007年，兰山区开展区级非物质文化遗产代表性项目评定工作，8月，认定《卧冰求鲤》等区级非物质文化遗产代表性项目18项。至2021年年底，共认定区级非物质文化遗产代表性项目7批81项。

2021年兰山区区级非物质文化遗产代表性项目情况表

表4-1

项目名称	项目类别	认定时间	代表性传承人
卧冰求鲤	民间文学	2007.8	王家廷
兰山童谣	民间文学	2007.8	陈西芬
龟驮城的传说	民间文学	2007.8	
鞭打芦花	民间文学	2007.8	
娘娘庙的传说	民间文学	2007.8	
兰山民歌	传统音乐	2007.8	
曲艺音乐	传统音乐	2007.8	
竹马秧歌	传统舞蹈	2007.8	密永春
双花棍	传统舞蹈	2007.8	
弦子戏	传统戏剧	2007.8	王永庆　王士梓　刘　妮
皮影戏（临沂皮影戏）	传统戏剧	2007.8	陈田年　张自超
靠山梆子	传统戏剧	2007.8	
脚打鼓（三弦平调）	曲艺	2007.8	高庆平　李希义
渔鼓说唱	曲艺	2007.8	
八宝豆豉制作技艺	传统技艺	2007.8	杨玉春
糁制作技艺	传统技艺	2007.8	许家糁馆、朝阳糁馆负责人
王氏熟梨制作技艺	传统技艺	2007.8	王玉成　王力岗
密氏膏药制作技艺	传统医药	2007.8	密淑晓
少年王羲之传说故事	民间文学	2008.11	闫从顺
沂蒙刻瓷	传统美术	2008.11	马成瑞
微刻	传统美术	2008.11	张　翼
沂蒙面塑	传统美术	2008.11	吕　婷　王玉萍　宋庆芳
琅琊剪纸	传统美术	2008.11	林化强　王艳俊　王玉桂 李　玲　王　滨　张建彬 朱孟奔　张晓秋
沂蒙刺绣（兰山刺绣）	传统美术	2008.11	李　伟　高永美

续表 4-1

项目名称	项目类别	认定时间	代表性传承人
秧歌扑蝴蝶	传统舞蹈	2008.11	
碟子舞	传统舞蹈	2008.11	
花儿团制作技艺	传统技艺	2008.11	
过门笺制作技艺	传统技艺	2008.11	
中国结编织技艺	传统技艺	2008.11	邓桂花　张洪霞
京剧脸谱制作技艺	传统技艺	2008.11	
黑虎查拳	传统体育、游艺与杂技	2008.11	李付华
兰山方言	民间文学	2011.4	邢宝俊
艾山传说	民间文学	2011.4	
溜山梆子	传统戏剧	2011.4	刘清爱
王氏酱菜制作技艺	传统技艺	2011.4	
少年闵子骞的传说	民间文学	2014.2	
罗成与陷泥河	民间文学	2014.2	
奶奶炕的传说	民间文学	2014.2	
五贤祠的来历	民间文学	2014.2	
甘露寺的由来	民间文学	2014.2	
沂蒙布贴画	传统美术	2014.2	石运梅
小二回锅炒鸡制作技艺	传统技艺	2014.2	王善平
方城大锅饼制作技艺	传统技艺	2014.2	
葛家王平庄司家烧鸡制作技艺	传统技艺	2014.2	
古琴制作技艺	传统技艺	2014.2	
华拳	传统体育、游艺与杂技	2014.2	李思源
段氏德兴堂烧烫伤复原膏制作技艺	传统医药	2014.2	段家立
茶山传说故事	民间文学	2016.3	
木板、宣纸烙画	传统美术	2016.3	凌东启
朱氏“鲁作”家具传统制作技艺	传统技艺	2016.3	
刘氏恒春堂炉甘石炮制法	传统医药	2016.3	刘永达
密氏正骨疗法	传统医药	2016.3	密淑晓
刘氏恒春堂眼科疗法	传统医药	2016.3	刘　昊
锔瓷（传统锔艺）	传统技艺	2017.12	房海英
冯记羊肉汤制作技艺	传统技艺	2017.12	冯良山
临沂传统修脚术	传统技艺	2017.12	王建秀　王建云
陈家药酒制作技艺	传统技艺	2017.12	
形意拳	传统体育、游艺与杂技	2017.12	杨中波
七及连术散制作技艺	传统医药	2017.12	
尤氏风湿壮骨帖制作技艺	传统医药	2017.12	
扣刺拔毒带状疱疹针疗法	传统医药	2017.12	

续表 4-1

项目名称	项目类别	认定时间	代表性传承人
尤氏深针刺疗法	传统医药	2017.12	
孟医堂中医针灸	传统医药	2017.12	孟轲华
葫芦雕刻	传统美术	2019.12	王孝同
兰山亓氏雕刻	传统美术	2019.12	齐石明　亓　功
沂蒙绒绣	传统美术	2019.12	朱东德
核雕技艺	传统美术	2019.12	
蛋雕技艺	传统美术	2019.12	
泥陶烧制技艺	传统技艺	2019.12	王文涛　张怀林
传拓技艺	传统技艺	2019.12	胡发科
沂蒙布艺	传统技艺	2019.12	王昆琳
安记疙瘩汤制作技艺	传统技艺	2019.12	安广利
煎饼制作技艺	传统技艺	2019.12	
马埠岭小磨香油制作技艺	传统技艺	2019.12	刘淑现
冷制手工皂制作技艺	传统技艺	2019.12	
蓑衣编织技艺	传统技艺	2019.12	
混元太极	传统体育、游艺与杂技	2019.12	李兴丽
斗蟋蟀	传统体育、游艺与杂技	2019.12	
付氏大成拳（大成拳）	传统体育、游艺与杂技	2019.12	付之玉
马氏正骨	传统医药	2019.12	马玉田　马玉伟
王氏疼痛贴制作技艺	传统医药	2019.12	

第二节　罗庄区

2007 年，罗庄区开展区级非物质文化遗产代表性项目评定工作，8 月，认定《罗庄民窑与陶瓷》等区级非物质文化遗产代表性项目 4 项。至 2021 年年底，共认定区级非物质文化遗产代表性项目 6 批 53 项。

2021 年罗庄区区级非物质文化遗产代表性项目情况表

表 4-2

项目名称	项目类别	认定时间	代表性传承人
湖南崖社区扑蝴蝶	传统舞蹈	2007.8	钱钟义
王树民手指书法艺术	传统美术	2007.8	王树民
杨开英剪纸及手绣艺术	传统技艺	2007.8	杨开英
罗庄民窑与陶瓷	民俗	2007.8	周士贤
双月湖的传说	民间文学	2009.6	钱守际
留邻庄的传说	民间文学	2009.6	赵明祥
五户井的传说	民间文学	2009.6	陆全军

续表 4-2

项目名称	项目类别	认定时间	代表性传承人
杨锡印的农民识字教学法	民间文学	2009.6	杨锡印
蜈蚣三忌的传说	民间文学	2009.6	聂相功
丁家汪里打响场的传说	民间文学	2009.6	孙汉林
朱陈十三个月歌	传统音乐	2009.6	乔瑞祥
高跷	传统舞蹈	2009.6	李秀洲
傅庄铸造	传统技艺	2009.6	陈乃庆
同沂庄盒子花	传统技艺	2009.6	寇荣和
粉皮制作工艺	传统技艺	2009.6	宋志洪
糖人制作	传统技艺	2009.6	于士均
武术（醉拳等）	传统体育、游艺与杂技	2009.6	吴树美
朱陈孙氏膏药	传统医药	2009.6	孙建路
回族葬礼	民俗	2009.6	
傅庄名吃“糁”	民俗	2009.6	张建军
面塑	传统美术	2015.12	王树海
黑陶手工制瓷	传统技艺	2015.12	孔凡洪
陶艺泥哨	传统技艺	2015.12	陆红千
冶铸	传统技艺	2015.12	孟祥俊
中国十路少林山拳	传统体育、游艺与杂技	2015.12	吴景川
后盛庄庙会	民俗	2015.12	
敲击乐《敲瓷碟》	传统音乐	2017.9	程广荣
罗庄区古琴演奏	传统音乐	2017.9	张阳阳
打花棍	传统舞蹈	2017.9	程广荣
罗庄区苗氏剪纸	传统美术	2017.9	苗　苗
古建青砖灰瓦手工技艺	传统技艺	2017.9	
古建琉璃瓦生产工艺	传统技艺	2017.9	李春泉　李品欣　申友芝
朱陈土陶黑瓷烧制工艺	传统技艺	2017.9	盖家友
沂州刻瓷技艺	传统技艺	2017.9	刘玉刚
铁锅铸造技艺	传统技艺	2017.9	王云强
金钱莲花帽制作工艺	传统技艺	2017.9	王友红
汉服制作技艺	传统技艺	2017.9	赵振锋
王氏中医－妇科、不孕不育	传统医药	2017.9	王克光
儒家礼仪－婚礼、祭祀、成人礼	民俗	2017.9	朱志华
中式传统插花	传统美术	2019.9	杜明夏
李氏食疗	传统医药	2019.9	李永晓
紫砂烧制技艺	传统技艺	2019.9	杨秀荣
沂蒙卷纸技艺	传统技艺	2019.9	孔令钊

续表 4-2

项目名称	项目类别	认定时间	代表性传承人
朱陈许家老式八大碗	传统技艺	2019.9	张　恒
传统灯笼制作	传统技艺	2019.9	苏国友
锡器制作技艺	传统技艺	2019.9	齐自祥
黄山柳编技艺	传统技艺	2019.9	林茂杰
贤孝庄传说	民间文学	2020.5	
陈氏太极拳	传统体育、游艺与杂技	2020.5	刘孝伟
扎彩	传统技艺	2020.5	
李氏传统年糕	传统技艺	2020.5	李金芳
廖屋结绳技艺	传统技艺	2020.5	王清军
鲁南花木大集	民俗	2020.5	夏　斌

第三节　河东区

2007 年，河东区开展区级非物质文化遗产代表性项目评定工作，8 月，认定“分金台”的传说等区级非物质文化遗产代表性项目 13 项。至 2021 年年底，共认定区级非物质文化遗产代表性项目 3 批 79 项。

2021 年河东区区级非物质文化遗产代表性项目情况表

表 4-3

项目名称	项目类别	认定时间	代表性传承人
“分金台”的传说	民间文学	2007.8	
孔子沐浴处	民间文学	2007.8	
两匹泥马的故事	民间文学	2007.8	
竹马旱船	传统舞蹈	2007.8	
孙氏皮影	传统戏剧	2007.8	孙兰玉
渔鼓说唱	曲艺	2007.8	韩为贵
漆器工艺画	传统美术	2007.8	王玉鑫
褚庄泥塑	传统技艺	2007.8	
彩印花布	传统技艺	2007.8	张明建　张继胜
琅琊古墨制作技艺	传统技艺	2007.8	张兰波
巧儿布艺制作技艺	传统技艺	2007.8	邢艳霞
民间修脚	传统技艺	2007.8	夏洪才
白塔街三月三庙会	民俗	2007.8	
龙井传说	民间文学	2018.3	
忠犬传说	民间文学	2018.3	
龙王庙故事	民间文学	2018.3	
凤凰岭的传说	民间文学	2018.3	

续表 4-3

项目名称	项目类别	认定时间	代表性传承人
文姜的传说	民间文学	2018.3	
温水侯爷刘安国巧断“村妇偷鸭案”	民间文学	2018.3	
于屋村老万的传说	民间文学	2018.3	
古沂东天下第一镇——常旺街传说	民间文学	2018.3	
慈孝泉的传说	民间文学	2018.3	
小皇山的传说	民间文学	2018.3	
西大沟村郑王庙传说	民间文学	2018.3	
雹神李佐车的传说	民间文学	2018.3	
洪瑞古香枫树的传说	民间文学	2018.3	
刀剪歌谣	民间文学	2018.3	
柳琴戏	传统戏曲	2018.3	马　粉
根雕制作技艺	传统美术	2018.3	陈贺军
葫芦烙画制作技艺	传统美术	2018.3	徐振庆
树脂画制作技艺	传统美术	2018.3	王金磊　王玉鑫
布老虎制作技艺	传统美术	2018.3	孙庆兰
木板烙画	传统美术	2018.3	孙树海
篆刻制作技艺	传统技艺	2018.3	张从余
面塑制作技艺	传统技艺	2018.3	胡金香
米酒制作技艺	传统技艺	2018.3	黄　骞
糖画制作技艺	传统技艺	2018.3	陈玲玲
粉皮制作技艺	传统技艺	2018.3	刘瑞春
老锅饼制作技艺	传统技艺	2018.3	孙守海
豆腐制作技艺	传统技艺	2018.3	王新学
盖氏驴肉制作技艺	传统技艺	2018.3	盖庆宽
核桃壳工艺品制作技艺	传统技艺	2018.3	吴兰荣
手工绢花制作工艺	传统技艺	2018.3	葛怀友
沂州木瓜饮品、果脯制作技艺	传统技艺	2018.3	诸葛绪钦
中医崩止丸疗法	传统医药	2018.3	王祥峰
中医接骨断续疗法	传统医药	2018.3	
赶头汤传说	民俗	2018.3	
男女争汤	民俗	2018.3	
“水热”说“水大”的由来	民俗	2018.3	
东张岭古滂传说	民间文学	2019.9	
沭河民间故事——拉呱	民间文学	2019.9	
雹泉庙古石狮传说	民间文学	2019.9	
火笔画	传统美术	2019.9	许洪刚
沂州剪纸	传统美术	2019.9	李玉玺

续表 4-3

项目名称	项目类别	认定时间	代表性传承人
曲坊扑蝴蝶	传统舞蹈	2019.9	刘明香
龙灯扛阁	传统舞蹈	2019.9	李玉常　杨贯秋
老龙秧歌	传统舞蹈	2019.9	韩桂珍
寇家疃打花棍	传统舞蹈	2019.9	
核雕微雕技艺	传统技艺	2019.9	邵珠林
锻打刀具技艺	传统技艺	2019.9	李正磊
尤氏刻瓷技艺	传统技艺	2019.9	尤洪国
根雕茶台制作技艺	传统技艺	2019.9	王凤田
草柳编制作技艺	传统技艺	2019.9	陈际现
沂蒙泥哨制作技艺	传统技艺	2019.9	张宗沛
古琴制作技艺	传统技艺	2019.9	马兴民
黄家粉皮制作技艺	传统技艺	2019.9	
郑旺酱菜制作技艺	传统技艺	2019.9	
李氏保生丸制作技艺	传统医药	2019.9	
三官庙庙会	民俗	2019.9	
柴窑红陶	传统技艺	不详（属原临沂经济技术开发区）	
苏氏月饼制作技艺	传统技艺	不详（属原临沂经济技术开发区）	
毛皮制作技艺	传统技艺	不详（属原临沂经济技术开发区）	
葡萄酒制作工艺	传统技艺	不详（属原临沂经济技术开发区）	
于氏手绘彩陶	传统技艺	不详（属原临沂经济技术开发区）	
手工牛角梳	传统技艺	不详（属原临沂经济技术开发区）	
张贺回族社区传统婚宴	民俗	不详（属原临沂经济技术开发区）	
徐贺舞龙艺术	传统舞蹈	不详（属原临沂经济技术开发区）	
威风锣鼓	传统舞蹈	不详（属原临沂经济技术开发区）	
传统银针针刺治疗疼痛医技	传统医药	不详（属原临沂经济技术开发区）	

第四节　郯城县

2007 年，郯城县开展县级非物质文化遗产代表性项目评定工作，8 月，认定《东海孝妇传说》等县级非物质文化遗产代表性项目 31 项。至 2021 年年底，共认定县级非物质文化遗产代表性项目 5 批 100 项。

2021 年郯城县县级非物质文化遗产代表性项目情况表

表 4-4

项目名称	项目类别	认定时间	代表性传承人
东海孝妇传说	民间文学	2007.8	孙绍林　陈　伟
孔子师郯子传说	民间文学	2007.8	刘宝玉

续表 4-4

项目名称	项目类别	认定时间	代表性传承人
红石崖打鼓台的传说	民间文学	2007.8	
老神树的传说	民间文学	2007.8	
官竹寺的传说	民间文学	2007.8	
红石崖凤凰嘴子的传说	民间文学	2007.8	
金鸡岭的传说	民间文学	2007.8	
探花林的传说	民间文学	2007.8	
马王打枪没有事	民间文学	2007.8	
九女松的故事	民间文学	2007.8	
郯马五大调	传统音乐	2007.8	杨新儒　柏文泰　徐振清 苏　天　周芷锘　徐　磊 徐秀玲　官秀峰　马明星 张　玲
郯城民歌姐儿妞	传统音乐	2007.8	陈庆彩　徐绍贵
唢呐吹奏	传统音乐	2007.8	田作奎
柳琴戏	传统戏曲	2007.8	张开红　杨　侠　郑　琳 王从军　曹秀鸾
双旱船	传统舞蹈	2007.8	潘秀军　刘新梅
沙墩子房舞狮	传统舞蹈	2007.8	
郯城木旋玩具	传统美术	2007.8	樊继美　樊士英　樊士伟　樊　森
郯城木版年画	传统美术	2007.8	张朝烈　张丙爱　张洪卫
郯城挂门笺	传统美术	2007.8	张乃苍　张慕鑫
郯城面塑	传统美术	2007.8	韩红元
柳编传统编织技艺	传统技艺	2007.8	杜培兰
中国结传统编织技艺	传统技艺	2007.8	沈　静
马头朝牌制作技艺	传统技艺	2007.8	刘文圣　辛广云
郯城瑯琊草编织技艺	传统技艺	2007.8	徐景雪
民族乐器制作技艺	传统技艺	2007.8	高振保　高庆财
捏面人	传统技艺	2007.8	
泥陶制作	传统技艺	2007.8	田作才
玉米皮编织	传统技艺	2007.8	
徐祗法武术	传统体育、游艺与杂技	2007.8	
少林武术	传统体育、游艺与杂技	2007.8	
郯城仇氏正骨	传统医药	2007.8	仇朝峰
鹿乳奉亲	民间文学	2008.12	
于公传说	民间文学	2008.12	
倾盖亭故事	民间文学	2008.12	
周七猴子故事	民间文学	2008.12	赵国旗
鬼谷子王禅故事	民间文学	2008.12	

续表 4-4

项目名称	项目类别	认定时间	代表性传承人
小墨河传说	民间文学	2008.12	
马陵山传说	民间文学	2008.12	
张林村由来	民间文学	2008.12	
郯城八景	民间文学	2008.12	
采莲湖传说	民间文学	2008.12	
马头方言调侃子	民间文学	2008.12	
冷奶奶传说	民间文学	2008.12	
公冶长识鸟语	民间文学	2008.12	
庙山传说	民间文学	2008.12	
清泉寺传说	民间文学	2008.12	
御道桥传说	民间文学	2008.12	
望海楼传说	民间文学	2008.12	
郯城黑咸菜制作技艺	传统技艺	2008.12	
李庄锅饼制作技艺	传统技艺	2008.12	李志华
郯城民间传统刺绣	传统技艺	2008.12	张　梅
马头“糁”制作技艺	传统技艺	2008.12	
银杏苗木栽培技术	传统技艺	2008.12	
竹制鸟笼制作技艺	传统技艺	2008.12	
郯城剪纸	传统技艺	2008.12	谢瑞芳
指星过月	传统体育、游艺与杂技	2008.12	
六周	传统体育、游艺与杂技	2008.12	
拾子	传统体育、游艺与杂技	2008.12	
排班班	传统体育、游艺与杂技	2008.12	
颜湖正骨	传统医药	2008.12	刘兆圣
丁沟眼药膏	传统医药	2008.12	
疙瘩肿疖的疗法	传统医药	2008.12	
郯城杨氏疹痘疗法	传统医药	2008.12	杨化昌
拔筋正骨疗法	传统医药	2008.12	黄映胜　黄　龙
郯城大鼓	曲艺	2008.12	王玉传
赶喜	曲艺	2008.12	
徐氏祖陵祭祀文化	民俗	2008.12	徐华勤
青山古庙会	民俗	2008.12	
三月三新村庙会	民俗	2008.12	
马头正月十六桥头会	民俗	2008.12	
郯城端午节习俗	民俗	2008.12	
回族节日习俗	民俗	2008.12	

续表 4-4

项目名称	项目类别	认定时间	代表性传承人
鲁南琴书	曲艺	2011.5	吴绍君　赵玉侠
评书	曲艺	2011.5	丁凤楚
渔鼓	曲艺	2011.5	吴庆余　李汝居
诸城派古琴斫琴技艺	传统技艺	2011.5	陈乃峰
郯城黑陶制作技艺	传统技艺	2011.5	田作才
李庄猪蹄卤煮技艺	传统技艺	2011.5	王洪才
郯城崔家烧鸡制作技艺	传统技艺	2011.5	崔洪江
马头王家烧鸡制作技艺	传统技艺	2011.5	王自生
郯城古法麦芽糖制作技艺	传统技艺	2011.5	陈明光
郯城红炉刀坊铁器锻造技艺	传统技艺	2011.5	陈仕杰
马头查拳	传统体育、游艺与杂技	2011.5	朱丙金
青牛潭传说	民间文学	2014.3	陈乃峰
马头木雕	传统美术	2014.3	宋玉云
郯城煎饼制作技艺	传统技艺	2014.3	
蜜汁银杏制作技艺	传统技艺	2014.3	
挎包火烧制作技艺	传统技艺	2014.3	
柳琴制作技艺	传统技艺	2014.3	
粉条制作技艺	传统技艺	2014.3	滕启健
板胡制作技艺	传统技艺	2014.3	高振保
十路少林拳	传统体育、游艺与杂技	2014.3	宋庆利
张都堂故事	民间文学	2016.12	
烙画葫芦	传统美术	2016.12	姚海潮
传统手工制香制作技艺	传统技艺	2016.12	高　静
翻砂铸造技艺	传统技艺	2016.12	马义战
郯城油煎包制作技艺	传统技艺	2016.12	王继淼
马头豆腐卷制作技艺	传统技艺	2016.12	
倪瘸子卤煮技艺	传统技艺	2016.12	倪成胜
木雕发簪	传统技艺	2016.12	孙晓敏　董新星

第五节　兰陵县

2007 年，兰陵县开展县级非物质文化遗产代表性项目评定工作，8 月，认定《苍山泥塑》等县级非物质文化遗产代表性项目 6 项。至 2021 年年底，共认定县级非物质文化遗产代表性项目 6 批 58 项。

2021年兰陵县县级非物质文化遗产代表性项目情况表

表4-5

项目名称	项目类别	认定时间	代表性传承人
苍山民歌	传统音乐	2007.8	江桂英
猴呱嗒鞭舞	传统舞蹈	2007.8	曹洪兵
苍山泥塑	传统美术	2007.8	刘福祥　刘建刚　尹芳利
兰陵套色门笺	传统美术	2007.8	庄前艳
兰陵美酒传统酿造技艺	传统技艺	2007.8	刘　剀
蓝印花布印染技艺	传统技艺	2007.8	相有文　相汉高
磨山鲁南大鼓	曲艺	2011.5	张怀广
向城虎头帽	传统技艺	2011.5	李贵辉
王氏羽毛画	传统美术	2014.3	王少年　张建霞
陈桥老咸菜制作技艺	传统技艺	2014.3	宋体勤
冷氏太祖长拳	传统体育、游艺与杂技	2014.3	冷建敏　冷相礼
节孝坊及杨氏祠堂的传说	民间文学	2016.12	
鸳鸯松的传说	民间文学	2016.12	
芙蓉山的传说	民间文学	2016.12	
二郎庙的传说	民间文学	2016.12	
小湖子节孝坊的传说	民间文学	2016.12	
九顶莲花山的由来	民间文学	2016.12	
兰陵王系列传说	民间文学	2016.12	
柳琴戏	传统戏剧	2016.12	程正银
沂蒙剪纸	传统美术	2016.12	李月爱
温氏面塑	传统美术	2016.12	温　通
沂蒙渔鼓说唱	曲艺	2016.12	陈志坤
鲁城宫廷全羊宴	传统技艺	2016.12	孙晋国
沂蒙孟府小磨香油酿造技艺	传统技艺	2016.12	孟凡芳
刘氏狮头帽	传统技艺	2016.12	刘景芝
娄氏根艺	传统技艺	2016.12	娄孝铎
孟氏手工草编	传统技艺	2016.12	孟召芝
薛南山石砚	传统技艺	2016.12	张绍云
兰陵郎公寺庙会	民俗	2016.12	
凿壁偷光的故事	民间文学	2019.9	
五色金鱼的传说	民间文学	2019.9	
京剧脸谱的由来	民间文学	2019.9	
兰陵刘氏木雕	传统美术	2019.9	刘存义
广艺阁剪纸	传统美术	2019.9	徐广忠

续表 4-5

项目名称	项目类别	认定时间	代表性传承人
胡氏剪纸	传统美术	2019.9	胡元君
春红剪纸	传统美术	2019.9	孙春红
若水剪纸	传统美术	2019.9	胡孝新
兰陵糖画	传统美术	2019.9	张　彬
兰陵吹糖人	传统技艺	2019.9	陈振广
长城辣椒酱	传统技艺	2019.9	王廷刚
醒石玉雕	传统技艺	2019.9	付建州
东疃兆宝麦芽糖	传统技艺	2019.9	朱兆宝
张家全羊	传统技艺	2019.9	张国防
沂蒙香醋	传统技艺	2019.9	赵尔兰
烙画葫芦	传统技艺	2019.9	于海东
董二草鸡	传统技艺	2019.9	董秀德
琅琊荀子紫金砚	传统技艺	2019.9	刘祥生
铝丝盆景	传统技艺	2019.9	朱传玉
琅琊紫金砚	传统技艺	2019.9	李洪涛
大仲村粉条制作技艺	传统技艺	2019.9	阚　冉　刘洪江
大仲村徐记豆腐干制作技艺	传统技艺	2019.9	徐争艳
桃木花棒槌	民俗	2019.9	孙景兰
沂蒙布贴画	传统美术	2020.11	王国亮
兰陵绳编	传统美术	2020.11	赵福云
兴明高跷扑蝶	传统舞蹈	2020.11	申利飞
大成拳	传统体育、游艺与杂技	2020.11	公茂安
回阳散制作技艺	传统医药	2020.11	宋永庆
索村泥陶	传统技艺	2020.11	孙宗玺

第六节　沂水县

2015 年，沂水县积极开展县级非物质文化遗产代表性项目评定工作，1 月，认定《沂水民间童谣》等县级非物质文化遗产代表性项目 200 项。至 2021 年年底，共认定县级非物质文化遗产代表性项目 3 批 316 项。

2021 年沂水县县级非物质文化遗产代表性项目情况表

表 4-6

项目名称	项目类别	认定时间	代表性传承人
沂水民间童谣	民间文学	2015.1	
藏兵万传说	民间文学	2015.1	

续表 4-6

项目名称	项目类别	认定时间	代表性传承人
诸葛亮雪山求师传说	民间文学	2015.1	
雪山彩虹谷传说	民间文学	2015.1	
雪山的由来	民间文学	2015.1	
高桥地名由来	民间文学	2015.1	
沭水由来	民间文学	2015.1	
媳妇洞的传说	民间文学	2015.1	
东棋盘和西棋盘的故事	民间文学	2015.1	
李逵打虎传说	民间文学	2015.1	
龙湾传说	民间文学	2015.1	
石泉寨传说	民间文学	2015.1	
无儿崮传说	民间文学	2015.1	
韩家曲由来	民间文学	2015.1	
点将台传说	民间文学	2015.1	
关公试刀石传说	民间文学	2015.1	
千年仙蛹传说	民间文学	2015.1	
青蛙探海传说	民间文学	2015.1	
善墙传说	民间文学	2015.1	
圣水坊传说	民间文学	2015.1	刘振良
望仙院传说	民间文学	2015.1	
仙人桥传说	民间文学	2015.1	
望城猴传说	民间文学	2015.1	
慈湖文化传说	民间文学	2015.1	
穆陵传说	民间文学	2015.1	
道托村由来	民间文学	2015.1	
官帽石传说	民间文学	2015.1	
飞来石传说	民间文学	2015.1	
鳖精传说	民间文学	2015.1	
沂蒙七十二崮传说	民间文学	2015.1	
心鬼传说	民间文学	2015.1	
东汉崮的由来	民间文学	2015.1	
神蜂传说	民间文学	2015.1	
藏君洞传说	民间文学	2015.1	
老山泉的秘密	民间文学	2015.1	
铜佛像传说	民间文学	2015.1	
里庄佛爷寺的传说	民间文学	2015.1	
葫芦岭传说	民间文学	2015.1	

续表 4-6

项目名称	项目类别	认定时间	代表性传承人
丈母娘二斤半的故事	民间文学	2015.1	
箕山传说	民间文学	2015.1	
跑马道传说	民间文学	2015.1	
崔玉环招婿传说	民间文学	2015.1	
顺天棘的来历	民间文学	2015.1	
画月饼待客的故事	民间文学	2015.1	
牛心圣母山的由来	民间文学	2015.1	
惊雷石传说	民间文学	2015.1	
胡家旺村村名的由来	民间文学	2015.1	
拦马石传说	民间文学	2015.1	
姥母传说	民间文学	2015.1	
墨潭的传说	民间文学	2015.1	
石花姑传说	民间文学	2015.1	
绣针河的传说	民间文学	2015.1	
纪王崮传说	民间文学	2015.1	李春祯
罗门笼传说	民间文学	2015.1	
三清庙的传说	民间文学	2015.1	
留虎峪传说	民间文学	2015.1	
老蚕石的传说	民间文学	2015.1	
马山传说	民间文学	2015.1	
双崮传说	民间文学	2015.1	
祝二嫚的故事	民间文学	2015.1	
九顶莲花山	民间文学	2015.1	
蛤蟆石的传说	民间文学	2015.1	
龟驮轿和灯碗石传说	民间文学	2015.1	
母子石和问天蛙传说	民间文学	2015.1	
高桥凤凰山传说	民间文学	2015.1	
宿山名字的由来	民间文学	2015.1	
云头崮传说	民间文学	2015.1	
锹断岗故事	民间文学	2015.1	
三十里堡和四十里堡传说	民间文学	2015.1	
锥子崮、歪头崮和小崮子的传说	民间文学	2015.1	
石窟造像传说	民间文学	2015.1	
普济寺传说	民间文学	2015.1	
石牛峪村石牛的传说	民间文学	2015.1	
雾露崮传说	民间文学	2015.1	

续表 4-6

项目名称	项目类别	认定时间	代表性传承人
白马崖的传说	民间文学	2015.1	
晏婴崮、晏婴店子的传说	民间文学	2015.1	
龙泉山的传说	民间文学	2015.1	
连崮与透明崮的传说	民间文学	2015.1	
寡妇树传说	民间文学	2015.1	
凤凰山名的由来	民间文学	2015.1	
过年传说	民间文学	2015.1	
黑虎泉的来历	民间文学	2015.1	
二龙争霸的故事	民间文学	2015.1	
金壶丹书传说	民间文学	2015.1	
汞丹山的传说	民间文学	2015.1	
老子炼丹故事	民间文学	2015.1	
演马场传说	民间文学	2015.1	
薛王台天桥传说	民间文学	2015.1	
杨穆堂的传说	民间文学	2015.1	
墨水河传说	民间文学	2015.1	
试剑石的由来	民间文学	2015.1	
寒食传说	民间文学	2015.1	
清明节的由来与传说	民间文学	2015.1	
琥珀泉的传说	民间文学	2015.1	
蔡峪村的由来	民间文学	2015.1	
高岳山蛇堂寺传说	民间文学	2015.1	
笔架山的传说	民间文学	2015.1	
大禹疏浚沭河传说	民间文学	2015.1	
代理阎王传说	民间文学	2015.1	
高楼子村的故事	民间文学	2015.1	
聚宝盆害死了刘文进的故事	民间文学	2015.1	
高庄古树情	民间文学	2015.1	
王家庄村名的由来	民间文学	2015.1	
改作村传说	民间文学	2015.1	
砚台山传说	民间文学	2015.1	
曹操丧子传说	民间文学	2015.1	
赵陵的传说	民间文学	2015.1	
北躲庄和南躲庄的传说	民间文学	2015.1	
兴隆寺传说	民间文学	2015.1	
沂蒙土陶制作技艺	传统技艺	2015.1	刘德良

续表 4-6

项目名称	项目类别	认定时间	代表性传承人
铜雕制作技艺	传统技艺	2015.1	
根雕制作技艺	传统技艺	2015.1	杨治宝　陈国生　张均国
高桥手绣技艺	传统技艺	2015.1	解祥芳　杨青梅
绺子烟制作技艺	传统技艺	2015.1	
养蜂技艺	传统技艺	2015.1	
刺绣技艺	传统技艺	2015.1	
纸扎技艺	传统技艺	2015.1	
条编技艺	传统技艺	2015.1	田炳海
石磨制作技艺	传统技艺	2015.1	
崔家峪豆腐制作技艺	传统技艺	2015.1	田洪欣
酸浆豆腐皮制作技艺	传统技艺	2015.1	
纺线技艺	传统技艺	2015.1	
缫丝技艺	传统技艺	2015.1	
银饰制作技艺	传统技艺	2015.1	刘成修
打铁技艺	传统技艺	2015.1	
铝制品制作技艺	传统技艺	2015.1	
酱制作技艺	传统技艺	2015.1	
黄酒制作技艺	传统技艺	2015.1	
虎头帽制作技艺	传统技艺	2015.1	
沂水丰糕制作技艺	传统技艺	2015.1	黄玉伟　张运献
独轮车制作技艺	传统技艺	2015.1	
高庄馒头制作技艺	传统技艺	2015.1	
卤味花生制作技艺	传统技艺	2015.1	
马站煎饼制作技艺	传统技艺	2015.1	刘运花
豆沫菜制作技艺	传统技艺	2015.1	
高山绿茶制作技艺	传统技艺	2015.1	李建海
菠萝叶粽子制作技艺	传统技艺	2015.1	牟堂艳
沂蒙山酒制作技艺	传统技艺	2015.1	张在杰
王庄粉皮制作技艺	传统技艺	2015.1	刘政吉
黄家烧饼制作技艺	传统技艺	2015.1	
崔家峪旋饼制作技艺	传统技艺	2015.1	
高庄柿饼制作技艺	传统技艺	2015.1	
桑皮纸制作技艺	传统技艺	2015.1	李庆亮
裘皮画制作技艺	传统技艺	2015.1	沙良贵
陈氏古家具制作技艺	传统技艺	2015.1	陈鹤起
泉庄全羊制作技艺	传统技艺	2015.1	

续表 4-6

项目名称	项目类别	认定时间	代表性传承人
沂水剪纸	传统美术	2015.1	陈孝娟　陈会彩
佛像绘画	传统美术	2015.1	
诸葛手工工艺画	传统美术	2015.1	
跑马灯	传统舞蹈	2015.1	耿永祥
踩高跷	传统舞蹈	2015.1	
寨里舞狮	传统舞蹈	2015.1	
跑旱船	传统舞蹈	2015.1	
道托拉魂腔	传统戏剧	2015.1	
富官庄茂腔	传统戏剧	2015.1	
院东头弦子戏	传统戏剧	2015.1	
周姑子戏	传统戏剧	2015.1	殷开友
泉庄绣花灯	传统音乐	2015.1	
马战柳笛	传统音乐	2015.1	
清明节习俗	民俗	2015.1	
踏青习俗	民俗	2015.1	
杏峪元宝山庙会	民俗	2015.1	
社火习俗	民俗	2015.1	
庙会活动习俗	民俗	2015.1	
送虎头鞋习俗	民俗	2015.1	
木匠拜师学艺习俗	民俗	2015.1	
住火炕习俗	民俗	2015.1	
生育习俗	民俗	2015.1	
鬼节习俗	民俗	2015.1	
春古古习俗	民俗	2015.1	
正月初十石头神生日习俗	民俗	2015.1	
正月十五做面灯习俗	民俗	2015.1	
送火神习俗	民俗	2015.1	
六月六山神节习俗	民俗	2015.1	
冬至吃大包子习俗	民俗	2015.1	
腊八喝粥习俗	民俗	2015.1	
辞灶习俗	民俗	2015.1	
小年吃柿饼习俗	民俗	2015.1	
长明灯习俗	民俗	2015.1	
高庄过年风俗	民俗	2015.1	
请家堂风俗	民俗	2015.1	
压岁钱习俗	民俗	2015.1	

续表 4-6

项目名称	项目类别	认定时间	代表性传承人
过年炸丸子习俗	民俗	2015.1	
结婚扬栗子、枣、踩糕、滚床习俗	民俗	2015.1	
宽心面习俗	民俗	2015.1	
二月二撒灰粉习俗	民俗	2015.1	
二月二炒糖豆习俗	民俗	2015.1	
水火查拳	传统体育、游艺与杂技	2015.1	沙洪江
金刚力功	传统体育、游艺与杂技	2015.1	
摔泥炮	传统体育、游艺与杂技	2015.1	
荡秋千	传统体育、游艺与杂技	2015.1	
拾活络儿	传统体育、游艺与杂技	2015.1	
斗拐游戏	传统体育、游艺与杂技	2015.1	
打瓦游戏	传统体育、游艺与杂技	2015.1	
踢毽子	传统体育、游艺与杂技	2015.1	
挑花线	传统体育、游艺与杂技	2015.1	
打弹弓	传统体育、游艺与杂技	2015.1	
抽陀螺	传统体育、游艺与杂技	2015.1	
苗刀	传统体育、游艺与杂技	2015.1	
八极拳	传统体育、游艺与杂技	2015.1	陈宝忠
崔家峪传说	民间文学	2017.9	赵西成
胡同峪三官庙传说	民间文学	2017.9	
狼王峪传说	民间文学	2017.9	
回龙寺传说	民间文学	2017.9	高庄镇
范家庄传说	民间文学	2017.9	
老子山传说	民间文学	2017.9	
石泉府传说	民间文学	2017.9	
灵泉寺传说	民间文学	2017.9	
杨家城子传说	民间文学	2017.9	
孟姜女哭倒穆陵关传说	民间文学	2017.9	
八大崮传说	民间文学	2017.9	
板子崮孔子收徒传说	民间文学	2017.9	
东郭庄传说	民间文学	2017.9	
东汉崮传说	民间文学	2017.9	
枕头崮传说	民间文学	2017.9	
脚子崮传说	民间文学	2017.9	
里庄传说	民间文学	2017.9	
薛刚反唐传说	民间文学	2017.9	

续表 4-6

项目名称	项目类别	认定时间	代表性传承人
金钟峪传说	民间文学	2017.9	
九女墩传说	民间文学	2017.9	
沂山玉皇顶传说	民间文学	2017.9	
云头峪神云传说	民间文学	2017.9	
南仉林村传说	民间文学	2017.9	
斜屋传说	民间文学	2017.9	
天要下雨娘要嫁人传说	民间文学	2017.9	
东皋传说	民间文学	2017.9	
菊花八宝茶传说	民间文学	2017.9	
刘鳃雪山得书名传说	民间文学	2017.9	
雪山梅园传说	民间文学	2017.9	
水淹东安传说	民间文学	2017.9	
秃尾巴老李的传说	民间文学	2017.9	
文峰塔传说	民间文学	2017.9	
沂沭河传说	民间文学	2017.9	
刘南宅传说	民间文学	2017.9	
天书石传说	民间文学	2017.9	
玉带溪罗成招亲	民间文学	2017.9	
长安桃花涧传说	民间文学	2017.9	
白牡丹巧戏二仙传说	民间文学	2017.9	
火龙丹传说	民间文学	2017.9	
武将峪传说	民间文学	2017.9	
吴家官庄传说	民间文学	2017.9	
唐王山传说	民间文学	2017.9	
九山传说	民间文学	2017.9	
白庙子传说	民间文学	2017.9	
西院传说	民间文学	2017.9	
东院传说	民间文学	2017.9	
顾家崖传说	民间文学	2017.9	
石壁口传说	民间文学	2017.9	
徐家荣仁传说	民间文学	2017.9	
老猫窝传说	民间文学	2017.9	
秀峪传说	民间文学	2017.9	董　琦
刘家店子传说	民间文学	2017.9	
水洞传说	民间文学	2017.9	
沂水八景传说	民间文学	2017.9	

续表 4-6

项目名称	项目类别	认定时间	代表性传承人
后南社传说	民间文学	2017.9	
簸箕制作技艺	传统技艺	2017.9	
葫芦雕刻技艺	传统技艺	2017.9	黄桂成　王桂峰
玻璃画制作技艺	传统技艺	2017.9	
柴山馓子制作技艺	传统技艺	2017.9	
古琴制作技艺	传统技艺	2017.9	刘召金
古墨制作技艺	传统技艺	2017.9	
柴山肘子制作技艺	传统技艺	2017.9	李广胜
马站腊条编筐技艺	传统技艺	2017.9	
马站火烧制作技艺	传统技艺	2017.9	
泥哨制作技艺	传统技艺	2017.9	炳兆金
蓝印花布印染技艺	传统技艺	2017.9	王文才
陶笛制作技艺	传统技艺	2017.9	张德建
夏尉咸鸡蛋制作技艺	传统技艺	2017.9	
夏尉地锅烧酒制作技艺	传统技艺	2017.9	
香椿腌制技艺	传统技艺	2017.9	
荆枕制作技艺	传统技艺	2017.9	赵廷军
艾蒿熏香制作技艺	传统技艺	2017.9	
糖画制作技艺	传统技艺	2017.9	杜　杰
杨庄土凉鞋制作技艺	传统技艺	2017.9	
金秋岭灌肠技艺	传统技艺	2017.9	孙焕亮
河奎苇编技艺	传统技艺	2017.9	杨成松
南庄蒜蓉辣椒酱制作技艺	传统技艺	2017.9	
古砚制作技艺	传统技艺	2017.9	黄传斌
兴华照相技艺	传统技艺	2017.9	
沂立汤圆制作技艺	传统技艺	2017.9	
红烧兔子头制作技艺	传统技艺	2017.9	
茶道技艺	传统技艺	2017.9	
沂蒙石板画制作技艺	传统技艺	2017.9	徐仲启
古建筑营造技艺	传统技艺	2017.9	
核雕技艺	传统技艺	2017.9	李铁柱
院东头面塑技艺	传统技艺	2017.9	武玉昌
千层底布鞋制作技艺	传统技艺	2017.9	
王家拉面制作技艺	传统技艺	2017.9	王小龙

续表 4-6

项目名称	项目类别	认定时间	代表性传承人
水煎包制作技艺	传统技艺	2017.9	
韭花酱制作技艺	传统技艺	2017.9	
高桥八大碗制作技艺	传统技艺	2017.9	赵纪伟
纪王崮古法酿酒技艺	传统技艺	2017.9	
沂水传统养蚕技艺	传统技艺	2017.9	
晒龙衣	民俗	2017.9	
宴家铺吕剧	传统戏剧	2017.9	张秀兰
沂蒙琴书	传统戏剧	2017.9	
渔鼓戏	传统戏剧	2017.9	
李东接骨	传统医药	2017.9	
李氏正骨	传统医药	2017.9	
尹氏脊椎纠正	传统医药	2017.9	
古琴	传统音乐	2017.9	郭庆祥
沂水民谣	传统音乐	2017.9	
沂水木鼓	传统音乐	2017.9	
沂水婚俗	民俗	2017.9	于秀兰
院东头传说	民间文学	2019.12	
张氏中医皮肤病诊治	传统医药	2019.12	张学军
沂水酥糖制作技艺	传统技艺	2019.12	杨德志
沂水金石传拓技艺	传统技艺	2019.12	
院东头绳编技艺	传统技艺	2019.12	张京总
武氏木锤酥制作技艺	传统技艺	2019.12	武金光
于沟柳编技艺	传统技艺	2019.12	田炳海
黄山土陶制作技艺	传统技艺	2019.12	刘德良
雪山瓜干醋制作技艺	传统技艺	2019.12	
沂水土法黄豆酱制作技艺	传统技艺	2019.12	
杨庄传统锔艺	传统技艺	2019.12	
沂水制瓮技艺	传统技艺	2019.12	李中江　任金铸

第七节　沂南县

2013 年，沂南县开展县级非物质文化遗产代表性项目评定工作，11 月，认定《秃尾巴老李的传说》等县级非物质文化遗产代表性项目 16 项。至 2021 年年底，共认定县级非物质文化遗产代表性项目 6 批 62 项。

2021 年沂南县县级非物质文化遗产代表性项目情况表

表 4-7

项目名称	项目类别	认定时间	代表性传承人
秃尾巴老李的传说	民间文学	2013.11	韩毅军　刘存祥
孟良崮的传说	民间文学	2013.11	
弦子戏	传统戏剧	2013.11	尹作安
烙画	传统美术	2013.11	武玉芹
指画	传统美术	2013.11	尹传宏
张芳春剪纸	传统美术	2013.11	张芳春
左氏面塑	传统美术	2013.11	左安胜
根雕制作技艺	传统技艺	2013.11	于凤宝
荣祥豆油制作技艺	传统技艺	2013.11	王洪祥
徐公砚制作技艺	传统技艺	2013.11	张玉杰
兽油古陶制作技艺	传统技艺	2013.11	于万发
国槐茶制作技艺	传统技艺	2013.11	张爱美
老油坊榨油技艺	传统技艺	2013.11	于万发
于氏弓弩	传统技艺	2013.11	于万发
传统家谱制作技艺	传统技艺	2013.11	刘玉平
王氏膏药	传统医药	2013.11	王武江
少年诸葛亮的传说	民间文学	2014.12	李玉萍
石榴花开胭脂红	传统音乐	2014.12	秦丕山　刘　洁
周姑戏	传统戏剧	2014.12	王宝香
景泰蓝金丝彩釉画	传统美术	2014.12	于文婷
高粱饴制作技艺	传统技艺	2014.12	李震宇
杜氏米酒制作技艺	传统技艺	2014.12	朱元玉
双堠酱菜制作技艺	传统技艺	2014.12	周玉永
酿造酱油制作技艺	传统技艺	2014.12	李长本　王洪德
仙姑洞的传说	民间文学	2016.6	王佩合
茂秧戏	传统戏剧	2016.6	解广恩
朱家林石屋石砌技艺	传统技艺	2016.6	
沧浪沟张氏刀具制作技艺	传统技艺	2016.6	
潘氏正骨	传统医药	2016.6	刘春欣
徐晦与徐公砚的传说	民间文学	2017.12	王胜民
信量桥苗蛋制作技艺	传统技艺	2017.12	王启祥
蒙山妈妈老粗布家纺制作技艺	传统技艺	2017.12	郑光云
陈石沟土陶制作技艺	传统技艺	2017.12	陈吉昌

续表 4-7

项目名称	项目类别	认定时间	代表性传承人
高来德烧鸡制作技艺	传统技艺	2017.12	高　翔
大庄烧鸡制作技艺	传统技艺	2017.12	黄宜昌
醉三国浓芝复和香酒酿造作技艺	传统技艺	2017.12	李宗建
醉三国桑皮纸酒具制作技艺	传统技艺	2017.12	
诸葛亮家酒酿造技艺	传统技艺	2017.12	能学廷
阳都剪纸	传统美术	2020.3	王长玉
石花峪村过门笺	传统美术	2020.3	王伟庆
阳都刻瓷	传统美术	2020.3	胡少君
沂蒙花馍馍制作技艺	传统技艺	2020.3	王友秀
阳都草编制作技艺	传统技艺	2020.3	尹慧菊
沂韵陶笛制作技艺	传统技艺	2020.3	王春宝
同承宴酱油酿造技艺	传统技艺	2020.3	刘文厚
苏村镇杜家庄柳编制作技艺	传统技艺	2020.3	杜以峰
酒囊制作技艺	传统技艺	2020.3	卢克洋
王胜民石雕技艺	传统技艺	2020.3	王胜民
传拓技艺	传统技艺	2020.3	李　讷
蒙山妈妈老布鞋制作技艺	传统技艺	2020.3	郑光云
枣茶炒制技艺	传统技艺	2020.3	潘淑锋
高氏蜡泥疗	传统医药	2020.3	高玉峰
刘氏传统黑膏药	传统医药	2020.3	刘振安　刘振玲
圣母冢的传说	民间文学	2021.9	张明志
烙画葫芦	传统美术	2021.9	邹会启
吴式太极拳	传统体育、游艺与杂技	2021.9	赵恩斌
彭氏传统糕点制作技艺	传统技艺	2021.9	彭宝灯
传统杆秤制作技艺	传统技艺	2021.9	
刘氏传统中医正骨技艺	传统医药	2021.9	刘　杰
刘氏推拿技法	传统医药	2021.9	刘成刚
歧易针灸	传统医药	2021.9	
情志病中医康复疗法	传统医药	2021.9	

第八节 费　县

2007 年，费县开展县级非物质文化遗产代表性项目评定工作，6 月，认定《沂蒙山小调》等县级非物质文化遗产代表性项目 16 项。至 2021 年年底，共认定县级非物质文化遗产代表性项目 4 批 61 项。

2021 年费县县级非物质文化遗产代表性项目情况表

表 4-8

项目名称	项目类别	认定时间	代表性传承人
颜真卿系列传说	民间文学	2007.6	
曾子的传说	民间文学	2007.6	
朱龙王的传说	民间文学	2007.6	
乾隆万松山行宫的传说	民间文学	2007.6	
沂蒙山小调	传统音乐	2007.6	宋守莲　王　硕
挂门笺	传统美术	2007.6	张京月
金星砚的制作技艺	传统技艺	2007.6	王开全　姚子明　王丽华
薛庄酥火烧	传统技艺	2007.6	李玉春
羊肉汤的制作技艺	传统技艺	2007.6	
印花布	传统技艺	2007.6	
虎头鞋	传统技艺	2007.6	
柳编	传统技艺	2007.6	
微型木制农具	传统技艺	2007.6	
燕子石	传统技艺	2007.6	
天景石	传统技艺	2007.6	
香荷包	传统技艺	2007.6	
许由洞的传说	民间文学	2013.6	
指动石系列传说	民间文学	2013.6	孙敬友
花棍舞	传统舞蹈	2013.6	宁夫忠
费县撕纸	传统美术	2013.6	孙枫玲
费县剪纸	传统美术	2013.6	孙晓东
费县石磨煎饼制作技艺	传统技艺	2013.6	
蓑衣编织技艺	传统技艺	2013.6	李春旺
石井惠家肉汤制作技艺	传统技艺	2013.6	惠振军
费县沂蒙泥塑制作技艺	传统技艺	2013.6	黄　鹏
费县手绣技艺	传统技艺	2013.6	卞成飞
布贴画的制作技艺	传统技艺	2013.6	
扈庆学写意葫芦画	传统技艺	2013.6	扈庆学
费县高庄馒头制作技艺	传统技艺	2013.6	
临沂巨龙山王母宫三月三、九月九庙会	民俗	2013.6	周枫林
柳毅传书的传说故事	民间文学	2016.6	
涑河源的传说	民间文学	2016.6	
楼景洞的传说	民间文学	2016.6	

续表 4-8

项目名称	项目类别	认定时间	代表性传承人
蛋壳脸谱	传统美术	2016.6	赵立梅
花儿团子的制作技艺	传统技艺	2016.6	
明氏洪炉锻造技艺	传统技艺	2016.6	明茂臣
糖画制作技艺	传统技艺	2016.6	郭玉强　魏生国
荆菊虎头枕	传统技艺	2016.6	霍兴云
赵家拳——燕青贴身靠	传统体育、游艺与杂技	2016.6	赵万湖
大焗缸	曲艺	2016.6	刘彦兰
塔山玉皇庙庙会	民俗	2016.6	
崔家唢呐	传统音乐	2019.6	崔士广
费县高调梆子	传统戏剧	2019.6	付信兰
费县葫芦雕刻彩绘	传统美术	2019.6	丰　博
费县代氏木雕	传统美术	2019.6	代夫建
费县刀笔油画	传统美术	2019.6	
陆棋	传统体育、游艺与杂技	2019.6	胡松军
费县王氏金星石石雕制作工艺	传统技艺	2019.6	
张氏古法打油的制作技艺	传统技艺	2019.6	
左氏石磨面粉	传统技艺	2019.6	
费县手工纯粮醋制作技艺	传统技艺	2019.6	邸如申　赵玉琢
沂蒙布衣缝制技艺	传统技艺	2019.6	卞成美
费县花馍馍的制作技艺	传统技艺	2019.6	
费县面塑	传统技艺	2019.6	
正元堂传统推拿	传统技艺	2019.6	
费县徐氏门挂子制作技艺	传统技艺	2019.6	
沂蒙侯记炒鸡	传统技艺	2019.6	
薛氏红膏药	传统医药	2019.6	
费县挑线疗法	传统医药	2019.6	
费县何氏正骨膏药制作技艺	传统医药	2019.6	何家进
费县何氏推拿按摩法	传统医药	2019.6	

第九节　平邑县

2007 年，平邑县开展县级非物质文化遗产代表性项目评定工作，8 月，认定《迎仙桥》等县级非物质文化遗产代表性项目 17 项。至 2021 年年底，共认定县级非物质文化遗产代表性项目 6 批 79 项。

2021年平邑县县级非物质文化遗产代表性项目情况表

表 4-9

项目名称	项目类别	授予时间	代表性传承人
蒙山传说	民间文学	2007.8	
迎仙桥	民间文学	2007.8	
蒙山獒	民间文学	2007.8	
蒙山灵芝	民间文学	2007.8	
海螺寺的传说	民间文学	2007.8	
风水先生	民间文学	2007.8	
饮马汪传奇	民间文学	2007.8	
蒙山松的传说	民间文学	2007.8	
明光寺的传说	民间文学	2007.8	
曾子孝文化	民间文学	2007.8	
平邑洛子	曲艺	2007.8	
渔鼓	曲艺	2007.8	
蒙山喜宴	民俗	2007.8	
泥塑玩具	传统技艺	2007.8	
大夫宁米醋酿造	传统技艺	2007.8	
葫芦烙画	传统技艺	2007.8	陈庆贵
白龙泉庙会	民俗	2007.8	
沂蒙山传说	民间文学	2009.6	
仲子传说	民间文学	2009.6	
蒙山葫芦烙画	传统美术	2009.6	陈玉刚
蒙山剪纸艺术	传统美术	2009.6	宋常虹
祖传烧烫伤药	传统医药	2009.6	
三阳粉皮制作工艺	传统技艺	2009.6	
沂蒙煎饼	传统技艺	2009.6	
仲子家酒酿造	传统技艺	2009.6	周传明
鬼谷子传说	民间文学	2011.9	孙龙花
宗圣曾子轶事	民间文学	2011.9	
姊妹松传奇	民间文学	2011.9	
真叶丹养生茶加工工艺	传统工艺	2011.9	
平邑灯谜	民间文学	2015.7	阮风友
丹山传说	民间文学	2015.7	
仙姑山传说	民间文学	2015.7	姜安典
落子	传统戏剧	2015.7	蔺景旺
渔鼓戏	传统戏剧	2015.7	宋相玉

续表 4-9

项目名称	项目类别	授予时间	代表性传承人
沂蒙挑花	传统技艺	2015.7	邢爱芝
同台泥塑	传统技艺	2015.7	
刘氏翻花	传统技艺	2015.7	刘庆怀
白马关鸡制作	传统技艺	2015.7	
郭记糕点制作	传统技艺	2015.7	郭增顺
小米煎饼制作	传统技艺	2015.7	
传统手编	传统技艺	2015.7	李自亮
平邑李氏唢呐	传统技艺	2015.7	
白彦老咸菜	传统技艺	2015.7	
木雕制作	传统技艺	2015.7	
沂蒙荷包	传统技艺	2015.7	
巩氏布画	传统美术	2015.7	
丰阳香山庙会	民俗	2015.7	
安自山庙会	民俗	2015.7	
舜帝传说	民间文学	2017.6	
状元府传说	民间文学	2017.6	刘淑合
大梁古琴演奏	传统音乐	2017.6	
平邑鲁蒙琴书	曲艺	2017.6	孙思泉
平邑孙氏琴书	曲艺	2017.6	孙宝兰
平邑吴氏琴书	曲艺	2017.6	
蒙阳绣工	传统美术	2017.6	
郝氏铝编	传统美术	2017.6	郝仕启
蒙山桃木雕刻	传统技艺	2017.6	蒋自林
福临阁工艺根雕	传统技艺	2017.6	卢　强
平邑金银花传统炮制技艺	传统技艺	2017.6	张　钧
平邑永安编席技艺	传统技艺	2017.6	
柴氏鼻炎灵	传统医药	2017.6	柴秀成
刘氏痔疮药	传统医药	2017.6	
沂蒙民俗故事	民间文学	2020.4	
庄户剧团	传统戏剧	2020.4	
平邑县王氏中药炮制技艺	传统医药	2020.4	王万昌
济世耳炎方	传统医药	2020.4	
武氏泥灸膏药疗法	传统医药	2020.4	
胡氏中药克癣	传统医药	2020.4	
民间字画	传统美术	2020.4	
民间花鸟字书法	传统美术	2020.4	王建忠

续表 4-9

项目名称	项目类别	授予时间	代表性传承人
沂蒙阿文葫芦雕刻	传统技艺	2020.4	左　鹏
曾记刻撰	传统技艺	2020.4	曾　胜
端午节香包	传统技艺	2020.4	郭金格
工艺品（彩塑）	传统技艺	2020.4	
铜板立体画	传统技艺	2020.4	
原宪糖画制作技艺	传统技艺	2020.4	李自亮
平邑郝氏风车制作技艺	传统技艺	2020.4	郝仕启
仲原烙画	传统技艺	2020.4	刘　征
新沂蒙剪纸	传统技艺	2020.4	卜晓燕

第十节　莒南县

2007 年，莒南县开展县级非物质文化遗产代表性项目评定工作，8 月，认定《柳编编织技艺》等县级非物质文化遗产代表性项目 6 项。至 2021 年年底，共认定县级非物质文化遗产代表性项目 5 批 82 项。

2021 年莒南县县级非物质文化遗产代表性项目情况表

表 4-10

项目名称	项目类别	认定时间	代表性传承人
铁牛的传说	民间文学	2007.8	
柳编编织技艺	传统技艺	2007.8	史佩功　史纪开
莒南石雕石刻制作技艺	传统技艺	2007.8	张夫新　赵树臻
莒南花棍舞（秦皇鞭）	传统舞蹈	2007.8	卢茹兰
弦子戏	传统戏剧	2007.8	许瑞国　许瑞希
莒南蟾酥	传统医药	2007.8	
王璟的传说	民间文学	2015.12	王金台
秃尾巴老李的传说	民间文学	2015.12	
红袄军的传说	民间文学	2015.12	
泥老虎	传统美术	2015.12	王　军
板泉大饼制作技艺	传统技艺	2015.12	谷岭平
蓑衣制作技艺	传统技艺	2015.12	何桂秋
莒南凉粉制作技艺	传统技艺	2015.12	
相邸煎饼制作技艺	传统技艺	2015.12	
莒南渣腐	传统技艺	2015.12	
大店兔子制作技艺	传统技艺	2015.12	
糖米制作技艺	传统技艺	2015.12	

续表 4-10

项目名称	项目类别	认定时间	代表性传承人
文疃大饼制作技艺	传统技艺	2015.12	
文疃割鸡制作技艺	传统技艺	2015.12	
文疃全羊汤制作技艺	传统技艺	2015.12	
面塑制作技艺	传统技艺	2015.12	胡怀伟
查拳	传统体育、游艺与杂技	2015.12	周祥光
冰雹树的传说	民间文学	2017.10	陈庆落
樊哙打狗盆	民间文学	2017.10	郇从深
莲花桥的传说	民间文学	2017.10	徐宜进
和珅的传说	民间文学	2017.10	尚庆夫
石干爹石干娘传说	民间文学	2017.10	韩继林
鬼谷子的传说	民间文学	2017.10	侍健康
秦王柱的传说	民间文学	2017.10	
三皇山的传说	民间文学	2017.10	
山东快书	曲艺	2017.10	王学湘　郑世柏
山东琴书	曲艺	2017.10	丁守波　朱孔信
金龙鱼制作技艺	传统美术	2017.10	葛成美
皮影戏	传统美术	2017.10	夏培迎
根雕制作技艺	传统美术	2017.10	王　涛　王海瑞
沂蒙方块鞋垫制作技艺	传统技艺	2017.10	汤桂娥
竹马灯制作技艺	传统技艺	2017.10	李春旭
王氏烧烫伤康复膏制作技艺	传统医药	2017.10	王树林
前古城接骨药制作技艺	传统医药	2017.10	张玉普
解记中医正骨法	传统医药	2017.10	解济有
火攻推拿法	传统医药	2017.10	史沛高
张氏脉法	传统医药	2017.10	张康继
地锅馒头制作技艺	民俗	2017.10	徐淑飞
涝坡小薯仔制作技艺	民俗	2017.10	张　倩
界首四喜丸子制作技艺	民俗	2017.10	刘玉可
界首年糕制作技艺	民俗	2017.10	刘元伶
正月十五黄庄庙会	民俗	2017.10	
诸城派古琴演奏技艺	传统音乐	2019.5	刘晓雷
木雕	传统美术	2019.5	杨苓员
手工鞋垫	传统美术	2019.5	王彩红
泥面塑	传统美术	2019.5	郑兰兰
宣纸烙画	传统美术	2019.5	秦洪涛

续表 4-10

项目名称	项目类别	认定时间	代表性传承人
木板年画	传统美术	2019.5	李相夺
葫芦烙画	传统美术	2019.5	杨风迎
银饰制作技艺	传统技艺	2019.5	付文收　张义宾
坊前凉鞋制作技艺	传统技艺	2019.5	卢俊杰
木旋制作技艺	传统技艺	2019.5	杨清伟
蛋雕雕刻技艺	传统技艺	2019.5	王佃京
古琴制作技艺	传统技艺	2019.5	张振文
京胡二胡制作技艺	传统技艺	2019.5	宋群柯
木制玩具技艺	传统技艺	2019.5	胡秀梅
李氏锔瓷	传统技艺	2019.5	李红荣
尹式古法榨油技艺	传统技艺	2019.5	尹相鹏
传统杨式太极拳	传统体育、游艺与杂技	2019.5	刘奖一
小儿腹泻外敷疗法	传统医药	2019.5	许长义
烧烫伤膏制作技艺	传统医药	2019.5	滕云森
柳琴戏	传统戏剧	2020.4.9	李梅霞
割绒绣	传统美术	2020.4.9	王彩红
鲁氏刺绣	传统美术	2020.4.9	鲁彦春
牛角梳制作技艺	传统技艺	2020.4.9	陈贵林
卷烟制作技艺	传统技艺	2020.4.9	刘希彬
砚台制作技艺	传统技艺	2020.4.9	王世勇
严氏三宝酒制作技艺	传统技艺	2020.4.9	严　冬
钟表修理技艺	传统技艺	2020.4.9	李　斌
沂蒙葫芦制作技艺	传统技艺	2020.4.9	徐浩然
曹氏健骨丸	传统医药	2020.4.9	曹现彬
曹氏双通洗血丸	传统医药	2020.4.9	曹现彬
中医骨痹技术	传统医药	2020.4.9	曹现彬
严氏鹿胎膏	传统医药	2020.4.9	严　冬
解记骨伤膏	传统医药	2020.4.9	解济有
解记接骨续筋丸	传统医药	2020.4.9	解济有
王氏塞鼻治疗面瘫	传统医药	2020.4.9	王　飞

第十一节　蒙阴县

2007 年，蒙阴县开展县级非物质文化遗产代表性项目评定工作，7 月，认定《蒙山传说》等县级非物质文化遗产代表性项目 15 项。至 2021 年年底，共认定县级非物质文化遗产代表性项目 7 批 302 项。

2021 年蒙阴县县级非物质文化遗产代表性项目情况表

表 4-11

项目名称	项目类型	认定时间	代表性传承人
蒙山传说	民间文学	2007.7	张　莉
余来调	传统音乐	2007.7	
尚庄梆子	传统戏剧	2007.7	
坡戏	传统戏剧	2007.7	
拼色剪纸	传统美术	2007.7	罗长福
竹编	传统技艺	2007.7	
“坦埠绺子”烟制作技艺	传统技艺	2007.7	王彦法
马蹄子烧饼制作技艺	传统技艺	2007.7	
岱崮全羊制作技艺	传统技艺	2007.7	
岱崮浆豆腐制作技艺	传统技艺	2007.7	
垛庄酱菜制作技艺	传统技艺	2007.7	董立厚
安坟	民俗	2007.7	
请家堂	民俗	2007.7	
珠算文化	民俗	2007.7	赵振彬
管仲脱囚历史掌故	民俗	2007.7	
《崮乡的传说》	民间文学	2008.10	张淏然
绕口令	民间文学	2008.10	
凤凰山的传说	民间文学	2008.10	
蟾宫遗桂、东夷部落、落子石的传说	民间文学	2008.10	
唐山崖的传说	民间文学	2008.10	
扳倒井子犁掩沟的传说	民间文学	2008.10	
孟良崮的传说	民间文学	2008.10	
漱玉泉的传说	民间文学	2008.10	
情侣树、望夫泉的传说	民间文学	2008.10	
五家寨、龙王庙的传说	民间文学	2008.10	
割臂孝婆母的传说	民间文学	2008.10	
郭巨孝母的传说	民间文学	2008.10	
喊号	传统音乐	2008.10	
《传统音乐》	传统音乐	2008.10	杨亚雷
耕作歌谣小白鸡	传统音乐	2008.10	
八仙灯	传统舞蹈	2008.10	王家军　王家宝　王传祥　郑庆广
三句半	曲艺	2008.10	
高内英剪纸	传统美术	2008.10	

续表 4-11

项目名称	项目类型	认定时间	代表性传承人
打绱	传统体育、游艺与杂技	2008.10	
雕花木床制作技艺	传统技艺	2008.10	
雕花木器制作技艺	传统技艺	2008.10	
手工粉皮制作技艺	传统技艺	2008.10	
藤编制作技艺	传统技艺	2008.10	
铁艺制作技艺	传统技艺	2008.10	
铁艺制作技艺	传统技艺	2008.10	
马扎制作技艺	传统技艺	2008.10	
赵家庄酱菜制作技艺	传统技艺	2008.10	
铸网脚制作技艺	传统技艺	2008.10	
漂染制作技艺	传统技艺	2008.10	
蹦跶猴制作技艺	传统技艺	2008.10	马兴德
来石黑陶制作技艺	传统技艺	2008.10	于付德　于化水
蝈蝈笼子制作技艺	传统技艺	2008.10	
扎彩制作技艺	传统技艺	2008.10	
地窖子、本地布制作技艺	传统技艺	2008.10	
纸勺制作技艺	传统技艺	2008.10	
司马寨庙会	民俗	2008.10	
落门笺	民俗	2008.10	伊永芹
木车子	民俗	2008.10	
腊月二十三祭灶王	民俗	2008.10	
缝布老虎	民俗	2008.10	
捉蝎子	民俗	2008.10	
沿河而居	民俗	2008.10	
防匪	民俗	2008.10	
赶集	民俗	2008.10	
端午节系五索	民俗	2008.10	
传统小吃	民俗	2008.10	
蒙山荷包	民俗	2008.10	
蒙山鞋垫	民俗	2008.10	
传柬	民俗	2008.10	
全羊节	民俗	2008.10	
埸山的传说	民间文学	2009.5	张昌军
万松寺的传说	民间文学	2009.5	
团圆崮·胡家庄的传说	民间文学	2009.5	

续表 4-11

项目名称	项目类型	认定时间	代表性传承人
獐子崮·歇歇台的传说	民间文学	2009.5	
石砬沟的传说	民间文学	2009.5	
玉泉崮·玉泉的传说	民间文学	2009.5	
封城隍的传说	民间文学	2009.5	
蝎子崮·白鸡庙的传说	民间文学	2009.5	
娄家铺子的传说	民间文学	2009.5	
龙泉的传说	民间文学	2009.5	
石老山的传说	民间文学	2009.5	
公石说，母石说	民间文学	2009.5	
老英泰的传说	民间文学	2009.5	
公海的传说	民间文学	2009.5	
玉皇庙的传说	民间文学	2009.5	
美松王的传说	民间文学	2009.5	
巴堰的传说	民间文学	2009.5	
猪拱泉的传说	民间文学	2009.5	
翻金峪的传说	民间文学	2009.5	
望琼楼·望穷塔的传说	民间文学	2009.5	
石人崮的传说	民间文学	2009.5	
龙母坟的传说	民间文学	2009.5	
拦驾河的传说	民间文学	2009.5	
枫树鞍的传说	民间文学	2009.5	
扳倒井·桑树峪的传说	民间文学	2009.5	
有缘千里来相会，无缘对面不相识	民间文学	2009.5	
臾崮·颛臾国的传说	民间文学	2009.5	
虎头崖·青龙山	民间文学	2009.5	
娃娃拳	民间文学	2009.5	
白马关的传说	民间文学	2009.5	
九女关的传说	民间文学	2009.5	
魏家林的传说	民间文学	2009.5	
崮顶崮·塌崖的传说	民间文学	2009.5	
铁拐李为什么瘸	民间文学	2009.5	
铁拐李宝葫芦的由来	民间文学	2009.5	
漱玉泉、漱玉庙的传说	民间文学	2009.5	
云头崮·老头万的传说	民间文学	2009.5	
中山古寺的传说	民间文学	2009.5	

续表 4-11

项目名称	项目类型	认定时间	代表性传承人
大一半儿	民间文学	2009.5	
东门村	民间文学	2009.5	
槐花仙子的传说	民间文学	2009.5	
腾龙崮・神蜂洞的传说	民间文学	2009.5	
司马寨・牛槽洞的传说	民间文学	2009.5	
杨家寨・千股柏的传说	民间文学	2009.5	
风水地	民间文学	2009.5	
阁老崮的传说	民间文学	2009.5	
五家寨、龙王庙、龙王泉的美丽传说	民间文学	2009.5	
情侣树、望夫泉的美丽传说	民间文学	2009.5	
割臂孝婆母（高都镇）	民间文学	2009.5	
阁老崮・岳老三的传说	民间文学	2009.5	
布谷鸟山的传说	民间文学	2009.5	
东泉，水母娘娘庙的美丽传说	民间文学	2009.5	
姜阁老的传说	民间文学	2009.5	
姜娘娘的传说	民间文学	2009.5	
绕口令	民间文学	2009.5	
蒙阴谜语	民间文学	2009.5	
李家保德村的故事	民间文学	2009.5	
凤凰山的传说	民间文学	2009.5	
神秘水塘的传说	民间文学	2009.5	
太保庄的由来	民间文学	2009.5	
蒙山胡萝卜地	民间文学	2009.5	
千年古槐	民间文学	2009.5	
落子石的传说	民间文学	2009.5	
蒙山参	民间文学	2009.5	
蟾宫遗桂	民间文学	2009.5	
东夷部落	民间文学	2009.5	
嵩崮・石奶奶的传说	民间文学	2009.5	
鹰王崮・石老头的传说	民间文学	2009.5	
张家寨・金钥匙的传说	民间文学	2009.5	
孟良崮・火葫芦的传说	民间文学	2009.5	
龙头崮・九妹的传说	民间文学	2009.5	
耕作歌谣	传统音乐	2009.5	
蒙山民谣	传统音乐	2009.5	

续表 4-11

项目名称	项目类型	认定时间	代表性传承人
蒙阴歌谣	传统音乐	2009.5	
正月里掺麦子	传统音乐	2009.5	
石榴开花一片红	传统音乐	2009.5	
革命进行曲	传统音乐	2009.5	
五哥放羊	传统音乐	2009.5	
工农商学兵	传统音乐	2009.5	
谁养谁	传统音乐	2009.5	
姐儿调	传统音乐	2009.5	
山东八路军真是好	传统音乐	2009.5	
坚持山东抗战	传统音乐	2009.5	
把鬼子汉奸一扫清	传统音乐	2009.5	
生产为革命	传统音乐	2009.5	
儿童团之歌	传统音乐	2009.5	
坚持抗战在敌后方	传统音乐	2009.5	
反攻歌	传统音乐	2009.5	
会长就要离开家	传统音乐	2009.5	
反对买卖婚姻	传统音乐	2009.5	
鬼子狼神	传统音乐	2009.5	
梳头小曲	传统音乐	2009.5	
抗日军人家属最光荣	传统音乐	2009.5	
张大娘	传统音乐	2009.5	
敬茶歌	传统音乐	2009.5	
忽听哨子吹	传统音乐	2009.5	
打碎蒋介石的光头顶	传统音乐	2009.5	
八路军在葛庄	传统音乐	2009.5	
革命的英雄人人都爱他	传统音乐	2009.5	
刘官庄民歌（经济开发区）	传统音乐	2009.5	
妇女三八节	传统音乐	2009.5	
全世界人民一条心	传统音乐	2009.5	
送新军	传统音乐	2009.5	
八劝	传统音乐	2009.5	
四季歌	传统音乐	2009.5	
三八节	传统音乐	2009.5	
出发回家	传统音乐	2009.5	
咱们都是贫穷汉	传统音乐	2009.5	

续表 4-11

项目名称	项目类型	认定时间	代表性传承人
各庄自卫团	传统音乐	2009.5	
抗战五更	传统音乐	2009.5	
拥军五更	传统音乐	2009.5	
革命进行曲	传统音乐	2009.5	
打杀汉奸	传统音乐	2009.5	
放下锄头去改行	传统音乐	2009.5	
五劝爹和娘	传统音乐	2009.5	
五劝	传统音乐	2009.5	
我们是中国的健儿	传统音乐	2009.5	
军民一条心	传统音乐	2009.5	
放羊歌	传统音乐	2009.5	
运动战	传统音乐	2009.5	
打秋千	传统音乐	2009.5	
祝九红下山	传统音乐	2009.5	
胜利就在前头	传统音乐	2009.5	
有吃有穿喜洋洋	传统音乐	2009.5	
梳头调	传统音乐	2009.5	
夸夸识字班	传统音乐	2009.5	
毛主席领导的好	传统音乐	2009.5	
个个村干是好汉	传统音乐	2009.5	
共产党来了晴了天	传统音乐	2009.5	
歌唱党的“七代”会	传统音乐	2009.5	
我们是民族的八路军	传统音乐	2009.5	
欢迎新战友	传统音乐	2009.5	
我们是人民子弟兵	传统音乐	2009.5	
歌唱岱崮连	传统音乐	2009.5	
采药调	传统音乐	2009.5	
采莪子	传统音乐	2009.5	
人地不能分	传统音乐	2009.5	
誓把反动派消灭完	传统音乐	2009.5	
绣花灯	传统音乐	2009.5	
小放牛	传统音乐	2009.5	
打河水	传统音乐	2009.5	
儿媳上学堂	传统音乐	2009.5	
放脚歌	传统音乐	2009.5	

续表 4-11

项目名称	项目类型	认定时间	代表性传承人
当兵歌	传统音乐	2009.5	
毛主席他一来	传统音乐	2009.5	
蒋介石是大汉奸	传统音乐	2009.5	
女娶男	传统音乐	2009.5	
做新衣	传统音乐	2009.5	
五劝	传统音乐	2009.5	
兰瑞联	传统音乐	2009.5	
青天蓝天	传统音乐	2009.5	
送郎参军	传统音乐	2009.5	
我的小宝贝	传统音乐	2009.5	
上冬学	传统音乐	2009.5	
莲大嫂	传统音乐	2009.5	
唐义秋剪纸	传统美术	2009.5	
落门笺	传统美术	2009.5	
根雕	传统美术	2009.5	
瀛泥叭儿	传统体育、游艺与杂技	2009.5	
拾石子	传统体育、游艺与杂技	2009.5	
踢键子，打沙包	传统体育、游艺与杂技	2009.5	
手工笤帚制作技艺	传统技艺	2009.5	
肴鸡制作技艺	传统技艺	2009.5	
蒙阴红烧兔头制作技艺	传统技艺	2009.5	
豆沫制作技艺	传统技艺	2009.5	
虎头鞋制作技艺	传统技艺	2009.5	
黄表纸制作技艺	传统技艺	2009.5	丁顺利
织渔网	传统技艺	2009.5	马祥友
墨斗子制作技艺	传统技艺	2009.5	
百泉醉鸭制作技艺	传统技艺	2009.5	
柳编技艺	传统技艺	2009.5	
蒙阴煎饼制作技艺	传统技艺	2009.5	徐海霞
洋火枪制作技艺	传统技艺	2009.5	
蹦跶猴制作技艺	传统技艺	2009.5	
玉米须降血压	传统医药	2009.5	
民间土法治疗颈椎病、腰间盘突出	传统医药	2009.5	
大骨头烹饪	民俗	2009.5	
“胞衣”处理	民俗	2009.5	

续表 4-11

项目名称	项目类型	认定时间	代表性传承人
女子裹脚	民俗	2009.5	
挂红帐子	民俗	2009.5	
贴对联	民俗	2009.5	
挂白帐子	民俗	2009.5	
摸栗子枣	民俗	2009.5	
“送粥米”	民俗	2009.5	
丧事习俗—谢帖	民俗	2009.5	
百泉峪地方语言	民俗	2009.5	
过年炸丸子	民俗	2009.5	
“闹巧”	民俗	2009.5	
巧巧饭	民俗	2009.5	
蒸面灯	民俗	2009.5	
缝布鸡	民俗	2009.5	
艾香包	民俗	2009.5	
二月二炒黄豆	民俗	2009.5	
蒙阴传统小吃	民俗	2009.5	
土话俗语	民俗	2009.5	王建忠
王胜荣剪纸	传统美术	2014.6	王胜荣
姚家膏药	传统医药	2014.6	姚玉健
火笔画	传统技艺	2017.1	
烙画葫芦	传统技艺	2017.1	
核雕	传统技艺	2017.1	
糖画	传统技艺	2017.1	
粮食画	传统技艺	2017.1	
木炭火烧	传统技艺	2017.1	
手绣	传统技艺	2017.1	
两仪拳·游龙掌	传统体育、游艺与杂技	2017.1	
边家干煸辣肉丝	传统技艺	2018.3	边振水
岱崮豆腐	传统技艺	2018.3	
引子馒头	传统技艺	2018.3	曹兴军
赵家扣肉	传统技艺	2018.3	赵元亮
光棍鸡	传统技艺	2018.3	付本忠
蒙阴粉皮	传统技艺	2018.3	李　冲
蒙阴全蝎酒	传统技艺	2018.3	邵长军
鼏公家酒	传统技艺	2018.3	公维任

续表 4-11

项目名称	项目类型	认定时间	代表性传承人
吹糖人	传统技艺	2018.3	孙　斌
蛋雕	传统技艺	2018.3	邹炎赤
桃木雕刻	传统技艺	2018.3	石绍松
耿氏中医自然疗法	传统医药	2018.3	耿金梁
蒙阴梆子	传统戏剧	2020.11	孙复常
落门笺	传统美术	2020.11	
蒙阴根雕	传统美术	2020.11	王付歌
沂蒙石头房建筑技艺	传统技艺	2020.11	
古琴古法制作技艺	传统技艺	2020.11	
沂蒙银饰	传统技艺	2020.11	
顺玺祥银饰	传统技艺	2020.11	
常路煎饼制作技艺	传统技艺	2020.11	秦昌伟
常路丸子制作技艺	传统技艺	2020.11	陈宏伟
张家马蹄烧饼制作技艺	传统技艺	2020.11	张俊武
蒙阴烤兔制作技艺	传统技艺	2020.11	张明刚
孟良崮煎饼制作技艺	传统技艺	2020.11	张　瑶
老区酱菜制作技艺	传统技艺	2020.11	赵发忠
崮乡第一口杂粮煎饼	传统技艺	2020.11	
手抓手猪蹄制作技艺	传统技艺	2020.11	
掌纹断病	传统医药	2020.11	杨真理
三医堂小儿手诊	传统医药	2020.11	公方国
《肾宗流派》	传统医药	2020.11	李　峰
姚氏正骨	传统医药	2020.11	姚玉健
李氏中医元气论	传统医药	2020.11	李恩慧

第十二节　临沭县

2011 年，临沭县开展县级非物质文化遗产代表性项目评定工作，8 月，认定《苍马山的传说》等县级非物质文化遗产代表性项目 34 项。至 2021 年年底，共认定县级非物质文化遗产代表性项目 4 批 104 项。

2021 年临沭县县级非物质文化遗产代表性项目情况表

表 4-12

项目名称	项目类别	认定时间	代表性传承人
苍马山的传说	民间文学	2011.8	李锦川
羽山的传说	民间文学	2011.8	

续表 4-12

项目名称	项目类别	认定时间	代表性传承人
石门夜雨	民间文学	2011.8	
箭眼石的传说	民间文学	2011.8	
柳老爷庙的传说	民间文学	2011.8	
石龙椅的传说	民间文学	2011.8	
景家林的传说	民间文学	2011.8	
岌山八景的传说	民间文学	2011.8	
钻石的传说	民间文学	2011.8	
小桃红	传统音乐	2011.8	王庆寿
扑蝴蝶	传统舞蹈	2011.8	李善年
打花棍	传统舞蹈	2011.8	凌宗巧
民间小戏汇编	传统戏曲	2011.8	胡怀兴
剪纸	传统美术	2011.8	李同忠
烙板刻画	传统美术	2011.8	李继极
临沭柳编	传统技艺	2011.8	杨进邦
泥陶制作	传统技艺	2011.8	何宗努
布老虎手工缝制技术	传统技艺	2011.8	王秀芝
手理面加工技艺	传统技艺	2011.8	李锦生
手抓羊肉加工技艺	传统技艺	2011.8	
全猪宴加工技艺	传统技艺	2011.8	焦见亮
脆皮肘子加工技艺	传统技艺	2011.8	李秀忠
传统粉条加工技艺	传统技艺	2011.8	尹从浩
张老大烧鸡加工技艺	传统技艺	2011.8	张教奎
沂蒙老区酒酿造技艺	传统技艺	2011.8	张贵选
传统绒绣	传统技艺	2011.8	莫宗荣
面塑	传统技艺	2011.8	李同忠
扎龙	传统技艺	2011.8	邢慎友
纳鞋底、鞋垫	传统技艺	2011.8	李忠兵
京胡制作	传统技艺	2011.8	韩守如
油香的制作	传统技艺	2011.8	
民间偏方	传统医药	2011.8	
祭龙仪式	民俗	2011.8	徐其东
穆斯林民俗	民俗	2011.8	
大岱的由来	民间文学	2012.9	何敬现
大力神李破车	民间文学	2012.9	李兆林
白莲峪的传说	民间文学	2012.9	闫凡龙

续表 4-12

项目名称	项目类别	认定时间	代表性传承人
柳编女的传说	民间文学	2012.9	王朝学
奶奶庙的传说	民间文学	2012.9	崔连布
歌谣《小白鸡》等 5 首	民间文学	2012.9	
民间小调《小五更》等	传统音乐	2012.9	刘玉军
张贺清真寺	传统美术	2012.9	
石板雕刻绘画	传统美术	2012.9	
渔鼓书	曲艺	2012.9	武心乐　王明友
说书	曲艺	2012.9	高坎茂　徐敏金
搁五虎等系列博弈游戏	传统体育、游艺与杂技	2012.9	景会胜
挂红子、送米糖	民俗	2012.9	
冰雹姥爷节	民俗	2012.9	
柳庄庙会	民俗	2012.9	王朝学
石婆婆的传说	民间文学	2014.8	王统兵
罐子山记	民间文学	2014.8	胡尊然
地名的由来	民间文学	2014.8	
临沭方言	民间文学	2014.8	袁堂田
打春牛	民间文学	2014.8	张云标
扑蜻蜓	传统音乐	2014.8	
姐儿牛	传统音乐	2014.8	
拾掇节	传统音乐	2014.8	王仕传
十劝郎	传统音乐	2014.8	李洪让
大肚子	传统音乐	2014.8	王仕传
送情郎	传统音乐	2014.8	王仕传
打大哨	传统音乐	2014.8	卢学冉
篆刻	传统美术	2014.8	刘西怀
柳琴戏	传统戏曲	2014.8	
打瓦	传统体育、游艺与杂技	2014.8	
倒拐	传统体育、游艺与杂技	2014.8	胡尊然
翻棉单	传统体育、游艺与杂技	2014.8	
拾马和	传统体育、游艺与杂技	2014.8	
打腊门	传统体育、游艺与杂技	2014.8	
太阳派武术	传统体育、游艺与杂技	2014.8	李大亮
玩马灯	传统体育、游艺与杂技	2014.8	
蓑衣编织技艺	传统技艺	2014.8	唐洪艳
渔网编织技艺	传统技艺	2014.8	王美廷

续表 4-12

项目名称	项目类别	认定时间	代表性传承人
支啊子制作技艺	传统技艺	2014.8	高洪勋
青云大锅饼制作技艺	传统技艺	2014.8	黄文顺
凉粉制作技艺	传统技艺	2014.8	
蓑衣编织技艺	传统技艺	2014.8	唐洪艳
婚嫁习俗	民俗	2014.8	
舞龙灯	民俗	2014.8	王朝学
谚语俗语	民间文学	2018.8	
民间谚语	民间文学	2018.8	
殛鲧泉的传说	民间文学	2018.8	英建达
千岁栗祖和圣水泉的传说	民间文学	2018.8	孙家进
八吊钱的传说	民间文学	2018.8	李广义
杨花姑娘	民间文学	2018.8	吴书金
棠楼的传说	民间文学	2018.8	吴书金
打墙号子	传统音乐	2018.8	
新开通	传统音乐	2018.8	冷成雨
赶四集找情郎	传统音乐	2018.8	冷成雨
套色剪纸技艺	传统美术	2018.8	李宝恩
临沭泥塑	传统美术	2018.8	邢慎友
东盘石雕、石刻	传统美术	2018.8	李培练
鲁南琴书	曲艺	2018.8	吴绍其
打卯	传统体育、游艺与杂技	2018.8	
丢沙包	传统体育、游艺与杂技	2018.8	
鲁南传统锔瓷	传统技艺	2018.8	
天天香石磨煎饼制作技艺	传统技艺	2018.8	
糖画	传统技艺	2018.8	
风箱制作技艺	传统技艺	2018.8	
烤牌制作技艺	传统技艺	2018.8	
驴蹄烧饼制作技艺	传统技艺	2018.8	曹云明
渣豆腐制作技艺	传统技艺	2018.8	
朱果吴氏正骨	传统医药	2018.8	吴书宝
“曹大脚”脚功推拿	传统医药	2018.8	曹庆娟
下大六	传统体育、游艺与杂技	2020.12	顾瑞强

第五章 非物质文化遗产宣传与研究

第五章　非物质文化遗产宣传与研究

第一节　非物质文化遗产宣传

进入21世纪后，临沂市积极通过政府网站、电视台、报纸报刊、微信、抖音等各类平台，开展非遗宣传展示活动。组织非遗进社区、进学校、进景区、进场馆、进集市、进商场。开展“非物质文化遗产月”“文化和自然遗产日”等主题非遗宣传展示活动。举办“匠心筑梦多彩沂蒙”非遗春节晚会；连续举办八届优秀传统文化进校园暨非物质文化遗产博览会；鼓励传承人创作以红色文化为主题的作品，举办“宣传二十大·匠心颂中华”非遗作品展、“千秋伟业　百年风华”暨庆祝建党100周年红色非遗作品展、鲁南地区红色非遗展。通过直播访谈、走进广播间等活动，宣传临沂市非遗保护成果。组织优秀非遗项目参加首届中国非物质文化遗产保护年会、中国非物质文化遗产博览会、中华传统工艺大会、山东省旅游发展大会、“振兴传统技艺·鲁班杯”大赛、“孔子家乡好客山东”澳门推广周、黄河大集等活动，推动临沂市非遗项目走出去，扩大影响力。至2021年年末，全市有非遗研学旅游基地26个。

2006年始，临沂市利用书圣文化节、诸葛亮文化旅游节和春节、元宵节、中秋节等传统节日，举办非遗进景区活动，提升景区人文环境，增加景区人气。充分利用景区文化广场、老戏台、大舞台等文化设施，开展非遗优秀剧目、曲艺展演活动。推动非遗工坊建设，打造特色非遗产品，丰富旅游商品种类，提升旅游商品质量。

在景区设立非遗工坊展示销售区，开展传统工艺展示，增强现场互动体验，游客在购买非遗产品时也可体验产品制作，享受动手的乐趣，极大地提升了旅游体验感。同时拓宽传统工艺产品展销渠道，引导发展乡村旅游。部分非遗工坊成为非遗研学旅游基地，宣传展示临沂市特色非遗项目，培养学生保护和传承传统文化的责任感和使命感。

2007年春节期间，举办临沂市首届非物质文化遗产暨临沂民俗展览，吸引大批市民参观。2011年，举办临沂市第六届非物质文化遗产暨民间艺术展演，展出剪纸、烙画、木玩具、泥塑、古陶、手绣、草柳编、印花布等20多个门类6000余件作品。2012年，举办临沂市第七个“文化遗产日”庆祝活动，演出渔鼓说唱、郯马五大调、柳琴戏等非物质文化遗产表演类文艺节目15个，现场制作、展出木旋玩具、陶笛、剪纸、刻瓷、面塑、泥塑、治砚、柳编等10余个门类作品1000余件。在第二届中国枣庄非物质文化遗产博览会上，临沂市参展的15个非遗项目现场销售额达20余万元，签约项目12个，合同金额达600余万元。木旋玩具代表性传承人樊继美等17名非遗项目代表性传承人获得“传承人展示奖”。

2015年，组织非遗传承人、民间艺人参加“齐鲁非遗大讲堂”，对全市90余名非遗工作人员、传承人进行培训。开展非遗展演、展示、宣传活动。建设非物质文化遗产展示厅，展示具有沂蒙特色文化的非物质文化遗产实物展品500余件，长期免费开放。组织开展第十届非物质文化遗产保护暨民间艺术展演活动，举办琅琊剪纸、“我眼中的非遗”摄影大赛、文化遗产进校园等活动。“非遗伴我们过大年”系列活动被山东省文化厅评为全省“十大亮点”工作。

2016年，举办沂蒙传统工艺振兴工程、非遗技艺传承培训、第二届优秀传统文化进校园暨鲁南地区非物质文化遗产博览会等。精心组织参加第四届中国非物质文化遗产博览会，在草柳藤编、

2016 年 6 月 25 日，第二届优秀传统文化进校园暨鲁南地区非物质文化遗产博览会在临沂职业学院开幕

泥面塑、木板年画、民歌大赛等比赛中，先后获得一等奖、二等奖和大赛表演奖、优秀演唱奖。2017 年 12 月，组织开展第三届非遗进校园博览会、“文化和自然遗产日”暨首届中国（临沂）非遗博览会等系列活动，先后被中国政府网、新华网等多家国家级媒体报道。

2018 年 2 月 8 日，市文广新局启动“我们的中国梦”非物质文化遗产月暨首届沂蒙“乡音乡韵”展演季系列活动。组织传统戏剧“柳琴戏”、传统音乐“鲁南五大调”等 16 个非遗项目进行演出；精选木旋玩具、泥塑、面塑、剪纸、烙画、古陶、手绣、草柳编、印花布、剪纸等 2 万余件富有沂蒙地域特色、彰显临沂民风民俗和人文精神的非遗手工艺衍生品进行集中展示。6 月 29 日，由市文广新局、临沂职业学院主办的第四届优秀传统文化进校园暨非物质文化遗产博览会举行。来自吉林、山西、河南及山东省各地市的 252 个传统美术、手工艺、传统戏曲、民间文学等非遗项目，以及非遗传承人、学院师生和社会各界共 5000 余人参与活动。10 月 11 日，由山东省人民政府主办的第七届山东文博会在济南开幕。临沂市组织费县手绣、临沭柳编、郯城木旋玩具、沂南徐公砚等非遗项目参展。

2019 年，临沂市举办山东省非遗传统舞蹈大赛、山东省非物质文化遗产传承人剪纸技艺培训班、第五届优秀传统文化进校园、鲁南非物质文化遗产博览会、乡音乡韵展演季、第十九届民间秧歌会、非遗进景区等活动。各县区开展非遗展览、展示、展演等系列活动 1060 场次，接待市内外群众 120 余万人次。组织曲艺类非遗项目沂蒙渔鼓《大喜大庆十九大》等节目参加了 2019 年全国非遗曲艺周启动仪式。新华网、中国日报网、《中国文化报》、《联合日报》、大众网、人民网等 12 家媒体、20 余名记者来临沂实地考察柳琴戏、莒南木梳、临沭柳编等优秀非遗项目，大力宣传报道临沂在激发非遗传承活力、助力乡村振兴等方面的举措和成效。莒南县板泉镇和临沭县青云镇入选第二批山东省“非遗助力脱贫、推动乡村振兴”典型乡镇（街道）（共 20 个）。

2019 年 6 月 5 日，临沂市组织参加山东省非物质文化遗产传统舞蹈大赛

2020 年 7 月，在第五十五届全国工艺品交易会和第十二届中国（山东）工艺美术博览会上，临沂市获得 12 枚金牌、20 枚银牌。其中柳编《素年锦时》《山峦》等 4 件作品获中国工艺美术协会“金凤凰”创新设计大赛金奖；柳编《疫去春来》《百合之恋》、古琴《幽兰》、徐公砚《灵芝》、金星砚《东鲁遗风》获“泰山桃木王”杯山东省工艺美术设计创新大赛金奖。10 月，在第六届中国非物质

文化遗产博览会上，全市有 20 余个项目参加线上活动，2 个项目被山东省文旅厅选定参加线下展览。在传统工艺比赛“匠人匠心”云竞技活动中，临沂市 3 名传承人进入决赛，以“美好生活”为题进行构思创作，获 2 个二等奖，1 个优秀奖。开展 2020 年“非物质文化遗产月”暨第三届沂蒙“乡音乡韵”展演季、“文化和自然遗产日”非物质文化遗产宣传展示、“抗击疫情临沂非遗人在行动”暨抗击新冠肺炎疫情非遗作品展、“匠心传承赓续文脉”直播访谈、第六届优秀传统文化进校园暨网络非遗博览会、鲁南红色非遗展、“携手战疫情非遗保健康”线上宣传、“观非遗精品，赏萤火奇观”之非遗进景区等系列活动，推进非物质文化遗产保护传承。

依托老巷子打造非遗小镇，深入挖掘全市非物质文化遗产内涵，打造乡村戏台、剪纸坊、醋坊、油坊、水磨坊等特色非遗景观。在保留原住民生活、生产的场景的基础上，整合优化村落资源，深度挖掘非遗文化主题内涵，打造集非遗文化传承、文化展演、民俗体验、休闲度假、影视风情等功能于一体的精品景区，增强旅游产业发展后劲，引领旅游业健康快速可持续发展。2021 年，开展“非物质文化遗产月”“文化和自然遗产日”“全面小康奋进山东”主题系列新闻发布会非遗展演、“千秋伟业　百年风华”暨庆祝建党 100 周年红色非遗作品展、“梨园沂韵”传统戏剧曲艺展演、“贺中秋庆国庆迎重阳”非遗宣传展示、“庆元旦·沂蒙红”琅琊剪纸传承发展成果展等活动。举办全市非遗传承人现场观摩培训会，提升传承人素质和技能水平。《临沂市优秀传统文化进校园暨非遗博览会》入选 2021 年山东省“非遗进校园”典型实践案例。费县手绣传承人卞成飞被人力资源和社会保障部、文化和旅游部评为全国文化和旅游系统劳动模范；莫氏绒绣传承人莫宗荣被评为全国乡村文化和旅游能人。临沂作为典型发言的两个地级市之一，在山东省非遗助力乡村振兴经验交流现场会上作交流发言。

第二节　非物质文化遗产场馆

郯城县文化馆非物质文化遗产陈列厅　位于县文体中心 A 楼一层，是集陈列、展示、展演、体验、传习等功能为一体的综合性展厅，主展厅建筑面积约 260 平方米，展陈面积 500 余平方米，附属场所有临时展厅 1 处，面积 260 平方米；多媒体教室 1 处，面积 80 平方米。配置了音箱、话筒、投影仪、实物投影展示台、网络直播设备等。该空间场所可为观众免费提供无线 wifi、热水、讲解、非遗资料查阅等服务。周一至周五工作日时间为固定开放日，周六上午 9：30 至 11：30 为学生专场开放日。

2020 年，郯城县文化馆对该展示空间进行改造和提升，以文字说明、图片展示、实物展陈、现场展演、作品赏析、场景复原等形式，全面展示郯城县 30 项市级以上非遗保护项目及 34 位市级以上代表性非遗项目传承人的文化内涵及传承状态，展陈图片 300 张，展陈制作工具、代表性作品等实物 600 件，向观众立体、直观地呈现郯城县非遗保护成果。

郯城县文化馆依托该空间积极开展馆校合作，用非遗资源为学生提供学习空间，通过非遗进校园、非遗讲座、“周末·非遗好时光”等形式，在学生群体中普及非遗知识，传承非遗技艺。组织“非遗传习大课堂”等特色活动百余场，开展了面塑、年画、挂门笺、剪纸、中国结、鲁南五大调、

郯城县非遗陈列厅一角

柳琴戏等项目的传习培训活动30多期，组织剪纸、刺绣、中国结等项目直播活动10期，组织黑陶、木旋玩具、挂门笺、木版年画等项目作品展示8期。结合中华传统节日开展非遗实践活动。组织了绣香囊、刻挂门笺、印年画、编中国结等活动10余次。

临沭县文化馆非物质文化遗产陈列厅 位于县文化中心一层，集陈列、展示、展演、体验、传习等功能于一体，建筑面积约544平方米。配置了音箱、话筒、投影仪、实物投影展示台等。该空间场所可为观众免费提供无线wifi、热水、讲解、非遗资料查阅等服务。周二至周日9：00至17：00为固定开放时间，国家法定节假日除外。

展厅以文字说明、图片展示、实物展陈、现场展演、作品赏析、场景复原等形式，全面展示了临沭县30余项市级及以上非遗保护项目，展陈图片100余张，展陈制作工具、代表性作品等实物100余件，向观众全方位呈现了临沭县非遗保护成果。

临沭县文化馆依托该空间积极开展馆校合作，先后组织“星辰计划——非遗群文大讲堂”、非遗进校园、非遗进景区、非遗进商超、非遗市集、非遗展览展示等特色活动百余场，开展了花馍、面塑、柳编、茶艺、剪纸、风筝制作、端午编彩绳等中华优秀传统文化体验系列课程10余期。

蒙阴县文化馆非遗陈列厅 2015年，县文化馆老馆建成非遗展馆一处，面积120余平方米，以陈列、展示为主。2020年，县文化馆搬迁至“六馆一中心”，蒙阴县文化馆非物质文化遗产陈列厅位于县文化馆楼一层，集陈列、展示、展演、体验、传习等功能于一体。主展厅建筑面积约300平方米，展陈面积820余平方米，附属的场所多功能厅180平方米。配置音箱、话筒、投影仪等，可为观众免费提供无线wifi、热水、讲解、非遗资料查阅等服务。周一至周五为固定开放日，周六周日上午9：30至11：30为学生专场开放日。

非遗陈列厅以文字说明、图片展示、实物展陈、现场展演、作品赏析、场景复原等形式，全面展示蒙阴县20余项县级及以上非遗项目及48位省、市级代表性传承人，展陈图片300余张，展陈制作工具、代表性作品等实物500件，向观众全方位呈现蒙阴县非遗保护成果。

县文化馆依托非遗陈列厅积极开展馆校融合，成立“蒙阴梆子”“煎饼花”社团，开展传统文化进校园、非遗讲座、展演展示等，宣传普及非遗知识。组织“非遗大讲堂”等特色活动，开展非遗传习培训活动70余期。

中国柳编文化艺术馆 2010年建成，位于临沭县沭河西街西首，总面积26000平方米（配套建设柳制品展销中心）。由山东省艺术学院设计，设计创意来自杞柳，大门造型以甲骨文“柳”字变形向两边扩展，内部设计以柳芽造型划分历史、材料、工艺、产品、发展与展望等5大展区，通过文字、图片、实物、影视及现代高科技信息系统等多种表现形式，全方位、多层次展示柳编发展历史进程，是全国第一个以柳编文化为主题的艺术展馆。馆内共有文字、图片内容100余幅，以各类动植物、文物、人物等为题材的大型柳编特展展品12件，陈列全国各地柳编文物、实物（家居、装饰、园艺、包装等）2000多种。

历史展区主要展示了中国柳编的起源、发展，柳编制品产地分布、中外柳文化。材料展区主要

中国柳编文化艺术馆

展示了杞柳的形态、特性、品种等。工艺展区主要展示了平编、立编、勒编和混编等各种编织技法，展示了柳艺和铁艺的完美结合。产品展区主要展示了临沭及全国各地柳编手工艺类、日用品类和家具类等。发展与展望展区主要回顾临沭柳编产业的过去，介绍现状，展望未来。

莒南县高榆木梳文化博物馆 2021年9月24日，莒南县高榆木梳文化博物馆揭牌仪式在板泉镇高榆社区举行。高榆木梳文化博物馆投资200余万元，建筑面积5000平方米，分成“木梳的神话与传说”“木梳的渊源与沿革”“木梳与中国传统民俗”“现代木梳的加工制作”“木梳与高榆梳艺”等5个陈列室，展出木梳实物400余个品种600余件。

高榆社区先后投资建起了木梳文化广场、木梳传承馆、木梳非遗实训基地、党支部领办合作社展销中心、木梳电商园、直播间及木梳加工参观体验馆等场所，成为高榆木梳文化的集中展示基地。东高榆村是江北最大的木梳加工专业村，有“中国木梳第一村”之称，全村年产不同规格的木梳3500万~4000万把，占全国市场份额的70%以上。全村80%的农户从事木梳加工，年人均实现增收2000元，先后被评为“农业农村工作先进村”“全县脱贫攻坚先进村”等。

临沭县莫氏绒绣博物馆 建于2010年12月，位于玉山镇境内。莫氏绒绣第五代代表性传承人莫宗荣创办临沭县莫氏绒绣民俗文化馆，清华大学、临沂大学、青岛大学、苏州刺绣艺术馆的专家学者前往参观交流指导，并给予高度评价。后更名为莫氏绒绣博物馆，占地面积3000平方米，建筑面积3200平方米，设7个展厅，有藏品1800余件（套），是一家以绒绣为主题的非国有博物馆，2015年12月，经主管部门备案，向社会免费开放。

博物馆和临沭县玉山镇益海小学，临沭县第三初级中学，临沭县第二、第五实验小学，第三实验小学幼儿园合作，联合开展研学教育，让学生近距离接触、体验刺绣非遗文化。该馆在互联网上开设账号，全国游客可预约参观，提高了博物馆的知名度。

沂南县高来德食品文化博物馆 位于沂南县辛集镇山东德祥苑食品有限公司院内，2021年7月建成。博物馆占地面积1100平方米，建筑面积2000平方米，以山东老字号高来德烧鸡的创始、继承、传承发展为背景，是临沂市首家以食品文化为主题的博物馆。博物馆有藏品301件（套），主要是高来德烧鸡历代制作工具、生活用品、日用老物件等。

沂南县高来德食品文化博物馆共设6个陈列室，分别是：高来德烧鸡历史展示室、高来德烧鸡创始室、高来德烧鸡继承发展室、高来德烧鸡传承发展室、高来德烧鸡现代制作体验品尝室、高来德食品产品展销室。博物馆免费对外开放。

河东区彩印花布博物馆 2019年建成，位于太平街道便民服务中心（文化活动中心）二楼，面积200余平方米。馆内陈列彩印花布200余幅。作品主要以大红、翠绿、桃红、紫、黄等色套印，富丽堂皇，绚丽多彩。题材多以牡丹、凤凰、荷花等来寓意富贵、福寿。还有一些取材于民间故事和历史传说，如“鱼穿莲”“四喜石榴”“凤穿牡丹”“吉庆有余”“福寿图”“五毒肚兜”等，作品构图饱满、色彩艳丽、对比强烈、质朴豪放，具有浓郁的乡土气息。展品全部由省级非遗传承人张明建提供。该馆工作日9：00—12：00，14：00—17：00开放，节假日全天开放，方便群众参观。是山东师范大学、齐鲁师范学院、山东女子学院、济南大学等多所高校的教学实践基地。

临沂岭上砚文化博物馆 位于临沂市沂南县青驼镇徐公店村，建于2013年6月，占地面积6700平方米，建筑面积1200平方米，设有砚文化综合展区、鲁砚专题展区、砚文化非遗展区、砚之历史演变展区、名家名砚展区、刘克唐艺术专题展区等6大展区及1个砚园休闲区，有藏品1000余件（套），是一家以砚文化为主题的非国有博物馆。2015年5月，经主管部门备案，向社会免费开放。

龙灯扛阁传习中心 位于临沂市河东区九曲

街道三官庙社区，占地200平方米，投资30万元，于2015年6月19日开馆。中心设展示室和传习室两大功能室，馆内配备了舞龙模型、锣鼓家什、投影设备、音响设备、实景泥塑等设施设备，全面展示了国家级非物质文化遗产"龙灯扛阁"的发展历史、文化内涵、表演形式和制作工艺。

临沂琅琊陶瓷文化博物馆 位于临沂市北城新区沂蒙路与成都路交会处，建于2020年5月，建筑面积1504平方米。设3个常设展厅，有藏品1570件（套），是一家以陶瓷为主题的非国有博物馆，2021年4月，经主管部门备案，向社会免费开放。

中国结博物馆 位于郯城县红花镇，2018年9月14日开馆。总建筑面积近2000平方米，分为序厅、红花古埠文化展厅、中国结展厅、中国结编织现场展示厅、中国结梦想展示厅和红花非物质文化遗产展示厅6个厅。展出中国结作品600多个品种1080件，其中双钱结、纽扣结、琵琶结、十字结、吉祥结等是比较著名的品种。展览简单明了、图文并茂，介绍了中国结的起源、发展历程，展示了红花镇中国结的文化特色和当地的民俗风情。

沂南元宝根艺文化博物馆 位于沂南县临沂市信息工程学校内，2016年建成，面积约800平方米。展出市级非遗传承人于凤宝创作和收藏的根艺获奖作品3大类，共300余件，包括树根雕、根造型、树皮及根贴画、根书法、木纹画、树瘿作品等美术品；根艺床饰、壁饰、花架、盆景、串珠等装饰品；根艺拐杖、文房四宝、根艺家具等实用品。

博物馆设10个展厅，通过实物、图片、展板、电子屏幕等，展示根艺作品、传统制作工具、根艺制作过程及根艺技艺传承。

第一展厅序言，介绍根艺的起源与发展；第二展厅主题沧桑百年，展出7件作品；第三展厅主题趣味人生，展出42件作品；第四展厅主题天地造化，展出18件作品；第五展厅主题花墨同香，展出22件作品；第六展厅主题龙凤呈祥，展出36件作品；第七展厅主题自然天成，展出33件作品；第八展厅主题千姿百态，展出69件作品；第九展厅主题天趣盎然，展出55件作品；第十展厅主题瘿木风采，展出39件作品。

临沂天泽木文化博物馆 位于临沂市兰山区枣园镇，2014年建成。2020年，晋升为国家二级博物馆。展厅面积约8000平方米，设1个序厅和7个展厅。序厅讲述人与木的情结、介绍全球五大洲主要木材分布情况及展厅概况。第一展厅展示国标红木5属8类33种原木实物、宏观和微观构造图、红木知识及应用以及源远流长的红木文化等。第二展厅按照世界木材原产地分布，系统展示世界各种木材标本，展示不同树种形成的几千至上万年的阴沉木，帝王之木金丝楠木，远古植物桫椤木、龙血树、木化石，千年红豆杉，沉香，檀香等珍贵木材。第三展厅展览与木材相关的文化艺术品和工艺品，展示自然造化的各类珍贵木种树瘿、展示鬼斧神工的木雕和根雕精品等。第四展厅展示千年金丝楠木、霞光纹小叶桢楠阴沉木八仙桌、天书小叶桢楠柱及各种金丝楠木制品。第五展厅展示中国各式传统古典家具。第六展厅展示不同地区和民族对木材的传统利用方式，有近百张清朝、民国和中华人民共和国成立前后图案精美的古床、老家具。第七展厅介绍临沂古树名木与现代木业产业的发展。至2021年，天泽木文化博物馆共接待各地游客20余万人次，举办各类展览和公益活动263场次。

印象花园展馆 位于花园镇后捷村，建于2021年，布展面积500平方米，藏品70余件（套）。展馆内容是《印象花园》一书的物化，全面介绍花园镇的传说、故事、风俗、文保、遗址，特别是国家级非遗柳琴戏、省级非遗面塑技艺、市级非遗黑陶制作技艺、县级非遗少林拳等。展馆分为序厅、非遗、文物、柳琴戏文化、面塑技艺、黑陶技艺、县级非遗、柳琴戏体验厅、尾厅等9大部分。

第三节　非物质文化遗产研究

柳琴戏 2005年，李爱真、刘振在《艺术百家》第四期上发表《柳琴戏音乐多元化》的文章，认为柳琴戏的发展过程体现了音乐多元化的特点，柳琴戏将自身的音乐语言作为核心，吸收不同地区多种音乐的精华，逐渐形成独特的音乐语言以及个性鲜明的风格。

2006年《中国音乐》第四期发表李爱真、刘振的文章《柳琴戏音乐源流与发展研究》，认为柳琴戏是用徐鲁地区方言演唱的剧种，并构建了以徐鲁地区方言为音韵基础的旋律形态。

2007年，孔培培发表《从拉魂腔到柳琴戏——一个剧种的历史传承与时代变迁》一文。文章以一个柳琴戏的国营剧团为例，以20世纪50年代"戏改"为中心，展示了历史转型中戏曲艺术本体和社会角色的传承与变迁，揭示了社会力量与艺术形式之间的联带关系。

2008年，孔培培在《中国音乐学》第一期上发表《消失的"自由调"——拉魂腔自由性艺术特征及其在柳琴戏中的固定化转型》，以拉魂腔中具有的自由性艺术特征为着眼点，分析其自由性艺术特征的构成要素及其在柳琴戏中的固定化转型。《新西部》杂志第六期刊载了张敏的文章《柳琴戏唱腔音乐探析》，从柳琴戏的源头、唱腔的音乐特点以及现代创作中使用的新手法三个方面初步探索了柳琴戏的唱腔音乐。《成功》杂志第一期发表了朱清泉、刘文杰的文章《略论山东柳琴戏的表现风格》，探讨了山东柳琴戏的艺术表现风格，总结出其剧目内容、人物形象、语言风格、表演细节等方面的特点。

2009年，杨楠发表《鲁南柳琴戏声腔系统及音乐多元化分析》一文，从音乐的角度出发对柳琴戏声腔源流进行梳理，探明了柳琴戏声腔的源流发展脉络，总结出柳琴戏唱腔音乐多元化元素。

2009年11月，山东大学王斌撰写了硕士论文《余音不绝——柳琴戏的产业化发展研究》。作者通过实地走访、调查、查阅资料，对柳琴戏的历史、地理、艺术特色进行了梳理，分析了柳琴戏的价值、发展脉络和现状。将其价值概括为"艺术价值""文化价值"和"经济价值"，指出三者相辅相成，共同构成了柳琴戏的当代价值体系。文章将柳琴戏的发展划分为"自然民俗阶段""遗产与文化阶段""资源与产业阶段"。认为"柳琴戏的现状是矛盾的，她既得到了社会和公众的充分肯定，也有政府的保护和鼓励政策，但现实当中，她的传播和传承仍然面临着极大的困境"，要走出困境，就要实施"柳琴戏的产业化发展战略"，要明确操作主体，转变市场定位，加强整体运作，并在产业化条件下，加强对柳琴戏文化资源的保护。

2012年，河北师范大学赵峰撰写了硕士论文《山东柳琴戏艺术特色及发展研究》。指出柳琴戏是流传于鲁南地区临沂、枣庄一带的地方小戏种，曲调优美，拉人魂魄，民间俗称"拉魂腔"。在200多年的发展历程中，饱含了历代老艺人的心血，他们将柳琴戏的音乐特色和姊妹艺术形式进行了借鉴和吸收，保留精华，去除糟粕，形成了具有丰富内涵的音乐风格和戏艺术特色。在漫长的历史沉积中，文化、民俗、语言、地域以及姊妹艺术对柳琴戏的发展都有深远的影响。作者利用文献研究、谱例分析、田野调查、网络调查法等方式进行研究，对柳琴戏的形成时间、形成地域以及发展过程进行了详细的介绍，特别是对柳琴戏形成的五个时期进行了脉络梳理；对山东柳琴戏艺术特征分别从唱腔、文场和武场、剧目以及牌子曲等方面进行了细致的分析，使人们对该剧种有更深刻的认识；通过对柳琴戏生存现状的分析，在非物质文化遗产保护视角下，对山东柳琴戏继承和发展提出了可行性对策。

2013年3月，临沂市兰山区文化馆李营在《旅游纵览（下半月）》发表《临沂柳琴戏的起源与特点》一文。对柳琴戏的名称演变进行了分析，认为柳琴戏是地地道道的地方小戏，起源于临沂市的兰山区、郯城县一带，在鲁南、苏北、皖北、豫东北广大地区流传了几百年。柳琴戏唱词通俗生动、善于铺陈，尤其长于叙事和表现人物的心理活动，它以优美悦耳的唱腔、诙谐幽默的表演、纯朴生动的语言、乡土气息浓郁的剧情而深受广大群众的喜爱。

2016年3月15日，德州学院张瑜在《北方音乐》发表《论临沂地方戏曲柳琴戏的风格特点及发展状况》。柳琴戏因为其独具魅力的被人称为“拉魂腔”“控洪腔”“拉后腔”“拉花腔”等。柳琴戏具有深厚的群众基础，因为柳琴戏的唱腔动听优美、语言生动淳朴、表演幽默有趣、乡土气息浓郁。柳琴戏作为临沂地区的著名戏曲具有鲜明的地域特色。

2019 年 10 月，临沂大学音乐学院周宏在《黄河之声》上发表《戏歌助力临沂柳琴戏创新传承研究》。认为戏歌作为戏曲精华对传承戏曲文化发挥的作用不可忽视，它是戏曲能够深入人心的重要突破口。文章从柳琴戏戏曲特色和地域文化特色对戏歌创作的影响进行论述。

鲁南五大调　音乐学界对于鲁南五大调的研究大致开始于 1980 年。

2006 年 3 月，中国石油大学（华东）人文学院艺术系刘清在《音乐艺术》第一期发表《鲁南五大调的生存现状与保护》，认为鲁南五大调是山东地区传统音乐的重要乐种，曾经兴盛一时，但目前却面临“后继乏人”的危机。文章根据 2002 年、2003 年的调研，对鲁南五大调的生存现状进行探讨，并提出相应的保护建议。

2007 年 9 月，中国石油大学（华东）人文学院刘清、武汉音乐学院音乐学系蔡际洲在《天津音乐学院学报》发表《鲁南五大调考源》。根据鲁南五大调与山东其他民歌在音乐形态上的明显区别，初步断定鲁南五大调中含有外来曲调特征。运用曲调考证、艺人口碑、史料记载三者相互印证的方法，对鲁南五大调部分曲调的来源进行了考证。

2008 年 12 月，中国石油大学（华东）人文学院刘清、武汉音乐学院音乐学系蔡际洲在《天津音乐学院学报》第四期发表《鲁南五大调的流变》。文章将鲁南五大调与鲁南其他民歌的形态特征相比较，选取音阶、非骨干音、旋律音程、衬词等指标，探讨鲁南五大调的流变特点。认为鲁南五大调的流变与曲调本身的规范性、鲁南其他民歌的地域性以及传唱中的方言运用等密切相关。

2009 年 12 月，临沂师范学院音乐学院绪红霞在《艺术教育》发表《鲁南五大调的演唱风格分析》。认为鲁南五大调是一种历史悠久的民间大型声乐套曲，它的产生与鲁南地区人们的生产、生活习俗及地理环境、历史背景等因素密切相关。鲁南五大调的内容以言情、写景、借景抒情为主，其歌词典雅秀丽、词藻考究，演唱风格自由灵活、丰富多样。鲁南五大调蕴含着丰富的文化内涵，是鲁南地区传统文化中一颗璀璨的明珠。

2010 年 6 月，曲阜师范大学音乐学院尹涓在《戏剧丛刊》第三期发表《鲁南五大调初探》一文，对鲁南五大调的名称演变、中心区域、传播范围、曲调曲牌等方面作了探讨。

2010 年 10 月，曲阜师范大学音乐学院尹涓在《黄河之声》发表《鲁南五大调音乐特征研究》。从鲁南五大调的表演形式、伴奏乐器、唱腔咬字以及代表曲目音乐结构的分析等几个方面，对鲁南五大调进行了初步的研究。

2012 年 5 月，中国石油大学（华东）人文学院刘清在《艺术百家》发表《山东民歌鲁南五大调繁盛的文化阐释》。认为鲁南五大调属于明清俗曲范畴，其流传和兴盛是鲁南市井文化的写照。文章从音、地、人三个方面，对鲁南五大调的繁盛进行了阐释，揭示这一艺术品种由盛到衰的发展规律。

2012 年 10 月，临沂大学文学院王厚香在《东岳论丛》发表《郯马五大调溯源》。认为郯马五大调作为一种古老的大型民歌演唱曲，追溯其发源地，并不是山东省郯城、马头地区，它既非土生土长的艺术品种，也非源自一时一地，而是“传自四方，本土生根，精彩绽放”，是相互交流、浸润的产物。从时间、内容和演唱形式上看，郯马五大调源于宋词和元散曲，形成于明清时期；从郯马五大调与其它牌子曲的一致性和差异性来看，郯马五大调的形成和发展与其创作者、传播者、传播方式和郯马一带的交通、经济、文化状况密切相关。

2012 年 12 月，山东艺术学院音乐学院王世慧、张文文在《齐鲁艺苑》发表《鲁南五大调的历史渊源及在不同时期的社会影响》。认为鲁南五大调属于大型的民间套曲，由多个曲牌组合而成，又称为“夹曲体”。其曲调细腻抒情，素有“细曲”“雅歌”之称，是山东民歌具有代表性的一部分，彰显了其弥足珍贵的历史研究价值和现实传承意义。它优美细腻、淡雅抒情的曲调，备受音乐界青睐，对于研究民间音乐的发生、发展和沿革以及丰富中国当代音乐，有着重要的现实意义。

2013年8月，山东艺术学院音乐学院李晓琳在《齐鲁艺苑》发表《鲁南五大调与扬州清曲关系比较研究》。认为鲁南五大调属于山东代表性的大型民歌套曲。它的曲调细腻、唱词典雅，有“雅曲”“细歌”之称，这一特点多受江苏小曲的影响。其中，鲁南五大调的音乐特征与江苏的扬州清曲相似处较多，在曲牌旋律、结构、唱词内容和伴奏乐器等方面多有共同之处。

2013年10月15日，临沂大学韩笑、冯丽娜在《才智》发表《鲁南五大调研究综述》。文章从起源、流变、演唱风格、社会影响以及音乐特征等五个方面对鲁南五大调进行研究述评。认为目前研究主要集中在对五大调自身的音乐分析与历史研究，对于五大调的音乐文化调查与分析相对有限，从交叉学科的角度研究鲁南五大调的成果也显缺乏。

2017年6月，山东艺术学院音乐学院成慧青、徐振清在《齐鲁艺苑》发表《鲁南五大调的源起分析及现状调查》。认为鲁南五大调溯源说法众多，是一个比较复杂的问题，其传承和保护也面临严峻考验，作者对鲁南五大调起源做了归类分析，并提出了保护建议。

2019年8月，曲阜师范大学音乐学院马思梦、贾丽娜在《人民音乐》发表《鲁南五大调“满江红”传承之研究》。大型民歌套曲鲁南五大调共五个曲牌，“满江红”是其中之一。“满江红”是渔民在海上消遣娱乐的一种音乐形式，通常在船上运输时演唱，以酒桌上的碟子、酒盅、碗筷以及穿成串的铜钱为伴奏乐器，主要有《四盼》《梁山伯与祝英台》等多首传统曲目。已有研究只是针对《四盼》，涉及音乐形态、音乐风格分析、保护建议等。

2020年1月，临沂大学赵峰在《黄河之声》发表《鲁南五大调的传承现状及策略》。文章对鲁南五大调的历史影响、社会作用、曲调、内容、形成及音乐积累、演变过程作了阐述，分析了鲁南五大调的传承、发展现状，并对促进鲁南五大调的传承和发展提出了建议。

2020年4月，临沂大学麻文广在《艺术品鉴》发表《鲁南五大调的传承方式与传承状况研究》。认为鲁南五大调承续至今，传承人起着关键作用。对其传承方式与传承状况的研究是实现传承与保护的前提和基础。

2020年5月，临沂大学麻文广在《艺术品鉴》发表《鲁南五大调调式体系概述》。以鲁南五大调的“满江红”“淮调”“大寄生草”“大调”“玲玲调”为例，分析与探索了鲁南五大调的调式体系特征，探究鲁南五大调音乐文化长久不变而又不断演进的调式调性生态圈。

2020年6月，临沂大学麻文广在《艺术品鉴》发表《盐文化视阈下鲁南五大调的传播研究》。以不同的视角关注文化现象深层次原因，对研究区域音乐文化的多样性和特殊性具有重要的参考价值。文章以梁漱溟文化生命论的理论为根基，把研究内容扩展到音乐社会学和文化生态学领域，对文化、生命、盐三者内在的联系进行多学科交叉研究，揭示了盐文化与鲁南五大调传播之间的关联性。

2020年7月，临沂大学麻文广在《艺术品鉴》发表《阶层文化视阈下传统音乐创演群体研究——以鲁南五大调为例》。文章运用文化社会学视角，从创演群体的维度分析不同阶层的文化消费行为，深入探索其背后的文化内涵及作用，对非物质文化遗产传统音乐的传承与创新进行更深层次的思考与探究，为非物质文化遗产传统音乐的传承与保护提供有益的参考。

2020年7月，临沂大学麻文广、柏文泰在《南京艺术学院学报（音乐与表演）》发表《鲁南五大调与明清俗曲关系胜谈——以〈白雪遗音〉工尺谱“马头调”（连板）为例》。“马头调”（连板）是《白雪遗音》中仅有一首带有工尺谱的曲词，无板眼，结构复杂，历来是民族音乐学家、音乐史学家关注的焦点，对研究明清俗曲的流变有重要的学术价值。文章从渊源、题材、词格、曲调四个方面对其与鲁南五大调的关系进行实证性研究，探究鲁南五大调与明清俗曲的渊源关系，并在此基础上进行译谱。

2020年8月，临沂大学王霄在《喜剧世界（下半月）》发表《“鲁南五大调”表演艺术美学特征探析》。通过探析鲁南五大调表演艺术的美学特征，为传统音乐保护与传承课题建设提供理论支持。10月，临沂大学王霄在《中国文艺家》发表《“鲁南五大调”自由“写意性”美学特征分析》。通过分析鲁南五大调文学题材、音乐及表演，对历代艺人艺术实践进行学理研究，对传统表演感性经验进行理论阐释和归纳，总结出鲁南五大调的内在美学特征，构建传承和发展国家级非物质文化遗产鲁南五大调的艺术美学理论体系，为传统音乐保护与传承建设提供理论支持。

2020年12月，曲阜师范大学辛翠在《喜剧世界（下半月）》发表《关于鲁南五大调传承人口述史的研究价值》。文章运用鲁南五大调传承人及其历史事件参与者、目击者的回忆资料及相关的口述历史资料，通过史料分析，采用对比研究、访谈法等对收集到的一手资料进行研究，追溯鲁南五大调发展渊源，厘清其传承情况、技艺情况、文化特色、社会价值等，将鲁南五大调的历史脉络和当前的发展状况进行系统性、连续性地呈现，为鲁南五大调研究者提供更为真实生动的历史资料。

2021年2月，山东师范大学张筱桐在《艺术品鉴》发表《鲁南五大调的词曲结构及其文化内蕴》。从鲁南五大调起源的地理位置、词曲结构与文化内涵三个方面分析了这一民歌套曲的词曲结构、人文内涵。

龙灯扛阁　2009年4月，陕西师范大学的张岚发表《从沂蒙地区“龙灯扛阁”舞蹈本体探其文化内涵》，认为沂蒙地区的乐舞文化源远流长，经历数百年风雨，保留下来的舞蹈已成为民间传统舞蹈的精髓。文章采用文献学的有关资料，通过对龙灯扛阁舞蹈本体的系统研究，探求其深厚的文化底蕴，对沂蒙乐舞的流变进行初步梳理。

2014年，南京师范大学徐振华在《体育科技》第一期发表《龙灯扛阁的历史渊源、风格特点及现代传承》，运用文献资料法、专家访谈法等研究方法，对龙灯扛阁的历史渊源、风格特点及现代传承等问题进行深入研究，提出龙灯扛阁这一传统民俗文化的传承和发展策略。

2015年，江西师范大学体育学院的张文涛、张伟在《内蒙古体育科技》第一期发表《沂蒙“龙灯扛阁”的文化解读及社会传承》，在社会学、文化学和哲学的视野下，运用文献资料法、田野调查法和专家访谈法，对沂蒙山区独具特色的民俗文化龙灯扛阁进行解读，认为其主要文化特征有：文化认同的传承性、独具特色的地域性、民族整合的民俗性、旗帜鲜明的健身娱乐性和促进社会和谐的立体交融性。其社会价值体现在：通过传承自身文化内涵，折射丰富的社会内涵；作为民俗体育的文化标本，是社会学研究的“活化石”；已成为文化符号，是民族传统文化延续的重要载体；借助维系和增强民族的认同，彰显民俗体育文化核心功能。

2015年6月，姜启梅在《浙江师范大学学报》第六期发表文章《临沂三官庙村龙灯扛阁仪式展演及变迁的调查研究》。文章共分六个部分：第一部分介绍了选题的缘由和意义，梳理学者们对龙灯扛阁的学术研究成果，明确了自己的研究空间、研究重点及主要研究方法。第二部分介绍三官庙村的自然环境和社会环境，为研究龙灯扛阁提供了背景资料。第三部分介绍龙灯扛阁与道教的关系。龙灯扛阁传统的表演地点三官庙为道教场所，表演剧目有《八仙过海》和《西游记》等神话故事，表演时间为元宵节等，都说明龙灯扛阁与道教关系密切。第四部分介绍龙灯扛阁仪式的展演。主要有龙灯扛阁起源、扛阁队和鼓乐队的组织形式、经费构成和来源、展演过程等。第五部分研究龙灯扛阁在现代的变迁。随着社会经济的发展，龙灯扛阁仪式习俗发生了变化，实现了从娱神到娱人的功能变迁、民俗传承主体的变迁、龙灯制作材料的变迁等等。这些变迁说明了龙灯扛阁为了适应社会发展的需要主动做出改变。第六部分是对龙灯扛阁仪式变迁的原因进行探析。在经济全球化和文化多样化的大背景下，龙灯扛阁仪式变迁既有内因也有外因，外因主要是地域环境的影响、农村人口的城市化流动、现代娱乐方式的多样化等，内因主要有政府部门和村落文化精英两个主导者。凭借非遗热的热潮，在国家、地方政府和三官庙村民的共同努力下，龙灯扛阁前景光明。

2018 年 6 月，江苏城乡建设职业学院陈旭平在《现代农村科技》第六期发表《"龙灯扛阁"的体育文化价值研究》。认为龙灯扛阁是将"舞龙"和"扛阁"结合在一起进行表演的广场舞蹈，具有传承中国龙文化、活跃节日气氛、增强民族体育发展活力的价值。龙灯扛阁的发展有利于体育价值的价值建构、体育产业化发展、传统体育走进学校，以及推动大众健身资源的开发。

2019 年 2 月，江苏师范大学李雪在《戏剧之家》第八期发表《"舞龙""扛阁"之探——浅析临沂民间舞蹈龙灯扛阁的艺术特色》。文章立足于田野对舞蹈的生存环境、历史渊源、艺术形态、舞蹈传承现状等诸多方面进行全方位的考察。通过探究龙灯扛阁在当下如何进行传承、如何适应变迁，进而分析舞蹈传承模式、阐释变迁的表征及动因，并对舞蹈传承面临的困境提出思考与建议。

2020 年，《江苏师范大学学报》发表李雪的硕士论文《临沂传统舞蹈龙灯扛阁生存现状研究》。文章采用人类学田野考察的研究方法，综合运用舞蹈生态学、民俗学等相关研究理论，以临沂传统舞蹈龙灯扛阁为研究对象，立足于田野对舞蹈的生存环境、历史渊源、艺术形态、舞蹈传承现状等方面的考察，探究龙灯扛阁在新的历史时期如何进行传承、如何适应变迁，进而分析舞蹈传承模式、阐释变迁的表征及动因并对舞蹈传承面临的困境提出思考与建议，达到整体把握龙灯扛阁在当下的生存境况的研究目的，并通过个案研究深化对传统舞蹈的认识。

木旋玩具　2010 年 8 月，浙江师范大学美术学院王玉玲在《美术大观》发表《鲁南郯城木旋玩具的美学特征和意义》，介绍了郯城木旋玩具的材料和制作过程，认为郯城木旋玩具的美学特征主要表现为：鲜明的地域性特点、造型精巧、形象逼真、色彩艳丽、夸张传神，郯城木旋玩具具有的美学意义是借物移情、憧憬美好生活、寓教于乐、愉悦身心。

2013 年 7 月，浙江农林大学艺术设计学院郑周莉、何征在《美术大观》发表《郯城木旋玩具的艺术特色和传承》。认为郯城木旋玩具作为鲁南地区民间艺术的重要组成部分，有着深厚的历史积淀，它题材广泛、艺术风格独特，充分体现了郯城特有的民俗、民风及文化历史。作为非物质文化遗产，在新时期它理应得到传承与保护。

2013 年 8 月，西北师范大学文学院赵静在期刊《丝绸之路》上发表《试论山东郯城木旋的文化内涵》。认为当前有关郯城木旋的研究，大多围绕木旋玩具的制作工艺、艺术特色、功能种类、传承保护等方面进行探讨，而对其文化内涵鲜有涉及。木旋玩具的产生与当地民众的木崇拜意识相关联，不同的木旋玩具又有自己独特的文化意蕴。

2015 年 3 月，山东工艺美术学院孙振宁在《艺术品鉴》发表《郯城木旋玩具研究》。文章认为，郯城木旋玩具的产生既有历史的偶然性也有合理的必然性，经数百年不断革新，旋制工艺成熟，出现了一批批富有代表性的木旋玩具。随着时间的积淀，这些玩具有了文化的属性，审美性、功能性不再单一，不少木旋玩具蕴含着科学原理，是对古代科技文化现象的展示。

2019 年 8 月出版的《全国教育教学创新与发展高端论坛论文集（卷八）》收录了济南大学泉城学院傅伊的文章《郯城木旋玩具的本土性特色》，认为郯城木旋玩具是乡风民俗的自然塑形，在木旋玩具的创作中，工匠艺人融入了他们对世界的认识、对色彩的感受、对情感的表达，以丰富的色彩、夸张的纹饰、简洁的造型，体现了鲁南地区农村百姓古朴的审美情感、美好的生活祈愿和纯朴的价值观念，具有鲜明的本土文化特色。文章从选材、题材、造型、色彩、装饰图案等几个方面分析了山东木旋玩具中所蕴含的浓厚地方文化特色。这也是郯城木旋玩具活态传承并有别于其他木制民间玩具的核心特征。

2019年9月，北京理工大学郑腊骄在《明日风尚》发表《临沂郯城木旋玩具研究》，指出郯城木旋的题材内容、艺术形式具有鲜明的地方特色，凝聚着浓厚临沂风情，体现独特的鲁南文化，在地域性和综合性上都具有很大的影响力。

2020年5月，南京工业大学单晓蕾在《美与时代》杂志发表《鲁南郯城木旋玩具传承问题研究》。认为郯城木旋玩具历史悠久却鲜为人知，其传承和发展面临着极大的挑战。文章分析了木旋玩具传承发展面临的难题以及造成这种困境的主要原因。提出通过扩大消费群众、拓宽销售渠道、传统与创新并存、创建手工作坊等措施，解决郯城木旋玩具传承面临的困境。

2021年8月，临沂大学柏玉、曾亚云在《美术文献》发表《郯城木旋玩具在中小学美术校本课程中的应用》。认为郯城木旋玩具是一种传统的手工艺品，是具有浓郁乡土气息的非物质文化遗产，将郯城木旋玩具融入中小学美术教学，能够让学生掌握制作技巧，提高审美水平，增强文化自信，提升木旋玩具的应用价值。文章通过分析郯城木旋玩具的艺术特征与应用价值，探究郯城木旋玩具在中小学美术课程中的应用方法与措施。

高桥手绣　2015年，山东工艺美术学院张晶撰写了硕士论文《沂水高桥手绣荷包研究》，认为沂水手绣荷包是高桥手绣中最有代表性且流传时间最长的一种手绣形式，与其他地区的荷包有异曲同工之妙，但也有其独特之处。本文从历史渊源入手，介绍了高桥手绣荷包的起源与发展，根据实地调研情况分析了其基本艺术特色及发展现状。提出要实现高桥手绣荷包的产业化发展，就必须在深刻理解其文化内涵的基础上，进行合理的转型，解决传承与发展中存在的矛盾，实现高桥手绣荷包技艺的复兴，为沂水文化产业发展注入新的资源与动力。

2016年6月，临沂大学美术学院徐晓慧在《丝绸》发表《高桥手绣的发展现状和制作工艺研究》。作者利用田野调查方法，对高桥手绣的发展现状及制作工艺流程进行了探讨和分析。通过寻访和记录手绣传人生存状态及手绣工艺过程的方式，对高桥手绣订单式加工、原材料缺乏、传统手绣品类消失、手绣从业人员急剧减少的发展现状，以及高桥手绣代表性品种手绣荷包的制作工艺流程即取样、绣制、缝合、缝坠子，进行了详细而深入的记录、复原、分析与研究。

2017年，河北大学张慧的硕士论文《沂水手绣荷包元素在软装饰中的设计研究》，以沂水手绣荷包中所蕴含的中国传统装饰元素为立足点，分析沂水手绣荷包装饰元素在现代室内软装饰设计中的应用现状以及应用的可能性问题。

2020年，青岛科技大学苏晓宇的硕士论文《非遗视角下沂蒙绣荷包的传承与发展研究》。以绣荷包的历史脉络、图案艺术以及其在生活与社会中的文化价值为研究出发点，对沂蒙地区文化产业发展的环境、绣荷包产业开发的优势与劣势、绣荷包技艺的女性传承模式进行分析，得出沂蒙绣荷包的传播发展启示以及其传承与创新发展的合理方法。

临沭柳编　2012年，青岛大学周华的硕士论文《临沭柳编手工艺文化研究》，认为临沭柳编与人民的生活息息相关，已融入到生活之中并成为一种生活的艺术、文化的象征，现代设计对柳编的发展产生了极大作用，在满足人们基本的实用需求之外，越来越关注品质与情调，深埋在内心的对于传统手工艺的质朴情感被唤醒。作者通过实地考察，深入到工厂、农户、田间地头，了解柳编从原材料到成品的加工过程，总结发展的现状及存在问题，发掘柳编的艺术特色、审美特征，探寻它的文化内涵与精神价值。

2014年7月，云南大学文化产业研究院高睿霞、赵庆文在《青年文学家》第20期发表《临沭柳编的发展现状研究》，以临沭柳编为研究对象，探讨柳编产业的发展瓶颈与解决对策。

2015年6月，中国艺术研究院赵静的博士论文《临沭柳编手工艺型格研究》。以“临沭柳编手工艺型格”为研究对象，通过对临沭及其周边地区的柳编手工艺历史遗址、发展现状、造型特点、风格特征、生产方式、技艺特征、文化习俗等的调查研究，研究临沭柳编手工艺型格特征及转换规律，探索临沭柳编手工艺造物体系的发展规律。

2017 年 12 月，青岛理工大学盛维娜在硕士论文《临沂杞柳编织制品的艺术特征及制作工艺探析》中，以山东省临沭县的杞柳编织为研究对象，对传统柳编艺术的发展历史、工艺特征、制作工艺以及柳编作为非物质文化遗产如何被保护、未来的发展方向等进行探究。

2019 年 1 月，山东科技大学泰山科技学院胡方杰、邢云、韩娜在《人文天下》发表《临沭柳编文化的社会价值与传承研究》。认为临沭柳编文化源远流长，具有深厚的文化底蕴与丰富的文化价值，成为一种独具特色的地域性文化。临沭柳编文化的传承也面临着诸多挑战，如何传承临沭柳编这一宝贵的地方文化遗产，发掘临沭柳编文化的社会价值，成为人们要认真研究和对待的一个重要课题。2 月，胡方杰、邢云、韩娜在《劳动保障世界》发表《临沭柳编产业发展问题研究及对策分析》。认为临沭柳编产业在国家乡村振兴战略的指导下，有力地促进当地城乡经济的发展，同时也有效地落实着国家的精准扶贫政策，对当地打赢脱贫攻坚战发挥了积极的作用。随着电子信息时代的到来，临沭柳编产业正面临着被产业边缘化、被淘汰的可能，其生存与发展都面临着一定的危险与挑战，产业结构落后、劳动力老龄化、创新意识不足、品牌效应不强等诸多问题都是临沭柳编难以回避的，找出并解决该产业在目前及将来所面临的问题，是促进其进一步发展的必由之路。

2020 年，山东财经大学邢馨文在《经济视野》第七期上发表《新旧动能转换视角下传统手工业的发展及其问题分析——以山东省临沭县柳编产业为例》，基于相关理论和临沭柳编产业的个案实践，阐释传统手工业的转变过程以及在转变过程中存在的不足，针对传统柳编企业在转换过程中出现并被忽视的种种问题，如品牌意识差、产品创新度低、销售渠道狭窄、无序竞争严重等，提出了可行性建议。

2021 年，云南师范大学高建丽的硕士论文《临沭县柳编文化传承研究》，运用符号互动论及文化功能主义理论，结合定性研究方法，对临沭传统柳编产业及柳编文化发展传承情况进行调查研究，分析柳编的起源和发展的原因，从时间维度，结合当地民风民俗，把人们从“生老病死”的各个环节与柳编发生的联系串连在一起，展示柳编作品本身蕴含着浓郁的地域环境因素和手工艺人的内在品格性情；从空间维度，沿着以“手”为起点，以“工”为方法，以“艺”为价值，以“品”为载体的思路，概括临沭柳编的社会价值。得出当地以柳编为载体创造了社会价值的同时也影响着当地的社会变迁，分别从政府、企业、传承人角度提出应对措施。临沂大学侯立媛在《中国地市报人》第 12 期发表《移动电商思维下临沭柳编的新型传播模式》。认为随着社会发展，传统手工业面临着收入低、后继无人的困境，非遗文化的传播与发展也止步不前。移动电商技术的发展为传统手工业的传承与传播方式提供了新的借鉴思路，使其迎来新的机遇与挑战。通过分析临沭柳编的发展现状，以移动电商带动临沭柳编为切入点，研究移动电商应用于临沭柳编传承与发展的有关措施，并针对现存的问题提出相应的解决策略。

卧冰求鲤传说　2012 年 6 月，广西大学王丽丽撰写《“卧冰求鲤”的孝文化及保护传承研究》。“卧冰求鲤”传说属于“二十四孝”之一，它所体现的独特的孝文化是区域文化的一种。文章以“卧冰求鲤”传说作为研究对象，通过对其产生的地域文化环境以及这一传说的文本系统的分析，探求“卧冰求鲤”传说蕴含的深厚的民俗文化内涵，体现非物质文化遗产所要求的独特的文化背景。

糁制作技艺　2014 年 6 月，临沂大学物流学院张晓文、焦圣华、陈令军在《中国商贸》发表《临沂特色小吃的品牌建设探讨——以羲之糁为例》。分析了临沂特色小吃的发展现状及制约因素，并针对当前存在的问题从品牌建设、营销策略等方面提出合理的对策。

黑虎查拳 2018年5月，山东师范大学车通撰写《鲁南黑虎查拳的传承与发展研究》。认为查拳门是传统武术文化的一个缩影，黑虎查拳历经百年发展。继承和弘扬优秀传统文化，既是对历史、前人最好的尊重，也是后人的责任与使命。西方体育文化的流入对本土民族传统体育项目的生存和发展形成制约，甚至改变了民族传统武术的发展方向。如何对民族传统武术黑虎查拳这种无形文化遗产进行认识、评估、抢救、保护及传承是当今人们面临的急迫、重要的问题。

琅琊剪纸 2021年，宝鸡文理学院上官一万在《中华手工》第三期上发表《试论琅琊剪纸艺术的保护、继承与发展》。认为琅琊剪纸艺术作为北系剪纸的一支，是临沂地区极具特色的民间工艺，具有极高的研究价值。文章从题材内容、艺术形式、文化内涵以及审美特征等方面对琅琊剪纸艺术进行研究和论述，同时结合发展现状对琅琊剪纸艺术的保护、继承与发展进行了探析。

2022年5月，扬州大学申梦撰写《民间手工艺在高中美术校本课程中的开发研究——以临沂市D中沂蒙剪纸为例》。国家新课程标准（简称“新课标”）要求美术教学更加体现出知识的实践性与实用性。普通高中美术新课标里的“工艺”模块，将课程内容与学生的生活经验紧密结合，鼓励学生更进一步地学习知识和专业技能，重视实践能力，把握创作技巧，产生对本人和社会有利的情感、心态、价值观念。将民间手工艺类课程融入到普通高中美术校本课程，可以丰富其校本课程资源，推进学生图像识别、审美判断、美术表现、创意实践、文化理解5大美术核心素养的发展。文章主要由5部分组成：第一部分为绪论，从美术教育发展趋势的需要出发，阐释了高中美术教育中运用民间手工艺课程资源的重要性，同时整理了近些年世界各国学者的教育理念，对校本教材和民间手工艺课程内容的具体内容做了一定研究。第二部分通过解读传统手工艺课程资源与高中美术校本课程开发的含义，有效提炼出这类课程资源的教育价值，将理论基础与实践内容有机结合。第三部分是调研民间手工艺校本课程方案，通过调查问卷等方式搜集和梳理数据。

三弦平调（脚打鼓） 2021年9月，新疆艺术学院石家萌在《百花》发表《临沂市非遗音乐三弦平调现状调查研究》。三弦平调是由盲人演唱的一种鼓曲形式，又称“脚打鼓”，在山东临沂中、西部各县及济宁、聊城等城市均有流传。作者于2020年12月到山东临沂市兰山区对三弦平调非遗传承人高庆平进行采访，对三弦平调在临沂市传承与保护现状进行调查研究。

溜山梆子 2014年3月，江苏师范大学臧向东在《黑龙江生态工程职业学院学报》发表《溜山梆子的生存状况调查与对策研究》。流行于山东费蒙地区的溜山梆子，自乾隆末年形成独立的剧种以来，长期受到沂蒙及周边地区人民的喜爱。随着时代的发展，由于受到现代媒体冲击、经费紧张、传人断代等因素的影响，溜山梆子的演唱者日趋减少，曲牌、剧目渐失，生存境况堪忧。文章围绕溜山梆子的生存现状、剧团建设及艺术特色等方面进行调研，并就如何更好地抢救、保护和传承溜山梆子这一珍贵的地方剧种进行初步探索。

2021年3月，江苏师范大学臧向东在《戏剧之家》发表《新时代视域下沂蒙地区溜山梆子的发展与传承》。文章从新时代视域出发，以溜山梆子发展与传承问题为重点，深入探究其内在的发展机制与运作规律，为实现其振兴建言献策。

东海孝妇传说 2014年11月，临沂大学文学院徐玉如在《淮海工学院学报（人文社会科学版）》发表《文学地理视野下的“齐地庶女”与“东海孝妇”》。认为地理环境能给文学丰厚的滋养，使文学在横向运动中发展前进。从“齐地庶女”到“东海孝妇”，其人物形象的一系列变化，是在不同地理环境、不同历史时期的传播过程中体现的。同时，文学作品也反作用于人文环境。“东海孝妇”虽然产生于郯城，但具有地域性和超地域性的特点，已经成为中华民族优秀传统文化的重要组成部分。用文学地理的理论在视角和方法上对“齐地庶女”和“东海孝妇”探本溯源，可以取得不同于既往研究的成果。

2020年8月，江苏大学文学院顾远鹏在《文学教育（下）》发表《东海孝妇传说的创新性传承研究》。认为东海孝妇传说的发源地主要有江苏省连云港市和山东省临沂市，两地在传说资源上各具优势，存在互补，但在传承路径上缺乏合力，形式传统。针对传说的创新性传承，应注重整体性非遗保护与传承，打造立体化传承模式，并依托新媒体，建立非遗传承网络平台。

姐儿妞　2018年8月，齐鲁师范学院音乐学院刘蕊蕊在《齐鲁艺苑》发表《民俗视野下的鲁南民歌“姐儿妞”》。以姐儿妞系列小调作为研究对象，从姐儿妞的起源、表演形式与发展衍变入手，探究其历史人文精神与社会价值，分析这类民俗音乐文化的现状，并提出保护传统民间小调的可行性方法。

木版年画　2018年12月，山东管理学院孟晓翡在《明日风尚》发表《郯城木版年画色彩规则在现代设计中的应用方式研究》。文章对郯城木版年画色彩利用做了简要分析，指出郯城木版年画色彩利用具有文化价值和借鉴意义。认为郯城木版年画是一项极具地方艺术色彩的民间传统艺术，是原生态的做派，体现着农村的生活特征，用色讲究，色彩丰富，形成强烈的视觉冲击；图案造型夸张，线条粗犷，充满野趣，展示出北方民族的审美取向和质朴气息。

2020年12月，临沂大学石鑫宇、姚丽霞在《今古文创》发表《郯城木版年画的艺术特色及传承中的流变研究》。认为郯城木版年画是山东地区特定历史的文化载体，根植于沂蒙百姓的日常生活，记录着人民对美好生活的期盼。文章对郯城木版年画的艺术特色、文化内涵和传承创新做了解读。

兰陵美酒传统酿造技艺　1998年，曹庆文在《酿酒科技》第三期上发表了《Y—ADY在兰陵美酒生产中的应用》，提出在以黍米为原料的兰陵美酒生产中，运用Y—ADY替代人工培养酵母进行发酵。试验表明，发酵醪可减少杂菌感染，季节性醪液酸败现象得到明显控制；在不失传统美酒质量风格的同时，提高了出酒率，简化了人工培养操作过程，降低劳动强度，提高了生产效率，为企业带来良好的经济效益。

2007年，山东大学苏循亮撰写硕士论文《山东兰陵美酒股份有限公司市场营销战略研究》，运用所学的工商管理知识，尤其是企业战略管理和市场营销理论，结合自身从业经验，从山东兰陵美酒股份有限公司的内部和外部环境两个方面对山东兰陵美酒股份有限公司的营销环境进行了分析。其中，外部环境分析包括宏观环境分析、行业市场分析、五种力量模型分析。企业的内部环境分析包括企业的资源分析、具体的营销现状分析等方面。通过环境分析，找出企业的机会、威胁、优势、劣势，同时为山东兰陵美酒股份有限公司制定新的营销战略、策略打下基础。通过系统分析，对山东兰陵美酒股份有限公司的市场营销战略指导思想、目标市场、市场定位、品牌战略、竞争战略、营销组合策略和市场营销战略保证体系方面提出了有较强适用性的改进建议。

2018年6月，兰陵县委党校王晓波在《农业部管理干部学院学报》发表《培育特色小镇的有效路径研究——以兰陵美酒小镇为例》。作者以兰陵美酒小镇为例，在分析基本情况的基础上，从规划引领、产业培育、投融资模式、政府扶持四个方面提出了新型城市化背景下培育特色小镇的有效路径。

2019年6月，张馨元、管桂坤、万自然等在《酿酒科技》第二期上发表了《兰陵美酒功能性组分研究》，系统分析了兰陵美酒中的功能性组分，结果表明，兰陵美酒中除了含有种类丰富的氨基酸（包含人体必需的7种氨基酸），还含有多肽、酚酸类化合物、γ－氨基丁酸、功能性低聚糖等多种生理活性成分。定量分析发现，兰陵美酒中总多肽含量在2.37～7.18g/L之间；γ－氨基丁酸含量在0.01～0.13g/L之间。兰陵美酒中主要低聚糖有异麦芽糖、潘糖、异麦芽三糖等，总含量在7.00～9.52g/L之间。采用超高效液相色谱技术在兰陵美酒中检测到9种功能性酚酸类，包括没食子酸、p-羟基苯甲酸、绿原酸、香草酸等，总含量在 101.64 ~ 304.48mg/L 之间。研究还表明，兰陵美酒具有显著的抗氧化功能。采用 FRAP 法测定兰陵美酒的抗氧化活性发现，兰陵美酒具有较高的抗氧化活性。

2021 年 12 月 31 日，四川外国语大学中文系袁晶在《中外文化》发表《兰陵美酒郁金香——作为观念的“郁金”在上古及中古时期的演变》。“郁金”在古代中国既是一种中医药材，也是古典合香中常见的香料。在不同的历史时期，“郁金”所代表的物质不尽相同，上古的郁金和中古所认知的郁金显然并不是源于同一种植物，其性状也大相径庭。该文追溯上古及中古时期（先秦到隋唐）“郁金”概念的演变轨迹，并初步探讨其文化意义。

蓝印花布　2017 年 5 月，哈尔滨师范大学宋彦霖、张宾雁在《艺术教育》发表《山东省兰陵县相氏蓝印花布工艺与艺术风格研究》。兰陵县是山东蓝印花布的主要产地之一。小吴宅村的相氏蓝印花布作坊是兰陵县大仲村镇最早从事、也是现今唯一仍在从事蓝印花布印制的作坊。作者通过查阅资料及田野调查，记录了这一濒临消失的民间工艺品的制作全程，并在梳理相氏作坊发展历史的基础上，重点研究蓝印花布的工艺流程与艺术特色。

2021 年 2 月，山东大学艺术学院尹小东在《山东工艺美术学院学报》发表《鲁南相氏蓝印花布的保护与传承——基于临沂兰陵县大仲村镇小吴宅村的实地调研》。鲁南相氏蓝印花布有悠久的历史，其图案和制作流程都有较好的保留。即使政府和社会已对相氏蓝印花布采取了一定的保护措施，但还存在很多漏洞，仍然存在失传的可能。为了避免鲁南相氏蓝印花布成为纸上的非物质文化遗产，传承人、政府、社会各个方面要共同努力。国内有很多保护非遗成功的案例，可以作为传承鲁南相氏蓝印花布工艺的有益借鉴。

2021 年，山东大学王子秋旭的硕士论文《山东兰陵相氏蓝印花布艺术的文化传承与创新设计研究》，介绍了兰陵蓝印花布的基本情况、发展历程、当代价值，蓝印花布的技艺特征、艺术特征，对蓝印花布的纹样及其寓意进行了解读，结合蓝印花布的市场调查，分析了其技艺传承面临的传承人缺失、传播力不足、实用性较低等的问题，提出通过纹样题材创新设计、增加蓝印花布的衍生品设计，帮助蓝印花布非物质文化遗产传承走出困境。

猴呱嗒鞭舞　2014 年 4 月，江西师范大学体育学院张文涛在《搏击（体育论坛）》发表《沂蒙“猴呱嗒鞭舞”的文化解读与挖掘保护》，文章运用文献资料研究法、田野调查法和专家访谈法，对沂蒙山区独具特色的“猴呱嗒鞭舞”进行解读，认为“猴呱嗒鞭舞”具有强大生命力，能体现中华民族优秀传统文化，是民族艺术的源泉之一；指出对“猴呱嗒鞭舞”进行整理、挖掘和传承的过程中，应积极促进民俗体育文化的繁荣，以非物质文化遗产为契机，促进社会和谐的立体交融。

沂蒙山小调　2006 年 9 月，苗得雨在《春秋》发表《沂蒙山小调终极探源》。文章从《沂蒙山小调》的歌曲名称、歌词变化、曲调来源等方面进行了深入探讨。《沂蒙山小调》起源历来众说纷纭，作者列举了各家的主要观点，通过调查、研究、分析、走访知情人以及与词曲作者交流，对歌曲有了较全面的认识，在临沂音乐家赵桂秋帮助下，认定歌曲《沂蒙山小调》源于一首古老的沂蒙民歌《王禅修仙》，为《沂蒙山小调》的探源提供了新的论证。

2010 年 4 月，临沂市兰山区艺术团李萍在《改革与开放》发表《“老调”“新曲”——谈沂蒙小调的艺术性》。以“老调”《沂蒙山小调》应时代的需求而改编成的大型民族交响乐为题，阐述了“老调”和“新曲”产生的不同时代背景，从专业的角度加以剖析，从调性和曲式结构等方面加以解读，肯定了在新的历史条件下“老调”变“新曲”的重要性。

2011 年 3 月，中南林业科技大学音乐学院彭桂云在《艺海》发表《〈沂蒙山小调〉的演变及艺术特征》。认为歌曲旋律悠扬、节奏明快，风靡了齐鲁大地，回荡在大江南北，成为一首反映沂蒙山乡土气息的代表曲作。

2013 年 2 月，山东艺术学院刘芳在《黄河之声》上发表《论临沂民歌〈沂蒙山小调〉的创作特征》。作者对《沂蒙山小调》的旋律、曲式以及伴奏等音乐构成元素进行分析，揭示其音乐语言的特征，以期为临沂民歌的研究者、演唱者提供理论参考，使临沂民歌得以更好地传承与保护。

2013年12月，内蒙古民族大学艺术学院李秋菊在《音乐创作》发表《浅析〈沂蒙山小调〉的艺术特点》。认为山东民歌在中华民族音乐中占有重要位置，《沂蒙山小调》是流传最广、影响最深远、最具代表性的山东民歌。文章通过对《沂蒙山小调》的曲式结构、创作背景、艺术特征、艺术影响等方面的分析，帮助研究者从整体上了解山东民歌。

2014年4月，哈尔滨师范大学赵法玲在《戏剧之家（上半月）》上发表《如何演绎沂蒙山小调》。认为以《沂蒙山小调》为代表的山东民歌经过长期发展，在音乐艺术形式、唱腔、唱词等方面，逐渐形成了独特的理念和浓郁的地方色彩。对其进行深入分析和研究，借鉴它独特的艺术手法来丰富繁荣音乐创作，可促进民歌的保护、传承和发展。

2014年12月，周口师范学院白云虎在《品牌》发表《山东民歌〈沂蒙山小调〉艺术浅析》。认为《沂蒙山小调》具有浓郁的乡土气息和鲜明的地方特色，它通俗易懂，贴近人们生活，带有很强的包容性和普及性。文章从民歌的起源与发展、音乐特征和内容风格色彩等方面阐述了《沂蒙山小调》的艺术发展。

2015年5月，泰山学院音乐学院郝亚莉、李岩在《山东社会科学》发表《山东民歌的音乐社会学视角研究——以〈沂蒙山小调〉为例》。文章以《沂蒙山小调》为例，从音乐社会学的角度分析在发展与衍变过程中，处于社会精神文化领域的音乐作品必然会杂糅进不同时期的时代精神与意识形态。文章通过对作品本体的分析，探究其中所映射的山东社会的变迁之路。

2015年12月，张林在《乐府新声（沈阳音乐学院学报）》发表《由对〈沂蒙山小调〉的溯源管窥民歌研究中的若干问题》。20世纪40年代产生的《沂蒙山小调》由于自身的许多未解之谜，引起了众多学者就其是民歌还是创作歌曲、来源于何地民歌、原型为谁的争论。通过对这一溯源过程的梳理研究，发现了进化论、传播论应用中存在的若干问题。

2016年10月，广西艺术学院音乐教育学院张楠在《北方音乐》发表《根于传统新于诠释——山东民歌〈沂蒙山小调〉的新视野》。通过对《沂蒙山小调》在演唱、创作等方面的研究，探索如何使现代山东民歌既保持传统风格又不断进行创新，使山东民歌成为一种高品位的声乐艺术。

2017年5月，江西科技师范大学、山东服装职业学院陈鹏在期刊《知音励志》发表《山东民歌〈沂蒙山小调〉的艺术特色与演唱分析》。文章基于对山东音乐文化与《沂蒙山小调》的研究，通过分析《沂蒙山小调》的艺术特色与演唱特点，认为《沂蒙山小调》作为山东民歌经典作品，拥有鲜明的艺术特色和演唱特点。作者还从创作、演唱、宣传等方面探究了山东民歌传承与创新问题。

2017年9月，山东大学（威海）艺术学院王岩在《艺术品鉴》发表《浅析〈沂蒙山小调〉的艺术特点》。文章简单介绍了《沂蒙山小调》，从方言、调式、旋律及演唱技巧等四个方面论述了其艺术特点。

2017年10月，山东管理学院艺术学院赛颖在《大众文艺》发表《合唱钢琴伴奏实践教学研究——以〈沂蒙小调新唱〉为例》。文章以作曲家吴所畏改编自山东民歌《沂蒙山小调》的合唱作品《沂蒙山小调新唱》为例，探索合唱钢琴伴奏的实践教学方法。

2019年5月，临沂第十九中学孙庆伟在《中国文艺家》发表《浅谈山东民歌〈沂蒙山小调〉的音乐特点及演唱技巧》，作者通过实地采风，查阅文献资料，了解山东各地的风俗文化及其对民歌创作、演唱的影响，通过对山东民歌《沂蒙山小调》的音乐特点、演唱技巧进行详细的分析，以总体、宏观的视野对山东民歌总体的艺术特点和演唱技巧作出总结。

2019年7月，山东管理学院人文学院赵云彩在《大众文艺》发表《民间文化视阈下的〈沂蒙山小调〉》。以《沂蒙山小调》为研究对象，梳理其创作形成的过程及其在建构沂蒙精神过程中所发挥的作用，寻求对民歌研究的不同思路，探讨民间文化的重要性，阐明在新的时代条件下民间艺术对社会文化传承传播的积极作用。

2021年7月，宜宾学院邹丹、高居鹏在《大众文艺》发表《〈沂蒙山小调〉的民歌特质与红色内涵探究》。认为山东民歌《沂蒙山小调》质朴无华，曲调优美，身上流淌着革命者的鲜血，是用烈士的鲜血染红的革命歌曲，它的红色精神永远照耀着我们、激励着我们前行。当代高校音乐课程教育就应把握歌曲的红色内涵，充分发扬沂蒙山小调的红色文化、红色精神，把这一红色经典一代一代地传承下去。

2021年10月，山东大学（威海）姚桂丽在《明日风尚》发表《山东民歌的音乐社会学视角研究——以〈沂蒙山小调〉为例》。文章从社会音乐学视角出发，对山东地区源起的《沂蒙山小调》的发展变迁之路进行分析。

费县手绣 2019年8月，青岛科技大学李鸿森在《艺术品鉴》上发表《基于民俗视角下的山东费县手绣艺术研究》。文章以费县民风民俗为切入点，通过田野调研的方式，并结合民艺学、设计学研究山东费县手绣与当地民俗历史的关系，探讨费县手绣的继承与发展。

2021年3月，曲阜师范大学美术学院朱钰、梁冰在《艺术品鉴》发表《费县手绣的工艺特征和艺术价值》。认为费县手绣具有精湛的工艺、丰富的人文内涵，在当地人民生活中扮演着重要的角色，点缀着婚嫁、生子、寿诞等重大人生节点。作者实地调研了费县手绣的现状，通过查阅文献和现场访谈，对费县手绣的工艺特征以及艺术价值有了清晰的认识。

岱崮传说 2021年3月，山东传媒职业学院刘传琳、王娜在《传媒论坛》发表《山东岱崮地貌资源与文化的宣传推广路径调研》，认为岱崮地貌是山东省沂蒙地区的独有的一种特异地貌景观，拥有得天独厚的地质条件、地理风光，也存在宣传路径单一、知名度不高、文化发掘的深度不够等问题。通过深挖当地的文化资源，统筹规划旅游资源、创新传统纸媒、影视传播方式，打造品牌和知名度；利用新媒体，展开全方位传播；数字技术助力，打造虚拟现实平台等方式扩大岱崮地貌的影响力，促进当地旅游业的发展，弘扬传统文化和红色文化，打造旅游和文化高地，助力乡村振兴。

八仙灯 2015年11月，《民俗非遗研讨会论文集（上）》刊发中南民族大学姜晶晶的文章《把灯“穿”在身上的“八仙”——山东沂蒙八仙灯》。作者从文化角度对八仙灯的传承历史与现状、流传区域的自然与文化生态环境、当地八仙灯的艺术构成、文化价值等方面进行较为全面的梳理，对其文化内涵进行解读与探究，分析其在现代传承中面临的问题，提出保护性措施与建议。

刘洪珠算文化 2012年12月1日，陕西省经贸学校张士奇在《中国珠算心算协会学术研究专业委员会2012年年会暨理论研讨会论文集》发表《发掘珠算传统文化的精神资源——初探〈数术记遗〉中蕴藏的珠算文化》。文章认为珠算作为中国古老而年青的科学，既包含自然科学知识，也蕴含着中华文化精髓，是中华文化传承与传播的重要载体。

小郭泥塑 2009年4月，山东大学王慧的硕士论文《小郭泥塑产业化问题研究》，以临沂市小郭泥塑为研究对象，对中国民间泥塑的起源、发展以及分类等问题进行概括性论述，在中国民间泥塑的庞大体系中对小郭泥塑进行定位，在实地调研及查阅资料的基础上，对小郭泥塑的历史、产地以及制作工艺等问题进行梳理。分析小郭泥塑的价值、梳理其发展脉络、理清其现状。根据小郭泥塑自身价值的蜕变和经济、社会、文化的发展，对其生长发展过程作出前瞻性分析，将其发展趋势划分为四个阶段：自然民俗阶段、技术与艺术阶段、遗产与文化阶段、资源与产业阶段。在以上叙述和分析的基础上，对小郭泥塑的现状进行全面深入的分析，提出通过成立有限责任公司实行产业化发展战略。

第六章 非物质文化遗产保护

第六章　非物质文化遗产保护

非物质文化遗产是各族人民世代相承、与人们生活密切相关的各种传统文化表现形式和文化空间。非物质文化遗产是历史发展的见证，是具有重要价值的珍贵文化资源。保护和利用好非物质文化遗产，对传承中华优秀传统文化，增强各民族的凝聚力、向心力，增强文化自信，实现中华民族伟大复兴具有十分重要的意义。

临沂历史悠久，文化积淀深厚，非物质文化遗产资源丰富，非遗项目种类繁多，但地域分布相对分散、手工制作不精细、附加值不够高、业内竞争激烈、品牌意识淡薄等特点较为突出。

经过多年的探索和实践，临沂市及所属各县区相继建立起非遗保护机构，制定了一系列非遗保护制度、办法，开展了一系列地方特色鲜明而又丰富多彩的非遗宣传、实践、交流活动，促进非遗与旅游的融合发展，非遗保护观念深入人心。

第一节　非物质文化遗产保护机构

2005 年 3 月，《国务院办公厅关于加强我国非物质文化遗产保护工作的意见》颁布实施，非物质文化遗产保护工作提上了议事日程。临沂市非物质文化遗产保护工作由市文化局承担。2015 年 3 月，市文广新局文物管理办公室加挂非物质文化遗产科的牌子。2019 年 4 月，非物质文化遗产科单列，负责拟订全市非物质文化遗产保护规划、政策并组织实施。组织开展全市非物质文化遗产保护工作。指导全市非物质文化遗产调查、记录、确认和建立名录。组织全市非物质文化遗产研究、宣传和传播工作。承办国家级和省级非物质文化遗产名录项目、代表性传承人申报工作以及市级非物质文化遗产项目、代表性传承人的评审工作。组织实施优秀民族民间文化的传承普及工作。各县区非物质文化遗产保护工作亦由专人负责。

临沂市文化馆非物质文化遗产保护中心办公室　2021 年成立，负责全市非物质文化遗产和民间文化艺术的挖掘整理、抢救、收集、研究、传承、保护等工作，参与组织开展全市非物质文化遗产调查、记录、确认和建立名录。负责文化馆数字化建设及各类大型演出活动和艺术资料的采集、摄录、编辑、整理、储存和音像资料的制作，还承担着县区文化馆数字化信息服务建设的业务指导等工作。

2015 年起，连续开展“山东省非物质文化遗产月”系列活动，春节期间举办非遗作品展，组织 50 余场非遗优秀剧目展演进景区活动；开展 40 场非遗亲子体验公益活动，700 余个家庭、1400 余人参加。举办“对话 · 非遗”临沂市首届青少年工艺美术作品创作展，为师生了解非遗文化搭建了文教结合新平台。组织开展“山东手造 · 产自临沂”数字赋能专题培训班，推进中华优秀传统文化创造性转化、创新性发展；举办沂蒙文化大集，打造具有临沂当地文化特色的“文化大集 + 古风市集 + 双创集市”。

临沂市柳琴戏传承保护中心　2012 年 8 月，在临沂市艺术剧院（临沂市柳琴剧团）的基础上成立，为副县级事业单位。主要从事柳琴戏研究保护、传承发展。中心立足柳琴戏、歌舞综艺两大业务，承担艺术创作、文艺演出、艺术普及培训等职能。下设红色沂蒙文化演艺有限公司、蒙山沂水演艺有限公司，有在岗职工 109 人，其中国家一级演职员 6 人，二级演职员 39 人，三级演职员 24 人。

演员刘莉莉荣获戏曲艺术最高奖文华表演奖、戏剧梅花奖，入选“文化部优秀专家”“山东省有突出贡献的中青年专家”名单；吕素芳获第十届中国艺术节表演奖；孙启忠、刘桂红、张凤英、周霄获“临沂市有突出贡献的中青年专家”“沂蒙文化名家”称号。

柳琴戏《王祥卧鱼》演出

临沂市非物质文化遗产保护传承与科学普及研究会 2021年3月18日成立，其宗旨是“宣传、科学普及、发现、保护、研究、传承、发展”临沂市非物质文化遗产。兴道齐家（临沂）传统文化传播有限公司董事长郑英当选为研究会会长，山东圣坤文化传播有限公司董事长刘振坤、临沂市兰山区李玲剪纸工作室主任李玲、山东递国传媒科技有限公司董事长王琳、山东星都文化传播有限公司董事长刘兴余当选为副会长，山东深禹茶业有限公司经理刘莉担任秘书长。

临沂市青少年非遗文化传承中心 由临沂市关工委、共青团临沂市委、临沂市文广新局、临沂日报报业集团主办，于2018年12月29日成立。中心以“传承文化遗产·共建精神家园”为主题，旨在面向全市160万青少年，搭建非物质文化遗产保护、传承、弘扬的文化产业创新平台。中心常设非遗作品展厅，并在全市范围内征集非遗传承人各个时期的优秀作品。展厅首批展出蓝印花布、传统柳编、木版年画、挂门笺、莫氏绒绣、琅琊剪纸、临沂皮影戏、沂蒙面塑、景泰蓝金丝彩釉画等非遗作品近120件。

柳子戏艺术研究中心 2021年5月22日，由山东省柳子戏艺术保护传承中心、山东省艺术研究院与临沂大学音乐学院三方共建的柳子戏艺术研究中心在临沂大学成立。三方在艺术理论研究、艺术创作、文化艺术传承发展、艺术生产与实践等方面进行合作，共同开展剧目创作演出、艺术人才培养。通过优势资源整合，加强院校合作，实现强强联合，促进柳子戏艺术理论成果转化和柳子戏文化艺术交流推广，共同推动山东文化艺术繁荣。

第二节　非物质文化遗产普查

2005年6月，国家第一次非物质文化遗产普查启动。2006年2月，山东省文化厅下发《关于开展我省非物质文化遗产普查工作的通知》。同年3月，临沂市文广新局制定《临沂市非物质文化遗产普查工作方案》，确定非遗普查的目标和任务，编印普查工作手册，培训普查人员，落实普查资金，按照“统一部署、加强协调、全面展开、有序进行”的指导思想，采取“深入调查、摸清家底、全面记录、突出重点、严格登记、分类管理”的工作方法，开展大规模非遗资源普查。召开全市非遗普查工作动员会，对全市非遗普查工作做出全面动员和部署，各县区纷纷召开非遗普查动员会，成立相关机构，组织专业人员，全面部署非遗普查工作。各县区文化部门成立县区级非遗保护工作领导小组，负责各县区普查工作的组织和实施。2006年起，市财政每年安排20万元专项经费，用于非物质文化遗产资源调查、收集整理、研究、保护和非物质文化遗产传承人的保护、传习活动的开展及解决办公设备和器材。

指导思想和工作目标 以市文广新局《关于加强文化遗产保护的通知》为指导，按照《关于开展非物质文化遗产普查工作的通知》要求，通过认真普查，全面了解和掌握全市范围内非物质文化遗产的种类、数量、分布地域、生存环境、保护现状及存在问题，及时制订非物质文化遗产保护规划，抓紧认定和抢救一批具有历史、文化和科学价值的，特别是处于濒危状态的非物质文化遗产项目，逐步健全非物质文化遗产保护工作制度，促进全市社会主义先进文化建设，推动和谐社会发展。非物质文化遗产普查的工作目标为：全面普查、摸清家底，健全机制、规范管理，整体保护、传承发展。

普查范围 凡具有历史、文化和科学价值的非物质文化遗产均属普查范围。（一）民族语言（包括方言）。（二）民间文学（口头文学），如神话、传说、故事、歌谣、史诗、长诗、谚语、谜语等。（三）民间音乐，如民间歌曲、器乐曲、舞蹈音乐、戏曲音乐、曲艺音乐、部分民间祭祀仪式音乐等。（四）民间舞蹈，如生活习俗舞蹈、岁时节令习俗舞蹈、人生礼仪舞蹈、宗教信仰舞蹈、生产习俗舞蹈等。（五）戏曲，如曲牌体制的戏曲剧种、板腔体制的戏曲剧种、曲牌板腔综合体制的戏曲剧种、少数民族的戏曲剧种、民间小戏剧种、祭祀仪式性的戏曲剧种、傀儡戏曲剧种等。（六）曲艺，如说书（徒口讲说、说唱相间、韵诵表演）、唱曲（板腔体、曲牌体、板牌混合体）、谐谑（相声类、快板类、谐戏类）等。（七）民间杂技，如杂技、魔术、马戏、乔装戏、滑稽等。（八）民间美术，如绘画、雕塑、工艺、建筑等。（九）民间手工技艺，如工具和机械制作、农畜产品加工、烧造、织染缝纫、金属工艺、编织扎制、制漆、造纸、印刷和装帧等。（十）生产商贸习俗，包括农业生产、林业生产、渔业生产、畜牧业生产、商贸等习俗。（十一）消费习俗，包括服饰习俗、饮食习俗与禁忌、居住习俗与信仰、交通习俗。（十二）人生礼仪，包括妊娠习俗，分娩习俗、诞生和命名习俗、满月礼、百日礼和周岁礼、成年礼、婚礼、离婚习俗、寿诞礼、葬礼习俗禁忌等。（十三）岁时节令，包括节气与习俗、传统节日习俗等。（十四）民间信仰，包括原始信仰、俗神信仰、庙会、祖先信仰、生殖信仰、商业信仰、精灵信仰等。（十五）民间知识，包括医药卫生、物候天象、灾害、数理、测量、记事、建筑等知识。（十六）游艺、传统体育与竞技，包括民间游戏、杂耍（艺）、竞技等。（十七）传统医药，包括养生、诊法、疗法、针灸、方剂、药物等。（十八）其他，如传统行会、香会等民间组织，村规乡约等。

普查原则 （一）全面性。兼顾城镇和乡村，调查对象兼顾不同的人群，调查地区所蕴藏和传承的各种传统民间文化载体，均需注意调查。按照传统民间文化本来的生存状况，去调查和采录，不能在调查之前就先设定框框，主观、先验地舍弃某些方面。

（二）代表性。在全面普查的基础上，力求抓住民间文化现象中具有主流的，或主要的形式、作品、类型、民俗现象，以避免在普查工作中平均使用力量。注重去粗取精，选出在当地群体社会中有较大影响的代表项目，重点深入调查。

（三）真实性。尊重非物质文化遗产的历史和原貌，真实地、不加修饰地、不加歪曲地记录，确保普查内容和成果真实可靠，杜绝提供虚假材料。

普查方法 制定普查计划和普查提纲。各镇、办结合实际，认真制订普查计划，明确普查的目标、具体任务、普查重点、人员配备、工作步骤、调查方法、阶段成果等。在普查计划的基础上，根据普查任务制定普查提纲，供普查者具体调查时参考。

选择人员和开展培训。各镇、办以民族民间艺术资源普查骨干为基础，根据非物质文化遗产普查涵盖面广的特性，在相关部门和社会上挑选一批热心公益事业，具有一定业务专长的人员，组成普查工作班子。对普查人员进行业务培训，吃透普查文件和相关要求，并根据普查任务和个人专长，对参加普查的人员作出合理的分工。

进行田野实地调查。非物质文化遗产普查工作必须以实地调查为主，到现场深入了解非物质文化遗产的形式和内涵，真正做到“不漏线索、不漏村镇（街道）、不漏种类”。悉心拜民间传承人为师，完整采录讲述者、传承者或表演者的技艺技能和相关历史情况、人文背景、相关数据。做到资料来源清楚，内容真实，数据可靠。

根据不同情况采取不同调查方式。在做好面上普查的同时，重点走访，抽样调查，召开小型调查会，充分重视和发挥当地热心人的作用。注重调查资源蕴藏较为丰厚的乡镇、村落；注重选择那些承载非物质文化遗产较多、较有才华和独创性的人进行面对面的采访、问答、表演、展示，如故事家、歌手、民间艺人等。

用多种手段采录。调查采访者以笔录、摄影、录音、录像等多形式和技术记录民间传承人和相关人员的讲述和表演等。注意搜寻民间传抄的唱本、歌本、长诗、鼓词、图画册等手抄本，以及各种文献资料和相关实物。

工作步骤 普查准备（2006年3月—2006年4月20日）。印发《临沂市非物质文化遗产普查工作方案》《临沂市非物质文化遗产普查手册》，下发部署试点工作的文件以及各门类普查表格，举办普查业务培训班。各镇、办文体站在政府的领导下，会同各相关部门，建立非物质文化遗产普查工作机构，制定非物质文化遗产普查工作方案，建立普查队伍，落实相关经费，着手有关准备工作。

实施普查（2006年4月21日—2008年8月31日）。在前期相关准备完成后，2008年5月开始，在全市范围内部署和开展非物质文化遗产普查。市文化出版局会同有关方面加强对镇、办普查工作的联系与指导，了解阶段性成果，及时发现经验，根据实际情况，选择时机召开市非物质文化遗产普查试点工作交流会，组织中期督查等方式，检查和指导各镇、办普查工作。

组织验收（2008年9月1日—10月15日）。各镇、办汇集普查工作成果，及时组织普查验收工作，整理汇编并上报普查目录清单和登记表、录音录像等相关资料，认真撰写调查报告，做好普查工作总结。组织验收组对全市非物质文化遗产普查工作进行验收，并汇总全市普查成果，整理并上报。

普查中，兰山区普查走访6镇4街道377个行政村、53个社区，总面积660平方公里，走访群众2000余人。普查线索1万余条，精选近2000条，拍摄图片1000余幅，录音录像800余分钟，征集民俗实物500余件。罗庄区对7个街道的54个社区和69个行政村进行走访，搜集资源线索700余条，筛选有价值的253条，确立项目40余个，收集实物96件。河东区普查出线索资源421条，发掘150余项非物质文化遗产。郯城县建立170余人的普查网络小组，编发《郯城县非物质文化遗产普查工作简报》60余期，普查非遗线索1600余条，项目600余项。兰陵县挖掘民间文学、音乐等18个门类168项民间艺术，挑选21项作为重点，积极组织申报材料。费县搜集非遗线索300余条，实物200余件，音像资料30余份。蒙阴县通过非遗普查，上报非遗项目248项。沂水县搜集线索1200余条，筛选出600余条进行重点整理，完成309项非遗项目的整理，编辑文字资料1000余页，收集实物100余件，建立完整的档案资料、数据库资料。沂南县对17个乡镇900余个行政村做了细致的普查，收集线索106条。莒南县对18个乡镇进行拉网式普查，征集非遗资源线索400余条，建立了莒南县非遗数据库。临沭县收集非遗线索400条，涵盖10个门类30余个种类；征集服饰、生活用具、工艺品、手稿等实物资料62件。

普查结果 到2009年，普查工作基本完成。通过普查，基本摸清了全市非遗的种类、起源、发展、分布、现状等，收集线索1万余条，整理挖掘10大类共计3600余个项目，内容涉及民间文学、传统音乐、传统美术、传统技艺等10大类。完成

非遗普查成果

《临沂市非物质文化遗产资料汇编》《临沂市非物质文化遗产资源普查资料汇编》等资料的编撰出版和非物质文化遗产实物陈列厅、非物质文化遗产资料室、非物质文化遗产数据库的建立工作，达到"一书、一厅、一室、一库"的标准，受到文化部及山东省文化厅的表彰。

第三节　非物质文化遗产名录体系建设

2005 年 3 月 26 日，国务院办公厅下发《关于加强我国非物质文化遗产保护工作的意见》，提出了建立非遗代表性项目名录体系，推进非物质文化遗产研究，加强非遗知识产权保护。12 月 22 日，国务院发出《关于加强文化遗产保护的通知》，提出制定"国家 + 省 + 市 + 县"共 4 级保护体系，要求各地方和各有关部门贯彻"保护为主、抢救第一、合理利用、传承发展"的工作方针，切实做好非物质文化遗产的保护、管理和合理利用工作。

临沂市认真贯彻落实国家文件精神，在认真组织申报国家级、省级非物质文化遗产项目的同时，积极开展市、县区非物质文化遗产名录建设。

2006 年，柳琴戏被列入第一批国家级非遗项目名录。同年，市文化局组织山东省省级非遗项目的申报工作，有 7 个项目被列入山东省第一批非遗项目名录。2008 年 6 月，临沂市柳琴戏被列入国家第一批非物质文化遗产项目传统戏剧扩展项目名录。

2007 年 6 月，费县率先公布了第一批县级非物质文化遗产名录，有 16 个项目入选名录。同年 8 月，临沂市公布了第一批市级非物质文化遗产名录，有 32 个项目入选。此后，各县区相继建立了本级非物质文化遗产名录。到 2015 年，市、县区非遗保护名录全部建立起来，临沂市初步形成了国家级、省级、市级、县区四级非物质文化遗产保护名录体系。

至 2021 年底，全市共有国家级非物质文化遗产项目 6 项、省级非物质文化遗产项目 65 项、市级非物质文化遗产项目 326 项、县级非物质文化遗产项目 1461 项；有国家级非遗代表性传承人 2 人、省级代表性传承人 22 人、市级代表性传承人代 154 人、县区级代表性传承人代 518 人；有省级非物质文化遗产生产性保护基地 4 个，省级非遗代表性传承人群研修研习基地 1 个，省级非遗传承教育实践基地 6 个，市级非遗手工艺实训基地 26 个。

列入国家级非遗名录项目　2008 年，临沂市的柳琴戏被列入第一批国家级非物质文化遗产传统戏剧扩展项目名录；6 月，临沂市郯马五大调与日照市的满江红申报国家级非物质文化遗产，被合并称为"鲁南五大调"，列入第二批国家级非物质文化遗产名录。2010 年，龙灯扛阁被列入第三批国家级非物质文化遗产名录。2014 年，郯城木旋玩具被列入第四批国家级非物质文化遗产保护名录。2021 年 5 月，高桥手绣（鲁绣）、临沭柳编被列入第五批国家级非物质文化遗产代表性项目名录。

列入省级非遗名录项目　2006 年 12 月，民间文学《卧冰求鲤传说》，传统音乐《鲁南五大调》《沂蒙山小调》，传统美术《苍山泥塑》《郯城木旋玩具》，传统舞蹈《龙灯扛阁》，传统戏剧《柳琴戏》入选山东省第一批省级非物质文化遗产代表性项目保护名录。2009 年 9 月，民间文学《蒙山传说》，传统舞蹈《猴呱嗒鞭》，传统技艺《兰陵美酒传统酿造技艺》、《蓝印花布印染技艺》入选山东省第二批省级非物质文化遗产代表性项目保护名录。2013 年 5 月，民间文学《鬼谷子传说》《东海孝妇传说》，传统美术《郯城木版年画》，传统舞蹈《八仙灯》，传统技艺《糁制作技艺》《草柳编技艺》《临沭柳编》，传统体育、游艺与杂技《黑虎查拳》入选山东省第三批省级非物质文化遗产代表性项目保护名录。2016 年 3 月，山东省第四批省级非物质文化遗产代表性项目名录公布，临沂市 22 个项目入选，数量超过前三批总和。

2021 年，山东省第五批省级非物质文化遗产代表性项目名录公布，临沂入选 10 项。民间文学入选 3 项：《颜真卿系列传说》《平邑灯谜》《少年诸葛亮的传说》；传统戏剧入选1项：溜山梆子；传统美术入选2项：葫芦烙画、王氏羽毛画；传统技艺入选4项：编织技艺（中国结传统编织技艺）、传统梨膏制作技艺（王氏熟梨制作技艺）、琅琊古墨制作技艺、刘氏翻花制作技艺。入选山东省省级非物质文化遗产代表性项目名录扩展项目名录14项。曲艺1项：渔鼓（鲁南渔鼓）；传统美术2项：面塑（沂蒙面塑）、鲁绣（费县手绣）；传统技艺8项：小磨香油制作技艺（沂蒙孟府小磨香油制作技艺）、沂水桑皮纸制作技艺、草柳编（郯城琅琊草编织技艺）、罗庄周氏笼窑陶瓷烧制技艺、沂蒙小棉袄制作技艺、肉食传统制作技艺（鲁城全羊宴制作技艺）、传统面食制作技艺（沂水丰糕制作技艺）、鲁锦（平邑杨家粗布制作技艺）；传统医药2项：中国传统制剂方法（姚家膏药）、中国传统制剂方法（段氏德兴堂烧烫伤复原膏制作技艺）；民俗1项：民间食俗（蒙山喜宴）。

市级非遗项目名录 2007年8月24日，临沂市文化局对各县区、有关单位上报的非物质文化遗产项目进行梳理，组织有关专家进行审查论证，筛选出具有较大历史、文化、科学价值和富有典型性及代表性的32项非物质文化遗产项目，作为第一批市级非物质文化遗产名录予以公布；2008年12月，公布第二批市级非物质文化遗产保护名录，9项非物质文化遗产项目入选；2011年5月，公布临沂市第三批非物质文化遗产保护名录，共20项入选。2014年3月，公布临沂市第四批非物质文化遗产保护名录，共56个项目入选；2015年，强化非物质文化遗产代表性项目及传承人保护，制定市级非遗项目、传承人认定与管理办法。开展代表性传承人"五个一"扶持活动，评选公布临沂市十大模范和优秀传承人。2016年12月，公布临沂市第五批市级非物质文化遗产代表性项目名录，共93项入选；2020年11月，公布第六批市级非物质文化遗产代表性项目名录，共计116项入选。

县区级非遗项目名录 2007年6月，费县公布第一批县级非物质文化遗产项目21项。7月，兰山区、蒙阴县公布本县第一批县区级非物质文化遗产项目，8月，罗庄区、河东区、郯城县、兰陵县、平邑县、莒南县公布本县区第一批县区级非物质文化遗产项目。2011年，临沭县公布了第一批县级非物质文化遗产代表性项目名录。2013年11月，沂南县公布第一批县级非物质文化遗产代表性项目名录。2015年1月，沂水县公布第一批县级非物质文化遗产代表性项目。至此，全市各县区均建立了本级非物质文化遗产项目名录。到2021年底，全市县区级非物质文化遗产项目达到1461项。

代表性传承人 2007年，文化部开始命名国家级非物质文化遗产项目代表性传承人。2009年，张金兰入选全国第三批国家级非物质文化遗产代表性项目代表性传承人名单；2018年，临沂市郯城木旋玩具传承人樊继美入选第五批全国国家级非物质文化遗产代表性项目代表性传承人名单。

2007年6月，山东省文化厅公布山东省第一批省级非物质文化遗产项目代表性传承人名单，临沂市张金兰入选；2010年，郯城县樊继美入选山东省第二批省级非物质文化遗产项目代表性传承人名单；2014年，兰陵县张学法入选山东省第三批省级非物质文化遗产项目代表性传承人名单；2017年，蒙阴县张莉、郯城县柏文泰、河东区李玉常，兰陵县刘福祥、相友文，临沂市刘剀入选山东省第四批省级非物质文化遗产项目代表性传承人名单；2018年，刘莉莉、刘桂红、王家廷、王艳俊、李付华、高庆平、王永庆、张乃苍、尹作安、邢爱芝、刘德军、杨进邦、张明建13人入选山东省第五批省级非遗传承人名单。

2008年4月，临沂市首批市级非物质文化遗产代表性项目代表性传承人名单公布，张金兰、樊继美、尹芳利3人入选。2009年3月，临沂市第二批市级非物质文化遗产代表性项目代表性传承人名单公布，张学法等4人入选。2012年11月，25人入选临沂市第三批市级非物质文化遗产代表性项目代表性传承人名单；2015年2月，55人入选临沂市第四批市级非物质文化遗产代表性项目代表性传承人名单；2018年12月，67人入选临沂市第五批市级非物质文化遗产代表性项目代表性传承人名单。2021年，市文旅局修订《临沂市非物质文化遗产代表性传承人认定和管理办法》，组织开展第六批市级非遗传承人申报工作，113人入选临沂市第六批市级非物质文化遗产代表性传承人名单。

第四节　非物质文化遗产生产性保护

2007年8月，第一批市级非物质文化遗产名录公布后，针对具有市场开发潜力的非遗项目，临沂市采取生产性保护，通过开发特色非遗产品，全面策划、系统包装，形成独具特色的文化产业与品牌。积极推动非遗保护传承融入生活，通过探索建立产品研发、技术培训、营销宣传等渠道，推动部分非遗项目产业化发展。依托剪纸、中国结、刺绣、二胡、柳编、草编、煎饼、烧鸡制作、传统饮食等非遗项目，鼓励传承人开发新产品，创办生产企业，增加就业岗位30万个，为打造乡村振兴齐鲁样板、弘扬中华优秀传统文化贡献力量。

2017年12月，山东省文化厅公布省级非物质文化遗产生产性示范基地，临沂市有3项入选，居全省第1位。2020年，启动非遗购物节，帮助非遗企业克服新冠疫情造成的影响，尽快复工达产，年内全市非遗企业销售额达20.32亿元。

2021年，临沂市有省级非遗生产性保护基地4个，市文化和旅游局结合惠民消费季，启动非遗购物节，开展非遗产品线上线下销售活动，引导具备条件的非遗企业积极加入拼多多、抖音、淘宝、京东、临沂文旅云等平台，通过网络平台推广销售优质非遗产品，助力非遗企业打开销路。2022年，全市非遗类产品销售额达71亿元。

郯城县庙山镇、沂水县龙家圈街道、莒南县板泉镇等6个乡镇入选山东省“非遗助力脱贫、推动乡村振兴”典型乡镇。临沭县青云镇华山村入选山东省文化生态名村。高榆木梳非遗传承人丁明文、费县手绣非遗传承人卞成飞、沂蒙小棉袄非遗传承人吴照京、莫氏绒绣非遗传承人莫宗荣被评为“全国乡村文化和旅游能人”。

非物质文化产生于民间，受到地域的限制，很难形成大规模的传播。传统的非遗产品销售主要靠展会、文化节、庙会、景区景点等现场展销，费时费力，受众有限。随着生活方式的改变及互联网的普及，电商直播等线上形式让非遗产品逐渐打破地域限制。非遗传承人通过直播平台加大文创产品在网上的开发售卖力度，促进非遗产品线上消费。在文化和自然遗产日宣传活动中，对接阿里、京东、苏宁、拼多多、美团、快手、东家等线上电商平台，以传统工艺类产品为主，联合举办非遗购物节，非遗企业提前了解市场需求，做好设计、生产、销售准备工作。

通过产业化经营和市场化运作，完成对非物质文化遗产的保护及其潜能的开发，并逐步将文化产品推向市场，从根本上促进非物质文化遗产的可持续发展。

传统糁制作　山东龙润食品有限公司在继承传统糁制作工艺的基础上，打造出全国知名的糁系列产品。产品在全国许多省市商场、超市、土特产店销售，深受消费者欢迎，年营业收入5200万元，提供就业岗位100个。组建了专家组，投入1000多万元引进高科技设备，历经3年研发，实现了工业化生产。

王氏熟梨　2000年，山东熟梨王食品有限公司成立，占地面积2000余平方米。2015年，建立1000平方米的生产车间，开发出新产品热梨饮、罐装梨饮、秋梨膏等，推动了产品升级。在门店经营的同时，入驻市内各大商场、超市，在全市开设19家直营点或加盟门店，在北京、上海、青岛、济南、长沙等开设了多个形象门店，王氏熟梨走出临沂，走向全国。

琅琊草编织　郯城琅琊草编织主要分布于郯城县沂河沿岸一带的胜利镇、马头镇、港上镇、重坊镇一带。琅琊草编织以草帽为主，经过几代人的经营，逐渐由原来的分散生产转变为公司化经营。由公司负责产品的开发、设计、生产与销售。

产品以外贸为主，出口欧美等40多个国家，年销售额3000万元，有职工260多人，辐射带动近2万人走上致富路，为当地近万名妇女创造了就业机会。

费县手绣

费县手绣 “全国非遗工坊典型案例”——费县手绣工坊在费城街道信国村、管家村、东胡家村等成立6处实训基地，对贫困户、残疾人、老年人、妇女等采用“培养+传承”的模式，“固定+灵活”的就业方式，实行“送货到户、工资日结”政策，带动近600名脱贫人员就业，人均年增收2万~3万元。在壮大自身经济规模同时，为手绣培育了后备人才力量，赢得了企业高质量发展、非遗项目有效传承的良好局面。

杨家粗布 平邑杨家粗布色调古朴典雅，质地柔软、通透性好，非常适宜老人和孩子。2006年10月，平邑县新瑞家纺发展有限公司成立，公司集良棉种植、棉花加工、家纺生产销售于一体，建筑面积5000余平方米，主导产品为“新瑞”牌系列手工制纯棉胎、系列精品家纺产品共380余个品种。公司拥有5000亩优质棉生产基地，棉花收购与加工通过省级认证，系列产品畅销全国，被评为山东省旅游特色商品。

郯城木旋玩具 郯城木旋玩具历经明、清、民国，已有600余年的历史，形成10大类近700个花色品种，产品出口日本、韩国、新加坡、中国香港等30余个国家和地区。近年来，郯城县积极引进国内木玩龙头企业、国家高新技术企业——浙江新云木业集团有限公司，投资建设郯城木玩产业园，引导分散于各村各户的传统木玩加工企业转移入园、集聚发展，实现生产要素有机融合和资源共享，推动传统木玩产业“创造性转化、创新性发展”，为非遗文化传承、保护、发展提供了可复制的郯城经验。园内润泽木业与抖音、快手等平台达成合作，每天销售额达5万元，年产值达2000万元。郯城木玩产业园占地500亩，总投资10亿元，分三期建设完成。一期东区已经投入使用，入驻企业26家，年可实现产值3.5亿元；西区厂房建设已完成，正在进行招商。产业园全部完工后，可年产10万套木制玩具和30万件家具，实现产值38亿元。

红花镇中国结 郯城县红花镇是全国最大的中国结生产基地，已形成中国结专业生产村30个、专业户5000余户，辐射带动周边1.7万余户村民从事加工生产，年产各类中国结1200余万件，产品远销美国、韩国、日本、东南亚等国家和地区，市场占有率达到70%，年产值达12亿元，成为当地促进集体经济发展、带领群众增收致富的支柱产业。探索实行“企业+农户”的经营模式，帮助农村闲散劳动力弹性就业，实现人均年增收1.3万元。培育了一批辐射带动力强的中国结生产企

红花镇中国结制作

业。轩然中国结工艺品厂总投资1500余万元，拥有国内先进的电脑制版、一次切割成型的激光切割机10台，年产各式中国结可达100万件，年销售额6000余万元，逐渐发展成为全国最大的中国结加工生产企业。完善县、乡、村三级电子商务服务体系，临沂巧艺电子商贸有限公司拥有“福源祥”“聚宝”“家和福顺”三大品牌，在天猫、京东等平台共开设9家运营店，年销售额1500万元以上，是全国最大的中国结电商销售企业。

临沭柳编　临沭柳编文化产业基地主要位于山东临沭县白旄镇、青云镇、临沭街道、郑山街道等四个镇街，有2个杞柳种植基地和2个柳编集中产业加工园区。临沭现有杞柳种植基地面积10万亩，柳编出口加工企业165家，1000余处专业加工点，柳编产业从业人员10万多人。2010年，“临沭柳编”地理标志在国家工商总局成功注册；“临沭柳编”区域品牌价值已达18.57亿元，品牌发展力居全国第1位。临沭县9个镇街中7个镇街有柳编加工产业，涌现出了如荣华、美艺、晴朗、白云、照兴、金柳、鲁美达、佳柳、凌云等知名柳编企业，金柳、荣华、美艺、鲁美达、晴朗先后被评为国家文化出口重点企业，13家柳编工艺品企业获评山东省重点文化产品和服务出口企业，占全省认定企业的五分之一。全县柳编产业出口保持了年均16.4%的高速增长，2021年柳编产品出口额达到22.75亿元。产品从原来仅有的传统产品到现有的柳篮、家具、装饰、园艺，再到草柳、木柳、铁柳、布柳等数十大类、数万个花色品种。已形成了完善的杞柳种植、编织加工、产品研发、出口销售的上联龙头企业、下联基地农户、内联电商平台、外联国际市场的特色产业化集群。借助柳编产业发展，全县形成了一二三产业融合、全产业链共同发展的柳编新产业生态圈。带动货物出口贸易服务、陆运、船运等物流配套收入近10亿元；柳编线上销售涌现出了“宜然家居旗舰店”“金柳家居旗舰店”等品牌电商和青云镇1个“淘宝镇”、6个柳编“淘宝村”，年实现柳编国内线上零售额过2亿元。

高榆木梳　高榆木梳已有200多年的生产历史。近几年，制梳技师精心研制，不断开发新品种，逐步由低档向中高档发展，由民用型向工艺型发展，由花色单纯向花色齐全配套方向发展，生产具有欣赏和收藏价值的黄杨、紫榆、檀香、象牙和银玉等名贵产品。除畅销省内各地，还远销北京、河北、江苏、河南、安徽、上海、浙江等地。

高榆木梳

2020年，东高榆村里创立党支部领办的高榆木梳专业合作社，注册“高榆木梳”和“清越坊”两个品牌，整合12个木梳加工小作坊，逐步走上规模化、集约化的发展轨道。成立木梳企业15家，建立木梳电商园区，从外地引进先进技术，提高工艺加工水平；展开线上品牌销售，拓宽销售渠道，在淘宝、天猫等国内电商大平台注册帐号，并进驻抖音、快手等线上平台，利用木梳制造体验中心，构建线上服务、线下体验深度融合的商业开发新模式。东高榆村成立鹊桥工艺品有限公司，注册“鹊之桥”商标品牌，新研发出青檀、紫檀、红檀、黑檀等木质材料的十二生肖系列、龙凤系列、祥云系列等50多个品种的梳子品牌产品，价格比以前翻了好几倍。

2021年，高榆木梳的年产量达5000余万把，产值达6000万元，占据全国总产量的70%，高榆村木梳制作厂已达50余家，辐射带动周边10余个村，从业人数达3000余人。高榆村成为名副其实的中国木梳第一村。

莫氏绒绣 2001年，莫宗荣成立“临沭宗荣手工艺品有限公司”，采取“公司＋电商＋农户”形式，带动周边4000余名妇女通过加工生产绒绣走上致富路。每年面向贫困户和残疾人等特殊群体以及广大妇女开办公益培训班，为他们提供订单，带领当地百姓脱贫致富。莫氏绒绣手工制品80%外贸出口，销往美国、日本、意大利等20余个国家和地区，年销售50余万件。通过加工绒绣实现就业的同时，更好地传承与发扬这门古老而又独特的民间技艺。

莫氏绒绣创作

高粱饴 高粱饴是许多人的童年记忆，市级非遗产品圣福记高粱饴由山东圣福记食品有限公司生产。公司成立于2009年，占地1.28万平方米，注册资金300万元，有员工300余人。年生产饴糖1万余吨，利税800万元。公司分别在淄博、青岛、济南、泰安、日照、东营、莱州、枣庄、烟台等地设有100余个直销点。在全国31个省、市、自治区注册了圣福记食品有限公司。公司生产的拉丝高粱饴用料、配方、工艺、口感俱佳，在国内糖果市场非常畅销。2018年，公司借助农村电子商务站点平台，发展网红经济。在天猫商城注册圣福记食品旗舰店，在快手、抖音等直播平台利用网红直播带货，提高产品的知晓度和销量。圣福记食品的2名网红，粉丝突破100万人，公司生产的饴糖供不应求，每月上百万公斤糖果都被提预订。

人物

人　物

国家级代表性传承人

张金兰　女，1926年生，郯城县花园镇捷庄村人，中国戏剧家协会会员。1932年开始家传学艺，1953年在全国戏剧会演中获演员一等奖，1954年获山东省演员一级勋章，1956年获山东省优秀演员一等奖。1959年，张金兰任山东省临沂柳琴剧团团长，是北派柳琴戏的代表性人物，人送美称“柳琴北大门”。她嗓音独特，花腔运用恰当，身段表演大方得体，自成一派，在临沂有“看戏不看张金兰，白花两毛钱”之说，深受当地戏迷的喜爱。1960年，在中国唱片社灌制《丝鸾记》《三击掌》《王二英思夫》等唱片。1981年，在宁波唱片社灌制《秦香莲》《三姐剜菜》《鸿雁捎书》《喝面叶》《状元打更》等唱片。2009年5月，被认定为第三批国家级非物质文化遗产项目（柳琴戏）代表性传承人。

樊继美　男，1950年生于郯城县港上镇樊埝村木旋玩具制作世家。受家庭熏陶，从小就帮家里加工木旋玩具，并跟随村内艺人带着燕车、高低棒人等自家产品去赶庙会摆地摊。成年后，樊继美掌握了全部旋木彩绘和制作技艺，成为木旋玩具制作能手。为传承和发展木旋玩具，樊继美致力于旋木工艺的研发和生产工具的改进。他研制的木旋玩具多次参加省、市举办的各种展销活动和中国进出口商品交易会，山东电视台、齐鲁电视台、《沂蒙晚报》《临沂广播电视报》《国防商报》等新闻媒体多次报道。2006年，樊继美被评为临沂市“十大民间艺人”之一。2007年，中央电视台军事·农业频道《致富经》栏目，对其产品作了重点报道。2008年，其作品在临沂市第四届非物质文化遗产展览中荣获“金牛奖”，有18件作品被临沂市档案馆收藏。2010年被山东省文化厅评为山东省非物质文化遗产（郯城木旋玩具）项目代表性传承人。2016年6月，被山东省文化厅评为2015年度非遗保护十大模范传承人。2018年，被认定为第五批国家级非物质文化遗产项目（木旋玩具）代表性传承人。

省级代表性传承人

张学法　男，1929年生，兰陵县兰陵镇西横沟崖村人。7岁师从老艺人孙茂章学艺。他持鞭（花棍）模仿猴的形态，惟妙惟肖，身不离鞭、鞭不离身，腾挪闪跃，达到出神入化的境界，深受观众欢迎，成为当地群众喜庆活动必不可少的艺术形式。20世纪60年代，他将技艺传给孙晋成。八十年代又收孙忠建、曹红兵、孙景英、孙大红、孙秀芹五人为徒。2014年2月，被认定为山东省第三批省级非物质文化遗产项目（兰陵猴呱嗒鞭舞）代表性传承人。

刘　剀　男，1970年生，兰陵县人。中共党员，高级工程师，毕业于无锡轻工业学院发酵系。1993年入厂，师承美酒酿造技艺传承人吕金山，从事美酒工艺操作和管理工作。1996年起任美酒车间主任，2004年被聘为中国黄酒分会技术委员，2006、2011届国家级果露酒评酒委员。2012年被确定为非遗项目市级传承人，2013年被评为临沂市首席技师，2016年被评为齐鲁首席技师。刘剀在兰陵美酒传统酿造技艺传承中，坚持项目本真性和核心技艺，对美酒用曲、检验、操作等方面进行深入细致的研究，取得大量研究成果，在《中国黄酒》《酿酒科技》等国家级刊物上发表研究成果十余篇。利用自己的专业和技艺特长，经常性组织开展美酒酿造工艺及品评技能培训，为美酒技艺传承培养了技术骨干，为兰陵美酒传统酿造技艺的传承打下了良好基础。2017 年 3 月，被认定为山东省第四批省级非物质文化遗产项目（兰陵美酒传统酿造技艺）代表性传承人。

刘福祥 男，1944 年生，兰陵县向城镇小郭村人，苍山泥塑第五代传人。几十年如一日地守着祖上传下来的泥玩具制作技艺，刻苦钻研，不断创新。他制作的泥玩具多取材于神话故事、民间传说，因声、色、形美观，受到广大客户青睐。他注意泥塑技艺的传承，其儿子、儿媳都从事泥塑技艺，对于愿意跟他学习的青年，他都来者不拒，悉心传授，先后收徒 15 人。《方志中国·山东卷》手工纪录片对其作了专题介绍。2017 年 3 月，被认定为山东省第四批非物质文化遗产项目（苍山泥塑）代表性传承人。

李玉常 男，1955 年生，临沂市河东区九曲街道三官庙社区人。他生于龙灯扛阁世家，两岁上“扛”，13 岁参与舞龙，18 岁正式参加演出，为社区“龙灯扛阁”传承的主要艺人。

2000 年 10 月，三官庙村龙灯扛阁在首届“重庆·中国铜梁龙灯艺术节”中华龙舞邀请赛中获得“齐鲁神威奖”“邀请赛纪念奖”。2006 年 1 月，龙灯扛阁参加中央电视台 CCTV-7《乡村大世界》演出。9 月，龙灯扛阁参加中国临沂书圣文化节《蒙山沂水》大型文艺演出活动。2009 年，龙灯扛阁参加第 29 届全国运动会开幕式的演出。2010 年，龙灯扛阁参加在上海举办的世界博览会演出，受到好评，被山东省人力资源和社会保障厅、山东省发展和改革委员会记二等功一次。2017 年 3 月，被认定为山东省第四批非物质文化遗产项目（龙灯扛阁）代表性传承人。

相友文 男，1935 年生，兰陵县大仲村镇小吴宅村人。17 岁起跟随祖父相敬伦学习染布技艺。他传承祖父的“蝴蝶花瓶”“喜鹊闹梅”床帏子制作技艺，成为这一传统工艺的“活化石”。设计出多种纹样，自刻多种印版。家中还保存着 30 余块花纹板，印染的匹料花布“猫蹄花”“凤戏牡丹”“红鱼戏莲”“梅花鹿”“双鸡”和件料花布“富贵花瓶”（门帘）、“鱼与龙”（床单）、“双凤戏牡丹”（包袱皮、肚兜）等，备受人们喜爱，得到国内外众多艺术机构和收藏家的青睐。在参加潍坊国际风筝节期间，其参展作品被国际友人尽数收购。1992 年，山东艺术学院教授叶又新到大仲村镇考察蓝印花布。1998 年，清华大学美术学院艺术史论系教授杨阳带领师生 30 余人考察研究蓝印花布。2000 年，中央美术学院民间美术研究室韩慧荣教授、中国著名美术家韩美林等到大仲村镇考察，并为相友文设计多种花样图案。其作品被文化部、中国美术馆、宋庆龄基金会等组织、机构收藏。2017 年 3 月，被认定为山东省第四批非物质文化遗产项目（蓝印花布印染技艺）代表性传承人。

柏文泰 男，1941 年生于郯城县马头镇柏花园村的艺术之家，其父柏士奇酷爱音乐，擅长演奏民间乐器二胡、三弦等，喜欢演唱郯马五大调中的淮调。柏文泰自幼受家庭熏陶，11 岁识简谱，13 岁便能演唱淮调《恨别离》《楚霸王自刎乌江》等曲目。20 世纪 50 年代，柏文泰开始广泛地接触郯马五大调，跟随老艺人学习“玲玲调”“满江红”“大寄生草”“大调”等曲目。“文化大革命”期间，柏文泰借用郯马五大调的形式，编写节目开展文艺宣传，并着手五大调曲目整理。改革开放后，多次为淮调重新填词，编有《采莲湖里稻花香》《喜迎香港回归》等曲目。2003 年，柏文泰与临沂市戏曲研究室张铁民联合创作《鹿乳奉亲传千秋》，参加临沂市第四届广场文化艺术节演出，荣获金奖。2009 年，柏文泰参加中央电视台“民歌中国”栏目《聚焦沂蒙民歌》的演出。2017 年 3 月，被认定为山东省第四批省级非物质文化遗产项目（郯马五大调）代表性传承人。

张　莉 女，1975 年生，蒙阴县岱崮镇丁家庄村人。中共党员，蒙阴县文化馆非物质文化遗产保护中心主任，山东省先进工作者，三级编剧。自小跟随师父李因星学习蒙山传说文化，深得李因星真传。1997 年到蒙阴县文化馆工作，开始收集整理民间故事。

2011年起，搜集整理《蒙山传说》20余篇。2012年，将《蒙山传说》部分文章改编成画册版本，《蒙山传说精选集》出版，后又将其中王禅、孙膑系列故事加工改编成相声、音乐剧等，搬上舞台。2017年3月，被认定为山东省第四批非物质文化遗产项目（蒙山传说）代表性传承人。2021年，《蒙山传说精选集》获山东省非遗科技成果优秀奖。

王永庆　男，1944年生，临沂市兰山区前洞门村人，村弦子戏剧团团长。2005年，在省艺术馆举办的山东省鲁东南"新华书店杯"民间剧团展演中获优秀演出奖。2006年，在省文化厅举办的山东省庄户剧团调演中，弦子戏剧团被省文化厅授予"山东省优秀庄户剧团"称号，参演的传统古装戏《御碑亭》获三等奖。2011年3月，王永庆获"山东省农村优秀文化人才奖"；10月，荣获"时风杯"山东省地方戏曲票戏大赛铜奖。2014年，弦子戏在临沂市红石寨杯戏曲大赛中获优秀表演奖。2018年10月，被认定为山东省第五批省级非物质文化遗产项目（弦子戏）代表性传承人。

王艳俊　男，1945年生，临沂市兰山区白沙埠镇朱阜社区人。1964—2003年，在临沂市兰山区白沙埠镇中心小学任教，现为白沙埠镇中心小学剪纸校外辅导员。王艳俊自幼学习剪纸艺术，研究剪纸理论，对剪纸有较深的造诣，被评为临沂市十大民间剪纸艺术大师、临沂市优秀少先队辅导员、山东省第三届优秀少先队辅导员、全国优秀少先队辅导员。2004年5月，作品《梅兰竹菊》被临沂市首届艺术节组委会评为剪纸类一等奖；作品《金陵十二钗》被临沂市文化局评为"罗庄信合杯"非物质文化遗产暨沂蒙民俗展优秀作品。2007年3月，作品《二十四孝》被临沂市非物质文化遗产珍贵实物陈列厅收藏；《抗战组画》12幅、《地雷战》5幅、《光辉的历程》4幅、《继往开来》4幅被临沂大学红色非物质文化遗产展馆收藏。2008年2月，作品《福禄寿喜》获临沂市非物质文化遗产暨第三届工艺展金奖。2009年1月，加入山东省民间文艺家协会；2月，剪纸《二十四孝之临沂七孝》在临沂市第四届民间工艺品暨非物质文化遗产展览中荣获"金牛奖"。2011年7月，被共青团中央、教育部、全国少工委评为全国优秀少先队辅导员。2018年10月，被认定为山东省第五批省级非物质文化遗产项目（剪纸）代表性传承人。

王家廷　男，1949年生，临沂市兰山区义堂镇埝东村人，王祥第52世孙。1985—1987年，任义堂镇文化站、电影站站长。1987—2009年，在银雀山街道办事处做宣传、经委工作。幼时跟父亲学会讲"卧冰求鲤""风雨守柰""救兄换鸩"等故事。2001年，长篇小说《孝悌格天》在地方报纸连载。2003年，《孝悌格天》正式出版。2012年，参与电视连续剧《王祥》摄制。2016年，参与电影《少年王羲之》摄制。2017年，参与动漫电影《孝友感天》摄制。他收藏了民国时期《卧冰求鲤》火柴盒和民国时期出版的《二十四孝》图书。长篇小说《孝悌格天》获临沂市文联优秀创作成果奖。2018年10月，被认定为山东省第五批省级非物质文化遗产项目（卧冰求鲤）代表性传承人。

尹作安　男，1950年生，沂南县北沿汶村人，北沿汶弦子戏剧组负责人之一。28岁开始学唱弦子戏，擅长扮演小生、小旦、青衣。演唱小调《锁南枝》《朱云飞》《黄莺》《桂枝香》等，演出剧目有《雀山搬兵》《奇双会》《打桃园》《三喜合》《混元河》《双龙关》《西湖游景》等。尹作安带领剧团成员整理出传统剧本15个、器乐曲牌和演唱曲牌40余个。自编自演小戏剧和演唱13个。2016年始，参加送戏下乡演出62场次，参加红石寨旅游度假区演出120余场次。2018年，尹作安被评为临沂市非遗保护十大模范传承人。2018年10月，被认定为山东省第五批省级非物质文化遗产项目（弦子戏）代表性传承人。

刘莉莉　女，1970年生，江办省邳州市人。1986年毕业于临沂艺术学校，市柳琴戏传承保护中心一级演员，中国戏剧家协会会员，山东省戏剧家协会会员，临沂市青年联合会会员，临沂市戏剧家协会副秘书长。刘莉莉生于梨园世家，唱念做舞家学渊源深厚，广彩博取、融会贯通，在艺术的道路上不懈追求，从艺几十年，演世间百味，唱悲欢离合。她苦练基本功，掌握了诸多传统戏，长于戏曲突破与创新，对柳琴戏的传承与发展倾注了大量心血。她经常带领柳琴戏传承保护中心“红色文艺轻骑兵——刘莉莉小分队”到乡镇社区，为基层群众演出，宣传党的方针政策。她先后获得第14届“文华表演奖”、第27届“中国戏剧梅花奖”、第三届中国戏曲红梅大赛山东赛区“最佳表演奖”。2007年10月，被授予“中国戏曲红梅金花”称号。2013年被山东省人民政府授予“第六届山东省泰山文艺奖”。2015年1月，被中共山东省委组织部、省委宣传部，山东省人社厅授予“第三批齐鲁文化英才”称号。2018年10月，被认定为山东省第五批省级非物质文化遗产项目（弦子戏）代表性传承人。

刘桂红 女，1962年生，郯城县人，原临沂市柳琴戏传承保护中心副主任，国家一级演员。从事柳琴戏事业多年，艺术功底深厚，戏路宽广，教学传授经验丰富。主演《姊妹易嫁》《清风亭》《卧龙求凤》《王祥卧鱼》等多部精品剧目。在2002年中国戏曲名段演唱大赛中获演唱二等奖。在2003年中国戏曲红梅奖山东赛区选拔中获二等奖。2005年《沂蒙情怀》在首届柳琴戏剧节上获表演奖。2007年在中国戏曲红梅奖山东赛区选拔中获大奖。2018年10月，被认定为山东省第五批省级非物质文化遗产项目（柳琴戏）代表性传承人。

刘德军 男，1964年生，莒南县大店镇薛家窑村人。薛家窑泥陶制作技艺第五代传承人。16岁时跟着父亲学做陶器。2005年成立莒南县德君陶艺厂，继承泥陶制作传统技艺，积极研发新产品。刘德军开设泥陶传习所，向中小学生传授泥陶制作技艺；担任莒南大店一小陶艺课的指导教师，指导学生制作泥陶。2017年，对泥陶传习所进行改造，投资建立1800平方米的泥陶博物馆，展出各个历史时期陶器，设立泥陶体验区，面向公众开放。2018年10月，被认定为山东省第五批省级非物质文化遗产项目（陶器烧制技艺）代表性传承人。

李付华 男，1970年生，回族，临沂市兰山区人。中国武术协会会员，临沂市罗庄区武术协会秘书长，国家一级武术裁判员，中国武术六段，天虹影视公司武打特技队主任。李付华自幼随父李洪明习武，后随师爷周朝增学习鲁南黑虎查拳。多次参加武术比赛，获得金牌19枚。1993年开始收徒。1994年成立郯城马头武术学校。1996年率队参加首届中国孙膑拳武术比赛取得优异成绩，中国武术协会主席徐才对马头武校给予高度评价。1997年，参加在河北深州举办的国际形意拳交流大会，弟子苏伟、孔晓猛获得一等奖。2009年，在临沂市兰山区南北道清真寺成立民族武术馆，系统传授鲁南黑虎查拳。

李付华有多篇论文发表于《中华武术》《武魂》《少林与太极》等杂志，其事迹分别载入《中国当代武林名人志》《东方创业者》《临沂市宗教志》《郯城县志》等。主要著述有《黑虎查拳》等。2018年10月，被认定为山东省第五批省级非物质文化遗产项目（查拳）代表性传承人。

邢爱芝 女，1968年生，平邑县保太镇后南埠崖村人。13岁在母亲的指导下学习刺绣、挑花。2005年，开始专心研究沂蒙刺绣花样，并拜剪纸艺术大师林化强为师，学习剪花样艺术。2008年10月，发起成立平邑县山里奶奶手工坊，召集民间艺人20余名，共同研究、制作、传承沂蒙挑花技艺。2019年，任柏林镇汪家坡村驻村第一书记，将沂蒙挑花非遗技艺作为脱贫致富、乡村振兴的主抓手，集中培训带领大家共同创富。成立平邑县沂蒙挑花红埠传习所、沂蒙挑花汪家坡传习所，在济南设立沂蒙挑花工作室，培训学员120人。

邢爱芝参加全国各级非遗展演活动160余次，其中全国非物质文化遗产博览会4次。2016年获首届蒙山艺术节一等奖。作品《凤凰合羽》《虎头帽、妈虎帽》《沂蒙凤尾裙》获山东工艺美术精品奖金奖，《金银花领带》《警钟长鸣、富贵永驻》香囊、《阳光普照，花开疫散》书签获山东省工艺美术创新创意奖银奖，《遮白发如意莲花帽》获山东工艺美术精品奖银奖。2018 年 10 月，被认定为山东省第五批省级非物质文化遗产项目（挑花）代表性传承人。2019 年，获临沂市非遗手艺金手奖。2020 年 10 月，作品《川鲁平安大吉》获首届全国乡村手工艺（刺绣）大赛铜奖。

张乃苍　男，1959 年生，郯城县马头镇万高册村人，挂门笺制作世家。14 岁时跟随祖父张乐祥学习传统门笺的制作技艺。由于当时手劲小，力度不够，张乃苍只能从旁做些辅助的工作。看着五颜六色的挂门笺如同魔术般在祖父指尖上变出来，张乃苍像着了魔一样爱上了这门手艺。成年后，他开始独立制作挂门笺，并逐渐形成自己的特色。2000 年，随着科技进步，机械化生产开始冲击手工制造业，张乃苍看着机器批量生产的挂门笺，心里空落落的，总觉得少了点什么。第二年，他果断放弃了机器制作，重拾手工技艺。张乃苍大胆改革制作工艺，创新挂门笺样式，使挂门笺不再是单一的春节门楣装饰品，也成为厅堂艺术品。作品多次受邀参加省市举办的各种展览活动，其事迹及作品在中央电视台、山东电视台《乡村季风》栏目、齐鲁电视台多次播放，《齐鲁晚报》《沂蒙晚报》《临沂广播电视报》多次报道，吸引全国各地的艺术爱好者前来拜师学艺。作品《奥运福娃》获“金湖杯”临沂民间剪纸艺术精品展一等奖。2018 年 10 月，被认定为山东省第五批省级非物质文化遗产项目（剪纸）代表性传承人。

张明建　男，1948 年生，临沂市河东区太平街道人。张明建自幼家境贫寒，14 岁跟随当地著名印染艺人周振宝学习蓝印花布、彩印花布制作。他学习刻苦，白天仔细观察师傅操作，晚上反复琢磨，两年后，基本掌握了这门印染手艺。学成回家后，他开始印制一些花布，赶集销售。由于他的花布花样新、颜色鲜、布料好，人们争相购买，张明建的名声逐渐大起来。“文化大革命”期间，张明建被迫停止印花布制作。20 世纪 80 年代，文化艺术活动逐渐复苏，张明建重拾彩印花布制作技艺，其作品惊艳世人，引得一批批全国知名艺术家、高校艺术专业老师、民间艺术研究者陆续到临沂，向张明建请教彩印花布的刻板、调色、选料、印刷技术。张明建开始携彩印花布穿梭于全国各地的艺术博览会，其作品多次获金奖，并被众多国家级艺术机构收藏。张明建被吸收为中国工艺美术学会会员，并被评为山东省民间文化杰出传承人，中国民间文化杰出传承人，中国民间美术著名传承人。彩印花布被文化部命名为“中国民间艺术一绝”。2001 年，作品《福寿有余》《多子多福》被中国美术馆收藏。2005 年 5 月，受邀走进山东工艺美术学院，为师生讲授彩印花布文化和制作技艺。2014 年 10 月，被济南大学美术学院聘为客座教授。2018 年 10 月，被认定为山东省第五批省级非物质文化遗产项目（彩印花布）代表性传承人。2020 年 6 月，张明建入选山东省非遗保护十大模范传承人名单。

杨进邦　男，1954 年生，临沭县郑山街道杨沙埠村人。1976 年从事草柳编织工艺品出口设计创新，从事草柳编织艺术传承 40 余年。熟悉掌握扭编、勒编、叠编等几十种编织技法。原创扭编葫芦深受欢迎，成为当地最好的文化旅游产品之一。设计创作了数以万计的草柳编织工艺品，多次参加国内外展销会、博览会，累计出口货值十几亿美元。2008 年后专职研究柳编艺术，将出口柳编工艺品提升为柳编艺术品。作品获得国家、省、市级荣誉 40 余项。杨进邦除了传徒授艺，还积极参加非遗进校园活动，为中小学生上课。免费向贫困户传授柳编技艺，助他们脱贫致富。获“山东省工艺美术大师”“山东省民间手工艺制作大师”“齐鲁文化之星”等称号。2018 年 10 月，被认定为第五批省级非物质文化遗产项目（临沭柳编）代表性传承人。2019 年 6 月被评为山东省非遗保护十大模范传承人。

高庆平　男，1951 年生，临沂市兰山区人。幼时和伙伴玩耍时意外跌倒在床沿上，磕碎了鼻梁骨，导致视力越来越差，最终失明。跟杨凤龙学习“脚打鼓”。后师从艺人王省三。1958 年学成出师。高庆平演唱的曲目有《杨家将》《呼家将》《大小八义》等武侠长篇和《王二英思夫》《五子寻夫》《陈三两爬堂》等体现儿女情长、忠奸伦理的中篇，以及风趣诙谐的《青菜饭》《夫妻争灯》等小段书篇。改编演唱新书篇《白毛女》《杨桂香鼓词》等。1983年9月，在临沂地区说新书演唱会上演唱《百鸡宴》，获优秀节目奖。2018年10月，被认定为山东省第五批省级非物质文化遗产项目（三弦平调）代表性传承人。

市级代表性传承人

尹芳利　男，1963年生，兰陵县向城镇尹村人，向城镇文化站站长，中国工艺美术学会民间工艺美术专业委员会会员、临沂市民间文艺家协会理事、临沂市十大民间艺人之一、苍山泥塑第五代传人。他自幼酷爱书画艺术和传统泥塑技艺。1982年高中毕业后，跟随小郭泥塑艺人李玉法学习泥塑艺术。1984年被选聘到兴明乡文化站工作，致力于苍山小郭泥塑艺术的研究。泥塑作品在继承师传技艺的基础上，融入现代戏剧、年画、工艺美术元素。2006年3月，他主持的科研项目《民间泥塑艺术的传承保护与开发利用》获山东省文化厅文化艺术科学优秀成果三等奖。2010年10月，泥塑作品《虎童献宝》被中国工艺美术学会民间工艺美术专业委员会收藏；论文《苍山“小郭泥塑”艺术的传承保护与开发利用》获中国工艺美术学会民间工艺美术专业委员会第25届年会“乡土奖”一等奖。2008年4月，被认定为临沂市第一批市级非物质文化遗产项目（苍山“小郭泥塑”）代表性传承人。

曹洪兵　男，1970年生，兰陵县兰陵镇西横沟崖村人，猴呱嗒鞭舞的第三代传承人。十五岁师从张学法学习猴呱嗒鞭舞，有30余年的从艺经历。技艺精湛，尊师爱徒，热心助人，在组织开展各项演出活动中发挥了骨干作用。他组织演出，举办培训班，收徒授艺，使这一非物质文化遗产得到有效地保护和传承。2009年7月，兰陵猴呱嗒鞭舞赴北京参加中央电视台音乐频道《民歌中国》节目录制，受到好评。2009年3月，被认定为临沂市第二批市级非物质文化遗产项目（猴呱嗒鞭舞）代表性传承人。

谭清元　男，1927年生，兰陵县向城镇谭良子村人。鲁南苏北地区“花鼓佬”的著名民间艺人。谭清元的演唱声音高亢明亮，吐字清晰，乡土气息浓郁。他演唱的《绣荷包》《大踏青》《小踏青》，花鼓调《忘恩负义不可交》《沧桑巨变》等民歌，无论思想性还是艺术性，都堪称苍山民歌中最优秀的曲目。有的还被选入高等院校声乐教材，并被众多著名歌唱家演唱。2009年3月，被认定为临沂市第二批市级非物质文化遗产项目（花鼓调）代表性传承人。

周士贤　男，1950年出生于临沂市罗庄区罗庄街道陶瓷世家。1957年开始随父亲学习陶瓷技艺。1971年3月—1984年12月，在临沂瓷厂（现山东银凤陶瓷股份有限公司）科研所工作。1985年1月，创办临沂市园林艺术陶瓷厂，任厂长，一直从事周氏笼窑陶瓷产品设计、生产、研发工作。1993年，当选全国工商联执委、山东省工商联常委、山东省民营企业家公会副会长。1996年，临沂市园林艺术陶瓷厂“周氏笼窑”被中华人民共和国原国内贸易部认定为“中华老字号”企业，并入选“中华老字号”丛书第四卷。2009年3月，被认定为临沂市第二批市级非物质文化遗产项目（民窑与陶瓷）代表性传承人。

王庆寿　男，1948年生，临沭县石门镇石门新街人。1960年师从其父学习唢呐吹奏，八十年代开始授徒，倾其半生教了80余名徒弟。徒弟们以鲁东南为中心，遍布鲁南、苏北一带。他经常带领徒弟参加各种演出和比赛，使《小桃红》的名声越来越响亮，远近闻名，成为《小桃红》最具代表性的传承人。2012年11月，被认定为临沂市第三批市级非物质文化遗产项目（小桃红）代表性传承人。

王家均　男，1940年生，蒙阴县高都镇郑家庄人，八仙灯第八代传承人，郑家庄灯戏团团长。1960年，跟随师傅郑曰温、王厚福、郑步太学习传统舞蹈八仙灯。1966年，进入郑家庄文艺宣传队。1995年，郑家庄文艺宣传队更名为郑家庄灯戏团。2006年，王家均始培养学生郑庆东、郑庆存。2012年11月，被认定为临沂市第三批市级非物质文化遗产项目（八仙灯）代表性传承人。

王朝学　男，1952年生，临沭县白旄镇柳庄村人。生于柳编世家，祖父以编柳为生，父亲及岳父的编制技艺在当地很有名气，受家庭影响，王朝学从小就对柳编深感兴趣，继承发扬临沭柳编技艺，并有所创新。2012年11月，被认定为临沂市第三批市级非物质文化遗产项目（传统柳编）代表性传承人。

田作奎　男，1952年生，郯城县郯城街道城里一街人。出生于唢呐世家，为田家民间唢呐演奏艺术第四代传人。自幼受到唢呐艺术熏陶，展示出良好的天赋。9岁，拜苏北、鲁南一带著名民间唢呐演奏家周作芳为师，深受老师宠爱。田作奎在继承传统民间唢呐曲目的演奏技艺的同时，不断推陈出新，挖掘整理一些濒临失传的民间唢呐曲目。代表作有《凡调》《苦中乐》《五六五》等。2012年11月，被认定为临沂市第三批市级非物质文化遗产项目（郯城唢呐曲）代表性传承人。

孙绍林　男，1948年生，郯城县郯城街道葛庄村人。自幼酷爱文学，高中毕业后从事教育工作。1982年2月，任郯城镇文化站长，从事民间文学的挖掘、整理和创作工作。1978年开始发表文学作品，先后在《人民文学》及省、市多家报刊发表小说、散文、报告文学、戏剧、曲艺、歌曲、故事、民间小调电视剧等300余件。2012年11月，被认定为临沂市第三批市级非物质文化遗产项目（东海孝妇的传说）代表性传承人。

刘　毅　男，1973年生，临沂市兰山区西关社区人。宋太祖长拳第二十五代传承人，中国武术六段，国家一级兵道裁判员。自幼随外祖父高灼俊习武，先后师从高云江、冷玉民、仝月亮、杨炳良、于恒军等，长于技击，受国防部派遣赴国外执教特种部队。他系统继承和研究宋太祖长拳、五虎下西川拳（关东长拳）、秣（穆）陵关打韩通掌拳六路（六路捶）及十合大棒、穿林枪、太祖卧龙刀、定戎刀、腾蛇棍、流星锤等器械，深得燕青靠等绝技真传。曾担任“中华武术展现工程”的《古传少林武学》系列、《特种兵搏击擒拿训练》系列、《侦察兵捕俘、攀登》系列教学光盘主讲，《特种兵搏击擒拿训练》系列光碟被翻译成外文。编写技术教材8部，公开发表文章数十篇，被《武林》等杂志列为封面人物，其事迹收录于《祥和中国》等大型文献丛书。2012年11月，被认定为临沂市第三批市级非物质文化遗产项目（宋太祖长拳）代表性传承人。

许洪刚　男，1968年生，河东区汤河镇前西庄村人。山东省民间文艺家协会理事，山东省书画家协会会员，河东区作家协会副主席。自幼喜好书画。1987年参军，在部队政治处从事美术宣传工作，师从著名画家张雷生。复员后回家边种地边作画。偶然机会看到当木匠的岳父拿的电烙铁，就萌生了用电烙铁在木板上作画的念头。经多年实验，把西方油画技法和中国画技法融为一体，形成独特的艺术风格。作品有《八仙过海》《红楼梦·金陵十二钗》《弥勒佛》等。多次参加省、区、市和文化部组织的书画大赛并获奖，被省、市电视台及《光明日报》《大众日报》等多家新闻媒体报道。2006年，许洪刚被评为临沂十大民间艺人。2008年，被评为临沂市十大民间剪纸艺术大师。2009年，被山东建筑大学聘为沂蒙希望助学网爱心艺术家。2011年，被山东省文化厅评为山东省农村优秀文化人才。2012年11月，被认定为临沂市第三批市级非物质文化遗产项目（火笔画）代表性传承人。2017年，被评为市政府第二批乡土艺术人才。

吕素芳　女，1963年生，江苏省南京市人，临沂市柳琴剧团国家二级演员。1980年进入柳琴剧团，借鉴老艺术家的表演艺术和优美唱腔，取众家之长补自己不足，经过不断努力形成自己的表演风格。2003年在“福彩杯”中国戏曲红梅杯大赛山东赛区专业组比赛中获二等奖，2007年参加中国戏曲红梅杯大赛山东赛区专业组比赛获二等奖；在中国枣庄柳琴戏艺术周暨柳琴戏论坛中获一等奖。2012 年 11 月，被认定为临沂市第三批市级非物质文化遗产项目（柳琴戏）代表性传承人。

李善年 男，1960 年生，临沭县青云镇李界前村人。1980 年随王西伦学习扑蝴蝶表演，2000 年开始教授徒弟。擅长各种打击乐器，多次受到镇、县的表彰，被评为先进文艺工作者。2009 年和王贯君一起带领扑蝴蝶表演队获县级一等奖，2011 年获县舞龙秧歌大赛银奖。2012 年 11 月，被认定为临沂市第三批市级非物质文化遗产项目（扑蝴蝶）代表性传承人。

李锦川 男，1951 年生，临沭县东盘村人，乡村医生。他热爱文学，特别爱好民间传说故事，从小就听村里许多老人讲故事，尤其对苍马山、冠山传说情有独钟，经多年加工整理，出版《苍马山的传说》。2012 年 11 月，被认定为临沂市第三批市级非物质文化遗产项目（苍马山的传说）代表性传承人。

陈庆贵 男，1956 年生，平邑县温水镇永西村人。临沂市“十大民间艺人”，山东省工艺美术大师，中国民间文艺家协会会员。受家庭影响，自幼酷爱葫芦烙画技艺。1975 年，对传统火烩烙画葫芦技艺进行改进，由火烩改为电烙方式，外加交流 220 伏 1000 瓦手动调压器，烙画出的作品层次丰富，线条准确，栩栩如生。2006 年 1 月，作品《八仙上寿图》在临沂市迎新春“健康杯”民间艺术品展览中获一等奖；12 月，作品《三星拱照》在全国百年经典作品展览中获金奖。2008 年 10 月，作品《鸳鸯戏水》在山东省首届工艺美术精品展览会获三等奖；11 月，作品《刻葫芦》在首届山东国际大众艺术节——齐鲁民间手工艺精品博览会获银奖。2009 年 11 月，作品《龙翔图》在第十届中国工艺美术大师作品暨国际艺术精品博览会获铜奖。2010 年 1 月，作品《三星拱照》入选中国工艺美术大展。2012 年 3 月，被山东省委组织部、省委宣传部、省财政厅、省人社厅联合表彰为“首批齐鲁文化之星”。2012 年 11 月，被认定为临沂市第三批市级非物质文化遗产项目（烙画葫芦）代表性传承人。2015 年 12 月，作品《福寿图》获沂蒙文艺奖。

张玉杰 男，1975 年生，沂南县青驼镇徐公店村人。山东省工艺美术大师，高级工艺美术师，山东省工艺美术名人，山东省鲁砚协会副会长，中华砚文化制砚委员会委员，中华传统制砚大师，临沂市工艺美术大师。师从中国工艺美术大师、制砚艺术家刘克唐、姜书璞。从事制砚 20 余年，作品古朴、典雅、简洁大方，讲究章法，具有返璞归真、天人合一的艺术风格。2011 年，受澳门特别行政区政府之邀，赴澳门现场制砚展演；在第十二届中国工艺美术大师作品暨国际艺术精品博览会中，作品《贺兰岩韵》获中国工艺美术精品奖金奖。2012 年，在第四十七届全国工艺品交易会上，作品《逍遥太极》获创新产品设计大奖赛金奖；在第十四届中国工艺美术大师博览会上，作品《石鼓砚》荣获金奖；在中国（青岛）工艺美术博览会上，作品《鸟巢》获创新产品设计大赛金奖。2014 年，在第十六届中国美术工艺大师精品博览会中，作品《太平有象》荣获金奖。2017 年，在第九届中国（山东）工艺美术博览会上，作品《瓦当》获“神龙杯”山东省工艺美术精品奖金奖。2020 年，在第十二届中国（山东）工艺美术博览会上，作品《灵芝》获“泰山桃木王”杯山东省工艺美术设计创新奖金奖。2012 年 11 月，被认定为临沂市第二批市级非物质文化遗产项目（徐公砚制作技艺）代表性传承人。

张昌军 男，1948 年生，蒙阴县岱崮镇人。1991 年调入蒙阴县文化馆从事文学、书法工作。2000 年始，从事旅游服务工作，研究乡土历史。2005 年，带领其子张淏然攀登蒙阴县境内所有崮，对濒临失传的岱崮传说进行抢救、挖掘。2007 年，将采访的故事，选取精华部分结集出版《崮的传说》。在蒙阴电视台“话说蒙阴”栏目中讲述岱崮传说；在《沂蒙晚报》发表多篇传说故事。2012 年 11 月，被认定为临沂市第三批市级非物质文化遗产项目（岱崮传说）代表性传承人。

张贵选　男，1966年生，临沭县人，沂蒙老区酒第五代传承人。国家食品安全师、国家职业技能鉴定高级考评员、山东省白酒评委、鲁酒酿酒大师、国家白酒酿造高级技师、山东沂蒙老区酒业有限公司总经理。从事酿酒事业30余年，2011年主持研究的《菊花曲制造关键技术及其在发酵产业的应用》项目通过山东省科学技术成果鉴定；2012年11月，被认定为临沂市第三批非物质文化遗产项目（沂蒙老区酒传统酿造技艺）代表性传承人。2013年，参与研究的《一种菊花曲及其制备方法》获国家发明专利。2017年，主持研究的《菊花曲制造关键点及其在发酵产业的应用》获中国食品工业协会科学进步一等奖。多项课题研究论文发表在《食品与发酵工业》等国家核心刊物。

解祥芳　女，1953年生，沂水县高桥镇人，高桥手绣第八代传承人，山东省民间手工艺制作艺术家。自幼受姥姥、母亲熏陶，14岁就能纺线、绣花、做布娃娃，缝制布老虎等。制作的布老虎系列，栩栩如生，精心缝制的“钱搭子”被民俗专家冯骥才等人收藏。2012年11月，被认定为临沂市第三批市级非物质文化遗产项目（高桥手绣）代表性传承人。2017年8月，中央电视台《文明密码》栏目为其制作《沂蒙人家》宣传片。

梁福生　男，1962年生，临沭县青云镇季岭村人，临沂市柳琴剧团副团长、国家一级演员。1981年进入柳琴剧团后，不断研究探索柳琴戏表演和唱腔技巧，在继承传统的基础上大胆改革创新。2002年，在中国戏曲名段演唱大赛中获地方戏专业组二等奖。2003年，在中国戏曲红梅奖山东赛区选拔中获二等奖。2009年，在第九届山东文化艺术节中获表演奖。2010年，在山东省第二届农村题材艺术比赛中获表演一等奖。2012年11月，被认定为临沂市第三批市级非物质文化遗产项目（柳琴戏）代表性传承人。

董志如　男，1971年生，蒙阴县东长明村人，蒙阴县非遗协会副会长，蒙阴县谷源谷物专业合作社负责人，孟良崮天然酱菜厂总经理。1989年，随父亲学习酱菜腌制工艺。1993年，在县供销社酱菜厂学习制作酱菜。2003年，与父亲建起孟良崮天然酱菜厂。2010年，在青岛农业大学创业培训班学习，在继承传统酱菜腌制工艺的基础上，不断创新，生产的酱菜更适合现代人的口味。2012年11月，被认定为临沂市第三批市级非物质文化遗产项目（垛庄酱菜传统制作技艺）代表性传承人。

樊世英　男，1969年生于郯城县港上镇樊埝村的木旋世家。幼承家教，十几岁就随祖父、父亲学习木旋玩具制作技术，经过20余年的不懈努力，成为制作木旋玩具集大成者。在木旋的基础上进行木雕，其制作的作品在全国工艺品博览会获奖，在民间艺术博览会、旅游商品设计大奖赛获设计创新奖等。被旅游部门列为旅游商品、旅游纪念品。2012年11月，被认定为临沂市第三批市级非物质文化遗产项目（木旋玩具）代表性传承人。

于万发　男，1977年生，沂南县铜井镇西王沟村人。自幼随爷爷于林东制作兽油古陶。1996年拜师刘青奴，学习拉坯技艺、快慢轮制坯及手拍坯制作烟熏陶。2007年，回乡创办窑厂，从事兽油古陶的生产制作和技艺传承。他一年试制19次，采用22道工序，使用38件自制工具，成功烧制出兽油古陶器。陶器胎质呈现纯黑色，质地坚硬，具有耐腐蚀、不脱色、抗冻、不渗水等特点。2013年作品被国家博物馆收藏。2015年2月，被认定为临沂市第四批市级非物质文化遗产项目（兽油古陶制作技艺）代表性传承人。

于凤宝　男，1971年生，沂南县界湖街道远里村人。沂南元宝根艺馆法人、中国工艺美术家协会理事、中国根艺美术学会会员、高级工艺美术师、高级美术师、沂南县根雕奇石花卉协会副会长。18岁入行，深得于氏根艺真传。2002—2006年，在大连香炉礁花鸟市场专门从事根艺创作，其间师从中国根艺美术学会主席马驷骥。2007年，在沂南汉街北段建起元宝根艺馆，带动几十家商户从事根艺生产，形成根艺文化一条街。2008年，受聘到老挝指导雕刻工艺。2009年，在汶河西岸远里村建起根艺传承生产基地。作品有关公像、大茶海、十二生肖摆件、白菜、茶桌、坐墩、几架、画筒、画缸、笔架、花瓶、底座、人物、动物等万余件，国家、省、市级获奖作品百余件，其中作品《龙凤呈祥》被日本收藏家田中周造收藏，作品《寿星》被韩国收藏家金某收藏。2015年2月，被认定为临沂市第四批市级非物质文化遗产项目（根雕制作技艺）代表性传承人。

王开全　男，1953年生，费县探沂镇人，第二届中国文房四宝制砚大师。自幼爱好书法、绘画、石刻艺术。20世纪80年代受朋友影响，开始接触砚台，从事制砚近40年，创作山水、人物、花鸟草虫、梅兰竹菊等系列上百个品种。1994年获中国名砚博览会金奖，1995年获山东省根艺盆景博览会银奖，并获山东省天景石开发科技进步三等奖、临沂市科技进步二等奖。2012年获中国（费县）国际奇石文化节金奖。2013年获北京砚文化博览会二等奖、中国（费县）国际奇石文化节金奖。王开全成立砚田农工作室，培养了十几位砚雕艺术工作者。2015年2月，被认定为临沂市第四批市级非物质文化遗产项目（金星砚制作技艺）代表性传承人。

王少年　男，1943年生，江苏省邳州市人。自幼喜欢画画，20世纪60年代，开始制作玻璃装饰羽毛画《松鹤延年》等。1978年，被苍山县电影公司作为特殊人才引进，专门绘制电影海报。他尝试改用“羽毛平贴法”创作羽毛画，推动了王氏羽毛画发展，作品《小鸭子》等得到社会各界好评。21世纪初，发明“宣纸、绫绢卷轴画羽毛平贴构图法”，将羽毛画粘贴在丝绸、纸张等软质材料上，可以像传统中国画一样卷起和悬挂，携带、存储都非常方便。2012年7月，“宣纸、绫绢卷轴画羽毛平贴构图法”被国家知识产权局授予实用新型专利证书。作品《八骏迎奥运》被北京奥运博物馆永久收藏；《孔子讲学图》在第十一届中国工艺美术作品暨国际艺术精品博览会上获2010“天工艺苑·百花杯”中国工艺美术精品奖。2015年2月，被认定为临沂市第四批市级非物质文化遗产项目（王氏羽毛画）代表性传承人。

王玉成　男，1946年生，临沂市兰山区人，王氏熟梨第六代传承人。自小随父学艺，传承祖业。1983年带领三个儿子艰苦创业，因其制作的熟梨味美又保健，叫卖声悦耳似民歌，被人称为“熟梨王”，收徒及制作人员几十人。王玉成学习药食医性，融入祖传配方，改进了更符合现代人的口味与天气环境的熬梨配方，积极参加省、市、区组织的非遗展览展示活动，连续三年被授予“临沂市优秀传承人”称号。2015年2月，被认定为临沂市第四批市级非物质文化遗产项目（王氏熟梨制作技艺）代表性传承人。

王玉桂　女，1940年生，烟台市人。自幼随家人学习剪窗花，早期剪纸内容多为传统的吉祥如意题材，随着剪的花样越来越多，王玉桂开始尝试着剪一些大图案作品。刻苦钻研剪纸技艺，剪出了多幅传神之作。2009年，王玉桂被评选为临沂市十大剪纸艺术大师。作品《富贵长寿圆满如意》《龙凤庆春福寿双全》构思巧妙自然，生动展现了人们对美好生活的期盼。她积极传承剪纸技艺，共收徒史佩霞等50余人。2015年2月，被认定为临沂市第四批市级非物质文化遗产项目（琅琊剪纸）代表性传承人。

王洪启　男，1930年生，兰陵县人。从小爱好学唱，7岁跟着母亲到台儿庄以卖馒头为生。10岁左右上过两年私塾，16岁拜师卞庄南芙蓉徐慎田学唱大鼓，20岁出师。王洪启走遍鲁南苏北一带的农村和集市，摆摊演唱。唱腔圆润流畅，表演声情并茂。曾自编自唱新旧社会变化的鼓书词，在县广播站播放。他致力于鲁南大鼓的传承，教授苍山籍徒弟10余人。2015年2月，被认定为临沂市第四批市级非物质文化遗产项目（磨山鲁南大鼓）代表性传承人。

王英义　男，1950年生，临沂市兰山区汪沟镇人。20世纪60年代，随父学习溜山梆子，深得父亲真传。1963年，参加本村溜山梆子剧团。2007年，组织成立汪沟镇溜山梆子乡音剧团，整理《曹庄杀妻》《三怕婆》《北海关》《麒麟山》《五香女》《桃花庵》《三家店》等10余个溜山梆子剧目。王英义能演唱传统剧目《前楚国》《北海关》《五凤岭》《燕王扫北》《秦琼卖马》《南阳关》《曹庄杀妻》《桃花庵》《朱元璋探寨》《鞭打芦花》等，扮演过《秦琼卖马》中的秦琼、《北海关》中的雷振海等；还演唱现代戏《红岩》《平原作战》《沙家浜》等。2015 年 2 月，被认定为临沂市第四批市级非物质文化遗产项目（溜山梆子）代表性传承人。

仇文平 男，1948 年生，郯城县庙山镇仇村人，仇氏骨科第八代传人。1980 年，仇文平继承仇氏正骨堂，在仇村开设正骨诊所，后搬迁至交通便利的庙山镇马站村，延用“仇氏正骨堂”字号。仇文平在原有的技艺基础上进行中西医结合治疗，提高了仇氏正骨术的治疗效果，后建立郯城马站骨科医院。2015 年 2 月，被认定为临沂市第四批市级非物质文化遗产项目（仇氏正骨术）代表性传承人。

卞成飞 女，1984 年生，费县朱田镇崔家沟村人，山东省工艺美术协会会员。在继承祖母、母亲手绣技法的基础上进行创新，融入许多现代时尚元素，制作的绣品包括沂蒙手绣香荷包、虎头帽、九籽虎头鞋、保健耳枕、五毒肚兜等 24 大类 1000 多个品种。作品多次获奖并被多家展览馆、博物馆永久收藏。她的手绣做工精巧、种类繁多，除了有吉祥寓意的图案和文字，还将传统的中药材运用到手绣作品中，研发出具有保健功能的颈椎枕、耳枕、成人香包、儿童香荷包等，具有“闻香祛病”“持久凝香”特点。卞成飞参加国内外展会 340 余场次，举办手绣公益课 170 余次。2015 年 2 月，被认定为临沂市第四批非物质文化遗产项目（费县手绣技艺）代表性传承人。2017 年，在省级重点贫困村崔家沟设立手绣扶贫工厂，为搬迁户村民提供就业机会，带动全村 86 户、留守妇女和残疾人等 300 余人就业，每人年实现增收 2 万余元。2018 年，公司被国务院扶贫办审定为“全国就业扶贫基地”，卞成飞获山东省非物质文化遗产保护先进个人。2019 年被文化和旅游部授予“2019 年度全国乡村文化和旅游能人”称号。2020 年，获山东青年五四奖章。

公衍余 男，1962 年生，蒙阴县人。1986 年始在《当代诗歌》《星星诗刊》《诗刊》等刊物发表诗歌、散文。曾任《淄博绿地》主编、《蒙阴作家》总编。出版《言语文集》系列丛书及长篇小说《春夏秋冬》等。多年从事民风民俗及民间游艺活动的研究，并作为打缁活动的继承人和发起人，对这个项目做了系统性的开发和研究。2015 年 2 月，被认定为临沂市第四批市级非物质文化遗产项目（打缁）代表性传承人。

石运梅 女，1969 年生，临沂市兰山区人，临沂市美术家协会会员，临沂市民间文艺家协会会员。生于裁缝世家，自幼喜欢绘画、做手工。上小学时开始制作布贴画，从艺 40 多年，从未间断。2014 年 8 月，受中国驻埃及大使馆邀请，前往埃及首都开罗中国文化中心举办沂蒙布贴画培训班。作品获第十一届中国临沂书圣文化节民间工艺优秀展演展示奖、第三届中国非物质文化遗产博览会优秀传承人展示奖、“鸿儒杯”临沂市首届文化创意创业大赛三等奖、2013 年非物质文化遗产保护暨民间艺术展优秀展演奖。代表作《埃及艳后》被开罗中国文化中心收藏。2015 年 2 月，被认定为临沂市第四批市级非物质文化遗产项目（沂蒙布贴画）代表性传承人。

田世芬 女，1967 年生，淄博市沂源县石桥乡石村人，临沂市柳琴剧团国家二级演员。通过不断的学习和舞台实践，不断拓宽戏路，在表演和演唱中，逐渐形成自己特有的演唱和表演技法。2002 年在全国戏曲名段演唱大赛中获二等奖。2003 年在中国戏曲红梅奖山东赛区获二等奖。2010 年在第七届中国滨州小戏节获最佳演员奖。2015 年 2 月，被认定为临沂市第四批市级非物质文化遗产项目（柳琴戏）代表性传承人。

孙兰玉 男，1963 年生，河东区芝麻墩街道人，孙氏皮影戏第四代传承人。10 岁时，他便能将《东游记》《西游记》两套系统大戏和十几个单本戏、小段子熟记于心，并能熟练掌乐器、挑影子，跟随父亲跑四乡，表演皮影戏。随着电视电影的普及，观看皮影戏的人越来越少，孙兰玉不得不放弃祖传皮影戏演出，转行做生意。后始终无法割舍皮影戏，遂重操旧业，带着皮影到社区、村镇表演。他注重研究和吸收外地皮影戏的优势和特色，改良和创新皮影戏的剧目和皮影制作，增加影人种类，提高制作工艺，使临沂皮影戏紧跟时代脚步。2014 年，获临沂市第九届非物质文化遗产保护成果暨民间艺术展优秀展演奖。2015 年 2 月，被认定为临沂市第四批市级非物质文化遗产项目（临沂皮影戏）代表性传承人。

孙龙花　女，1968 年生，平邑县人，中国先秦史学会鬼谷子分会理事、蒙山鬼谷子文化研究会监事。自其曾祖父起，鬼谷子传说便在其家族中传承。1998 年，孙龙花进入鬼谷子村探寻鬼谷子遗迹，收集传说。2003 年，筹资整治鬼谷村及六里鬼谷道路，并建设鬼谷书院。2011 年，注册成立平邑鬼谷书院，对鬼谷子传说进行全面挖掘整理，后经当地知名作家高岩整理成书。投资建设六里鬼谷文化旅游景区，建设恢复鬼谷洞、鬼谷子讲堂、鬼谷子塑像等景点。2015 年 2 月，被认定为临沂市第四批市级非物质文化遗产项目（鬼谷子传说）代表性传承人。

刘玉平　男，1963 年生，沂南县人，传统家谱制作技艺第五代传承人。受祖父和父亲影响，自幼喜欢家谱文化。1989 年，成立沂南县华文打字社，开启传统家谱制作技艺的传承。2003 年，成立沂南县氏族文化研究交流中心，专业从事传统家谱研究、收藏和制作。2007 年，重建崇文堂家谱坊作为家谱展馆，复印、购买 8000 余册各类家谱，免费向社会开放，供人们参观学习。经过潜心研究，熟练掌握传统家谱制作技艺，并对传统家谱进行改进，打破以往家谱中只续男性的惯例，将女性续编入家谱，还把独生子女写入父母双方的家谱中。2015 年 2 月，被认定为临沂市第四批市级非物质文化遗产项目（传统家谱制作技艺）代表性传承人。

刘庆怀　男，1974 年生，平邑县铜石镇高庄村人，平邑刘氏工艺品有限公司经理。自幼对翻花格外喜欢，在祖父、父亲的熏陶下，十几岁就娴熟掌握翻花制作技艺。在传统制作基础上，创新出当代孩子们喜欢的画面和造型，他经常带着翻花参加各种博览会、展销会、庙会、文化节等活动，推动翻花的传承。2014 年，成立平邑刘氏工艺品有限公司，举办学习班，吸引当地贫困人群加入翻花制作的行列当中，每年培训贫困人口 40 余人，带动群众致富。2015 年 2 月，被认定为临沂市第四批市级非物质文化遗产项目（刘氏翻花制作技艺）代表性传承人。

刘宝玉　男，1958 年生，郯城县花园镇人。自幼酷爱文学，学生时代即对民间文化情有独钟，高中毕业后在部队从事文化宣传工作。1998 年转业到县委宣传部工作，从事民间文学的挖掘、整理和保护工作。主编文学杂志《采莲》，参与编撰《郯城民间文学集成》4 卷，担任《郯城县非物质文化遗产普查资料汇编》的责任编辑；为红花镇、归昌乡编辑出版《红花文化汇编》《郯子文化探究》多期，撰写有关郯子的文学作品十余篇，在《沂蒙晚报》《齐鲁晚报》等报刊发表民间文学作品 20 余篇。2015 年 2 月，被认定为临沂市第四批市级非物质文化遗产项目（孔子师郯子传说）代表性传承人。

刘明香　男，1954 年生，河东区汤河镇人，汤河海棠社区秧歌队队长。20 岁向刘明兰等老艺人学习扑蝴蝶艺术，22 岁开始表演，精通扑蝴蝶的动作套路，带过 600 多个徒弟，在扑蝴蝶秧歌单行、双行、圆场、流水等方面皆有创新。1981 年开始利用扑蝴蝶的艺术形式，自编文艺节目，传播乡村文明。参加市、区民间秧歌扑蝴蝶会演均获大奖。2015 年 2 月，被认定为临沂市第四批市级非物质文化遗产项目（扑蝴蝶）代表性传承人。

阮风友　男，1969 年生，平邑县流峪镇人，山东省民间文艺家协会会员，临沂市民间文艺家协会理事，平邑县民间文艺家协会理事、灯谜专业委员会主任。受家庭影响自幼好谜，创作灯谜作品数千条，散见于《新民晚报》《北京晚报》《齐鲁晚报》《中华灯谜》等 80 余种报刊及百余场谜会；部分谜作入选《辐射谜海》《中国谜语库》《20世纪灯谜精选》《新世纪十年灯谜精选》等谜书；代表作入编《中华灯谜年鉴》。阮风友组建“沂蒙灯谜俱乐部”微信群，组织灯谜爱好者在群里学习灯谜；运营“沂蒙山谜韵”公众号传播谜学。2014年，被评为临沂市优秀青年文化工作者。2015年2月，被认定为临沂市第四批市级非物质文化遗产项目（平邑灯谜）代表性传承人。2019年被评为临沂市非遗保护十大模范传承人。

沙洪江　男，1965年生，沂水县回民街人，水火查拳主要传承人，沂水县传统武术龙健搏击俱乐部负责人。8岁起随祖父沙贵贤（米成岐阿訇大弟子）和外祖父彭玉存（萧羲之弟子）习武，学得水火查拳的全部套路。2013年6月参加临沂全民健身传统武术大赛获金奖；7月参加中国梁山全国民间武术争霸赛获金奖；10月参加山东非遗武术展演获金奖。2014年7月参加中央电视台CCTV-7频道《乡村大世界》录制。2015年2月，被认定为临沂市第四批市级非物质文化遗产项目（水火查拳）代表性传承人；6月参加山东省全民运动大会获金奖。2016年8月参加山东省武术运动协会太极拳推手擂台比赛获奖。2017年8月参加全国传统武术交流大赛获金奖。

陈庆彩　男，1956年生，郯城县泉源镇人。儿时受父辈影响，掌握了简单的乐理知识和演唱技巧，擅长演奏民间乐器二胡、柳琴等。参加工作后，开始广泛接触民歌姐儿妞，师从民间艺人学唱姐儿妞。1982年改编的民歌《送郎参军》获全县文艺会演一等奖。1984年改编的民歌《大辫子甩三甩》获全县文艺会演一等奖。1997年在全县歌手大赛中获民歌一等奖。2002年用民间小调《小五更》改编的歌曲获三级文艺会演一等奖。2015年2月，被认定为临沂市第四批市级非物质文化遗产项目（姐儿妞）代表性传承人。

陈绪宝　男，1967年生，沂南县青驼镇石门村人，高级传统工艺师、中华传统工艺大师、山东省工艺美术大师、临沂市工艺美术大师、沂南县徐公砚文化研究会副会长、沂南县青驼徐公斋砚厂厂长。陈绪宝从事徐公砚雕刻20余年，得到鲁砚大师、中国工艺美术大师刘克唐的悉心教导。继承徐公砚传统制作技艺，保留鲁砚制作的优点，其作品形随自然，浑朴大气，刀法强劲圆熟，将徐公石的天然质地与砚的意趣合二为一。作品《凤凰砚》被山东省收藏家协会评为“最具收藏价值金奖”作品；《一鸣惊人砚》荣获山东工艺美术精品博览会银奖；《古韵砚》被山东省产学研展洽会评为“创新奖”产品；《舞动人生砚》获山东文化产业博览会银奖；《龙凤呈祥砚》获2010年“天工艺苑百花杯”中国工艺美术精品奖；《旭日东升砚》获首届中国非物质文化遗产博览会金奖；《沂蒙风光砚》获第五届中国国际文化博览会暨2011中国工艺美术精品展览会金奖。2015年2月，被认定为临沂市第四批市级非物质文化遗产项目（徐公砚制作技艺）代表性传承人。

杨玉春　男，1957年生，临沂市兰山区人，中国北方湿剂八宝豆豉制作工艺技术传承人，临沂惟一斋酱园总经理。1995年，带领技术工人革新八宝豆豉发酵工艺。1997年，发明八宝豆豉龙凤坛包装设计，获国家专利。2000年，革新八宝豆豉发酵池恒温通风发酵技术。2001年，被评为临沂市劳动模范。2015年2月，被认定为临沂市第四批市级非物质文化遗产项目（惟一斋八宝豆豉制作技艺）代表性传承人。

杨新儒　男，1944年生，郯城县马头镇建设街人。受父辈熏陶，杨新儒在上小学时就迷上郯马五大调。1953年正式学习郯马五大调。他十分注重郯马五大调的发掘、整理，对郯马五大调的历史渊源、演唱技法、风格、伴奏技巧和词曲特点等都有深入的研究，对用来伴奏的瓷碟、酒盅，探索出新的击打方法。2008年，在他的倡导下，马头镇政府、郯城县老年艺术团和郯城三中分别成立郯马五大调传承培训班，定期传授表演技巧，组织学员们下基层、入工厂、进校园，让老百姓亲身感受郯马五大调的艺术魅力。2015年2月，被认定为临沂市第四批市级非物质文化遗产项目（郯马五大调）代表性传承人。

宋体勤 男，1958年生，兰陵县向城镇人，陈桥老咸菜第四代传承人。自幼随父亲宋增基学习制作老咸菜，在制作工艺上更加讲究选料，保护开发的陈桥老咸菜备受社会各界的欢迎。2015年2月，被认定为临沂市第四批市级非物质文化遗产项目（向城陈桥老咸菜制作技艺）代表性传承人。

张纪峰 男，1957年生，沂水县诸葛镇大峪村人。从小受家庭熏陶，对“送火神”表演极为热爱，祖父、父亲都是送火神表演队伍成员。1976年开始参与表演“送火神”，2013年开始任队长，多次向京剧表演艺术家、民间舞蹈研究专家、民俗研究专家请教，培养了十几位年轻的表演后备力量。2013年、2014年连续两年参加临沂市、沂水县举办的民间秧歌大赛，获银龙表演奖。2015年2月，被认定为临沂市第四批市级非物质文化遗产项目（送火神）代表性传承人。

张爱美 女，1978年生，沂南县界湖街道人，沂南县老鹊窝国槐茶厂法人代表。她继承祖传秘方，从事国槐系列茶的生产、加工。2012年，成立沂蒙国槐研究所，申请“一种国槐茶及制备方法”发明专利。2013年，成立沂南县老鹊窝国槐茶厂，弘扬传承国槐茶制作技艺。2014年，成立国槐种植专业合作社，建设优质国槐种植基地示范园2处220亩，带动农户560户。2015年，成立国槐茶工作室，与高校开展研学活动，培训学员210名；2月，被认定为临沂市第四批市级非物质文化遗产项目（国槐茶制作技艺）代表性传承人。

张朝烈 男，1935年生，郯城县胜利镇沙沃村人。出生于郯城木版年画世家，读过私塾。1955年随父亲学习制作木版年画，精通木版年画雕刻技艺和印刷工艺，对年画色彩的配制有着独特的方法，印刷的年画色彩鲜艳亮丽，套色自然，不重影、不混色，纤毫毕现。家中珍藏门神系列古雕版七套，灶码子系列雕版两套，其它雕版数套。20世纪70年代，郯城木版年画进入鼎盛时期，张朝烈拿出自己珍藏的木版年画，并为村中从事年画的艺人复制出多套雕版。其作品多次参加国内各类大展，被多家机构收藏。2015年2月，被认定为临沂市第四批市级非物质文化遗产项目（木版年画）代表性传承人。

林化强 男，1963年生，临沂市兰山区人，新中国剪纸艺术家，山东省民间手工艺剪纸大师，山东省首批民间文化杰出传承人，临沂市十大民间艺人。自幼受外祖母及母亲影响，耳濡目染喜欢上剪纸，随母亲为十里八乡乡亲们婚丧嫁娶剪制花鸟鱼虫、飞禽走兽、人物蔬果。多次到东北、陕西、威海等地参加大型剪纸活动，拜访各地剪纸老艺人，丰富创作技法，逐渐形成自己的剪纸风格。多次随市政府文化交流团到美国、韩国举办展览及剪纸培训班。2010年，被授予“共和国杰出剪纸艺术家最高成就奖”，2013年，获山东省泰山文艺奖，2014年，被评为临沂市劳动模范。2015年2月，被认定为临沂市第四批市级非物质文化遗产项目（琅琊剪纸）代表性传承人。

武玉芹 女，1958年生，沂南县人，烙画第六代传人，山东省民间手工艺制作大师。中国王羲之研究会理事，山东省美术协会烙画专业委员会副主任，原沂南县红嫂故里烙画院院长。自幼爱好刻字烙画，擅长烙国画人物肖像等，师从曹广斌。2013年，作品《喜迎十八大》在“鸿儒杯”临沂市首届文化创意大赛中获一等奖。2015年2月，被认定为临沂市第四批市级非物质文化遗产项目（烙画）代表性传承人。2017年，作品《清明上河图》获第九届中国（山东）工艺美术博览会精品奖金奖、第九届山东省民间艺术博览会金奖。2018年，作品《百骏图》在第十届中国（山东）工美博览会上获“梁子黑陶杯”设计创新银奖、精品奖金奖。2020年，作品《沂蒙红嫂》在第十二届中国（山东）工艺美术博览会“泰山桃木王杯”山东省工艺美术设计创新奖金奖。2021年，作品在第十三届中国（山东）工艺美术博览会上获“泰山桃木王”山东省工艺美术设计创新奖金奖，第十三届中国（山东）工艺美术博览会“荷花杯”山东省工艺美术设计创新大赛银奖。

赵桂秋 女，1955年生，沂南县人，山东省首批文学艺术科研专家、省音乐家协会会员，临沂艺术学校音乐科高级讲师、临沂市沂蒙民间音乐研究会原会长。自幼爱好音乐，师从王东兰、王春桂、赵兴诚学唱沂蒙老民歌（花鼓调）、京剧、吕剧。1971年进入沂南县文工团，从事音乐创作兼月琴、扬琴演奏。1976年考入山东艺术学院音乐系学习民乐。1987年考入山东师范大学音乐系学习声乐。擅长扬琴演奏、声乐表演等，有较深厚的民族音乐功底。1982年始，深入挖掘抢救整理研究临沂境内的传统音乐，以这些民间音乐为素材，创作发表了百余首原创歌曲。2000年，成立临沂市沂蒙民间音乐研究会，收集整理学习传承沂蒙花鼓调和其它沂蒙民歌，与临沂大学音乐学院签订传承协议。2015年2月，被认定为临沂市第四批市级非物质文化遗产项目（沂蒙花鼓调）代表性传承人。

姚子明　男，1956年生，费县人，高级传统工艺师、中国砚雕大师、中华传统工艺大师、中国观赏石协会理事、山东省鲁砚协会副会长、山东省观赏石协会理事、山东省工艺美术协会常务理事、山东省高级工艺美术师、山东省工艺美术大师、山东省工艺美术名人。自幼酷爱石刻艺术，1976年被费县金星石砚厂录用制砚，1977年5月受石可老师指点，学习刘克唐的刻砚技巧。刻制的“星月砚”“寿星砚”被山东省工艺美术研究所选入“鲁砚谱”，创作的大型九龙会、鲤鱼跳龙门、八仙过海、梁山好汉砚等优秀作品多次在山东卫视、临沂电视台、《沂蒙生活报》《临沂日报》播出或发表。1999年入编中国新闻出版社出版的《中外名人辞典》。2012年在费县中华奇石城建立姚子明制砚工作室。2015年2月，被认定为临沂市第四批市级非物质文化遗产项目（金星砚制砚技术）代表性传承人。

凌宗巧　女，1954年生，临沭县青云镇李界前村人。1973年学习打花棍，逐渐成为李界前村打花棍带头人。多次受到镇、县的表彰，连续多年带领表演队参加县舞龙秧歌会展演并获奖。2015年2月，被认定为临沂市第四批市级非物质文化遗产项目（打花棍）代表性传承人。

莫宗荣　女，1974年4月生，临沭县玉山镇人，莫氏绒绣第五代传承人，临沭宗荣手工艺品有限公司总经理，山东省手工艺协会理事，山东省工艺美术名人。1990年开始从事绒绣工作，设计开发260余种新产品，注册“莫氏绒绣”“宜家绒绣”2个商标。开发出莫氏绒绣新工艺，在针法上由原来简单的方点针法发展到扒针、掺针、乱针等近百种针法，新创“立体针法”“装表法”，将苏绣、粤绣、湘绣、蜀绣的针法融入绒绣，赋予莫氏绒绣独特魅力。2009年，作品《迎客松》被烟台火车站收藏。2011年，作品《清明上河图》《王羲之肖像画》被中国家用纺织品行业协会授予优秀奖，在中国（山东）工艺美术精品及家居用品博览会上被评为优秀奖。2012年，作品《美丽绽放》《春山一笑》被临沂艺术馆收藏；《孟良崮大捷》《沂蒙精神，光照千秋》被临沂大学文化馆收藏；《玉兔》在中国家纺工艺竞赛中获银奖。2013年，作品《送军粮》获“鲁绣杯”山东省工艺美术现代创意金奖。2014年，作品《三羊开泰》获“柳交杯”创新成果金奖；《心灵的窗户》在山东工艺美术精品博兴展览会上获金奖。2015年2月，被认定为临沂市第四批市级非物质文化遗产项目（莫氏绒绣制作技艺）代表性传承人；5月，作品《支前路上》在齐鲁巾帼手工艺精品大赛中获银奖。2016年5月，作品《攀越》在中国（山东）工艺美术精品展上获金奖。

耿永祥　男，1940年生，沂水县诸葛镇新民官庄村人。耿永祥小时候，跑马灯在村里很流行。他曾在村里的马灯队中扮过小马，逐步学会并熟悉跑马灯表演技艺。2008年年底，耿永祥向全村招募人员组建传承人队伍，专门学习跑马灯技艺。2015年2月，被认定为临沂市第四批市级非物质文化遗产项目（跑马灯）代表性传承人。

徐荣华　女，1962年生，郯城县人，临沂市柳琴剧团国家二级演员。师从于尹桂霞、冯秀英，专攻青衣、花旦。2001年参加临沂市首届艺术节获一等奖，2002年参加中国戏曲名段大赛获地方戏专业三等奖。2015 年 2 月，被认定为临沂市第四批市级非物质文化遗产项目（柳琴戏）代表性传承人。

黄　永　男，1982 年生，费县费城街道人。2004 年，毕业于山东省特殊教育学校，是一位聋哑人。2005 年，到北京拜访陶艺老艺人学习陶艺创作，在北京创建个人油画工作室。2010 年，回济南陶艺室从事陶艺创作。2013 年，加入山东临沂银光文创园有限公司，创建个人工作室——银光文创园黄永陶艺工作室。积极筹备参加专业性博览会，将具有沂蒙风格的泥塑作品推向全国。2013 年 10 月，陶泥作品《沂蒙泥塑》获第五届中国（大连）轻工商品博览会金奖；11 月，作品《沂蒙山人》获第四届中国（天津）工艺美术精品博览会金奖。2015 年 2 月，被认定为临沂市第四批市级非物质文化遗产项目（费县沂蒙泥塑制作技艺）代表性传承人。

高振保　男，1949 年生，郯城县庙山镇岳庄村人，山东临沂乐泉乐器厂厂长，临沂市工艺美术大师，山东省工艺美术名人。自幼天资聪颖，随父亲学习民族乐器制作技术。1976 年在马站乐器厂任技术员。1980 年乐器厂停产后，回家潜心研究民族乐器制作技术，到上海、苏州等地学习先进工艺，后专业从事二胡、京胡、曲胡、高胡、板胡、大中小三弦、柳琴、笙管笛箫等民族乐器制作，代表作品京胡在中国艺术节 2013 第五届中国工艺美术精品暨时尚家居用品博览会上获金奖。2015 年 2 月，被认定为临沂市第四批市级非物质文化遗产项目（民族乐器二胡的制作技艺）代表性传承人。

密永春　男，1948 年生，兰山区兰山街道人。曾任兰山区大岭镇文化站站长、大岭镇基建科科员等职，2002 年退休。密永春具有一定表演水平，能编、能导、能表演。积极组织竹马秧歌表演队参加市、区秧歌会演活动，在响河屯村委、兰山街道举行拜年，获“兰山之春”秧歌会演银奖。2015 年 2 月，被认定为临沂市第四批市级非物质文化遗产项目（竹马秧歌）代表性传承人。

葛秀刚　男，1966 年生，莒南县岭泉镇大葛家集子村人，执业医师，葛氏正骨第四代传人。2009 年创办莒南秀刚医院，率先在全县实行先治病后付费的医疗模式。他继承祖传正骨之术，对治疗骨折、骨伤有其独到之处，尤以手法复位，小夹板固定，中药内服、外敷见长。病人痛苦小，恢复快，又可免去手术之苦，深受病人欢迎。2012 年，被中国民间中医药研究开发协会授予“中医中药民间名医”称号。2015 年 2 月，被认定为临沂市第四批市级非物质文化遗产项目（葛氏正骨法）代表性传承人。

于文婷　女，1988 年生，沂南县人，临沂市京宝蓝工艺品有限公司负责人，于氏景泰蓝金丝彩釉画第五代传人，山东省青联委员，临沂市青年美术家协会副秘书长。17 岁入行，2005 年，考入西安工业大学艺术系，潜心研究景泰蓝艺术。2011—2014 年，先后到北京、辽宁等地拜师学艺，在传承基础上大胆创新，研究制作出既有欣赏价值，又能净化空气、吸附甲醛的景泰蓝活性炭板画、看盘等。2014 年，成立沂南鸿宇景泰蓝金丝彩釉画工作室，有景泰蓝制作技师 6 人，年产景泰蓝金丝彩釉画 200 余幅。2018 年 12 月，被认定为临沂市第五批市级非物质文化遗产项目（景泰蓝金丝彩釉画）代表性传承人。

马兴民　男，1970 年生，菏泽市人，长期生活于临沂，诸城派古琴第六代传人。受家族影响，17 岁开始接触古琴，1987 年拜山东诸城派第五代传人朱子易为师，系统学习诸城派古琴演奏，初步了解古琴制作技艺。后随天成寺住持智藏法师学习古琴的手工制作。1993 年开始教琴，1997 年成立琅琊古琴社。2012 年在河东区创建梓杉坊研琴工作室。制作的古琴音色悠远厚重，外形古朴典雅，远销美国、新加坡等国家和中国台湾地区。2018 年 12 月，被认定为临沂市第五批市级非物质文化遗产项目（古琴制作技艺）代表性传承人。

仇朝峰　男，1977 年生，郯城县庙山镇仇村人，仇氏正骨传承人。1995 年 7 月，随师父仇文平学习仇氏正骨术。1995—2000 年，进入山东中医药大学骨伤系中医外科专业系统学习现代中医骨科医疗技术。2000 年，就职郯城县马站骨科医院，从事正骨临床实践。2001 年，在文登正骨医院学习治疗闭合性骨干或近骨端部位的骨折及软组织挫伤。2005 年，任郯城县马站骨科医院院长。2012 年，任江苏省东海利民骨科医院院长。2018 年 12 月，被认定为临沂市第五批市级非物质文化遗产项目（仇氏正骨）代表性传承人。

王　滨　男，1936 年生，莒南县人。10 岁随母亲学习剪纸，技艺以阳剪为主，配以少量阴剪，画面粗细相间，柔中带刚。1974 年，就职于临沂市文化馆。剪纸作品《平安中国·和谐奥运》获中华文促会剪纸专业委员会最高奖金剪刀奖，《放飞梦想》《丹凤朝阳》获银奖。《王祥卧鱼》《莲生贵子》《桃孩》《平安奥运》等分别获文化部、中国工艺美术学会民间工艺美术专业委员会金奖、银奖、铜奖和山东省文化厅金奖与铜奖。《和谐十艺》《福孝清廉》获山东省工艺美术精品展特等奖。1996 年 2 月，被联合国教科文组织、中国民间文艺家协会授予“一级民间美术家”称号。1999 年 10 月，获第四届中国（黑龙江）剪纸艺术节“新中国剪纸 50 年贡献奖”。2000 年 9 月，获“中国剪纸德艺双馨奖”。2003 年 10 月，获中国工艺美术学会、中国工艺美术学会民间美术专业委员会颁发的“突出贡献奖”。2003 年 12 月，被授予“山东省工艺美术大师”称号。2006 年 3 月，获临沂市工艺美术展览突出贡献奖。2010 年被评为省轻工联社（工艺美术）改革开放三十年先进工作者。2014 年，获中华文促会中华剪纸“终身成就奖”。2018 年 12 月，被认定为临沂市第五批市级非物质文化遗产项目（琅琊剪纸）代表性传承人。

王宝香　女，1961 年生，沂南县人，沂南县周姑戏第五代传人。12 岁随父亲学艺演出，表演细腻，基本功扎实，唱腔甜美婉转，深受观众喜欢。2005 年，在山东省鲁东南民间剧团展演中，王宝香荣获三等奖。2006 年，成立沂南县百花周姑戏剧团，在山东省“庄户剧团”调演中获得二等奖。2014 年自编现代剧目《娶婆婆》获“优秀剧目奖”。2018 年 12 月，被认定为临沂市第五批市级非物质文化遗产项目（周姑戏）代表性传承人。

王武江　男，1962 年生，沂南县大庄镇南双泉村人。从小受家族影响，对中草药产生浓厚兴趣。在父亲王春意、大哥王武学的指导下，掌握了王氏膏药的配方和熬制技术。1982 年高中毕业后，专门从事膏药的制作与开发工作，开办“圣德堂”膏药铺，注册王氏膏药“王圣德”商标。2013 年，在南京新中医学研究院学习新型无铅膏药的制作技术，被中华特色医药学会吸收为会员；6 月，被中华特色医药学会授予“中华特技名医”称号。2018 年 12 月，被认定为临沂市第五批市级非物质文化遗产项目（王氏膏药）代表性传承人。

王树民　男，1947 年生，临沂市罗庄区人。北京湖社画会、北京金城书画院鉴定鉴赏委员会副主任，西泠印社签约书法篆刻家，临沂王羲之研究会顾问，中国书法家协会会员。15 岁拜著名书法家朱复戡、著名指书大家孟庆甲为师学习毛笔书法和手指书法，后师从王学仲。1969 年毕业于山东矿院，分配至临沂矿务局从事美术宣传工作。1984 年赴无锡进行书法专业函授学习，几十年潜心研究手指书法艺术，形成雄肆古拙、苍劲奇绝的艺术风格。2018 年 12 月，被认定为临沂市第五批市级非物质文化遗产项目（手指书法）代表性传承人。

王树海　男，1973 年生，临沂市罗庄区人，中国工艺美术学会会员，临沂市文艺家协会理事，临沂市齐鲁文化之星，临沂市乡土文化人才。自幼受家庭影响，10 岁起便专业从事面塑制作，先后到全国各地拜师学艺，师从何晓铮、董凤岐、王玓、萧占行等面塑大师，集百家之长形成王氏“琅琊面塑”。创立新型高分子共聚“玉石塑”和浮雕形式，解决了面塑霉裂、易碎、难于储存和运输的问题。作品以花鸟鱼虫、飞禽走兽、历史人物、动漫卡通、真人肖像等为主题，色彩艳丽、造型逼真。2017 年，作品《张骞出使西域》获第六届临沂市沂蒙文艺奖，民间文艺类一等奖。作品《三头六臂美猴王》《玫瑰仙子》被山东艺术学院和山东省文化馆收藏，《大吉大利》《孔雀开屏》被《人民日报》《光明日报》、新华网、中新网、北京电视台及众多主流媒体报道。2018年，作品获第七届沂蒙文艺奖一等奖；12月，被认定为临沂市第五批市级非物质文化遗产项目（沂蒙面塑）代表性传承人。

左安胜 男，1970年生，沂南县张庄镇左家峪子村人，左氏面塑第四代传人，临沂市民间艺术家协会理事，临沂市非物质文化遗产保护十大模范传承人，临沂市第五届乡土艺术人才。从小随父亲学习面塑，13岁已能捏出100余种面塑作品。作品柔润鲜明，不裂不皱，形成独具风格的“左氏面塑”。作品有历史人物、神话传说《西游记》、动画类《喜洋洋》《熊出没》、红色题材《沂蒙母亲》等，多次被《大众日报》、新华社等媒体报道。在第四届中国非物质文化遗产博览会传统工艺项目比赛中获二等奖。2014年5月，在沂南县红石寨旅游景区成立沂南县左氏面塑艺术馆。2017年9月，光明网刊登《巧手创作红色主题面塑》；大众网报道左安胜“巧手捏面塑，喜迎十九大”。2018年12月，被认定为临沂市第五批市级非物质文化遗产项目（左氏面塑）代表性传承人。

孙圣运 男，1956年生，蒙阴县岱崮镇人。自幼爱好美术，1975年开始学习创作火笔画，师从潍坊著名画家冯士松，1981年在天津美术学院进修。作品多次被中央电视台、山东电视台等媒体报道。1990年参加山东省烙画展，作品《老房子》获一等奖。2005年，中央电视台经济频道播出其宣纸烙画技艺，被评为中华一绝。2018年12月，被认定为临沂市第五批市级非物质文化遗产项目（火笔画）代表性传承人。

孙晋国 男，1969年生，兰陵县鲁城镇西马庙村人，鲁城宫廷全羊宴第九代传人。16岁随父学艺和经营全羊膳庄，比较全面地掌握了祖传的“宫廷全羊宴”做法，并有所创新发展，收徒授艺，培养人才，为传承鲁城“宫廷全羊宴”做出贡献。2018年12月，被认定为临沂市第五批市级非物质文化遗产项目（鲁城宫廷全羊宴）代表性传承人。

孙洪芸 女，1977年生，沂水县杨庄镇吴家楼子村人，沂蒙小棉袄第九代传承人。16岁开始学习服装手工加工，后在任永香的悉心传授下，逐渐掌握沂蒙小棉袄手工制作技艺，并不断改良创新。2011年，孙洪芸和丈夫吴照京创办专业加工厂，实现沂蒙小棉袄的规模化生产。2016年4月，成立沂水益农电子商务有限公司，拓宽沂蒙小棉袄的营销渠道，公司有熟练工80余人，年生产加工能力3万余件（套），实现沂蒙小棉袄的集体传承。2018年12月，被认定为临沂市第五批市级非物质文化遗产项目（沂蒙小棉袄）代表性传承人。

朱元玉 女，1963年生，沂南县苏村镇人。从事米酒酿造职业30余年，多年来一直坚持参加非遗博览会，参加非遗进校园、进景区、赶大集、进社区等各类展览活动。2018年12月，被认定为临沂市第五批市级非物质文化遗产项目（米酒制作技艺）代表性传承人。2019年，朱元玉被评为临沂市非物质文化遗产保护优秀传承人。

吕　婷 女，1968年生，临沂市兰山区人。临沂市十大民间艺人（面塑项目）、首届临沂市工艺美术大师（面塑项目）、山东面塑艺术学会会员。自幼学习绘画、面塑等艺术。2003年4月，拜济南著名面塑艺人高桂英为师，学习高派面塑艺术。2005年10月，拜天津国家级工艺美术大师王玓为师，学习王派面塑艺术。2008年10月，拜山东面塑学会会长何晓铮为师，学习何派面塑艺术。2009年9月，创建临沂民间艺术精品坊。面塑作品被选送到美国、韩国参加文化交流活动。并先后获省非遗保护成果展览表演荣誉奖、省旅游商品创新设计大赛优秀奖、省优秀工艺美术创作奖、全国非物质文化遗产博览会参展奖等。2018年12月，被认定为临沂市第五批市级非物质文化遗产项目（沂蒙面塑）代表性传承人。

庄惠英 女，1953年生，兰陵县人。从小就有副好嗓子，会唱好多沂蒙民歌，1970年，加入县文工团，成一名独唱演员。1977年，参加临沂地区文艺会演，演唱的沂蒙民歌《绣荷包》获得满堂彩。2018年12月，被认定为临沂市第五批市级非物质文化遗产项目（苍山民歌）代表性传承人。

刘永达　男，1963年生，临沂市兰山区人，乡医医师。自幼随父学习传统医学，继承传统眼病诊治和独特的刘氏炉甘石炮制技术，由其配制的眼药对眼病有独特疗效。2004年被北京中医疑难杂病研究会、北京疑难杂病研究会技术委员会授予“健康使者”“特色医师”称号。2016年，“炉甘石炮制法”入选“中国中医药传统知识保护技术研究”项目。2018年12月，被认定为临沂市第五批市级非物质文化遗产项目（刘氏恒春堂炉甘石炮制法）代表性传承人。

刘洪杰　男，1986年生，莒南县大店镇薛家窑村人，薛家窑泥陶烧制技艺第六代传承人，莒南县德君陶艺厂总经理。自幼随祖辈学习陶艺，对泥陶技艺产生深厚兴趣。大学毕业后回乡，传承薛家窑泥陶烧制技术，将薛家窑泥陶的传统工艺与互联网、文化创意产业等融合，从生产单一的泥陶生活用品发展到泥陶工艺品、古建材等品种，使泥陶产品融入现代生活。2018年12月，被认定为临沂市第五批市级非物质文化遗产项目（薛家窑泥陶烧制技艺）代表性传承人。

刘成修　男，1948年生，沂水县崔家峪镇西荆山头村人。生于银匠世家，在父辈培养下，很小就熟悉金银质量的识别、提纯加工金银材料的工艺流程，熟练掌握各类精美的首饰、纯银器皿的制作技艺，对掐丝珐琅、景泰蓝的制作推陈出新。2018年12月，被认定为临沂市第五批市级非物质文化遗产项目（手工制作银饰）代表性传承人。

刘春欣　女，1966年生，沂南县人，潘氏正骨第四代传承人，沂南攀峰骨科医院正骨科主任。有30余年的正骨经验，对该专业潜心研究，不断总结经验，熟练掌握骨折的精确复位手法，特别是四肢骨折，配合促进骨质生长的纯中药外用和内服，缩短骨折愈合的时间，针对骨不连病人也有独特疗效。多数病人只需短期留观治疗，达到无创伤、痛苦小、疗程短、疗效好、功能恢复快、花钱少的目的，每年接诊5000余人。2018年12月，被认定为临沂市第五批市级非物质文化遗产项目（潘氏正骨）代表性传承人。

刘景芝　女，1958年生，兰陵县卞庄街道人。自幼喜欢传统手工刺绣。14岁随祖母、母亲学习刺绣技艺，在继承家族手工技艺基础上，不断探索创新刺绣配色及刺绣手法，形成自己独特风格。她的手工刺绣狮头帽造型别致、色彩艳丽，儿童戴上活泼可爱，喜感十足。2013年，在兰陵国家农业公园开办刘氏手工作坊。2016年，作品虎头帽在临沂市“非遗伴我们过大年”系列活动中荣获优秀展演奖。2017年获国家外观设计专利。2017年获淮海经济区首届妇女手工制作创新大赛一等奖。2018年在第五届中国非物质文化遗产博览会传统工艺比赛山东赛区选拔赛中获二等奖；12月，被认定为临沂市第五批市级非物质文化遗产项目（刘氏狮头帽）代表性传承人。

刘建刚　男，1974年生，兰陵县向城镇小郭村人。自幼受父亲刘福祥影响，对泥塑艺术产生浓厚兴趣，随父亲到过江苏徐州、河南开封、山东肥城等地卖泥人，并学着做泥人。初中毕业后潜心学艺，熟练掌握小郭泥人制作技艺。2018年参加首届沂蒙“乡音乡韵”展演季活动并获优秀展演奖，在临沂市第三届优秀传统文化进校园暨非物质文化遗产博览会上获优秀展演奖。2018年12月，被认定为临沂市第五批市级非物质文化遗产项目（小郭泥塑）代表性传承人。

李月爱　女，1951年生，兰陵县大仲村镇涝坡村人。9岁随母亲学习剪纸，15岁继承母亲的剪纸手艺，20岁嫁与本村一青年。2011年3月，获“山东省农村优秀文化人才”称号。2017年6月，获中国非遗博览会优秀展演奖；7月获市文广新局“巧手秀清风”剪纸优秀奖。2018年3月，获首届沂蒙“乡音乡韵”优秀展演奖；12月，被认定为临沂市第五批市级非物质文化遗产项目（沂蒙剪纸）代表性传承人。

李玉萍　女，1968年生，沂南县人，少年诸葛亮的传说第四代传承人。长期从事沂蒙山区民间文学、民俗学研究，对少年诸葛亮的传说进行搜集整理，并且对其他传承人进行业务指导，积极参加市县组织的宣传活动，采用多种方式扩大该项目的社会影响力。2018 年 12 月，被认定为临沂市第五批市级非物质文化遗产项目（少年诸葛亮的传说）代表性传承人。

李玉玺　男，1965 年 4 月生，河东区九曲街道三官庙社区人。自小学习剪纸，不断提升剪纸技艺，外出交流学习，汲取众多剪纸大师的艺术养分，形成自己的剪纸艺术风格，代表作品有《中华二十四孝》。创作的《兰亭序》获全国首届“一带一路·中华杯”民俗艺术特别金奖、临沂市第六届沂蒙文艺奖。2017 年获“中国农民艺术节”金奖。2018 年 12 月，被认定为临沂市第五批市级非物质文化遗产项目（沂蒙剪纸）代表性传承人。2019 年 3 月，应邀赴泰国参加中华剪纸巡回展（泰国站）并获奖；8 月赴韩国参加“中韩剪纸文化艺术交流”活动。

李庆亮　男，1963 年生，沂水县龙家圈街道小匡庄村人，桑皮纸制作第二十一代传承人，山东省产业联盟副会长、山东省文化产业协会理事、山东省民间文艺家协会会员、“荷花杯”山东省工艺美术设计创新大赛金奖获得者、沂水墨林桑皮纸有限公司总经理。1979 年起随师父李连德开始学习桑皮纸制作技艺，在继承古法的基础上，不断创新。2012 年，投资 500 万元兴建沂水墨林桑皮纸有限公司，建有桑皮纸非遗传承基地。多次到北京、上海、义乌、深圳、济南、青岛、临沂等地参加展会、文化交流会等，持续宣传推介桑皮纸。2018 年 12 月，被认定为临沂市第五批市级非物质文化遗产项目（桑皮纸制作技艺）代表性传承人。

李维庆　男，1950 年生，莒南县人。1972 年参加工作，历任中共莒南县委宣传部干事、秘书，县文联副主席、县文化局副局长、县文体委副主任，县史志办主任、主编。爱好文史研究和文艺创作，主持编修莒南县第一部县志和第一部年鉴。主编《莒南天佛世界奇观》《马鬐山》《莒南花生》《走过六十年》《团旗在这里飘扬》《历史的一页》《滕绪平遗文轶事》《全国农业劳动模范厉月举》等地方文献。被县政府记三等功 1 次，被省政府办公厅、省人事厅记二等功 1 次。2018 年 11 月，被国家新闻出版署授予“全国书香之家”称号；12 月，被认定为临沂市第五批市级非物质文化遗产项目（卧佛的传说）代表性传承人。

陆红千　男，1982 年生，临沂市罗庄区册山街道陆庆村人。自幼随父亲学习泥哨制作，全面掌握泥哨制作技艺。他设计制作的陶笛被多家学校培训机构推广。创办临沂市鹿鸣土陶艺有限公司，在罗庄区册山街道龙山社区南陆庄村建立泥哨作坊，实现泥哨的批量生产，产品远销云南、贵州、广东、广西、浙江、江苏、河南、河北、山西、陕西、辽宁、黑龙江等地。2018 年 12 月，被认定为临沂市第五批市级非物质文化遗产项目（陶艺泥哨）代表性传承人。

孟凡芳　男，1967 年生，兰陵县向城镇南张桥村人，向城孟氏小磨香油第四代传承人。受祖辈影响，对家传小磨香油生产感兴趣，通过潜心学习和钻研，比较熟练地掌握小磨香油生产工艺和经营方法，并在生产工艺上有所创新发展。2013 年，创办临沂市益富园食品有限公司。2014 年，孟氏小磨香油被列为兰陵国家农业公园特色旅游产品，特设小磨香油作坊供游客观赏。多次参加省市县工艺品大展，临沂市电视台曾作过专题报道。2018 年 12 月，被认定为临沂市第五批市级非物质文化遗产项目（向城孟氏小磨香油）代表性传承人。

杨贯秋　男，1965 年生，河东区九曲街道三官庙社区人，龙灯扛阁第五代传承人。从小热爱文艺，经常参加村里的舞龙活动。1983 年首次参加临沂县春节团拜舞龙演出；2000 年 10 月，龙灯扛阁舞龙队受邀参加首届中国铜梁龙灯艺术节，杨贯秋任编导并参加表演；2009 年 10 月，参与全运会开幕式民间民俗龙灯扛阁表演；2010 年 7 月，参加上海世博会山东周开幕式及巡游演出。2018 年 12 月，被认定为临沂市第五批市级非物质文化遗产代表性项目（龙灯扛阁）代表性传承人。

冷相礼　男，1953年生，兰陵县神山镇青竹村人。自幼习武，熟练掌握太祖长拳套路，刀、枪、棍等器械样样精通，公开收徒授艺，备受欢迎。2018年12月，被认定为临沂市第五批市级非物质文化遗产项目（冷氏太祖长拳）代表性传承人。

冷建东　男，1957年生，兰陵县神山镇青竹村人。10岁随爷爷冷玉运学习冷氏太祖长拳，高中毕业后与叔叔冷相礼共同练习，全面掌握冷氏太祖长拳技艺，精通春秋大刀、十合棍、双合棍、穿林枪、铁鞭等套路。1984—1992年，到郯城县褚墩镇梁庄村、江苏省徐州市贾汪区大李庄村、苍山县沂堂乡南沂堂村传授技艺。2012年组织冷氏太祖长拳武术表演节目，并到神山镇政府演出。2015年山东电视台"乡村季风"栏目组对其作过专题报道。2018年接受临沂电视台公共频道《生活面对面》栏目专访；12月，被认定为临沂市第五批市级非物质文化遗产项目（冷氏太祖长拳）代表性传承人。

邹炎赤　男，1981年生，蒙阴县高都镇西住佛村人，职业雕刻艺人。擅长核雕、篆刻、书画艺术。临沂市第一届沂蒙文化之星、济南市工艺美术大师、济南市民俗艺术馆研究员。主要作品有《酸枣核雕十八罗汉》《寿星》《弥勒佛》《核舟》《秋韵》等。2008年，在山东省文化产业博览会上，核雕作品《秋韵》获金奖。2016年，作品《酸枣核雕十八罗汉》获临沂市沂蒙文艺奖一等奖。2017年获山东省泰山文艺奖民间文艺类三等奖。2018年12月，被认定为临沂市第五批市级非物质文化遗产项目（核雕）代表性传承人。

张　梅　女，1975年生，郯城县马头镇人。自幼学习手工，16岁熟练掌握郯城县传统手工刺绣技艺。结婚后随婆母学习祖传刘氏手工刺绣，制作儿童鞋帽。她将郯城传统手工刺绣与祖传技艺相结合，不断传承并改进刺绣技艺，在传统刺绣技法中融入时尚流行元素，制作出独具特色的手工刺绣虎头帽、莲花帽等，备受群众喜爱，成为人们争相收藏的珍品。2018年12月，被认定为临沂市第五批市级非物质文化遗产项目（郯城传统手工刺绣）代表性传承人。

张开红　女，1969年生，郯城县人，山东省戏剧家协会会员。1985年，在郯城县柳琴剧团随邵瑞武、张金兰学习柳琴戏。2016年，拜张金兰为师，系统学习柳琴戏表演艺术。擅长青衣、花旦，嗓音清亮、表演娴熟，在大型柳琴戏《秦香莲》《喝面叶》《小姑贤》《墙头记》等传统剧目中担任主演，在新编柳琴戏《窦娥冤》《圣贤会》《开锁》《亲娘婆婆都是妈》《彩礼》等剧目担任女主角。2014年参演的现代柳琴戏《好人刘吉传》获临沂市首届小型戏剧展演一等奖。2018年12月，被认定为临沂市第五批市级非物质文化遗产项目（柳琴戏）代表性传承人。2019年，主演古装柳琴戏《圣贤会》获"沂蒙文艺奖"戏曲类二等奖。

张兰波　男，1971年生，临沂市河东区前相庄人，琅琊古墨第七代传人。少年时参与琅琊古墨制作，在传承祖传技艺的基础上推陈出新，将传统工艺与现代科技相结合，开发出系列产品——云中燕墨锭、晋墨、琅琊古墨、墨膏、彩墨液、永昌金墨，金、银、白、朱墨液，云中燕墨液，云中燕、北太墨汁等，其中墨膏获国家发明专利。晋墨坊成为美术界、书法界知名品牌。2012年，临沂晋墨坊为"中国美术学院书法专业50年庆典"特别定制纪念墨。2018年12月，被认定为临沂市第五批市级非物质文化遗产项目（琅琊古墨制作技艺）代表性传承人。

张丙爱　男，1957年生，郯城县胜利镇沙沃村人，临沂市民间文艺家协会会员。1976年，随师傅张朝烈学习木版年画印刷技术。1980年开始学习刻版技术，开展年画创作、拓印和销售，技艺逐步成熟。2010年，成立郯城木版年画工作室。2016年，设立木版年画传习所，收徒授艺，开展技艺传承。2018年12月，被认定为临沂市第五批市级非物质文化遗产项目（郯城木版年画）代表性传承人。2020年，在县文化馆、博物馆、郯国古城特色旅游小镇设立木版年画陈列区3处，展示年画作品50余幅，雕版7块，相关工具20余件（套）。

张怀广　男，1965年生，兰陵县人，鲁南大鼓第六代传人。15 岁师从王洪启学唱鲁南大鼓，学唱曲目有《刘秀传》《罗通扫北》《杨家将》《春秋战国》等。18 岁出师，唱遍鲁南苏北一带。2015 年、2018 年参加兰陵县春晚，分别演唱《迎新春》《人民调解新风赞》。2015 年 3 月，在兰陵国际菜博会开幕式上演唱《人间最美四月天》。2018 年 12 月，被认定为临沂市第五批市级非物质文化遗产项目（磨山鲁南大鼓）代表性传承人。

张继胜　男，1974 年生，临沂市河东区人，中国工艺美术学会会员。创办临沂市天汇职业技术学校、临沂天汇外国语学校、临沂市天汇职业中专学校，并任校长。2004 年 10 月，开始彩印花布和蓝印花布技术学习和传承，2018 年受邀参加文化和旅游部“中国第二回染缬对话”，并做主题演讲。其蓝印花布作品有 4 幅被浙江艺术学院收藏，作品《鱼戏莲》获中国民间工艺美术学会“乡土奖金奖”。2018 年 12 月，被认定为临沂市第五批市级非物质文化遗产项目（彩印花布传统印染技艺）代表性传承人。

陈　涛　男，1969 年生，兰陵县人，临沂市文化馆副馆长，一级演员。组织拍摄《泪洒相思地》《父子结拜》等 7 部大戏。2001 年在中国戏曲名家名段演唱电视大赛中获一等奖。2003 年在中国戏曲红梅奖电视大赛中获金奖。2007 年在山东省鲁东南地方戏比赛中获主演、导演一等奖。2016 年参加中央电视台《星光大道》比赛，获得周冠军。2016 年被中央电视台戏曲频道聘为国粹文化传播使者。2018 年 12 月，被认定为临沂市第五批市级非物质文化遗产项目（柳琴戏）代表性传承人。

陈田年　男，1967 年生，临沂市兰山区义堂镇太和庄人，职业演员。自幼受爷爷陈玉祥影响，喜爱皮影艺术，10 岁跟着爷爷四处演出。比较全面熟练地掌握了皮影操作、绘画以及雕刻制作技术，并珍藏了一整套颇具文物价值的皮影戏箱。他将柳琴戏、曲艺、民间小调等元素移植到皮影戏中，创新皮影新剧目。2000 年，陈田年自制皮影戏《仙鹤斗乌龟》《老鹰抓小鸡》等，到中小学进行义演，大受欢迎。2008 年始，每年春节前后都到周边乡村和敬老院免费演出。2018 年 12 月，被认定为临沂市第五批市级非物质文化遗产项目（临沂皮影戏）代表性传承人。

陈玉刚　男，1974 年生，平邑县温水镇永西村人，临沂市民间文艺家协会会员。自幼热爱烙画，坚持创作几十年。2012 年，获第二届中国非物质文化遗产博览会参展奖。2014 年，获第三届中国非物质文化遗产博览会优秀传承人展示奖。2017 年 6 月 23 日，在临沂市第三届优秀传统文化进校园暨非物质文化遗产博览会上获优秀展演奖。2018 年 12 月，被认定为临沂市第五批市级非物质文化遗产项目（烙画葫芦）代表性传承人。

陈志坤　男，1953 年生，兰陵县人。16 岁学习沂蒙渔鼓说唱。1972—1990 年，随郯城苍山曲艺演唱队到各地演出，足迹遍及鲁南苏北。2014—2018 年，分别在国际金瓶梅研讨会、第三届兰陵国际菜博会、临沂农民春晚、兰陵百姓春晚登台演出。2018 年被评为兰陵县优秀乡土人才；在临沂百姓宣讲总决赛和“兰陵故事大家讲”比赛中分获二、三等奖；12 月，被认定为临沂市第五批市级非物质文化遗产项目（沂蒙渔鼓说唱）代表性传承人。

陈际现　男，1969 年生，临沂市河东区汤河镇于屋村人，临沂万隆工艺品有限公司总经理，临沂市柳编协会会长。自幼学习草柳编技艺，精通草柳编的各种编法。1993 年成立鲁光工艺厂并任厂长，2000 年任临沂万隆工艺品有限公司总经理。2013 年 11 月获临沂市第六届劳动之星职业技能竞赛柳编工艺（专业）一等奖。2017 年获外观设计专利 11 项。2018 年 12 月，被认定为临沂市第五批市级非物质文化遗产项目（草柳编技艺）代表性传承人。

陈鹤起　男，1947 年生，沂水县黄山铺镇胡家村人，陈氏古式家具第五代传人。15 岁起跟父亲陈锡梅学习古家具制作技术，通过自己不懈的探索钻研，很快掌握了祖传技艺。他一年四季走村入户，为乡邻打造家具。20 世纪 70 年代末，先后收了5个徒弟，专门教授古家具制作。2018年12月，被认定为临沂市第五批市级非物质文化遗产项目（陈氏古式家具）代表性传承人。

宋常虹　女，1963年生，平邑县柏林镇人，临沂市书画研究会会员。从小酷爱剪纸艺术，其作品题材新颖，造型别致，形象逼真，栩栩如生。2008年，《和谐中华　盛世国庆》巨型剪纸作品分别被中央电视台第1频道、第4频道报道，被山东省博物馆收藏。2009年，在庆祝中华人民共和国成立六十周年全国书画名家精品邀请展中获“当代沂蒙最具发展潜力书画家”称号。2010年1月，作品在法国巴黎展出，被法国百道门国际艺术交流协会收藏。2015年10月，被评为第三批“齐鲁文化之星”。2018年12月，被认定为临沂市第五批市级非物质文化遗产项目（沂蒙剪纸）代表性传承人。

宋相玉　男，1952年生，平邑县温水镇东升村人。生在曲艺世家，自幼热爱渔鼓。他对渔鼓艺术既有传承，又有创新，创造了“十字韵”“三字紧”“五字蹦”；在说唱中讲究“五口”（顿口、串口、悬口、诈口、阴阳口）。他的说唱语言生动简洁、表达准确，塑造的人物个性鲜明，情节生动感人。他擅长演唱传统剧目《包公案》《杨家将》《水浒传》《三国演义》等，还自编自演了《批懒汉》《反腐》《防溺水》等一批脍炙人口的小剧目。2018年12月，被认定为临沂市第五批市级非物质文化遗产项目（沂蒙渔鼓说唱）代表性传承人。

赵立梅　女，1969年生，费县人。生于戏曲艺术世家，小时常随父母到剧场看演出，酷爱脸谱绘画。2015年，成立赵立梅工作室，专职从事蛋壳脸谱的创作和推广，熟练掌握100多种谱式，在创作过程中将传统脸谱卡通化，并将脸谱从蛋壳转移植到葫芦、茶杯等物品上，开发出蛋壳卡通小神仙脸谱和蛋壳茶杯小宠物等。2018年12月，被认定为临沂市第五批市级非物质文化遗产项目（蛋壳脸谱）代表性传承人。

罗长福　男，1975年生，蒙阴县联城镇李家北山村人，山东省手工艺制作大师、临沂市十大民间艺术大师。自幼受母亲和外婆影响，对绘画和剪纸产生浓厚兴趣。17岁时患强直性脊柱炎，辍学居家。他在病痛中创作，拼色剪纸技艺日益娴熟。2006年参加中国沈阳世博会国际民俗艺术展并获银奖。2009年参加深圳市“纪念改革开放30周年书画作品展”，剪纸作品《改革春风吹过的地方》获金奖。2004年创办罗长福艺术工作室，专门从事剪纸、木雕和烙画艺术创作。2007年开始收徒，先后培养学生数百人。2018年12月，被认定为临沂市第五批市级非物质文化遗产项目（沂蒙剪纸）代表性传承人。

姚玉健　男，1973年生，蒙阴县蒙阴街道巨山村人，姚家膏药第四代传承人。自幼对膏药熬制产生浓厚兴趣，经常在父亲熬制膏药时做帮手，逐渐熟悉了姚家膏药的历史渊源、发展历程和制作技艺。1998—2003年，就职于蒙阴县巨山乡卫生院。2004—2008年，就职于蒙阴县恒昌医院。他潜心研究祖传姚家膏药秘方，熟练掌握膏药制作技艺，发明了不流不淌不污染的黑膏药、创新型液体膏药，先后获得8项国家发明专利。2009年成立玉健专科门诊，2012年成立玉健颈肩腰腿疼研究所。2013年成立玉健职业培训学校。2015年成立山东玉健生物科技连锁有限公司。2009年被授予“中国特色名医之星”称号。2011年获蒙阴县专利发明一等奖。2018年12月，被认定为临沂市第五批市级非物质文化遗产项目（姚家膏药）代表性传承人。

段家立　男，1966年生，临沂市兰山区人，段氏德兴堂烧烫伤复原膏制作技艺第九代传承人。自幼随祖父研习中医，熟读《千金方》《伤寒论》《本草纲目》《黄帝内经》等著作。1999年，应临沂盲校邀请免费救助盲童并建立长期救治关系。2010年，段家立被中国国际医师协会吸收为特色中医专家委员会专家会员。2012年12月，应贵州省贵阳市政府、市委宣传部邀请救治贵阳市桐梓县“末日男孩”。2017年3月，义诊临沂经济开发区梅家埠街道南村村民付庆昭重三度烧伤，面积45%，于20天后痊愈。2018年12月，被认定为临沂市第五批市级非物质文化遗产项目（段氏德兴堂烧烫伤复原膏）代表性传承人。

娄孝铎 男，1969年生，兰陵县尚岩镇娄庄村人，娄氏根艺第四代传人，中国根艺美术学会会员，国家一级高级根艺美术师。自幼随父亲娄荣德学艺，2000年创办沂蒙根艺苑，创作了上千件根艺作品。其制作工艺精湛，独具匠心，具备较高的欣赏和收藏价值，多次参加国际及全国、省、市艺术大展，荣获金、银、铜奖100余项。多篇论文被评为国家级根艺优秀论文、省级根艺最佳优秀论文。2018年12月，被认定为临沂市第五批市级非物质文化遗产项目（根雕制作技艺）代表性传承人。

相汉高 男，1971年生，兰陵县大仲村镇人，蓝印花布第六代传承人，中国工艺美术学会理事，山东省民间文艺家协会会员，临沂市民间文艺家协会理事。2014年6月，随其父相友文学习蓝印花布印染技艺，同年师从牛纪艺学习彩印花布技艺。在继承传统技艺基础上，复原肚兜和围裙系列，融合画像石、版画等艺术元素，创作出独具风格的蓝印花布作品。2016年3月，在临沂市“非遗伴我们过大年”系列活动中获优秀展演奖。2018年，在中国民间工艺品博览会上，作品《大吉大利》获重点推荐作品奖；12月，被认定为临沂市第五批市级非物质文化遗产项目（蓝印花布传统印染技艺）代表性传承人。2019年，作品《锦瓶盛世国泰民安》被中国工艺美术学会收藏。

夏洪才 男，1970年生，临沂市河东区人。初中毕业后，随父亲学习修脚技艺，经多年的口耳相传，全面掌握修脚技艺，他刀工娴熟，干净利落。开办临沂正阳修脚门店，带徒授艺。2018年12月，被认定为临沂市第五批市级非物质文化遗产项目（民间修脚）代表性传承人。

姜安典 男，1953年生，平邑县仲村镇马尾庄村人，平邑县诗词学会会员。1969年参军入伍，1975年参加工作。先后在平邑县钢铁联合厂煤矿、峡矸煤矿、平邑县第二水泥厂、荣康集团工作。2003年退休后，致力于仙姑山传说的传承、挖掘、整理，先后创作《仙姑塔》《仙姑山》等作品，创作的豫剧《仙姑山传奇》由河南豫剧团每年在仙姑山庙会期间传唱。2018年12月，被认定为临沂市第五批市级非物质文化遗产项目（仙姑山传说）代表性传承人。

徐进举 女，1948年生，河东区郑旺镇大梁家村人，沭河民间故事·拉呱的第三代传承人。自幼听故事过耳不忘，听故事、讲故事也是她最大的乐趣。2007年起，徐进举历时七年回忆、搜集、整理民间故事250余篇，出版沭河民间故事《拉呱》第一部，获第三届沂蒙文艺奖，入选2015度、2017年度“中华优秀传统文化故事会”，在省第二届、三届“齐鲁故事大赛”中获奖。2018年12月，被认定为临沂市第五批市级非物质文化遗产代表性项目（沭河民间故事·拉呱）代表性传承人。

徐景雪 女，1960年生，郯城县胜利镇徐蒲坦村人，郯城县高大制帽厂总经理。幼时随母亲学习琅琊草种植、晾晒和编织技艺，很快掌握琅琊草编织技艺。中学毕业后被公社聘为草编教师，传授草编技艺。1994年，在胜利镇高大村组建郯城县高大制帽厂，发展琅琊草编织技艺，带领群众编织草帽。2000年，改进工艺，革新编织材料，成功引进拉菲草作为原材料，设计新产品上百个、花色样式上千款，出口40余个国家和地区。2013年被评为临沂市“新沂蒙·新红嫂”优秀女企业家。2015年，发展电商业务，利用互联网拓宽市场。2018年12月，被认定为临沂市第五批市级非物质文化遗产项目（郯城琅琊草编织技艺）代表性传承人。

徐振清 女，1989年生，郯城县人，亚洲扬琴协会会员、中国民族管弦乐协会会员、山东省音乐家协会会员。自幼喜欢音乐，5岁开始学习扬琴，2004年、2005年参加全国民族器乐大赛及56个民族器乐大赛均获得扬琴组金奖。2007年，考入青岛大学音乐学院，攻读扬琴专业。2008年拜柏文泰、杨新儒为师，学习鲁南五大调。2009年，随两位老师赴中央电视台《民歌中国》栏目录制鲁南五大调《鹿乳奉亲传千秋》。2014年，考入山东艺术学院，攻读扬琴演奏专业，师从成慧青，以五大调《满江红》《大寄生草》曲牌为素材，创作《齐风鲁韵情未了》《满江红》等作品，以扬琴与民族管弦乐协奏的形式展演。在《齐鲁艺苑》上发表文章《鲁南五大调的起源分析及现状调查》，撰写《扬琴在非物质文化遗产鲁南五大调中的运用》等论文。2018年12月，被认定为临沂市第五批市级非物质文化遗产项目（鲁南五大调）代表性传承人。

聂邦瑞　男，1946年生，临沂市兰山区人。北京大学访问学者，香港国际商学院硕士。在《羲之书画报》《光明日报》《人民政协报》《中华英才》等报刊上发表书画评论和王羲之研究文章300余篇。1986年开始专注王羲之出生地、生卒时间的研究。2006年，出版长篇小说《书圣王羲之》。2007年，发掘并编著《王羲之传说》111个故事。2008年，创作70集电视连续剧剧本《书圣王羲之》。2020年，创作的《王羲之传说》百集动画片被国家广电总局列为“中国经典民间故事动漫工程（网络动画）”；创作电影剧本《智取兰亭序》，被国家电影局批准立项。2018年12月，被认定为临沂市第五批市级非物质文化遗产项目（王羲之传说）代表性传承人。

唐洪艳　女，1981年生，临沭县人。从小随奶奶和妈妈学习蓑衣编织。2016年，唐洪艳研究、创新蓑衣编织技艺，实现了从实用品向工艺品的转变。她大胆使用新材料，编织的蓑衣色彩丰富，既有怀旧的感觉又有欣赏价值。2018年12月，被认定为临沂市第五批市级非物质文化遗产项目（蓑衣制作技艺）代表性传承人。

谢瑞芳　女，1963年生，郯城县梁家湾村人，从小受祖父、父亲熏陶，耳濡目染地接触到传统剪纸的制作技艺。成年后，经常走乡串户向民间艺人学习剪纸，集百家之长，形成独具特色的剪纸艺术风格。在传统基础上开发出套色肖像剪纸艺术，使其更加符合现代人的审美。作品多次受邀参加省市展览活动，获得专家和观众好评。其事迹及作品在临沂电视台、郯城电视台被多次报道。2018年12月，被认定为临沂市第五批市级非物质文化遗产项目（沂蒙剪纸）代表性传承人。

密淑晓　男，1981年生，临沂市兰山区苗庄村人，执业医师、执业药师、执业中药师，密氏膏药制作技艺第九代传承人。自幼受家族影响，致力于密氏中医事业。2004年，毕业于山东大学，后进修中医多年，传承密氏中医秘技、密氏膏药制作使用，并将其运用于临床。2011年，注册成立山东密氏药业有限公司，专业研发、设计、生产密氏膏药、药膏、喷剂、贴剂等系列中药产品。2015年，开设临沂密氏综合门诊部，设中医科、外科、影像科等专业。2018年12月，被认定为临沂市第五批市级非物质文化遗产项目（密氏膏药制作技艺）代表性传承人。

黄玉伟　男，1966年生，沂水县人。16岁开始随父辈学习丰糕制作技艺，逐渐掌握丰糕制作全部技艺。1995—2004年，任国营沂水县副食品加工厂丰糕车间主任、技术员，负责丰糕的生产工艺和技术配方。2005—2008年，任沂水食品总厂（原国营沂水县副食品加工厂）副总经理。2009年1月，开办沂水县品得香糕点行，在沂水县西朱家庄村建起丰糕生产与培训工坊。2015年2月，成立沂水沂品香食品有限公司，任总经理，从事丰糕加工制作。沂水丰糕多次参加省、市级非物质文化遗产产品博览会，2010年，被评为沂蒙名吃，后在中央电视台《舌尖上的中国》栏目播出。2017年，沂水沂品香食品有限公司被确定为非物质文化遗产、手工艺传承实训基地。2018年12月，被认定为临沂市第五批市级非物质文化遗产项目（沂水丰糕制作技艺）代表性传承人。

韩为贵　男，1952年生，河东区芝麻墩街道人。自幼随师学艺，熟谙各种曲艺及乐器。1967年后，白天赶集晚上下乡，开始说书艺人生活。在多年的传唱中，形成自己独特的说唱风格，唱词生动风趣，通俗易懂，乡土味浓，叙述、旁白、对话运用自如，嗓音高亢，音质清亮，唱腔抑扬顿挫，时而慷慨激昂，时而哀怨舒缓。在山东电视台、临沂电视台等媒体举办的活动中多次获特等奖。2018年12月，被认定为临沂市第五批市级非物质文化遗产项目（沂蒙渔鼓说唱）代表性传承人。

韩红元 男，1990年生，郯城县花园镇秦园村人。国家二级技师、高级面点师、齐鲁文化之星、沂蒙首席技师。自幼受姥姥和母亲的言传身教，热爱面塑技艺。1997—2003年，跟随师傅王先侠学习面塑造型。2006—2012年，在临沂锦薇宾馆从事面塑工作，研习传统花馍与面塑人物造型。2011年在青岛国际啤酒节上获“面塑特金奖”。2012年11月—2013年6月，赴大连鲁迅美术学院进修，系统学习美术与雕塑技法。2013年7月，成立沂蒙面塑工作室，开展面塑培训与进校园工作，教授学生1000余名。2016年3月，成立临沂古艺文化传播有限公司，创作面塑作品及衍生品3000余种。2018年12月，被认定为临沂市第五批市级非物质文化遗产项目（沂蒙面塑）代表性传承人。2020年7月，成立山东面人韩教育发展有限公司，开发面塑系列教育课程。

韩桂珍 女，1957年生，河东区太平街道大太平村人，传统舞蹈老龙秧歌的第四代传人。自幼学习老龙秧歌，成年后成为村老龙秧歌的骨干，精通龙腾云、龙盘柱、满堂欢、龙创四门等多种技术。2001年成立大太平老龙秧歌队，参加河东区各届秧歌会演，被评为河东区明星秧歌队。2008年参加第九届临沂市民间秧歌会，获“金龙奖”。2018年12月，被认定为临沂市第五批市级非物质文化遗产代表性项目（老龙秧歌）代表性传承人。

蔺景旺 男，1950年生，平邑县白彦镇界牌沟村人。市曲艺家协会会员，平邑县曲艺家协会秘书长。自幼爱好戏曲，尤其喜欢落子，六七岁随父亲学习乐器和唱戏，八九岁就能进行简单说唱，15岁在平邑县第七中学文艺会演活动中演唱《闹菜园》《百家姓》等节目。1980年，蔺景旺被调入平邑县曲艺团任团长，创作演出《朱洪武牧牛》《打蛮船》《回龙传》《杨家将》《高山下的花环》《走后门》《打架》《骂街》《新婚之夜》等落子曲目50余部。1983年，参加临沂市曲艺节目大会演，蔺景旺自编自演的《高山下的花环》获最高奖，受到中国曲艺家协会主席陶钝接见。20世纪90年代，蔺景旺参与大量文艺演出，著名相声艺术家马季、冯巩曾帮助其修改作品，嘱咐他多创作落子文艺节目。2018年12月，被认定为临沂市第五批市级非物质文化遗产代表性项目（平邑落子）代表性传承人。

樊士伟 男，1983年生，郯城县港上镇樊埝村人，郯城县“十大优秀人才”。1997年，随师傅袁增风学习木旋玩具彩绘技法。2001年，随樊继美学习木旋技法。2017年10月，参加“中国非物质文化遗产传承人群研修研习培训计划”第八期核（木）雕技艺培训班。2020年5月，成立木旋玩具研究所，开展木旋玩具制作和研究工作。创作《阿凡提》《郯郯城城》《五圣天团》《花瓶》等作品30多件。2014年，系列木旋玩具作品在北京全国休闲农业创意精品推介活动荣获产品创意银奖；2018年，制作的木旋玩具在首届临沂市文创旅游产品创意大赛中获优秀奖；12月，被认定为临沂市第五批市级非物质文化遗产项目（木旋玩具）代表性传承人。2019年，作品《传统播种机》在第十一届中国（山东）工艺美术博览会上荣获“核艺堂”杯山东省工艺美术精品展金奖。2021年，作品《情侣娃娃》《金鸡戏蛋》等6件作品被山东省非物质文化遗产保护中心收藏。

丁明文 男，1962年生，莒南县板泉镇人，高榆社区党总支书记、东高榆党支部书记、临沂鹊桥工艺品有限公司董事长。2020年10月，任板泉镇副镇长（挂职）。丁明文带领群众以党建为引领，先后建起莒南县非物质文化遗产展销中心、莒南县高榆木梳工艺品专业合作社、临沂鹊桥工艺品有限公司、木梳文化博物馆、木梳实训基地、木梳技艺体验馆、村史馆、木梳电商直播间，注册“高榆”“鹊之桥”“清越坊”等木梳商标，提高了高榆木梳的品牌影响力，高榆木梳远销美国、加拿大、日本、韩国等国家。丁明文通过高榆木梳非遗工坊扩大产品影响力，带动全村80余户木梳专业户的发展，从业人员1200余人，为30余名贫困人口提供就业机会。2018年、2019年连续两年被评为莒南县“十佳村（社区）党组织书记”。2019年4月，被授予全市“沂蒙乡村振兴好支书”称号。2020年11月，被临沂市文化和旅游局评为临沂市十佳非遗扶贫带头人。2021年12月，被认定为临沂市第六批市级非物质文化遗产项目（高榆木梳制作技艺）代表性传承人。

于旭光　男，1972年生，临沂市罗庄区人。1998年跟随周士贤学习陶瓷艺术。景德镇侨联文化艺术交流协会秘书长、景德镇珠山区陶瓷研究所创作室主任、江西省工艺美术协会会员、山东省工艺美术协会会员、国家级工艺美术师、江西省原创工艺美术大师，临沂市陶瓷艺术大师、山东省工艺美术名人、临沂市工艺美术协会专家委员会委员、第16届亚洲运动会“亚洲之路”文化大使。2016年，在中国工艺美术协会主办的“金凤凰”创新产品设计大奖赛中获金奖，数十次获省级、国家级工艺美术与陶瓷艺术大展奖项，作品被中国工艺美术馆、中国陶瓷博物馆、山东省工艺美术学院、临沂市美术馆、临沂大学及众多海外华侨企业家收藏。2021年12月，被认定为临沂市第六批市级非物质文化遗产代表性项目（罗庄周氏笼窑陶瓷技艺）代表性传承人。

于秀兰　女，1978年生，沂水县人，沂水县大花轿文化传媒有限公司创始人，传承沂蒙传统婚俗的典型代表群体。公司聘请当地15名50岁以上的、熟稔沂蒙传统婚俗的老年人，帮助她们实现家门口再就业，老人们也将自己的知识传授给于秀兰，通过传帮带，将沂蒙传统婚俗传承下去。于秀兰专职从事公司组织活动，对沂蒙传统婚俗进行系统研究、整理、发掘，将传统婚俗与民间婚庆和景区婚俗演绎相结合，与两处景区签订常年的演出合同，保障团队正常运作，为沂蒙传统婚俗的绵延流传创造好的发展环境。2021年12月，被认定为临沂市第六批市级非物质文化遗产项目（沂蒙传统婚俗）代表性传承人。

王万昌　男，1962年生，平邑县临涧镇人，平邑明德药业有限公司、山东德伦昌生物科技有限公司董事长。从小跟随父亲学习中药炮制和中医药理论，在工作中结合实践提升自己炮制技艺。1978年，王万昌在平邑县医药公司工作，先后任中药材种植生产员、收购员、保管员、采购员、中药业务科长、主管中药师、公司副总经理等。参加山东中医药大学、临沂技工学校、临沂医药职业学校培训。2004年，与县中医院联合开办山东岐黄中药饮片有限公司，2010年，在临涧镇开办平邑明德药业有限公司。2020年，创立山东德伦昌生物科技有限公司，改进提升“九蒸九制”传统中药炮制工艺，生产出以金银花甘草茶饮、九蒸九制黄精为代表的30余款药食同源养生佳品。2021年12月，被认定为临沂市第六批市级非物质文化遗产代表性项目（王氏中药炮制技艺）代表性传承人。

王玉传　男，1962年生，郯城县人。自幼酷爱大鼓，从小到处听书。1977年拜江苏省邳县艺人胡宝民为师，学艺二年，出师后赶四集为群众说书。表演书目有《云台汉》《英烈五虎》《月唐演义》等。改革开放后，创作了许多宣传党的政策的渔鼓小段，赴各乡镇巡回演出。2016年，郯城县文化馆成立郯子书社曲艺社团，王玉传加入社团，常年在郯子公园开展公益演出，演出200余场，受到群众好评。2019年，被郯城县文化和旅游局评为最美志愿者。2020年，在郯城县全民才艺大赛中获得二等奖。2021年12月，被认定为临沂市第六批市级非物质文化遗产代表性项目（鲁南大鼓）代表性传承人。

王玉鑫　男，1987年生，莒南县板泉镇人，中国工艺美术学会会员，临沂市工艺美术协会会员，临沂市民间文艺家协会会员。自幼酷爱绘画，幼年跟祖父王成礼学习漆器工艺画，2012年专注漆器工艺画的研究和创作，探索出使用环氧树脂漆、丙烯颜料结合传统大漆的新工艺，绘画的立体效果更强。2016年，成立云水漆器工艺画工作室，后改为云水千层画工作室，专业从事漆器工艺画的研究创作和推广教学。作品绘制手法极其细腻，绘制过程要求严格，树脂漆的配比适当，一件作品要经过一个月甚至几个月的精密绘制，每件作品无不透露着创作者的艺术创想和精巧技艺，深受艺术爱好者、收藏者和艺术评论者喜爱。2021年12月，被认定为临沂市第六批市级非物质文化遗产项目（漆器工艺画）代表性传承人。

王丽华　男，1972年生于费县探沂镇寺口村制砚世家，高级工艺美术师，国家二级技师，中国工艺美术协会会员，山东省工艺美术行业技术能手，山东省工艺美术名人，山东省工艺美术大师，山东省工艺美术协会金星砚专业委员会秘书长，临沂市琅琊砚文化研究会副会长。自幼受父亲王桂堂影响，1989年开始从事金星砚制作。2017年7月进修于山东省鲁砚协会举办的砚文化培训班。2019年9月，注册成立费县美石美刻艺术馆。2020年6月，申报的“探沂镇金星砚”入选临沂市乡村振兴“百乡百技”项目。制砚技艺得到王献堂、叶莲品、姚子明、王相国等制砚名家的指导，作品多次参加国家、省市展会（大赛）并获奖，被山东省工艺美术馆、山东艺术学院、吉林省民间工艺美术馆等多家单位收藏。2021年12月，被认定为临沂市第六批市级非物质文化遗产项目（金星砚制砚技术）代表性传承人。

王学臻　男，1962年生，沂水县富官庄镇垛庄村人。自幼随父亲王吉信学习制作糖蘸，在继承祖辈们的精湛技艺基础上，开拓创新，建立糖葫芦生产基地，研发新产品，将产品推广到各大超市、景区。徒弟遍布上海、济南、青岛、日照等地，通过“线上＋线下”免费教授制作技艺，为垛庄糖蘸制作工艺传承作出贡献。王学臻制作的糖蘸，造型繁多、图案精美，口感酸甜香糯，回味悠长，备受顾客青睐。2021年12月，被认定为临沂市第六批市级非物质文化遗产项目（垛庄糖蘸制作技艺）代表性传承人。

王国亮　女，1945年生，临沂市兰山区银河湾社区人。自幼酷爱美术，制作布贴画20余年，作品300余幅，多次参加国内外工艺品大展获奖。部分作品被临沂市非遗精品馆、中共临沂市委党校非遗馆、兰陵历史文化博物馆收藏。2021年12月，被认定为临沂市第六批市级非物质文化遗产项目（沂蒙布贴画）代表性传承人。

王新华　男，1965年生，沂水县泉庄镇尹家峪村人。受岳父李茂松的影响，喜爱上豆腐皮制作技艺。1987年开始学习做豆腐皮，师从其岳父，多次到龙家圈请教师祖。回家后就开始尝试、摸索，经过多年的实践，豆腐皮制作技艺精进，制作的豆腐皮色泽与口感俱佳，成为客户争相购买的美食。2021年12月，被认定为临沂市第六批市级非物质文化遗产项目（泉庄豆腐皮制作技艺）代表性传承人。

王海朋　男，1980年生，临沂市罗庄区人，手指书法第三代传承人。自幼受父亲王树民影响，喜爱书法，2004年大学毕业后，开始从事文化艺术工作。2012年随父亲创办宏粹轩画廊，开始从事手指书法艺术的推广和传承。2016年，指书作品在江苏省徐州市“彭祖杯”全国青少年书法、篆刻大赛中获优秀奖。2018年5月，作品手指书法甲骨文入展在北京时代金城书画院举办的“纪念王羲之诞辰1715周年书画邀请展”。2019年作品入选第十七届书圣文化节兰亭序专题艺术大展。2021年12月，被认定为临沂市第六批市级非物质文化遗产项目（手指书法）代表性传承人。

王祥峰　男，1971年生，临沂市河东区人，临沂河东益康中医医院副院长、执业医师，中医崩止丸第四代传承人。对常见病、多发病及疑难杂症具有独到见解，对妇科诊治具有丰富的临床经验，在崩止丸的制作使用上有着纯熟的技艺。王祥峰在认真领悟掌握传统技艺的同时加大宣传推广力度，提高群众认可度，多年开展社区义诊、街道宣传、医患互动等，让群众认识并了解中医药对于妇科疾病的特殊治疗作用，惠及更多患者。2021年12月，被认定为临沂市第六批市级非物质文化遗产项目（中医崩止丸制作技艺）代表性传承人。

王建秀　女，1982年8月生，临沂市兰山区人，国家一级修脚师、临沂市五一劳动奖章获得者。2001—2003 年，在临沂医专临床专业学习。2003 年 7 月—2004 年 11 月，在临沂市人民医院实习。后在临沂修脚一把刀店工作，有二十余年的修脚经验。她代表临沂市参加全国服务生活类论坛，多次到扬州、北京、广州等地与业内专家进行技术交流。2019 年，王建秀参加由北京市工商联合会主办，北京市烹饪、餐饮、医药、家政等 17 家行业协会和北京圣西格文化传媒有限公司联合承办的第九届商业服务业技能大赛，荣获“金手指”奖。获修脚服务竞赛项目第三名，也是前十名中唯一一名女性。2021 年 12 月，被认定为临沂市第六批市级非物质文化遗产项目（民间修脚）代表性传承人。

王善平　男，1967 年生，临沂市兰山区人。师从中国烹饪大师初立建，从事厨师工作 30 余年，技艺精湛。获“中国烹饪大师”“中国名厨”“中国药膳大师”等称号。担任中国饭店协会理事、世界中餐名厨理事、亚洲餐饮协会临沂分会会长、临沂饭店饮食行业协会理事、餐饮评委，享受政府津贴。荣获全国省市大赛奖项 20 余项，担任过多家店的行政总厨，擅长企业策划、店面设计。1999 年，获第四届全国烹饪技术大赛个人赛热菜项目铜牌。2007 年，创办沂蒙印象大碗厨餐饮会社。2009 年 5 月，在第五届东方美食国际大赛上，王小二炒鸡荣获金奖。2010 年，《炒鸡四路快车绝技路线》在《烹饪艺术家》《齐鲁晚报》《沂蒙晚报》发表。2012 年，在中国名厨大会上被中国饭店协会授予“中国烹饪大师”称号；10 月，被市政府评为临沂市首席技师。2016 年 6 月，任第六届亚洲餐饮协会专家评委，获亚洲亚太饭店业美食杰出贡献奖，德艺双馨终身成就奖。2017 年 6 月，任世界中餐联合会名厨委员、副秘书长。2021 年 12 月，被认定为临沂市第六批市级非物质文化遗产项目（小二回锅炒鸡制作技艺）代表性传承人。

丰　博　男，1970 年生，费县薛庄镇通泰庄村人。从小随父亲、伯父学习书法绘画，高中开始系统学习绘画。后进修于曲阜师范大学、山东工艺美术学院。1993 年随伯父学习葫芦雕刻彩绘技艺。1998 年始，参加国内外各类工艺美术非遗展览并获奖。2007 年加入中国工艺美术协会。2016 年被临沂大学美术学院特聘为工艺美术导师。2017 年被青岛理工大学特聘为教授。2020 年被临沂职业学院特聘为教授。作品自成一家，染雕技艺为国内首创。在青岛理工大学、临沂大学、山东工艺美术学院、咸阳职业学院、临沂职业学院、临沂新华书店沂蒙大讲堂举办大型葫芦文化专题讲座 20 余场，著有《葫芦文化概论》《葫芦烙画技法》专著 2 部。2021 年 12 月，被认定为临沂市第六批市级非物质文化遗产项目（费县葫芦雕刻彩绘）代表性传承人。

卞成美　女，1977 年生，费县人。从小对制作服装情有独钟，能独立完成服装从裁剪到成品的制作过程，先后参加过临沂市非遗日展览、非遗助力精准扶贫现场会等。2021 年 12 月，被认定为临沂市第六批市级非物质文化遗产项目（沂蒙布衣缝制技艺）代表性传承人。

公茂安　男，1955 年生，兰陵县向城镇兴明后村人。自幼酷爱武术，拜王选杰为师专心研练大成拳，深得拳学法要，功臻上乘，被指定为“大成拳正宗传人”。先后在临沂、蒙山开设武馆，并在枣庄、济宁、青岛等地设立教学点。2015 年 3 月创办兰陵大成拳学会，有来自全国各地数百人学习大成拳，门下也不乏国家散打队员这样的猛将，受益者达上千人。其事迹入选中国邮政总局发行的“传递正能量，共筑中国梦”纪念邮册及《世界优秀人才大典》《中国民间武术家名典》《共和国足迹》《中国当代武林名家志》《中国百名杰出人物精选》《武魂》等多家杂志。《人民日报（海外版）》《中国日报》《中国体育报》《联合日报》《沂蒙晚报》等多家报刊及临沂电视台、兰陵电视台相继给予报道。2021 年 12 月，被认定为临沂市第六批市级非物质文化遗产项目（大成拳）代表性传承人。

付之玉　男，1959 年生，临沂市兰山区人，大成拳第三代传人。1966 年，开始习练少林二洪拳。1972 年，接触形意拳三体式站桩。1988 年，担任二洪拳掌门人。1993年，被大成拳祖师爷王芗斋之女王玉芳收为义子。1998年，拜王选杰为师习练大成拳。2001年，师从于永年深造大成拳。2009年起，先后在东莞、临沂等地举办3次功法交流会。2010年，付之玉参加香港国际武术节，获金牌2枚。2011年，带领弟子参加“功夫王”擂台赛，共获冠军奖杯5枚。举办公益讲课500多场次，义务辅导站桩习练者达上万人，付氏大成拳已广泛传播到26个国家和国内20余个省市。2021年12月，被认定为临沂市第六批市级非物质文化遗产项目（大成拳）代表性传承人。

付本忠　男，1975年生，蒙阴县蒙阴街道人。18岁随父亲学习烹饪，专业学习炒鸡，很快掌握了全套祖传炒鸡技艺，并不断推陈出新。2002年，他投资成立蒙阴付师傅光棍鸡商贸有限公司。2004年5月，蒙阴光棍鸡获“山东名小吃”“齐鲁第一鸡”称号。光棍鸡店先后被省、市、县评为民营经济重点保护单位、食品卫生先进单位、消费者满意单位、优秀民营企业、光彩之星等。他开发了光棍鸡真空包装，采用“互联网+”模式实现线上销售。蒙阴光棍鸡在全国设有几十家分店，遍及北京、河北、河南、江苏、黑龙江及山东省各地。2021年12月，被认定为临沂市第六批市级非物质文化遗产项目（光棍鸡制作技艺）代表性传承人。

付信兰　女，1984年生，费县新庄镇人。受爷爷、大伯影响，从小就喜爱音乐，尤其喜爱中国传统戏剧。高中毕业后跟着村里戏剧班学习唱歌跳舞和高调梆子等戏曲演唱。2008年首次在村里举办的戏剧演唱舞台表演，自此便深深地喜欢上舞台演出。2021年12月，被认定为临沂市第六批市级非物质文化遗产项目（费县高调梆子）代表性传承人。

田作才　男，1966年生，郯城县花园镇宋窑村人，中国陶瓷工业协会黑陶艺委会理事。1979年跟爷爷学做黑陶，很快掌握了这门技艺。2017年，参加由文化部、教育部主办的“中国非物质文化遗产传承人群研修研习培训计划·陶瓷烧制技艺培训班”。作品古朴典雅，吸收汉雕、汉塑等图案，巧妙运用，大胆创新，形成简洁大方、醇厚朴实的艺术风格，尽显农耕文化的自然之美。2021年12月，被认定为临沂市第六批市级非物质文化遗产项目（郯城黑陶制作技艺）代表性传承人。

卢克洋　男，1987年生，沂南县青驼镇人。自幼就接触到酒篓、酒囊等物品，耳濡目染，对这些传统手造器皿有着浓厚兴趣。2008年在其祖父的引导下，开始学习酒囊制作技艺，系统掌握了这门传统工艺并有所创新，开始从艺术品的角度传承和发展。2020年7月，参加第十二届中国（山东）工艺美术博览会，作品《鼎》荣获山东省工艺美术设计创新奖银奖。2021年12月，被认定为临沂市第六批市级非物质文化遗产项目（酒囊制作技艺）代表性传承人。

石绍松　男，1971年生，蒙阴县桃墟镇桃墟村人。自幼随父亲学习桃木雕刻技艺，在传承手工雕刻技法的基础上，巧妙地将现代科技和传统工艺有机结合，成立蒙阴蒙王桃木工艺品有限公司及蒙阴县桃文化研究会。2021年，在庆祝中国共产党成立100周年暨“千秋伟业　百年风华”红色非遗展示评选活动中，作品《英雄崮》获二等奖；作品《蒙王桃木九龙如意》获第十七届中国林产品交易会金奖、作品《蒙王桃木九龙立式剑》获银奖；12月，被认定为临沂市第六批市级非物质文化遗产项目（桃木雕刻）代表性传承人。

代夫建　男，1986年生，费县探沂镇甘林村人，山东省潍坊市工艺美术大师，山东省工艺美术协会会员。生于木工世家，从小爱好绘画及木雕制作。2002年从事红木家具制作，掌握圆雕、浮雕、镂雕等雕刻技法。2017年，在山东省第九届工艺美术博览会上，作品《白菜百财》获山东省工艺美术设计创新金奖。2018年，在山东工艺美术博览会暨首届“一带一路”国际手工业民间艺术展中，作品《福音》获山东省工艺美术创意金奖；作品《吸亿》《招财进宝》被山东艺术学院收藏。2021年12月，被认定为临沂市第六批市级非物质文化遗产项目（费县代氏木雕）代表性传承人。

汲广玉　男，1949年生，莒南县道口镇姜家庄人。他继承传统翻花技艺，在原有基础上创新发展，研发新品种，通过网上销售，将莒南翻花售往全国各地。2007 年 2 月，在济南市民俗风情旅游节活动中获优秀成果奖；6 月，在首届中国（临沂）非物质文化遗产博览会上获优秀展演奖。2018 年 3 月，在临沂市“我们的中国梦·非物质文化遗产日暨首届沂蒙乡音乡韵”活动中获优秀展演奖。2021 年 6 月，在临沂市“百年印记”传统文化产品设计制作大赛上获一等奖；12 月，被认定为临沂市第六批市级非物质文化遗产项目（莒南翻花制作技艺）代表性传承人。

孙　斌　男，1987 年生，蒙阴县坦埠镇水明崖村人，出生于吹糖人世家，自幼喜欢吹糖人技艺。2003 年随父亲学习吹糖人技艺，到处拜师学艺，逐渐精通吹糖人技艺。2017 年 6 月，在首届中国（临沂）非物质文化遗产博览会上获优秀展演奖。2018 年 4 月，创建金手艺文化传播有限公司，创造出多款吹糖人非遗文创产品并注册商标。2019 年 3 月，获临沂市第二届沂蒙“乡音乡韵”展演季活动优秀展演奖。2021 年 12 月，被认定为临沂市第六批市级非物质文化遗产项目（吹糖人）代表性传承人。

孙　潇　女，1990 年生，莒南县洙边镇孙家山村人。从小喜爱绘画，6 岁时就跟奶奶学习剪纸。2013 年任莒南县洙边镇新华中学美术教师，在学校开展大课程活动中，担任剪纸教师。2016 年，随宿建华学习剪纸技艺。2017 年，任莒南老年大学剪纸教员。在县文化馆常年举办剪纸培训班，免费培训学员。2018 年，创作的套色剪纸《十二生肖》《福满堂》被山东艺术学院收藏。2019 年，参加“中华杯”第二届全国剪纸艺术大赛获二等奖；作品《福满堂》入选庆祝中华人民共和国成立七十周年山东省农民书画展，获优秀奖；被临沂市文化和旅游局评为文化惠民服务“最美文化志愿者”。2021 年 12 月，被认定为临沂市第六批市级非物质文化遗产项目（莒南剪纸）代表性传承人。

孙晓东　男，1945 年生，费县人。自幼随表姐陈荣兰学习剪纸，擅长花鸟剪纸，20 世纪 90 年代，作品《四季花屏》入选中国香港出版的《中华名人大辞典》。《喜鹊登梅》《孔雀牡丹》《喜盈门》《松鹤延年》等多福作品被多家报刊登载。2012 年 7 月 3 日，《中山商报》周末版登载其作品《凤凰牡丹》《高瞻远瞩》。《猫蝶情》刊登在总期 321 期《走向世界》（中英文两种版本，64 个国家发行）杂志上。2019 年，作品《高瞻远瞩》获沂蒙情全国剪纸展优秀奖。2021 年 12 月，被认定为临沂市第六批市级非物质文化遗产项目（费县剪纸）代表性传承人。

孙焕亮　男，1962 年生，沂水县杨庄镇高楼子村人。14 岁随父亲学习灌肠技艺，在传统技艺基础上，集众家之长，使得杨庄灌肠加工技艺得到较大提升。孙焕亮将当地山林出产的松菇和山鸡蛋加入其中，制作的灌肠味道更加鲜美。每年都召集本村和附近村的村民现场传授灌肠制作技艺，带动周边 27 户加工生产灌肠。2021 年 12 月，被认定为临沂市第六批市级非物质文化遗产项目（杨庄灌肠制作技艺）代表性传承人。

孙复常　男，1958 年生，泰安市新泰市人，新泰梆子第三代传承人。中国戏剧家协会会员，国家级优秀编剧、优秀演员，山东省首批齐鲁文化之星，山东省农村优秀文化人才，临沂市乡土文化人才，蒙阴县梆子剧团团长。高中毕业后，进入蒙阴县剧团干临时工，1987—1992 年在枣庄市驿城区剧团工作。1997 年始，孙复常自编、自导、自演新编小戏，先后获国家、省、市多项大奖。2021 年 12 月，被认定为临沂市第六批市级非物质文化遗产项目（山东梆子）代表性传承人。

孙枫玲　女，1942 年生，费县人。中国剪纸研究会会员，中国工艺美术学会民间工艺美术专业委员会委员、山东省剪纸协会理事。孙枫玲从小喜欢绘画、剪纸。一次偶然的机会，她用纸随手撕出了一只小狗，给了她创作灵感，从此爱上了撕纸画。她独创了黑色撕纸画，用黑色宣纸，以手代剪，撕出的画线条粗犷、结构简单、边缘精糙别有一番韵味。她的作品多反映沂蒙山老农的纯朴形象，有着浓厚的乡土气息。通过各种人物、动物形象，展现费县的民风、民俗。作品多次在《中国民间工艺》《民俗研究》等杂志上发表，部分作品在国际剪纸艺术节上展示，被山东工艺美术馆、青岛市博物馆及美国、日本等国家收藏家收藏。2021 年 12 月，被认定为临沂市第六批市级非物质文化遗产项目（费县撕纸）代表性传承人。

安广利　男，1977 年生，临沂市兰山区人。从事餐饮业多年，研发出多款汤品。多次到全国各地考察学习，积极参加各种烹饪比赛，并取得骄人的成绩。先后获得“山东省技术能手”“中国鲁菜大师”“山东省首席技师”“中国名厨白金奖”“临沂市首席技师”“临沂市餐饮行业企业领军人物”“中国烹饪大师”“中国药膳大师”称号。参加第八届海鲜大赛获得热菜金奖、凉菜金奖。2021 年 12 月，被认定为临沂市第六批市级非物质文化遗产项目（安记疙瘩汤制作技艺）代表性传承人。

亓石明　男，1962 年生，祖籍莱芜，后居临沂，兰山亓氏雕刻（石刻、玉雕）技艺第五代传承人，临沂市木石斋艺术馆馆主，高级工艺美术师，山东省工艺美术大师，山东省轻工联社首席技师，中国工艺美术协会会员，山东省工艺美术协会常务理事，临沂市工艺美术大师，首批山东省高级工艺美术师。亓石明工雕刻篆刻、善鉴赏、兼书画，受邀出任多个大展和大赛评委，受聘担任济南大学、山东特殊职业学院等客座教授。作品《净土》获第十二届中国工艺美术大师精品展金奖；《鱼化龙》获中国工艺美术国家级培训项目最佳奖；《鲁砚十六乐章》获中国工艺美术文化创意奖金奖；《藏娇砚》获第四十七届中国（青岛）工艺美术博览会金奖；《书卷砚》获中国第四十八届全国工艺品交易会“金凤凰”银奖；《土楼》获山东临朐·鲁砚精品展特等奖；《大业》获中国山东省第五届工艺美术精品博览会金奖；《紫袍玉带》获中国（山东）第六届工艺美术精品博览会金奖；《暗香》获第五十届全国工艺品交易会“金凤凰”金奖；《五谷丰登》获第七届中国（山东）工艺美术精品博览会“华艺杯”金奖；《紫金石砚——天籁》获第五十一届全国工艺品交易会“金凤凰”金奖；《紫金石砚——蝈蝈白菜砚》获第五十二届全国工艺品交易会“金凤凰”金奖。2021 年 12 月，被认定为临沂市第六批市级非物质文化遗产项目（兰山亓氏雕刻石刻、玉雕）代表性传承人。

朱兆玉　女，1969 年生，沂南县朱家井子村人。1988 年，在国营沂南县酒厂参加工作。2002 年，成立山东醉三国酒业有限公司。朱兆玉秉承祖父、父亲的裱糊技艺，遍访当地匠人，拜师曲阜纸坊村陈师傅学习裱糊技术，将酒具裱糊技艺传承和发扬。其用传统工艺裱糊出的酒具美观大方，以此装酒增添了古朴之美。2021 年 12 月，被认定为临沂市第六批市级非物质文化遗产项目（醉三国桑皮纸酒具裱糊制作技艺）代表性传承人。

庄前艳　女，1980 年生，兰陵县长城镇子村人。11 岁随奶奶学习剪纸，1998 年考入临沂轻工业学校美术专业学习，用美术专业知识制作门笺。2001 年毕业后在兰陵县荀子学校从事美术课和传统剪纸手工制作教学。2011 年，随赵学付学习过门笺的制作技艺。2017 年，作品《蒙山沂水》《喜迎十九大》在临沂市“巧手秀清风”沂蒙展中获优秀奖。2018 年，被兰陵县评为第二批乡土人才。2019 年，作品《红日》在沂蒙情剪纸赛中获优秀奖。2020 年，作品《兰陵套色门笺》获“压油沟杯”优秀奖；被临沂市理工学校聘请为（兰陵门笺）辅导教师。2021 年，作品《十谢共产党》在庆祝中国共产党成立 100 周年暨“千秋伟业　百年风华”红色非遗展中获一等奖；同年 12 月，被认定为临沂市第六批市级非物质文化遗产项目（兰陵套色门笺）代表性传承人。

江桂英　女，1957 年生，兰陵县人，原苍山县文化局副局长。她集演唱、挖掘整理、创作、编导于一身，抢救性地挖掘整理 160 余首苍山民歌和民间器乐曲；运用苍山民歌音乐元素，创作 200 余首新民歌、表演唱、舞蹈音乐；编导数十次大型广场节庆、演唱会、联欢会、春节晚会；主持编辑出版《风从民间来》苍山民歌选集。演唱及创作歌曲《绣荷包》《唱秧歌》《请到俺家乡把酒尝》《对花》《我家住在蒙山坡》等歌曲，分别在省市电视台、电台播出。《五女拜寿》《倒卷帘》等四首歌曲灌制唱片，60余首创作歌曲分别被山东、山西、江苏音乐刊物及歌曲集刊登。2021年12月，被认定为临沂市第六批市级非物质文化遗产项目（苍山民歌）代表性传承人。

邢艳霞　女，1968年生，临沂市河东区人，巧儿布艺第四代传承人。受家庭熏陶，很小随姥姥、母亲学手绣，对虎头鞋、虎头帽情有独钟。2007年3月，成立临沂沂蒙巧儿工艺有限公司，致力于虎头鞋帽的制作。撰写《关于乡村振兴视野下的非遗小镇建设路径》（《消费导刊》第27期）、《基于科技背景下文化产业业态裂变与跨界融合》（《中文信息》第4期）论文；完成科技成果《科技背景下文化产业融合发展》。作品《绣红旗》在临沂市庆祝中国共产党成立100周年暨“千秋伟业　百年风华”红色非遗展中获一等奖。2021年12月，被认定为临沂市第六批市级非物质文化遗产项目（巧儿布艺制作技艺）代表性传承人。

刘　妮　女，1985年生，临沂市兰山区枣园镇沟东村人，枣园镇弦子戏剧团团长。2002年开始学习弦子戏，在《仙人指路》《游西湖》《龙凤面》《双龙关》《寒江》《高老庄》等十几出古装剧中担任主演。2019年6月，注册成立兰山区弦子戏艺术团；9月，在枣园中小学、幼儿园设立山东省非物质文化遗产代表性项目弦子戏培训基地，成立弦子戏社团。2020年，创编的弦子戏《万众一心战疫情》被“学习强国”收录；5月，被纳入山东省柳子戏弦子戏艺术实践创新试验基地；9月，创编弘扬沂蒙精神新曲《永远跟党走》。2021年12月，被认定为临沂市第六批市级非物质文化遗产项目（弦子戏）代表性传承人。

刘世玉　男，1977年10月生，沂水县崔家峪镇西荆山头村人，荆山泥塑第五代传承人。自幼随父亲学习泥塑技艺，心灵手巧，富于想象。2016年，到山东艺术学院雕塑系学习，其泥塑技艺日臻成熟，制作的泥塑作品具有现实主义色彩，朴素真实，神形兼具，栩栩如生。2021年12月，被认定为临沂市第六批市级非物质文化遗产项目（荆山泥塑）代表性传承人。

刘运花　女，1965年生，沂水县马站镇杨家城子村人。10岁跟母亲张乐德学习烙煎饼，从磨糊、发酵到烧火上鏊，每道工序都认真学习，她烙的煎饼好吃、好看、易保存，少女时就成了远近闻名的烙煎饼能手。刘运花不断创新，开发出品种多样的蔬菜煎饼、水果煎饼以及适合“三高人群”食用的高粱、荞麦煎饼、五谷杂粮煎饼、玫瑰花煎饼等，受到消费者喜爱。2021年12月，被认定为临沂市第六批市级非物质文化遗产项目（沂蒙煎饼）代表性传承人。

刘彦兰　女，1963年生，费县人。刘彦兰所在的石龙庄村地处偏僻，当地流传着《大焗缸》等小戏曲。为了保护这一优秀地方剧种，刘彦兰积极向身边的年轻人宣传《大焗缸》。2018年，自筹资金购买锣鼓、音响、表演服装、扇子、花球等物品，不断组织协调，鼓励村民加入表演队。她的演技非常出色，曾为戏剧团队核心人物。2021年12月，被认定为临沂市第六批市级非物质文化遗产项目（大焗缸）代表性传承人。

刘清爱　男，1947年生，临沂市兰山区人。13岁参加本村溜山梆子剧团，唱小生。先跟朱满西村张树申学习，后跟费县河北梆子剧退休演员王子廷、王宝臣、黄德才、王来喜等学唱《十大告》《五凤岭》《豹头山》《桃花庵》《双拜堂》《五福全》等剧目。“文化大革命”期间，学唱样板戏《红灯记》《沙家浜》《智取威虎山》等。2015年，在方城镇大官庄村成立方城镇丰盛溜山梆子文化传媒有限公司，并担任老师，教授20多个剧目。2021年12月，被认定为临沂市第六批市级非物质文化遗产项目（溜山梆子）代表性传承人。

刘振安　男，1976年生，沂南县马牧池乡野竹旺村人。自幼随父亲学习传统黑膏药制作，从业30余年。经过多年苦心经营，刘氏黑膏药医疗团队已发展到60余人。主要治疗腰椎间盘突出、风湿性关节炎、颈椎病、椎管狭窄、腰肌劳损、滑膜炎、骨质增生等骨病。刘振安和妻子刘振玲在沂南县依汶镇和界湖街道南村社区开设2家门店，主要用于培训新学员，传承和传播黑膏药的制作技艺。2021年12月，被认定为临沂市第六批市级非物质文化遗产项目（刘氏传统黑膏药制作技艺）代表性传承人。

刘振良 男，1969年生，沂水县黄山铺镇人。沂水县黄山铺镇文化站职工，中国散文学会会员，山东省青年作家协会会员，沂水县党史史志研究中心顾问，沂水县作家协会秘书长。从事文字工作多年，在各级报刊发表新闻和文学作品400余篇，并多次获奖。擅长曲艺创作，致力于民间文学的发掘整理，先后完成《圣水坊系列传说》《马家河子传奇》《祝二鳗的故事》等民间故事的收集整理，并收入本人著作《这山这水——黄山铺镇记忆》。2021年12月，被认定为临沂市第六批市级非物质文化遗产项目（圣水坊传说）代表性传承人。

刘淑现 男，1971年生，临沂市兰山区兰山街道马埠岭村人。从小随父亲刘玉良学习香油制作技术，1989年高中毕业后到刘记香油坊工作，已有三十余年。他虚心学习，多次到外地考察，全面掌握了小磨香油制作技艺。2009年，他成立了山东滨豪食品有限公司，并注册了“马埠岭”商标，积极扩大业务范围，让马埠岭香油销往全国。2021年12月，被认定为临沂市第六批市级非物质文化遗产项目（马埠岭小磨香油制作技艺）代表性传承人。

刘德良 男，1958年生，沂水县黄山铺镇龙山官庄村人。出身制陶世家，父亲刘锡凤十多岁时跟着三叔学习这门手艺，18岁时技术已炉火纯青。刘德良初中毕业后跟随父亲学艺，很快掌握了整套技术。19岁时被广饶县大王镇聘请，在那里教授制陶技术。刘德良建立了自己的土陶艺术馆，开展亲子研学活动，现场讲解传授土陶制作。从制作土坯，到装窑，烧制，让家长和孩子们目睹这一古老的传统技艺，受到群众认可。2021年12月，被认定为临沂市第六批市级非物质文化遗产项目（沂水土陶）代表性传承人。

李　讷 女，沂南县人。祖传师授，熟练掌握传拓技艺，对临沂境内石刻画像中的阴线刻、浅浮雕、高浮雕、减地平面线刻、透雕等有深入的研究。能熟练掌握全形拓，做各种平面拓、全形拓拓片1900余幅。多次参加曲阜徐夫华金石传拓研习馆全形拓学习班。2019年6月10日—7月10日，参加文化部、教育部在山东艺术学院举办的“非物质文化遗产传承人群研修研习培训计划”培训班。2021年12月，被认定为临沂市第六批市级非物质文化遗产项目（传拓制作技艺）代表性传承人。

李　伟 女，1977年生，临沂市兰山区人，临沂市民间文艺家协会理事。自幼于外婆膝下长大，耳濡目染继承手工刺绣手艺并传承发展，结合现代生活美学，将临沂的文化元素融入绣品，研发出一系列刺绣产品。2017年，李伟创立自己的刺绣品牌“西阁”。2019年，创建西阁刺绣（山东）有限公司。与临沂市博物馆、展览馆、市第八中学、山东交通技师学院、临沂天泽木文化博物馆等均有合作。刺绣手包作品《有凤来仪》，花纹创意来自汉代画像石拓片中的凤鸟纹。作品《一叶菩提》设计灵感来自菩提叶，以蚕丝线绣于丝缎之上，自创骨绣针法，于随意中表达叶脉之独一无二，立体感强。2021年12月，被认定为临沂市第六批市级非物质文化遗产项目（兰山刺绣）代表性传承人。

李　玲 女，1977年生，临沂市兰山区人。中国文促会剪纸艺委会会员、中国工艺美术协会民间美术专业委员会委员、中国民间艺术剪纸协会会员、山东省剪纸协会副会长、临沂市民间文艺家协会会员、临沂市非遗保护传承与科学普及研究会副会长、临沂市“优秀青年文化工作者”。出生于剪纸世家，从小喜欢手工技艺。1982年，随爷爷学习剪纸；1992年，师从上海美术电影制片厂的动画大师万籁鸣学习剪影技术；1994年，随民间剪纸艺术家李天华教授学习剪纸；1996年，随山东省济南市剪字艺术家徐建学习剪纸；2000年，拜临沂市文化馆王滨为师学习剪纸技艺。

2013 年，在威海举行的第七届中国威海国际人居节“老虎山杯”全国民俗剪纸艺术大赛中，《福到万家》系列作品获金奖。2021 年 5 月，在临沂市“七彩百合杯”民间艺术交流会、民间艺人大赛中获金奖；12 月，被认定为临沂市第六批市级非物质文化遗产项目（琅琊剪纸）代表性传承人。

李　强　男，1982 年生，沂水县人。自幼喜欢绘画、雕刻，学会用老木匠的工具雕刻一些自己喜欢的小动物。后从事手工木雕设计与创作，根雕、木雕、红木家具雕刻构件等，创作作品 300 余件。2003 年参加青岛紫晶大酒店金銮殿的木雕九龙壁雕刻工程，2008 年参加青岛奥帆赛奥运基地直径 5 米的奥运大五环的设计雕刻制作，2009 年参加青岛莲花阁茶楼的木雕工程，2013 年参加沂水东皋公园门楼及园内楼亭的修复与建设工程。2014 年参加山东根雕艺术展，根雕作品《牛》《蛟龙腾飞》获金奖，木雕《白菜》获银奖。2016 年，聚艺堂根雕艺术馆被评为沂水十佳名馆。2021 年 12 月，被认定为临沂市第六批市级非物质文化遗产项目（沂水木雕）代表性传承人。

李中江　男，1953 年生，沂水县高桥镇小瓮山村人。13 岁时就学会制瓮，从最简单的小陶罐，到雕刻图案的大陶罐，李中江的技艺逐渐精进熟练。1988 年，高桥镇成立沂水第一陶器厂、沂水第二陶器厂，李中江成为陶器厂的一名工艺师，他烧制的瓮罐器型古朴大方，备受欢迎。后陶器厂解散，李中江在自家后院砌窑，坚持制瓮卖瓮。2015 年，高桥镇建设民俗馆，制瓮技艺作为传统技艺进行展示，他为展馆提供大量瓮、陶罐和制陶工具。2021 年 12 月，被认定为临沂市第六批市级非物质文化遗产项目（沂水制瓮技艺）代表性传承人。

李永晓　男，1973 年生，临沂市罗庄区人。1990 年参加济南某部队厨师培训班，毕业后回临沂从事餐饮工作，擅长药膳食疗配餐。2018 年 6 月，被评为中国药膳大师；11 月获第十届中国药膳制作大赛热菜（百籽养心鸡）特金奖，凉菜（暖春）金奖，论文《我有一膳》被收入《中国药膳专业制作论文集》。2019 年 1 月，获“2018 年度临沂市营养健康行业发展特别贡献奖”和“改革开放 40 周年临沂市餐饮行业沂蒙工匠金鼎奖”；3 月参加全国（安国）第二届药王邳彤杯药膳大赛并获金奖。2021 年 12 月，被认定为临沂市第六批市级非物质文化遗产项目（李氏百草籽养心药膳）代表性传承人。

李自亮　男，1980 年生，平邑县仲村镇人。济南市工艺美术大师、临沂市非物质文化遗产李氏草编手工艺传承实训基地负责人、临沂市李氏草编民间文艺创研基地负责人、平邑县自亮文化传媒中心创始人。自幼受家庭熏陶，继承先辈草编技艺，并大胆进行创新。多次受邀参加马来西亚、韩国、新加坡等国际展演活动，被评为马来西亚“第二十届书香世界中华书展最佳工艺师”。2017 年起，每年举办两期草编培训班，利用草编技术，先后扶持本村及邻村贫困人员 60 余人。2018 年，成立平邑县自亮文化传媒中心，注册原宪®商标三大类，线上线下均有产品销往各地景区。李自亮获临沂市第六届“沂蒙文艺奖”，被评为临沂市第三届“十佳百优”青年文化工作者、临沂民间文艺传播推广先进个人、临沂市民间文艺类青年文艺创作骨干等，多次被中央电视台等媒体报道。2021 年 12 月，被认定为临沂市第六批市级非物质文化遗产项目（平邑李氏草编）代表性传承人。

李汝举　男，1959 年生，郯城县人。1972 年拜渔鼓艺人姜芝善为师，学艺三年。出师后赶四集、进乡村说书。李汝举继承渔鼓寒腔调，表演娴熟，唱腔高亢、古朴、明快。表演书目有《吕洞宾戏牡丹》《韩湘子讨封》《马潜龙走国》《月唐演义》《薛刚反唐》。1977 年参加郯城县曲艺队，开展送文化下乡。1987 年参加郯城县组织的文艺下乡宣传工作队。2016 年参加郯城县文化馆组织的“郯子书社”。2019 年被郯城县文化和旅游局评为最美志愿者。2020 年在郯城县全民才艺大赛中获得二等奖。2021 年 12 月，被认定为临沂市第六批市级非物质文化遗产项目（鲁南渔鼓）代表性传承人。

李思源　男，回族，1990年生，临沂市兰山区人。黑虎查拳第五代传承人，第十一届山东省少数民族传统体育运动会临沂代表团总教练、山东省民族体育先进个人、全国少数民族文化艺术促进会理事、国家一级武术裁判员。12岁起在全国、省、市武术比赛中获得金、银、铜奖牌数枚。两次代表山东省参加第九、十届中华人民共和国少数民族传统体育运动会并取得优异成绩。2010年起参加省、市武术套路、散打、拳击裁判员工作，荣获“优秀裁判员”称号。2016年起，先后担任临沂市第六届运动会武术套路比赛、青岛市中小学生武术联赛、滕州市第十届全民健身运动会武术比赛、临沂市武术比赛副总裁判长。培养省、市武术冠军10余人，国家一级运动员2人，向北京体育大学、上海体育学院、山东师范大学、山西师范大学等高校输送学员20余名。多篇论文发表于《中华武术》《武当》《武魂》《武汉体院学报》《山东科技信息》等。事迹被《中国民族报》《中华武术》《齐鲁晚报》《鲁南商报》及临沂电视台、山东电视台等多家媒体报道。2021年12月，被认定为临沂市第六批市级非物质文化遗产项目（华拳）代表性传承人。

李铁柱　男，1980年生，沂水县院东头镇人。自幼随祖父学习桃核雕、木工雕花。后遍访名师，学习核雕、玉雕、木雕、葫芦雕刻，融众家技艺于一体，形成自己独特的风格。2016年9月，核雕、玉雕作品被沂水博物馆收藏；11月入教育部、文化部主办的非物质文化遗产研修班学习。作品《福袋》获优秀创意奖，被山东工艺美术学院收藏。2021年6月，作品“百年丰碑，百鲤图”在临沂市庆祝中国共产党成立100周年暨“千秋伟业　百年风华”红色非遗文化展中获三等奖；12月，被认定为临沂市第六批市级非物质文化遗产项目（核雕）代表性传承人。

李春祯　男，1951年生，沂水县泉庄镇人。年轻时接触民间老艺人苗春海、陈焕福，从此对民间文化产生浓厚兴趣，并开始学唱民歌，讲谜语故事，先后整理记录、保存民歌（包括战争年代的红歌）近100首。2019年将整理的15首民歌结集出版《崮乡情歌》，一些报纸杂志对其作了介绍。2021年12月，被认定为临沂市第六批市级非物质文化遗产项目（纪王崮传说）代表性传承人。

李震宇　男，1964年生，沂南县苏村镇人。1980年，子承父业接手家庭制糖作坊。2008年，申请注册“圣福记”商标。2009年，成立山东圣福记食品有限公司。生产的拉丝高粱饴用料、配方、工艺、口感俱佳，口味多，不加胶，可拉丝，兼具网红与传统两大特点，在国内糖果市场非常畅销。2014年，在山东企业品牌文化建设峰会上荣获山东省最具影响力品牌。2017年，荣获深圳市优秀供应商，第五届沂蒙优质农产品交易会优质农产品金奖。2018年，李震宇借助农村电子商务平台发展“网红经济”，在天猫商城注册圣福记食品旗舰店，在快手、抖音等直播平台利用网红直播带货，提高产品的知晓度和销量。2021年12月，被认定为临沂市第六批市级非物质文化遗产项目（高粱饴制作技艺）代表性传承人。

陈乃峰　男，1976年生，郯城县泉源镇南夹埠村人。自幼在祖父教育下研习古琴，20岁掌握古琴制作技艺和演奏技法。2000年，总结出“古琴音律平衡斫琴法”“古琴压感扩音系统”两项创新技术。2010年，任山东亿达民族乐器有限公司总经理，负责古琴、古筝、二胡等民族乐器的研发、生产和销售工作。2019年，注册成立郯城琅琊古琴研究所，专业从事古琴新材料开发、古琴艺术普及推广、古琴技艺传承等工作。2021年12月，被认定为临沂市第六批市级非物质文化遗产项目（郯城古琴斫琴技艺）代表性传承人。

陈仕杰　男，1971年生，郯城县重坊镇刘孟庄村人，郯城铁器锻造技艺第四代传承人，郯城县老洪炉刀坊负责人。自幼随父学习打铁技术，技艺精湛，熟知各类传统农用铁器锻造工艺，能够制作各类农业生产工具及日常生活用的刀具等。20世纪90年代中期，陈仕杰改进锻造工艺，把“劈槽夹钢”改进为“多层叠钢锻造技术”。2000年，把不锈钢材料运用到刀具上，采用多层叠钢锻造加熔接的技术，锻造出的刀锋利、耐用、美观、不易崩口。2010年，拆除老式燃煤锻炉，设计出更加环保、更易控温的电炉，对夹钢刀产品进行升级，刀身采用食品级无磁不锈钢，刀刃是国标9铬18钼钒钢或其他稀有钢材，成功研发出无磁夹钢刀。2021年12月，被认定为临沂市第六批市级非物质文化遗产项目（郯城老洪炉铁器锻造技艺）代表性传承人。

陈淑熙　男，1973年生，莒南县文疃镇看马庄村人，生于匠人世家。1988年，考入临沂艺校美术专业学习，后到山东教育学院美术系进修两年。1999年7月—2021年7月在曲阜师范大学美术系学习，受教于葫芦文化艺术家扈庆学。2014年11月，拜南派葫芦雕刻大师郑志开为师，学习葫芦雕刻。作品大到88厘米的全雕莲花，小到微雕“金蝉上树”，被上海、西安、北京等地的专题博物馆收藏。2016—2019年，陈淑熙被聘为临沂大学美术学院传统工艺美术教师；2017年，作品《富贵图》获第九届中国（山东）工艺美术博览会银奖。2020年7月，作品《万世师表》获2020第十二届中国（山东）工艺美术博览会工艺美术精品金奖；10月，浮雕《永远的丰碑——沂蒙红嫂》获第九届“沂蒙文艺奖”三等奖。作品入选《中国葫芦艺术作品集》《葫芦文化艺术丛书》等。2021年12月，被认定为临沂市第六批市级非物质文化遗产项目（莒南葫芦雕刻）代表性传承人。

吴书宝　男，1963年生，临沭县南古镇朱果村人，吴氏正骨第六代传人，从事伤科临床30余年。自幼随父亲吴春清和母亲何宗兰学习中医伤科治疗手法及药物配置。1995—1997年，赴河南洛阳进修，随郭氏正骨传人研习正骨术，吴书宝将吴氏正骨与洛阳正骨的手法、固定、方药、锻炼方式进行融会贯通，利用现代科学技术，融合打造新的“吴氏正骨”。对于非麻醉状态下的髋关节脱位整复，通过自制复位床实行单人整复，降低患者的经济负担。对于吴氏正骨传承毫无保留，子女及外姓学员，都悉心教导，一视同仁。2021年12月，被认定为临沂市第六批市级非物质文化遗产项目（朱果吴氏正骨）代表性传承人。

吴景川　男，1952年生，临沂市罗庄区盛庄街道吴白庄村人，中国武术八段，国家一级武术裁判员，临沂市武术协会副主席。8岁随宋德聚、张西房、吴树美、张如松等老拳师习武练拳，后入大学学习体育专业，武术水平得到系统提升。1975年，任临沂市第四中学体育教研组组长，兼任临沂地区武术队教练员、裁判长。1993年，成立临沂少林拳研究会。吴景川先后出版《中国十路少林镇山拳》《中国十大武艺》等著作，被北京体育大学出版社作为“少林功夫丛书”系列重点推广发行。被中央电视台《体育在线》栏目，山东电视台《中华武术》栏目、《沂蒙晚报》等媒体采访报道，并受到《中华武术》《新体育》《中国武术名人录》等刊物推介。2021年12月，被认定为临沂市第六批市级非物质文化遗产项目（中国十路少林镇山拳）代表性传承人。

吴绍君　1965年生，郯城县杨集镇南吴庄村人，出生琴书世家。自幼跟随父亲吴云亮学习琴书，乐器主攻坠琴。熟练掌握了山东琴书的曲牌、小八板、老八板及四句腔的特点和演唱技巧，尤其擅长老四句腔的表演。后来老四句腔衍变出了凤阳歌、银扭丝、快板、赶板、垛子板等调式，吴绍君能够根据各个曲牌的旋律特点和音乐表现形式，创作具有时代特征的新词新作。2021年12月，被认定为临沂市第六批市级非物质文化遗产项目（山东琴书）代表性传承人。

宋永庆　男，1983年生，兰陵县向城镇人，宋氏“回阳散”制作技艺第五代传承人。2003年临沂医专毕业后承接父业，为继承和弘扬先辈的传统医术，勤读医书，不断探索和研究临床经验，注重理论与实践相结合，创新和提升了“回阳散”的制作方法和性能，受到专家和患者的认可。2019年，在向城街开办“常庆堂”门诊，坚持坐诊和出诊。2021年12月，被认定为临沂市第六批市级非物质文化遗产项目（回阳散制作技艺）代表性传承人。

宋明阳　男，1994年生，临沂市河东区人，河东益康中医医院执业医师，接骨断续丸制作技艺第五代传承人。熟练掌握接骨断续丸制作技艺，在实践中将传统技艺与现代化生产工艺相结合，注重传统药学的宣传推广，通过开展社区义诊、街道宣传、医患互动等，使传统药学发扬光大。2021 年 12 月，被认定为临沂市第六批市级非物质文化遗产项目（接骨断续丸制作技艺）代表性传承人。

杨中波 男，1976 年生，沂南县依汶镇人，形意拳国家一级社会体育指导员，临沂市武术协会理事，临沂大学国术推广协会名誉会长。2015 年，被中国人民解放军某部聘为武术、散打、搏击总教练；5 月，参加中国“齐鲁黄河龙杯”武术邀请赛，获得形意拳金奖；7 月，参加莱芜国际武术争霸赛获得金奖。2016 年，参加山东省传统武术与游艺保护展演大赛，获得形意拳金奖；9 月 23 日，参加首届中国（安丘）非遗武术项目展演大会获得金奖。2017 年，参加全国心意六合拳邀请赛，获得形意拳金奖。授徒王凯旋、王杰、刘延刚等，在临沂大学开展定期培训，受众逾 300 人。2021 年 12 月，被认定为临沂市第六批市级非物质文化遗产项目（形意拳）代表性传承人。

杨青梅 女，1967 年生，沂水县高桥镇沭水村人，高桥手绣第九代传承人。幼年受母亲影响，酷爱手绣制作，针功不断提高。参加省市县的展会、培训会多场，多次到淄博、大连、潍坊等地培训手绣爱好者，缝制的绣品销往全国各地及韩国、日本等国家。在沂水天上王城、潍坊杨家埠、济南火车站等旅游购物店设有产品展销专柜。绣品有近百个品种，色泽鲜艳，做工精美，深受人们喜爱。2014 年获山东省旅游商品创新设计大赛“优秀创新奖”。2021 年 12 月，被认定为临沂市第六批市级非物质文化遗产项目（高桥手绣）代表性传承人。

杨治宝 男，1976 年生，沂水县人，山东省根艺大师、泉庄艺博园园长。自幼喜爱根雕艺术，作品造型新颖、制作细腻、意境深远、质朴高雅，多次参展获奖。2002 年，成立根艺创作室；2010 年，创建山东青岛向阳根雕馆；2016 年，筹建江北根雕奇石市场；2017 年，建成占地 35 亩的泉庄艺博园，其中有 100 余平方米的沂水根艺加工车间，2000 余平方米的根雕艺术品展厅，800 余平方米的研学创意工作室等。2021 年 12 月，被认定为临沂市第六批市级非物质文化遗产项目（沂水根艺）代表性传承人。

杨德志 男，1987 年生，沂水县人，杨府酥糖的第四代传人。十七八岁就开始跟随父亲学习酥糖生产技术，参加全国食品展销订货会，对糖果营销行业非常了解。2001 年，他开办金兴食品厂，不断学习熬糖、成型、配料、制糖等技术。2010 年，筹资 500 万元扩充厂房、车间，新上机械化生产线，当年企业产量翻了一番。杨德志拿着新产品的样品，奔波于国内各大糖酒会，接到大量订单，产品销往各大一线城市。2021 年 12 月，被认定为临沂市第六批市级非物质文化遗产项目（杨府酥糖制作技艺）代表性传承人。

张　玲 女，1961 年生，郯城县人，山东省三八红旗手、山东省民俗学会会员、临沂市群众文化带头人。1986 年 8 月—1993 年 9 月，师从杨新儒、柏文泰学习鲁南五大调，学唱《减芳容》《梧桐落叶金风送》等曲目。1993 年 9 月—2001 年 9 月，任郯城县第五中学音乐教师，把鲁南五大调引入校本教材。2001 年 9 月—2010 年 9 月，参加郯城县文化馆组织的鲁南五大调合唱队，兼任该合唱队的排练和教学工作。2010 年 10 月—2016 年 10 月，开展鲁南五大调资料的收集整理和研究工作，整理鲁南五大调曲目 40 余首。2016 年，被郯城县文化馆和郯城县老年大学聘为鲁南大五调教师；2018 年，创作《国策新风遍鲁南》，在山东省计划生育协会调演活动中获二等奖；2021 年，创作《我唱沂蒙那首歌》；12 月，被认定为临沂市第六批市级非物质文化遗产项目（鲁南五大调）代表性传承人。

张中资 男，1966 年生，沂南县铜井镇沧浪沟村人，沧浪沟刀具制作第五代传人。16 岁开始学习制刀技艺，他和父亲、弟弟挑着工具走村串巷，打制刀具。在传统工艺的基础上不断创新，打制出的刀具刃口锋利，钢火深，刀面平整光洁，刃薄背厚，轻便耐用。2017 年，张中资在首届中国（临沂）非物质文化遗产博览会上荣获优秀展演奖。2019 年，在第二届“乡音乡韵”展演季活动中荣获优秀展演奖。2021 年 12 月，被认定为临沂市第六批市级非物质文化遗产项目（张氏刀具制作技艺）代表性传承人。

张洪霞　女，1968 年生，辽宁省辽阳市人，临沂市兰山区中国结传统编织技艺第四代传人、中国艺术学会会员、临沂市民间文艺家协会会员。作品参加中国民俗艺术家协会会员作品展，被山东交通学院艺术与设计学院、临沂市文化馆、兰山区文化馆收藏。2021 年 12 月，被认定为临沂市第六批市级非物质文化遗产项目（中国结传统编织技艺）代表性传承人。

张学军　男，1972 年生，沂水县夏蔚镇人。1996 年，在沂水县夏蔚镇店子村卫生室工作，致力于发展发扬家族中医外治技术。1999 年，在临沂市人民医院皮肤科学习，2004 年到南京皮研所学习，2008 年在山东省中医院学习，2012 年在山东省皮肤病医院学习。2017 年考取中药执业药师。经常为店子村卫生室附近的贫困户、五保户等送医送药，赢得当地群众的好评和认可。2021 年 12 月，被认定为临沂市第六批市级非物质文化遗产项目（张氏中医外治疗法）代表性传承人。

张晓秋　女，汉族，1977 年生，临沂市兰山区人。自小随外婆学习剪纸，后就职临沂市松田文体用品有限公司，从事平面设计工作。2010 年起，开始创作儿童剪纸、春节剪纸等系列作品。2020 年，剪纸系列、套盒系列作品被评为“天工开物·齐鲁匠心”山东省最具代表性非遗文化产品。多次参加剪纸进校园活动。2021 年 12 月，被认定为临沂市第六批市级非物质文化遗产项目（琅琊剪纸）代表性传承人。

张建霞　女，1984 年生，兰陵县人。2003 年，在临沂市技能大师工作室学习，掌握了电脑设计、绘画、摄影以及粘贴羽毛画等专业技术。2006 年，拜王少年为师，学习制作羽毛画，成为王氏羽毛画非遗项目的第五代传人。2018 年，被中共临沂市委宣传部授予“沂蒙文化之星”称号。2020 年 11 月，在沂蒙乡村巧妹技能大赛中荣获三等奖。2021 年 12 月，被认定为临沂市第六批市级非物质文化遗产项目（王氏羽毛画）代表性传承人。

张德重　男，1959 年生，蒙阴县人。自小酷爱武术，习武传武 40 余年，担任中国两仪拳发展研究中心理事长。20 世纪 70 年代起，跟随民间拳师学习传统武术。80 年代初师从临沂教育学院苏乐适老师学习十路弹腿及规定拳。21 世纪初，拜武林泰斗、两仪拳点穴功夫王宋庆福为师，系统学习两仪拳·游龙掌。在国内外重大比赛中夺得 40 余次冠军。创办蒙阴两仪拳·游龙掌俱乐部、蒙山两仪拳·游龙掌搏击训练基地，在山东正长集团、蒙阴县清华园学校、蒙山中学成立企业与校园武术队，培训学员 200 余名，学员夺得 100 余枚武术套路金牌，20 多尊散打冠军奖杯，两条冠军金腰带。2021 年 12 月，被认定为临沂市第六批市级非物质文化遗产项目（两仪拳·游龙掌）代表性传承人。

张慕鑫　男，1988 年生，郯城县马头镇万高册村人，挂门笺手工制作世家。父亲张乃苍是郯城挂门笺省级代表性传承人。张慕鑫自幼接受传统技艺的熏陶，熟练掌握“绘、剪、凿、套、镶、嵌、贴”等门笺制作工艺，制作的门笺样式新颖，色彩鲜艳。2015 年，他改进蜡板，运用松果、草木灰、石蜡等原料，按比例混合并压实，制作出来的蜡板，松软不吃刀。根据传统门笺设计了十二生肖门笺；2020 年，设计出《天使好情操》《扶伤本领高》《疫情冲一线》《忘死立功劳》四幅赞美白衣天使门笺；2021 年，设计出《永远跟党走》《共筑中国梦》《庆党百年华诞》等一系列歌颂党、歌颂新时代的绚丽门笺。2021 年 12 月，被认定为临沂市第六批市级非物质文化遗产项目（郯城挂门笺）代表性传承人。

谷海龙　男，1978 年生，莒南县板泉镇谷家岭村人。自幼受堂叔影响，耳濡目染深爱锔瓷，稍有空闲便随堂叔学艺。2003 年，创立莒南县千里马设计工作室，专业从事美术设计。2012 年，外出进修锔瓷技艺，拜日照市锔瓷非遗传承人唐立果为师，学习锔艺锡镶技艺。2017 年，在石泉湖村成立“锔心庐”工作室，专业从事锔瓷业。谷海龙的锔瓷手艺做得认真细腻，恪守师训，又不拘泥，修复的器具有茶壶盖、瓷瓶、花瓶等瓷制品数千件。他善用梅花、祥云等精美造型掩盖残缺地方，通过艺术再造使残缺的物件呈现出新的美感，修补的器物不仅实用还具观赏价值。2021 年 12 月，被认定为临沂市第六批市级非物质文化遗产项目（传统锔艺）代表性传承人。

杜培兰 女，1970 年生，郯城县人。1981 年开始学习杞柳编织技艺，熟练掌握了传统的平编、绞编、勒编、砌编、缠边等技法。1984 年，负责沙墩社办工艺厂提篮的打样与教学。1985 年，自办柳编培训班，此后十余年，共培训学员 2000 人。1999 年，应临沭县外贸局邀请，为临沭工艺美术厂编织样品。2008 年，开展技艺研究，在传统经纬编织的基础上创新扦经、绕花、拉花、绕经等多种编织技法。创作麻姑献寿花篮、中国梦、国泰民安、柳编生肖、家庭收纳系列等杞柳编织作品。2015 年，与杜亚茹合作创办郯城百利工艺品有限公司。2018 年，被临沂职业学院聘为客座教授。2019 年，设立杞柳编织工作室，开展编织技术的传承、展示、创作、创新等工作。2021 年 12 月，被认定为临沂市第六批市级非物质文化遗产项目（郯城杞柳传统编织技艺）代表性传承人。

沈　静 女，1986 年生，郯城县红花镇人。从事中国结编织工作，曾任郯城轩然工艺品厂技术员，临沂泰泽工艺品有限公司法人代表。她精通各种中国结样式的编织，擅长造型，创造寿桃、金鱼等编织方法。2015 年，赴韩国参加中韩文化交流活动。2016 年，被县文化馆聘为非遗扶贫导师，开展中国结编织技艺培训工作。2018 年，参加黑龙江省哈尔滨市延寿县和山西省太原市娄烦县中国结编织技艺扶贫项目的培训工作。2019 年，参加内蒙古自治区乌兰察布市卓资县中国结编织技艺扶贫项目的培训工作。2021 年 12 月，被认定为临沂市第六批市级非物质文化遗产项目（中国结传统编织技艺）代表性传承人。

何家进 男，1974 年生，费县人。自幼受父亲何子坤影响，对膏药制作情有独钟，在父亲的指导下很快掌握了制作正骨膏药的技艺。1990 年，在费城南外环开何氏正骨膏药店，2006 年，搬迁至费城建设路东段，2014 年迁至鲁公庙沿街，每年熬制膏药近 1 万贴，为上千人祛除骨病之痛。2020 年，在临沂聚财商务中心开设 800 多平方米的店面。2021 年 12 月，被认定为临沂市第六批市级非物质文化遗产项目（何氏正骨膏药制作技艺）代表性传承人。

冷建敏 男，1962 年生。兰陵县神山镇青竹村人。12 岁随冷延仁学练太祖长拳。1983 年参加县体委举办的武术比赛。1984 年参加市县武术比赛。2016 年参加在日照举办的全省传统武术演武大会。2014—2020 年，参加兰陵县非遗展武术表演。2021 年 12 月，被认定为临沂市第六批市级非物质文化遗产项目（冷氏太祖长拳）代表性传承人。

沙良贵 1953 年生，回族，沂水县马站镇人。祖辈从事裘皮加工业。20 世纪 70 年代初，从小喜欢画画的沙良贵，在制作裘皮褥子的过程中发现制作裘皮用的狗皮有 70 多种颜色，便在毛色单一的狗皮褥子上拼上简单的动物图案，以增加情趣。后把裘皮裁缝成画，装裱起来，经过几年的摸索，沙良贵的裘皮画由粗糙变得精致，画的色彩也由当初只有黑白两色的大熊猫，发展到色彩斑斓的老虎、雄鹰和山水画，而且有景有意，十分传神。裘皮画多次参加省市非物质文化遗产展和工艺品展，获得好评。2021 年 12 月，被认定为临沂市第六批市级非物质文化遗产项目（裘皮画）代表性传承人。

苏国友 男，1988 年生，临沂市罗庄区人。从小跟着爷爷做灯笼，继承了灯笼制作手艺。通过学习创新，将绣花与灯笼结合，创造出精美的绣花灯笼。制作的六角宫灯、绣花鼓灯、鲤鱼灯、兔子灯、莲花灯、绛纱灯深受人们喜爱。苏国友与多家学校、公司、社团合作举办传统灯笼制作体验活动，多次参加西塘全国汉服文化节，并担任第八届西塘汉服文化周国学六艺讲师。2017年，创建云川阁原创工作室。2019年，《绣花鼓灯》申请发明专利。作品获2020中国特色旅游商品大赛银奖。获2021年“大家创·云上齐鲁”山东省传统技艺类优秀短视频征集评选活动二等奖。2021年12月，被认定为临沂市第六批市级非物质文化遗产项目（传统灯笼制作技艺）代表性传承人。

房海英　男，1973年生，临沂市兰山区御碑街人。2006年，成立锔瓷工坊；2018年，成立龙山坊陶瓷商行并注册商标；2020年，成立拙匠手作文化传播（山东）有限公司。房海英在学习、挖掘、整理、发扬、传承锔瓷技艺的基础上，采众家之长，将大漆螺钿、錾刻、锡镶、锤碟、金缮等工艺，融会贯通，锔瓷修复技艺日趋完臻。多次参加临沂书圣文化节、非遗进校园活动，兰山电视台、《临沂日报》及多个自媒体对兰山传统锔瓷项目进行宣传。拙匠锔器手工坊有技师3名，房海英收徒10余人，主要分布在广东深圳、山东潍坊、湖北武汉、河南洛阳、山西临汾、福建武夷山、浙江杭州、湖南长沙、江苏盐城等地。2021年12月，被认定为临沂市第六批市级非物质文化遗产项目（传统锔艺）代表性传承人。

邵长军　男，1968年生，蒙阴县蒙阴街道人，高级工程师，山东蒙山酿酒有限公司董事长，先后获“临沂市十大杰出青年企业家”“振兴沂蒙劳动奖章”“临沂市劳动模范”等称号。1985年参加工作，邵长军带领公司一班人，继承发展传统酿酒工艺，充分挖掘“窖”文化，专注纯粮酒酿造，不断创新生产工艺，研发出五粮浓香型白酒、芝麻香型白酒、蒙山馥雅香型白酒。成立山东蒙山全蝎研究所，开展对蒙山全蝎的保护性开发与研究，蒙山全蝎酒及功能性食品的研究取得显著成效。产品荣获山东名牌、山东省首届省长杯工业设计大赛铜奖等，2021年12月，被认定为临沂市第六批市级非物质文化遗产项目（蒙阴蝎酒酿造技艺）代表性传承人。

季桂琴　女，1967年生，莒南县人，山东省民间文艺家协会会员。1989年开始跟婆婆董彦新学习手绣技艺，不断创新发展，形成自己独特的手绣风格。其作品种类繁多，有布老虎、虎头帽、虎头鞋、围嘴、兜肚、荷包等，造型生动逼真，富有地方特色和生活气息。2019年9月，在临沂市乡村手工技艺技能大赛中，作品《布老虎》获最佳创意奖。2020年11月，在临沂市“沂蒙乡村巧妹”手工艺技能大赛中获二等奖。2021年6月，作品《听党话·跟党走》在临沂市庆祝中国共产党成立100周年暨“千秋伟业　百年风华”红色非遗展中获一等奖；12月，被认定为临沂市第六批市级非物质文化遗产项目（莒南手绣）代表性传承人。

姚兴陆　男，1977年生，临沭县姚官庄人。从事锔瓷行业多年，初中毕业后拜师学习锔瓷，期间兼做木旋。2012年跟耿海胜学习锔艺细活，从事锔瓷业。多次参加各种展会，宣传锔瓷，并拜访省内多位民间知名老锔匠，学习传统锔瓷技艺。收集整理锔瓷文化、历史、锔瓷工具，与传媒大学、电视台合作拍摄多位锔瓷老艺人，为后人留下宝贵影像资料。2021年12月，被认定为临沂市第六批市级非物质文化遗产项目（传统锔艺）代表性传承人。

苗　苗　女，1984年生，临沂市罗庄区人，中国当代工艺美术名人、沂蒙文化英才、临沂市青年文艺拔尖人才、临沂市青年美术家协会副秘书长、临沂市民间文艺家协会副秘书长。自幼随奶奶薛庆娥学习剪纸，后向临沂剪纸大师王滨学习，剪纸技艺日益精湛，开发30余种剪纸文创系列产品。2008年6月，作品《琅琊遗风》在“金湖杯”临沂市民间剪纸艺术精品展览中获金奖。2016年，作品《沂蒙小景》被中国工艺美术学会民间工艺美术专业委员会收藏。2017年11月，作品《大吉大利》被中华剪纸博物馆收藏。2018年5月，获第三届临沂市优秀青年文化工作者称号。2019年3月，作品《中国戏曲脸谱》在中华剪纸巡回展泰国展中获三等奖。2020年9月，在羲之故里文化精品博览会中获金奖；10月，在“2020芬享国际剪纸大赛”中获优秀指导老师奖；2021年，作品获沂蒙文艺奖二等奖。2021年12月，被认定为临沂市第六批市级非物质文化遗产项目（苗氏剪纸）代表性传承人。

郑光云 女，1968年生，沂南县界湖街道北村人。13岁开始跟随祖母、母亲学习老粗布制作技艺。16岁时开办“小木屋裁缝铺子”，成为县城里闻名的“小裁缝”。2005年4月，郑光云成立临沂市天凯服装有限公司并担任董事长。2007年，申请注册“蒙山妈妈”品牌，倾力打造具有民俗色彩的手织老粗布系列。2014年，“蒙山妈妈”品牌实体店突破50家。2015年，创办山东蒙山妈妈商贸有限公司和蒙山妈妈创意梦工厂，打造“蒙山妈妈”自主品牌。2016年，创办临沂北大山乡村旅游开发有限公司、仙溪峪景区创意田园、蒙山妈妈农作物种植专业合作社，被临沂市工商联、临沂市妇联联合评为第四届临沂市工商联系统十佳巾帼创业之星。2017年，“蒙山妈妈”被山东省妇联评为山东省十大优秀妇女创业创新项目；2018年，“蒙山妈妈”品牌被评为山东名牌，入选中国慈善企业500强。2021年12月，被认定为临沂市第六批市级非物质文化遗产项目（蒙山妈妈老粗布家纺制作技艺）代表性传承人。

郑　英 女，1975年生，沂南县界湖街道小白石窝村人，沂蒙蓝印花传统服饰制作技艺第四代传承人，齐家（临沂）传统文化传播有限公司董事长。自幼跟随祖母李志芳、姑姑郑恩梅等学习印染、手工制作传统服饰技艺，擅长印染、服饰设计。她专注研究传统服饰设计及色彩搭配，创造性地把蓝印花布整入到传统的旗袍、礼服、生活装之中，制作的民族服饰深受群众喜爱，并远销内蒙古、河北、吉林等地。产品成功进入传统的国学文化教育机构，并为景区、乡村民宿、影视传媒单位定制工装、服饰道具等。百部国学教育系列大电影《论语说天下》剧组特聘郑英为服装总设计。郑英加强技艺研究，举办各类培训20余期，参加公益展演10余次，成立沂蒙蓝印花传统服饰扶贫车间，培训贫困户50余名。2021年3月18日，临沂市非物质文化遗产保护传承与科学普及研究会成立，郑英当选会长；12月，被认定为临沂市第六批市级非物质文化遗产项目（沂蒙蓝印花传统服饰制作技艺）代表性传承人。

赵元亮 男，1957年生，蒙阴县垛庄镇人，临沂市餐饮协会副会长，蒙阴县餐饮协会会长。1974年毕业于蒙阴第五中学；后在蒙阴县垛庄镇桑园村村委会工作，并学习厨艺，挖掘传承地方特色饮食文化。2007年创立蒙山养心园大酒店。2016年创立蒙阴天佑园大酒店。获“临沂市沂蒙功臣”“临沂市旅游行业先进个人”“临沂市餐饮业品牌发展领军人物”“改革开放40周年临沂市餐饮行业·先锋人物”等称号。2021年12月，被认定为临沂市第六批市级非物质文化遗产项目（赵家扣肉）代表性传承人。

赵西良 男，1942年生，蒙阴县人。自幼喜欢画画，父亲赵圣全是烙画葫芦传承人，少年时期在父亲的指导下开始学习烙画葫芦技艺。起初只能烙些简单的花鸟生肖，随着烙画基本功的逐渐扎实，所烙较为复杂的牡丹、荷花等花卉和人物肖像惟妙惟肖。赵西良把技艺毫无保留地传授给生活水平尚低的乡亲，助力他们脱贫。2021年12月，被认定为临沂市第六批市级非物质文化遗产项目（烙画葫芦）代表性传承人。

赵玉侠 女，1962年生于兰陵县长城镇大马庄村的一个曲艺世家，自幼随父亲赵方杰学习琴书表演，兼攻扬琴演奏。12岁时，与父亲搭档在兰陵、郯城、临沂、新沂、邳州等地赶集说书。她声音高亢亮丽，拖腔婉转优美，韵味悠长。经过多年的演出，她熟练掌握山东琴书的曲牌特点，对小八板、老八板及四句腔特点和演唱技巧更加娴熟，尤其擅长老四句腔的表演，后老四句腔衍变出凤阳歌、银扭丝、快板、赶板、垛子板等调式，赵玉侠认真学习吸收，并能够根据各个曲牌的旋律特征和音乐表现色彩，创作具有时代精神元素的新词新作。2021年12月，被认定为临沂市第六批市级非物质文化遗产项目（山东琴书）代表性传承人。

赵福云　女，1987年生，兰陵县南桥镇北桥村人，兰陵绳编第五代传人、山东省工艺美术协会会员、临沂市民间文艺家协会理事、临沂市乡土艺术人才。受家族影响，自幼掌握了绳编技艺，多年来经过市场调查和研究，创新发展立体绳编，在南桥镇北桥村创办手艺工作室。创编作品2000余件，作品畅销国内外。积极参加全国各地展览会和非遗宣传月活动，参加非遗进校园、进景区、进社区活动，受邀到各省市传授绳编技艺。原创多项作品获注册商标、版权。2019年，获“两岸四地中华非物质文化遗产风云人物”称号。2021年12月，被认定为临沂市第六批市级非物质文化遗产项目（兰陵绳编）代表性传承人。

胡发科　男，1969年生，临沂市兰山区人，山东省书法家协会会员，兰山区书协理事。2000—2018年，从事文玩生意，不断传拓一些古砖、碑碣、铜镜、古砚、老墨等，经过多次试验后，将红、黑两色同时用在一幅作品中，成为全国为数不多的套色拓尝试者；开发出“木雕传拓”新的艺术门类。2019年，就职于临沂市天泽木文化博物馆，依托丰富的馆藏文物进行专业传拓，并衍生出与传拓技艺相关的各类文创产品；文创产品《百鸟朝凤》获临沂市文旅局文创产品大赛优秀奖。2020年，作品《万众归心》获临沂市文联、临沂市民间艺术家协会举办的庆祝中国共产党成立一百周年作品展大奖。2021年12月，被认定为临沂市第六批市级非物质文化遗产项目（传拓技艺）代表性传承人。

郝仕启　男，1966年生，平邑县仲村镇南昌乐村人。自幼心灵手巧，对手工技艺情有独钟。受父亲影响，熟练掌握了金属丝编织技艺，并不断创新制作工艺，产品不断推陈出新。他采用不同规格、不同颜色的铝线，研究开发出了自行车、摩托车、机器人、发财树、百灵鸟、孔雀开屏、凤凰展翅、十二生肖等几十种产品，既可作为玩具，也可作为陈设，满足不同人群的需求。2016年5月，作品在中国（寿光）文化产业博览会非遗精品展中获优秀奖。2017年4月，作品《巨龙腾飞》在第五届潍坊工艺美术系风筝博览会上获金奖。2018年5月，在中国（寿光）文化产业博览会非遗精品展中获一等奖。2020年9月，作品《九龙戏珠》在第二届临沂市旅游商品创意设计大赛中获优秀奖。2021年6月，作品《东方巨龙》在临沂市庆祝中国共产党成立100周年暨“千秋伟业　百年风华”红色非遗展演中荣获二等奖。2021年12月，被认定为临沂市第六批市级非物质文化遗产项目（郝氏金属丝编艺技艺）代表性传承人。

柴秀成　男，1969年生，平邑县平邑街道同台庄村人，执业医师。柴秀成少时承袭家学，酷爱中医，随父侍诊，尽得家传，苦研《内经》《金匮》《伤寒论》等典籍，深得岐黄之要。传承“柴氏鼻炎灵”三十余年，将家传技法与现代医学相结合，形成独特的使用方法，除有效治疗急性鼻炎、慢性鼻炎、变应性鼻炎（过敏性鼻炎）、干燥性鼻炎、萎缩性鼻炎、鼻息肉、鼻前庭炎、血管运动性鼻炎、药物性鼻炎外，还可应用于急性中耳炎、结膜炎、角膜炎、泪囊炎和部分皮肤病的治疗。成功申请国家专利和商标，2018年创建柴氏健康服务中心。2021年12月，被认定为临沂市第六批市级非物质文化遗产代项目（柴氏鼻炎灵）代表性传承人。

高　翔　男，1973年生，沂南县大庄镇人。1993年跟随父亲学习烧鸡制作，继承高氏烧鸡制作技艺并不断创新发展，在保留原有配方独特口味的基础上，对煮制工艺等核心制作技术进行积极探索，研制出悬浮煮制、航吊出锅的先进生产工艺，形成咸淡适口、香而不腻的独特风味，大胆改革流水线中烧鸡产品的上色工艺，摒弃油炸上色技术，改用白糖上色，产品质量有了质的提升。2007年8月，“高来德”被认定为山东省著名商标；2008年5月，高来德烧鸡被评为山东名吃；2012年，获山东省食品行业评委感官质量奖；2014年，获第七届山东省食品行业（肉制品类）十大品牌企业并被山东省商务厅评为山东老字号企业。2016年，成立山东德祥苑食品有限公司，高翔担任董事长。2021年12月，被认定为临沂市第六批市级非物质文化遗产项目（高来德烧鸡制作技艺）代表性传承人。

高玉峰　男，1973年生，沂南县人，临沂德力康医疗康复器械有限公司总经理。幼随父亲学习蜡泥制作，从事高氏蜡泥疗的研发及临床应用30余年，已开设蜡泥疗体验馆17处，从业人员130人，使传统蜡泥疗得到进一步传承和发展。初步形成“公司+医养+基地”的蜡泥疗产业发展格局。高玉峰积极与旅游企业合作，借助旅游业的发展，开拓高氏蜡泥疗的应用市场，使蜡泥疗项目得到更好的保护和传承。2021年12月，被认定为临沂市第六批市级非物质文化遗产项目（高氏蜡泥疗）代表性传承人。

耿金梁　男，1984年生，蒙阴县人。2003年7月随父行医，引导病人采取健康饮食方式，注重对患者的心理疏导与抚慰，并开展网上诊断业务。2018年11月，当选山东省健康管理协会生殖健康专业委员会委员。2020年11月，做为特邀嘉宾参加中国民族协会民间医药发展工作委员会首届民间医药传承创新交流大会。2021年3月被评为蒙阴县2020年度“优秀文化传承人”；12月，被认定为临沂市第六批市级非物质文化遗产项目（耿氏传统自然疗法）代表性传承人。

殷开友　男，1969年生，沂水县安子庄村人，安子庄村周姑戏剧团团长。他师从殷周年、李宗成、黄家坤等老一代演员，工老生，擅器乐，学习刻苦，演技精湛，熟练掌握20余出戏，是戏剧团的核心人物。他带领戏剧团利用农闲时节、节假日，在周围村庄、乡镇表演，每年演出一百余场。多次参加县、镇组织的文艺会演，获县、镇文艺表演奖。2021年12月，被认定为临沂市第六批市级非物质文化遗产项目（周姑戏）代表性传承人。

黄宜昌　男，1969年生，沂南县大庄镇人，大庄烧鸡第五代传人。1989年，继承父亲的事业从事烧鸡加工。2000年2月，注册“大庄”商标，2002年11月，成立沂南县大庄烧鸡有限公司。2016年6月，投资1.2亿元建设大庄烧鸡产业园，2017年，沂南县大庄烧鸡有限公司变更为山东大庄烧鸡有限公司。公司先后被认定为“中国商标优秀企业”“市级守合同重信用企业”“市级百名诚信重义经营者”；大庄烧鸡被认定为“山东名吃”“临沂市名优农产品”“山东省食品行业十佳品牌”“山东省著名商标”，获“国际专利与名牌博览会金奖”，被中外新闻摄影报推荐为“中华名吃”。2021年12月，被认定为临沂市第六批市级非物质文化遗产项目（大庄烧鸡制作技艺）代表性传承人。

黄应圣　男，1963年生，郯城县人。1983年拜郯城县果园新村按摩医生于志武为师，学习内家功法和摸骨扶正调筋法，熟练掌握了点击、滚、推、敲、拉、刮、调等扶正、推拿、按摩手法。三年学成出师，独立行医治病，运用扶正调筋与推拿按摩、松筋活络结合的方法，对肌肉、神经、肌腱，进行疏通治疗，在治疗颈椎、胸椎、腰椎间盘突出、脊柱弯曲、盆骨变形等骨骼类疾病方面效果明显。经多年实践，黄应圣治愈数万骨骼类疾病患者，为他们提供优质保健服务，积累了丰富的临床实践，总结出了摸骨诊断、扶正调理、调筋疏通、愈后保健的四步治疗法，在鲁南苏北享有很高的声誉。2021年12月，被认定为临沂市第六批市级非物质文化遗产项目（传统摸骨扶正调筋法）代表性传承人。

黄传斌　男，1977年生，沂水县许家湖镇八宝庄人。从事制砚30余年，累计制砚1万余方，是沂水徐公砚制作的代表性人物。黄传斌生于制砚世家，家传严密，十几岁开始学习制砚，深得祖父和父亲真传，技艺超群。2010年，参加山东工艺美院、文化部、教育部、人社部举办的中国非物质遗产文化人群研修研习培训计划雕刻技艺研修班，制砚水平得到质的提升。2014年，拜亚太工艺美术大师刘克唐为师。作品细腻典雅，气韵饱满，浑然天成，受到专家和群众的认可。先后被吸收为山东工艺美术协会会员、中华炎黄文化研究会砚文化委员会会员、山东省鲁砚协会会员，2014年被评为临沂市工艺美术大师，2016年被评为山东省工艺美术名人，2017年被评为鲁砚名家。作品先后获神龙杯山东省工艺美术设计创新金奖，第十六届中国工艺美术大师精品博览会中国工艺美术金奖，第六届中国（山东）工艺美术精品博览会神龙杯设计创新金奖等。2021年12月，被认定为临沂市第六批市级非物质文化遗产项目（徐公砚）代表性传承人。

崔士广　男，1959年生，费县人，唢呐演奏艺术家、作曲家。20岁考入临沂教师进修学院，后师从山东艺术学院唢呐演奏家刘炳臣，唢呐演奏技艺大幅度提升，逐渐形成自己独特的演奏风格，可以用不同调式吹奏几十首传统唢呐曲牌。代表作品《桃红》《十样景》《红嫂情》《打枣》等。1979年参加省、地文艺会演，吹奏的《赶山会》获省、地一等奖。1994年，在山东省薛国杯唢呐大赛中，吹奏的《放驴》获一等奖，《踏青》获二等奖。2000年吹奏的《农家乐》和2005年吹奏的《丰收大家园》在山东省少数民族会演中均获一等奖。崔士广醉心于音乐教育，培养的器乐、声乐生考入大学的达百余人。2004年，参加山东省柳琴戏剧节演出，获一等奖；两次出访韩国参加文化交流演出，受到韩国观众的欢迎。2005年，参加中央电视台举办的《沂蒙山小调》大型演出。2021年12月，被认定为临沂市第六批市级非物质文化遗产项目（崔家唢呐）代表性传承人。

程正银　女，1986年生，兰陵县人。毕业于临沂艺术学校，拜柳琴戏著名表演艺术家、国家级非物质文化遗产传承人张金兰为师，得到张派艺术的真传，熟练掌握张派柳琴戏演唱特点。2019年，任兰陵县柳琴剧团副团长，搜集整理十余部传统大戏，组织复排传统剧目《金镯玉环记》《小姑贤》《墙头记》《屠夫状元》等。三次获“山东省戏剧红梅大赛”二等奖；主演的柳琴小戏《山花一束祭父母》《祖国不会忘记》《归雁》均获奖。2021年被评为山东省“齐鲁文化之星”；12月，被认定为临沂市第六批市级非物质文化遗产项目（柳琴戏）代表性传承人。

彭翔学　1988年生，莒南县人，山东省工艺美术协会会员，临沂市民间文艺家协会理事，临沂市非物质文化遗产保护传承与科学普及研究会理事，临沂市优秀青年文艺人才培养“薪火计划”青年文艺拔尖人才。自幼酷爱书法、绘画、各种小制作等。8岁时跟随父亲彭有怀学习黄杨木雕刻、刻章技艺，在技法、雕刻语言及创作理念方面形成自己的风格。其作品造型严谨，整体感强，线条简练，古拙雄健，手法夸张，极具神韵。2012年3月始，先后到湖北十堰，江苏徐州、苏州，浙江东阳、温州、嵊州等地学习雕刻技艺，得到中国工艺美术大师吴尧辉指导，雕刻水平和技艺得到较大提升。作品以田园景物和人物雕刻见长，雕刻的知了、丝瓜、玉米系列作品形态各异，细致逼真。2018年4月，作品《飞黄腾达》系列在第十届中国（山东）工艺美术博览会上获金奖，12月，作品《希望》在中国工艺美术协会主办的首届“雕圣杯”根雕现场创作大赛上获银奖。2019年4月，作品《丝瓜与螳螂》在第十一届中国（山东）工艺美术博览会上获金奖。2020年5月，作品《花香蝶自来》在第十三届中国（山东）工艺美术博览会上获金奖；7月，作品《争鸣》在第十二届中国（山东）工艺美术博览会上获金奖。2021年，作品《田趣》被山东省工艺美术协会认定为“2020山东工美年度精品”最高奖。2021年12月，被认定为临沂市第六批市级非物质文化遗产项目（莒南黄杨木雕）代表性传承人。

解印权　男，1981年生，临沭县人。生于柳编世家，自幼跟父母一起做柳编工作。1997年，开始学习各种花样编制。2005年，他进入当地工艺品公司学习。他自创整体竖编法，编制的小金鱼外观更加美观，活灵活现。2011年11月，作品《龙腾盛世》在第二届国际林业产业博览会暨第四届中国义乌国际森林产品博览会上获金奖。作品《雄鹰》获山东省工艺品博览会银奖。他先后在新疆石河子大学、中国矿业大学等高校授课，向学生传授柳编技艺。2021年12月，被认定为临沂市第六批市级非物质文化遗产项目（临沭柳编）代表性传承人。

樊　森　1982年生，郯城县港上镇樊埝村人，郯城木旋玩具第十三代传承人。临沂市工艺美术大师，郯城县润泽木制品有限公司法人。自幼受家庭影响，酷爱木旋玩具制作。2002年，师从徐思民教授在山东工艺美术学院艺术学系进修学习，期间建立自己的工作室。2013年成立公司。长期潜心研究木旋玩具文化，坚持传统技艺的传承和适合当代市场的创作。2021年12月，被认定为临沂市第六批市级非物质文化遗产项目（木旋玩具）代表性传承人。

颜廷远　男，1960年生，罗庄区黄山镇人。16岁学艺，师从苑希德，18岁出师，开始说唱渔鼓，说唱书目30余部，足迹遍布鲁南苏北一带，并收徒授艺。2016年加入罗庄区柳琴剧团，多次参加罗庄区组织开展的公益文化活动。在黄山镇小学开展非遗进校园活动，受到师生一致好评。2021年12月，被认定为临沂市第六批市级非物质文化遗产项目（鲁南渔鼓）代表性传承人。

魏生国　男，汉族，1976年生，费县人。中国民间文艺家协会会员，山东省民间文艺家协会会员，临沂市民间文艺家协会理事，费县民间文艺家协会主席。他很小就会做糖画，22岁开始专职制作糖画。在山西、河南、陕西、内蒙古等地赶庙会卖糖画。2016年10月首开直播，他的快手账号“魏国糖画”粉丝量达62.3万人。2018年，魏生国受邀参加在马来西亚吉隆坡举办的中华传统文化展览。2020年，参加中央电视台《春晚进行时》的拍摄。2021年12月，被认定为临沂市第六批市级非物质文化遗产项目（糖画制作技艺）代表性传承人。

附录

附　录

临沂市市级非物质文化遗产保护与管理暂行办法

第一条　为有效保护和传承市级非物质文化遗产，加强保护工作的管理，特制定本办法。

第二条　本办法所称“市级非物质文化遗产”是指列入临沂市政府批准公布的市级非物质文化遗产名录中的所有非物质文化遗产项目。

第三条　市级非物质文化遗产的保护，实行“保护为主、抢救第一、合理利用、传承发展”的方针，坚持真实性和整体性的保护原则。

第四条　市文化行政部门负责组织、协调和监督全国范围内市级非物质文化遗产的保护工作。县文化行政部门负责组织、协调和监督本行政区域内市级非物质文化遗产的保护工作。市级非物质文化遗产项目由市文化行政部门负责组织、监督该项目的具体保护工作。

第五条　市文化行政部门组织制定市级非物质文化遗产保护整体规划，并定期对规划的实施情况进行检查。县文化行政部门组织制定本行政区域内市级非物质文化遗产项目的保护规划，经市文化行政部门批准后组织实施，并于每年十一月底前向市文化局提交保护规划本年度实施情况和下一年度保护工作计划。

第六条　市级非物质文化遗产项目应当确定保护单位，具体承担该项目的保护与传承工作。保护单位的推荐名单由该项目的申报地区或者单位提出，经当地专家审议后报市文化局认定。

第七条　市级非物质文化遗产项目保护单位应具备以下基本条件：

（一）有该项目代表性传承人或者相对完整的资料；

（二）有实施该项目保护计划的能力；

（三）有开展传承、展示活动的场所和条件。

第八条　市级非物质文化遗产项目保护单位应当履行以下职责：

（一）全面收集该项目的实物、资料，并登记、整理、建档；

（二）为该项目的传承及相关活动提供必要条件；

（三）有效保护该项目相关的文化场所；

（四）积极开展该项目的展示活动；

（五）向负责该项目具体保护工作的当地人民政府文化行政部门报告项目保护实施情况，并接受监督。

第九条　市文化行政部门统一制作市级非物质文化遗产项目标牌，由县级人民政府文化行政部门交该项目保护单位悬挂和保存。

第十条　市文化行政部门对市级非物质文化遗产项目保护给予必要的经费资助。县级人民政府文化行政部门应当积极争取县政府的财政支持，对在本行政区域内的市级非物质文化遗产项目的保护给予资助。

第十一条　市级非物质文化遗产项目保护单位根据自愿原则，提出该项目代表性传承人的推荐名单，经县级文化局组织专家评议后，报市文化局批准。

第十二条　市级非物质文化遗产项目代表性传承人应当符合以下条件：

（一）完整掌握该项目或者其特殊技能；

（二）具有该项目公认的代表性、权威性与影响力；

（三）积极开展传承活动，培养后继人才。

第十三条 市级非物质文化遗产项目代表性传承人应当履行传承义务；丧失传承能力、无法履行传承义务的，应当按照程序另行认定该项目代表性传承人；怠于履行传承义务的，取消其代表性传承人的资格。

第十四条 市文化行政部门组织建立市级非物质文化遗产数据库。如有条件，应建立市级非物质文化遗产博物馆或者展示场所。

第十五条 市文化行政部门组织制定市级非物质文化遗产实物资料等级标准和出入境标准。其中经文物部门认定为文物的，适用文物保护法律法规的有关规定。

第十六条 市级非物质文化遗产项目保护单位和相关实物资料的保护机构应当建立健全规章制度，妥善保管实物资料，防止损毁和流失。

第十七条 县级人民政府文化行政部门应当鼓励、支持通过节日活动、展览、培训、教育、大众传媒等手段，宣传、普及非物质文化遗产知识，促进其传承和社会共享。

第十八条 县级人民政府文化行政部门应当对市级非物质文化遗产项目所依存的文化场所划定保护范围，制作标识说明，进行整体性保护，并报市级人民政府文化行政部门备案。

第十九条 县级人民政府文化行政部门可以选择本行政区域内的市级非物质文化遗产项目，为申报“省级非物质文化遗产保护名录”，向市人民政府文化行政部门提出申请。

第二十条 市级非物质文化遗产项目的名称和保护单位不得擅自变更；未经市人民政府文化行政部门批准，不得对市级非物质文化遗产项目标牌进行复制或者转让。市级非物质文化遗产项目的域名和商标注册和保护，依据相关法律法规执行。

第二十一条 利用市级非物质文化遗产项目进行艺术创作、产品开发、旅游活动等，应当尊重其原真形式和文化内涵，防止歪曲与滥用。

第二十二条 市级非物质文化遗产项目含有临沂市秘密的，应当按照临沂市保密法律法规的规定确定密级，予以保护；含有商业秘密的，按照市里有关法律法规执行。

第二十三条 各级人民政府文化行政部门应当鼓励和支持企事业单位、社会团体和个人捐赠市级非物质文化遗产实物资料或者捐赠资金和实物用于市级非物质文化遗产保护。

第二十四条 市人民政府文化行政部门对在市级非物质文化遗产保护工作中有突出贡献的单位和个人，给予表彰奖励。

第二十五条 市人民政府文化行政部门定期组织对市级非物质文化遗产项目的保护情况进行检查。市级非物质文化遗产项目保护单位有下列行为之一的，由各级人民政府文化行政部门责令改正，并视情节轻重予以警告、严重警告，直至解除其保护单位资格：

（一）擅自复制或者转让标牌的；

（二）侵占市级非物质文化遗产珍贵实物资料的；

（三）怠于履行保护职责的。

第二十六条 有下列行为之一的，对负有责任的主管人员和其他直接责任人员依法给予行政处分；构成犯罪的，依法追究刑事责任：

（一）擅自变更市级非物质文化遗产项目名称或者保护单位的；

（二）玩忽职守，致使市级非物质文化遗产所依存的文化场所及其环境造成破坏的；

（三）贪污、挪用市级非物质文化遗产项目保护经费的。

第二十七条 本办法由市人民政府文化行政部门负责解释。

第二十八条 本办法自 2007 年 10 月 1 日起施行。

临沂市市级非物质文化遗产代表性传承人认定与管理办法

第一章　总　则

第一条　为弘扬中华优秀传统文化，有效保护和传承市级非物质文化遗产代表性项目，鼓励和支持市级非物质文化遗产代表性传承人开展传承活动，根据《中华人民共和国非物质文化遗产法》《山东省非物质文化遗产条例》等有关法律法规，参照《山东省省级非物质文化遗产代表性传承人认定与管理办法》，结合我市实际制定本办法。

第二条　本办法所称市级非物质文化遗产代表性传承人，是指承担市级非物质文化遗产代表性项目传承责任，在特定领域内具有代表性，并在一定区域内具有较大影响，经市文化和旅游局认定的传承人。

第三条　市级非物质文化遗产代表性传承人认定与管理应当以习近平新时代中国特色社会主义思想为指导，坚持以人民为中心，弘扬社会主义核心价值观，保护传承非物质文化遗产，推动中华优秀传统文化创造性转化、创新性发展。

第四条　市级非物质文化遗产代表性传承人认定与管理，应当立足于完善非物质文化遗产传承体系，增强非物质文化遗产的存续力，尊重和保障传承人的主体地位与基本权益，注重社区和群体的认同感。

第五条　市级非物质文化遗产代表性传承人应当锤炼忠诚、执着、朴实、包容的品格，增强使命和担当意识，提高传承实践能力，在开展传承、传播等活动时遵守宪法和法律法规，遵守社会公德，坚持正确的历史观、国家观、民族观、文化观，铸牢中华民族共同体意识，不得以歪曲、贬损等方式使用非物质文化遗产。

第二章　申报与认定

第六条　市文化和旅游局每二至三年开展一批市级非物质文化遗产代表性传承人申报和认定工作。

第七条　认定市级非遗代表性项目代表性传承人，应当坚持公开、公平、公正的原则，严格履行申报、审核、评审、公示、审批、公布等程序。

第八条　申报市级非物质文化遗产代表性传承人应具备以下基本条件：

（一）爱岗敬业，遵纪守法，德艺双馨；

（二）居住或长期工作在该项市级非物质文化遗产代表性项目流布地区；

（三）长期从事该项非物质文化遗产传承实践，熟练掌握其传承的市级非物质文化遗产代表性项目知识和核心技艺的县级传承人；

（四）在特定领域内具有代表性，并在一定区域内具有较大影响；

（五）在该项市级非物质文化遗产代表性项目传承中具有核心、示范作用，积极开展传承活动，培养后继人才。

仅从事非物质文化遗产资料收集、整理和研究，不直接从事传承工作的人员，不得认定为市级非物质文化遗产代表性传承人。

第九条　公民提出市级非物质文化遗产代表性传承人申请的，应当向市级非物质文化遗产代表性项目所在地县（区）文化和旅游局如实提交下列材料：

（一）申请人基本情况，包括姓名、年龄、性别、民族、文化程度、职业、工作单位、从业时间、被认定为县（区）级非物质文化遗产代表性传承人时间及个人简历等；

（二）申请人的传承谱系或师承脉络、学习与实践经历；

（三）申请人所掌握的非物质文化遗产知识和核心技艺、成就及相关证明材料；

（四）申请人授徒传艺、参与社会公益性活动等情况；

（五）申请人持有该项目的相关实物、资料的情况；

（六）申请人志愿从事非物质文化遗产传承活动，履行代表性传承人相关义务的声明；

（七）其他有助于说明申请人具有代表性和影响力的材料。

第十条 传承人所在县（区）文化和旅游局收到申请材料后，应当组织专家进行审核，结合该项目在本行政区域内的分布情况和项目传承发展状况，提出推荐人选和审核意见，连同申报材料和审核意见一并报送市文化和旅游局。

第十一条 市文化和旅游局对收到的申请材料进行复核。符合要求的，进入评审程序；不符合要求的，退回材料并说明理由。

第十二条 市文化和旅游局组织市级非物质文化遗产代表性传承人评审委员会，评审委员会由非物质文化遗产方面的相关专家组成，评审委员会成员与申请人有利益关系的，在评审与其有关的申请人时应当回避。

评审委员会对推荐认定为市级非物质文化遗产代表性传承人的人选进行初评和审议。

第十三条 评审委员会对申请材料进行审议，并组织现场答辩，根据现场答辩结果，提出市级非物质文化遗产代表性传承人推荐人选。

第十四条 市文化和旅游局对评审委员会提出的市级非物质文化遗产代表性传承人推荐人选向社会公示，公示期为 20 日。

第十五条 公民、法人或者其他组织对市级非物质文化遗产代表性传承人推荐人选有异议的，可以在公示期间以书面形式实名向市文化和旅游局提出。

公示期满后，评审委员会召开会议，审议公示期间社会公众及有关部门反馈意见，提出市级非遗代表性项目代表性传承人建议名单。

第十六条 市文化和旅游局根据评审委员会的审议意见和公示结果，审定市级非物质文化遗产代表性传承人名单，并予以公布。

第三章 权利与义务

第十七条 市级非物质文化遗产代表性传承人享有下列权利：

（一）开展项目知识和技艺传承传播、创作实践、学术研究等活动；

（二）依法合理利用非物质文化遗产代表性项目；

（三）参加教育培训，学习新知识和技艺；

（四）按照每年履行义务的评估结果获得相应等次的传习补助经费；

（五）对非物质文化遗产保护工作提出意见和建议；

（六）与非物质文化遗产保护传承相关的其他权利。

第十八条 市级非物质文化遗产代表性传承人承担下列义务：

（一）开展传承活动，培养后继人才；

（二）妥善保存相关实物、资料；

（三）配合文化和旅游主管部门及其他有关部门进行非物质文化遗产调查、记录和研究工作；

（四）积极参与非物质文化遗产公益性宣传等活动；

（五）接受文化和旅游主管部门的指导、管理和考核评估，定期向所在地县（区）文化和旅游局提交传承情况报告；

（六）其他与非物质文化遗产保护传承相关的义务。

第四章 服务与管理

第十九条 县（区）文化和旅游局根据需要，采取以下措施，对市级非遗代表性项目代表性传承人予以支持：

（一）提供必要的传承场所；

（二）提供必要的经费资助其开展授徒、传艺、交流等活动；

（三）指导、支持其开展非物质文化遗产记录、整理、建档、研究、出版等活动；

（四）支持其参加学习、培训；

（五）支持其参与展览、展示、展演等社会公益性活动；

（六）支持其开展传承、传播等活动的其他措施。

对无经济收入来源、生活确有困难的市级非物质文化遗产代表性传承人，所在地县（区）文化和旅游局应当协调有关部门积极创造条件，并鼓励社会组织和个人提供资助，保障其基本生活需求。

第二十条 市文化和旅游局应当建立市级非物质文化遗产代表性传承人档案，并及时更新相关信息。档案内容主要包括传承人基本信息、参加学习培训、开展传承活动、参与社会公益性活动情况等。

第二十一条 县（区）文化和旅游局应当根据实际情况，列明市级非物质文化遗产代表性传承人义务，明确传习计划和具体目标任务，报市文化和旅游局备案。

第二十二条 市级非物质文化遗产代表性传承人每年年初要根据项目保护规划，与项目保护单位和所在地县（区）文化和旅游局分别签订传承工作责任协议，明确传习计划和具体目标任务，每年年底应当向县（区）文化和旅游局提交传承情况报告。

第二十三条 市文化和旅游局应当定期对市级非物质文化遗产代表性传承人义务履行和传习活动补助经费使用情况进行评估。评估结果作为继续享有市级非物质文化遗产代表性传承人资格和相关权益的主要依据。

第二十四条 市文化和旅游局按照有关规定，对做出突出贡献的市级非物质文化遗产代表性传承人予以表彰和奖励。

第二十五条 建立市级非物质文化遗产代表性传承人退出机制，有下列情况之一的，经县（区）文化和旅游局核实后，报市文化和旅游局批准，取消其市级非物质文化遗产代表性传承人资格，并予以公布：

（一）丧失中华人民共和国国籍的；

（二）采取弄虚作假等不正当手段取得资格的；

（三）无正当理由不履行义务，累计两次评估不合格的；

（四）违反法律法规或者违背社会公德，造成重大不良社会影响的；

（五）自愿放弃或者其他应当取消市级非物质文化遗产代表性传承人资格的情形。

第二十六条 市级非物质文化遗产代表性传承人去世的，县（区）文化和旅游局可以采取适当方式表示哀悼，并及时将相关情况报市文化和旅游局。

第五章 附 则

第二十七条 本办法由市文化和旅游局负责解释。

第二十八条 本办法自公布之日起施行。原临沂市文化广电新闻出版局2015年6月13日发布的《临沂市市级非物质文化遗产代表性项目代表性传承人认定与管理办法》同时废止。

2021年7月26日

临沂市职业教育传承与创新非物质文化遗产策略研究

徐化国　左兴俊　石　真

文化传承与创新，是我国高等教育的四大职能之一。2011年胡锦涛主席在庆祝清华大学建校100周年大会上的讲话中指出："全面提高高等教育质量，必须大力推进文化传承创新。高等教育是优秀文化传承的重要载体和思想文化创新的重要源泉。"2014年国务院发布《现代职业教育体系建设规划（2014—2020年）》强调：要"深化文化艺术类职业教育改革，重点培养文化创意人才、基层文化人才、传承创新民族文化和民族工艺，推动文化产业成为国民经济支柱性产业"、"依托职业教育体系保护，传承和创新民族传统工艺与传统文化技艺，培养各民族文艺人才"、"弘扬民族优秀文化和现代工业文明，传承民族工艺文化中以德为先、追求技艺、重视传承的优良传统"。习近平总书记2014年5月4日在北京大学师生座谈会上的讲话中指出："中华文明绵延数千年，有其独特的价值体系。中华优秀传统文化已经成为中华民族的基因，植根在中国人内心，潜移默化影响着中国人的思维方式和行为方式。今天，我们提倡和弘扬社会主义核心价值观，必须从中汲取丰富营养，否则就不会有生命力和影响力。"2015年3月李克强总理在《2015年政府工作报告》中指出"文化是民族的精神命脉和创造源泉，要践行社会主义核心价值观，弘扬中华优秀传统文化"。2015年3月山东省教育厅印发的《山东省教育厅2015年工作要点》中提出要"实施《山东省学生德育综合改革行动计划》，深入开展社会主义核心价值观和中华优秀传统文化教育""举办全省职业院校经典诵读比赛"等，2015年7月教育部发出的《关于深化职业教育教学改革全面提高人才培养质量的若干意见（教职成）[2015]6号》文中指出"要把中华优秀传统文化教育系统融入课程和教材体系，在相关课程中增加中华优秀传统文化内容比重。各地、各职业院校要充分挖掘和利用本地中华优秀传统文化教育资源，开设专题的地方课程和校本课程。有条件的职业院校要开设经典诵读、中华礼仪、传统技艺等中华优秀传统文化必修课，并拓宽选修课覆盖面"，2015年10月教育部印发《高等职业教育创新发展行动计划（2015—2018年）（教职成）〔2015〕9号》文中提出"依托职业教育体系，保护、传承和创新民族传统工艺与非物质文化遗产，培养各民族文艺人才。支持高等职业院校加强民族文化和民间技艺相关专业的建设和人才培养。提升民族地区的高等职业院校支持当地特色优势产业、基本公共服务、社会管理的能力"。

文化传承与创新，职业教育义不容辞。追求技艺、重视传承，以精益求精、一丝不苟、专注坚持、专业敬业的工匠精神来加强职业教育技术、技能人才培养，是职业教育发展的必由之路。非物质文化遗产是优秀传统文化重要组成部分，临沂拥有丰富的非物质文化遗产资源，其中入选国家级非物质文化遗产保护名录4项、省级保护名录19项，确立市级保护名录117项，县级保护名录552项；入选国家级非物质文化遗产项目代表性传承人1人、省级传承人9人，确立市级传承人32人，县级275人。各类传统文化博物馆，传习所60余个，这些为临沂职业教育提供了丰富文化资源，为临沂职业教育可持续发展提供了不竭动力和有力支撑。

本文旨在对临沂市职业教育传承与创新非物质文化遗产的现状、存在的问题及策略进行探析，以期形成临沂职业院校办学特色，提高其核心竞争力，与此同时，在传承与创新非物质文化遗产方面发挥应有作用，担负起文化传承与创新的使命。

1. 临沂市职业教育与非物质文化遗产融合现状

1.1 临沂市非物质文化遗产发展现状

1.1.1 临沂市非物质文化遗产现状

（1）建立了国家、省、市、县四级保护名录和非物质文化遗产传承人名录。临沂是一座具有2500多年悠久历史的传统文化名城，东夷文化、齐鲁文化等地方特色传统文化为临沂留下了宝贵的精神遗产，非物质文化遗产资源十分丰富。临沂市建立了非物质文化遗产国家、省、市、县四级保护名录，建有非物质文化遗产项目代表性传承人名录，2014年3月，山东省文化厅对第四批省级非物质文化遗产项目代表性传承人推荐名单进行公示，临沂市省级非物质文化遗产保护项目龙灯扛阁传承人李玉常、《蒙山传说》传承人张莉、鲁南五大调传承人柏文泰、大仲村蓝印花布印染技艺相友文、兰陵美酒传统酿造技艺传承人刘剀、苍山泥塑传承人刘福祥进入公示名单。评选了首届临沂市十大民间艺人，他们完整掌握某项传统项目或者其特殊技艺，具有公认的代表性、权威性与影响力，能够积极开展传承活动，培养后继人才。（2）民间音乐、民间舞蹈极具地方特色。沂蒙民间音乐的内容极为丰富，主要包括沂蒙民歌、鲁南五大调、民间器乐曲、劳动号子等。民间舞蹈分为秧歌、假形舞、灯舞、鼓舞四大类，仅目前挖掘、收集到的就有55种之多，其中有5种已收入《中国民族民间舞蹈集成（山东卷）》，如苍山的“猴呱嗒鞭舞”，兰山的“大竹马舞”，临沭的“扑蝴蝶舞”，郯城的“双旱船舞”，河东的“龙灯扛搁”等。文艺工作者依据这些素材创作的舞蹈《揽秋》《王祥卧鱼》《绣荷包》《乡土之花》《醉鼓》《砚池畅想》等先后在省级以上文艺比赛中获奖，其中《揽秋》在全国第十届群星奖比赛中获得银奖，《王祥卧鱼》在全国“丰收杯”民族民间舞比赛中获得一等奖。（3）民间工艺、民间美术种类丰富。临沂民间工艺发展丰富，有泥玩具、木玩具、手绣艺术、石刻艺术、草柳编艺术，工艺精湛，品类繁多。例如泥木玩具，是以泥、木、竹等为主要原料制作的玩具，以苍山小郭、河东褚庄的泥玩具、郯城樊埝的木旋玩具最著名；手绣艺术，沂水高桥镇手绣艺术名闻遐迩，当地妇女用布头、彩线绣成的小鱼、荷花、小兔子、荷包、祺留、龙、凤等绣品惟妙惟肖。1996年，山东省文化厅正式命名我市沂水高桥为“山东民间刺绣艺术之乡”，2003年被文化部命名为“中国民间艺术之乡”；石刻艺术，临沂自古就有制作赏石的传统，民间石刻的历史可追溯到旧石器时代，1996年，莒南县被山东省文化厅命名为“山东民间石雕艺术之乡”，1997年，又被文化部命名为“中国石雕艺术之乡”；草柳编艺术，临沂市临沭、河东、莒南、费县、郯城等县区的草柳编业极为发达，工艺精湛，品类繁多。在长期的生产过程中逐步形成了“拟物”“混编”“上漆”“染色”等四大工艺特点，产品远销欧美40余个国家和地区，成为当地出口创汇的支柱性产业之一。临沂民间美术具有鲜明的地方特色，郯城的年画造型夸张，线条简练，色彩艳丽，体裁多样；平邑、苍山、郯城的蓝印花布，兰山、莒南的彩印花布，图案结构以小圆点、瓜子点、花瓣点、小块面、线、体等构成各种纹样和形象，构思精美，简洁明快，富有韵律和装饰风格；莒南、沂水、蒙阴等县的剪纸五色门笺，苍山、郯城、临沭的挖补门笺，纹样古朴，绚丽华美。（4）民间戏曲历史悠久。临沂市民间戏曲主要为柳琴戏，柳琴戏旧称“拉魂腔”，清代乾隆年间起源于临沂，流行于鲁南、苏北、皖北、豫东北一带，至今已有200余年的历史。“柳琴戏”的名称是新中国成立后，依据主要伴奏乐器柳叶琴所定名，其唱腔风格独特，男腔浑厚朴实，女腔委婉华美，以丰富多彩的花腔和独有的拖腔翻高区别于其它剧种。

在2006年12月公布的第一批省级非物质文化遗产名录中，临沂市的卧冰求鲤的传说、小郭泥塑、郯城木旋玩具、沂蒙山小调、郯马五大调、龙灯打阁、柳琴戏等7个项目榜上有名，其中柳琴戏为临沂与枣庄两市共同推荐，郯马五大调和日照市的满江红被合并为“鲁南五大调”，沂蒙山小调和成武“包楞调”被合并为“山东民歌”。2007年8月24日，临沂市人民政府正式发文公布了第一批市级非物质文化遗产名录，首批公布的市级非物质文化遗产项目有郯马五大调等共32个，包括民间文学5项，民间美术6项，民间音乐4项，民间舞蹈4项、戏曲3项、民间手工技艺5项、消费习俗2项、生产商贸习俗1项、民间知识1项以及与此相关的文化空间1项。2008年1月24日，文化部对“第二批国家级非物质文化遗产名录推荐项目名单”开始进行公示，临沂市郯马五大调项目与日照市同类项目合并为鲁南五大调以传统音乐类入选，另外柳琴戏作为传统戏剧类扩展进入第一批国家级非物质文化遗产名录，《柳琴戏》的代表性传承人张金兰入选省级第一批非物质文化遗产项目代表性传承人，临沂市现有柳琴剧团和郯城县柳琴剧团两个剧团。2008年12月，市政府又公布了《手指书法》《妞儿妞》《郯城唢呐曲》《双旱船》《东海孝女传说》《颜真卿系列传说》《纪王崮传说》《齐长城传说》《孟母传说》等9项第二批市级非物质文化遗产名录。2009年10月第二批省级非物质文化遗产名录正式对外公布，其中临沂市蒙阴县的蒙山传说、苍山县的猴呱嗒鞭和兰陵美酒传统酿造技艺成功上榜。

1.1.2 传承创新非物质文化遗产存在的问题

（1）对非物质文化遗产的重视程度不够。保护和利用好非物质文化遗产是落实科学发展观，实现经济社会的全面、协调、可持续发展的重要方面。目前，有关保护非物质文化遗产保护立法进程缓慢，针对各类文化遗产保护力度不够。各类文化遗产未全部纳入法律的保护范围，关于非物质文化遗产保护规划和相关制度未完善，教育部门和各级各类学校针对优秀的、体现民族精神与民间特色的非物质文化遗产内容编入有关教材较少，开展教学活动不足。（2）对非物质文化遗产的认定、保护工作不到位。随着经济现代化进程的加快，临沂文化生态发生了巨大变化，非物质文化遗产受到越来越大的冲击，一些依靠口授和行为传承的文化遗产正在不断消失，许多优秀传统技艺濒临消亡，大量有历史、文化价值的珍贵实物与资料遭到毁弃或流失，随意滥用、过度开发非物质文化遗产的现象时有发生，加强非物质文化遗产的保护已经刻不容缓。（3）对非物质文化遗产传承与创新资金投入较少。非物质文化遗产传承与创新方面的工作受到经费的制约，政府针对非物质文化遗产传承与创新工作的经费投入较少，缺乏非物质文化遗产传承与创新专项经费和基金，资金来源渠道有待拓展。

1.2 临沂市职业教育传承与创新非物质文化遗产现状

1.2.1 出版非物质文化遗产校本教材

传承与创新临沂传统文化，弘扬沂蒙文化血脉是临沂职业教育的重要使命，部分职业院校深入挖掘整理临沂市深厚的传统文化资源，整理、编撰了一系列详细介绍临沂非物质文化遗产的书籍，实现以文育人的作用。

1.2.2 职业院校开设了非物质文化遗产公共选修课

把沂蒙文化、非物质文化遗产有效融入教育教学也是职业教育发展的重要课题。例如临沂职业学院积极开设了非物质文化遗产选修课，包括陶艺、蓝布印花、国画装裱等，将优秀非物质文化遗产融进了课程体系，让学生在增强技能的同时，体验优秀传统文化精神的内涵。

1.2.3 建设有临沂非物质文化遗产特色场馆

校园建设体现临沂当地非物质文化特色。例如临沂大学校园主干道都以临沂籍的圣贤命名，书圣（王羲之）路、智圣（诸葛亮）路、算圣（刘洪）路等展现着沂蒙文化的深厚底蕴；楼宇建筑大多以临沂圣贤广为传诵的语词命名，致远楼、明义楼、锐思楼等励志意味十足。此外建设了五大场馆：红色馆、博物馆、王汝涛文史馆、王小古艺术馆、张寿民书画馆，成为沂蒙传统文化宣传的重要标志。

2. 临沂职业院校在传承与创新非物质文化遗产方面存在的问题

2.1 职业院校传承与创新非物质文化遗产仅停留在场馆建设、教材开发等基础层次

传统文化具有丰富的内涵，其宗旨在于传播中华文明，弘扬传统技艺，保护非物质文化遗产。职业教育针对学生进行的非物质文化遗产传承与创新教育不在于几个特色场馆的建设，几本校本教材的开发，需要提高深度。职业院校是培养高层次技术技能型人才基地，文化传承与突破创新需要建好平台，增进深化非物质文化遗产与现代应用的结合。

2.2 传承与创新非物质文化遗产未形成规模化、系统化

在当前的经济和社会发展形势下，传承与创新非物质文化遗产是继承中华文明的重要途径。但目前而言非物质文化遗产教育仍然不规范，仍处于探索之中。许多职业院校非物质文化遗产的教育传承未列入学校的常规教学计划，随意性较大，缺乏连续性、稳定性，未形成规模化、系统化。

2.3 职业教育与传承创新非物质文化遗产结合深度和广度不够

职业教育不仅应该是非物质文化遗产人才的培养基地，还应该成为非物质文化遗产传承人的培养基地。社会的发展推进艺术和技术的进步，随之而来当代人的审美水平提高，无法对一些形式粗糙、表演水平不高、内容简单的艺术产生共鸣。因此，提高职业教育与非物质文化遗产结合广度和深度也是一项重要任务。高职院校需要与非物质文化传承人、生产地长期合作，助推实践教学，挖掘共性，取长补短，作品创新，支持创业，促进非物质文化遗产项目产业化进程。

2.4 职业教育对传承创新非物质文化遗产的研究层次较低

职业教育传承与创新非物质文化遗产是一个系统复杂的过程，为了保证其处于良性发展状态，需要主动寻求促进职业教育传承与创新非物质文化遗产的根本性动力与可靠性依据，从而提高其发展的稳健性。目前而言职业院校对于如何更好地传承与创新非物质文化遗产研究层次不高。

3. 临沂市职业教育传承与创新非物质文化遗产的对策建议

3.1 职业院校成立非物质文化遗产传承与创新领导小组

从传承创新非物质文化遗产的全局出发，建议由政府文化主管部门联合职业院校成立传承创新非物质文化遗产领导小组，进一步加强理论和实践的研究。将政府文化主管部门、职业院校教务处、科研处、总务处、图书馆、相关特色系部吸纳入成员，制定《职业教育传承创新非物质文化遗产建设规划》，在职业教育与非物质文化遗产结合方面做出统一规划和部署，调控与优化专业结构布局，同时建立各子项目小组，负责建设、研究非物质文化遗产的传承与创新工作。领导小组可以下设几个子项目小组，包括“沂蒙书院”建设小组，民间传说文学小组，传统美术、音乐、舞蹈、戏剧小组，传承人讲座、开设选修课与课程开发小组，传统体育、游艺与杂技小组，非物质文化遗产一条街建设小组，非物质文化遗产研究小组，非物质文化遗产展览馆建设小组。各子项目小组分工明确，责任落实，加强建设。

3.2 职业院校建设具有地方传统文化特色的“蒙山书院”

打造具有临沂特色的国学文化品牌，在职业院校建立“蒙山书院”，建议以学院图书馆为依托，按照“六个统一”标准进行蒙山书院相关场馆的建设。即一个统一标牌；一尊孔子像；一个道德展室；一个国学讲堂；一个国学阅览室；一个临沂特色文化体验室。在活动内容上主要有五个板块，主要是经典诵读、国学普及、礼乐教化、道德实践、情趣培养等。

3.3 职业院校将非物质文化遗产特色的课程纳入职业教育相关专业人才培养方案

职业院校要把非物质文化遗产教育引入课堂，充分考虑学生兴趣，选择优秀传统技艺项目

开设公选课或第二课堂，开发具有当地非物质文化遗产特色的校本教材，纳入职业教育课程体系，将非物质文化遗产项目与专业建设深度融合，把优秀非物质文化遗产教育纳入职业教育人才培养方案。

3.4 职业院校建设传承与创新非物质文化遗产的学生社团

职业院校要推进非物质文化遗产社团建设，这是开展非物质文化遗产教育不可忽视的手段。社团是学生发挥才能，培养技艺的重要阵地，充分发挥社团学生的主动性，自主开展传承与创新非物质文化遗产活动，例如成立临沂羲之书法协会、临沂黑陶协会、临沂彩印花布协会等。把传统文化技艺传承与创新融入职业院校，以专业社团为载体，组织学生学习传统文化技艺，既提高学生的专业实践技能，又起到了传承与创新非物质文化遗产的作用。

3.5 职业院校建立地方非物质文化遗产展览馆

依托职业院校，建设非物质文化遗产展览馆，进行合理规划布局，吸引沂蒙非物质文化遗产代表性作品进入校园，让学生亲身感受非物质文化遗产魅力。例如临沂传统蓝印花布、彩印花布、黑陶产品、柳编等等都可以引入展览馆。

3.6 职业院校聘请代表性传承人建立技能大师工作室

联系临沂非物质文化遗产传承人、民间艺人来校，设立技能大师工作室。例如布艺工作室，可进行民间布艺作品设计制作开发系列产品；陶艺工作室，可开发制作陶艺产品；民间舞蹈工作室，可排练临沂非物质文化遗产中的舞蹈类作品，如《扑蝴蝶》《打花棍》等；民间音乐工作室，可组织师生排练沂蒙非物质文化遗产中的戏剧、音乐类作品，如《柳琴戏》《鲁南五大调》《弦子戏》《沂蒙山小调》等；民间传说工作室，可搜集整理临沂非物质文化遗产中的民间传说，组织学生进行听、讲，并可剧作排练。工作室运作可以结合学生创业创新素质教育，利用网络营销等手段进行市场化运作，以期成为学生创业项目，形成规模化、常态化、产业化、职业化的非物质文化遗产教育模式。

《赤子（上中旬）》（2016 年第 3 期）

山东临沂庙山镇　二胡奏响致富曲

记者　李　蕊

穿行于巷道间，耳畔传来悠悠琴声，时而缠绵，如歌如泣，时而激昂，荡气回肠。

循声探去，屋内，一位年轻小伙眯缝着眼睛，手持一把二胡，有节奏地一拉一推，美妙的琴声荡漾开来；身后，二胡挂满墙面。

见到记者，琴声戛然而止，小伙放下二胡，腼腆地笑道：“准备直播，提前试试新制的几把二胡。”

90 后小伙高超，从小对二胡“情有独钟”。他的家乡——山东省临沂市郯城县庙山镇乐泉村，以二胡制作而闻名。早在清末年间，乐泉村村民已开始手工制作二胡等民族乐器，距今已有百余年历史。高超一家，祖孙四代“情系”二胡。“在我很小的时候，父亲制二胡，我在旁边看，后来，我也爱上了二胡，渐渐学会了这门制作手艺。”高超说。

近年来，乐泉村通过党支部领办乐泉二胡合作社，吸纳乐器制作专业户，统一采购、联系货源。如今，几乎家家户户掌握二胡制作手艺，制作户达 105 户，占全村总户数 85% 以上，乐器远销山西、陕西、河南、安徽等20余个省份，年产值达4亿元。在乐泉村的辐射带动下，庙山镇众多村庄村民通过制作二胡踏上致富路，从业人员达2万余人。

为做优做强二胡特色产业，庙山镇因势利导，开设二胡制作培训课堂，定期举办二胡制作工艺大赛，进一步提高村民二胡制作工艺水平，提升“庙山二胡”的知名度、美誉度。同时，积极拓宽销售渠道，加大资金投入，建起孵化车间、培训基地等场所，开展电子商务培训班，从制作、开店、上架商品到店铺推广、直播带货等给予全程指导。

这几年，高超制琴技艺日益精湛，还学到不少电商技能，便把二胡制作工艺拍成短视频，发布到网络平台后，积攒了不少粉丝。“光抖音账号就有6万多名粉丝，每天晚上7点半，准时开始直播带货。”高超指尖轻抚二胡蒙皮端部，“用心做好每一把琴，才能得到顾客的青睐。”

临近春节，是一年中最忙碌的时候。他与妻子二人一同操持着小店，晚上直播带货，白天忙于打包发货。“现在，村里物流方便，家门口就能发货。”高超说。

“镇上加大对二胡产业重点扶持，制定《庙山镇关于加快农村电子商务发展的实施意见》《庙山镇关于物流公司进园区的规定》等制度文件，进一步规范产业发展，在土地、税务、通信等方面给予扶持和保障，整合邮政、供销、快递企业等公共资源，完善镇级服务中心为中转站，村级服务站为收发点的农村物流网络体系，实现了二胡产品的有序集散和高效配送。”庙山镇党委书记赵安宁说。

通过不断完善配套，为二胡产业发展保驾护航，目前，庙山镇生产的二胡还出口到欧美等地。然而，当下二胡产业整体仍以“传统手工作坊式”的加工生产发展模式为主，产品附加值较低，“低价走量”现象较为普遍，从长远来看，如何打破二胡产业发展瓶颈，实现转型突破？庙山镇以自身二胡产业优势为基础，以“山东手造”推进工程为契机，致力于打造集历史文化、民俗风情、非遗传承、国乐鉴赏、窗店厂网、政校企合作于一体的“国家级二胡（非遗）文化产业集群”，通过文化为产业赋能，强化产业平台和供应链体系建设，使非物质文化遗产焕发新的生命力。

“我们将依托政府、智库、科研院校等形成产业发展平台，集聚人才、科研、技术等优势资源要素，实现共聚交流和资源互通互助，加大二胡相关产品设计研发，搭建大数据互联网平台，上下游产业融合发展，打造集原材料加工、二胡及相关产品研发、乐器制造、交易展示、会务展览、商贸物流于一体的多元化产业园区，二胡产品将全面覆盖‘高、中、低’端市场。”赵安宁说。

“这里便是产业园区选址。”在乐泉村二胡博物馆对面，乐泉村党支部书记高庆林指着眼前一片土地，“随着二胡产业园的建设和使用，将把二胡加工集中在一起，便于更好地为制作销售二胡的村民服务，提供更多的就业岗位。未来，二胡产业将迈向规模化发展，生产产能及销售将扩大数倍，产品附加值同步提升，村民腰包会越来越鼓。”

谈及产业园区，高超眼里亮亮的：“搬进去后，将享受到更优质的配套资源，我有信心把小店做得更大，让更多的人聆听二胡、爱上二胡。”

《人民日报》（2023年01月26日第05版）

山东临沂：红色非遗提升革命线路“旅行热度”

“人人那个都说哎，沂蒙山好，沂蒙那个山上哎，好风光……”这首人们耳熟能详的《沂蒙山小调》，是山东省临沂市的代表性歌曲，也是沂蒙红色老区的特有符号。

1940年，“中国人民抗日军事政治大学第一分校”文工团团长袁成隆组织团员李林、阮若珊，在临沂市费县白石屋村创作了享誉国内外的《沂蒙山小调》。2006年，《沂蒙山小调》作为传统音乐被列入山东省第一批省级非遗项目名录。

为更好地保护和弘扬这一宝贵的文化资源，自2011年起，费县依托《沂蒙山小调》诞生地，以恢复1940年“中国人民抗日军事政治大学第一分校”文工团在此生活时期的村落场景为核心，将白石屋村建成一个活态博物馆。目前，当地已经形成了以“沂蒙人家”“沂蒙历史”“沂蒙风俗”“沂蒙物产”“沂蒙声音”“沂蒙味道”“大众日报社印刷所旧址”“沂蒙山小调纪念馆”等为主题的多个院落群。

《沂蒙山小调》唱出了沂蒙山的好风光，也唱红了它的诞生地——白石屋村。沿着沂蒙山银座天蒙旅游区的内部道路，步行约一公里，三面环山、风光优美的白石屋村便映入眼帘。村庄犹如其名，宅舍全部用白色的石头和稻草依山垒砌而成。白石屋村分上白石屋、下白石屋两个自然村。由于附近的山石都是白色的，石头摞石头，石头下面有悬空，类似小屋，白石屋村由此而得名。

白石屋村风光独特，但在旅游区开发以前，这里交通闭塞，游客稀少，村民只能靠山吃山。2011年，沂蒙山银座天蒙旅游区开发建设，它是集山地观光、运动休闲、民俗体验、红色旅游和休闲度假于一体的综合型人文生态旅游度假区。近年来，景区通过民宿、商业街、餐饮等带动了居民就业，推动了白石屋村的经济发展。

如今，为保护和弘扬沂蒙精神，沂蒙山银座天蒙旅游区将红色文化和研学旅游深度结合，精心打造了“沂蒙山小调诞生地”研学基地。走进掩映在山水间的沂蒙山小调诞生地，切身感受到乡村振兴为沂蒙山区带来的由“绿水青山”到“金山银山”的巨变，见证沂蒙精神在新时代的传承与弘扬，感受红色沂蒙精神脊梁崛起的磅礴力量。

临沂市是全国知名的革命老区，不仅拥有数不尽的红色故事，还有传承千百年的非遗民俗。革命战争年代，极具沂蒙山区特色的民俗文化，融入党和人民的革命斗争中，深深刻上了红色烙印。

“闯东北，下江南，不如在家编花篮。”这句俗语曾经在临沂市临沭县大街小巷流传。临沭县的柳编技艺有近1400年历史，2021年临沭柳编入选第五批国家级非物质文化遗产名录。近年来，临沭县大力发展柳编产业，目前有近10万人参与柳编产业，2022年实现产值40亿元，柳编成为当地重要的富民产业。

1939年朱村就成立了党支部，是临沭县最早建立党的基层组织的村庄之一。1944年1月24日（农历除夕），500多名日伪军向朱村发动了突然袭击。“枪声就是命令。”驻扎附近的八路军一一五师老四团八连听到枪声后，立即赶来营救朱村百姓，有24位八路军战士牺牲在这里。朱村负责人介绍，革命战争时期，朱村先后有近百人参军，共有8名村民牺牲。村民还踊跃腾房子、筹军粮、抬担架、救伤员，怀着对党的深情，倾其所有支援前线，是典型的“支前模范村”。

抗日战争和解放战争时期，无数临沭儿女背着柳编筐，走上前线，或者为前线的战士送去军粮。朱村几乎家家户户都会的柳编技艺，发挥了重要作用。

近年来，朱村以红色文化为主、历史文化和水乡文化为辅，完善了朱村游客中心、特色民宿等旅游配套设施，成功创建“山东省旅游特色村”。目前，朱村正在启动建设“一心五馆四街五巷三基地”。一心就是旅游接待中心；五馆即支前馆、民俗馆、村史馆、治淮馆、进士府；四街为朱雀大道步行街区、滨水休闲街区、主题购物街区、柳编活态商贸街区；五巷是拥军巷、支前巷、进士及第巷、民谣青石巷、农耕拾遗巷；三基地即乡村客栈、康养中心、三同教育基地。初夏时节，临沭县朱村迎来一批又一批红色研学的游客。

过去几年，临沂市开展全市非遗资源调查，深入挖掘民间文化艺术之乡、传统村落、美丽休闲乡村、乡村旅游重点村镇、历史文化名城名镇名村、“一村一品”示范村镇中的红色非遗资源，全面摸清分布状况与保护现状，分级、分类建立非遗档案，妥善保存相关实物、资料。

临沂市文化和旅游局将继续发挥全市红色非遗资源富集优势，挖掘阐释其时代价值、社会功用，创新表现方式。临沂将提高传统音乐、传统舞蹈、传统戏剧的实践频次和展演水平，支持传承人积极参加各类展演交流活动；加强红色非遗活化利用，推动红色非遗与旅游融合发展，支持发展乡村旅游、研学旅游；推出一批红色非遗主题旅游线路，培育一批非遗旅游体验基地，打造一批非遗研学旅游产品和演艺作品，建设一批红色非遗特色景区；鼓励合理利用红色非遗资源进行文艺创作和文创设计，提高非遗品质和文化内涵，打造一批非遗文创精品。

《中国文化报》（2023 年 6 月 10 日第 03 版）

临沂：盘活传统文化新 IP，激活破圈发展源动力

记者　乔　姝

汤汤沂水浸染千年，润泽琅琊古城一方沃土。作为山东文化名城，临沂是中华文明的重要发祥地之一，历史人文厚重，文化资源丰富。智圣诸葛亮在这里诞生，书圣王羲之、书法家颜真卿在这里濯笔泼墨，《孙子兵法》竹简兵书在这里出土，蛋壳陶展示出精湛的传统手工艺，沂蒙精神在这片红色热土上筑起精神高地。

文化是城市的灵魂，也是城市赖以延续的根脉。近年来，临沂市深耕人文沃土，立足本土、守正创新，不断盘活传统文化新 IP，助力城市破圈发展，推动文化“两创”焕发勃勃生机。

翰墨飘香，书法传承融入时代脉动

作为书圣王羲之、书法家颜真卿故里，书法成为临沂不可或缺的文化因子。临沂市高度重视书法艺术的传承与发展，打造“中国书法名城”城市文化品牌。

自 2003 年起，临沂市举办了十八届书圣文化节，对助推临沂文化产业发展起到了重要作用。2022 年 9 月，以“笔墨·新力”为主题的书圣文化节拉开帷幕，在“书圣”王羲之诞辰 1719 周年之际，借“书圣故里”之文化标签，树立文化“两创”新标杆。

书圣故里·中国临沂—中国书法临书大会、第三届“颜真卿奖”全国书法篆刻作品展、第七届“沂蒙墨香”临沂市青少年书法展、书法名家线上直播展览……文化节包含品类众多的书法艺术展览活动，特色鲜明、品牌响亮，艺术层次和专业高度得以彰显。

在此期间，临沂创新举办互动性强、参与面广的群众性文化活动。书法文化“四进”文艺惠民活动聚焦传承弘扬沂蒙精神，组织书法家深入机关、学校、企业、社区等基层一线开展主题创作、赠送书法作品、书法培训等志愿服务活动；第二届“又见兰亭序”临沂全民书法大会组织百名书法家和书法爱好者同写《兰亭集序》，盛况非凡；由 180 多个摊位组成的书圣雅集，吉祥物“沂蒙书娃”升级版等系列文创产品，借传统文化传承之势，助推文旅融合产业发展。

翰墨飘香融入时代脉动，书法文化链接历史与现代，展示了古城琅琊的千年文化风韵。

“山东手造·产自临沂”，让手造扮靓生活

近年来，临沂市强化对非遗、文创等产业的扶持引导，为文化企业发展搭台筑巢，连续三届被山东省委、省政府授予“文化强省建设先进市”

称号。

在全省“五进”活动中，临沂作为7个现场之一，面向全省推介沂蒙手造；以“让手造扮靓生活”为主题，全力打造了“山东手造”临沂展示体验中心、临沂馆、兰陵馆；先后举办“激活蒙山”非遗购物节、临沂大剧院文化创意市集、临沂书圣文化节书圣雅集等活动，吸引十多万群众广泛参与。

2022年，临沂市9家企业入选“山东手造·优选100”；建设非遗工坊186处，打造手造特色乡村33个，认定手造传承人60名，其中费县手绣工坊入选“全国非遗工坊典型案例”（全省3个），费县手绣、琅琊草编织工坊入选省级非遗工坊。

“费县手绣作为省级非物质文化遗产，一针一线展现沂蒙地区民风民俗，也紧跟时代步伐，在传承中创新发展。”费县手绣传承人卞成飞表示，“不出门不出院，看着孩子做着饭，天天都能把钱赚。”手造产品从“小手艺”发展成“大产业”，乡亲们在家门口就能就业创收。卞成飞创办了非物质文化遗产费县手绣实训基地，采用“培训+传承”的模式、“固定+灵活”的就业方式，将费县手绣这一传统技艺传承好的同时，培训带动1500余人就业创业，年产值800多万元。

“山东手造·产自临沂”推进工程，有力地推动了手造产业发展，2022年，临沂市非遗类产品销售额突破71亿。临沭县全力构建柳编产业链，形成了上联龙头企业、下联基地农户、内联电商平台、外联国际市场的特色产业化集群；郯城县庙山镇乐器制作从业人员达到1万余人，二胡产销量占全国50%以上；郯城县红花镇中国结从业人员达到7.6万余人，产业份额达到全国市场的70%；郯城木旋玩具实现年产值3000万以上，产品远销日本、韩国等30多个国家，带动周边2万多人就业。

山东手造在传承文化、扮靓生活的同时，实现了从“指尖技艺”到“指尖经济”的跃升，带动村民增收致富，引领文创产业发展。目前，临沂已经形成了以大型文创企业为龙头、以中小微企业为基础的文化市场主体格局，初步形成门类较为齐全的文化产业结构。

以数字化盘活传统文化新IP

以数字文化产业为发力点，临沂不断拓展文化旅游、印刷出版等传统优势产业新产能，运用创意设计等表现手段将文化资源深度融入其他相关产业。

2022年4月，以“沂蒙画卷”为主题的两款数字文旅藏品发布，彰显了临沂文旅IP价值；随后，《孙子兵法》竹简系列数字藏品登录“元宇宙”，通过数字手段让文物“飞入寻常百姓家”；临沂琅琊剪纸系列数字藏品登录线上平台，作为临沂市省级非物质文化遗产的重要代表之一，这是琅琊剪纸首次运用区块链技术成为数字藏品。

如今，数字藏品成为推介传统文化的重要渠道，在圣贤名哲人才辈出、民俗文化丰富多彩的临沂，挖掘本土优质IP，以数字化深耕“山东文脉”，将积极带动临沂数字经济发展，也将把更多饱含临沂元素的文化产品推介到更远的地方。

人民网·山东频道（2023年2月17日）

编后记

非物质文化遗产是指各种以非物质形态存在的、与群众生活密切相关的、世代传承的传统文化表现形式，是人类优秀传统文化的重要组成部分。临沂历史悠久，文化积淀深厚，非物质文化遗产众多，凝聚了千百年来沂蒙人民的情感与智慧。为弘扬和传承沂蒙优秀传统文化，2021 年 10 月，中共临沂市委党史研究院领导班子提出编纂《临沂市非物质文化遗产志》的设想。经反复研究、论证，确定用 2 年左右的时间完成志书编纂。

为便于工作，2022 年初中共临沂市委党史研究院（临沂市地方史志研究院）、临沂市文化和旅游局经多次沟通协商，确定两家单位合作，共同编纂这部志书。市委党史研究院组织人员草拟了志书篇目，征求了市文旅局相关专家的意见，经多次修改，形成了《〈临沂市非物质文化遗产志〉编纂方案》。5 月 20 日，市委党史研究院、市文旅局联合下发《关于印发〈临沂市非物质文化遗产志〉组稿方案的通知》，明确了志书编纂的指导思想、基本原则、编纂体例、编写内容、编写方法、时间安排、保障措施等。按照《通知》要求，各县区文旅局安排专人负责撰稿，县区党史研究中心负责业务指导。市委党史研究院组成编纂班子，具体负责志书的编纂业务，志书编纂工作正式启动。

方案下发后，各县区文旅局撰稿人员对每个非遗项目的历史渊源、项目特点、传承谱系等内容进行了认真的梳理和编写。市委党史研究院肖功江、张艳华及时与各县区党史研究中心联系，要求他们主动对接县区文旅局，配合做好资料征集工作。2022 年 7 月，市委党史研究院对各县区非遗志组稿工作进行专题调研，及时解决了组稿中的一些技术问题。市文旅局张彦文、郎丽萍、王乔对组稿工作给予了积极配合和大力支持。至 2022 年底，收集资料一百余万字。

本志采用章节体，设国家级非物质文化遗产项目、省级非物质文化遗产项目、市级非物质文化遗产项目、县区级非物质文化遗产项目、非物质文化遗产宣传与研究、非物质文化遗产保护 6 章，前置凡例、综述、大事记，后设人物、附录、编后记。

编纂工作主要由市委党史研究院承担，具体分工：综述杜以坚、肖功江、付豪撰稿，大事记王卫东、张艳华编撰，第一章国家级非物质文化遗产项目、第二章省级非物质文化遗产项目、第三章市级非物质文化遗产项目、第四章县区级非物质文化遗产项目由王卫东、肖功江、张艳华编撰（每人 4 个县区），第五章非物质文化遗产宣传与研究、第六章非物质文化遗产保护由肖功江、王卫东编撰，人物由王卫东、肖功江、张艳华编撰（每人 4 个县区），附录由肖功江搜集整理。卷前彩页、随文图片由肖功江、王卫东编辑。张广卫、付豪、寇利明等参与了资料收集和部分志稿的编辑。全志由肖功江合成，王卫东总纂。

2023 年 10 月，志书初编完成，交由方志出版社审查出版，总规模为 100 万字。11 月中旬，根据方志出版社的初审意见，对志稿做了大量压缩，形成了 80 余万字的评议稿，报方志出版社审查，同时报省委党史研究院业务指导处和山东省修志专家咨询组成员审查。12 月，《临沂市非物质文化遗产志》专家评审会召开，省委党史研究院业务指导处张耀龙、杜泉，山东省修志专家咨询组成员段祥泰、郭能勇对志稿进行了评审。会后，根据专家评审意见，编纂人员实行分工协作，经5个多月的精心打磨，完成了志书的编修工作。

市委党史研究院、市文旅局高度重视志书编纂工作，两家单位主要领导、分管领导经常调度编纂进度，对部分志稿和志书质量提出明确的指导性意见，尽力为编纂人员创造良好工作环境。志书编纂还得到了社会各界人士，特别是县区撰稿人和众多非遗传承人的大力支持，在此深表谢意！

由于本志书入志项目众多，涉及行业、门类繁杂，部分项目专业性较强，加之受编纂者学识水平、工作经验、业务能力所限，缺失、错讹和疏漏之处在所难免，敬请广大读者批评指正。

编　者

2024年5月